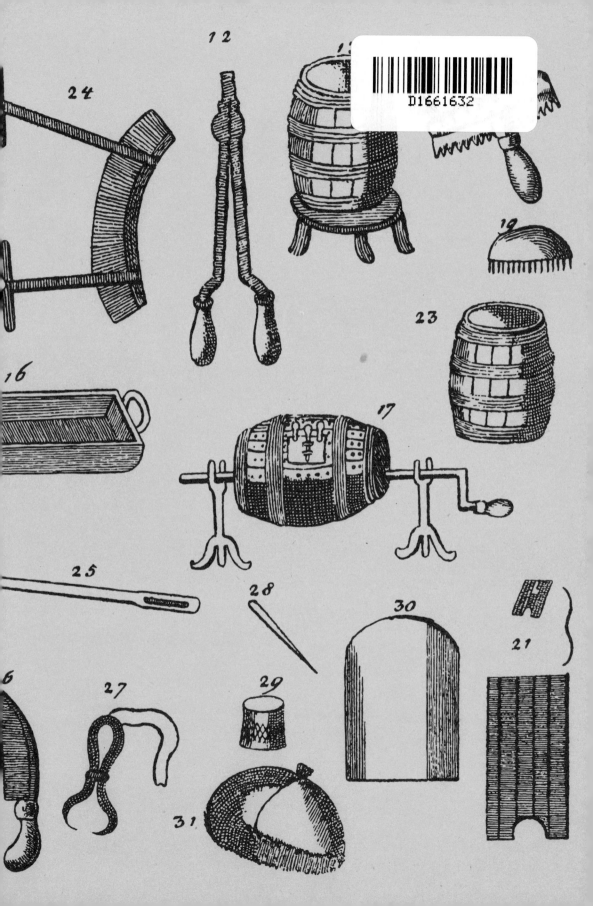

Herausgegeben
unter Federführung von
Vet.-Rat Dr. Ulf D. Wenzel
Leipzig

Unter Mitwirkung von
Prof. Dr. Csabo Anghi †, Budapest
Diplom-Landwirt Burkhardt Eich, Plau-Appelburg
Doz. Dr. Andrzej Frindt, Warschau · Dr. Jürgen Hartung, Leipzig
Kandidat der Landwirtschaftswissenschaften A. T. Jerin, Moskau · Dr. Horst Keil, Leipzig
Kandidat der Landwirtschaftswissenschaften L. W. Milovanov, Moskau
Prof. Dr. N. Š. Pereldik, Moskau · Vet.-Rat Dr. Ulf D. Wenzel
Diplom-Chemiker Günter Weigelt, Plau-Appelburg
Vet.-Rat Dr. Horst Zimmermann, Greifswald
Dr. Roland Zeißler, Auerbach (Vogtl.)

EDEL PELZTIERE

Nerz, Blau- und Silberfuchs
Biologie · Zucht · Haltung · Fütterung
Physiologie · Krankheiten
Erstbearbeitung

Verlag J. Neumann–Neudamm

Lizenzausgabe des Verlages
J. Neumann-Neudamm, 3508 Melsungen
© 1984 by VEB Deutscher Landwirtschaftsverlag
DDR – 1040 Berlin
Lektor: Rotraud Pfitzmann
Gesamtgestaltung: Helmut Pfeifer
Printed in the GDR
ISBN 3-7888-0443-2

Vorwort

Die planmäßige Zucht und Haltung von Edelpelztieren hat in vielen Ländern zunehmend an Bedeutung gewonnen. Allein die Weltproduktion an Nerzfellen erhöhte sich von 1946 bis 1966 jährlich um 10 bis 15 %. Seit Mitte der sechziger Jahre hat sich die Produktion auf etwa 20 Millionen Nerzfelle eingepegelt. Die Produktion von Edelfuchsfellen hat sich ähnlich, wenn auch nicht so wie bei Nerzfellen, entwickelt.
Zwangsläufig haben sich damit auch die traditionellen Vorstellungen über die Fütterung und Haltung dieser Edelpelztiere verändert. Heute setzt die planmäßige Produktion von Pelzrohfellen in großen Produktionsanlagen den Maßstab für die Grundlagenforschung wie für die Entwicklung moderner Produktionstechnologien. Dennoch bleibt zu berücksichtigen, daß Biologie, Zucht, Haltung, Fütterung, Physiologie, Krankheiten und Erstbearbeitung ein junger Wissenschaftszweig mit großen Lücken ist.
Die im vorliegenden Titel von einem internationalen Autorenkollektiv erarbeiteten Grundkenntnisse und unmittelbar anwendungsfähigen Aussagen entsprechen dem zur Zeit erreichten Wissensstand. Bereits die erste Auflage fand einen sehr großen Interessentenkreis und war nach kurzer Zeit im Buchhandel vergriffen. Seit ihrer Herausgabe sind zehn Jahre verstrichen. Da in der Zucht, Haltung, Fütterung und bei den Krankheiten der Kenntnisstand über die Edelpelztiere dynamisch verläuft und viele neue Erkenntnisse zur Revision nicht mehr haltbarer Ansichten und Vorstellungen zwingen, wurde es dringend notwendig, die zweite Auflage zu erarbeiten. Die Autoren haben sich dabei auf die Darstellung gesicherten Wissens gestützt und sich vorwiegend auf Ausführungen bezogen, die längere Zeit von Bestand sein werden.
Anhand der Angaben im Quellennachweis, der Veröffentlichungen des In- und Auslandes auf dem Gebiet der Edelpelztiere enthält, ist es möglich, in eine Vielzahl von Problemen noch spezieller einzudringen. Bei der Bearbeitung wurde Wert darauf gelegt, aus der Literatur und den eigenen Erfahrungen das Wesentliche zu berücksichtigen. Alle Kapitel wurden auf den neuesten Stand gebracht. Zusätzlich sind der Umgang und die schmerzlose Tötung der Pelztiere, die Erstbearbeitung der Pelzfelle und die Grundlagen der Physiologie und Biochemie der Pelztiere aufgenommen worden. Dagegen entfielen die Abhandlungen über die Sumpfbiber, da über sie ein gesondertes Buch erschienen ist.
Das Edelpelztierbuch ist das Ergebnis der Zusammenarbeit von Autoren mehrerer Länder und damit im echten Sinne eine internationale Gemeinschaftsarbeit.
Mein Dank gilt dem VEB Deutscher Landwirtschaftsverlag für die gute verständnisvolle Zusammenarbeit und nicht zuletzt den Mitarbeitern der Abteilung Pelztiere des Bezirksinstitutes für Veterinärwesen, Leipzig, für die große Mühe beim Zusammenstellen der Arbeit.
Ich hoffe, daß es uns mit der hiermit vorgelegten Auflage gelungen ist, der von vielen Seiten erhobenen Forderung nach einer weiteren Informationsverbesserung auf dem Gebiet der Edelpelztiere zu entsprechen.

Leipzig, im Frühjahr 1984   Ulf D. Wenzel

Inhaltsverzeichnis

1 DIE PRODUKTION VON EDELPELZTIERFELLEN UND IHR HANDEL (Horst KEIL)
Bedeutung der Edelpelztierzucht 11
Erfordernisse der Edelpelztierzucht 12
Bedeutung des Edelpelztierfelles für die Pelzbekleidung 15
Zusammenhang zwischen der Edelpelztierzucht und den Rauchwarenauktionen 16

2 BIOLOGIE DER FLEISCHFRESSENDEN EDELPELZTIERE (Csabo ANGHI und Ulf D. WENZEL)
Der Nerz und seine nächsten Verwandten 25
    Stellung im zoologischen System 25
    Lebensweise 29
    Verbreitung des Amerikanischen Nerzes 31
Der Rotfuchs und seine nächsten Verwandten 31
    Stellung im zoologischen System 31
    Lebensweise 32
    Herkunft und Verbreitung 33
Der Blaufuchs und seine nächsten Verwandten 34
    Stellung im zoologischen System 34
    Lebensweise 34
    Herkunft und Verbreitung 36

3 ALTERSBESTIMMUNG BEI FLEISCHFRESSENDEN PELZTIEREN (Ulf D. WENZEL)
Zur Entwicklung der Altersbestimmung 41
Bedeutung und Methoden der Altersbestimmung 42
Altersbestimmung beim Amerikanischen Nerz (Mustela vison) 43
    Vom neugeborenen bis zum abgesetzten Nerz (achte Lebenswoche) 43
    Der abgesetzte Nerz bis zur Pelzreife (siebenter bis achter Lebensmonat) 44
    Der Zuchtnerz (ab neunten Monat) bis zum natürlichen Tod 46
Altersbestimmung beim Fuchs 47
    Silberfuchs (Vulpes vulpes) 47
    Blaufuchs (Alopex lagopus) 49

4 FARMZUCHT DES NERZES (Andrzej FRINDT)
Der Standardnerz und seine Mutationen 51
    Standard 51
    Mutation 52
    Ursprünglich dominante Mutationen 54
    Grundsätze der Farbvererbung des Haarkleides 61
Zucht 62
    Zuchteigenschaften der Rüden 63
    Zuchteigenschaften der Fähen 63
    Vorbereitung der Nerze auf die Deckperiode 63
    Ranz oder Brunst (Oestrus) 66
    Verpaarungssystem 67
    Verpaarungstechnik 70
    Trächtigkeit 72
    Wurfperiode und Aufzucht der Welpen bis zum Absetzen 73
    Aufzucht bis zur Pelzung 76
    Zuchttierauswahl 84
    Führen des Zuchtbuches und Kennzeichnen der Tiere 89
Pelzen und Fellgewinnung 90

5 Farmzucht des Fuchses

Der Amerikanische Rotfuchs und seine Mutationen (Ulf D. Wenzel) 94
Der Eisfuchs und seine Mutationen (Ulf D. Wenzel) 95
Zucht (Andrzej Frindt) 96
    Ranz (Brunst) 105
    Paarungsverlauf 108
    Verpaarungstechnik 109
    Trächtigkeit 111
    Aufzucht bis zum Absetzen 114
    Entwicklung der Jungtiere nach dem Absetzen 117
    Zuchttierauswahl (Selektion) 118
    Dokumentation des Zuchtgeschehens (Zuchtbuch) 131
Pelzung 132
    Termin 132
    Pelzungsmethode 133
    Fellgewinnung 133

6 Umgang mit Pelztieren, schmerzlose Tötung, Erstbearbeitung der Felle

Umgang mit Pelztieren (Ulf D. Wenzel) 134
    Hilfsmittel für Fang, Fixierung und Handhabung beim Nerz 134
    Hilfsmittel für Fang, Fixierung und Handhabung beim Fuchs 135
Methoden der schmerzlosen Tötung von Pelztieren (Ulf D. Wenzel) 135
    Töten durch Inhalationsgifte 136
    Töten mit Injektionsmittel 137
    Töten mit elektrischem Strom 138
    Töten durch Genickbruch 138
    Töten durch Kopfschlag 138
    Töten durch Bolzenschußapparate 139
    Günstige Tötungsverfahren 139
Erstbearbeitung (Günter Weigelt) 139
    Aufbau der tierischen Haut 140
    Eigenschaften der tierischen Haut 141
        Verhalten gegen Wärme 142
        Verhalten gegen Bakterien und Enzyme 142
    Technologie der Erstbearbeitung 143
        Entfernen des Fettes 144
        Säuberung des Haarkleides 153
        Trocknung 154
        Sonstige Arbeitsgänge der Erstbearbeitung 157
        Beispiel der Erstbearbeitung 157
        Fehler bei der Erstbearbeitung 158
        Bewertung und Sortierung 159

7 Farmanlagen (Burkhardt Eich)

Grundrißgestaltung einer Pelztierfarm 162
Umzäunung 163
Unterbringung der Nerze 164
    Wohnbox 164
    Nerzgehege 167
    Nerzschuppen 168
Unterbringung der Füchse 180
    Fuchskiste 180
    Fuchsschuppen 180
    Fuchsgehege 181
Farmmechanisierung 181
    Futterküche 181
    Futtermittelerfassung und Transport 183
        Futtermittelerfassung 183
        Futtermitteltransport 184
    Futterzubereitung 184
    Fischwäsche 185
    Innerbetrieblicher Futtertransport 185
    Lagerung- und Konservierung von Futtermitteln 186
        Lagerung von Trockenfuttermitteln 186
        Kühl- und Gefrierlagerung von frischen tierischen Produkten 187
    Tränkeinrichtungen 192
    Dung- und Kotbeseitigung 197

8 Grundlagen der Fütterung, Charakterisierung der Futtermittel und Zusammensetzung der Futterrationen (N. S. Péreldik, L. W. Milovanov und A. T. Jerin)

Bedarf an Nährstoffen, Vitaminen und Mineralstoffen 199
    Proteinbedarf der Nerze 199
        Proteinbedarf ausgewachsener Nerze 201
        Aminosäurenbedarf der Nerze 202
    Proteinbedarf der Blaufüchse 204
    Proteinbedarf der Silberfüchse 205
    Verdaulichkeit des Proteins 207
    Fettbedarf 208
    Kohlenhydratbedarf 208
    Kohlenhydratbedarf 210
    Vitaminbedarf 212
        Vitamin A (Retinol, Axerophthol) 213
        Vitamin-D-Gruppe (Kalziferole) 214
        Vitamin E (Tokopherol) 215
        Vitamin K 216
        Vitamin B_1 (Thiamin, Aneurin) 217
        Vitamin B_2 (Riboflavin) 219
        Niazin (Nikotinsäure, Nikotinamid) 220

Pantothensäure 221
Vitamin B$_6$ (Pyridoxin) 221
Vitamin B$_{12}$ (Kobalamin) 222
Folsäure 223
Biotin (Vitamin H) 223
Cholin 224
Vitamin C (Askorbinsäure) 225
Mineralstoffbedarf 225
Kalzium und Phosphor 226
Natrium und Chlor 227
Eisen 228
Kupfer, Kobalt, Mangan, Zink und Jod 229

Energetischer Wert der Futtermittel 231
Energiebedarf der Nerze 232
Ausgewachsene Nerze 232
Jungnerze 236
Energiebedarf der Silberfüchse 237
Ausgewachsene Silberfüchse 237
Abgesetzte Silberfuchswelpen 240
Energiebedarf der Blaufüchse 241
Ausgewachsene Blaufüchse 241
Wachsende Blaufüchse 244

Fütterungsnormen 245

Zusammenstellen von Futterrationen 250

Einteilung und Beschreibung der Futtermittel 252
Muskelfleisch 252
Schlachtnebenprodukte und Blut 253
Fisch- und Fischabfälle 256
Trockenfutter tierischer Herkunft 268
Milch und Milchprodukte 270
Körnerfutter, Verarbeitungsprodukte der Mühlen- und Fettindustrie 272
Saftfutter pflanzlicher Herkunft 273
Hefen 275
Fette 275

Herstellung von Futtermischungen und Futtereinsatz 277

Besonderheiten bei der Fütterung der Nerze, Silber- und Blaufüchse 281
Vorbereitung auf die Ranz und Fütterung während der Ranz 281
Fütterung der Zuchtnerze 281
Fütterung der Zuchtfüchse 288
Fütterung der Zuchtrüden 290
Fütterung trächtiger Fähen 291
Nerzfähen 292
Silber- und Blaufuchsfähen 294
Fütterung säugender Fähen 297
Fütterung der Jungnerze in den Sommermonaten 300
Fütterung der Jungnerze in den Herbstmonaten 305
Fütterung der Jungtiere von Blau- und Silberfüchsen 307

Trinkwasserversorgung 311

9 FORTPFLANZUNG, FORTPFLANZUNGSSTÖRUNGEN UND ZUCHTHYGIENISCHE MASSNAHMEN (Jürgen HARTUNG)

Morphologische und funktionelle Betrachtungen der Geschlechtsorgane 312
Männliche Geschlechtsorgane 312
Weibliche Geschlechtsorgane 313
Steuerung der Sexualfunktion 315

Besonderheiten des Sexualzyklus bei den einzelnen Pelztieren 316
Nerz 316
Fuchs 324

Fortpflanzungsleistungsanalysen 325
Fortpflanzungsleistungsanalysen für Fähen 325
Fortpflanzungsleistungsanalysen für Rüden 329

Fortpflanzungsstörungen 332
Fortpflanzungsstörungen bei männlichen Tieren 334
Erkrankungen der Hoden und Nebenhoden 334
Erkrankungen der akzessorischen Geschlechtsdrüsen 335
Erkrankungen des Penis 335
Gestörte Deckpotenz 336
Fortpflanzungsstörungen bei weiblichen Tieren 337
Erkrankungen des Geschlechtsapparates 337
Erkrankungen der Gebärmutter 337
Erkrankungen der Scheide 338
Deckstörungen 338
Trächtigkeitsstörungen 339
Geburtsstörungen 349
Umweltbedingte Fortpflanzungsstörungen 349
Erbfehler 350

Zuchthygienische Maßnahmen 352
Allgemeine züchterische Maßnahmen 352
Spezielle zuchthygienische Maßnahmen 353
Klinische Hodenpalpation beim Nerz 353
Spermauntersuchung 353
Vaginalzytologische Untersuchungen 356
Künstliche Besamung 357

10 KRANKHEITEN (Horst ZIMMERMANN)

Allgemeines 359
Desinfektionsmaßnahmen 360
Nerzkrankheiten 360
    Virusbedingte Krankheiten 360
        Aleutenkrankheit 360
        Aujeszkysche Krankheit 362
        Staupe 362
        Tollwut 363
        Virusenteritis 363
        Encephalopathie 364
    Bakteriell bedingte Krankheiten 369
        Botulismus 369
        Klebsiellose 370
        Milzbrand 370
        Nekrobazillose 370
        Pararauschbrand 371
        Pasteurellose 371
        Pseudomonas-Infektion 371
        Rodentiose (Pseudotuberkulose) 372
        Rotlauf 372
        Salmonellose 372
        Streptokokken-Infektion 372
        Tuberkulose 373
    Erkrankungen durch Hautpilze 373
    Parasitär bedingte Krankheiten 373
    Organkrankheiten 374
        Verletzungen 374
        Erkrankungen der Maulhöhle 374
        Erkrankungen der Atmungsorgane 375
        Erkrankungen der Verdauungsorgane 375
        Erkrankungen der Harn- und Geschlechtsorgane 375
    Vergiftungen 376
    Erbkrankheiten 377
        Wasserkopf 377
        Haarlosigkeit 377
    Mangelkrankheiten 377
        Vitamin-A-Mangel 377
        Vitamin-D-Mangel 378
        Vitamin-E-Mangel 378
        Vitamin-K-Mangel 379
        Vitamin-B-Komplex-Mangel 379
        Vitamin-C-Mangel 380
        Säuge-Krankheit 381
Fuchskrankheiten
    Infektionskrankheiten 381
        Ansteckende Leberentzündung 381
        Aujeszkysche Krankheit 381
        Staupe 382
        Tollwut 382
        Leptospirose 382
        Milzbrand 382
        Salmonellose 383
        Tuberkulose 383
    Parasitär bedingte Krankheiten 383
        Endoparasiten 383
        Ektoparasiten 384
        Nosematose 385

11 PHYSIOLOGISCHE UND BIOCHEMISCHE GRUNDLAGEN (Roland ZEISSLER)

Altersabhängige Entwicklung der Körpermasse, einiger Organe und der chemischen Zusammensetzung des Tierkörpers 388
    Körpermasse 388
    Organmasse 389
    Chemische Zusammensetzung des Tierkörpers 389
Blut 390
    Einflußfaktoren und Normalbereiche 392
    Blutentnahme 393
    Blut- und Plasmavolumen 394
    Spezifisches Gewicht 395
    Reaktion des Blutes (pH-Wert) 395
    Morphologie und Physiologie der Erythrozyten 396
    Erythrogramm 398
    Leukogramm 402
    Blutgerinnung und -senkung 405
    Abwehrfunktion und Blutgruppen 407
Herz und Kreislauf 409
    Herz 409
    Peripherer Kreislauf 412
Niere und Harn 412
    Harngewinnung 412
    Nierenfunktionsprüfung 413
    Physikalische Harnuntersuchung 413
    Chemische Harnuntersuchung 413
    Mikroskopische Harnuntersuchung 414
Atmung und Temperaturregulation 414
    Atemfrequenz 415
    Körpertemperatur und Temperaturregulation 415
Stoffwechsel 416
    Eiweiß- und Bilirubinstoffwechsel 417
    Kohlenhydrat- und Fettstoffwechsel 421
    Wasser- und Elektrolytstoffwechsel 424
    Enzyme 427
    Hormone und Vitamine 429

ANHANG

Biologische Parameter und Futterwertkenndaten (Ulf D. WENZEL) 431
Quellennachweis 441
Sachwortverzeichnis 453
Bildnachweis 460

1
Die Produktion von Edelpelztierfellen und ihr Handel

Bedeutung der Edelpelztierzucht

Die Zucht von Edelpelztieren ist ein sehr junger Zweig der Tierzucht. Während z. B. Rinder seit Jahrtausenden gezüchtet werden, begann die Züchtung von Edelpelztieren erst im 19. Jahrhundert. Die ersten Silberfüchse wurden 1890 in den USA gezüchtet. Einige Jahre früher begann die Sumpfbiberzucht in Frankreich. Die Nerzzucht wurde Ende des 19. Jahrhunderts in den USA und 1920 in Europa aufgenommen. Die ersten Mutationsnerzfelle kamen 1931 auf den Markt.

In knapp 100 Jahren hat sich die Edelpelztierzucht enorm entwickelt. In der Nerz- und Edelfuchszucht wurden große züchterische Leistungen erzielt. Vor allem ist die Mutationszucht bei Nerzen zu nennen. Mit Sicherheit sind weitere züchterische Fortschritte zu erwarten.

Die Produktion von Edelfuchsfellen hat sich ähnlich, wenn auch nicht so stürmisch wie bei Nerzfellen entwickelt.

Die Produktion von Nerzfellen ist in der UdSSR um ein Vielfaches höher. Vom Gesamtaufkommen werden nur etwa 20 % für den Weltmarkt produziert. Alle anderen Felle werden im Inland verwendet. Unter den Bedingungen des kalten Klimas in weiten Teilen der UdSSR sind Kragen und Mützen aus Naturfellen unentbehrlich.

Der Bedarf an Pelzbekleidung aus edlen Fellen ist rasch gestiegen. Es ist nicht mehr möglich, diesen Bedarf aus dem Aufkommen durch Jagd und Fang zu decken. Das wird allein schon sichtbar, wenn die gegenwärtigen Aufkommensmengen mit denen der Vergangenheit verglichen werden. So betrug in den Jahren 1907 bis 1909 das Weltaufkommen im Jahresdurchschnitt für den Markt

- 640 000 Nerzfelle
- 11 000 Blaufüchse
- 4 300 Silberfüchse

In diesen Jahren war das Nerzfellaufkommen aus der Zucht in Käfighaltung unbedeutend. Das Aufkommen kam fast ausschließlich aus Jagd und Fang. Gegenwärtig werden mehr als 20 Millionen Nerzfelle in der Zucht produziert. Das Aufkommen von Pelztieren aus Jagd und Fang entwickelt sich rückläufig oder wird durch gesetzliche Bestimmungen in den verschiedenen Ländern bzw. durch internationale Abmachun-

Tabelle 1/1 Nerzfelle, die im Jahr 1978 und 1981 für den Weltmarkt produziert wurden

Land	1978 Stück	1981 Stück
Finnland	3 300 000	4 100 000
Dänemark	3 125 000	4 450 000
USA	3 100 000	4 400 000
UdSSR	2 700 000	2 700 000
Schweden	1 200 000	1 470 000
Norwegen	900 000	750 000
Kanada	900 000	1 200 000
VR China	700 000	800 000
Niederlande	580 000	900 000
Japan	400 000	585 000
DDR	320 000	350 000
Großbritannien	280 000	365 000
Frankreich	200 000	350 000
BRD	200 000	350 000
Übrige sozialistische Länder	175 000	220 000
Übrige kapitalistische Länder	230 000	320 000

gen zum Schutz der Arten oder zur Verhinderung einer Überpopulation in bestimmten Grenzen gehalten. Die intensive land- und forstwirtschaftliche Nutzung des Bodens, die ständig fortschreitende Entwicklung der Industrie engt den Lebensraum der in freier Wildbahn lebenden Pelztiere in allen Ländern immer weiter ein. Andererseits ist eine sinnvolle Begrenzung der Tierpopulation durch Jagd und Fang notwendig. Weil vielfach die natürlichen Feinde vieler Pelztiere nicht mehr vorhanden sind, käme es ohne eine solche Begrenzung zu einer Überpopulation bestimmter Pelztierarten. Die Tiere würden verhungern, und Seuchen wären die Folge, die z. B. bei Tollwut auch die Menschen gefährden können.

Der Widerspruch zwischen dem rückläufigen bzw. begrenzten Aufkommen von Pelztierfellen aus freier Wildbahn und dem ständig wachsenden Bedarf an hochwertigem Pelzwerk wird durch die Zucht von Edelpelztieren in Käfighaltung gelöst. Gegenwärtig werden etwa 90 % des Fellbedarfs durch die Zucht gedeckt. Die Entwicklung der Käfigpelztierzucht befriedigt nicht nur den wachsenden Bedarf an Pelzwerk, sondern begünstigt gleichzeitig die Erhaltung der Arten. Es kann mit Sicherheit behauptet werden, daß ohne die Käfighaltung bestimmte Arten von Pelztieren bereits ausgestorben wären. Die Edelpelztierzucht ermöglicht es, die Produktion ständig dem Bedarf an Pelzwerk anzupassen. Eine Grenze für die mengenmäßige Entwicklung des Aufkommens stellen nur die zur Verfügung stehenden Futterresourcen. Ein besonderer Vorteil der Zucht ist es, durch Mutation die Vielfalt der Edelpelztierfelle zu erhöhen und der modischen Entwicklung neue Impulse zu geben. Vom Grunde her ist eine Mutation nicht schlechthin eine neue Farbe, sondern eine andere Fellart, die das Spektrum der Verwendung erweitert. Es ist nicht berechtigt, davon auszugehen, daß Wildfelle von besserer Qualität sind als Farmfelle. Die Tatsachen beweisen, daß Zuchtfelle eine höhere Qualität haben. In der Edelpelztierzucht werden immer die besten Tiere verpaart. Im Ergebnis werden Felle gewonnen, die denen aus freier Wildbahn weit überlegen sind. Optimale Haltungsbedingungen und dem physiologisch optimalen Nährstoffbedarf angepaßte Fütterung, Pelzung zum günstigsten Zeitpunkt der Fellreife und andere Bedingungen tragen dazu bei. In der Edelpelztierzucht ist davon auszugehen, daß die ganze Schönheit und Qualität der edlen Felle durch Zurichtung und Verarbeitung nur dann voll zur Geltung kommen kann, wenn bereits das in der Zucht gewonnene rohe Fell alle Merkmale einer hohen Qualität, wie Farbe, Rauche des Haarkleides, in sich birgt.

Erfordernisse der Edelpelztierzucht

Gute Ergebnisse der Edelpelztierzucht, die in einer Vielzahl erstklassiger, weitgehend homogener Edelpelztierfelle zum Ausdruck kommen, erfordern das zielstrebige Zusammenwirken vieler wissenschaftlicher Disziplinen, wie Landwirte (Züchter), Veterinärmediziner, Tierernährer, Ökonomen und Technologen. Dabei sind die Grenzen zwischen den einzelnen wissenschaftlichen Bereichen fließend. Gute Ergebnisse, rasche Fortschritte werden nur dann erzielt, wenn alle an der Produktion beteiligten Organe stets die Gesamterfordernisse und alle Auswirkungen auf Vor- und Nachstufen der Produktion von der Zucht bis zur Fertigung von Pelzwerk beachten. Das Ziel der Edelpelztierzucht kann wie folgt formuliert werden:

Produktion von Edelpelztierfellen in hoher Qualität, in Größe, Farbe und Haarstruktur (Rauche), in großen, relativ homogenen Partien, die den Marktbedingungen entsprechen sowie die Erzielung hoher Wurfergebnisse und Aufzucht mit geringstmöglichen Verlusten.

Die Verwirklichung dieser Zielstellung erfordert eine allseitige, zielstrebige wissenschaftliche Arbeit. Die *Wirksamkeit der Wissenschaft* ist bei der gegenwärtigen und künftigen Bedarfsentwicklung ständig zu erhöhen. Neue gesicherte wissenschaftliche Erkenntnisse sind rasch wirksam zu machen. Die Qualität der Edelpelztierfelle ist das wichtigste Kriterium bei der Entwicklung. Es muß davon ausgegangen werden, daß die Anforderungen an die Fellqualität stän-

dig wachsen. Die Qualität der Felle hängt von einer Vielzahl von Faktoren ab. Als wichtigste sind zu nennen:
- Auswahl der Zuchttiere, ausgehend vom festgelegten Zuchtziel;
- Fütterung entsprechend dem physiologisch bedingten Nährstoffbedarf in den einzelnen Aufzuchtphasen;
- hoher Gesundheitszustand der Tiere, Durchsetzung einer strengen Farmhygiene und gute veterinärmedizinische Betreuung;
- optimale Haltungsbedingungen, absolute Sauberkeit der Anlagen;
- Wahl des richtigen Zeitpunktes der Pelzung und eine Erstbearbeitung (Entfetten und Läutern), die die natürlichen Gebrauchswerteigenschaften erhält und die ganze Schönheit der Felle voll zur Geltung bringt;
- hohes Fachwissen der in der Edelpelztierzucht arbeitenden Menschen.

Hohe Fruchtbarkeit der Tiere und *gute Qualität* ihrer Felle müssen eine Einheit sein.

Es geht aber nicht allein um hohe Qualität der Edelpelztierfelle, sondern auch um *niedrige Kosten* und eine *gute Rentabilität*. Hohe Qualität und gute Rentabilität dürfen sich nicht ausschließen. Es muß beachtet werden, daß der ständig wachsende und modisch wechselnde Bedarf einen gewichtigen Einfluß auf die Edelpelztierzucht hat. Die Edelpelztierzucht hat die Aufgabe, Bedürfnisse der Menschen zu befriedigen. Dies kann sie aber nur dann, wenn die Felle solche Qualität haben, daß sie zu hochwertigem Pelzwerk verarbeitet und mit einem Aufwand hergestellt werden können, der immer breiteren Bevölkerungsschichten den Kauf hochwertigen Pelzwerkes ermöglicht. Die wissenschaftliche Arbeit, die Tätigkeit aller in der Edelpelztierzucht Beschäftigten hat sowohl von der Fellqualität wie von der Wirtschaftlichkeit der Edelpelztierhaltung auszugehen.

Die erfolgreiche Arbeit in der Edelpelztierzucht hängt von einer Vielzahl von Faktoren ab, die sich gegenseitig bedingen. Keiner sollte vernachlässigt werden. Nachstehend seien die wichtigsten genannt:

- Die klare Festlegung des *Zuchtzieles*. Das unbeirrbare Festhalten an diesen Zielen ist eine wesentliche Voraussetzung für gute Ergebnisse. Die Herauszüchtung hochwertiger Zuchttiere und in der Folge die Herstellung erstklassiger Felle ist ein langfristiger, oft Jahre dauernder Prozeß. Auf zeitweilig veränderte Bedürfnisse ist nur mit größter Vorsicht zu reagieren. Jedes Experimentieren, ständiges Wechseln der Zuchtrichtungen beeinträchtigt nicht nur die Wirtschaftlichkeit der Edelfellproduktion, sondern verhindert auch die Züchtung eines hohen, leistungsfähigen Bestandes. So wie ein Einzelfell einen nur geringen Gebrauchswert hat, mag es noch so vollkommen sein, so führt auch kein Einzeltier mit höchstem Zuchtwert zu den gewünschten Ergebnissen. Ausschlaggebend für eine erfolgreiche Produktion ist nur die Leistungsfähigkeit des gesamten Bestandes. Gute Ergebnisse, also eine Vielzahl erstklassiger Edelpelztierfelle eines relativ einheitlichen Typs, werden nur dann erzielt, wenn die Zucht in einem Betrieb auf nur einen oder wenige Typen konzentriert wird.

- Für eine hohe Fellqualität ist die *Fütterung* von großer Bedeutung. Das Ziel der Fütterung ist, stets den physiologisch notwendigen Nährstoffbedarf der Edelpelztiere optimal zu decken. Im Unterschied zu anderen Tierarten hat die Fütterung bei Edelpelztieren, vor allem bei Nerzen und Edelfüchsen eine besondere Spezifik. Um z. B. bei Schweinen ein bestimmtes Mastergebnis zu erreichen, besteht die Möglichkeit, so zu füttern, daß das Ziel in einem kurzen Zeitraum erreicht wird oder so zu füttern, daß das gleiche Ziel mit einer längeren Mastdauer erreicht werden kann.

Bei Nerzen und Edelfüchsen ist das nicht möglich. Der Nerz erreicht etwa im Alter von sieben Monaten die volle Fellreife. Er muß dann gepelzt werden, gleichgültig ob er die maximal erreichbare Größe und die erforderliche Fellqualität hat oder nicht. Eine Pelzung zu einem späteren Zeitpunkt führt nur zur Verschlechterung der Qualität in Farbe und Rauche. Die Erfahrungen zeigen, daß Beeinträchtigungen des Wachstums oder mangelhafte Ausbildung des Haarkleides durch ungenügende Fütterung im Nachhinein durch noch so gute Fütterung nicht mehr ausgeglichen werden können. Die

Aufgabe besteht darin, durch relativ billige Futtermittel den notwendigen Nährstoffbedarf näherungsweise zu erreichen. Dabei sollte von dem Grundsatz ausgegangen werden, daß vor allem für fleischfressende Edelpelztiere nur solche Futtermittel verwendet werden, die für die menschliche Ernährung nicht oder nur unvollkommen genutzt werden können. In allen Edelpelzzuchtländern wird ständig gearbeitet, neue Futterkomponenten für fleischfressende Edelpelztiere, insbesondere für Nerze, nutzbar zu machen. Mit Zucht und Gewöhnung ist die Anpassungsfähigkeit des Nerzes an neue Futtermittel zu erreichen. In den letzten 30 Jahren hat sich z. B. der Anteil von Cerealien in der Futtermischung für den Nerz wesentlich erhöht. Bei allen Futterexperimenten und der Nutzung neuer Futterkomponenten muß stets davon ausgegangen werden, daß richtige und ausreichende Fütterung nicht nur entscheidend für die Fellqualität ist, sondern auch für die Reproduktionsfähigkeit und den Gesundheitszustand der Tiere. Gute Fütterung wirkt der Anfälligkeit gegenüber Erkrankungen entgegen bzw. vermindert deren Auswirkungen.

Wissenschaftliche Ergebnisse der Futtermittelforschung sollten nur dann verallgemeinert werden, wenn absolute Sicherheit gegeben ist, immer davon ausgehend, daß die Fellqualität, als Hauptkennziffer für den Marktwert nicht beeinträchtigt werden darf. Die Bedeutung der Futterökonomie wächst ständig. Dabei geht es nicht allein um die Nutzung neuer, billiger, zur Verfügung stehender Futterkomponenten, sondern auch um eine vertretbare, die Fellqualität nicht beeinträchtigende Verminderung der Rationen und Senkung des Gesamtfutterverbrauches je Pelzungstier, z. B. durch Vorverlegung der Pelzungstermine.

● Der *Gesundheitszustand* der Edelpelztiere, der Schutz vor Erkrankungen ist für eine erfolgreiche Edelpelztierzucht von entscheidender Bedeutung.

Die strikte Einhaltung der farmhygienischen Bestimmungen und Festlegungen schützt vor empfindlichen Verlusten. Die Erfahrungen zeigen, daß die Veterinärmedizin im verständnisvollen Zusammenwirken mit den Züchtern und Betrieben dann entscheidend die Edelpelztierzucht fördert, wenn sie in ihre Arbeit die Probleme der Zucht, Haltung und Fütterung einbezieht, ausgehend davon, daß der Gesundheitszustand der Tiere von vielen Faktoren abhängig ist.

● Die Entwicklung der Edelpelztierzucht ist weitgehend abhängig von der Durchsetzung bestimmter *Rationalisierungsmaßnahmen.* Es ist notwendig, die einzelnen Arbeitsprozesse zu mechanisieren und dort, wo möglich, zu automatisieren, mit dem Ziel, den Arbeitsaufwand und die Kosten zu senken und die Arbeitsproduktivität zu steigern.

Für die Haltung, Futterbereitung, Fütterung, Pelzung, Erstbearbeitung gilt es, die vorhandenen Technologien ständig zu vervollkommnen und vollkommene Rationalisierungsmittel zu entwickeln. Dabei ist zu beachten, daß in allen Arbeitsprozessen der Edelpelztierzucht größte Sorgfalt erforderlich ist. In der Regel kann ein Produktionsfehler in einem Arbeitsprozeß im gleichen Produktionsjahr in seinen negativen Auswirkungen nicht mehr ausgeglichen werden. So führen z. B. Fehler bei der Verpaarung zu geringeren Wurfergebnissen. Die Verpaarung kann nicht wiederholt werden. Das Ergebnis ist und bleibt geschmälert. Bestimmte Arbeitsprozesse in der Edelpelztierzucht, wie die Verpaarung, das Absetzen usw. müssen auch in absehbarer Zeit noch völlig manuell durchgeführt werden, auch dann, wenn dafür effektivere technologische Verfahren entwickelt werden. Gerade deshalb ist es notwendig, für alle anderen Prozesse arbeitszeitsparende Rationalisierungsmittel zu entwickeln mit dem Ziel, daß mehr Zeit für eine sorgfältige Betreuung der Tiere und damit zur Erzielung einer hohen Fellqualität bleibt.

● Die *wirtschaftliche Größe einer Edelpelztierfarm* an einem Standort ist von vielen Bedingungen, u. a. von der Entfernung zu den Futtermittelquellen abhängig. Die Erfahrungen haben gelehrt, daß Nerzfarmen mit einem Fähenbestand, möglichst nur eines Nerztyps, von 3 000 bis 5 000 Fähen eine wirtschaftlich günstige Größe sind. Eine solche Betriebsgröße, in der mit einer Fellproduktion von etwa 10 000 bis 20 000 Stück gerechnet werden kann, ist gut überschaubar.

Ein Bestand in dieser Größenordnung läßt sich züchterisch gut bearbeiten. Rationalisierungsmittel können effektiv wirksam gemacht und voll genutzt werden. Bei Auftreten von seuchenhaften Erkrankungen, die das Ergebnis eines Betriebes erheblich beeinträchtigen können, ist es möglich, den Ausfall in anderen Betrieben aufzufangen.

● Entscheidend für den *Standort* eines Nerzzuchtbetriebes sollte die günstige Lage zu den Quellen der wichtigsten Futterkomponenten sein, um kurze Transportwege zu ermöglichen, die Abwasserprobleme rationell zu gestalten, eine ruhige Lage mit möglichst wenig Belästigungen für Anwohner. Bei der Erweiterung bestehender Betriebe und der Neuerrichtung von Betrieben, ist die günstigste Lage zu den Futterquellen wie die Dichte des Besatzes mit Nerzbetrieben in einem begrenzten Territorium zu beachten.

Bedeutung des Edelpelztierfelles für die Pelzbekleidung

Die Edelpelztierfelle sind innerhalb der Rauchwaren eine spezielle Gruppe. Als Rauchwaren werden alle Felle von Tieren bezeichnet, die zur Pelzwerkbereitung genutzt werden. Die *Begriffsbestimmung Edelpelztierfell* kann wie folgt definiert werden:

● Als Edelpelztierfelle sind Felle von Tieren zu bezeichnen, deren Haarkleid, Farbe und Zeichnung eine besondere Schönheit aufweisen, wobei die Schönheit und nicht die Haltbarkeit dominierend ist.

● Der Höhe des Aufkommens von Edelpelztierfellen sind durch die Bedingungen der Produktion oder durch Jagd und Fang bestimmte Grenzen gesetzt.

● Der Aufwand für Jagd und Fang oder für die Produktion in Käfighaltung ist gegenüber anderen Fellarten höher.

Die Bedeutung der Edelpelztierfelle für die Herstellung von Pelzwerk wird von einer Reihe von Bedingungen bestimmt, die sich vor allem aus der Stellung der Pelzbekleidung innerhalb der individuellen Konsumtion ergeben:

● Die *klimatischen Bedingungen* in Mitteleuropa und in vielen anderen Ländern, mit Ausnahme von einigen Gebieten wie z. B. in den nördlichen Territorien der UdSSR und den skandinavischen Ländern, zwingen nicht, zum Schutz vor Kälte Pelzbekleidung zu tragen. Zum Schutz gegen Kälte in unseren Breiten ist auch Textilbekleidung ausreichend. Dieser fehlende Zwang wird noch dadurch verstärkt, daß die Dichte des öffentlichen Verkehrsnetzes und die ständig anwachsende individuelle Nutzung von Kraftfahrzeugen die Notwendigkeit des Schutzes gegen Kälte auf ein Minimum, nur auf eine verhältnismäßig kurze Zeit begrenzt.

● Alle Arten von Pelzbekleidung, auch das aus Edelpelztierfellen gefertigte Pelzwerk, gehört wie jegliche Bekleidung zu den *periodischen Bedürfnissen der Menschen*. Jede Art von Bekleidung, also auch Pelzbekleidung, bedarf durch Verschleiß des Ersatzes oder aus modischen Gründen der ständigen Erneuerung.

● Pelzbekleidung gehört auch dann zu den periodischen Bedürfnissen, wenn Pelzwerk, bedingt durch den hohen Anschaffungswert, vor allem aus hochwertigen Edelpelztierfellen, in der Regel mehrere Jahre getragen wird. Diese längere Tragezeit ist darin begründet, daß die Träger von Pelzbekleidung zeitweilig auf modische Tendenzen verzichten und die *Pelzmode* nicht so starken Schwankungen wie die Textilmode unterworfen ist sowie extreme Modeerscheinungen nur begrenzt wirken. Die Ursache dafür ist darin zu suchen, daß der Materialeinsatz bei hochwertiger Pelzbekleidung einen ungleich höheren Wert als bei Textilbekleidung repräsentiert. Gleichzeitig ermöglicht die Haltbarkeit der für Pelzbekleidung verwendeten Felle durch kürschnerische Änderungen eine Anpassung an modische Entwicklungen.

● Pelzbekleidung kann und wird ständig durch Textilbekleidung substituiert und umgekehrt. Die Substituierungsmöglichkeit wird auch durch Pelzimitate der *Textilindustrie* beeinflußt. Für die Substituierung sind in der Regel klimatische Bedingungen nicht entscheidend, sondern vielmehr modische Tendenzen und die Richtung der Bedarfswünsche der Menschen sowie deren Realisierungsmöglichkeit.

● Pelzwerk aus Edelpelztierfellen befriedigt in hervorragender Weise die vielfältigen Schmuckbedürfnisse der Menschen. Gleich, ob Pelzwerk als Bekleidungsstück, wie Mäntel oder Jacken, als Mützen oder Kappen, oder als Besatz für alle Arten von Textilbekleidung verwendet wird, steigert es, wie jeder andere Schmuck, das Lebensgefühl des Menschen.

Zusammenhang zwischen der Edelpelztierzucht und den Rauchwarenauktionen

Der Umfang der Produktionskapazitäten von Edelpelztierfellen in den einzelnen Ländern ist außerordentlich stark voneinander abweichend. In der Regel ist das nicht von klimatischen und geografischen Bedingungen abhängig, sondern vor allem von der historischen Entwicklung. Auch der Zugriff zu leicht erschließbaren und preiswerten Futterresourcen spielt eine Rolle. In der weiteren Entwicklung muß davon ausgegangen werden, daß es bei Neuaufnahme der Edelpelztierzucht relativ lange dauert, bis qualitativ jene Ergebnisse vorliegen, die den Marktbedürfnissen entsprechen. Qualität ist und bleibt das Hauptkriterium für die Rentabilität der Edelpelztierfellproduktion. Vor allem bei Nerzen und auch bei Edelfüchsen ist, selbstverständlich ausgehend von der Qualität des vorhandenen Zuchttierbestandes, die Erzielung von hochwertigen Fellen ein langwieriger Prozeß. Die finnischen Züchter sagen, daß man in der Edelpelztierzucht langsam, ähnlich wie bei der Holzproduktion vorangehen muß. Es dauert geraume Zeit, bis sich die Investitionsaufwendungen rentieren.

Auch wenn die Edelpelztierzucht ständig an Umfang zunimmt und in immer mehr Ländern Edelpelztierzuchten errichtet werden, ist es gerechtfertigt, von Fellproduktionsländern und von Pelzverbraucherländern zu sprechen. Das ist auch dann berechtigt, wenn sich in fortschreitendem Maße die Grenzen verschieben. Kriterium sollte sein, ob die Edelpelztierzucht oder der Bedarf an Fellen dominiert. Der Austausch zwischen den Produzenten von Pelzrohfellen und den Herstellern von Pelzwerk bzw. den Verbrauchern, also auch von Edelpelztierfellen, wird über Rauchwarenauktionen vermittelt. Die Rauchwarenauktionen haben eine jahrhundertealte Tradition. Die *erste Fellauktion* wurde 1671 von der Hudson's Bay Company veranstaltet. Seit Ende des 19. Jahrhunderts sind in Europa und den USA zahlreiche Auktionsgesellschaften gegründet worden.

Die *bedeutendsten Rauchwarenauktionen* in Europa finden jeweils mehrere Male im Jahr in Leningrad, Leipzig, London, Kopenhagen und Oslo statt. Wenn noch bis vor kurzer Zeit zwischen nationalen Auktionen, die nur Rohfelle des eigenen Landes angeboten haben und internationalen Auktionen, die Rohfelle aus einer Vielzahl von Ländern anbieten, unterschieden wurde, so geht gegenwärtig allgemein die Tendenz zur internationalen Auktion, auch dann, wenn z. B. wie in Leningrad oder Kopenhagen das landeseigene bzw. skandinavische Fellaufkommen den weit überwiegenden Teil des Rohfellangebotes ausmacht. Die Rauchwarenauktionen sind die Hauptform des internationalen Handels mit Pelzrohfellen zwischen den Fellproduktionsländern und den Pelzverbraucherländern. Sie sind sowohl für die Produzenten wie für die Verbraucher vorteilhaft. In der Regel werden von den Wareneignern über Rauchwarenauktionen nur rohe Felle, die durch Konservierungsverfahren langfristig haltbar gemacht wurden, verkauft. Als Ausnahme erfolgt auch ein Verkauf zugerichteter Felle und von Halbfabrikaten (z. B. Tafeln). Auch in Zukunft wird das aus einer Vielzahl von Gründen, z. B. verschiedenartige Zurichtverfahren entsprechend den differenzierten Verwendungszwecken, auf Ausnahmen beschränkt bleiben.

Rauchwarenauktionen sind und bleiben *Rohfellauktionen*. Die Zweckmäßigkeit des internationalen Handels mit Pelzrohfellen über *Rauchwarenauktionen* ist in folgenden Faktoren begründet:

● Auf einer Rauchwarenauktion werden große Mengen von Pelzrohfellen, große Anteile und oft das gesamte Aufkommen eines Landes angeboten. Bei vielen Edelpelztierfellarten, z. B. bei Nerz- und Edelfuchsfellen, dauert die Pro-

NERZFARM UND FELLAGER 17

Alte Nerzfarm mit Dreiecksgehegen

Fellager mit Fuchsfellen

Fellager mit Nerzfellen

VOR UND WÄHREND EINER AUKTION

Sortiertisch

Auktionssaal

Felle auf der Leipziger Messe

duktion eines Felles ein Jahr. Der Produzent ist sehr daran interessiert, die im Ablauf eines Jahres vorgeschossenen Kosten so rasch wie möglich zu realisieren. Diese Möglichkeit ist nur durch den Verkauf über Rauchwarenauktionen gegeben, auf denen zu einem bestimmten Zeitpunkt große Mengen abgesetzt werden.

● Auf den Rauchwarenauktionen werden die Preise durch *Gebote* der Käufer, abhängig von der jeweils herrschenden Marktsituation, gebildet. Von Vorteil für den Produzenten aber auch für den Käufer ist es, daß die auf den Rauchwarenauktionen durch Gebote gebildeten und erzielten Preise zum fixierten Zeitpunkt der jeweiligen Auktion als Weltmarkthöchstpreise bezeichnet werden können. Die Notwendigkeit einer solchen Form der Preisbildung ist vor allem darin begründet, daß die Produktionskosten für ein Rohfell minderer Qualität genauso hoch sind, wie für ein Rohfell hoher Qualität. Für den Produzenten ist es notwendig, für sein Gesamtaufkommen je Rohfell aller Qualitäten einen solchen Durchschnittspreis zu erzielen, der einen gerechtfertigten Gewinn ermöglicht. Diesem Ziel dienen die von den Auktionsgesellschaften für die einzelnen Versteigerungslose vorgegebenen Preislimite. Mit den Limiten wird angestrebt, die Produktionskosten zu decken und zugleich von den gegebenen Marktbedingungen auszugehen.

● Die Käufer von Pelzrohfellen erhalten auf den Rauchwarenauktionen, vor allem auf den internationalen Rauchwarenauktionen, einen Überblick des Produktionsaufkommens von Pelzrohfellen vieler Länder.

● Durch die Vielfalt des Rohfellangebotes nach Arten und Qualitäten auf einer Rauchwarenauktion ist es den Käufern möglich, jene Rohfellarten, Provenienzen, Sorten und Qualitäten zu kaufen, die dem von ihnen angestrebten, jeweiligen spezifischen Verwendungszweck und den Absatzmöglichkeiten entsprechen.

● Für den Käufer ist es durch die Rauchwarenauktionen nicht notwendig, die Produktionsländer zum Einkauf aufzusuchen. Die Kosten und der Zeitaufwand für den Einkauf werden auf ein Minimum begrenzt. Die Erhaltung dieses Vorteils erfordert eine Begrenzung der Auktionsplätze, möglichst keine weitere Vermehrung der Anzahl der Auktionen je Auktionsplatz und die Erhöhung des Rohfellangebotes auf einer Auktion.

● Auf den Rauchwarenauktionen werden ständig die Produzenten (Wareneigner) und die Käufer aus vielen Ländern zusammengeführt. Die damit gegebenen gegenseitigen Informationsmöglichkeiten fördern die Entwicklung der internationalen Rauchwarenwirtschaft. Dabei ist bemerkenswert, daß bei aller Konkurrenz eine kollegiale Stimmung vorherrschend ist. Die gemeinsamen Interessen sind bestimmend und bindend.

Die Rauchwarenindustrie und der Rauchwarenhandel Leipzigs haben eine jahrhundertealte Tradition. Durch die Auswirkungen des zweiten Weltkrieges wurde der alteingesessene Rauchwarenhandel fast völlig lahmgelegt. Nach dem Krieg konnte die Pelzhandelsstadt Leipzig und deren Rauchwarenindustrie Schritt für Schritt wieder aufgebaut werden. Innerhalb der internationalen Rauchwarenwirtschaft erwarb Leipzig wieder eine beachtliche Stellung. Der «Leipziger Brühl» wurde erneut zu einem Begriff. Zu dieser Entwicklung haben sowohl die im Jahre 1960 wieder ins Leben gerufenen Leipziger Internationalen Rauchwarenauktionen als auch die sich wieder entwickelnde Edelpelztierzucht entscheidend beigetragen. Eine wesentliche Grundlage für die rasche Entwicklung der Leipziger Auktionen war und ist das ständig wachsende Aufkommen von Nerzfellen. Durch die fleißige und zielstrebige Arbeit der Züchter wurde die Qualität der Nerzfelle ständig verbessert. Bereits 1961 beschickte die UdSSR erstmalig den Auktionsplatz Leipzig. Seitdem ist die Anzahl der Länder, die sich für den Export ihrer Pelzrohfelle des Auktionsplatzes Leipzig bedienen, und die Menge des Rohfellangebotes ständig gewachsen. Die Entwicklung der eigenen Edelpelztierzucht wirkt stimulierend auf die Bereitschaft anderer Länder, zum Export ihrer Pelzrohfelle nach Leipzig zu kommen, andererseits erhöht das damit verbundene vielfältigere und höhere Rohfellangebot die Anziehungskraft Leipzigs für die internationale Käuferschaft.

Wenn von den bescheidenen Ergebnissen der ersten Auktion im Jahre 1960 abgesehen wird, zeigen die Kennziffern in der Tabelle 1/2 deutlich die dynamische Entwicklung der Leipziger Internationalen Rauchwarenauktionen.

Tabelle 1/2 Ergebnisse der Leipziger Internationalen Rauchwarenauktionen

Jahr	Gesamt- umsatz %	DDR- Rohfelle %	Rohfelle anderer Länder %
1965	100	100	100
1970	102	116	96
1975	295	258	315
1980	720	810	680

Wenn auch die Vielfalt, Menge und Qualität des Pelzrohfellangebotes auf einer Auktion für ein gutes Ergebnis der Auktionen sowohl für den Verkäufer wie für den Käufer entscheidend ist, so wirken noch eine Reihe anderer Faktoren, die Ruf und Geltung des Auktionsplatzes begründen:

• Der Ablauf einer Rauchwarenauktion gliedert sich in die Phasen Besichtigung des Pelzrohfellangebotes durch die Käufer und die Versteigerung. Bei der Besichtigung prüfen die Käufer die Qualität der zum Verkauf gestellten Pelzrohfelle. Jeder Käufer verschafft sich einen Überblick über das Angebot, erarbeitet sich die Grundlagen für seine Gebote zur Versteigerung und disponiert den von ihm beabsichtigten Einkauf. Zur Besichtigung werden alle Pelzrohfelle nach Arten, Sortiment, Provenienzen und Qualitäten gegliedert nach Bunden, Losen und Strings gezeigt. Abhängig von der Größe kann ein Verkaufslos aus mehreren Bunden und Fellen bestehen. Mehrere Lose einer Rohfellart gleicher Sorte und Qualität, also größere Posten gleichartiger Rohfelle, werden zu einem String zusammengefaßt. Das Gesamtangebot wird nach Losen und Strings katalogisiert. Der Auktionskatalog ist Arbeitsmittel für den Käufer und Grundlage bei der Versteigerung für die Auktionsgesellschaft. Die Bildung von Strings, die im Katalog gesondert gekennzeichnet sind, ermöglicht einen zügigen Ablauf der Auktion, weil vielfach ein Käufer einen gesamten String, der oft zehn und mehr Lose umfassen kann, ersteigert. Die Bildung von Strings ist vorteilhaft für jene Käufer, die beabsichtigen, große Mengen Pelzrohfelle einer bestimmten Sorte und Qualität zu kaufen. Gleichzeitig bietet die Stringsbildung, aufgeteilt in mehrere Lose, vielen Käufern die Möglichkeit zum Kauf einer bestimmten Sorte und Qualität.

Strings können aber nur dann gebildet werden, wenn die Edelpelztierzucht durch züchterische Maßnahmen die Voraussetzungen für ein relativ einheitliches Produktionsaufkommen in Größe, Farbe und Haarstruktur schafft. Das gemeinsame Ziel der Züchter und der Auktionsgesellschaft ist es, solche Bedingungen zu schaffen, daß in großem Umfang Strings gebildet werden können.

Die Bedingungen und die Organisation der Besichtigung müssen so gestaltet sein, daß die Käufer in kürzester Zeit das Fellangebot prüfen und ihre Gebote zur Versteigerung ausarbeiten können. Es ist eine Spezifik des Handels mit Pelzrohfellen, daß kein Käufer ein Gebot gibt, ohne daß er die Rohfelle in Augenschein genommen hat. Für die Besichtigung sind günstige Arbeitsbedingungen zu gewährleisten, die es dem Käufer erleichtern, die Rohfelle in kürzester Zeit zu begutachten.

• Einen hohen Anteil am Ruf einer Auktion hat die Seriosität der Sortimente. Alle zum Verkauf gestellten Pelzrohfelle sind nach einer Vielzahl von Merkmalen, wie Größe, Farbe, Rauche usw. sortiert. Alle z. B. in einem Auktionslos einsortierten Pelzrohfelle müssen in allen ihren Eigenschaften, ausgehend davon, daß sie Naturprodukte sind, einheitlich sein. Die Einheitlichkeit der Rohfelle in einem Los bzw. String erfordert hohes züchterisches Können und große Kunstfertigkeit der Sortierer. Auch wenn die Grundlinie der Rauchwarensortimente auf allen Auktionsplätzen fast einheitlich ist, so gibt es im Sortiment bestimmte Abweichungen. Diese sind von geringer Bedeutung, wenn von Auktion zu Auktion keine grundsätzlichen Veränderungen der Sortimente erfolgen. Trotzdem ist es notwendig, ständig nach Vervollkommnung der Sortimente zu streben. In bestimmtem Umfang wird die Sortimentsgestaltung auch von Markttendenzen beeinflußt. Die Stabilität der von einer Auktionsgesellschaft entwickelten und eingeführten Sortimentsstruktur ist vor allem deshalb wichtig, weil sich im Laufe von Jahren auf den Auktionsplätzen Stammkäufer herausbilden, die über exakte Kenntnisse des jeweiligen Sortimentes verfügen. Sie verlassen sich auf die Seriosität der Sortimentsgestaltung. Damit ist es möglich, den Zeitaufwand für die Besichtigung zu begrenzen.

Die Anerkennung der Sortimente durch den Käufer, die Gestaltung seriöser und einheitlicher Sortimente und deren Verläßlichkeit ermöglicht es, abhängig von der Größe des Angebotes einer Rohfellart in einer bestimmten Qualität, die Besichtigung von Strings oder größerer Lose auf wenige Schaulose bzw. Schaubunde, die im Besichtigungsraum bereitgestellt werden, zu begrenzen. Die anderen zu den Strings bzw. Losen gehörenden Rohfelle sind bereits versandfertig verpackt. Durch diese Handhabung wird die Abwicklung der Auktion beschleunigt. Voraussetzung dafür ist, daß das Schaulos exakt die tatsächliche Qualität in allen Merkmalen des gesamten Loses oder Strings repräsentiert.

Unsauberkeiten im Sortiment und Differenzen zwischen Schaulos und der Gesamtpartie beeinträchtigen nicht nur den Ruf einer Auktion, sondern wirken auch in der Folge negativ auf die Auktionserlöse für die Produzenten.

Die Leipziger Sortimente haben eine hohe Qualität erreicht und genießen einen guten Ruf. Die Aufstellung sauberer, einheitlicher Sortimente, vor allem nach Farbe, Rauche, Glanz und Haarstruktur, erfordert hochqualifizierte Fachkenntnisse, ein gutes Auge, Tastgefühl, hohe Sorgfalt und ausgeprägtes Verantwortungsbewußtsein sowie nicht zuletzt große Erfahrungen.

Zwischen hohem züchterischen Können der Edelpelztierzüchter, gerichtet auf ein relativ einheitliches Aufkommen größerer Mengen von Edelpelztierfellen in Farbe und Haarstruktur und dem Auktionssortiment besteht ein enger Zusammenhang. Die Kunst der Sortierer ist nur so effektiv wie es die Zucht ermöglicht. Die Aufstellung eines guten Rauchwarensortimentes erfordert ein vertrauensvolles Zusammenwirken zwischen Züchter und Sortierer und ständiges Einwirken der Sortierer auf die Zuchtbetriebe. Beide haben ein einheitliches Ziel, die Bereitstellung von Edelpelztierfellen in höchster Qualität. Es muß angestrebt werden, daß die Züchter gute Kenntnisse in der Aufstellung von Sortimenten haben, also den Markt kennen und andererseits die Sortierer die Erfordernisse der Edelpelztierzucht beherrschen.

Pelzrohfelle von fremden Wareneignern aus anderen Ländern werden entweder sortiert und mit gekennzeichneten Schaulosen oder unsortiert dem Veranstalter der Auktion angeliefert. Bei unsortierten Rohfellen wird das Sortiment von der Auktionsgesellschaft aufgestellt. Von der sortierten Ware werden vielfach die Schaulose vom Auktionsveranstalter gezogen.

Eine solche Methode erfordert ein enges Vertrauensverhältnis zwischen Wareneigner und Auktionsveranstalter.

● Die Versteigerung, d. h. der Verkauf erfolgt durch Gebote der Käufer und Zuschlag für das Höchstgebot eines Käufers durch den Auktionator. Unterste Grenze der Gebote, für die ein Zuschlag erfolgen kann, sind die vom Auktionsveranstalter in Abstimmung mit den Produzenten oder Wareneignern festgelegten Preislimite. Bei der Festlegung der Limite sind die Produktionskosten die Grundlage, abhängig von der zum Zeitpunkt der Auktion gegebenen Marktlage. Vom Geschick und Einfühlungsvermögen des Auktionators wird der Ablauf der Versteigerung maßgeblich beeinflußt. Die Bildung von Strings erleichtert einen zügigen Ablauf der Versteigerung für den Auktionator und den Käufer. Die Gestaltung des Versteigerungsraumes muß gewährleisten, daß der Auktionator die potentiellen Käufer ständig in seinem Blickfeld hat und alle Käufer den Auktionator ohne Behinderung sehen können. Die Bildung eines Auktionspräsidiums aus mehreren Personen gewährleistet, durch ständiges Aufmerksammachen des Auktionators, daß alle Gebote der Käufer beachtet werden. Gleichzeitig werden die Käufer optisch über das jeweilige zur Versteigerung kommende Los informiert. Für den Auktionsablauf, Besichtigung und Versteigerung ist es vorteilhaft, wenn zwischen Besichtigungsobjekt und Versteigerungslokal die Entfernungen so gering sind, daß der Käufer die Möglichkeit hat, wenn nötig, zwischen beiden Auktionsobjekten zu pendeln.

Vor Beginn einer jeden Auktion wird der zeitliche Versteigerungsablauf nach Rohfellarten bekannt gemacht. Nicht alle an einer Auktion teilnehmenden Käufer ersteigern alle Arten und Qualitäten der angebotenen Pelzrohfelle. Kurze Entfernungen zwischen Besichtigungsobjekt und Versteigerungslokal geben die Möglichkeit, auch während der Versteigerung jene Rohfelle zu besichtigen, die zu späterer Stunde oder an einem anderen Tag versteigert werden.

● Das Niveau einer Auktion wird in zunehmendem Maße von einem guten Service bestimmt. Es muß so gestaltet sein, daß für Käufer und Wareneigner günstige Bedingungen für die Erledigung ihrer geschäftlichen und persönlichen Bedürfnisse gewährleistet sind. Der Kundenservice ist allen anderen Faktoren, die zur Anziehungskraft einer Auktion beitragen, gleichwertig. In der Regel sind es dieselben Käufer, die fast ein halbes Jahr von Auktionsplatz zu Auktionsplatz reisen und deshalb einen Anspruch darauf haben, daß ihnen ihre Arbeit optimal erleichtert wird.

● Die Abwicklung nach der Versteigerung, Rechnungslegung und der Transport, müssen zügig erfolgen. Die Käufer sind daran interessiert, daß die von ihnen gekauften Rohfelle möglichst rasch an dem von ihnen festgelegten Bestimmungsort eintreffen. Rasche und sichere Verpackung, schnelle Verladung nach erfolgter Bezahlung des Rechnungsbetrages begründen ebenso den Ruf einer Auktion wie das Angebot von Fellen und die ganze Auktionsatmosphäre.

2

Biologie der fleischfressenden Edelpelztiere

Heute sind ungefähr eine Million verschiedener Tierarten bekannt. Davon gehören etwa Dreiviertel zu den Insekten, 60 000 zu den Wirbeltieren oder Vertebraten, wovon ein Zehntel Säugetiere sind. Diese 6000 Säugetierarten leben heute noch; ungefähr 10 000 Arten sind im vergangenen Erdzeitalter ausgestorben (KNAUR, 1956). Auffallend ist ihre außerordentliche Mannigfaltigkeit in Größe, Gestalt und Lebensraum. Die Säugetiere, zu denen unsere Haus- und die Pelztiere gehören, entstanden aus dem Reptilienzweig.

Die Grundverzweigung der Tetrapoden aus dem Ast der Reptiliomorpha (Cotylosaurier) setzte bereits im *Karbon* ein. Im *Perm* differenzierten sich schon die einzelnen Reptilienzweige. Die Ictidosaurier (Nahsaurier), die den Säugetieren schon sehr nahestanden, entwickelten sich im *mittleren* bis *oberen Trias*. Im Verlauf des *Jura* erreichten vier Ordnungen das Säugetierstadium, die Multituberculata (Vierhöckerzähner), Symmetrodonta (Gleichzähner), Triconodonta (Dreispitzzähner) und die Pantotheria (Vielfalttiere). Erst im Zeitalter der *oberen Kreide* haben sich aus den Vielfalttieren höher organisierte Formen der Säugetiere entwickelt. Es entstanden die Insektivoren (Insektenfresser). Sie bildeten die Ausgangsbasis für alle höheren Säugetiere (Eutheria).

Die Gliederung und wissenschaftliche Klassifikation der Säugetiere ist heute eine ungewöhnlich schwierige Angelegenheit, denn manche Formen, die sich heute äußerlich durchaus ähnlen, sind in keiner Weise miteinander verwandt, während andere, die ganz verschiedene Gestalten zeigen, sich bei anatomischer Untersuchung als nahe miteinander verwandt erweisen. Allgemein wird heute das System der Säugetiere von dem amerikanischen Zoologen SIMPSON (1945), das von MÜLLER-USING und HALTENORTH (1954) in unsere Sprache eingeführt wurde, benutzt. Der besondere Wert von Simpsons Systematik liegt darin, daß er sowohl lebende als auch ausgestorbene Säugetiere in eine klare Ordnung stellt und so ein umfangreiches Bild dieser Tierklasse in Raum und Zeit gibt.

Der Nerz und seine nächsten Verwandten

Stellung im zoologischen System

Die Marder (Familie *Mustelidae*) sind die ursprünglichsten lebenden Landraubtiere. Ihr Körper ist entweder lang und schlank, mit langem Schwanz oder gedrungen mit kurzem Schwanz. Sie besitzen in der Regel fünf Finger und Zehen mit nicht zurückziehbaren Krallen. Die Körperlänge liegt zwischen 13 bis 19 cm (Zwergwiesel) und 100 bis 150 cm (Riesenotter). Rüden sind größer als Fähen, besonders deutlich ist das beim Nerz (Mink).

Marder haben 28 bis 38 Zähne, wovon besonders die Eckzähne sehr lang sind. Der letzte obere Vorbackenzahn und der erste untere Backenzahn sind «Reißzähne». Allen Mardern fehlen Blinddarm und Schlüsselbein.

Die Familie *Mustelidae* (Marder) besteht aus

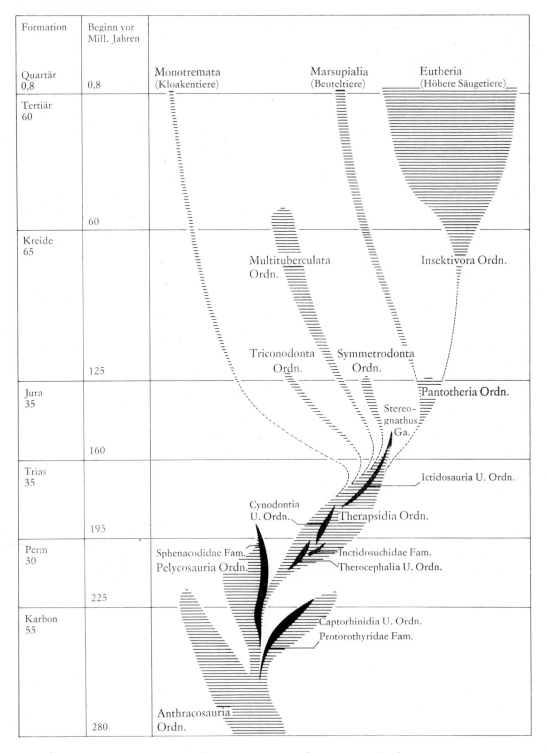

Abb. 2/1 Schematische Darstellung des Säugetierstammbaumes (nach GAFFREY, 1961)

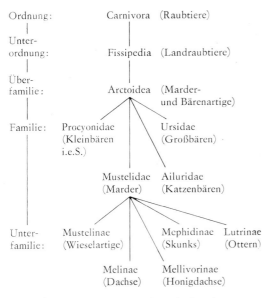

Abb. 2/2 Systematische Einteilung der Marder

Tabelle 2/1 Mustelinae (Wieselartige) nach HERTER, in GRZIMEK, 1972

Gattung: Erd- und Stinkmarder (Mustela)

Untergattung: Wiesel (Mustela i.e.S.)
Hermelin	= M. erminea Linné, 1758
	M. e. algerica Thomas, 1875
Langschwanzwiesel	= M. frenata Lichtenstein, 1831
Alpenwiesel	= M. altaica Pallas, 1811
Gelbbauchwiesel	= M. kathiah Hodgson, 1835
Sibirischer Feuerwiesel	= M. sibirica Pallas, 1773
Mauswiesel	= M. nivalis Linné, 1766
Zwergwiesel	= M. n. minuta Pomel, 1853
Kleinstwiesel	= M. n. rixosa Bangs, 1896
Rückenstreifenwiesel	= M. strigidora Gray, 1853
Tropischer Wiesel	= M. africana Desmarest, 1818

Untergattung: Nerze (Lutreola)
Europäischer Nerz	= Mustela lutreola Linné, 1761
Amerikanischer Nerz	= Mustela vison Schreber, 1777

Untergattung: Iltisse (Putorius)
Europäischer Iltis	= M. putorius Linné, 1758
Frettchen	= M. putorius furo Linné, 1758
Steppeniltis	= M. eversmanni Lesson, 1827
Schwarzfußiltis	= M. nigripes Audubon und Banchmann, 1851

Gattung: Vormela
Tigeriltis	= V. peregusna Güldenstaedt, 1770

Tabelle 2/2 Eigentliche Marder (Martes) nach HERTER, in GRZIMEK, 1972

Gattung: Eigentliche Marder (Martes)
Baummarder	= Martes martes Linné, 1758
Steinmarder	= Martes foina Erxleben, 1777
Zobel	= Martes zibellina Linné, 1758
Japanischer Marder	= Martes melampus Wagner, 1841
Fichtenmarder	= Martes americana Turton, 1806
Fischermarder	= Martes pennanti Erxleben, 1777

Untergattung: Charsas (Charronia)
Buntmarder	= M. flavigula Boddaert, 1875
Indischer Charsa	= M. gwatkinsi Horsfield, 1851

Gattung: Eira
Tayra	= E. barbata Linné, 1758

Gattung: Grisons (Galictis)
Großgrison	= Grison vittata Schreber, 1776
Kleingrison	= Grison cuja Molina, 1782

Gattung: Lyncodon
Zwerggrison	= L. patagonicus Blainville, 1842

Gattung: Ictonyx
Zorilla	= I. striatus Perry, 1810

Gattung: Poecilictis
Libysches Streifenwiesel	= P. libyca Hemprich und Ehrenberg, 1833

Gattung: Poecilogale
Weißnackenwiesel	= P. albinucha Gray, 1864

Gattung: Gulo
Vielfraß	= Gulo gulo Linné, 1758

fünf Unterfamilien mit insgesamt vierundzwanzig Gattungen in etwa siebzig Arten.

Die Nerze (Untergattung *Lutreola*) sind kurzbeiniger und etwas gedrungener als die Vertreter der Untergattung *Mustela* i. e. S. (Wiesel). Die Ohrmuscheln sind kurz und breit. Zwischen den Zehen befinden sich kurze Schwimmhäute. Es werden zwei Arten unterschieden:

● Europäischer Nerz *(Mustela lutreola)*
Die Körperlänge der Rüden beträgt 35 bis 40 cm, der Fähen 32 bis 40 cm. Der Schwanz der Rüden macht 35 bis 52 %, bei Fähen 37 bis 45 % der Körperlänge aus, Lebendmasse 500 bis 800 g (HEPTNER und NAUMOV, 1974).

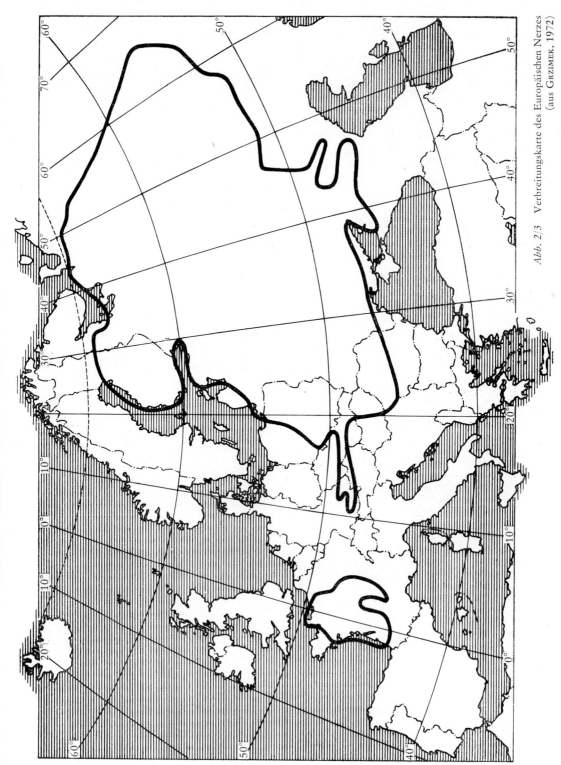

Abb. 2/3 Verbreitungskarte des Europäischen Nerzes (aus Grzimek, 1972)

Verbreitung: Europa außer Süd- und Nordwesteuropa, Kaukasus, westlicher Teil Westsibiriens.

Mustela lutreola kam früher fast in ganz Europa vor und war auch in Deutschland bis zum ersten Weltkrieg in einigen Gebieten (z. B. Lübeck, im Leinetal, in der Altmark) zu beobachten. Es ist möglich, daß er in diesen Gebieten durch die Kultivierung seiner Lebensräume ausgerottet wurde. Letztmalig sind Europäische Nerze 1922 im damaligen Ostpreußen und 1940 bei Göttingen beobachtet worden. Bei neueren Nerzfunden handelt es sich wohl um entwichene oder ausgesetzte Amerikanische Nerze bzw. deren Nachkommen. Im Osten ist der Europäische Nerz in Transkaukasien und Sibirien bis zum Irtysch und Tobol verbreitet.

- **Amerikanischer Nerz oder Mink** *(Mustela vison)*

Der Mink hat im Gegensatz zum Europäischen Nerz meist keine weiße Oberlippe. Verbreitet ist er in Nordamerika. Die Verbreitungsgrenzen verlaufen im Norden von Labrador, südlich der Hudsonbai und nördlich des Sklaven- und Bärensees zur Mündung des Mackenzie, in Alaska bis zur Beringstraße, im Süden von Florida den Golf von Mexiko entlang durch Texas und Nevada bis zur Küste des Stillen Ozeans bei San Franzisko.

Die Körperlänge beträgt bei Rüden 34 bis 45 cm, bei Fähen 31 bis 38 cm, Schwanzlänge 16 bis 25 cm, Lebendmasse Rüden bis 1580 g, Fähen 400 bis 780 g.

Seit 1930 wurde der Mink in vielen Ländern ausgesetzt (in der UdSSR ab 1933).

Beide Nerzarten haben viele Volksnamen. So wird der Europäische Nerz auch Nörz, Sumpfotter, Krebsotter oder Steinhund genannt, der Amerikanische Nerz Mink oder Vison. Die internationalen Bezeichnungen sind der Tabelle zu entnehmen.

Tabelle 2/3 Internationale Bezeichnungen beider Nerzarten (nach MOHR, 1961)

Sprache	Mustela lutreola	Mustela vison
Česky	Norek	Mink, norek americký
Dansk	Nertz, flodilder	Mink
Deutsch	Nerz	Mink
Englisch	European mink	Mink
Español	Visón, mink	Visòn americano
Francais	Vison d'Europe	Vison
Italiano	Lutreola	—
Magyar	Europai nyérc	Amerikai nyére
Nederlands	Nerts, flodilder	Mink
Norsk	Nerts	Mink
Polski	Norka	Norka amerykańska
Português	—	Visão
Russki	Ewropejckaja norka	Amerikanskaja norka
Suomenkieli	Vesikko	Minkki
Svenska	Flodiller	Mink

Lebensweise

Beide Nerzarten leben meist an Bächen, Flüssen und Seen, wenn die Ufer mit üppigem Pflanzenwuchs, Hohlräumen unter Steinen und Wurzeln sowie angeschwemmtem Holz günstige Verstecke bieten. Die Tiere gehen oft ins Wasser, sie können sehr gewandt schwimmen und tauchen. Ihre Lager und Nester befinden sich in hohlen Bäumen, unter Stubben, zwischen Wurzeln oder oberirdisch in Schilfdickichten, auch in vorgefundenen oder selbstgegrabenen Uferhöhlen mit einem Zugang über der Wasserfläche und einem Luftschacht an der Landseite. Nerze sind Dämmerungs- und Nachttiere.

Auf dem Erdboden *jagen* sie meist in Ufernähe, wobei sie sich ähnlich wie Hermeline verhalten und mehr Tiere töten als sie verzehren können. Außerdem erbeuten sie schwimmend und tauchend viele Wasserbewohner. Mägen von nordamerikanischen Nerzen enthielten 47% Nager (Wühlmäuse, Bisamratten), 4% Kaninchen, 2,5% Maulwürfe, 2,5% Frösche, 19% Fische, 16,5% Krebse, 7% Insekten und 1% Pflanzen. Der Nutzen durch Vertilgen von Nagern wiegt meist den Schaden, der in Wildgewässern durch das Verzehren von Fischen und Krebsen entsteht, auf.

Wildnerze *paaren* sich im Februar und März. Nach einer Tragezeit von 39 bis 48 Tagen, die aber auch mehr als 70 Tage dauern kann, bringt die Fähe im April oder Mai zwei bis sechs, selten zehn Junge, die nach 30 bis 35 Tagen die

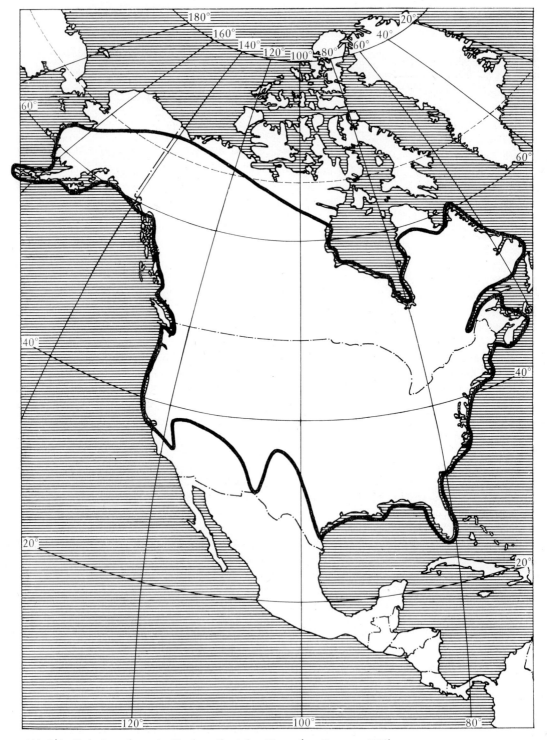

Abb. 2/4 Verbreitungskarte des Nordamerikanischen Nerzes (aus Grzimek, 1972)

Augen öffnen. Die Welpen werden vier bis fünf Wochen gesäugt. Mit vier Monaten beginnen sie ihr selbständiges Leben.

Da der Europäische Nerz nie farmmäßig gehalten wurde und wird, soll er in der weiteren Besprechung nicht mehr berücksichtigt werden. Im folgenden wird also nur noch auf den Amerikanischen Nerz, Mink oder Vison, eingegangen.

Verbreitung des amerikanischen Nerzes

Der Mink ist über ganz Nordamerika – außer in den Trockengebieten – verbreitet. Entsprechend dieses großen Gebietes sind viele Unterarten bekannt. Die Stammuntergattung, *Mustela vison vison,* wird im Pelzhandel als *Eastern Mink* bezeichnet. Er lebt im nordöstlichen Teil der USA, genauer im nördlichen Teil von Labrador, Quebec, Newschottland und Newbraunschweig.

Der *Mustela vison lacustris,* der *Hudsonbay Mink,* ist in Mittelkanada, in dem Gebiet vom Großen Bärensee bis Alberta entlang der Hudsonbai, weiterhin in Saskatschewan und Manitoba sowie in Norddakota in den USA zu finden. An der Ostküste der USA bis südlich nach Nordkarolina, aber auch in Ohio, Georgia, Alabama bis zum Missouri und bis Texas kommt *Mustela vison mink* vor. Es ist aber anzunehmen, daß diese Unterart nur ein Synonym von *Mustela vison lutreocephala* ist. Der *Mustela vison lutensis* lebt südlich davon, während im Westen von Alaska bis Kalifornien die Untergattung *Mustela vison energumenus* zu Hause ist. Nördlich davon befindet sich das Gebiet von *Mustela vison melampeplus.*

In der Gegend des Yukon Flusses lebt die Unterart *Mustela vison ingens,* in den östlichen Gebieten Alaskas der *Mustela vison nigrescen,* in Labrador und in der Nähe der Hudsonbai der *Mustela vison borealis.* Möglicherweise ist letzterer mit dem *Mustela vison lacustris* identisch. Im Mündungsgebiet des Mississippi, in Louisiana, existiert der Südnerz, *Mustela vison vulgivagus,* in Arkansas, Missouri und Illinois der Südnerz *Mustela vison letifera.* Sie sind aber sicher mit *Mustela vison vulgivagus* identisch,

da auch ihre Bezeichnungen, Südnerz, übereinstimmen.

Der *Mustela vison energumenus* lebt in Kalifornien in der Gegend der Flüsse Sacramento und Saint Jacob. Zwischen den Gebieten der *Mustela vison energumenus* und *Mustela vison ingens* findet man den *Mustela vison nesolestes,* den Inselnerz, der in der Inselwelt von Alexandrien zu Hause ist. In den 50er Jahren wurde der kanadische Nerz in Sibirien, im Altai-Gebiet, in Baschkirien und Transkaukasien mit guten Erfolgen angesiedelt.

Der Rotfuchs und seine nächsten Verwandten

Stellung im zoologischen System

Die Rotfüchse und ihre Mutationen gehören zu den Echten Füchsen (Gattung: *Vulpes),* die in neun Arten ein großes Verbreitungsgebiet von Nordamerika und Europa bis zum größten Teil Afrikas einerseits und weiten Teilen Asiens andererseits bewohnen. In Australien wurde der Rotfuchs vom Menschen ausgesetzt.

Hier seien die euroasiatisch-nordamerikanischen Rotfüchse mit vier Arten genannt:
- Rotfuchs *(Vulpes vulpes)*

Heimat: in vielen Unterarten in Europa, Nord- und Mittelasien sowie Nordamerika (Unterart: *Vulpes vulpes fulva).*
- Tibetfuchs *(Vulpes ferrilatus)*

Heimat: Nepal und Tibet auf Hochflächen über 4000 m. Der Pelz ist besonders dicht.
- Bengalfuchs *(Vulpes bengalensis)*

Heimat: Westasien und Vorderindien.
- Afghanfuchs *(Vulpes canus)*

Heimat: Pakistan, Afghanistan, in der Turkmenischen und Tadshikischen SSR.

Die genannten Echten Füchse sind kleine bis mittelgroße Hundeartige mit großen Ohren, verlängerter Schnauze und langem buschigem Schwanz (Lunte). Die Ohren sind außen schwarz gefaßt, wie auch die Zehen der Vorder- und Hinterbeine, so daß sie – vorn mehr als hinten – schwarz gestiefelt erscheinen. Der außerordentlich lange Schwanz ist rötlich, mit

schwarzen, gelben oder grauen Schattierungen, beim sogenannten «Birkfuchs» hat er eine weiße, beim «Brandfuchs» eine schwarze Spitze. Birkfüchse sind meistens etwas heller im Haar. Seltener kommen Weißlinge und Schwarzlinge vor. Schwarzlinge sind besonders in der Litauischen, Lettischen und Estnischen SSR sowie in Nordamerika, wo durch solche Tiere die Silberfuchszucht aufgebaut wurde, zu finden.
Ein weiteres Farbbeispiel ist der Kreuzfuchs mit einem schwarzbraunen Schulterkreuz. Für *Vulpes vulpes* gelten: KL (Körperlänge) 60 bis 90 cm, SL (Schwanzlänge) 35 bis 40 cm, SH (Schulterhöhe) 35 bis 40 cm, Lebendmasse 2,2 bis 10 kg. Einzelne Tiere können wesentlich größere Maße und Körpermasse erreichen.
Der Rotfuchs gehört zu den bekanntesten Wildhundarten. Viele Völker haben ihn in Fabeln, Märchen und Sagen beschrieben. Es sei an den im 11. Jahrhundert entstandenen Volksnamen «Reinhart» (franz. renard), er bedeutet «der durch seine Schlauheit Unüberwindliche», und das niederdeutsche Tierepos «Reinke de Vos» aus dem 15. Jahrhundert erinnert.

Lebensweise

An seinen *Lebensraum* stellt der Fuchs keine großen Ansprüche. Den Bau legt er am liebsten im Wald, auf buschigem, tiefgründigem, aber nicht zu festem Boden an. Gern benutzt er bewohnte und unbewohnte Dachsbaue. Es sind sogar Fälle bekannt, wo Wildkatze und Fuchs gemeinsam den Bau bewohnten. Füchse sind vorwiegend standorttreu. Markierte Füchse wurden höchstens fünf Kilometer weit vom Markierungsort gefangen oder geschossen, nur sechs v. H. wanderten 30 bis 70 Kilometer weit.
Die *Hauptnahrung* besteht aus Mäusen, insbesondere Wühlmäusen, von denen einmal 48 Stück in einem Fuchsmagen gefunden wurden. Weiter frißt er: Regenwürmer, Schnecken, Heuschrecken, Maikäfer und deren Larven, Mistkäfer, Wespenlarven, Raupen, Fliegenmaden. Gern nimmt er Fisch, Waldeidechsen, Frösche, Vögel und deren Eier. Ausnahmsweise werden auch Höckerschwäne, Truthühner, Auerhähne, Frischlinge und Rehkitze überwältigt.

Tabelle 2/4 Systematische Einteilung des Fuchses und seiner nächsten Verwandten (nach Grzimek, 1973)

Ordnung:	Carnivora (Raubtiere)
Unterordnung:	Fissipedia (Landraubtiere)
Überfamilie:	Cymofeloidea (Hunde- und Katzenartige)
Familie:	Canidae (Hundeartige)
Unterfamilie:	Caninae (Echte Hunde)
Gattung:	Canis (Wolfs- und Schakalartige)
Untergattung:	Canis i.e.S. (Wolfs- und Schakalartige)

Untergattung: Abessinienfüchse (Simenia)
Abessinischer Fuchs	= C. simensis Rüppell, 1835

Gattung: Eis- und Steppenfüchse (Alopex)
Eisfuchs	= Alopex lagopus Linné, 1758
Steppenfuchs	= Alopex corsac Linné, 1768

Gattung: Echte Füchse (Vulpes)
Rotfuchs	= Vulpes vulpes Linné, 1758
Nordamerikanischer Rotfuchs	= V. v. fulva Desmarest, 1820
Tibetfuchs	= V. ferrilatus Hodgson, 1842
Bengalfuchs	= V. bengalensis Shaw, 1800
Afghanfuchs	= V. canus Blauford, 1877
Swift Fuchs	= V. velox Say, 1823
Großohr-Kitfüchse	= V. macrotis Merriam, 1888
Kamafuchs	= V. chama Smith, 1833
Rüppelfuchs	= V. rueppeli Schinz, 1825
Blaßfuchs	= V. pallidus Cretzschmar, 1826

Gattung: Wüstenfüchse (Fennecus)
Fennek	= F. zerda Zimmermann, 1780

Gattung: Rothunde (Cuon)

Gattung: Marderhunde (Nyctereutes)
Marderhund	= N. procyonoides Gray, 1834

Gattung: Graufüchse (Urocyon)
Ind. Graufuchs	= U. littoralis Baird, 1858
Festland-Graufuchs	= U. cinereoargenteus Schreber, 1775

Weiterhin die Gattungsgruppen:
Waldfüchse (Spreothonini)
Kampffüchse (Dusicyonini)

Eine große Rolle spielt die Pflanzenkost. In der Blaubeerzeit ist der Fuchskot (die «Losung») regelmäßig schwarz. Für Edelobst und Weintrauben, aber auch für Spargel und reife Pflaumen hat er eine Vorliebe. Nahrung, die er nicht sofort aufnimmt, wird vergraben.
Die *Fortpflanzungszeit* (Ranz- oder Laufzeit) fällt gewöhnlich in die Wintermonate Januar

Tabelle 2/5 Internationale Bezeichnungen für Vulpes vulpes (nach Mohr, 1961)

Sprache	Vulpes vulpes
Česky	Liška obecná
Dansk	Rxv
Deutsch	Fuchs, Rotfuchs
Englisch	Red fox
Español	Zorro, raposa
Francais	Renard
Islenzka	Refur, raudrefur
Italiano	Volpe, volpe rossa
Magyar	Róka, vörös róka
Nederlands	Vos
Norsk	Rev, rödrev
Polski	Lis
Português	Zorra, raposa
Russki	Lissiza
Suomenkieli	Kettu
Svenska	Räv
Türkee	Tilki

und Februar. Nach 7 bis 8 Wochen Tragezeit bringt die Fähe drei bis fünf Jungtiere zur Welt. Zehnerwürfe, wie sie bei Farmfüchsen vorkommen, sind bei Wildfüchsen sehr selten.

Die *Neugeborenen* sind maulwurfsgroß. Sie tragen ein nußbraunes bis schiefergraues wolliges Erstlingskleid mit weißer Schwanzspitze, weißem Brustfleck und gelblichweißen Stirnbändern. Sie sind 10 bis 15 cm lang und wiegen 80 bis 150 g. Drei bis vier Wochen werden sie ausschließlich mit Muttermilch ernährt. Mit zwölf bis vierzehn Tagen öffnen sie die Augen. Die Säugeperiode hört mit der achten Lebenswoche auf. Bis zum Anfang des Sommers bleibt die Familie unter Führung der Mutter zusammen. Dann laufen die Jungen auseinander und grenzen ihr Territorium ab. Bei den Jungfüchsen kommt es während der Aufzucht fast immer zu Verlusten. Selten werden mehr als zwei bis drei Jungtiere groß.

Durch *Abschuß* wird der Fuchsbestand in den gewünschten Grenzen gehalten. Dieses «Kurzhalten» ist heute notwendig geworden, weil in Ost- und Mitteleuropa, zum Teil auch in Westeuropa, seit rund dreißig Jahren die größte je in der Wissenschaft bekanntgewordene Tollwutepidemie herrscht. Um der Verbreitung dieser Seuche Einhalt zu gebieten, müssen die Jäger jeden erlegbaren Fuchs abschießen.

Die bekanntesten *Stimmlaute* des Fuchses sind «keckern» im Kampf oder bei Bedrohung, heisere Winsel-, Kläff- und Knurrlaute als Verständigungsmittel zwischen Mutter und Jungen ein kurzes «(W)au... h» als Warnlaut und meist nur ein in größeren Zeitabständen wiederholtes wie «hau» klingendes, weithallendes Bellen als Sehnsuchts- oder Verlassenheitsruf.

Die natürlichen Feinde des Fuchses in Mitteleuropa sind überwiegend ausgerottet oder sehr selten geworden, zu nennen sind Stein-, Seeadler, Habicht, Uhu, selten Wolf und Wildkatze.

Herkunft und Verbreitung

Der amerikanische Rotfuchs (Unterart: *Vulpes vulpes fulva*) weicht in einigen Merkmalen vom europäischen Rotfuchs ab, besonders in Körpergröße und Qualität des Felles. Aus diesem Grund wurde die Unterart zur Farmzucht verwendet. Wir kennen mehrere Unterarten des amerikanischen Rotfuchses; den *Vulpes fulva pennsylvanica*, der in den Staaten Quebec und Ontario lebt. Er wird im Pelzhandel als *Virginia*- oder *Halfax-Fuchs* bezeichnet. Der *Vulpes fulva rubricosa* gilt als selbständige Unterart, auch als *Vulpes rubricosa abegweit* erwähnt. Er ist in der Gegend des St.-Lorenz-Stromes und auf der Insel Prinz Edward zu Hause. Charakteristisch für diese Unterart ist der breite Gesichts-Nasen-Teil und eine starke Bezahnung. Der hellrote *Vulpes fulva deletrix* lebt in Neufundland. *Vulpes f. bangsi* ist dunkelrot, sein Fell besteht aus sehr feinen Haaren. Labrador und Eastmaine sind seine Heimatgebiete. Die größte Unterart ist *Vulpes fulva alascensis*. Dieser lebt in der Gegend des Yukon Flusses. Der *Vulpes fulva abietorum* ist in den Gebieten von Alberta und in der Republik Kolumbien zu Hause. Der helle, große *Vulpes fulva regalis* hat lange Ohren und einen langen Schwanz. Er ist in Nord- und Süd-Dakota, in Minnesota, Manitoba und in Saskatschewan zu finden. Der *Vulpes fulva canadensis* lebt in Cascade Range, in der Republik Kolumbien, Nordkalifornien und in Gebieten des Mount Larsen. Er ist rötlichgelb und die kleinste von allen Unterarten. Nicht viel größer sind die Unterarten *Vulpes fulva macroura* und *Vulpes fulva necatix* in den Rocky Mountains, in Utah, Colorado, Wyoming. Letzterer ist auch in Kalifornien und Nevada zu finden.

Der Blaufuchs und seine nächsten Verwandten

Stellung im zoologischen System

Der Eisfuchs und damit auch der Blaufuchs gehören zur Gattung *Alopex,* wozu nur noch die Steppenfüchse *(Alopex corsac)* rechnen. Diese Gattung *(Alopex)* steht wegen einer Anzahl von Merkmalen zwischen der Gattung *Canis* (Wolfs- und Schakalartige) und der Gattung *Vulpes* (Echte Füchse). Äußerlich ist sie den Füchsen ähnlich, aber hochbeiniger. Schädel und Zähne stimmen mit denen der Gattung *Canis* überein, dabei ist der Augenbrauenfortsatz nicht nach innen wie bei den Echten Füchsen, sondern flach, fast nach außen gewölbt.

Hier sei nur auf die Art *Alopex lagopus* eingegangen. Dazu einige Daten (nach PEDERSEN in GRZIMEK, 1972): KL (Körperlänge) 46 bis 68 cm, SL (Schwanzlänge) etwa 30 bis 40 cm, SH (Schulterhöhe) bis 30 cm. Lebendmasse 2,5 bis 5 kg, im Einzelfall bis 9 kg. Vorkommen: Arktische Gebiete.

Tabelle 2/6 Internationale Bezeichnungen für Alopex lagopus (nach MOHR, 1961)

Sprache	Alopex lagopus
Česky	Liška polární
Dansk	Polarrxv
Deutsch	Eisfuchs
Englisch	Arctic fox
Español	Zorro àrtico, zorro polar
Francais	Renard bleu, Renard polaire
Islenzka	Refur, Fjallrefur, Tófa
Italiano	Volpe bianca, Volpe polare
Magyar	Sarki röka
Nederlands	Poolvos
Norsk	Fjellrev, polarrev
Polski	Pisiec (lis polarny)
Russki	Pessez
Suomenkieli	Naali
Svenska	Fjällräv

Der Eisfuchs gehört zu den wenigen Eistieren unter den Landsäugern. Seine Verbreitung erstreckt sich vom Treibeis der arktischen Meere über das Inlandeis des gesamten Nordpolgebietes. Am größten und schwersten sind die Eisfüchse des nordamerikanischen und europäisch-asiatischen Festlandes, die kleineren leben auf den arktischen Inseln. Kennzeichen für alle Vertreter dieser Art: die im Winter dicht behaarten Pfoten, denen die Tiere ihren lateinischen Artennamen (*lagopus* = der Hasenfüßige) verdanken.

Man schätzt die Gesamtzahl der Eisfüchse in den Tundren der Sowjetunion heute auf etwa 200 000; auf den arktischen Inseln dürfte der Besatz jedoch noch dichter sein.

Lebensweise

Wie außerordentlich anpassungsfähig und vielseitig der Blaufuchs ist, beweist er schon bei seiner Nahrungswahl. Sie besteht aus allen schwächeren kleineren Lebewesen seines Bereiches. Er bevorzugt besonders Meerestiere, die an den Strand geschwemmt werden, aber auch Aas, Lemminge und andere Kleinnager, außerdem plündert er Nester bodenbrütender Vögel. Sein wichtigstes Beutetier aber ist der Lemming, ein mausgroßer Nager, der in mehreren Arten die Polarzone bewohnt. Es gibt kein Verbreitungsgebiet dieses Tieres, in dem nicht auch der Eisfuchs zu finden ist. Das zahlenmäßige Vorkommen des Lemming ist großen Schwankungen unterworfen. Solange es genügend Lemminge gibt, lebt der Eisfuchs vorwiegend von ihnen, geht die Anzahl der Lemminge zurück, sind auch nur wenige Eisfüchse vorhanden. Da der Eisfuchs aber im Laufe des polaren Winters oft keine tierische Nahrung bekommen kann, ist er gezwungen, die armselige Pflanzenwelt, Tannennadeln und -zapfen, Moose, Flechten usw. zu fressen.

Für seinen *Bau* bevorzugt der Eisfuchs freistehende trockene Hügel aus Lehm oder einer Mischung von Lehm und Sand. Auf solchen Hügeln befinden sich oft viele Fuchsbaue. Von Natur aus ist er ein monogames Tier. Im Vergleich zum Rotfuchs hat er eine weit höhere *Ver*-

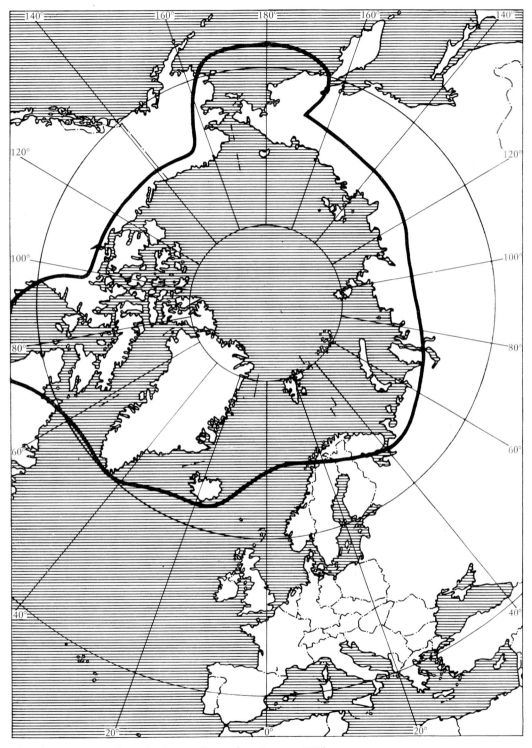

Abb. 2/5 Verbreitungskarte der Gattung Alopex (aus GRZIMEK, 1972)

mehrungsrate. Das ergibt sich aus den ungünstigen ökologischen Faktoren. Während es beim Rotfuchs pro Wurf vier bis sechs Junge sind, hat der Eisfuchs acht bis zehn, ja sogar vierzehn Junge. Allerdings verenden sehr viele Jungtiere in den ersten Lebenstagen. Bei sehr schlechten Ernährungsverhältnissen, die es ja zu gewissen Zeiten immer wieder im hohen Norden gibt, vermehren sich die Eisfüchse kaum.

Die *Trächtigkeit* dauert einundfünfzig bis vierundfünfzig Tage. Die Augen der nackt und blind geborenen Jungtiere öffnen sich mit vier bis fünf Wochen. Die Säugeperiode beträgt sechs bis acht Wochen. Mit drei Monaten trennen sich die Jungtiere von der Mutter und sind damit selbständig. Eisfüchse sind häufig zu hören. Nähert sich ein Mensch dem Bau, so sucht er durch lautes Bellen («maurr» oder «morr»), den Eindringling vom Bau wegzulocken. Zur Fortpflanzungszeit in der zweiten Märzhälfte ist oft ein nacheinanderfolgendes «Gak-gak-gak» zu hören. Die natürlichen Feinde des Eisfuchses sind Eisbären und Adler.

Herkunft und Verbreitung

Im allgemeinen sind die Eisfüchse des nordamerikanischen und des euroasiatischen Festlandes die größten und schwersten. Sie unterscheiden sich dadurch von den kleineren Eisfüchsen auf den arktischen Inseln.

Ihre durchschnittliche Schädellänge beträgt nur 18 cm, die von der des kontinentalen Eisfuches (mehr als 20 cm) übertroffen wird (PEDERSEN, 1959). Übergangsformen kommen durch Vermischung ständig vor. Auf Grund der Schädellänge *(Condylobasallänge)* werden heute unterschieden:

- der euroasiatische Festlandeisfuchs *(Alopex lagopus lagopus* L.) und
- der kleinere euroasiatische Inseleisfuchs *(Alopex lagopus spitsbergensis* Barett Hamilton).

Für Nordamerika sind mehrere Rassen bekannt; zu nennen ist der Kommandeur-Eisfuchs *(Alopex beringensis Merriam)* und die Unterart Mednyi-Eisfuchs *(Alopex beringensis semonowi)*.

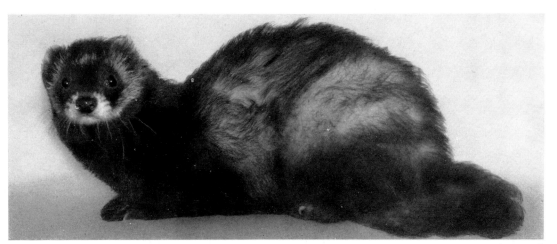

Europäischer Iltis (männlich)

Steinmarder, 12 Wochen alt

Weiblicher Baummarder

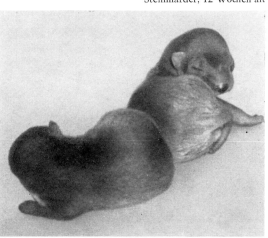

Steinmarder, vier Tage alt

Amerikanischer Nerz im Schnee

Europäische Nerze

SILBERFUCHS UND ROTFUCHS

Silberfuchs　　　　　　　　　　　　　　　　Rotfuchs

Rotfuchsfähe

Blaufuchs im Schnee

Blaufuchs, im Hintergrund eine Pelzrobbe

3

Altersbestimmung bei fleischfressenden Pelztieren

Zur Entwicklung der Altersbestimmung

Einen geschichtlichen Überblick über die Altersbestimmung bei Haustieren gaben KROON (1929) und HABERMEHL (1961). HABERMEHL berücksichtigt auch das jagdbare Wild und die Pelztiere. Weitere spezielle Untersuchungsergebnisse für Pelztiere liegen von SIEGMUND (1935), GAUSS (1939), JENTZSCH (1956), RÖTTCHER (1965) und WENZEL (1970) vor.

400 vor der Zeitenwende gibt XENOPHON die ersten schriftlichen Hinweise über die Altersbestimmung bei Pferden. XENOPHON kennt die Kunden und deren Wert für die Altersbeurteilung. 384 bis 322 vor der Zeitenwende beschreibt ARISTOTELES in «Historia animalium» den Wechsel der Zähne bei Pferd, Esel und Maulesel. Zu dieser Zeit sind bereits die Anzahl der Zähne und die Tatsache bekannt, daß die hinteren Backenzähne *(Molaren)* nicht gewechselt werden. Bei Rind, Schwein und Hund sind zu dieser Zeit die Alterskriterien noch wenig erforscht. 360 bis 300 vor der Zeitenwende berichtet APSYRTUS in «Hippiatrica» über die Reibeflächen der Schneidezähne von Pferden und ihre Formveränderungen von oval über rund bis zur dreieckigen Form. 116 bis 27 vor der Zeitenwende erscheint ein umfangreicher Bericht von TERENTIUS VARRO über die Altersbestimmung bei Pferden.

23 vor bis 29 nach der Zeitenwende gibt es die Altersbestimmungen von PLINIUS. Er weist darauf hin, daß neben den Zahnaltersbestimmungen auch andere Merkmale, zum Beispiel ringförmige Verdickungen an Ziegenhörnern, bedeutungsvoll sind.

1260 erscheint von DE CRESCENZI eine Neuauflage der schon bekannten Merkmale zur Altersbestimmung. Im 14. Jahrhundert schreibt der Araber ABOU-BERK IBN-BEDR in «Le Nácéri» über betrügerische Manipulationen an den Zähnen der Pferde. Er berichtet außerdem, daß das Rind nur am Unterkiefer Schneidezähne besitzt. Im 16. und 17. Jahrhundert erscheinen Angaben von v. HOHENBURG (1581), DE SERRES, DE FRANCINI, PAQUET (1614), JOURDAIN (1655), MARKHAUS (1650), DE SOLLEYSEL (1664) und RUINI (1598 und 1626). Doch bringen diese Autoren nichts Neues. Im 18. Jahrhundert folgen von CHOMEL (1731), LIGER (1749) und DE BUFFON (1774) einige, allerdings lückenhafte Angaben über die Altersbestimmung von Rind, Schaf und Hund.

Erst im 19. Jahrhundert beginnen auf Grund umfangreicher anatomischer Untersuchungen die wissenschaftlichen Beschreibungen der Alterskriterien. PESSINA (1809 bis 1811) und die Brüder GIRARD (1821/1834) gelten als die Begründer der modernen Altersbestimmungslehre bei Haustieren. Ende des 19. Jahrhunderts und Anfang des 20. Jahrhunderts folgen systematische Untersuchungen über die Altersmerkmale bei den kleinen Haustieren, beim Geflügel und beim Wild. Im 20. Jahrhundert erscheint von KROON (1916, 1921, 1929) eine zusammenfassende Darstellung «Die Lehre der Altersbestimmung bei den Haustieren».

Die ersten Arbeiten zur Altersbestimmung bei Pelztieren sind: SIEGMUND (1935) «Die Altersbestimmung des Silberfuchses auf Grund zahnanatomischer Merkmale», GAUSS (1939) «Zahnaltersbestimmung beim Silberfuchs», JENTZSCH (1956) «Makroskopische Anatomie der Zähne und Altersbestimmung beim Sumpfbiber», HABERMEHL (1961) «Altersbestimmung bei Haustieren, Pelztieren und jagdbarem Wild», RÖTTCHER (1965) «Beiträge zur Altersbestimmung beim Nerz, Steinmarder und Iltis», WENZEL (1970) «Ein Beitrag zur Altersbestimmung bei Farmnerzen anhand des Penisknochens», WENZEL und HARTUNG (1973) «Ein Beitrag zur Altersbestimmung beim farmgehaltenen Minkrüden anhand des Penisknochens».

Bedeutung und Methoden der Altersbestimmung

Das Alter eines Tieres entscheidet oft über seine weitere Verwendung, ob es zur Zucht, Mast oder zu anderer wirtschaftlicher Verwertung genutzt werden soll. Vor allem bei den Zuchttieren ist das Alter urkundlich festgehalten. Vergleichsweise zum Gesamtbestand machen diese aber nur einen geringen Prozentsatz aus. Oft ist es für Zoologen, Tierzüchter, Förster und nicht zuletzt für Tierärzte nötig, das Alter eines Tieres ohne urkundliche Unterlagen näher zu bestimmen.

HABERMEHL (1961) weist auf die Bedeutung der Altersbestimmung bei erkrankten Tieren hin, denn sie ist für die Prognose, die Therapie, die Durchführung operativer Heilverfahren und schließlich auch dafür notwendig, ob ein Tier aus wirtschaftlichen bzw. Tierschutzgründen zu töten ist, oder ob man versucht, es zu retten. Eine Altersbestimmung ist weiterhin bei forensischen Fällen, bei Abschluß von Tierversicherungen, für die tierärztliche Lebensmittelüberwachung und beim Tierverkauf äußerst wichtig.

Die umfangreiche Literatur über Altersbestimmung weist beachtliche Unterschiede auf. In vielen Fällen ist es notwendig, die verschiedenen Angaben nachzuprüfen, gegebenenfalls zu erhärten sowie nach neuen Methoden zu suchen. Diese Abweichungen lassen sich zum Teil damit erklären, daß verschiedene Rassen einer Tierart untersucht wurden und hier die unterschiedliche Körperentwicklung bei früh-, mittel- und spätreifen Rassen die Altersbestimmung wesentlich beeinflußte. Da man bei jeder Altersbestimmung einen Unsicherheitsfaktor mit berücksichtigen muß, schlagen einige Autoren vor, das Tieralter nur zu schätzen und mit «ganz jung», «jung», «alt» und «sehr alt» zu bezeichnen. Das ist jedoch eine unzureichende Altersbestimmung.

Die Methoden der Altersbestimmung beinhalten heute nicht nur den Durchbruch der Zähne, ihren Wechsel, ihre Abnutzung sowie die Anzahl der Hornringe bei horntragenden Tieren. Man zieht unter anderem das Skelett, den Nabelstrang, die Klauen, die Verknöcherung der Knorpelkappen von Wirbeldornfortsätzen, die Farbe des Knochenmarkes in der Spongiosa am gespaltenen Wirbel, die Verknöcherung des Kreuzbeines, den Epiphysenfugenknorpel, die Beckensymphyse und den Epiphysenschluß an den Gliedmaßenknochen zur Altersbestimmung heran. Beim Hund wird außerdem das Alter nach dem Ausfallen der Zähne, dem Ergrauen des Kopfhaares, dem Alterskatarakt, nach der Art des Gesichtsausdruckes, nach der Körperhaltung und der Bewegung bestimmt. Beim Rot-, (*Cervus elaphus*), Dam- (*Dama dama*) und Rehwild (*Capreolus capreolus*) bestimmt man das Alter unter anderem an Länge und Stärke der Rosenstöcke (HABERMEHL, 1961). Beim jagdbaren Federwild sind der Schnabel, die Kopf-, Hals- und Brustfedern, die Ständer und die Handschwingen Bestimmungskriterien.

1951 führte HINZE eine Altersbestimmung am Breitenwachstum der Nagezähne, an der Länge der Wurzel des Backenzahnes (Prämolaren) P_4 im Unterkiefer bei Bibern (*Castor fiber*) durch. Weiterhin wurden zur Altersbestimmung für *Castor fiber* auch der Verlauf der *Linea nuchalis* (Knochenkamm am Übergang des Scheitelteils zum Nackenteil des Hinterhauptbeines) und der *Crista parietalis* (Leiste auf der gewölbten Außenfläche der Scheitelbeine) herangezogen. HAGEN (1955) führte eine Altersbestimmung bei *Microtus arvalis* (Feldmaus) anhand der Schwanzwirbel durch und setzte den Knochen-Knorpelindex ins Verhältnis.

Auf die Möglichkeit, am *Os penis* (Os penis, baculum = Penisknochen = Rutenknochen) das

Altersbestimmung beim Amerikanischen Nerz (Mustela vison)

In diesem Abschnitt werden alle uns bekannten Altersmerkmale für Farmnerze (*Mustela vison*) zusammengestellt und nach dem Alter geordnet. Die Zusammenstellung soll die Altersbestimmung vereinfachen.

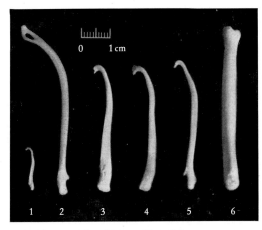

Abb. 3/1 Penisknochen von Musteliden
1 Mustela erminea (Hermelin)
2 Martes foina (Steinmarder)
3 Mustela putorius (Iltis)
4 Mustela putorius furo (Frettchen)
5 Mustela vison (Nordamerikanischer Nerz)
6 Lutreola lutreola (Fischotter)

Alter zu bestimmen, weisen unter anderem KUBACSKA (1933, 1955) beim *Ursus spelaeus* (Höhlenbär), ELDER (1951) bei *Mustela vison* (nordamerikanischer Nerz), FRILLEY (1949) bei *Lutra canadensis* (kanadischer Fischotter), MAIDSHJUN-AITE (1957) bei *Martes martes* (Edelmarder), RJABOV (1958) bei *Martes foina* (Steinmarder) und MOHR (1963) bei *Zalophus californianus* (kalifornischer Seelöwe) hin.
DEANESLY (1935) zeigte an *Mustela erminea* (Großwiesel, Hermelin), daß die Penisknochenmasse von Alttieren und Jungtieren unterschiedlich ist. WRIGHT (1950) konnte bei seinen Untersuchungen an *Mustela frenata* (Bandwiesel) kein Ineinandergreifen der Penisknochenmassen von Alt- und Jungtieren feststellen. Nach beiden Autoren ist eine genaue Altersbestimmung in den ersten zehn Lebensmonaten möglich.
Aus dieser kurzen Zusammenstellung geht hervor, daß für die Altersbestimmung nicht nur ein Merkmal, sondern alle für diese Tierart bekannten Alterskriterien herangezogen werden sollten. Für die Edelpelztierzucht trifft das Problem der Altersbestimmung in gleicher Weise zu.

Vom neugeborenen bis zum abgesetzten Nerz (achte Lebenswoche)

Der *neugeborene* Nerz ist blind, die Gehörgänge sind geschlossen. Der Gehirnschädel ist bedeutend größer als der Gesichtsschädel. Die Lebendmasse bei der Geburt beträgt 8 bis 10 g, (nach WENZEL, 1975, im Durchschnitt 8,4 g), die Länge 7 cm. Die Haut ist blaßrosa und nackt. Am *zweiten* und *dritten Lebenstag* wird die Haut von einem silbrigweißen, schimmernden Haarflaum bedeckt. In der *ersten* bis *zweiten Lebenswoche* verdoppelt sich die Lebendmasse auf 16 bis 20 g. Die Welpen sind noch zahnlos. Der gesamte Körper ist vollständig mit Haarflaum bedeckt.
In der *dritten Lebenswoche* brechen die vier Milchhakenzähne, die vier Milchreißzähne, c und p_3 im Oberkiefer sowie p_4 im Unterkiefer, (p oder P: Prämolaren, die ersten drei Backenzähne, M: Molaren, letzte Backenzähne, c oder C: Canini, Eckzähne, i oder I: Incisivi, Schneidezähne) und im Unterkiefer die Milchprämolaren p_3 durch. Das Deckhaar ist 5 mm lang.
Die Gehörgänge öffnen sich in der *vierten Lebenswoche*. Im Oberkiefer ist p_4 sichtbar. Die Haarfarbe ist dunkel, grau bis graubraun, die Deckhaare sind 9 bis 10 mm lang.
Mit *fünf Lebenswochen* öffnen sich die Augen (28. bis 32. Lebenstag). Der Blick ist noch nicht gerichtet, die Augen sind verschleiert und haben einen bläulichen Schimmer. In diesem Alter sind die Milchreißzähne bereits hochgewachsen, im Unterkiefer zeigen sich die ersten Milchprämolaren (p_2). Die Unterwolle wird sichtbar.
In der *sechsten Lebenswoche* sind die Augen tiefschwarz, die Milchreißzähne im Oberkiefer und Unterkiefer sichtbar, im Oberkiefer er-

scheint p₂. Das Milchgebiß ist mit 28 Zähnen vollzählig. Die Zahnformel lautet:

$$\frac{3\,i \quad 1\,c \quad 3\,p}{3\,i \quad 1\,c \quad 3\,p} = 28 \text{ Zähne}$$

In der *siebenten Lebenswoche* werden im Oberkiefer die Milchschneidezähne gewechselt. M_1 bricht im Oberkiefer, M_1 und C brechen im Unterkiefer durch. In der *achten Lebenswoche* wird ein stärkeres Wachstum der Eingeweideschädel beobachtet. Ein deutlicher Unterschied in der Lebendmasse zwischen Fähen und Rüden macht sich bemerkbar (Fähen $\bar{x}$ 570 g; Rüden $\bar{x}$ 749 g). In diesem Alter sind im Unterkiefer die Schneidezähne, im Oberkiefer die Reißzähne (P_4) und die Canini (C) durchgebrochen. In der achten Lebenswoche läßt sich beim Nerzrüden der Penisknochen palpieren.

Der Penisknochen vom Nerz gleicht nach ELDER (1951) im großen und ganzen der Gestalt des Penisknochens aller zur Gattung Mustela gehörenden Tiere. Der Knochen hat ungefähr die Form eines «J» mit einem distalen hakenförmigen Ende. In der distalen Hälfte verläuft die Urethralrinne an der Ventralfläche des Knochens. In der Nähe der Peripherie der distalen, hakenförmigen Spitze vertieft sie sich deutlich. Durch die Tiefe der Urethralrinne bekommt der Knochen hier den Querschnitt eines umgekehrten «V». In der Mitte des Knochens ist der Querschnitt annähernd dreieckig, wobei die dorsale Spitze des Dreiecks abgerundet ist. Das proximale Ende, das zur Befestigung des Schwellkörpers (*Corpus cavernosus penis*) dient, ist verschieden in seiner Gestalt. Es ist bei jugendlichen Tieren wenig ausgebildet, wird aber mit der Geschlechtsreife immer rauher und gröber. Alle Penisknochen haben eine deutlich ausgeprägte, bogenförmige Gestalt. Die durchschnittliche Penisknochenmasse beträgt im Alter von acht Wochen 62,4 ± 8,1 mg, die durchschnittliche Länge 27,4 ± 1,0 mm. In diesem Alter werden die Nerze im allgemeinen vom Muttertier abgesetzt.

Der abgesetzte Nerz bis zur Pelzreife (siebenter bis achter Lebensmonat)

In der *neunten Woche* werden die jungen Nerze paarweise oder einzeln in die Gehege umgesetzt. Im Unterkiefer sind die Schneidezähne (I_1, I_2, I_3) und M_1 hochgewachsen; Verlust der Milchhakenzähne im Unterkiefer sowie P_4 im Oberkiefer. P_3 im Oberkiefer, M_2 und P_3 im Unterkiefer sind in der *zehnten Woche* durchgebrochen. In der *elften Woche* fallen im Oberkiefer die Milchhakenzähne aus.

Bei *zwölf Wochen* alten Nerzen ist der Lebendmasseunterschied zwischen Rüden ($\bar{x} = 1135$ g) und Fähen ($\bar{x} = 731$ g) schon erheblich. Im Unterkiefer verlieren die Nerze die letzten Milchprämolaren, P_2 bricht durch, C ist hochgewachsen. Bei Rüden beträgt die Penisknochenmasse $\bar{x} = 94,3 \pm 11,9$ mg, die Penisknochenlänge $\bar{x} = 30,9 \pm 1,9$ mm. In der *dreizehnten Woche* fällt im Oberkiefer p_3 aus. Mit *fünfzehn Lebenswochen* sind im Oberkiefer C, P_2, P_3, M_1 und im Unterkiefer P_2, P_3, P_4 und M_2 hochgewachsen.

Mit *sechzehn Lebenswochen* beträgt die durchschnittliche Körpermasse für Rüden 1610 g, für Fähen 990 g. Im Oberkiefer ist der Reißzahn P_4 hochgewachsen. Zu diesem Zeitpunkt ist das Ersatzgebiß mit 34 Zähnen vollständig ausgebildet. Die Zahnformel für das Ersatzgebiß lautet:

$$\frac{3\,I \quad 1\,C \quad 3\,P \quad 1\,M}{3\,I \quad 1\,C \quad 3\,P \quad 2\,M} = 34 \text{ Zähne}$$

Die Penisknochenmasse liegt bei 96,2 ± 15,0 mg, die Penisknochenlänge bei 29,5 ± 1,8 mm.

Fünf Monate alte Nerze wiegen $\bar{x} = 1990$ g (Rüden), bzw. $\bar{x} = 1050$ g (Fähen). Der Unterschied zwischen männlichen und weiblichen Tieren ist also deutlich. In diesem Alter beginnen

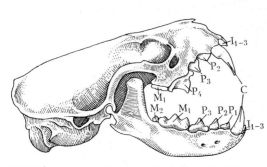

Abb. 3/2 Seitenansicht eines adulten Nerzschädels (Mustela vison)

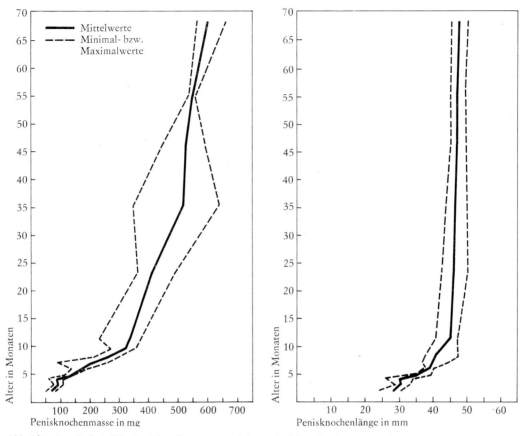

Abb. 3/3 Durchschnittliche Penisknochenmasse und -länge für Mustela vison vom 2. bis 68. Lebensmonat

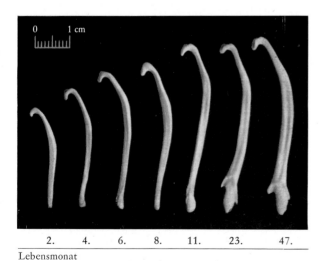

Abb. 3/4 Anordnung der Penisknochen von Mustela vison dem Alter nach

Tabelle 3/1 Penisknochenmasse und Penisknochenlänge für Mustela vison vom 2. bis 68. Lebensmonat

Alter in Monaten	Anzahl der untersuchten Tiere	x̄ Penisknochenmasse mg	x̄ Penisknochenlänge mm
2.	48	62,4	27,4
3.	45	94,3	30,9
4.	98	86,2	29,5
5.	23	126,7	36,7
6.	96	169,7	39,9
7.	24	207,7	40,9
8.	23	258,7	42,2
10. bis 11.	382	327,5	45,5
22. bis 23.	169	422,9	46,6
34. bis 35.	71	526,4	46,9
45. bis 47.	95	532,7	47,0
54. bis 56.	46	551,8	46,5
68.	23	617,4	46,7

die Schädelnähte zu verschmelzen. Die Penisknochenmasse liegt bei 126,7 ± 6,1 mg, die Penisknochenlänge bei 36,7 ± 0,9 mm.

Sechster Monat: Rüden wiegen im Durchschnitt 2 380 g, Fähen 1 280 g. Durch die Vereinigung der beiden Cristae frontalis externae entsteht die Crista sagittalis externa. 169,7 mg ± 9,5 mg beträgt nun die Penisknochenmasse, 39,9 ± 1,6 mm die Penisknochenlänge. *Siebenter Monat:* Die Penisknochenmasse vergrößert sich (207,7 ± 37,1 mg), ebenso die Penisknochenlänge (40,9 ± 2,2 mm).

Achter Monat: Rüden sind ($\bar{x}$ = 2 480 g) fast doppelt so schwer wie Fähen ($\bar{x}$ = 1 390 g). An den Zähnen machen sich erste Abnutzungserscheinungen am I_1 des Unterkiefers und des Oberkiefers, stärker bei Fähen als bei Rüden,

bemerkbar. Die Crista sagittalis externa (Crista sagittalis externa: Leiste in der Scheitelgegend, Harmonia: die glatte Knochennaht, Sutura: die Naht) ist klar abgegrenzt, bei weiblichen Tieren 26,1 mm, bei männlichen Tieren 32,5 mm lang. Die Nähte sind fast völlig verschmolzen bis auf die Harmonia und einige Suturen. Bei Schädeln adulter Tiere fällt eine «taillenförmige» Einschnürung hinter den Processus zygomatici des Os frontale auf, die bei acht Monate alten Tieren aber noch fehlt. (Processus zygomaticus: der kurzgezackte Fortsatz des Stirnbeines; Orbita: Augenhöhle). Die Penisknochenmasse beträgt 258,7 ± 26,7 mg, die Penisknochenlänge 42,2 ± 3,0 mm.

Der Zuchtnerz (ab neunten Monat) bis zum natürlichen Tod

Zehnter Lebensmonat: Die Penisknochenmasse liegt bei 321,6 ± 29,4 mg, die Penisknochenlänge bei 45,6 ± 1,4 mm. *Elfter Monat:* Die Nerze haben eine Penisknochenmasse von 333,4 ± 22,5 mg, eine Penisknochenlänge von 45,4 ± 1,8 mm. *Zwölfter Monat:* Die Nerze befinden sich im Haarwechsel, neue dunkle Haare wachsen um die Augen und am Schwanz. *13. Monat:* Neue Haare sind an der Nase, den Augen und den Hintergliedmaßen sichtbar. *14. Monat:* Der Haarwechsel geht von den Ohren nackenwärts bis zu den Schultern, über

Tabelle 3/2 Übersicht des Verhältnisses von Pastorbitalbreite zu Interorbitalbreite bei Mustela vison (nach RÖTTCHER, 1965)

Alter in Monaten	♀♀ Interorbitalbreite		Postorbitalbreite	♂♂ Interorbitalbreite		Postorbitalbreite
8	1	:	0,95	1	:	0,85
20	1	:	0,85	1	:	0,74
32	1	:	0,78	1	:	0,55
44	1	:	0,72	kein Untersuchungsmaterial		

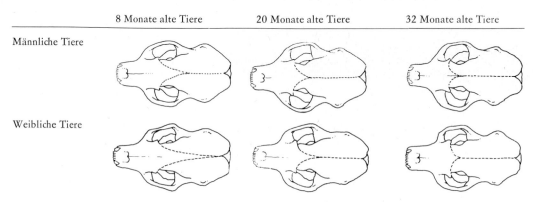

Abb. 3/5 Nerzschädel von Tieren verschiedenen Alters und Geschlecht. Darstellung der Längenzunahme der Crista sagittalis externa, die Verringerung der Postorbitalbreite und die Veränderungen am Hinterhauptsbein (nach RÖTTCHER, 1965)

Vorder- und Hinterbeine bis zum Schwanz. *15. Monat:* Schwanz- und Rumpfpartien sind neu behaart. Das Wachstum des Sommerfelles ist abgeschlossen. Das Leder der Nerze hat eine gelbe Farbe. *16. Monat:* Das Fell wird glanzlos, die Unterwolle fällt aus. Die Haut an der Schwanzspitze ist anfangs bläulich, später violett. *17. Monat:* Der Schwanz haart von hinten nach vorn durch, am Körper sitzen viele lose Haare. *18. Monat:* Neues Deckhaar von ungefähr 1 cm Länge und die Unterwolle werden sichtbar. *19. Monat:* Die neuen Deckhaare sind 1,3 cm bis 1,6 cm lang. An Kopf, Nacken und Schultern ist der Haarwechsel in vollem Gange. *20. Monat:* Die I_1 und I_2 des Unterkiefers sind nicht mehr zweilappig, sie haben typische Meißelform. Zu diesem Zeitpunkt ist die Fellreife erreicht. Der Pelz ist dunkel, dicht und glänzend, die Haut hellcremfarben oder sahneweiß. Die Crista sagittalis externa ist bei Rüden 38,2 mm, bei Fähen 29,9 mm lang. An den Schädelnähten sind nur noch die Harmonia, die Sutura petrotemporalis und die Sutura petronasalis schwach sichtbar. *22. bis 23. Monat:* Die durchschnittliche Penisknochenmasse beträgt 422,9 ± 40,5 mm, die Penisknochenlänge 46,6 ±0,8 mm. *32. Monat:* Die Zahnabnutzung ist so stark, daß auch das Dentin in Mitleidenschaft gezogen wird. Die Crista sagittalis externa verlängert sich nach oral, anfangs schnell, später langsam. Ihre Höhe beträgt 3 mm, die Länge bei Rüden 41,0 mm, bei Fähen 31,4 mm. In diesem Alter sind die Nähte zwischen den Nasenbeinen nicht mehr sichtbar. *34. bis 35. Monat:* Die Penisknochenmasse liegt bei $\bar{x} = 526,4 \pm 99,1$ mg, die Penisknochenlänge bei $\bar{x} = 46,9 \pm 1,7$ mm. *44. Monat:* Alle Zähne sind stark abgenutzt. Die Schneidezähne haben Meißelform, teilweise fehlt I_1. An der Crista sagittalis externa hört das Längenwachstum auf. Bei Rüden ist sie 42 mm, bei Fähen 32,7 mm lang. Alle Suturen sind verschwunden. *45. bis 47. Monat:* Die Penisknochenmasse beträgt durchschnittlich 532,7 ±46,2 mg, die Penisknochenlänge 47,0 ±1,5 mm. *54. bis 56. Monat:* Die Penisknochenmasse ist weiter angestiegen ($\bar{x} = 552,5 \pm 5,1$ mg), die Penisknochenlänge bleibt konstant ($\bar{x} = 46,5 \pm 0,9$ mm). *68. Monat:* Die Penisknochenmasse liegt bei $\bar{x}=617,4 \pm 28,5$ mg, die Penisknochenlänge durchschnittlich bei 46,7 ±2,2 mm. *72. Monat:* Fang- und Reißzähne sind stark abgenutzt. *84. Monat:* Graue Grannenhaare auf der Nase, um die Augen und auf den Schultern sind deutlich sichtbar.

Das physiologisch bekannt gewordene Höchstalter eines Nerzes betrug 18 Jahre (RÖTTCHER, 1965).

Altersbestimmung beim Fuchs

Silberfuchs (Vulpes vulpes)

Die Altersbestimmung beim Silberfuchs kann nach Durchbruch, Wechsel und Abnutzung der Zähne erfolgen. Der Silberfuchs hat die gleiche Zahnformel wie der Haushund:

Für das Milchgebiß:

$$\frac{3\,i \quad 1\,c \quad 3\,p}{3\,i \quad 1\,c \quad 3\,p} = 28 \text{ Zähne}$$

Für das Ersatzgebiß:

$$\frac{3\,I \quad 1\,C \quad 4\,P \quad 2\,M}{3\,I \quad 1\,C \quad 4\,P \quad 3\,M} = 42 \text{ Zähne}$$

Auch sonst gleichen Zähne und Gebiß denen des Hundes, nur die alternierende Stellung der Prämolaren bei der Okklusion (Verschluß) ist viel ausgeprägter. Der im April geborene Silberfuchs ist zahnlos.

Mit *vier Wochen* ist gewöhnlich das gesamte Milchgebiß vorhanden, dabei sind an den Schneidezähnen meist noch die Nebenlappen sichtbar. An ihren Hauptlappen ist noch keine Abnutzung zu erkennen. Die Milchprämolaren zeigen meist nur den Haupthöcker. Mit *sechs Wochen* sind alle Lappen an den Milchschneidezähnen gut sichtbar. Die Schneidezähne sind im Oberkiefer breiter als lang.

Im *zweiten Lebensmonat* sind die Milchschneidezähne des Oberkiefers so lang wie breit. Ihre Lappen nutzen sich unregelmäßig ab. Durch das Breitenwachstum des Kiefers rücken die Zähne, besonders im Zwischenkiefer, deutlich auseinander. Die dadurch entstehenden Lücken werden von den Zangen zu den Milchecksschneidezähnen breiter. Im Unterkiefer rücken die

Zähne normalerweise etwas später auseinander. Mit *zweieinhalb bis vier Monaten* wechseln die Schneide- und Hakenzähne. Nach Konstitution und Entwicklungszustand erfolgt beim Silberfuchs mit zehn Wochen der Zahnwechsel im Unterkiefer meist früher als im Oberkiefer. Mit *drei bis dreieinhalb Monaten* Mittelzahnwechsel, mit *dreieinhalb bis vier Monaten* Wechsel der Eckschneidezähne. Ab dreieinhalb Monaten beginnt der Wechsel der Hakenzähne und ist mit ungefähr fünf Lebensmonaten abgeschlossen, im Oberkiefer früher als im Unterkiefer. Die Ersatzhaken des Oberkiefers brechen oral der Milchhakenzähne durch, wobei letztere oft noch eine Zeitlang persistieren.

Das Alter von *vier bis fünf Monaten* ist beim Silberfuchs oft durch doppelte Hakenzähne gekennzeichnet. Im Unterkiefer erscheinen die Ersatzzähne lingual (lat. Lingua: die Zunge) von den Milchhaken, die gewöhnlich grauschwarz verfärbt sind und ebenfalls kurze Zeit persistieren können.

Im *fünften Lebensmonat* sind alle Schneidezähne und etwas später auch die Hakenzähne voll entwickelt. Mit fünfeinhalb bis sechs Monaten ist das vollständige Gebiß vorhanden.

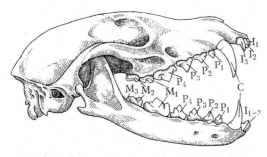

Abb. 3/6 Seitenansicht eines adulten Fuchsschädels (Vulpes vulpes)

Im Alter von *sechs bis zwölf Monaten* beginnt die Abnutzung an den Hauptlappen der Zangen des Oberkiefers sowie an den Zangen und Mittelzähnen des Unterkiefers sichtbar zu werden. Die Reibeflächen sind scharfkantig bis stumpf. An den übrigen Schneidezähnen ist die Lappung noch gut, an den Hakenzähnen sind fast keine Veränderungen zu beobachten, hin und wieder können Schmelzdefekte infolge von äußeren Einwirkungen beobachtet werden.

Mit *ein bis zwei Jahren* kann man eine starke Abnutzung beider Lappen der Mittelzähne erkennen. An den Eckschneidezähnen sind beide oder nur die Hauptlappen in Reibung. An P_4 beginnt die Abnutzung. Bei Tieren unter zwei Jahren ergeben sich wegen der unterschiedlich starken Abnutzung der bleibenden Zähne etwa 23 Prozent Fehlschätzungen. Gewöhnlich ist die Abnutzung der unteren Schneidezähne ausgeprägter als es beim Hund der Fall ist. Im *zweiten bis dritten Lebensjahr* sind die Lappen an den Zangen verschwunden, P_3 ist in Reibung.

Mit *drei bis vier Jahren* verschwindet die Lappung an den Mittelschneidezähnen. Die P_2 zeigen durchgehende Reibefläche, oder ihre beiden Höcker sind wie jene der M_1 in Reibung. Im Alter von *vier bis fünf Jahren* sind Mittelzähne und Zangen bis auf die Hälfte ihrer Kronen abgekaut. Im *sechsten bis achten Lebensjahr* sind die Kronen der Schneidezähne vollkommen abgenutzt, die Hakenzähne beginnen sich abzureiben. Nach dem siebenten Lebensjahr ist bei Silberfüchsen die Krone der P_4 bis zur Hälfte abgenutzt, und an sämtlichen Backenzähnen bilden sich durchgehende Reibeflächen.

Die erwähnten Abnutzungserscheinungen an den Hakenzähnen sind nur bedingt zur Altersbestimmung zu verwerten, da sie durch Beißen und Zerren am Drahtgitter entstehen. Diese Zähne können daher schon sehr frühzeitig abbrechen. Weiterhin ist wichtig, daß die anfänglich weiße Zahnfarbe mit zunehmendem Alter dunkler und schließlich graubraun wird. Bedeutungsvoll für eine genaue Altersbestimmung beim Silberfuchs sind noch eine Anzahl anderer Faktoren, wie das Zurückbleiben der Allgemeinentwicklung, Schmelzhypoplasien, Stellungsanomalien der Zähne und ähnliches mehr. Diese Merkmale müssen in jedem Falle bei der Altersbestimmung berücksichtigt werden (LUPS, NEUENSCHWADER, WANDELER, 1972).

Altersbestimmung mit Hilfe der Zahnzementkronen (Altersringe des Zahnes) ist u. a. von GRUE und JENSEN (1973) an markierten Rotfüchsen in Dänemark und von MONSON u. a. (1973) an einer Unterart des Rotfuchses (*Vulpes* fulva var. silver) bekannten Alters in Nordamerika durchgeführt worden. Die Untersucher fanden bei den untersuchten Tieren vom Welpenalter bis zum Alter von fünf Jahren eine 100 %ige Übereinstimmung zwischen Zementringalter und tatsächlichem Lebensalter, wenn zu der Anzahl der festgestellten Zementringe jeweils die Zahl 1 addiert wurde. Gerechtfertigt wird das Zuzählen der Zahl 1 dadurch, daß die Autoren das Auftreten des ersten Jahresringes bei den von ihnen untersuchten markierten Tieren stets im Alter zwischen einem und eineinhalb Jahren feststellen konnten.

Die Zementringe können an allen Zähnen nachgewiesen werden, so daß grundsätzlich alle Zähne für diese Altersbestimmung genutzt werden können. GEIGER u. a. (1977) sind der Auffassung, daß die mittleren beiden Prämolaren (P_2 und P_3) am besten dafür geeignet sind.

Die Altersbestimmung mit Hilfe der Linsentrockenmasse wurde von BRÖMEL und ZETTL (1974) an 1 655 Rotfüchsen durchgeführt.

HARTUNG (1980) zog den Penisknochen von einheimischen Wildrotfüchsen zur Altersbestimmung heran. Danach ist der Penisknochen lediglich anhand der Massezunahme für eine Altersbestimmung in Jung- und Alttiere bis zum Oktober geeignet. Penisknochenlänge und visuelle Beurteilung der Gestalt des Penisknochens sind beim Rotfuchs für die Altersbestimmung wenig brauchbar, da sie nur für die Zeit herangezogen werden können, in der man ohnehin unschwer nach dem allgemeinen Eindruck der Körperentwicklung zwischen Jungtier und Alttier unterscheiden kann.

Blaufuchs (Alopex lagopus)

Der Blaufuchs hat folgende Zahnformel für das Milchgebiß:

$$\frac{3\,i \quad 1\,c \quad 3\,p}{3\,i \quad 1\,c \quad 3\,p} = 28 \text{ Zähne}$$

für das Ersatzgebiß:

$$\frac{3\,I \quad 1\,C \quad 4\,P \quad 2\,M}{3\,I \quad 1\,C \quad 4\,P \quad 3\,M} = 42 \text{ Zähne}$$

Der neugeborene Blaufuchs ist blind und zahnlos. Er wiegt bei der Geburt 50 bis 90 g. Im Alter von fünfzehn bis sechzehn Tagen öffnet der Welpe die Augen. Mit zwei Monaten sind durchschnittlich 1800 g Körpermasse erreicht. Das Höchstalter beträgt zehn bis zwölf Jahre.

Angaben über Altersbestimmung beim Blaufuchs sind in der Literatur nur spärlich vorhanden. KLEVEZAHL und KLEINENBERG (1967) untersuchten an Blaufüchsen mit bekanntem Alter die Anzahl der Zementringe der Zähne. Dabei konnten sie feststellen, daß die Zementringe der Blaufuchszähne direkt das Lebensalter in Jahren angeben. Ein Hinzuzählen der Zahl 1, wie es beim Rotfuchs nach GRUE und JENSEN (1973) üblich ist, ist für den Blaufuchs also nicht notwendig.

Tabelle 3/3 Altersbestimmung nach der Linsentrockenmasse beim Rotfuchs in den ersten zwei Lebensjahren

Alter nach dem Zahnalter (Zahndurchbruch, -wechsel und -abnutzung)	Linsentrockenmasse mg
2 Monate	50 bis 80
3 Monate	80 bis 105
4 Monate	105 bis 125
5 Monate	125 bis 170
6 Monate	160 bis 180
7 Monate	165 bis 185
8 Monate	170 bis 190
9 Monate	185 bis 200
10 Monate	195 bis 205
11 Monate	200 bis 215
12 Monate	210 bis 230
1 bis 2 Jahre	220 bis 250

4

Farmzucht des Nerzes

Nerze wurden erstmals in den 80er Jahren des 19. Jahrhunderts in Kanada gezüchtet. Zu dieser Zeit war noch der Silberfuchs das meistgehaltene Pelztier. Etwa um 1930 hatte die Nerzfellproduktion in Kanada bereits einen Umfang von 160000 Fellen jährlich, d. h. zu einer Zeit, als in Europa die ersten Anfänge der Nerzzucht nachgewiesen werden konnten. 1926 kamen erste Nerze vor allem nach Deutschland. Heute sind in Europa die Sowjetunion und die skandinavischen Länder die Hauptproduzenten von Nerzfellen.

Die gesamte *Weltproduktion* an Nerzfellen kann auf über 25 Millionen geschätzt werden. Etwa 1/3 dieser Produktion stammt aus der Sowjetunion, die bereits 1963 rund 2,5 Millionen Felle erzeugte. Dieses bereits damals sich abzeichnende hohe Wachstumstempo der Nerzfellproduktion in der Sowjetunion hat sich bis gegenwärtig fortgesetzt. Insgesamt gesehen stammen etwa 40 % der Weltproduktion an Nerzfellen aus sozialistischen Ländern. Eine planmäßige Steigerung dieser Produktion wird das Verhältnis weiter verschieben.

Die Tabellen 4/1 bis 4/3 vermitteln einen Überblick über die *absolute Produktion* in den letzten Jahrzehnten bis einschließlich 1981 sowie über die Verschiebungen der einzelnen *Nerzmutationen*. Dabei läßt sich eindeutig feststellen, daß nicht Nerzfelle schlechthin auf dem Weltmarkt Bedeutung haben, sondern bestimmte Farbmutationen, z. B. Pastell, Demi Buff und Standard, bevorzugt werden.

Tabelle 4/1 Weltproduktion von Nerzfellen in der Zeit von 1940 bis 1981

Jahr	Felle Anzahl	Jahr	Felle Anzahl
1940	636 900	1971	22 390 000*
1945	1 329 100	1974	23 450 500
1950	3 017 200	1975	23 900 450
1955	5 958 000	1976	23 845 100
1959	11 118 000	1977	17 815 000
1964	19 800 000	1978	18 775 000
1968	19 600 000	1979	19 370 000
1970	25 062 000	1981	23 300 000

* Dieser Rückgang ist durch die rückläufige Tendenz der Nerzfellproduktion in den USA bedingt, die 1971 weniger als 50 % gegenüber 1964 ausmachte.

Tabelle 4/2 Veränderung der Rassenstruktur der farbigen Nerze (in %) in der Zeit von 1955 (a) bis 1958 (b) am Beispiel der skandinavischen Länder

Land	Standard		Pastell		Platinum		Saphir		Sonstige Mutationen	
	a	b	a	b	a	b	a	b	a	b
Dänemark	76	45	12	34	8	12	1	2	3	7
Finnland	71	29	17	52	10	11	1	5	1	3
Norwegen	56	22	26	52	14	13	2	8	2	5
Schweden	71	35	15	41	10	12	2	10	2	2

Der Standardnerz und seine Mutationen

Standard

In den ersten Jahren der Nerzzucht wurden Tiere aus verschiedenen geographischen Gegenden miteinander gekreuzt. Die größte Bedeutung hatten zunächst der Alaskanerz und der Ostkanadische Nerz. Das Ergebnis der Zuchtarbeit, der langjährigen Selektion, ist ein Nerz, der heute als Standardnerz bezeichnet wird. Da dieser das Ergebnis verschiedener Zuchtrichtungen mit Vorfahren aus verschiedenen geographischen Gegenden ist, vertritt der Standardnerz keinen einheitlichen Typ. Er ist im allgemeinen dunkel. Das Zuchtziel sieht vor, die Konzentration des dunklen Pigments im Grannenhaar zu erhöhen. Zwischen der Farbe des Grannenhaares und der der Unterwolle besteht meistens ein Unterschied, die Unterwolle ist heller als die Grannenhaare. Die Unterwolle kann zwei Farbtöne haben, entweder dunkelbraun in verschiedenen Intensitätsstufen oder grau, ebenfalls verschieden stark. Krallen, Pfoten, Nase und Augen des Nerzes sind dunkelbraun – hervorgerufen durch starke Konzentration des Pigments.

Standardnerze unterscheiden sich untereinander durch verschiedene Felleigenschaften, wie Dichte der Grannenhaare und der Unterwolle, Struktur der Grannenhaare und Gleichmäßigkeit. In den letzten Jahren wurde durch strenge Selektion ein Standardtyp gezüchtet, der als «Black» bezeichnet wird. Wie der Name andeutet, hat dieser Nerz sehr dunkles, fast schwarzes Deckhaar und schwarze Unterwolle. Die Struktur der Grannen ist gleichmäßig. Als Nachteil gilt der hellere Ton der Unterwolle und deren fehlende Gleichmäßigkeit. Nerze mit Zonenverfärbung der Unterwolle, mit stark ausgeprägtem hellen Ton (bis zur Sandfarbe) der Unterwolle sowie mit Nestverfärbung des Haares werden am besten sofort aus der Zucht ausgesondert.

In den letzten Jahren wurde aus dem Schwarzen Nerz ein neuer Standard gezüchtet, und zwar der Jet (Jet, Jet Black). Dieser Typ ist zur Zeit dominierend. Die Merkmale des Jet-Nerzes sind: schwarzes Deckhaar mit violettem Glanz und sehr dunkles, fast schwarzes Unterhaar. Das Haar dieser Mutation ist dichter als das des Standardnerzes. Der Jet-Nerz besitzt gute Zuchteigenschaften sowie eine hohe Lebensfähigkeit. Jet-Rüden decken meistens bis zu 15 Standardfähen in einer Zuchtsaison. Die Jet-Fähen brachten im Durchschnitt über vier Junge.

Jet-Nerze werden oft eingekreuzt. Hier seien einige Beispiele genannt:

Jet × Standard = 50% Jet, 50% Standard
Homo Jet × Standard = 100% Jet
Homo Jet × Jet = 50% Homo Jet, 50% Jet
Jet × Jet = 50% Jet, 25% Homo, 25% Standard
Jet × Farbmutation = 50% Jet, 50% Farbmutation

Jet-Nerze lassen sich innerhalb des Wurfes besonders in den ersten vier Wochen verhältnismäßig einfach herausfinden. Schwieriger ist es schon, so frühzeitig zwischen dem homozygoten Jet-Nerz und dem heterozygoten Jet zu unterscheiden.

Tabelle 4/3 Zusammensetzung der Nerzproduktion (rassenmäßig) am Beispiel der USA 1963 und Veränderung der Zusammensetzung gegenüber 1960

Farbe	Anzahl der Nerze im Jahr 1963	Prozent, bezogen auf die Gesamtanzahl 1963	1960
Standard	1 288 000	17,0	17,9
Saphir	628 000	8,8	9,0
Aleute	325 000	4,2	5,8
Platinum	110 000	1,3	1,6
Pastell	2 560 000	36,0	47,3
Hellbraun	416 000	5,8	3,6
Winterblau	141 000	2,0	1,0
Lavendel	356 000	5,0	1,9
Pearl	798 000	11,1	5,0
Weiß	238 000	3,3	2,9
Sonstige Mutationen	275 000	5,5	4,0
Insgesamt	7 135 000	100	100

Um 1963/64 hatten die USA die im Weltmaßstab höchste Produktion von Nerzfellen; bis 1971 ist dieser Umfang um mehr als 50 % gesunken.

Mutationen

In den dreißiger Jahren dieses Jahrhunderts gab es in den USA bei Paarungen von Standard-Nerzen Nachkommen mit anderen Fellfarben. Die erste Mutation war der Platinum (silberblau). Einige Züchter interessierten sich für diese neuen Farben. Sie paarten silberblaue Tiere miteinander und erhielten eine Nachzucht mit der gleichen Fellfärbung. 1931 wurde eine Vereinigung der Züchter von Platinum-Nerzen gegründet, die 1944 mit den Entwicklungstendenzen zur Zucht anderer farbiger Nerze in die «Vereinigung der Züchter von Mutationsnerzen» umbenannt wurde. Die durch Mutation gezüchteten Nerzrassen bestanden anfänglich aus folgenden Gruppen: graublau, braun, weiß und zweifarbig.

Vor der Beschreibung der Mutationstypen beim Nerz einiges zur Erscheinung der *Mutation* selbst. Jeder Organismus besitzt einen ihn charakterisierenden Genotyp. Der Genotyp stellt die genetische Zusammensetzung des Individuums dar. Jedes Merkmal des Individuums wird durch ein Gen oder eine Gruppe von Genen bestimmt. Ähnlich ist es mit dem Merkmal der Fellfarbe. Über eine bestimmte Fellverfärbung entscheidet die Wirkung eines ganz bestimmten Gens. Das neue Individuum entsteht als Ergebnis der Vereinigung von zwei Zellen, die als Gameten bezeichnet werden. Die Zygote, so heißt die Zelle, die aus der Vereinigung des Samens mit der Eizelle entsteht, beinhaltet zwei Gene eines bestimmten Merkmals – eines vom Vater und eines von der Mutter. Wenn diese Merkmale bei beiden Teilen die gleichen sind, so bilden sich bei den Nachkommen ebenfalls die gleichen Merkmale. Ein solches Individuum wird bezüglich dieser Merkmale als homozygot bezeichnet. Tragen die Elternteile unterschiedliche Gene, so entsteht ein Individuum, das als heterozygot bezeichnet wird. Das Merkmal wird von dem Elternteil geerbt, der dieses Gen in dominierender Form (dominant) besitzt.

Bei weiteren Kreuzungen in der Tochtergeneration können die Eigenschaften getrennt erscheinen, und ein Merkmal, zum Beispiel die Fellfarbe, kann bei Tieren des gleichen Wurfes unterschiedlich sein. Bei einem homozygoten Individuum können unter bestimmten Bedingungen ganz plötzliche, sprunghafte Veränderungen im Erbgeschehen zum Vorschein kommen, die als Mutation bezeichnet werden. Die Mutationen können sich sowohl auf die Anzahl der Gene, deren Lage, als auch auf den Aufbau des Gens selbst beziehen. Bis heute ist es noch nicht genau geklärt, durch welche Ursachen Mutationen hervorgerufen werden und welche Bedingungen die Häufigkeit der Mutationen beeinflussen.

Der *Standardnerz* besitzt einen bestimmten Genotyp. Der Phänotyp ist dunkel, wobei die Farbe des Standards durch zwei Pigmente, und zwar braun und schwarz, hervorgerufen wird. Bei den Mutationen ist ein Pigment nicht vorhanden – schwarz oder braun bzw. beide Pigmente, entweder auf der ganzen Fellfläche des Tieres oder stellenweise. Die ursprüngliche Gruppe der *graublauen* Nerze entstand durch Eliminieren des braunen Pigments. Das schwarze Pigment blieb erhalten, die Intensität der Farbe ist jedoch bei den verschiedenen farbigen Nerzrassen unterschiedlich. Alle zu der Gruppe gehörenden Mutationen stellen den rezessiven Typ dar. Sie lassen sich in zwei Gruppen unterteilen, und zwar in *Grau* und *Blau*.

Rezessive braune Mutationen entstanden durch Eliminieren des schwarzen Pigments. Es blieb nur das braune Pigment. Abhängig von der Intensität dieses Pigments können zwei Gruppen unterschieden werden, die braune Gruppe und die hellere sand-bräunlich-gelbliche Gruppe. Zu den ursprünglich *weißen Mutationen* gehören drei Gruppen. Bei diesen Nerzen ging sowohl das schwarze als auch das braune Pigment völlig verloren.

Als einziger ursprünglich rezessiver Typ des zweifarbigen Nerzes kann der *Goofus* (genetisches Symbol oo) bezeichnet werden. Die Fellfarbe dieses Nerzes ist sehr charakteristisch; die Unterwolle weiß, die Deckhaare nur auf einem Drittel des Körpers verfärbt, wobei sich das Pigment an Kopf, Hals und Beinen zeigt. Der restliche Teil der Haare hat einen schmutzigweißen Ton. Dieser so zu beschreibende Nerz ist bisher die einzige rezessive Mutation mit schlechter Zeichnung.

Tabelle 4/4   Rezessive Mutationen der graublauen Nerze

	PP	II	AA	BB	GG	Bi/Bi	Ba/Ba	Bm/Bm	Bp/Bp	C/C	HH	OO	ff	s/s	m/m	e/e
Platinum	pp															
Imperial Platinum		ii														
Stahlblau	pp^s oder p^{s}p^s															
Kobalt					gg											
Aleute			aa													

Tabelle 4/5   Charakteristik der graublauen Mutationen

Bezeichnung der Mutationen	Synonym und andere Bezeichnungen	Farbe des Deckhaares	Besondere Kennzeichen
Platinum	Platinum, silverblue, Silverblue, Silverblu, Silberblau Maltese	Stahlgrau, metallisch, Unterhaar im gleichen Ton, aber heller, oft unreiner Ton	Augen dunkel, Nase und Pfoten heller
Imperial Platinum	Imperial Platinum, Marsh Platinum, Western Silverblue, Fremersdorf Platinum	Wie bei Platinum	Kleiner als Silberblau. Die Kreuzung mit Silberblau ergibt nur schwarze Junge
Stahlblau	Steelblue, Platinum steelblue, Gummetal	Sehr unterschiedliche Farbe von sehr hellgrau Platin bis Dunkel wie bei Typ Aleute, reiner Ton	Augen dunkel
Kobalt	Cobalt	Wie bei Stahlblau	
Aleute	Aleutian Blue, Warisblue, Gunmetall, Aleution	Dunkler als Platinum, bei dunkleren Individuen braunähnlich mit violettem Ton, Unterwolle blau	Geringere Lebensfähigkeit, verminderte Blutgerinnungsfähigkeit. Sehr gute Ergebnisse bei Kreuzungen mit anderen, Augen bei Tageslicht mit rotem Ton

Tabelle 4/6   Rezessive Mutationen der braunen Nerze

Standard	PP	II	AA	BB	GG	Bi/Bi	Ba/Ba	Bs/Bs	Bm/Bm	Bp/Bp	CC	HH	OO	ff	ss	ee	mm
Grünäugiger Pastell				bgbg	gg												
Royal Pastell				bb													
Imperial Pastell						bibi											
Ambergold Pastell							baba										
Soklot Pastell								t^{s}t^b/bsbs = t^{s}t^s/b^{s}b^s									
Schwedisch Palomino								t^{p}t^s/bsb^{s}s									
Amerikanisch Palomino										bpbp							
Jenz Palomino								t^{W}t^W = bs^{M}bs^M									
Buff									bmbm								

Tabelle 4/7   Charakteristik der braunen Mutationen

Bezeichnung der Mutation	Synonym und andere Bezeichnungen	Farbe des Deckhaares	Besondere Kennzeichen
Royal Pastell	Braunäugiger Pastell, Pastell Browneye, Blond Pastel, Marton, Blue Soncke	Braun-nußbraun, Unterwolle mit bläulichem Ton	Neigung zum Halsverdrehen
Grünäugiger Pastell	Pastel Greeneye, Goldencross, Pastel Jones	Deckhaar hellbraun, großer Kontrast zur Unterwolle	Grüne Augen; bei den helleren Tieren helle Stellen auf dem Bauch, den Seiten, auf Hals und Kopf in Form des «goldenen Kreuzes»
Imperial Pastell	Pastel Imperial, Pastel Canadish, Ungava	Milchkaffeefarbig	Keine Neigung zum Halsverdrehen
Ambergold Pastell	Pastel Ambergold	Rotbräunlicher Ton, genannt «Rötlicher Pastell»	
Soklot Pastell	Pastel Soclot	Ähnlich wie braunäugiger Pastell	Stammt aus Finnland
Schwedisch Palomino	Buff swedish, Palomino Swedish	Blaßgelb, unreine Farbe	Hellbraune Augen
Amerikanisch Palomino	Palomino	Deckhaar hellbraun mit einem gelblichen oder orangen Ton	Rote Augen
Jenz Palomino	Palomino Jenz Finnish, Pastel White, Meyers cream	Bedeutend heller als amerikanischer Palomino	Rosa-rote Augen
Buff	Buff, Moyle Buff, Moyle Olsen Buff	Bedeutend heller als amerikanischer Palomino	Augen bei den helleren Tieren immer rotbraun, bei den dunkleren «wilden» Typen schwarz-braun

Tabelle 4/8   Weiße Mutationen des Nerzes

Bezeichnung der Mutation	Symbol	Synonyme und andere Bezeichnungen	Farbe des Deckhaares	Besondere Kennzeichen
Albino	$c^h c^h$	Albino, Arctic Snow, Arctic Snow White, Royal White, Pink Eyed White	Weißes Deckhaar, nur am Kopf und Schwanz ein grauer Ton, ein sog. «Himalaya»-Typ des Albinismus	Rosa-violette Augen, Fell von minderer Qualität, lichtes Haar mit schwacher Struktur
Schwedischer Albino	cc	Albinos Swedish	Weißes Deckhaar mit gelbem Ton	Rote Augen
Hedlund	hh	Hedlund White	Reinweißes Haar	Schwächerer Gehör- und Geruchssinn, wird gebraucht für Kreuzungen mit Standard, um die Qualität des Deckhaares zu verbessern

Ursprünglich dominante Mutationen

Charakteristisch für diese Mutationen des Nerzes ist ein silbriger Ton des Deckhaares bzw. allgemein ein hellerer Ton (Royal Silber), oder die Tiere haben helle bzw. weiße Flecken auf dem Fell (Kreuznerze).
In den bisherigen Tabellen wurden nur die Mutationsnerze mit Zucht- bzw. Wirtschaftsbedeutung charakterisiert. Durch weitere Zuchtarbeit,

und zwar durch Kreuzungen ursprünglicher Mutationen entstanden viele neue farbige Nerzrassen. Auf diesem Wege erreichten die Züchter eine ganze Reihe sehr wertvoller, doppelt rezessiver Rassen. Dabei wurden entweder Nerze innerhalb einer farbigen Gruppe oder Nerze verschiedener Gruppen miteinander gekreuzt.
Außerdem gibt es zahlreiche Kombinationen zwischen den rezessiven und dominanten Mutationen. Bedeutung haben die zwischen Nerzen der ursprünglichen farbigen Rassen mit Nerzen, die Träger des Gens F (Breath of spring) und des Gens W (Steward) sind. Alle diese Mutationen werden bedeutend heller als die Ausgangsformen; die Bauchseite ist fast weiß, weiße Flecken befinden sich ferner am Unterkiefer, am Hals und an den Beinen. Man kann auch verschiedene braune und blaue Nerze mit dem heterozygoten Kreuznerz (Ss) verpaaren. Dabei entstehen je nach Auswahl der Mutationen Individuen mit der charakteristischen «Kreuzabbildung». Außerdem ist es möglich, Mutationen aus der Verbindung von drei und mehr Mutationsgenen zu erhalten. Vom Standpunkt der Zucht und der Fellgewinnung spielen dabei folgende Mutationen eine Rolle: Winterblau, Vio-

Tabelle 4/9 Charakteristik der ursprünglich dominanten Mutationen

Bezeichnung der Mutation	Gen. Symbol	Synonyme und andere Bezeichnungen	Farbe des Deckhaares	Besondere Kennzeichen
Rauhreif	Ff	Silver sable, Marten, Golden sable, Blue frost, Silberzobel	Bräunlicher Farbton, Unterwolle fast weiß. Auf der Bauchseite vorwiegend weißes Haar in Form von Flecken	Die aus den USA und Schweden stammenden Kreuzungen mit anderen Mutationen wie Platinum, Aleute, Pastell Palomino werden «Breath of spring» bezeichnet (BOB)
Steward	Ww (Steward Ursprung) WW (homo)		Fast der gleiche Effekt wie bei Ff (es fehlt ein eindeutiger Farbton). Bei der Kreuzung des Nerzes Steward × Steward erhält man 25 Prozent sog. «homo» mit fast weißer Unterwolle und hellem Deckhaar mit entsprechendem Farbton. Die Tiere sind durch eine geringere Lebensfähigkeit gekennzeichnet	Nach SHACKELFORD ist das Verfärbungsgen (BOS) identisch mit dem Gen Steward
Royal Silber	$S^R S^R$ oder $S^R S$	Royal Silver, Choker	Bräunlicher Farbton, zahlreiche Flecken auf dem Kinn, am Bauch und an den Beinen. Unterwolle fast weiß, manchmal so hell wie beim Kreuzner	
Schwarzkreuz	Ss (heterozygot) oder SS (homozygot)	Kohinoor, Royal Kohinoor, Black Cross, Black Snow, Jebb black cross	Schwarz-weiß, schwarzes Haar konzentriert auf dem Kopf, entlang des Rückens und am Hinterteil in Kreuzform, Bauch weiß	Schwarze Augen
95 Prozent Weiß	SS	95 Prozent White	Fast weiß, am Kopf und Schwanzansatz einige schwarze Haare	Schwarze Augen
Kolmira	Cm cm	Colmira, Panda	Hellbraun, weiße Streifen am Hals, weiße Flecken am Bauch	Reagiert während des Schlafens nicht auf Tonsignale, ist aber nicht taub
Ebony	Ee	Ebony blue	Deckhaar wie beim wilden Nerz, Unterwolle weiß bis mittelgrau	

lett, schwedisch Pearl, amerikanisch Pearl sowie die Mutation Cameo.

Die Mutation *Cameo* sei näher untersucht. Sie gehört eigentlich zu den dreifachrezessiven Mutationen. Sie hat in ihrem Typ den sogenannten Faktor «Hedlund dilution» enthalten und das Gensymbol bm^H bm^H. Dieser Faktor wurde 1957 von SHACKELFORD entdeckt. Das Gen ist bis jetzt in Verbindung mit dem Gen der Mutation Buff bekannt (bmbm). In einer heterozygoten Form (bmbm^H) bedingt dieser Faktor eine sehr stark ausgeprägte helle Tönung. Am häufigsten werden folgende Kreuzungen dieses Typs angetroffen: Cameo-Saphir (cameo saphire-aappbmbm^H),

Tabelle 4/10 Wichtigste doppelt rezessive Mutationen

Bezeichnung	Platinum pp	Aleute aa	Royal Pastell bb	Soklot Pastell t^{s}t^s	Albino c^{h}c^h
Platinum pp		Royal Saphir aapp			
Stahlblau p^{s}p^s		Irisblau aap^{s}p^s			
Imperial Platinum ii		Imperial Saphir aaii			
Royal Pastell bb				Finnlandia Topas bbt^{s}t^s	
Grünäugiger Pastell bgbg			Topas = rotäugiger Pastell bbbgbg		
Buff b^{m}b^m		Lavendel aab^{m}b^m			
Amerikanisch Palomino b^{p}b^p	Pearl amerikanisch b^{p}b^{p}pp				
Schwedisch Palomino t^{p}t^p	Pearle-schwedisch t^{p}t^{p}pp		Topal bbt^{p}t^p		
Jenz Palomino t^{w}t^w	Finn-pearl ppt^{w}t^w				

Tabelle 4/11 Charakteristik der doppelt rezessiven Mutationen

Bezeichnung	Farbe	Charakteristische Merkmale
Saphir	Hell-grau-blau, rein mit metallischem Ton	Rote Augen, schwache Konstitution und geringe Lebensfähigkeit
Irisblau	Ähnlich wie heller Aleute mit deutlichem blauem Ton	
Imperial-Saphir	Dunkler als bei Saphir	Rote Augen
Lavendel	Hell-bräunlich mit violettem Ton	
Amerikanisch Pearl	Hell-grau-gelb	Rosa Augen
Schwedisch Pearl	Hell-bräunlich, rein mit blauem Ton	Dunkle Augen
Finn-pearl	Sehr hellbraun mit blauem Ton	Dunkle Augen
Amerikanisch Topas	Hell-braun-gelblich	Rote Augen, geringe Fruchtbarkeit
Finnlandia Topas	Bernsteinfarbig mit blauem Ton	Dunkle Augen, sehr gute Fruchtbarkeit
Topas	Hell-gelb-bräunlich, rein	Rote, schillernde Augen
Royal-Weiß	Reinweiß	Rote Augen

Standardnerz

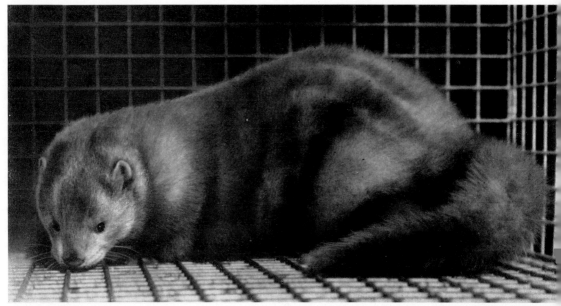
Saphirnerz

Topasnerz

Weißer Nerz

Schwarzkreuz-Nerze

Pastellnerz

Schwarz-weißer Nerz

95 % weißer Nerz

Schwarzkreuznerz

Weiße Abzeichen bei Standardrüden

Tabelle 4/12 Charakteristik der wichtigsten dreifachrezessiven Mutationen

Bezeichnung	Synonyme	Ausgangsform	Genotyp	Farbe des Deckhaares	Charakteristische Merkmale
Winterblau	Winter blue	Saphir x Royal Pastell	aappbb	Blaubraun grau, rein in der Zeit der vollen Reife für 2 bis 3 Wochen	Schwache Konstitution und geringe Lebensfähigkeit
Violett	Violett	Saphir x Buff	aappb$_m$b$_m$	Sehr hellblau-bräunlich	
Amerikanisch Pearl	Pearl triple	Saphir x amerikanisch Palomino	aappbpbp	Ähnlich wie Pearl-doppelt, nur in der Farbe reiner	
Schwedisch Pearl	Pearl triple	Platinum blond x schwedisch Palomino	aappt^{p}t^p	Blaß-perlenfarbig, sehr rein	Rote Augen

Cameo Topas (hedlund topas, Honey-bbbgbmbm^H), Cameo-Violett und Cameo-Winterblau (aappbbbmbm^H). Allgemein ähnelt die Farbe dieser Mutation der der Ausgangstypen, deutlich aufgehellt mit einem schillernden Milchton.

Grundsätze der Farbvererbung des Haarkleides

Neben der richtig durchgeführten Zucht, rationellen Fütterung und Pflege der Tiere entscheidet die Kenntnis der Vererbungsgrundsätze der Farbe bei den Nerzen über die auf einer Farm erzielten Ergebnisse. Die Nerzzucht erfolgt entweder in Reinzucht oder durch Kreuzung verschiedener Farbschattierungen. Gegenwärtig sind viele mutierte Gene bekannt, die auch im Genotyp des Nerzes vorkommen. Sie bieten zahlreiche Möglichkeiten für die Gewinnung neuer, unterschiedlicher Farbschattierungen. Diese Möglichkeiten werden jedoch begrenzt durch das gleichzeitige häufige Auftreten von semiletalen Genen, die in starkem Umfang die Begrenzung der Lebensfähigkeit der Tiere, vor allem aber der Embryonen und säugenden Tiere beeinflussen.
Bei der überwiegenden Mehrheit der Farbschattierungen hat die Vererbung der Farbe rezessiven Charakter. Wir können eine Reihe von erblichen Farbformen des Haarkleids bei Nerzen unterscheiden.
● *Vererbung mit dem Symptom der Epistase.* Grundsatz dieser Art von Vererbung ist die teilweise Begrenzung der Wirkung anderer Gene durch den Einfluß der Gene, die für das Auftreten einer bestimmten Farbe verantwortlich sind.
Ein Beispiel kann hier die Epistase sein, die bei der Kreuzung weißer Nerze mit Nerzen anderer Farbschattierungen auftritt. Das Gen der weißen Farbe begrenzt in hohem Maße die Wirkung der anderen Gene. Ein anderes Beispiel ist die Kreuzung des schwarzen Nerzes Jet-Black mit dem Standardnerz.
Bei der Kreuzung homozygoter Nerze Jet-Black mit dem Standardnerz wird die gesamte gewonnene Nachkommenschaft typisch und den Nerzen der Rasse Jet-Black ähnlich. Bei der Kreuzung heterozygoter Formen von Jet-Black erhalten wir in der Nachkommenschaft 25% homozygotische Jet-Black-Nerze, 50% heterozygote Jet-Black-Nerze und 25% homozygote Standardnerze.
Bei der Kreuzung von heterozygoten Jet-Black-Nerzen mit homozygoten Standardnerzen erhalten wir 50% heterozygote Jet-Black und 50% homozygote Standardnerze.
Die Unterscheidung der homozygoten Jet-Black-Nerze von den heterozygoten Nerzen stößt auf große Schwierigkeiten. Die homozygoten jungen Nerze sind in der ersten Woche nach der Geburt sehr dunkel.
● *Vererbung bei unvollständiger Dominanz der Farbe.* Als sehr typisches Beispiel dieser Vererbung müssen wir die Kreuzung des Schwarzkreuz-Nerzes mit dem Standardnerz anerkennen. Bei der Kreuzung des Schwarzkreuz-Nerzes mit dem Standardnerz erhalten wir 50% Schwarzkreuz-Nerze und 50% Standardnerze.

Bei der Kreuzung der Schwarzkreuz-Nerze untereinander (Ss) erhalten wir in der Nachkommenschaft 25% Standardnerze (sS), 50% heterozygote Schwarzkreuz-Nerze (Ss) sowie 25% homozygote Schwarzkreuz-Nerze als 95% weiße Nerze (SS) mit charakteristischem schwarzen Deckhaar auf Kopf und Schwanzende.

Bei der Kreuzung von 95% weißen Nerzen (SS) mit dem Standardnerz erhalten wir 100% normale Schwarzkreuz-Nerze.

• *Vererbung der Farbe bei Einwirkung eines Genpaares.* Diesen Vererbungstyp der Farbe finden wir bei der Kreuzung des Standardnerzes (der im Genotyp die Gene PP in dominierender Form besitzt) mit dem Platinnerz mit den mutierten Genen pp. Die aus dieser Kreuzung hervorgegangenen Jungen ähneln alle im Phänotyp dem Standard, unter dem Gesichtspunkt des Genotyps sind sie jedoch heterozygot.

Bei der aufeinanderfolgenden Kreuzung der Mischungen (F_2) erreichen wir 25% homozygote Standardnerze, 50% heterozygote Standardnerze und 25% Platinnerze.

Bei der Kreuzung des Platinnerzrüden (pp) mit der heterozygoten Standardnerzfähe (Pp) erhalten wir in der Nachkommenschaft 50% heterozygote Standardnerze und 50% «reine» (homozygote) Platinnerze.

Das in dem oben angeführten Beispiel beschriebene Kreuzungssystem ist für die züchterische Praxis von großer Bedeutung. Dieses System findet häufig Anwendung bei den farbigen Nerzrassen, die durch geringe Lebensfähigkeit gekennzeichnet sind.

• *Vererbung der Farbe bei der Einwirkung von zwei Genpaaren.* Als Illustration dieser Vererbungsart der Farbe kann die Entstehung des Saphirnerzes dienen, der durch die Kreuzung des Platinnerzes (pp AA) mit dem Aleutennerz (PP aa) entstanden ist. Die Kreuzungen F_1 ähneln im Phänotyp 100% dem Standardnerz; die untereinander gekreuzten F_2 geben Tiere mit der Farbe des Standardnerzes, des Aleutennerzes, des Platinnerzes und des homozygoten Saphirnerzes in Übereinstimmung mit dem Mendelschen Gesetzes 9:3:3:1[x].

• *Vererbung der Farbe, bedingt durch die Wirkung der unterschiedlichen Allelen.* Die unterschiedlichen Allelen entscheiden über die Farbe einiger Nerzarten. Das Merkmal des Platinnerzes ist bedingt durch drei allelomorphische Gene in der folgenden Reihenfolge hinsichtlich der Dominanz: $P - p^s - p$.

– P = kommt vor beim Standard mit der natürlichen (wilden) Farbe,
– p^s = verursacht eine stahlblaue Färbung,
– p = bedingt die silberblaue Färbung.

Für das Beispiel in der Gruppe des Pastellnerzes werden die unterschiedlichen Farbtypen durch unterschiedliche Allele bedingt, ebenfalls entsprechend einer bestimmten Hierarchie bei der Dominanz.

Zucht

Die Nerzzucht hat sich erst seit Anfang unseres Jahrhunderts entwickelt. Wegen der relativ kurzen Zeitspanne, in der der Mensch seinen züchterischen Einfluß auf das Tier ausübt, waren viele biologische Funktionen des Nerzes unbekannt, bzw. die Kenntnisse auf diesem Gebiet fragmentarisch. Die Informationen erwiesen sich besonders dann unzureichend, als der Nerz Zuchtobjekt in großem Ausmaß in verschiedenen Ländern wurde. Die starke Zunahme der Nerze zwang Züchter und Wissenschaftler, die Lebensweise der Tiere intensiv zu beobachten, um ihre Biologie besser kennenzulernen.

Erkenntnisse dieser Untersuchungen waren, daß sich beim Nerz der Geschlechtszyklus nur einmal im Jahr vollzieht, in den übrigen Jahresabschnitten aber keinerlei geschlechtliche Aktivität zu beobachten ist. Man unterscheidet beim Nerz also zwei Perioden im Jahr: die *Fortpflanzungs-* und die *Ruheperiode*. Die Fortpflanzungsperiode der *Muttertiere* setzt sich aus mehreren Teilperioden zusammen:

• *Periode der geschlechtlichen Aktivität*, die meistens in den ersten Januartagen beginnt, und bis zum Brunstbeginn in den ersten Märztagen andauert. Diese Zeit ist durch hormonelle Umstellung des Organismus und durch verstärkte Tätigkeit des Geschlechtssystems sowie Vergrößerung, besonders der Eierstöcke, charakterisiert.

- *Eigentliche Brunstperiode* im Monat März. Der Termin des Brunstbeginns ist stark von Umweltbedingungen abhängig. Die wichtigste Rolle spielen Fütterung und Licht. Die Zeit des Brunstbeginns ist außerdem von der Zugehörigkeit zu einer bestimmten Mutation abhängig.
- *Trächtigkeitsperiode.* Diese Periode variiert physiologisch in verhältnismäßig weiten Grenzen. Im Durchschnitt beträgt sie etwa vierzig Tage, so daß mit dem Werfen von Ende April bis zur ersten Maidekade gerechnet werden kann. Nach dem Werfen beginnt die
- *Säugeperiode.* Die Laktationszeit der Muttertiere umfaßt etwa 20 bis 25 Tage. Schon nach 14 bis 18 Tagen beginnt die Fähe, Futter in das Nest zu tragen, so daß die Jungen nach fünf bis sechs Wochen selbständig gehalten werden können. Zu diesem Zeitpunkt werden sie auch abgesetzt. Das Absetzen der Jungtiere findet etwa Mitte Juni (in der Zeit vom 12. bis 20.6.) statt. Von da an setzt für die Fähe bis zur Fortpflanzungsperiode im nächsten Jahr die Ruhezeit ein.

Bei den *Rüden* ist die Fortpflanzungsperiode bedeutend kürzer. Sie besteht aus der
- Zeit der *geschlechtlichen Aktivität* und der
- *unmittelbaren Deckzeit,* die in der letzten Märzdekade endet.

Die übrigen neun Monate ist Ruhezeit.
Auf die zahlreichen Besonderheiten im Fortpflanzungsgeschehen bei Nerzen, Füchsen und Sumpfbibern wird detailliert im Kapitel «Zuchthygiene» eingegangen.

Zuchteigenschaften der Rüden

Die Zuchteigenschaften der Rüden werden bestimmt durch geschlechtliche Aktivität sowie Spermaqualität. Die Zucht von Nerzen erfolgt polygam, das heißt, daß in der Regel ein Nerzrüde mehrere Fähen zu decken hat. Bei der Herdbuch- und Reproduktionszucht wird die Verpaarung immer nur mit einem Rüden durchgeführt, deshalb kann ein männliches Tier mit schlechter Fruchtbarkeit erhebliche ökonomische Schäden verursachen. Unter diesem Aspekt ist die Ermittlung der Spermaqualität sehr wichtig. Die Spermien werden mit einer Pipette unmittelbar nach der Kopulation aus der Scheide der Fähe entnommen. Diese Methode enthält zwar hinsichtlich der Spermienzahl eine große Fehlerquelle, gestattet jedoch ein einwandfreies Beurteilen aller übrigen Eigenschaften. Weitere Einzelheiten über die Spermauntersuchung und über die Spermatogenese im Kapitel «Zuchthygiene».

Zuchteigenschaften der Fähen

Fähen werden vor allem auf Fruchtbarkeit untersucht. Die Fruchtbarkeit der Nerzfähen wird durch mehrere Faktoren beeinflußt. Einer ist das Alter. In ihrer zweiten und dritten Saison sind Fähen am fruchtbarsten. In den folgenden Jahren verringert sich die Wurfstärke schnell. Aus diesem Grund soll die Reproduktion der Zuchtherde in drei Jahren erfolgen. Nur beson-

Tabelle 4/13 Abhängigkeit der Wurfstärke vom Alter der Fähen (nach HANSSON, 1966)

Alter der Fähen (Jahre)	Wurfstärke $\bar{x}$	%
1	4,43	96
2	4,60	100
3	4,50	98
4	4,12	90
5	3,42	74
6	3,00	65

ders wertvolle Tiere können vier bis fünf Jahre zur Zucht verwendet werden. Die Fruchtbarkeit der Nerzfähen wird auch durch Umweltfaktoren wie Fütterung und Haltung beeinflußt. Die genaue Kenntnis über Zuchtqualität der Tiere allein bringt jedoch keine guten Zuchtergebnisse, wenn nicht eine entsprechende Vorbereitung für die Deckperiode mit günstigsten Deckmethoden erfolgt.

Vorbereitung der Nerze auf die Deckperiode

Die Vorbereitung der Nerze auf die nächste Deckperiode soll für Rüden nach der Deckzeit, für Fähen nach dem Werfen und dem Absetzen der Jungtiere im laufenden Jahr beginnen. Der Deckakt ermöglicht bei den Nerzrüden die *Vorselektion.* Tiere mit ungenügender geschlechtlicher Aktivität und minderwertigen Spermien werden gepelzt, möglichst noch während der Deckperiode, um die noch gute Fellqualität auszunutzen. Nach dem Absetzen der Jungtiere kann die Zuchtqualität des Nerzrüden danach beurteilt werden, wie hoch die Anzahl der Nachkommen ist. Endgültige Aussagen sind erst im Herbst nach Aufzuchtergebnissen und Felleigenschaften der Jungtiere möglich.

Bei der *Selektion* der Fähen sollen nicht nur Fruchtbarkeit, sondern auch Eigenschaften wie Milchleistung, Nestreinhaltung, Hege der Jungtiere, Zuchtkondition, Reizbarkeit, Schwierigkeitsgrad bei Pflege usw. in Betracht gezogen werden.

Ab Januar ist die Kondition der Tiere zu beachten. Der Nerz wird unter natürlichen Umweltbedingungen im Herbst normalerweise sehr fett (Mastkondition). Diese Mastkondition ermöglicht dem Tier in freier Wildbahn, die Zeit der Futterknappheit zu überstehen und die Körpertemperatur konstant zu halten. Es ist falsch, die Tiere in Farmen schon im Herbst in Deckkondition zu bringen. Lichteinfluß, der mit der Länge der Tage zunimmt, hemmt ebenfalls den Fettansatz der Tiere. Das Umstellen der Tiere von Mast- auf Zuchtkondition kann durch herabgesetzte Kohlenhydratmenge bei gleichzeitig erhöhtem Eiweißgehalt im Futter, durch Hungertage bzw. individuelle Futtergabe erreicht werden. Der Einfluß der Zuchtkondition auf die Wurfstärke wurde in Schweden untersucht.

Es wurden keine generellen Unterschiede in der geschlechtlichen Aktivität bei den einzelnen Gruppen beobachtet. Innerhalb der Gruppen «zu fett» und «zu mager» sind deutliche Unterschiede, abhängig von der Zahl der Deckakte, zu erkennen. Beim Vergleich der Wurfstärke ergab sich, daß die geringste Anzahl von Jungtieren die Gruppe «zu fett» hatte. Größere Unterschiede wurden beim Vergleich der Anzahl von toten Tieren in den einzelnen Gruppen beobachtet. Die Jungtiere von zu fetten Fähen weisen erhöhte Mortalität auf. Keine Unterschiede gab es in der Milchleistung der Muttertiere, festgestellt anhand der Zunahme der Jungtiere. Jedoch hatten die Jungen der zu fetten Fähen die geringste Lebendmasse.

Tabelle 4/14 Einfluß der Muttertierkondition auf den Verlauf der Paarung, auf die Milchleistung und die Wurfstärke bei Nerzen (nach THELANDER, 1965)

Kriterien	Richtige Zuchtkondition	Zu fett	Zu mager
Anzahl der Tiere	25	25	25
Anzahl der Kopulationen			
einmal	1	6	5
zweimal	8	7	5
dreimal	16	12	15
Anzahl der Jungen (lebend und tot)	147	117	122
Anzahl der toten Jungen	10	11	2
Anzahl der leb. Jungen je Muttertier nach			
3 Tagen	5,1	4,6	5,4
11 Tagen	5,0	4,5	5,2
Masse der Jungen nach 11 Tagen (in g)	108	102	107

Bei der Vorbereitung der Zuchttiere für die neue Deckperiode sollen große Tiere mit hoher Lebendmasse ausgewählt werden. Es ist bekannt, daß die Größe der Nerze außer von genetischen Faktoren sehr stark von den Haltungsbedingungen beeinflußt wird. VENGE (1964) führte eine starke Selektion der Herde unter dem Aspekt der Lebendmasse in der Vordeckperiode durch. Für die Paarung wurden nur solche Rüden ausgesucht, die im Vergleich zu den größten Tieren etwa 20 Prozent Toleranz aufwiesen.

Die Angaben zeigen, daß es möglich war, innerhalb weniger Generationen die durchschnittliche Körpermasse der Herde zu erhöhen, und zwar durch Auswahl von Zuchttieren, deren Masse höher war als die Durchschnitts-Körpermasse der Herde.

Tabelle 4/15 Einfluß der Lebendmasse der Elterntiere auf die Masse der Jungtiere (nach VENGE, 1964)

Generation	Durchschnittliche Körpermasse in g			
	Zuchttiere		Herde	
	Rüden	Fähen	Rüden	Fähen
Eltern	2320	1170	1800	1000
F_1-Generation	2320	1190	1970	1120
F_2-Generation	2420	1310	2090	1210

Bei der Vorbereitung für die Deckperiode sind außer Selektion und Fütterung die Haltungsbedingungen zu beachten. Das Licht hat wesentliche Bedeutung. Der Einfluß des Lichtes auf das Zuchtgeschehen bei wieselartigen Tieren wurde häufig untersucht, so bereits 1930 von MARSHALL und BOWDEN, die die Wirkung der ultravioletten Strahlen auf die Fruchtbarkeit des Marders prüften. Zu einem späteren Zeitpunkt wurde die gleiche Frage von HANSSON (1966), WAKEFIELD (1965), HOLCOMB (1963), SCHAIBLE (1969), RINGER (1963) u. a. bei Nerzen untersucht. Diese Untersuchungen waren durch veränderte Haltungsbedingungen – Übergang von freistehenden, gut beleuchteten Käfigen zur Farmhaltung in Schuppen und anderen Räumen mit bedeutend schlechteren Lichtverhältnissen – nötig geworden. Die Fruchtbarkeit der Nerze, abhängig vom Licht, ist allerdings bis jetzt noch nicht ausreichend geklärt. Allgemein gilt, daß das Licht das Zuchtgeschehen bei Nerzen beeinflußt, unabhängig davon, wie das Licht vor der Deckperiode oder in der ersten Hälfte der Trächtigkeitsperiode wirkt. CHRONOPALO (1961) untersuchte den Einfluß verschiedener Lichtverhältnisse in der Kopulationsperiode und Trächtigkeitszeit bis zum Wurf. Bei gleichbleibenden übrigen Bedingungen wurde bei der ersten Versuchsgruppe die Lichtperiode bis zu fünfzehn Stunden je Tag verlängert, die Kontrollgruppe verblieb unter normalen Lichtbedingungen, bei der dritten Gruppe hingegen wurde die Lichtperiode auf sieben Stunden herabgesetzt. Die erste Gruppe brachte 5,9 Jungtiere je Muttertier, die zweite Gruppe 5,1 Tiere und die dritte Gruppe nur 4,6. Mehr Licht verursachte demzufolge erhöhte Wurfgrößen. Bei wissenschaftlichen Untersuchungen wurde der Einfluß der Lichtperiode auf verschiedene Farbmutationen vor der Kopulation, nach der Kopulation und während der Trächtigkeit geprüft. Die Ergebnisse stehen in der Tabelle 4/16.

Zusammenfassend ist anhand der oben dargestellten Resultate folgendes zu sagen:

● In den meisten Fällen verkürzte zusätzliches Licht vor und nach der Kopulation die Trächtigkeitsdauer, gleichzeitig erhöhte sich die Anzahl der Tiere im Wurf.

Tabelle 4/16 Einfluß verschiedener Lichtverhältnisse auf die Fruchtbarkeit bei Nerzen (Untersuchungen vom 1. Februar bis 15. Mai)

N = natürliche Beleuchtung
+ = künstliche Beleuchtung

Beleuchtung vor/nach der Kopulation		Gedeckte Fähen	Trächtige Fähen	Trächtigkeitsdauer	Wurfgröße bezogen auf	
					alle Fähen	geworfene Fähen
		n	%	x̄		
Standard						
+	+	4	75	42,3	4,5	6,0
+	N	8	100	54,7	5,8	5,8
N	+	11	100	44,9	5,2	5,2
N	N	23	87	46,2	3,8	4,4
Saphir						
+	+	4	100	48,0	4,3	4,3
+	N	10	40	62,0	1,3	3,3
N	+	10	80	54,3	4,8	6,0
+	+	14	64	49,4	2,5	3,9

● Fähen, die nur vor der Kopulation eine größere Lichtmenge bekamen, hatten eine längere Trächtigkeitszeit als Fähen, die vor und nach der Kopulation mehr Licht erhielten, und als die Kontrollgruppe (ohne zusätzliches Licht). Außerdem wurde der Zeitpunkt der Paarungsbereitschaft untersucht. Am frühesten war er bei Fähen, die unter zusätzlicher Lichtmenge lebten. Diese Untersuchungen müssen jedoch wiederholt werden – noch sind generelle Schlußfolgerungen nicht zu ziehen. Es könnte mit Hilfe dieser Faktoren allerdings möglich sein, unterschiedliche Zuchtergebnisse bei verschiedenen Haltungsformen der Nerze zu erklären. Züchter, die sich nebenberuflich mit Nerzzucht beschäftigen, sind oft gezwungen, ihre Tiere spät nach der Arbeit zu füttern. Da sie in dieser Zeit künstliches Licht brauchen, verändern sie unbewußt die Lichtbedingungen. Als Ergebnis können – bei unveränderten übrigen Bedingungen – Unterschiede in der Trächtigkeitsdauer, der Wurfgröße, der Lebensfähigkeit der Jungtiere u. a. auftreten. Es sei gesagt, daß zusätzliche Beleuchtung vor der Kopulation kaum bedeutungsvoll ist, nach der Kopulation jedoch die Dauer der Trächtigkeitsperiode verkürzen und die Wurfgröße erhöhen kann.

Ranz oder Brunst (Oestrus)

Nerze erreichen die geschlechtliche Reife im ersten Lebensjahr, im Alter von etwa 10 Monaten. Zu dieser Zeit werden sie auch geschlechtlich aktiv. Unter Geschlechtszyklus versteht man die Gesamtheit der zyklischen physiologischen Prozesse bei Nerzfähen zwischen den Ovulationen. Da Nerze nur einen Brunstzyklus im Jahr haben, sind es monoestrische (einbrünstige) Tiere. Der Verwandte des Nerzes, der Iltis (Mustela putorius), hat mehrere Brunstperioden im Jahr, und zwar im Frühling und im Sommer.

Der Geschlechtszyklus der Nerze umfaßt folgende Phasen:
- Vorbrunst *(Prooestrus)*,
- eigentliche Brunst *(Oestrus)*,
- Nachbrunst *(Metoestrus)* mit unterschiedlichem Verlauf, abhängig von erfolgter oder ausgebliebener Bedeckung,
- geschlechtliche Ruhezeit *(Anoestrus)*, die bis zur Periode der neuen geschlechtlichen Aktivität andauert.

Die *Vorbrunst* stimmt völlig mit der Periode der verstärkten geschlechtlichen Aktivität überein. Die Geschlechtsorgane der Nerzfähe stellen sich zu dieser Zeit auf die Trächtigkeit ein. Die Veränderungen in den Geschlechtsorganen des weiblichen Tieres werden deutlich durch vergrößertes, stärker durchblutetes Muskel- und Epithelgewebe der Gebärmutter und der Scheide. Die Eierstöcke sind größer, die Follikel befinden sich in intensivem Wachstum. Ein Eierstock wiegt in der Ruhezeit 0,3 g, in der Brunst etwa 1 g. In dieser Zeit ist bei manchen Tieren verstärkte Paarungsbereitschaft zu beobachten. Jetzt ist die Paarung jedoch noch unzweckmäßig, da die Eizellen nicht genügend ausgereift sind und eine Befruchtung nicht gewährleistet ist. An den äußeren Geschlechtsorganen der Tiere hat sich zu dieser Zeit noch nichts verändert.

Während der *eigentlichen Brunst* lassen sich geringe Veränderungen in Farbe und Form der Schamlippen feststellen. Sie werden rosagelb, größer und voller. Die bei anderen Tieren in dieser Zeit zu beobachtende Schleimabsonderung ist bei Nerzfähen nicht charakteristisch. Im allgemeinen ist festzustellen, daß auf Grund der veränderten äußeren Geschlechtsorgane die Geschlechtsphase bei den Nerzfähen nicht genau bestimmbar ist. In der Periode der eigentlichen Brunst fallen Entwicklung und intensives Wachstum der Graafschen Follikel. Die Ovulation erfolgt jedoch bei Nerzen nicht spontan; sie ist auf einen Komplex von Reizen angewiesen, der die Hormonproduktion beeinflußt und verändert. Nerze haben die sogenannte provozierte Ovulation, wobei unter Ovulation das Platzen des Graafschen Follikels und das Freiwerden der reifen Eizelle zu verstehen ist. Die provozierte Ovulation wird durch Reize ausgelöst und läuft durch starke Erregung des Nervensystems ab. Der unmittelbare Reiz ist der Begattungsakt. Die Ovulation tritt bei Nerzen etwa 12 bis 48 Stunden nach der Kopulation ein. Der Durchschnittswert liegt bei etwa 30 Stunden danach.

Eine weitere Besonderheit im Geschlechtszyklus weiblicher Nerze besteht darin, daß gedeckte und trächtige Tiere in eine *neue Brunst* und *nochmalige Ovulation* kommen. Bei Neuverpaarung kann solche Fähe nochmals befruchtet und trächtig werden. Dies ist nur von einigen

Tabelle 4/17 Größe einzelner Teile der Geschlechtsorgane ungedeckter Nerzfähen (Messung der Werte im März)

Bezeichnung	Länge in mm			Breite in mm		
	Min.	Max.	x̄	Min.	Max.	x̄
Rechter Eierstock	5,6	9,4	7,2	3,5	6,4	5,0
Linker Eierstock	5,5	9,8	7,4	3,4	6,8	5,1
Rechter Teil der Gebärmutter	41,3	65,3	52,8	0,9	2,8	2,1
Linker Teil der Gebärmutter	40,0	54,2	46,8	1,0	3,0	2,4
Grundteil der Gebärmutter	29,6	43,4	37,3	3,9	12,5	7,4
Scheide	16,9	31,8	24,4			

Säugetieren bekannt. Es wird als Überbefruchtung *(Superfecundatio)* und zusätzliche Trächtigkeit *(Superfoetatio)* bezeichnet. Bei Nerzen kann der Deckakt demzufolge mehrfach während einer Brunst vollzogen werden. Er ist jeweils mit dem Reifen von Eizellen verbunden, die periodisch jeden sechsten bis achten Tag erfolgt.
Wenn die erneute Paarung der Fähen vor Ablauf der sechs Tage stattfindet, beeinflußt sie eine neue Ovulation nicht stimulierend. Wenn aber die wiederholte Paarung im richtigen Zeitabstand erfolgt, so kann es zu neuer Ovulation und zu einer zweiten Befruchtung kommen. In diesem Fall entwickeln sich in der Gebärmutter parallel die Keime von beiden Befruchtungen. Diese Erscheinung wurde experimentell bewiesen, indem man für nacheinander folgende Deckakte verschiedene Farbmutationen von Nerzrüden benutzte. Es konnte festgestellt werden, daß der größte Teil der Jungtiere der zweiten Befruchtung entstammte.
Bei Rüden bestehen die Geschlechtsorgane aus Hoden, Nebenhoden, Samenleiter und Penis. Im Penis, dessen Länge etwa 50 mm beträgt, befindet sich ein Knochen mit hakenartigem Ende, der die Verbindung der Tiere während der Kopulation ermöglicht (dazu weitere Angaben im Kapitel «Zuchthygiene»). Das Geschlechtssystem der Nerzfähen besteht aus Eierstöcken, Eileiter, Gebärmutter, Scheide und Schamlippen.

Verpaarungssystem

Es läßt sich kein genereller Termin für die Verpaarung der Nerze angeben. Die Umweltbedingungen verändern sich von Jahr zu Jahr, außerdem sind deutlich Unterschiede zwischen den einzelnen Mutationen zu beobachten. Am frühesten werden allgemein die Standardnerze gedeckt, später die braunen, am spätesten die blauen und weißen Nerze. Nach JOHANSSON (1964, 1965, 1966) soll mit der Verpaarung Ende der ersten Märzdekade begonnen werden. Tritt bei Fähen zu dieser Zeit die Brunst noch nicht auf, muß es später versucht werden. Ein früherer Decktermin in den ersten März- bzw. schon in den letzten Februartagen bringt keine Vorteile, eher Verluste, da die so früh gedeckten Fähen – falls sie nicht noch einmal zur Verpaarung kommen – oft güst bleiben bzw. durch hohe Mortalität der Jungtiere geringe Aufzuchtergebnisse bringen.
Die vor dem 15. März gedeckten Fähen sollen nach sieben bis acht Tagen, die am 18. bis 20. März verpaarten Fähen am nächsten Tag nachgedeckt werden ohne nochmalige Verpaarung Ende März, da das in der Regel keine positiven Auswirkungen hat. Die Tabelle enthält die Wurfergebnisse bei unterschiedlicher Anzahl der Deckakte, ermittelt in polnischen Farmen (eigene Untersuchungen).

Tabelle 4/18 Vergleich der Wurfergebnisse bei ein- und mehrmaligem Deckakt je Fähe

Zeiteinteilung	Gedeckte Fähen	Leerfähen $\bar{x}$	Jungtiere je Fähe
Paarung vor dem 15. März			
Zweite Paarung nach 7 Tagen			
Standard einjährig	1078	13,5	4,54
Standard mehrjährig	511	7,6	5,26
Topas einjährig	3106	17,1	3,99
Topas mehrjährig	1261	12,5	4,96
Zweite Paarung nach einem Tag, dritte Paarung nach 7 Tagen			
Standard einjährig	184	10,9	4,67
Topas einjährig	929	11,7	4,24
Topas mehrjährig	216	5,1	5,38
Paarung nach dem 14. März			
Eine Paarung			
Standard einjährig	111	23,4	3,72
Standard mehrjährig	54	14,8	4,48
Topas einjährig	474	23,4	3,44
Topas mehrjährig	105	19,0	4,40
Wiederholung der Paarung nach einem Tag			
Standard einjährig	13	23,1	4,07
Topas einjährig	134	14,9	3,69
Topas mehrjährig	20	10,4	4,40

Die Ergebnisse werden durch Beobachtungen von ABRAMOW (1961, 1964) in sowjetischen Zuchten bestätigt. ABRAMOW untersuchte u. a. den Einfluß der Zeitabstände zwischen den Deckakten auf die Fruchtbarkeit der Fähen.

Tabelle 4/19 Bezeichnungen des Decksystems nach MACIEJOWSKI und SŁAWOŃ (a) und nach FRINDT (b)

Decksystem	a	b
Einmaliges Decken	I	1
Zweimaliges Decken in der gleichen Brunstperiode	II	2
Einmaliges Decken in einer und einmaliges Decken in der folgenden Brunstperiode	III	1 – 1
Zweimaliges Decken in einer Brunstperiode und einmaliges Decken in der folgenden Brunstperiode	IV	2 – 1
Einmaliges Decken in einer Brunstperiode und zweimaliges Decken in der folgenden Brunstperiode	V	1 – 2
Viermaliges Decken in verschiedenen Systemen	VI	2 – 2
		1 – 1 – 2
		2 – 1 – 1
		1 – 3
		1 – 1 – 1 – 1

Tabelle 4/20 Aufstellung der verschiedenen Decksysteme (nach FRINDT)

Lfd. Nr.	Decksystem
1.	1*
2.	2**
3.	3
4.	1 – 1***
5.	1 – 2****
6.	1 – 3
7.	2 – 1
8.	2 – 2
9.	2 – 3
10.	1 – 1 – 1
11.	1 – 1 – 2
12.	2 – 1 – 1
13.	1 – 1 – 1 – 1

* Einmal Decken
** Zweimal Decken
*** Decken – Pause – Decken
**** Decken – Pause – Zweimal Decken in den darauffolgenden Tagen

In Polen haben MACIEJOWSKI und SŁAWOŃ Untersuchungen durchgeführt zur Bewertung des Einflusses der Decksysteme auf die Anzahl der befruchteten und nicht befruchteten Fähen und auf die Anzahl der geborenen Jungen. Diese Autoren berücksichtigten die Anzahl der Bedeckungen und die Intervalle zwischen den Bedeckungen; sie stellten sechs Decksysteme auf und berücksichtigten dabei auch das Alter der Fähen und die Farbunterschiede. Um einen Vergleich der Ergebnisse von MACIEJOWSKI und SŁAWOŃ mit den von FRINDT erzielten Ergebnissen zu erleichtern, werden die Systeme in beiden Arbeiten und die Bezeichnungen der Systeme angeführt.

Auf Grund der Varianzanalyse haben die Autoren statistisch wesentliche Unterschiede zwischen den Durchschnittsgrößen der Würfe bei Anwendung der verschiedenen Decksysteme festgestellt. Unter Berücksichtigung der Ergebnisse entsprechend Alter, Rasse und Jahren erhielten diese Autoren für die einzelnen Systeme die folgenden Durchschnittswerte hinsichtlich der Wurfgröße, umgerechnet je Fähe: 4,90; 5,31; 5,36; 4,96; 5,18 und 4,73

Unterschiedlich sind die Ergebnisse, umgerechnet je gedeckte Fähe: 3,78; 4,55; 4,64; 4,16; 4,56 und 4,50. Aus den erzielten Resultaten haben die Autoren festgestellt, daß das Decksystem sich auf die Zahl der nicht trächtigen Fähen deutlich auswirkt, je mehr es an statistisch

Tabelle 4/21 Zusammenstellung der Wurfergebnisse bei ein- und mehrmaligem Deckakt (nach JOHANSSON, 1964)

Zeiteinteilung	Gedeckte Fähen	Leer-Fähen $\bar{x}$	Jungtiere je gedeckte Fähe
Paarung nach dem 15. März			
Standard	65	15,6	3,95
Topas	728	19,9	3,76
Saphir	114	45,6	2,68
Insgesamt	907	22,8	3,64
Paarung 10. bis 18. März Zweite Paarung nach 7 bis 8 Tagen			
Standard	295	13,2	4,22
Topas	2429	16,2	4,04
Saphir	935	23,0	3,45
Insgesamt	3659	17,7	3,91
Zweite Paarung nach einem Tag, dritte Paarung nach 7 bis 8 Tagen			
Standard	91	10,0	4,36
Topas	306	9,8	4,43
Saphir	202	25,2	3,49
Insgesamt	599	15,0	4,07

wesentlichen Unterschieden zwischen der Häufigkeit des Deckens und der Anzahl der Jungen im Wurf fehlt, was seine Bestätigung in den durchgeführten statistischen Berechnungen findet.

JOHANSSON vergleicht an Hand der durchgeführten Untersuchungen die erzielten Zuchtergebnisse bei einer unterschiedlichen Anzahl von Bedeckungen je Fähe, wobei zusätzlich der Decktermin berücksichtigt wird. Beim Decken der Fähe in der ersten Märzdekade und bei einer Wiederholung des Deckens im Laufe einer Woche, gerechnet vom Datum des ersten Deckens (zweimaliges Decken 1–1) erzielte man von einer Fähe 0,27 Tiere mehr als in den Fällen, wo die Fähe nur einmal Mitte März gedeckt wurde. Beim erneuten Decken der Fähe am Tag nach dem zweiten Decken (dreimaliges Decken 1–2) war das Ergebnis noch um 0,16 geworfene Junge von einer gedeckten Fähe besser.

ABRAMOW hat ähnliche Versuche durchgeführt; diese Untersuchungen wurden noch erweitert durch andere Probleme, die mit den Decksyste-

Tabelle 4/23 Einfluß der Zeitabstände zwischen den Deckakten auf die Fruchtbarkeit der Nerzfähen (nach ABRAMOV, 1961 und 1964)

Abstände zwischen den Paarungen (Tage)	Anzahl der Fähen	Prozent der güsten Fähen	$\bar{x}$ der Jungen im Wurf	$\bar{x}$ der Jungen je gedeckte Fähe
1	1415	8,3	5,45	5,00
2	692	12,3	5,35	4,68
3 bis 4	661	5,8	5,31	5,05
5 bis 6	655	13,0	5,14	4,56
7 bis 8	1445	5,6	5,52	5,21
9 bis 10	809	4,9	5,41	5,16
11 bis 12	321	3,4	5,17	5,00
13 bis 14	93	9,7	4,98	4,50
15 bis 16	56	18,2	6,00	4,97
17 bis 18	31	6,4	5,25	4,73

Tabelle 4/22 Aufstellung der Zuchtergebnisse einjähriger Nerzfähen, abhängig von dem angewandten Decksystem (nach FRINDT)

Decksystem	Anzahl der Fähen			Durchschnittliche Trächtigkeitsdauer			Durchschnittliche Anzahl der lebend- und totgeborenen Jungen		
	Standard	Pastell	Für beide Rassen	Standard	Pastell	Für beide Rassen	Standard	Pastell	Für beide Rassen
1	—	2	2	—	52,5 46—59	—	—	7,5	—
2	13	9	22	49,8 43—56	52,2 46—62	51,0	6,8	6,8	6,8
3	2	5	7	46,5 46—47	50,0 43—54	48,3	5,0	5,6	5,3
1—1	—	5	5	—	55,2 51—59	—	—	6,6	—
1—2	9	16	25	52,7 49—55	53,6 42—62	53,2	5,9	6,5	6,2
1—3	—	1	1	—	54,0	—	—	6,0	—
2—1	14	19	33	55,2 50—61	54,4 51—72	54,8	5,6	5,8	5,7
2—2	48	35	83	53,5 50—65	55,0 61—69	54,3	5,8	6,2	6,0
2—3	1	—	1	52	—	—	4,0	—	—
1—1—1	2	6	8	52,0 49—55	52,7 49—54	52,4	5,5	6,2	5,85
1—1—2	15	9	24	53,9 52—59	56,2 52—64	55,1	4,9	4,5	4,7
2—1—1	2	1	3	52,5	56,0	54,3	5,5	5,0	5,25
1—1—1—1	—	1	1	—	52,0	—	—	7,0	—

men der Nerze in enger Verbindung stehen. Er stellte fest, daß die Durchschnittszahl der Jungen von den nur einmal gedeckten Fähen im Vergleich zu den mehrmals gedeckten Fähen kleiner war. In der Gruppe der einmal gedeckten Fähen war der Prozentsatz der nicht befruchteten Fähen beträchtlich höher.

ABRAMOW untersuchte auch den Einfluß der unterschiedlichen Zeitintervalle zwischen den aufeinanderfolgenden Begattungen auf die Aufzuchtergebnisse.

Die besten Ergebnisse wurden in der Gruppe der Fähen erreicht, die 7 bis 10 Tage nach dem ersten Decken erneut gedeckt wurden. Er beobachtete auch eine Abhängigkeit zwischen dem Termin des Beginns der Begattung und der erzielten Anzahl von Jungen in einem Wurf.

ABRAMOW beschäftigte sich auch mit dem Einfluß der mehrmaligen Verpaarung auf die Fruchtbarkeit. Auf Grund seiner Untersuchungen konnte er feststellen, daß die durchschnittliche Zahl der Jungtiere von Fähen, die nur einmal gedeckt wurden, 5,34 betrug, von Fähen, die mehrmals gedeckt wurden, 5,61. Größere Unterschiede ergaben sich bei der Anzahl der Jungtiere, bezogen auf die gedeckten Fähen. Bei Fähen, die nur einmal gedeckt wurden, betrug diese Zahl 4,52, bei der anderen Gruppe 5,40.

Ebenfalls bemerkenswert ist der Einfluß des Termins und der Anzahl der Deckakte auf die Deckergebnisse. Zusammenfassend kann gesagt werden:
- Die Verpaarung der Fähen soll nicht früher als in der ersten Märzdekade erfolgen.
- Folgende Deckmethoden sind zu empfehlen. Die Fähen, die Anfang März gedeckt wurden, sollten nach sieben bis acht Tagen und dann wieder nach einem Tag nachgedeckt werden, die Fähen, die nach dem 15. März gedeckt wurden, müssen am nächsten Tag nochmals verpaart werden, aber dann sollte kein weiterer Deckakt stattfinden.
- Die Anzahl der Deckakte (mehr als zwei) hat keine wesentliche Bedeutung. Sie beeinflußt die Fruchtbarkeit der Nerze nicht, senkt jedoch den Prozentsatz der Leerfähen.

Verpaarungstechnik

Von Bedeutung, besonders bei Verpaarung im Schuppen, ist die richtige Verteilung der Tiere in den Gehegen. Die Nerze sollen nicht unnötig transportiert werden und gut zu beobachten sein. Deshalb kommen in einen Schuppen sowohl Rüden als auch Fähen. Solche Unterbringung der Tiere ermöglicht eine maximale Anzahl von Deckakten bei gleichzeitiger Arbeitserleichterung. Wichtig ist auch richtiges Planen der Deckarbeiten sowie exakte Eintragungen in die Farmbücher. Beim Planen der Deckarbeiten muß festgelegt werden, welche Fähe zu welchem Rüden kommt (Regel: beste Fähen zu besten Rüden, gute Fähen zu guten Rüden). Außerdem soll der Züchter einen Deckplan für jeden Tag erarbeiten.

Bei der Paarung müssen die Rüden aufmerksam beobachtet werden, besonders die jungen. Sie sollen für Fähen mit sicherer Brunst benutzt werden. Die Fähen werden zuvor mit einem älteren Rüden geprüft, ob sie wirklich brünstig sind. Durch eine derartige Brunstprüfung vermeidet man unnötige Beißereien der Tiere, was gerade für Jungrüden ungünstig ist. Ein geschlechtlich gar nicht oder wenig aktiver Rüde, der sich für die Fähe nicht interessiert und sie nur beißt, muß – bei unverändertem Verhalten –

Tabelle 4/24 Einfluß des Termins und der Anzahl der Deckakte auf die Deck- und Wurfergebnisse bei Nerzen (nach ABRAMOV, 1961/64)

Termin der Paarung		Anzahl der Fähen	Davon haben geworfen %	Jungtiere im Wurf	Jungtiere je gedeckte Fähe
Erste Paarung	Zweite Paarung				
16. 2.	28. 2.	45	17,8	2,7	0,5
18. 2. bis 28. 2.	1. 3. bis 8. 3.	53	43,4	5,0	2,2
26. 2. bis 28. 2.	9. 3. und später	11	72,7	6,0	4,4
1. 3. bis 8. 3.	9. 3. und später	99	80,0	5,4	4,4

aus der Zucht aussortiert werden. Wenn der Züchter über eine größere Anzahl von jungen Rüden verfügt, soll die Deckperiode etwas früher beginnen. Frühzeitige Kontakte zwischen Rüden und Fähen stimulieren den Geschlechtstrieb bei den Rüden.

In der DDR wird nach dem Verfahren gearbeitet, die Rüden zu den Fähen zu bringen. Das erspart dem Züchter, vor allem in Großbetrieben, viel Laufereien. In der VR Polen bedient man sich des umgekehrten Verfahrens. Das hat den Vorteil, daß der Rüde im eigenen Käfig aggressiver und geschlechtlich aktiver ist. Die in einem speziellen kleinen Käfig transportierte Fähe wird in den Käfig des vorher in seiner Box eingeschlossenen Rüden gebracht. So sind die Tiere besser zu beobachten. In Skandinavien und in den USA werden die Fähen zur Zeit mitsamt ihrem Gehege transportiert, das an das Gehege des Rüden angehängt werden kann. Ein solches Verfahren beschleunigt die Deckarbeiten wesentlich.

Beim Deckakt können drei Phasen unterschieden werden:
- Beginn der Vorphase
- Übergangsphase
- Finalphase

In der ersten Phase sind die Tiere besonders aufmerksam zu beobachten. Bei eindeutig feindlicher Stimmung beider Partner (gegenseitiges Beißen) müssen sie getrennt werden. Ähnlich verfährt man bei älteren Rüden, die geschlechtlich zu wenig aktiv sind. Am Ende der Übergangsphase, vor dem eigentlichen Deckakt, fängt der Rüde die Fähe an der Nackenhaut. Sie zieht ihn durch den Käfig. Ab und zu fallen die Tiere auf die Seite. Schließlich erfolgt die eigentliche Verbindung, der Deckakt, der die entscheidende Phase ist. Die Fähe hat dabei den Schwanz an der Seite und schwingt mit den Hinterbeinen. Unerfahrene Züchter müssen genau darauf achten, ob eine Kopulation wirklich stattgefunden hat oder ob der Rüde nur «fälscht».

Große Bedeutung für die Deckergebnisse hat die Länge des Kopulationsaktes. Für die Nerzfähe (provozierter Ovulationstyp) spielen Menge und Stärke der Reize eine große Rolle. Der Nerz gehört zu den Tieren mit langem Kopulationsakt. HANSSON (1966) registrierte die Kopulationszeiten bei 727 Fähen und konnte dabei große Unterschiede ermitteln. Sie variieren zwischen einer Minute bis zu mehreren Stunden. Die längste Kopulationszeit betrug vierzehneinhalb Stunden, im Durchschnitt vierundsechzig Minuten.

In seinen Untersuchungen wies HANSSON (1966) nach, daß sich die Kopulationsdauer im Verlauf der Brunst durchschnittlich um 3,1 Minuten je Tag vergrößert. So betrug zum Beispiel am 10. März die durchschnittliche Kopulationszeit etwa 49 Minuten, während sie sich in der letzten Märzdekade bis auf 82 Minuten verlängerte. Ältere Rüden decken nicht ganz so lange wie jüngere (einjährige). Bei entsprechenden Beobachtungen wurde außerdem festgestellt, daß eine verlängerte Kopulationszeit um etwa 10 Minuten die Wurfgröße um etwa 0,13 Tiere erhöht.

Im allgemeinen ist festzustellen, daß die Dauer des Deckaktes durch individuelle Eigenschaften der Partner bedingt ist. Das Alter der Rüden wirkt sich auf die Kopulationsdauer aus. Außerdem spielt der Decktermin eine große Rolle. Bei später erfolgenden Paarungen muß mit einem verlängerten Deckakt gerechnet werden.

NIELSEN (1964) untersuchte die Abhängigkeit zwischen der Kopulationsdauer und den Deckergebnissen. Er stellte fest, daß sowohl die Dauer des Deckaktes von 5 bis 14 Minuten als auch die von 15 bis 19 Minuten schlechtere Ergebnisse brachte als längere Deckakte. Bei Kopulationsakten von mehr als 20 Minuten konnte er keine wesentlichen Unterschiede feststellen. Es wurde versucht, die Kopulation nach 15 bis 20 Minuten zu unterbrechen; dabei wurden keine schlechteren Ergebnisse erreicht. Ähnliche Untersuchungen führte auch VENGE (1964, 1965) durch. Er unterbrach die Kopulation der Nerze nach 6, 12 und 24 Minuten. Bei Unterbrechung der Kopulation nach 6 Minuten wurde festgestellt, daß die Eierstöcke weniger Eizellen hervorbrachten (im Durchschnitt etwa 2,5 weniger). Bei den zwei anderen Gruppen gab es nur geringe Unterschiede im Vergleich zu den allgemein ermittelten Werten.

Trächtigkeit

Ausgehend von der Geschlechtsphysiologie der Säugetiere ist die Trächtigkeitsdauer bei Nerzen eine interessante Erscheinung. Normalerweise trifft bei Säugetieren die Eizelle mit dem Spermium im Eileiter zusammen, und dort erfolgt die Befruchtung – die Vereinigung von zwei Gameten. Diese befruchtete Eizelle bezeichnet man als Zygote. Die Zygote bewegt sich durch den Eileiter in die Gebärmutter. Bis die befruchtete Eizelle in der Gebärmutter ist, können bei Nerzen etwa sechs bis acht Tage vergehen. Während dieser Bewegung der Zygote beginnt die erste Teilung. Es entstehen die sogenannten Blastomere. In der auf die Aufnahme der Zygote vorbereiteten Gebärmutter erfolgt die Implantation. Im Gegensatz zu der Mehrzahl der Säugetiere «schwimmen» die Zygoten in der Gebärmutter, sie werden nicht gleich in deren Wand implantiert. Diese Erscheinung bezeichnet man als *Diapause*. Die Diapause ist die Zeit zwischen dem Eindringen der Zygote in die Gebärmutter und ihrer Einbettung in die Gebärmutterwand. Die Diapause ergibt die großen Schwankungen von etwa 50 Tagen in der Trächtigkeitsdauer (36 bis 85 Tage).

Die Diapause beginnt bei den Nerzen normalerweise acht bis zehn Tage nach dem Deckakt, das heißt sechs bis acht Tage nach der Befruchtung. Bei einigen Fähen tritt Diapause überhaupt nicht auf. Bei Untersuchungen der Blastula von Nerzen fand man eine sehr große Anzahl von Zellen (60 bis 300). Das deutet auf die Möglichkeit einer weiteren Zellteilung während der Diapause. Es konnte jedoch nicht festgestellt werden, ob in der Diapause die Entwicklungsprozesse der Frucht völlig gehemmt sind oder ob diese Prozesse nur bedeutend langsamer verlaufen.

Die Trächtigkeitsperiode besteht aus vier Phasen:
- Phase zwischen Kopulation und Befruchtung, Dauer etwa zwei Tage,
- Phase, in der sich die Zygote in die Gebärmutter bewegt,
- Phase der Diapause,
- Phase der Fruchtentwicklung nach Implantation in die Gebärmutterwand.

Die Trächtigkeitsdauer ist bei Nerzen demzufolge im wesentlichen von der Dauer der Diapause abhängig. Je länger die Diapause, desto länger die gesamte Trächtigkeitszeit. Je früher in der Zeit der Brunst der Deckakt erfolgt, um so länger dauert die Implantation der Frucht. Das bedingt wiederum einen Ausgleich der Wurftermine.

Durch diese Fakten ist es möglich, die hohe Sterblichkeit der Früchte während der Diapause zu erklären. VENGE (1964, 1965) schätzt diese Sterblichkeit auf etwa 22 Prozent, das heißt auf ungefähr die Hälfte der gesamten Verluste, gerechnet vom Zeitpunkt der Ovulation bis zum Zeitpunkt des Werfens.

Während der Trächtigkeitsperiode soll jeder Züchter Vorbereitungen für die bevorstehende Wurfperiode treffen. Besonderen Wert muß er auf richtige Fütterung und Vorbereitung des Nestes legen. Die Fähen sollen ständig beobachtet und ihr Zustand geprüft werden.

Das Erkennen der Trächtigkeit ist bei Nerzen fast unmöglich. Eines der Symptome ist starker *Haarwechsel*. Bei trächtigen Tieren beginnt der Haarwechsel eher und ist sehr intensiv. Der Züchter findet dann viele Haare im Gehege. Charakteristisch sind auch sogenannte *«Trächtigkeitsbrillen»*. Die trächtigen Fähen bekommen nach dem Frühjahrshaarwechsel um die Augen einen Streifen dunkler Haare. Auf Grund des vergrößerten Bauchumfanges kann Trächtigkeit bei Nerzen nur schwer nachgewiesen werden. Bei der Mehrzahl der Tiere sind derartige Veränderungen nur undeutlich. Erst in der zweiten Hälfte der Trächtigkeit nimmt der Bauch des Tieres zu. Dies ist erkennbar, wenn sich die Fähe im Käfig aufrichtet. Beobachtet wird am besten während der Fütterung. Dabei kann dann auch eine *«birnenartige»* Form des Bauches – Symptom der Trächtigkeit – festgestellt werden. Größe und Volumen der Bauchpartie hängen nicht immer von der Anzahl der zu erwartenden Jungen ab, sie werden auch von der Menge des Fruchtwassers bestimmt.

Die trächtigen Fähen sind phlegmatischer und bewegen sich vorsichtiger im Käfig. Während der Trächtigkeit muß der Züchter besonders aufmerksam füttern. Ab Mitte der Trächtigkeitsperiode, das heißt zu Beginn des intensiven Wachstums der Frucht, steigt der Bedarf des Tieres an Eiweiß und Mineralstoffen beträchtlich an. Die Fähe muß außer der normalen Futtergabe noch ausreichend Nährstoffe für die Entwicklung der Frucht und die Vorbereitung der Milchdrüsen auf die Laktation bekommen. In dieser Zeit soll die Gesamtmenge der eiweißhaltigen Futtermittel erhöht und das Angebot vielfältiger gestaltet werden. Eine sehr große Rolle spielen dabei Futtermittel wie Leber, Milz, Milch, Eier. Sie enthalten neben einer großen Eiweißmenge auch Vitamine und Mineralstoffe. Daneben sollen die Nerze während der Trächtigkeit erhöhte Gaben Futterhefe und Mineralstoffgemische bekommen.

Das Futter muß unbedingt frisch sein. Die Futterzusammensetzung darf nicht plötzlich geändert werden, da das zu Durchfall oder Verstopfung führen kann, beides wiederum kann Fehlgeburten verursachen. Fehlgeburten können auch durch mechanische Verletzungen verursacht werden, die entweder durch Fangen der Tiere oder fehlerhaften Gehegebau entstehen (zu kleine Öffnungen für die Wurfboxen usw.). Symptome von Fehlgeburten sind: Blutspuren im Gehege oder in der Wurfbox, fehlende Freßlust der Fähen und eine dunkle, lackartige Farbe des Kotes. Ein sehr wichtiger Arbeitsgang vor dem Werfen ist die Vorbereitung der Wurfboxen und der Nester für die Jungen. Wenn in der Farm Wurfnester verwendet werden, sind sie vorher zu desinfizieren, entweder durch Abbrennen über der Flamme oder mit einem Desinfektionsmittel. Sorgfältige Reinigung ist selbstverständlich. Als Streumaterial eignen sich Heu oder Haferstroh. Da die Wurfzeit in der dritten Aprildekade beginnt, soll Mitte April mit der Vorbereitung der Nester begonnen werden. Frühere Vorbereitungen sind zwecklos, da die Fähe das Streumaterial in das Gehege trägt.

Wurfperiode und Aufzucht der Welpen bis zum Absetzen

Für eine *hohe Milchleistung* der Fähen ist es zweckmäßig, etwa ein bis drei Tage vor dem Werfen den Anteil der «milchstimulierenden» Futterarten (z. B. Milch, Weizenkleie und Leber) zu erhöhen. Ein Zeichen der bevorstehenden Geburt sind die veränderte Stimmung und das Verhalten der Fähe. Manche Tiere sitzen viel in den Boxen, andere laufen unruhig im Gehege umher. Letztere muß der Züchter besonders aufmerksam beobachten, da sie oft im Gehege werfen und die Jungen durch die Gehegemaschen auf den Boden fallen. Wenn die neugeborenen Tiere nicht aufgehoben und angewärmt werden, sterben sie sehr schnell. Auch Freßunlust ist ein Zeichen der bevorstehenden Geburt. Die abendliche Futtergabe bleibt dann meist unberührt.

Nerzfähen werfen gewöhnlich am Abend oder in den Nachtstunden. Ein Symptom, daß das Werfen beendet ist, ist die schwarze, teerartige Farbe des Kotes unter dem Gehege. Oft können neben dem Kot einige Tropfen dunklen, lackartigen Blutes beobachtet werden. Die dunkle Kotfarbe entsteht durch die Verdauung der gefressenen Nachgeburt. Bei gut verlaufendem Geburtsvorgang ist aus der Wurfbox ein kräftiges, kurzes Piepsen zu hören, ähnlich dem junger Schwalben. Hört der Züchter das Piepsen zuerst von Zeit zu Zeit ausreichend stark, später immer lauter, so hat er keinerlei Grund zur Besorgnis. Bei andauerndem, allmählich schwächer werdendem Piepsen muß er eingreifen.

Konnten alle Symptome einer *abgeschlossenen Geburt* beobachtet werden, soll der Züchter mit der Kontrolle des Nestes beginnen. Die Notwendigkeit der *Nestkontrolle* wird noch diskutiert. Einige Autoren empfehlen die erste Kontrolle unmittelbar nach dem Werfen, andere dagegen nach einer bestimmten Zeit, sogar erst nach einigen Wochen. Vom Gesichtspunkt des Farmzüchters müßte die Nestkontrolle unmittelbar nach dem Werfen (erster bis dritter Wurftag) durchgeführt werden. Die negative Einstellung der amerikanischen und kanadischen Züchter zur Nestkontrolle ist ökonomisch bedingt. Sie negieren keineswegs die Zweckmäßigkeit von zeitigen Nestkontrollen, wodurch viele Jungnerze gerettet werden können. Aber Nestkontrollen sind Handarbeit, und nach ihrer Meinung steht der Mehraufwand nicht in einem so günstigen Verhältnis zu den geretteten Tieren, daß er nötig erscheint.

In Polen und in der DDR wird die Nestkontrolle sofort durchgeführt. Dazu sperrt man die Fähe im Gehege ab. Es ist falsch, sie mit Gewalt vom Nest zu entfernen, denn sie könnte die Jungen beißen oder erdrücken. Die verängstigte Fähe trägt ihre Jungen durch den Käfig und verursacht dabei große Verluste. Nach Öffnen des Nestes soll der Züchter die Jungen in die sehr gründlich gereinigte Hand nehmen, um festzustellen, welche Tiere leben und welche tot sind. Alle Nester müssen kontrolliert werden, um die durchschnittliche Wurfstärke zu ermitteln. Bei sehr starken Würfen bzw. bei schwacher Milchleistung der Fähe werden Jungtiere zu Fähen mit weniger Jungen gesetzt. Dazu schließt man die Fähe in die Boxe ein und legt die umzusetzenden Jungen vor den Nesteingang. Dann wird die Fähe wieder in das Gehege gelassen. Jetzt trägt das Muttertier die Jungen selbst ins Nest. Bei der Nestkontrolle kann das Nest verbessert und die Jungen zu einer Gruppe zusammengetan werden. Um die Welpen beim Umsetzen auseinanderzuhalten, gibt man im allgemeinen Standardjungtiere zu Mutationen und umgekehrt.

Die durchschnittliche *Wurfstärke* beträgt vier bis fünf Junge. Es können auch Würfe mit über zehn Jungtieren vorkommen. Die besten Aufzuchtergebnisse werden jedoch bei einer Wurfstärke von etwa vier bis sechs Jungen erzielt. Junge Nerze werden nackt, blind, taub und zahnlos geboren (siehe Kapitel «Altersbestimmung»). Die Masse der Tiere vaiiert also um 8,5 g (Minimum 3,6 g; Maximum 14,8 g; WENZEL, 1973, UDRIS, 1972), die Länge um 4,8 bis 7,2 cm. Die Geschlechtszusammensetzung ist normalerweise 1:1; abhängig von Umweltbedingungen können jedoch größere Schwankungen vorkommen, WENZEL u. a., 1979.

Werden die Jungen bei der Nachkontrolle in die Hand genommen, piepsen sie laut. Sind sie gut entwickelt, so haben sie einen vollen Bauch und eine Nackenfalte. Es kann auch ein totes Tier gefunden werden. Das ist bei der ersten Durchsicht noch kein Grund zur Unruhe. Weitere tote Welpen bei den nächsten Kontrollen sind meist das Zeichen für unzureichende Milchleistung der Fähe. In diesem Falle sollen die Jungen von dem Muttertier weggenommen und bei anderen säugenden Nerzfähen untergebracht werden. Mortalität der Jungen in den ersten Lebenstagen ist bedeutungsvoll für die Aufzuchtergebnisse.

Die *Verluste* können viele Ursachen haben. Ein Teil der Fähen wirft ihre Jungen zu zeitig. In der Regel sind vorfristig geworfene Tiere lebensunfähig. Durch die beschriebene zusätzliche Trächtigkeit kann ein zweiter Wurftermin erfolgen, durch wiederholte Nestkontrollen feststellbar – die Anzahl der Jungen ist größer geworden. In solchem Fall sind die Jungtiere unterschiedlich entwickelt und lebensfähig. Die Sterblichkeit im Wurf wird höher. Weitere Ursachen der Mortalität sind verhältnismäßig geringe Lebensfähigkeit, schwache Konstitution und zu geringe Lebendmasse. Die meisten Verluste entstehen jedoch durch gar keine oder zu wenig Milch der Muttertiere. Hinzu kommt, daß die Neugeborenen die Zitzen manchmal nicht erreichen. Daß die Fähe ihre Jungen auffrißt, kommt unter normalen Haltungsbedingungen und bei richtiger Fütterung sehr selten vor. Geschieht es doch, muß die Fähe unbedingt aus der Zucht entfernt werden.

In der letzten Zeit führten PAPACZ und SHACKELFORD (1973) umfangreiche immunologische Untersuchungen bei Nerzen durch. Unter anderem wurden dabei antigenähnliche Mosaikformen der Erythrozyten (rote Blutkörperchen) im Blut gefunden. Diese Mosaikformen der Erythrozyten werden durch ein teilweises Austauschen des blutbildenden Gewebes zwischen den Geschwisterindividuen während der embryonalen Entwicklung erklärt. Diese Untersuchungen können als Grundlage zur Ermittlung der Ursachen und zum Erarbeiten von Methoden zur Bekämpfung der Blutkrankheiten bei Nerzen dienen. Blutkrankheiten verursachen besonders bei den jungen Tieren große Verluste.

Alle vorher dargestellten Verlustursachen sind in der Regel auf die sich normal entwickelnden Jungnerze bezogen. Gleichzeitig gibt es jedoch unterschiedliche Entwicklungsstörungen, die zu Verlusten bei jungen Tieren führen können. In seinen Untersuchungen ermittelte UDRIS (1965), daß die Zahl der toten Jungen bei einjährigen Fähen um 1,5 Prozent höher liegt als bei den

älteren Muttertieren. Die Mortalität der Jungen in den ersten zehn Tagen beträgt bei einjährigen Fähen etwa 15 und bei älteren etwa 11 Prozent, nach WENZEL u. a. (1983) bis zu 20 Prozent.
UDRIS (1965) konnte weiterhin feststellen, daß sich mit Ansteigen der Wurfstärke die Zahl der totgeborenen Jungen bei jungen Fähen intensiver erhöht als bei älteren. HEMINGSEN und VENGE (1965) ermittelten bei Nerzen 89 Entwicklungsstörungen. Der Anteil der totgeborenen und in den ersten Lebenstagen verendeten Jungtiere betrug 0,41 je Fähe der Herde bzw. 0,58 je gedeckte Fähe. Im allgemeinen beobachtet man eine höhere Mortalität der männlichen Jungtiere. Unter den *Verlustursachen* sind die wichtigsten: Wasserkopf (70 Prozent aller Entwicklungsstörungen), Hirnbruch (10 Prozent), Nabelbruch (10 Prozent), Gaumenspaltung (4 Prozent) und Hasenscharten (3 Prozent). Das Symptom des Wasserkopfes wurde auch von SHACKELFORD und GORHAM (1965) sowie HARTUNG und WENZEL (1970) beschrieben. Wasserkopf wird im allgemeinen nur an einem Jungtier im Wurf beobachtet. Die Jungen, die mit dieser Störung geboren werden, können erfahrungsgemäß noch einen bis achtzig Tage leben. Jungtiere mit Wasserkopf verursachen oftmals Komplikationen im Geburtsverlauf. Die Geburt dauert länger, die Fähe und die anderen Wurfgeschwister werden geschwächt. Der Wasserkopf besitzt bulldoggenähnliche Form, die Beine des Welpen sind kurz und schlecht ausgebildet (siehe Kapitel «Krankheiten»). Beim Hirnbruch ist ein kleiner Kopf mit einer Spalte, durch welche das Gehirn und die Hirnhaut hervortreten, charakteristisch. Die Entwicklungsstörungen bei Nerzen sind wahrscheinlich erblich-rezessiver Natur. Deshalb ist es nötig, den Vater, die Mutter und die Geschwister solcher Tiere vom weiteren Zuchtgeschehen auszuschalten.
Zwei Wochen nach dem Werfen sollen die Nester regelmäßig kontrolliert werden. Vom vierzehnten Tag an beginnt man mit dem *Reinigen* der Wurfboxen. Das Streumaterial muß gewechselt werden. Ist es durchnäßt, verursacht es Feuchtigkeit im Nest, wodurch die Jungen, besonders bei hohen Außentemperaturen, überhitzen. In der dritten Woche beginnt die Fähe, Futter in das Nest zu tragen. Zu dieser Zeit fangen die Jungen an, festes Futter aufzunehmen. Nach vier Wochen beginnen die jungen Nerze, die Augen zu öffnen (28. bis 32. Tag). Damit die Jungen das Nest schneller verlassen, ist es zweckmäßig, vorübergehend den Niveauunterschied zwischen Boxe und Gehegeboden auszugleichen (z. B. mit Hobelspänen).
Während dieser Periode der Nerzaufzucht ist besonders *aufmerksam zu füttern* – sowohl in der Qualität als auch bei der Häufigkeit der Futtergaben. Fütterungshygiene ist unbedingt einzuhalten. Die in dieser Zeit auftretenden Durchfälle führen bei den Jungen entweder zu Verlusten oder zu starken Entwicklungsstörungen. Das Futter soll enthalten: etwa 70 Prozent tierische Futtermittel, 10 Prozent Milch, 10 Prozent gekochte Zerealien und 10 Prozent Zusätze. Futter wird zwei-, besser dreimal täglich gegeben. Nach jedem Füttern sollen alle Gefäße gründlich gereinigt werden, einmal in der Woche sind sie auszukochen. In der dritten Lebenswoche der Nerze beginnt man mit dem täglichen Reinigen der Nester und Auswechseln des Streumaterials.
Mit der Vorbereitung zum Absetzen der Jungen soll der Züchter möglichst frühzeitig beginnen. Je größer die Wurfstärke, desto früher soll das Absetzen erfolgen. Bei sehr großen Würfen beginnt das Absetzen der Jungen nach 35 bis 40 Tagen. Drei bis vier Jungtiere zählende Würfe werden nach sechs Wochen abgesetzt. Züchter, die die Jungen sieben bis acht Wochen bei den Fähen lassen, handeln falsch. In diesem Alter sind die Jungen schon so stark und aggressiv, daß sie die Fähe beim Fressen behindern können. Die Fähe wird schwächer und magert ab, wodurch ihre Fruchtbarkeit im nächsten Jahr beeinträchtigt wird. Eine Altfähe kann bei sehr geschwächtem Zustand von den Jungtieren totgebissen werden. Beim Absetzen wird die Fähe aus dem Gehege entfernt, die Jungtiere bleiben in einem Gehege bzw. Nachbargehege. Die jungen Nerze gewöhnen sich sehr schnell an die neuen Bedingungen. Sie werden zu zweit, bei größeren Würfen zu dritt oder sogar zu viert zusammengesetzt. Bei paarweisem Absetzen können eine Fähe und ein Rüde zusammen.

Beim Absetzen wird bereits *vorselektiert*. Die am besten entwickelten Jungtiere werden für die Zuchtherde bestimmt. Kennzeichnen der Nerze durch Tätowieren, ein Verfahren aus der Fuchszucht, ist unmöglich. Deshalb wird nur die Nummer des Nerzes auf seiner Karteikarte vermerkt. Kommt das Tier in einen anderen Käfig, wird die Karteikarte ebenfalls verlagert.

Aufzucht bis zur Pelzung

Zu Beginn der Nerzzucht Anfang des 20. Jahrhunderts wurden abgesetzte Jungtiere meistens in Gruppen von einigen Dutzend in einem Auslaufkäfig gehalten. In solch einem Käfig gab es verschiedene Häuschen, Bäume und andere Verstecke für die Tiere. Gruppenaufzucht der Jungnerze hatte das Ziel, die Kosten für die Haltung zu senken und gleichzeitig Zeit für Reinigung und Fütterung zu sparen. Solche extensive Haltung konnte jedoch nur in den ersten Jahren der Nerzzucht, in einer Zeit des geringen Fellangebotes ohne besondere Berücksichtigung der Qualität, angewendet werden. Unter diesen Bedingungen hatte der Züchter nur geringen Einfluß auf Wachstum und Entwicklung der Jungnerze. Deshalb wird heute im allgemeinen die *individuelle Haltung* der Nerze praktiziert. Einzelne oder paarweise Haltung der Jungnerze ermöglicht dem Züchter tägliche Beobachtung. Es besteht die Möglichkeit, schnell auf Störungen zu reagieren. Dies betrifft im wesentlichen die Fütterung sowie das Auseinandersetzen von zu starken oder zu aggressiven Tieren.

Zu den wesentlichen Bedingungen, die die Aufzuchtergebnisse und die Qualität der Felle beeinflussen, gehören *Gehege* und *Boxen*. Im allgemeinen sollen sie hygienisch, einfach zu reinigen und zu bedienen sein und den Tieren ausreichende Bewegung ermöglichen. Die Gehege müssen so beschaffen sein, daß das Fell der Tiere nicht durch Kotteile beschmutzt werden kann. Solche Verschmutzung verursacht bleibende Veränderungen in der Farbe des Deckhaares. Die Qualität des Drahtes und die Verzinkung sind zu beachten. Schlechte Verzinkung verursacht schnelle Korrosion des Drahtes. Nerze, besonders die der hellen Mutationen, verschmutzen

Tabelle 4/25 Geschlechtszusammensetzung bei Nerzen in der Farm «Poltusk» im Jahre 1964 (Frindt)

Tiere Autor	Nr. der Farm	Anzahl der Jungen insges.	Rüden	Fähen	Fähen in % bei Rüden = 100%
Standard	62	59	33	26	79
Standard	68	127	68	59	87
Standard	72	148	72	76	106
Insgesamt:		334	173	161	93
Pastell	62	23	13	10	77
Pastell	68	159	81	78	96
Pastell	72	138	72	66	92
Insgesamt:		320	166	154	93
Nach Keller (1955)		1 725	—	—	108
		3 897	—	—	92,5
Nach Hartung (1957)		6 991	3 550	3 441	97
Nach Wenzel (1972)		18 245	9 073	9 172	101

bei Kontakt mit dem Rost irreversibel ihre Haare. Verrosteter Draht, der nicht zu ersetzen ist, soll zunächst gereinigt und dann mit Farbe gestrichen werden. Dazu verwendet man am besten eine Chlor-Kautschukfarbe. Diese Arbeit muß in Abständen von zwei bis drei Monaten wiederholt werden. Boxen und Gehege sollen sorgfältig ausgestattet sein – ohne abstehende Nägel und Drähte. Die Holzteile sind gründlich glattzuhobeln. Wichtig ist auch die richtige Öffnungsgröße in den Boxen, sie muß der Größe der gehaltenen Nerze angepaßt sein. Müssen sich die Tiere durchzwingen, scheuert das Fell ab, besonders an der Bauchseite. Die Ränder der Öffnung sollen mit Blech- bzw. Plasteringen verkleidet sein, damit das Fell nicht beschädigt wird. Wichtig ist auch die *Dachkonstruktion der Schuppen*. Durch Regenwasser wird das Fell hell, besonders dann, wenn die nassen Nerze von der Sonne bestrahlt werden – es bleicht aus. Die Sonnenstrahlen haben, besonders in der Periode der Haarreife, Einfluß auf die Fellfarbe, wovon vor allem die dunklen Mutationen betroffen sind. Ihr Haar wird rötlich.

Des weiteren beeinflußt die *Fütterung* die Aufzuchtergebnisse sehr stark, ein Faktor, der zur

VORBEREITUNG UND EIGENTLICHER DECKAKT

Geschlechtlich wenig aktiver Rüde

Abwehrstellung der Fähe

Annäherungsphase

Rüde hält die Fähe fest

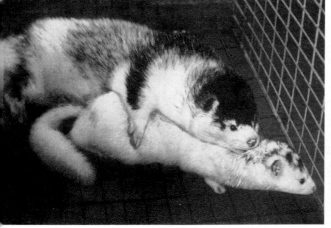
Aufreiten des Rüden

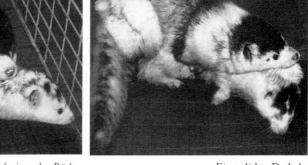
Eigentlicher Deckakt

Welpen, sieben Tage alt

20 Tage alte Welpen

Acht Wochen alte Nerze

Fünf Wochen alter Topasnerz

FARMZUCHT DES NERZES

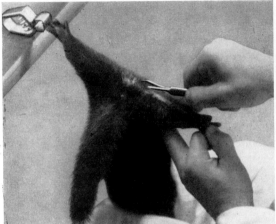

Schnittführung an den Hinterextremitäten

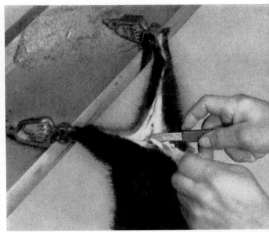

Freipräparieren des Schwanzes

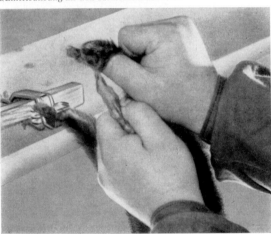

Abziehen des Felles an den Hintergliedmaßen

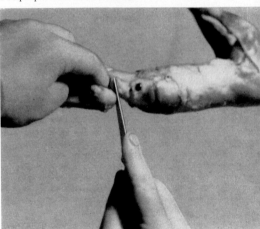

Abtrennen des Kopfes

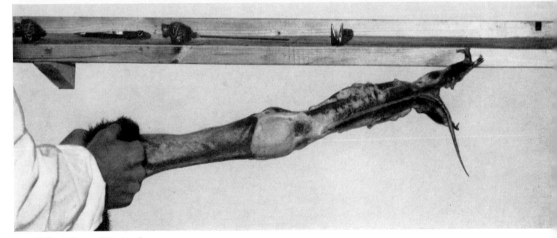

Das Fell wird vom Körper abgezogen

Tabelle 4/26 Körpermasseentwicklung in g (nach WENZEL, 1982)

Datum der Wägung	Standard Rüden	Fähen	Silberblau Rüden	Fähen
1. Juni	430	280	410	280
15. Juni	642	493		
1. Juli	759	613	757	586
15. Juli	1020	714		
1. August	1338	805	1272	817
15. August	1570	868		
1. September	1744	951	1678	974
15. September	1948	998		
1. Oktober	2087	1074	2021	1105
15. Oktober	2152	1120		
1. November	2280	1183	2177	1201

Tabelle 4/27 Körpermasse-Entwicklung der Standardnerze in g (Skolimow-Farm «Las»)

Datum der Wägung	Alter (Tage)	Rüden	Fähen
15. Mai	20	—	105
25. Mai	30	—	180
15. Juni (beim Absetzen)	50	—	500
25. Juni	60	695	510
15. Juli	80	1165	750
30. Juli	95	1340	880
15. August	110	1670	990
30. August	125	1800	1030
15. September	140	1970	1110
30. September	155	2050	1170
30. Oktober	185	2190	1260

Zeit in allen wissenschaftlichen Einrichtungen für Nerzzucht untersucht wird. Im Vergleich zu der ursprünglich empfohlenen Futterzusammensetzung sind die heutigen Rationen stark verändert. Das Sortiment der Futterarten ist reicher geworden. Die Futtergewinnung wurde ebenfalls organisiert. In der Periode der Haarreifung wird gegenwärtig der Eiweißgehalt in den Rationen gesenkt und der Kaloriengehalt erhöht, im wesentlichen durch erhöhten Fettanteil (siehe Kapitel «Fütterung»).

Ähnlich wie sich die Futterzusammensetzung und die Menge des zu verabreichenden Futters pro Tier änderte, wurden auch an die Größe der Nerze neue Anforderungen gestellt. Die Angaben über die Körpermasse der Nerze in den einzelnen Aufzuchtperioden unterstreichen diese Entwicklung.

Aus den Tabellen 4/26 bis 4/28 ist zu ersehen, daß in den letzten zwanzig Jahren die Anforderungen an die Tiere auf das Doppelte gestiegen sind. Um gegenwärtig bei Auktionen hohe Preise für die Felle erzielen zu können, sind die Züchter gezwungen, nicht nur farblich gute, sondern auch großflächige Felle anzubieten. Jeder Züchter soll deshalb Wachstum und Entwicklung seiner Nerze verfolgen und kontrollieren. Dazu müssen die Nerze in regelmäßigen Zeitabständen *gewogen* werden. Das Ergebnis kann mit entsprechenden Tabellenwerten verglichen und das Wachstumstempo eingeschätzt werden. Nerze wachsen, ähnlich wie andere Tiere, in der ersten Periode intensiv und danach langsamer. Einige Angaben hierzu sind in der Tabelle 4/29 zusammengestellt.

Die Fütterung während der Aufzucht ist aufs engste mit *hygienischen Bedingungen* verbunden.

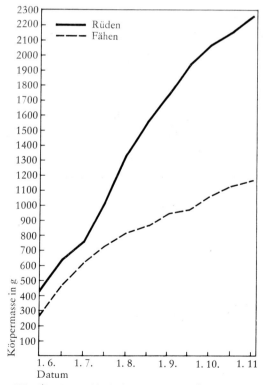

Abb. 4/1 Entwicklung der Körpermasse (nach WENZEL, 1980)

Tabelle 4/28 Körpermasse-Entwicklung in g (nach dänischen Angaben)

Datum der Wägung	Standard		Pastell		Topas		Palomino		Aleute	
	Rüde	Fähe	Rüde	Fähe	Rüde	Fähe	Rüde	Fähe	Rüde	Fähe
1. Juli	696	519	696	540	706	540	624	506	657	520
15. Juli	944	651	954	674	952	659	849	623	910	665
1. August	1210	765	1196	779	1175	745	1064	689	1157	798
15. August	1395	821	1363	845	1338	809	1240	793	1298	855
1. September	1574	887	1533	902	1492	882	1381	839	1464	912
15. September	1649	908	1640	940	1599	898	1498	870	1566	961
1. Oktober	1750	944	1764	1001	1711	955	1655	924	1647	1010
15. Oktober	1880	979	1868	1038	1769	985	1688	936	1748	1050
1. November	1930	1013	1917	1070	1865	1026	1784	995	1782	1068

Die Nerze, besonders die jungen, reagieren sehr empfindlich auf die Qualität des Futters. Altes Futter wirkt sich auf die Tiere schädlich aus. Es verursacht Verdauungsstörungen und Durchfälle, was sich verschlimmern und schließlich zum Tod des Tieres führen kann. Auch wenn die Tiere die Krankheit überstehen, verlieren sie an Kondition und an Körpermasse. Gefährlich ist auch eine plötzliche Veränderung der Futterzusammenstellung. Tiefgekühltes Futter muß sorgfältig aufgetaut werden. Ungenügend aufgetautes und zu schnell verabreichtes Futter führt in der Regel zu Durchfällen, Verdauungsstörungen und sogar zum Tod. In den Sommermonaten sollten Gefäße und Arbeitsgeräte für Vorbereitung, Futter und Wasser sorgfältig gereinigt werden. Wenn das Futter in Gefäßen verabreicht wird, müssen diese anschließend gründlich gesäubert und einmal in der Woche ausgekocht werden. Bei der Fütterung im Gehege reinigt man diese nach der Fütterung mit Hilfe einer Drahtbürste. Ähnlich ist mit den Trinkgefäßen zu verfahren.

Während der Aufzuchtperiode müssen Boxen und Gehege der Tiere (die Räume der ganzen Farm) in besonders sauberem Zustand gehalten werden. Futterreste und Kot verschmutzen das Fell und mindern dessen Wert. Ältere Nerze haben oft die Angewohnheit, ihre Boxen zu verschmutzen. Gegenmaßnahmen bringen gewöhnlich nicht den gewünschten Erfolg. Der Züchter muß Tiere mit solchen Eigenschaften ermitteln und während der Haarreife von der weiteren Zucht ausschließen. In der ersten Zeit werden für die Sauberkeit in den Boxen verschiedene Arten von Streumaterial verwendet, bei Nerzen zum Beispiel Heu, Haferstroh oder Holzwolle, auch Hobel- und Sägespäne. Gut eignet sich auch

Tabelle 4/29 Zuwachs der Nerze in g in einzelnen Wachstumsperioden

In Polen (Farm «Las» in Skolimow)					Standardnerze in der DDR (nach Wenzel, 1970)			
Datum	Wägungs-abstände (Tage)	Körpermassezuwachs			Datum	Wägungs-abstände (Tage)	Körpermassezuwachs	
		Rüden	Fähen	x̄			Rüden	Fähen
25. Mai	10	—	—	75				
15. Juni	20	—	—	320				
25. Juni	10	—	—	100				
15. Juli	20	450	240	345	1. Juli	30	450	260
30. Juli	15	175	130	150	1. August	30	410	270
15. August	15	330	110	220	1. September	30	290	210
30. August	15	130	40	85	1. Oktober	30	200	140
15. September	15	170	80	125	1. November	30	120	80
30. September	15	80	60	70	15. November	15	120	20
30. Oktober	30	140	90	115	15. Dezember	30	60	20

Platinum		Saphir		Hedlund-Weiß	
Rüde	Fähe	Rüde	Fähe	Rüde	Fähe
671	519	604	464	605	465
916	639	843	603	841	590
1 178	752	1 085	702	1 095	718
1 346	818	1 217	754	1 248	813
1 504	872	1 373	814	1 412	853
1 649	908	1 465	852	1 512	877
1 764	954	1 578	903	1 621	895
1 838	992	1 650	931	1 688	915
1 900	1 031	1 681	942	1 746	933

Torf. Infolge seiner hygroskopischen Eigenschaften nimmt Torf Jauche und Feuchtigkeit sowie verschiedene Gase auf und trägt so zu besseren mikroklimatischen Verhältnissen in den Boxen bei. Torf hemmt außerdem die Entwicklung der Saprophyten-Mikroflora und der Krankheitserreger. In späterer Aufzuchtperiode hält man Nerze nur noch auf Drahtgeflecht bei geöffnetem Holzboden der Boxe.

An heißen Sommertagen sollen besonders die freistehenden Gehege *abgedunkelt* werden. Die Intensität der Sonnenbestrahlung ist auch durch weißen Anstrich der Schuppendächer zu senken (zum Beispiel mit Kalkmilch). Gleichzeitig belüftet man durch Entfernen der Boxendächer. Von der letzten Augustdekade an sollen alle Tiere, besonders jedoch die dunkelhaarigen, vor direkter Sonnenbestrahlung geschützt sein.

Während der Aufzuchtperiode muß der Züchter den Verlauf des Wachstums und den Haarwechsel der Tiere aufmerksam beobachten. Normalerweise wachsen die Haare bei Nerzen in den ersten drei bis vier Lebenswochen. Gleich danach erfolgt der Wechsel gegen Sommerhaare. Der Wuchs des Sommerhaares erfolgt allmählich vom Kopf ausgehend in Richtung zum Schwanz. Am Anfang wächst das Haar an der Vorderseite des Kopfes, dann am Nacken und an den Beinen, weiter an den Rippen und zuletzt am Bauch und Hinterteil des Tieres.

Der *Herbsthaarwechsel* beginnt bei Nerzen abhängig von verschiedenen Bedingungen Anfang September. Mitte dieses Monats fangen die Winterhaare an zu wachsen. Faktoren, die das Tempo der Fellreife bei Nerzen beeinflussen, sind außer Futter die Lichtverhältnisse, Alter, Geschlecht, Mutation und Gesundheitszustand des Tieres. Die verkürzten Tage wirken stimulierend auf die Fellreife. Dunkle Unterbringung der Tiere begünstigt deshalb ein schnelleres Reifen des Felles. Bei jungen Nerzen verläuft der Herbsthaarwechsel – unabhängig vom Geschlecht – früher als bei alten Tieren. Bei letzteren reift das Fell der Rüden schneller als das der Fähen. Die farbigen, besonders die hellen Mutationen, haben eine um etwa zwei bis drei Wochen frühere Fellreife als Standardnerze. Nerze,

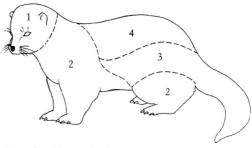

Abb. 4/2 Haarwechsel
1 Gesichtsteil und Kopf
2 Vorderteil des Rumpfes und die Extremitäten
3 Hinterteil mit Schwanz
4 Gegend des Kreuzes und der Wirbelsäule

bei denen der Haarwechsel verspätet einsetzt und bei denen dann einige Körperteile Sommerhaar, andere dagegen ein völlig ausgereiftes Winterhaar tragen, sollen von der weiteren Zucht ausgeschlossen werden. Solche Eigenschaft ist gewöhnlich ein Symptom krankhafter Störungen im Organismus und das Tier selbst meistens anfälliger. Das Wachsen der Winterhaare bei Nerzen verläuft – verglichen mit dem der Sommerhaare – in umgekehrter Richtung, das heißt vom Schwanz zum Kopf. Mitte September beobachtet man die ersten Winterhaare am Ende des Schwanzes. Danach wachsen Winterhaare an den Beinen und am Hinterteil. Mitte Oktober soll das neue Fell den Bauch und den Rücken einschließlich der Vorderbeine bedecken. Anfang November befinden sich letzte Reste der Sommerhaare nur noch um das Maul herum.

Während der Aufzucht der Nerze, das heißt in der Zeit vom Absetzen bis zur Fellgewinnung, soll der Züchter alle genannten Faktoren und

Bedingungen berücksichtigen. Die Einhaltung dieser Bedingungen bildet die Grundlage für die Aufzucht hochwertiger Zuchttiere und die Gewinnung qualitativ wertvoller Felle.

Zuchttierauswahl

Im Zuchtgeschehen strebt der Züchter danach, den Zuchtwert der Tiere ständig zu erhöhen. Der Arbeitskomplex zur Erhöhung des Zuchtwertes wird als Zuchtarbeit bezeichnet. Zur Zuchtarbeit gehört zum Beispiel die ständige Auswahl der besten Tiere für die Zuchtherde sowie eine rationelle Zusammenstellung der Paare innerhalb einer Wertgruppe.

In der Praxis der Pelztierzucht besteht die Zuchtarbeit aus folgenden Etappen: Ausmerzen, Massenselektion und – als letzte Etappe – individuelle Selektion. Es müssen die individuellen Eigenschaften der Tiere beurteilt und die Bedingungen ermittelt werden, welche die Herausbildung dieser Eigenschaften beeinflußt haben. Es soll festgestellt werden, welche Eigenschaften genetisch bedingt und welche auf äußere Haltungsbedingungen zurückzuführen sind. Die genetische Grundlage ist auf Grund der Abstammungsanalyse zu ermitteln, indem die Eigenschaften eines Tieres mit denen der Eltern, der Geschwister und verwandter Individuen verglichen werden. Bei einem Zuchttier vergleicht man dessen Eigenschaften mit denen seiner Nachkommen. Vor der individuellen Selektion soll aus der Herde ausgemerzt werden. Der Züchter entfernt die Tiere, die den Normen für die einzelnen Mutationen und Typen nicht entsprechen, die mit schlechtem Körperbau, geringer Lebensfähigkeit und unerwünschter Haarbedeckung. Diese Tiere werden gepelzt. Nach diesem Ausmerzen beginnt das eigentliche Selektieren, einmal das Massenselektieren, dann das individuelle Selektieren.

Beim *Massenselektieren* sind die Eigenschaften der gesamten Herde zu beurteilen, wobei nur die Tiere zur weiteren Zucht gelassen werden, die das vom Züchter gestellte Minimum erreicht haben. Dabei kann das Zensieren eine Hilfe sein – jedes Tier wird entsprechend dem Zuchtziel eingestuft.

Jedes Selektieren mit ständig erhöhten Anforderungen führt zur verbesserten Qualität der gesamten Herde. Diese Selektionsform hat jedoch auch Nachteile, weil ein Teil der Tiere Regression zeigt, also schlechter werdende Eigenschaften. Eine kontinuierliche Verbesserung der Qualität ist daher nicht sicher. Das Selektieren wird entweder bezüglich eines oder einer Reihe von Merkmalen durchgeführt. Im ersten Falle kann der Zuchterfolg schneller und einfacher erreicht werden. Diese Methode birgt jedoch die Gefahr in sich, daß das biologische Gleichgewicht des Organismus gestört wird. Es geht nur um ein Merkmal, ohne die Entwicklung jedes einzelnen Tieres zu berücksichtigen. Um diese Gefahr zu vermeiden, wird das Selektieren im Hinblick auf mehrere Merkmale durchgeführt. Eine derartige Selektion verläuft langsamer, und die Zuchterfolge sind geringer. Es ist sehr schwer, in einer Herde mehrere Tiere zu finden, die gleichzeitig mit mehreren Merkmalen den erhöhten Anforderungen entsprechen.

Wenn durch Massenselektion in der Herde ein gewisser Zuchterfolg erreicht wurde, müßte nun, um diesen Prozeß zu beschleunigen, eine *individuelle Zuchtwahl* einsetzen. Bei diesem System erfolgt die Auswahl der Tiere nicht nur auf Grund äußerer Eigenschaften und Merkmale, sondern man versucht auch, die genetischen Grundlagen zu ermitteln und für die weitere Zuchtarbeit auszunutzen. Grundlage bilden die Eintragungen im Herdbuch, die Beschreibungen der Herdenentwicklung und systematische Kontrolle der Tiere.

In dieser Etappe der Zuchtarbeit ist eine durchschnittliche Kennzahl zum Beurteilen der ausgewählten Tiere nötig, um sie von der übrigen Herde exakt unterscheiden zu können. Diese Größe bezeichnet man als *Selektionsunterschied*. Diese Größe des Selektionsunterschiedes gibt Aufschluß über die Schärfe des Selektierens. In der Nerzzucht sind die Anforderungen an die Rüden in der Regel höher. Deshalb werden die Nerzrüden bedeutend härter als die Fähen selektiert.

Unabhängig vom System des individuellen oder gruppenweisen Selektierens kann die Wahl absolut oder relativ sein. Die absolute Selektion

wird bei einer ausreichend großen Tierzahl angewendet. Hierbei sind alle diejenigen Tiere vom weiteren Zuchtgeschehen ausgeschlossen, die trotz einiger wertvoller Merkmale irgendeinen Fehler zeigen. Bei der relativen Selektion entscheidet die Summe der bei der Zuchttierbewertung ermittelten Punkte über die weitere Zuchtverwendung. Dabei werden Nachteile und Fehler durch positive Merkmale, zum Beispiel im Körperbau, in der äußeren Erscheinung oder durch Eigenschaften des Haarkleides ausgeglichen. Eine exakte und gründliche *Zuchttierbeurteilung* ist jedes Jahr während der vollen Haarreife durchzuführen. Sie wird zum Beispiel in der VR Polen von einem Zuchtrichter, seinem Assistenten und einem Zootechniker des Rates des Bezirkes vorgenommen. Die Tiere müssen zur Zuchttierbeurteilung klinisch gesund sein. Eine entsprechende Bescheinigung des zuständigen Veterinärmediziners muß das bestätigen.
Bis zum Herbst 1967 galt in Polen ein 30-Punkte-System zum Beurteilen der Nerze. Bei diesem System wurden zehn Merkmale des Tieres beurteilt, und zwar Merkmale des Körpers und des Felles. Für jedes Merkmal konnte das Tier maximal drei Punkte erhalten. Bei dieser Verfahrensweise wurden allerdings Eigenschaften mit Komplexcharakter, also Eigenschaften, die sich gegenseitig beeinflussen, voneinander getrennt. Es betraf im wesentlichen solche Merkmale wie Farbe, Dichte und Struktur des Haarkleides. Die Trennung des Merkmals «Dichte des Haarkleides» in «Dichte der Deckhaare» und «Dichte der Unterhaare» und ihre getrennte Beurteilung vertiefen zum Beispiel die Unterschiede zwischen der Zuchttierbeurteilung auf der Farm und der Beurteilung des Felles bei der Aufkaufstelle. Diese fehlende Übereinstimmung war der Grund eines neuen Beurteilungssystems bei Nerzen. Eine zusätzliche Schwierigkeit bei der alten Verfahrensweise bestand in der verhältnismäßig geringen Breite der Notenskala. Der Zuchtrichter konnte keine halben Punkte vergeben und war nur auf die ihm zur Verfügung stehenden drei Entwicklungsgrade eines Merkmals beschränkt. Eine weitere Bedingung, die eine Veränderung der bisherigen Beurteilungsweise nötig machte, war der stärkere Import an hochwertigem Zuchttiermaterial. Zuchtnerze kamen aus Ländern, wo die Merkmale komplex beurteilt wurden. Die Unterschiede in den Beurteilungssystemen erschwerten den Vergleich der neu hinzugekommenen mit den heimischen Tieren.

Das neue Bewertungssystem umfaßt ebenfalls 30 Punkte. Es werden jedoch nur fünf Merkmale beurteilt, jedes Merkmal in der Punktskala von 1 bis 6. Um beide Systeme miteinander vergleichen zu können, sind sie in der Tabelle gegenübergestellt.

Die neuen polnischen Standards ähneln den Beurteilungsmerkmalen in anderen Ländern. Die Tiere werden zum Beispiel nach der Ver-

Tabelle 4/30 Polnisches Zuchttierbewertungssystem für Nerze

Altes System			Neues System		
Nr.	Bezeichnung des Merkmals	Max. Punktzahl	Nr.	Bezeichnung des Merkmals	Max. Punktzahl
1	Größe	3	1	Größe und Bau (früher 1 und 2)	6
2	Körperbau	3	2	Reinheit der Farbe (früher 3, 5, 7)	6
3	Bau des Oberhaares	3	3	Dichte der Haarbedeckung (früher 4, 6)	6
4	Dichte des Oberhaares	3	4	Haarlänge (früher 8, 9)	6
5	Farbe des Unterhaares	3	5	Allgemeines Aussehen (früher 10)	6
6	Dichte des Unterhaares	3			
7	Gleichmäßigkeit der Haarbedeckung	3			
8	Haarlänge	3			
9	Weichheit und Glanz	3			
10	Allgemeines Aussehen	3			
Insgesamt		30			30

gleichsmethode ausgewählt. Dazu stellt man auf einen langen Tisch fünfzig und mehr Nerze in Beurteilungsfallen nebeneinander. Die mit Fehlern behafteten Tiere werden aus dem weiteren Zuchtgeschehen eliminiert. Am Ende bleibt nur eine kleine Gruppe von sehr wertvollen Tieren übrig. Die Auswahl wird in der Regel in geschlossenen Räumen und bei künstlichem Licht durchgeführt, um die lebendigen Tiere unter ähnlichen Bedingungen wie die Felle bei der Aufkaufstelle beurteilen zu können. Für die Selektionsarbeiten wird in vielen Ländern sehr viel Zeit aufgewendet. Die Grundselektion geschieht unmittelbar vor dem Pelzen. Außer dem Fellwert der Zuchtherde werden solche Merkmale wie Anzahl der Jungen im Wurf, Lebensfähigkeit und Wurftermin bewertet. Die Tiere, die außerhalb der angenommenen Norm liegen, kommen zum Pelzen. Beim Muttertier hebt man Milchleistung und den mehr oder weniger ausgeprägten Mutterinstinkt hervor. Zum Pelzen sind ferner alle Nerze zu geben, die krank waren oder Krankheitssymptome zeigten und deswegen behandelt werden mußten. Beim Beurteilen wird ebenfalls die Qualität der Nachkommen analysiert und damit sowohl der Wert der Fähe als auch der Wert des Rüden berücksichtigt.

Die Bewertung der Felleigenschaften basiert im wesentlichen auf den drei Merkmalen:
- Größe
- Farbe
- Struktur der Haarbedeckung

Diese Merkmale zeichnen sich durch Komplexcharakter aus. Unter dem Merkmal «Größe» wird außer der Lebendmasse auch der Körperbau beurteilt. Bei «Farbe» bewertet man sowohl die Farbe des Deckhaares als auch die des Unterhaares. Die Größe ist ein Standardwert, der für einige Länder gilt. Die zwei anderen Merkmale, Qualität und Farbe der Haarbedeckung, haben keine Standards. Diese Merkmale werden vom Züchter auf Grund der Auktionsnachrichten beurteilt. Eine so praktizierte Auswahl kann als «elastische Selektion» bezeichnet werden. Sie ergibt eine enge Beziehung zwischen der Beurteilung der Tiere und den Fellpreisen. Wichtigste Merkmale bei der Fellqualität sind zur Zeit folgende:
- Dichte des Deckhaares,
- Nap (Beziehung zwischen der Länge der Unterhaare zur Länge der Deckhaare) und
- Ausgeglichenheit der Haarbedeckung

Im wesentlichen gelten bei der Selektion von Nerzen folgende Merkmalsgruppen:
- Merkmale des Individuums,
- Merkmale des Individuums verbunden mit der Nutzung zur Fellgewinnung,
- Merkmale des Individuums verbunden mit der Nutzung zur Zucht,
- Merkmale des Individuums verbunden mit einem bestimmten Stoffwechseltyp.

Unter den Merkmalen des Individuums versteht man Größe und Körperbau der Nerze. Die Größe ist sowohl ein Merkmal des Individuums selbst als auch ein Merkmal, das eng mit der Nutzung des Tieres verbunden ist. Von der Größe des Tieres ist die Oberfläche des Felles abhängig. Die zur Zeit an die Größe der Tiere

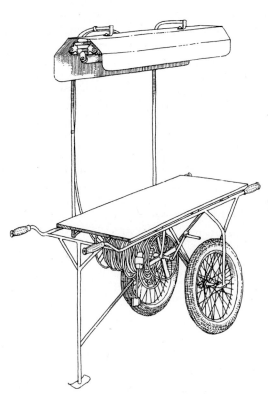

Abb. 4/3 Untersuchungswagen zur Zuchttierauswahl

Tabelle 4/31 Anforderungen an die Größe der Tiere in der Periode der Fellreife (nach verschiedenen Autoren zusammengestellt)

Mutationen	Durchschnittliche Körpermasse in g	
	Rüden	Fähen
Standard	2 000 bis 1 800	1 200 bis 900
Jet-Black	1 900 bis 1 800	1 100 bis 900
Pastell-braunäugig	2 100 bis 1 950	1 250 bis 1 000
Finnlandia-Topas	2 100 bis 1 950	1 250 bis 1 000
Platinum	2 000 bis 1 800	1 100 bis 900
Saphir	1 900 bis 1 850	1 100 bis 950
Hedlund-Weiß	1 900 bis 1 850	1 100 bis 950

Tabelle 4/32 Merkmale für die Fellgewinnung

Merkmale	Komplex
Farbe des Deckhaares Farbe des Unterhaares Fleckerscheinungen, die mit der Mutation verbunden sind Ausgeglichenheit der Farbe	Farbe und ihre Reinheit
Dichte des Deckhaares Dichte des Unterhaares Ausgeglichenheit der Dichte	Dichte der Haarbedeckung
Länge der Deckhaare Länge der Unterhaare Nap (Beziehung zwischen der Länge der Deckhaare und der Länge der Unterhaare) Weichheit und Glanz	Struktur der Haarbedeckung

gestellten Anforderungen zeigen eine steigende Tendenz.
Mit der Größe ist normalerweise der Körperbau verbunden. Bei Nerzen unterscheidet man folgende drei Typen:
- sehr stark
- stark
- zart, fein

Bei sehr starkem Körperbau sind die Proportionen meist gut. Der Körper ist walzenförmig, nicht zu lang, der Kopf sitzt an einem kurzen Hals gut am Körper. Der Gesichtsteil des Kopfes ist verkürzt. Die Beine sind kurz und stark. Der starke Typ hat ebenfalls einen wohlproportionierten Körperbau, der Körper ist jedoch etwas verlängert, der Brustumfang leicht verringert. Der zarte Nerztyp besitzt einen unproportionierten Körperbau, die Tendenz zu einem langen Körper und Kopf, die Beine ebenfalls lang und verhältnismäßig zart.

Der *Typ* steht zur Fellnutzung sowie zur Lebensfähigkeit und dem Zuchtwert in direkter Beziehung. Für die weitere Zucht nimmt man in der Regel nur Nerze mit starkem und sehr starkem Körperbau.

Jede *farbige Mutation* der Nerze hat einen eigenen Farbstandard. Innerhalb dieses Standards sind hellere und dunklere Töne zugelassen. Jede Veränderung der Grundfarbe jedoch, die dem Fell einen unreinen Ton gibt, wird als Fehler betrachtet. Ist dieser unreine Ton sehr intensiv, kann der Nerz von der Zucht ausgeschlossen werden. Am häufigsten sind Veränderungen in Richtung Gelblich, Bräunlich, Rostig und Bleigrau.

Die *Dichte* des Haarkleides entscheidet im wesentlichen über die Qualität und den Wert des Felles. Bei einer geringen Dichte der Unterhaare ist das Fell «platt». Solches Fell ist ungleich in Rücken- und Bauchpartie. Ungenügende Dichte des Deckhaares verursacht ein sogenanntes «offenes Fell», ein Ergebnis ungenügender Bedeckung des Unterhaares. Die Dichte des Felles ist erkennbar, indem man an verschiedenen Stellen die Haare auseinanderbläst. Bei sehr guter Dichte des Felles ist die Hautoberfläche nicht zu sehen, bzw. der Grund ist sehr klein und wird sehr schnell wieder bedeckt.

Bedeutungsvoll für den endgültigen Wert des Felles ist auch die *Struktur* des Haarkleides. Bei Nerzen soll die Länge der Deckhaare etwa 20 bis 24 mm und die der Unterhaare etwa 16 bis 18 mm betragen. Unterschiede müssen möglichst gering sein (nicht größer als 6 bis 8 mm). Zu kurze bzw. zu lange Haare mindern den Wert des Felles. Auf ausgeglichene Haarlänge am ganzen Körper, besonders an Rücken- und Bauchpartie, ist besonders zu achten. Große Unterschiede in der Haarlänge können ebenfalls den Wert des Felles herabsetzen. Anzustreben ist ein weiches und glänzendes Fell. Rauhe Deckhaare (sogenanntes «Ziegenhaar») oder ein zu feines Haar gelten als Fehler. Letzteres beruht auf zu geringer Elastizität und ist das sogenannte

Tabelle 4/33 Farbe der Deck- und Unterhaare bei den einzelnen Mutationen

Mutationen	Standard der Farbe = Sehr gut	Vom Standard wenig abweichend = Gut	Vom Standard weit entfernt = Genügend	Stark vom Standard abweichend = Schlecht
Deckhaare				
Standard	Fast schwarz	Dunkelbraun, in Schwarz übergehend	Dunkelbraun	Braun, hellbraun
Jet-Black	Rabenschwarz	Schwarz	Schwarz mit braunem Ton	Dunkelbraun
Royal Pastell	Dunkelbeige mit violettem Ton	Beige oder dunkelbeige	Hellbeige oder beige	Rostiger bzw. dunkler Ton
Finnlandia Topas	Hell-bernstein mit violettem Ton	Bernsteinbeige	Beige	Rostton
Platinum	Hellgrau mit metallischem Ton	Hellgrau	Dunkelgrau	Gelblicher bzw. bräunlicher Ton
Saphir	Hellblau-grau	Bläulich-grau	Dunkelgrau mit bläulichem Ton	Dunkelgrau
Hedlund-Weiß	Schneeweiß	Weiß mit leichtem Stahlton	Schmutzigweiß	Weiß mit geringer Zumischung fremder Farben
Unterhaare				
Standard	Sehr dunkelbraun	Dunkelbraun	Braun	Hellbraun, stellenweise sandfarbig
Jet-Black	Schwarz	Schwarz mit dunkelbraunem Ton	Schwarz mit braunem Ton	Dunkelbraun
Royal Pastell	Beige mit violettem Ton	Beige	Hellbeige	Sehr hellbeige
Finnlandia Topas	Sehr gut ausgeglichen, honigfarbig, rein	Ausgeglichen, honigfarbig, rein	Schwächer ausgeglichen, rein	Nicht ausgeglichen, verschiedene Töne, rötlich
Platinum	Sehr gut ausgeglichen, rein	Ausgeglichen, rein	Schwach ausgeglichen	Nicht ausgeglichen, unrein gelbliche Töne, verschmutzte Farbtöne
Saphir	Hellaschgrau mit bläulichem Ton	Hellaschgrau-grau	Aschgrau-grau	Aschgrau-grau unrein
Hedlund-Weiß	Schneeweiß	Weiß mit leichtem Stahlton	Schmutzigweiß	Weiß mit Zumischungen fremder Farben

«fließende Fell». Während die Anforderungen hinsichtlich Dichte und Struktur der Haarbedeckung bei allen Mutationen gleich sind, stellt man an die Farbstandards der verschiedenen Mutationen unterschiedliche Anforderungen. Die Beschreibung der Haartönung und der Fellfarben ist sehr kompliziert. Die Tabelle zeigt die Farbstandards für die einzelnen Mutationen in Polen. Zur Zeit wird die Farbe im Komplex beurteilt. Die Farbe des Felles ergibt sich aus den Deckhaaren und den Unterhaaren.

Bei der Selektion der Nerze müssen die *Zuchteigenschaften* besonders beachtet werden.

Dazu gehören bei *Fähen:*
- Deck- und Wurftermin
- Fruchtbarkeit bzw. Wurfstärke
- Milchleistung

bei *Rüden:*
- geschlechtliche Aktivität
- Paarungsverhalten und Anzahl der gedeckten Fähen
- Befruchtungsfähigkeit

In die Zucht kommen die Nerze, die diesen Kriterien in hohem Grad entsprechen. Der Züchter ist daran interessiert, daß die Zuchtperioden in den normalen Grenzen liegen und nicht übermäßig ausgedehnt sind. Große Würfe werden angestrebt. Das setzt hohe Milchleistung und ausgeprägten Mutterinstinkt bei den Fähen voraus. Normalerweise vererben sich die mütterlichen Anlagen hinsichtlich Milchleistung und Fruchtbarkeit sehr gut. Abhängig von den Mutationen werden an die Fähen bezüglich Wurfstärke und Aufzuchtergebnis verschiedene Anforderungen gestellt. Alle Kennwerte ermittelt der Züchter in zwei Zuchtperioden, um die Eigenschaften des Tieres genauer charakterisieren zu können.

Rüden sollen aktiv, lebhaft, aber nicht gewalttätig sein. Zu aggressive männliche Tiere, bzw. solche, die bei der Kopulation Schwierigkeiten bereiten, sind aus der Zuchtherde zu entfernen. Diese Rüden beißen die Fähen oft in die Schwanzwurzel, wodurch eine Verpaarung dieser Fähe unmöglich werden kann. Die Befruchtungsfähigkeit des Rüden wird meistens auf Grund der Spermauntersuchung ermittelt.

Die letzte Gruppe von Merkmalen, die der Züchter berücksichtigen muß, sind die mit einem bestimmten Stoffwechseltyp verbundenen Merkmale, die *Konstitutionsmerkmale*. Jedes Tier gehört zu einem bestimmten Konstitutionstyp, er bestimmt die individuelle Fähigkeit des Organismus, auf äußere Reize zu reagieren. Mit der Konstitution sind das hormonale System, das Nervensystem und das Tempo des Stoffwechsels eng verbunden. Zu den Konstitutionsmerkmalen gehören:
- Wachstumstempo
- Periode des Haarwechsels
- Fähigkeit, eine gute Kondition beizubehalten
- Widerstandsfähigkeit gegenüber Krankheiten
- Temperament
- Reinhaltung der Wohnbox

Diese Eigenschaften müssen bei der Auswahl berücksichtigt werden. Sie beeinflussen deutlich die Zuchtergebnisse.

Nach Auswahl der Zuchttiere muß der Züchter den Deckplan ausarbeiten, das heißt die Wahl der Deckpaare vornehmen. Er kann dabei zwei Zuchtverfahren anwenden, und zwar *Inzucht* und *Fremdzucht*. Erstere findet bei Verpaarung verwandter Tiere bei Ähnlichkeit der Elterntiere statt. Das Ziel dieser Zuchtwahl besteht darin, die positiven Merkmale der Eltern bei den Nachkommen zu verstärken. Diese Zuchtwahl birgt jedoch die Gefahr geringerer Lebensfähigkeit und kann deshalb als Zuchtmethode nicht über einen längeren Zeitraum angewendet werden. Beispiel einer Fremdzucht ist die Verpaarung von Individuen mit verschiedenen Phänotypen innerhalb einer Mutation oder zwischen verschiedenen Mutationen. Das allgemeine Zuchtprinzip besteht in der Verpaarung der besten mit den besten Tieren. Unter Berücksichtigung des polygamen Decksystems der Nerze sollen Rüden besser sein als die Fähen, bei Herdenzucht die Fähen nur von einem Rüden gedeckt werden.

Führen des Zuchtbuches und Kennzeichnen der Tiere

Richtige und exakte Buchführung des Zuchtgeschehens, systematisches Eintragen aller Werte ist für die Nerzzucht von großer Bedeutung. Genaue Eintragungen sind vor allem deshalb wichtig, weil es bis jetzt nicht gelungen ist, eine Methode zur sicheren Kennzeichnung der Nerze zu finden, um die Tiere in jedem Lebensabschnitt identifizieren zu können. Versuche mit Tätowierung der Zehenballen, des Gaumens und Anwendung von Ohrmarken hatten bis jetzt keinen Erfolg.

In einigen Farmen gibt es spezielle *Karten* für jeden Nerz, auf denen die charakteristische Kombination der weißen Flecken auf der Bauchseite vermerkt ist. Dieses Verfahren gewährleistet auch keine volle Sicherheit, die Tiere zu identifizieren. Folgendes aber gilt für jede Nerzfarm: Das Kennzeichnungssystem soll einfach und leicht zu merken sein, es soll die wichtigsten Angaben über das Tier enthalten, soll für längere Zeit ohne größere Veränderungen oder Ergänzungen gelten. Der Züchter ist daran interessiert, über einzelne Tiere, besonders über Zuchttiere, maximale Kenntnisse zu haben. Da jedoch die technischen Voraussetzungen nicht gegeben sind, kann der Züchter nur die wichtigsten Angaben für das Tier machen, und zwar: laufende Nummer, Mutation (mit Buchstaben nach dem geltenden Code bezeichnet), Geburtsjahr. Das Geschlecht kann mit einem Streifen auf der Tafel – zum Beispiel Rüden unten, Fähen an der Seite – oder durch Zahlen (ungerade Zahlen = Rüden; gerade Zahlen = Fähen) gekennzeichnet werden. Manche Züchter vermerken das Geschlecht mit Hilfe verschiedener *Tafeln* aus Blech oder Pappe in drei- oder rechteckiger Form, die am Käfig befestigt sind. Sie müssen leicht lesbar und zusammen mit dem Käfig transportabel sein durch entsprechende Numerierung der einzelnen Käfige und Käfigreihen. Allgemein ist die Kennzeichnung der Käfige ausreichend. Meistens bekommen die Nerze ihre Nummer beim Absetzen. Möglichst frühzeitige Kennzeichnung vermeidet die Gefahr von Verwechslungen.

Außer auf der Tafel werden Angaben über das Tier auf speziellen Karten eingetragen. Die *Kartei* kann entweder in Form von Listen oder einzelner Karteikarten geführt werden. Die Karten sind in der Handhabung einfacher, sie können auch leichter in einer Kartothek aufbewahrt werden. Die Vorteile von Listen liegen in ihrem Format und der Möglichkeit, mehr Informationen festhalten zu können sowie im Komplexcharakter der Angaben, da die einzelnen Listen in Form eines Zuchtbuches zusammenzufassen sind.

Unabhängig davon, daß jedes Land und sogar jede größere Farm eine eigene Art der Buchführung für die Tiere hat, sollen folgende Informationen generell enthalten sein: Allgemeine Angaben wie Nummer der Brigade (bei großen Farmen), Nummer des Tieres, Geburtsdatum, Anzahl der Jungen im Wurf, aus dem der Nerz stammt, Rasse, Beurteilung der Qualität und Reinheit der Mutation, Abstammung über drei Generationen sowohl väterlicher- als mütterlicherseits sowie die Anzahl und Beurteilung der Nebenverwandten, Angaben über die Zuchtqualität des Rüden (Anzahl der gedeckten Fähen, Aufzuchtergebnis, Geschlechtszusammensetzung im Wurf). Zusätzlich soll zum Beispiel noch die Lebendmasse der Jungen beim Absetzen und die Anzahl der zur Zucht eingesetzten Jungen vermerkt sein. Diese Buchführung wird nicht länger als vier bis fünf Jahre geführt, da dann die Fähen aus der Herde kommen.

Einer anderen Informationsgruppe müssen Angaben über die Qualität des Haarkleides zu entnehmen sein, und zwar während des Reifungsvorganges (während der Vorselektion), vor der Fellgewinnung und unmittelbar vor der Paarung. Da die Qualität des Felles sowohl von den Merkmalen der Deckhaare als auch der Unterhaare abhängig ist, soll folgendes beschrieben sein: bei den Deckhaaren Länge, Dichte, Struktur, Nap, Farbe und Reinheit, bei den Unterhaaren Dichte, Farbe und Reinheit. Nicht alle Züchter erfassen diese Angaben. Das kann zu schlechten Verkaufsergebnissen führen. Vor allem müssen die Angaben über die Qualität der Haarbedeckung die Grundlage für die Auswahl der Zuchttiere bilden.

Die dritte Gruppe von Angaben soll die Konstitutionsmerkmale des Nerzes erfassen. Hierzu gehören Angaben über den Verlauf der Wachstums- und Entwicklungsprozesse, über eventuelle Entwicklungsstörungen, über das Temperament des Tieres, über seine Fähigkeit, eine bestimmte Kondition beizubehalten, Ausprägung des Mutterinstinktes bei Fähen, Bösartigkeit, Neigung des Tieres, Haare abzubeißen, Aggressivität und andere unerwünschte Eigenschaften. Die allgemeinen Informationen werden auf der ersten Seite der Karte eingetragen, die anderen auf der Rückseite.

Pelzen und Fellgewinnung

Nach Selektion der Herde und Aussortieren der für die Zucht bestimmten Nerze werden die übrigen Tiere gepelzt. In Mitteleuropa geschieht das in der Zeit von Mitte November bis Mitte Dezember. Zuerst reifen die blauen Mutationen. Der Pelzungstermin dieser Nerzrassen liegt in der zweiten Novemberhälfte. Die braunen Nerze werden Ende November bis Anfang Dezember gepelzt und die Standardnerze in der ersten Hälfte des Monats Dezember.

Das Pelzen erfolgt zur Zeit der vollen Fellreife nach Beendigung des Herbsthaarwechsels. Die Reife des Haarkleides wird durch Auseinanderblasen des Felles und Feststellen der Hautfarbe geprüft. Ist die Hautfarbe noch dunkel, muß der

Pelzungstermin noch etwas verschoben werden. Besonders aufmerksam ist die Hautfarbe am Schwanz, am Hinterteil und an den Hinterbeinen zu prüfen, da an diesen Stellen der Reifungsprozeß am längsten dauert. Eine andere Methode, die Fellreife zu ermitteln, ist die Probepelzung. Für diese Probepelzung werden schwächere Tiere ausgewählt. Nach Abziehen der Haut untersucht man die Fleischseite. Weist sie keine dunklen Stellen auf, kann mit dem Pelzen begonnen werden, denn die Nerze mit besserer Kondition besitzen dann ein völlig ausgereiftes Fell. Die beste *Fellbeschaffenheit* ist etwa zehn bis zwanzig Tage nach erstem Feststellen weißer Haut erreicht. In dieser Zeit hat das Fell den höchsten Grad an Elastizität, Ausgeglichenheit und Glanzintensität. Dieser Zustand völliger Reife hält etwa eine Woche bis zehn Tage an. Nach dieser Zeit verliert das Haarkleid allmählich seine Reinheit und den Glanz. Besonders zu beachten sind in dieser Periode die silberblauen Mutationen. Diese Nerze verlieren die echte Fellfarbe und beginnen vor Erreichen der vollen Fellreife fahl zu werden. Deshalb muß der Züchter ständig den Reifegrad des Felles dieser Tiere und ihre Haarfarbe beobachten, um den besten Zeitpunkt für die Fellgewinnung zu ermitteln. Unter den braunen Mutationen reifen die Royal Pastell-Nerze am spätesten, ihr Pelzungstermin stimmt mit dem der Standardnerze fast überein.

Der Züchter ist daran interessiert, das Pelzen nach einer kurzen Zeitspanne abzuschließen. Ein zu frühes Pelzen führt zur Wertminderung der Felle. Auf keinen Fall darf der Züchter den Pelzungstermin für seine Herde von dem anderer Züchter abhängig machen, denn in jeder Farm sind die Umweltbedingungen verschieden, die den Reifungsprozeß der Felle beeinflussen. Meistens erreichen die Nerze, bei denen der Haarwechsel am frühesten begann, als erste die volle Fellreife.

Um das Pelzen der Tiere auf großen Farmen im optimalsten Zeitraum durchführen zu können, werden die abgezogenen Felle in Tiefkühlzellen aufbewahrt. Diese abgebalgten Felle sollen mit der Lederseite nach außen bei minus 10 bis minus 20 °C eingefrostet werden. Danach sind sie bis zu einer Höhe von 50 cm stapelfähig und bei einer Temperatur von minus 10 bis minus 20 °C etwa 40 Tage lagerfähig. Während der Lagerung kommen die Felle in Plastesäcke. Gefrostete Felle sind sofort nach dem Auftauen zu bearbeiten. Durch Einfrieren ist es möglich, die weiteren Verarbeitungsprozesse günstig und ohne Zeitdruck zu organisieren.

Die Fellgewinnung soll in einem speziell eingerichteten Raum erfolgen. Das Abziehen des Felles geschieht nach Abkühlung des Körpers und nach teilweise eingetretener Totenstarre. Die Totenstarre tritt etwa eine bis eineinhalb Stunden nach dem Töten ein. Für die Fellgewinnung werden verschiedene Messer mit oder ohne auswechselbare Klingen, Zangen zum Abschneiden der letzten Fingerglieder, Bleche mit einer dreieckigen Öffnung zum Abziehen der Schwanzhaut, eine Klinge zum Aufschneiden der Schwanzhaut, Federklemmen zum Festhalten der Beine und ein Haken zum Befestigen des Körpers verwendet. Es gibt verschiedene Stände für das Abziehen des Felles. Der einfachste ist ein Tisch mit Haken und Federklemmen zum Befestigen der Beine. Ein Wandregal mit der gleichen Ausrüstung wird ebenfalls benutzt. Am günstigsten ist ein tragbarer Stand. Auf einer schräg montierten breiten Platte sind ein Haken und ein Blech mit dreieckiger Öffnung für das Abziehen der Schwanzhaut befestigt. Der Stand hat zwei Fächer in unmittelbarer Nähe des fixierten Nerzes – eines für die Instrumente, eines für Sägespäne.

Das Fell wird in nachstehend beschriebener Reihenfolge abgezogen: Nach Befestigung eines Hinterbeines mit der Klemme wird das andere Bein mit der Hand so fest gezogen, daß sich

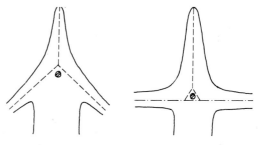

Abb. 4/4 Schematische Darstellung der Schnittführung

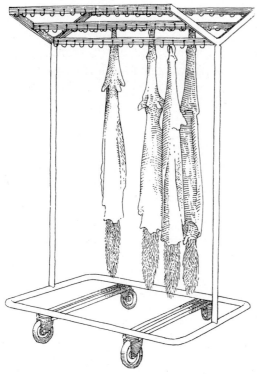

Abb. 4/5 Aufhängewagen zum Auskühlen der Felle

beide Beine in einer Linie befinden, dann wird mit einem geraden Schnitt die Haut der Innenseite der Beine aufgeschnitten. Dabei soll ein gerader Schnitt entstehen, den man durch starkes Auseinanderziehen der Beine erreicht. Danach wird ein Schnitt um den After geführt. Dieser hat die Form eines Dreiecks, wobei der vorher gezogene Schnitt an den Beinen die Grundlinie des Dreiecks bildet. Von der Dreieckspitze aus wird in Richtung des Schwanzes geschnitten, anschließend die Haut von den Beinen, dem Bauch und dem Schwanzansatz abgezogen. Die Haut der Hinterbeine ist mit den Fingern abzuziehen, das Messer wird nur teilweise benutzt. Die letzten Fingerglieder des Nerzes schneidet man mit der Zange bzw. mit dem Messer in den Gelenken ab, sie bleiben mit den Krallen zusammen am Fell. Danach werden die Schwanzwirbel aus der Haut herausgezogen, und zwar mit Hilfe eines an der Tischkante befestigten Brettes mit eingeschnittener Kerbe oder bei geschickter Arbeitsweise mit zwei Fingern. Wenn der Nerz mit den Hinterbeinen am Haken befestigt ist, kann man die Haut vom Körper, soweit es die Vorderbeine zulassen, abziehen. Mit den Fingern wird nun zwischen Körper und Vorderpfoten die Beinmuskulatur durchgedrückt, wie bei den Hinterfüßen das Fell vorsichtig heruntergezogen, die Zehenglieder wie bei den Hinterfüßen durchgetrennt.

Sorgfältig ist beim Abziehen der Kopfhaut zu verfahren. Nach starkem Anspannen wird sie in Augenhöhe und Ohrenhöhe abgeschnitten, und zwar so, daß Augenlider und Ohren am Fell bleiben. Nun muß durch gleichmäßige Zug- und Drehbewegungen und immer mit dem Messer leicht nachhelfend die Maulpartie freigelegt werden. Der letzte Schnitt löst dann den Nasenknorpel vom Kern. Nach dem Abziehen ist das Fell weiter zu bearbeiten oder in Tiefkühlzellen bei minus 10 bis 20 °C so lange aufzubewahren, bis es zur weiteren Verwendung benutzt wird.

5
Farmzucht des Fuchses

Füchse werden schon lange gezüchtet. Die Zucht der Silberfüchse entwickelte sich früher als die der Blaufüchse. In Nordamerika begann die Zucht des Fuchses *(Vulpes vulpes fulva)* in den letzten Jahren des 19. und Anfang des 20. Jahrhunderts. Auf der Grundlage amerikanischer Erfahrungen wurden auch in Skandinavien Fuchsfarmen errichtet, später dann auch in Mitteleuropa. Hauptsächlich handelte es sich um den Silberfuchs. Der Blaufuchs konnte mit dem Silberfuchs damals wegen der hohen Verluste bei der Aufzucht der Jungen und der niedrigen Fellpreise noch nicht konkurrieren.

In den dreißiger Jahren betrug die Weltproduktion an Silberfuchsfellen etwa 1,2 Millionen Stück. Ein Drittel dieser Produktion kam aus den Vereinigten Staaten von Amerika und Kanada. Etwa 0,4 Millionen Felle produzierten die skandinavischen Länder, hauptsächlich Norwegen und Schweden. 30000 bis 40000 Felle wurden damals in Deutschland, etwa 2000 in Polen produziert. Im Jahre 1939 betrug die Weltproduktion an Blaufuchsfellen nur etwa fünf bis sechs Prozent der Silberfuchsfelle. Das änderte sich nach dem zweiten Weltkrieg. Jetzt rückte der Blaufuchs mehr in den Vordergrund. Die Silberfuchszucht ging zurück, da sich die Züchter mehr für die Edelpelztiere mit Kurzhaar, hauptsächlich für Nerze interessierten. Durch die schnelle Entwicklung der Nerzzucht gingen viele Silberfuchsfarmen ein. Blaufüchse wurden wegen der besseren Rentabilität weiterhin gehalten, ja ihre Zucht verstärkt. Es kam zu einem gewissen Gleichgewicht zwischen der Blaufuchszucht und der sich rasch entwickelnden Nerzzucht. Diese Veränderungen lassen sich am besten am Beispiel der norwegischen Zucht in den einzelnen Jahren erkennen.

Tabelle 5/1 Übersicht über die Produktion von Fuchsfellen in Norwegen im Zeitraum von 1929 bis 1981

Jahr	Anzahl der Felle		
	Silberfuchs	Blaufuchs	Insgesamt
1929	900	300	1 200
1939	347 000	13 000	360 000
1946	126 000	33 000	159 000
1948	122 000	109 000	231 000
1961	2 000	95 000	97 000
1963	1 000	90 000	91 000
1963/64	1 185	90 392	91 577
1964/65	2 233	82 000	84 233
1966		84 000	84 000
1967	766	123 000	123 766
1968	816	136 000	136 816
1971		150 000	150 000
1977		255 000	255 000
1978		270 000	270 000
1980		328 000	328 000
1981		305 000	305 000

Tabelle 5/2 Weltproduktion an Blaufuchsfellen

Land	1977/78	1978/79	1980/81
Finnland	550 000	700 000	1 550 000
Polen (Export)	285 000	300 000	430 000
Norwegen	255 000	255 000	305 000
UdSSR (Export)	80 000	80 000	100 000
Dänemark	58 000	65 000	115 000
Niederlande	26 000	33 000	45 000
Schweden	20 000	22 000	40 000
Andere Länder	18 000	20 000	30 000
Insgesamt	1 292 000	1 475 000	2 615 000

Zur Zeit stabilisiert sich der Pelzmarkt. Es verändern sich lediglich die Wunschrichtungen, besonders hinsichtlich der Haarfarbe. In den letzten Jahren hatten nun die Fuchszuchten in Polen, in der UdSSR und in Norwegen die größte Bedeutung. Von 1962 bis 1963 produzierte man in Polen etwa 140 000 Blaufuchsfelle und lieferte damit den höchsten Anteil auf den Fellauktionen. In der letzten Zeit kommen aus Polen etwa 300 000 Blaufuchsfelle sowie 5 000 Felle von Silber- und Platinfüchsen jährlich auf den Weltmarkt.

Der Amerikanische Rotfuchs und seine Mutationen

Von allen im Kapitel 2 genannten Unterarten des Rotfuchses ist der Silberfuchs als Mutation von größtem Interesse. In zoologischen Eingliederungen der Silbervariationen wird diese Mutation mit dem Adjektiv «argentata» (silbrig) bezeichnet. Den Silberfuchs nennt man heute *Vulpes fulva argentata,* die geographische Unterart dabei außer acht lassend. Die Bezeichnung für die schwarze Variante lautet *Vulpes fulva nigra,* für den Kreuzfuchs *Vulpes fulva crucifera,* unabhängig davon, aus welcher Unterart die Farbvarianten, die sich in der Domestikation befinden, abstammen.

Silberfüchse, sei es in der Natur oder auf Farmen, haben nie den gleichen Farbton. Bei dem einen Tier sind die weißen Haare in der Mehrzahl, bei anderen überwiegen die schwarzen, stets ist die Farbkombination eine andere. Die Zucht beschränkte sich anfangs auf schwarze Tiere. Durch die Mode erhielten aber die Silbergrauen den Vorrang. Die Haare an Kopf, Ohren, Extremitäten, Schwanz (die Spitze des Schwanzes ausgenommen) sind stets dunkler als an den übrigen Körperteilen.

Silberne Tiere kamen nicht nur im roten Farbkomplex, also in der Stammunterart, sondern auch in der schwarzen und in der Kreuzversion vor. Rote, Schwarze, Kreuz und Silber ergeben eine polyallele Reihe. Gegenüber den Roten sind Kreuz, Schwarz und Silber rezessiv. Dem Kreuzfuchs gegenüber sind der Schwarze und der Silberne, dem Schwarzen gegenüber ist der Silberne rezessiv.

1933 entstand bei der Silberversion – wahrscheinlich weil keine Blutauffrischung erfolgte – eine überzüchtete und verfeinerte Form, in deren Haarkleid sich viel mehr weiße Haare befanden als zuvor. Der Nasenspiegel, die Innenflächen der Pfoten waren fleischfarben, die sichtbaren Schleimhäute ganz matt gefärbt, die Regenbogenhaut der Augen dunkel. Das Fell bestand am Bauch fast nur aus weißen Haaren. Diese Platinfarbe wurde erstmalig 1933 an einem norwegischen Fuchsrüden («Mons») beschrieben. Die andere Linie, der Hovbrender-Platin, ist etwas dunkler, seine Töne sind nicht so verwaschen, sondern haben schärfere hell-dunkel Konturen. Daraus ergaben sich zwei Hauptrichtungen in der Platinzucht:

- die Mons-Linie = Hellplatin
- die Hovbrender-Linie = Dunkelplatin

Die Platinvarianten sind genetisch nicht einheitlich, da sie farblich eine außergewöhnlich breite Skala besitzen und außerdem noch unterschied-

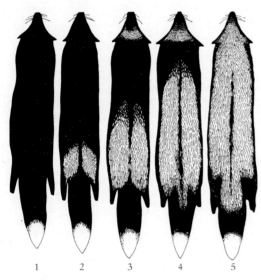

Abb. 5/1 Verschiedene Silberstärken
1 Schwarzfuchs
2 Extradunkel (10 % Silber)
3 Mittelsilber (20–30 % Silber)
4 Starksilber (40–75 % Silber)
5 Extrastarksilber (75–100 % Silber)

lich rezessiv sind. Der Platin ist in der Farbe nicht konstant, nicht homozygot.

An die zweifach rezessive Platinfarbe ist ein Letalfaktor gekoppelt. Der Letalfaktor bewirkt, daß die Jungtiere im frühen Embryonalzustand im Mutterleib resorbiert werden. Bei der Verpaarung von Platineltern ist mit zwei Teilen heterozygotem Platin, einem Teil homozygotem Silber und einem Teil homozygotem Platin letalis zu rechnen, also ein Verhältnis von 66:33 Prozent zugunsten der Platinfüchse.

Zwischen Silber- und Platinfarbe gibt es eine interessante Zwischenform. Sie wird «Weißgesicht» (white face) genannt, besser wäre die Bezeichnung «weiße Blesse».

Seit 1934 gibt es eine weitere Mutation: den *Perlplatinfuchs* oder *Perlplatin*. Seinen Namen bekam er, weil die Oberhaare einen hellblauen Farbton haben, auf denen sich silbrige und sehr breite Querstreifen befinden. So entsteht ein perlenartiger Lichteffekt. Die Regenbogenhaut dieser Tiere ist heller und hat eine perlgraue Farbe. Der Perlplatinfuchs ist im Gegensatz zu dem heterozygoten Platinfuchs homozygot. Die Genformel für diese Mutation wird von dunkleren zu helleren Farbtönen angegeben: pp^S, PP^{ss}, $PpSs$.

Für die Farmzucht haben Bedeutung:

- *Whiteface-Fuchs* (Weißgesichtsfuchs). Genformel: wwF. Diese Mutation hat eine schmalere oder breitere Blesse, einen mehr oder weniger geschlossenen weißen Halskragen.
- *Pearl-Platinfuchs* oder *Perlplatin*. Genformel: pp^{SS} pp^{ss}. Dieser Fuchs hat eine einheitliche helle, blaubräunliche Farbe ohne weiße Abzeichen.
- *Goldplatinfuchs*. Genformel: $BBww^P$. Wie Platinfuchs, Grannenhaare rötlich.
- *Burgunder Fuchs*. Bei diesem Fuchs ist das schwarze Pigment des Silberfuchses durch eine bräunliche, schokoladenähnliche Farbe ersetzt.
- *Pastellfuchs*. Er hat eine warme braungraue Farbe, «die ein wenig an Sand erinnert» (SCHMIDT, 1970).
- *Ring-neck Fuchs*. Diese Mutation hat einen mehr oder weniger geschlossenen weißen Halskragen und weiße Läufe.
- *Glacier-Blue-Fuchs*. Ein gletscherblauer Fuchs, der aus der Kombination Olstin- und Pearlplatinfuchs herausgezüchtet wurde.
- *Schneefuchs*. Ein weißer Fuchs mit schwarzgescheckter Schnauze, schwarzen Ohren und dunkler Rückenlinie.

Der Eisfuchs und seine Mutationen

Beim Wildeisfuchs werden zwei verschiedene, konstante Farbschläge, nach dem Aussehen der Wintertracht Weißfuchs und Blaufuchs, unterschieden. Der *Weißfuchs* ist in ausgeprägter Wintertracht einfarbig weiß mit nur wenigen schwarzen Haaren an der äußersten Spitze des Schwanzes. Das Sommerfell ist kurzhaarig, auf der Oberseite graublau, an der Unterseite weiß mit stark gelblichem Schimmer. Der *Blaufuchs* kommt in ausgefärbter Wintertracht in mehreren Farbnuancen vor. Die Farben variieren von fast schwarz und stahlblau bis kastanienbraun und hellgrau. Alle Blaufüchse haben einen weißen Fleck (Stern) mitten auf der Brust.

Es handelt sich bei den Farbschlägen des Eisfuchses nicht um verschiedene Rassen. Beide Farbschläge können in einem Wurf vorkommen. Durch systematische Zuchtauswahl bei der Farmhaltung ist es gelungen, den im Pelzhandel so begehrten Blaufuchs fast rein zu züchten. PEDERSEN (1959) schreibt, daß die Jugendtracht der Wildeisfüchse dunkel ist und daß neugeborene weiße Eisfüchse noch nicht beobachtet wurden. SZUMAN (1968) berichtet neuerdings über farmgehaltene Blaufüchse, die von Geburt an weiß sind.

Bei den in Polen 1960 geborenen weißen Füchsen handelt es sich wahrscheinlich um zwei genetisch verschiedene Mutationen. Beide Mutationen wurden weiß mit farblosen Grannenhaaren geboren. Aber schon nach einigen Tagen, wenn die Wollhaare etwas herausgewachsen sind, können beide Mutationen gut unterschieden werden, und zwar die reinweißen Welpen und die mit charakteristischer Zeichnung und Farbe des *Platinfuchses*. Die Intensität der Platinfarbe des Mutationsblaufuchses ist dabei sehr variabel. Die Regenbogenhaut der Augen hat eine satte braune Farbe. Beim reinweißen Fuchs ist sie hellblau, das heißt, sie ist pigmentfrei. Der Nasenspiegel ist bei dieser Mutation meist rosafarben, ausnahmsweise gefleckt oder schwarz. Genetisch sind diese Weißfüchse als rezessive Mutationsnachkommen des grönländischen Blaufuchses zu betrachten. Der weiße, braunäugige Mutationstyp vererbt rein.

Eine weitere Mutation ist der Norwegische *Shadow-Blaufuchs*. Diese Mutation ist ziemlich hell, fast weiß, an seiner Unterseite fehlt jede Pigmentierung. Der Rücken ist deutlich blau schattiert. Der Shadow-Blaufuchs ist eine dominante Mutation. Bei der Verpaarung mit einem gewöhnlichen Blaufuchs fallen 50 Prozent Shadow-Blaufüchse und 50 Prozent gewöhnliche Blaufüchse an.

Zucht

Bei der Zucht und beim Geschlechtszyklus müssen sowohl bei Silberfüchsen als auch bei Blaufüchsen Perioden unterschieden werden. Die Füchse gehören zu den monoestrischen Tieren (nur eine Brunst im Jahr), also nur ein Wurf im Jahr. Die Brunstzeit der Füchse liegt bei den Unterarten von Vulpes vulpes (Rotfuchs und Mutationen) von Januar bis März, bei den Blaufüchsen beginnt sie einen Monat später und dauert bis April. Die Kopulationsperiode soll schon einige Monate vorher vorbereitet werden. Von der *Vorbereitung* hängen meistens die Zuchtergebnisse des Bestandes ab. Es muß sehr streng *selektiert* werden. Dabei sind sowohl Nutzungsmerkmale des Tieres, als auch individuelle Eigenschaften zu berücksichtigen. Diese Selektion der Tiere erfolgt meistens nach der Zuchtkartei. Bei der Zuchtauswahl ist zu berücksichtigen:

● Eine ausgeprägte Geschlechtsaktivität. Bei Blaufüchsen sind manche Rüden nur bei einer bestimmten Gruppe von Fähen geschlechtlich aktiv.

● Weibliche Tiere, die nach starken Würfen noch nicht die erforderliche Zuchtkondition zum bestimmten Zeitpunkt erreicht haben, sollen nicht gedeckt werden.

● Tiere, bei denen sich der Haarwechsel verzögert, ein Zeichen schlechten Allgemeinzustandes, sollten ebenfalls nicht zur Zucht verwendet werden.

Gleichzeitig mit der Selektion wird der Zuchttierbestand ergänzt, ungefähr 15 bis 25 Prozent des Bestandes. Wichtig ist auch die Kondition der Tiere vor der Deckperiode. Die größte Lebendmasse erreichen Füchse von Ende November bis Anfang Dezember. Bis zur Deckzeit verlieren sie etwa 20 bis 25 Prozent ihrer Körpermasse. Dies ist durch entsprechende Fütterungs- und Haltungsbedingungen zu erreichen. Die *Futterration* muß in der Vorbereitungsperiode reich an Vitaminen und Mineralstoffen sein, wobei Vitamin E besonders wichtig ist. Zur Fleischration sollte unbedingt frische Leber beigegeben werden. Der Kohlehydratanteil der Ration muß gesenkt werden, der Fleischanteil etwa 70 Prozent betragen.

Eine große Rolle spielen die *Haltungsbedingungen*. Füchse, die in engen dunklen Käfigen bei unzureichenden Bewegungsmöglichkeiten gehalten werden, verlieren trotz richtiger Fütterung ihre Mastkondition nur schwer oder überhaupt nicht. Deshalb sollen die Tiere in größere Gehege kommen. Ausläufe oder Käfige ohne Trennwände sind die Lösung. Die Ausläufe in Form eines rechteckigen Ganges sind mit Maschendraht zu umzäunen. In so einen Auslauf können zehn bis zwölf Fähen und ein Rüde gebracht werden. Für solche Gruppe sind etwa 200 m² Auslauf zu berechnen. Die Fähen muß der Züchter von Zeit zu Zeit austauschen, damit das Interesse am anderen Geschlecht stärker und die Brunst beschleunigt wird. Vor dem 15. Februar sollten Blaufüchse wieder einzeln untergebracht werden, da die Fähen mit Beginn der Ranz aggressiver sind und sich gegenseitig zu beißen beginnen. Bei Silberfüchsen ist es nicht nötig, vor der Brunst solche Anlagen einzurichten. Auch auf die *Lichtverhältnisse* in den Fuchsunterkünften muß geachtet werden. Mehr Licht kann durch zeitweiliges Entfernen der Käfigdächer eindringen. In speziellen Zuchtschuppen gewährleisten die größeren Dachfenster die notwendige Lichtmenge.

In die Vorbereitungszeit für die Deckperiode

STANDARDNERZ UND JUNGE NERZE

Standardnerz

3 Tage alte Nerze im Nest

Fähe mit Jungtieren, 14 Tage alt

Topasnerzrüde

Royal-Pastell-Rüde

Silberblauer Nerzrüde, Kopfstudie

95 % weißer Nerzrüde

Braunkreuzrüde

Rotfuchsfähe

Junge Blaufüchse

Blaufuchs im Sommerfell

Blaufuchs im Winterfell

104 FUCHSMUTATIONEN

Silberfuchsfähe

Platinfuchs

Polarfuchs

müssen *prophylaktische* und *Pflegemaßnahmen* fallen. Dazu gehören: periodisches Reinigen der Ohren, Lebendmassekontrolle und Schutzimpfungen. Nötige Reparaturen müssen abgeschlossen und die Boxen für den Transport der Tiere vorbereitet werden. Unmittelbar vor der Deckzeit müssen die Tiere maximale *Ruhe* haben. Es ist nicht ratsam, Tiere in andere Käfige zu setzen oder über weitere Strecken zu transportieren. Fremde Personen sollten die Farm möglichst nicht betreten. Störungen hemmen den Beginn des Geschlechtszyklus. Besonders betroffen sind Silberfüchse, da sie gegenüber äußeren Reizen sehr empfindlich sind.

Neben den bereits erwähnten Vorbereitungen müssen auch das *Zuchtbuch* und die Eintragungen über das Zuchtgeschehen geordnet und systematisiert sowie ein Plan über die vorgesehenen Verpaarungen aufgestellt werden. Der *Deckplan* basiert auf der Beurteilung von Rüden und Fähen, wobei prinzipiell nur die besten Tiere für die Zucht vorzusehen sind. Die Tabelle enthält die wichtigsten Merkmale über das Zuchtgeschehen bei Blau- und Silberfüchsen.

Ranz (Brunst)

Füchse sind mit zehn Monaten geschlechtsreif. Die Geschlechtsreife verursacht bei den Fähen eine Reihe zyklischer Veränderungen, die bis zum Nutzungsende des Tieres andauern. Bei den Füchsen wiederholt sich der Geschlechtszyklus einmal im Jahr. Ein jährlicher Geschlechtszyklus wird monoestrisch genannt. Bedeutungsvoll ist die Phase der Brunst. Zunächst sei aber auf die biologischen Besonderheiten bei der Zucht von Blau- und Silberfüchsen hingewiesen.

Der Brunstzeit geht eine *Vorbrunstzeit, Prooestrus,* voraus. Sie beginnt bei den Silberfüchsen Anfang Januar, bei den Blaufüchsen etwa einen Monat später. In dieser Zeit vergrößern sich vor allem die Gonaden (Hoden) der Rüden, bei den Fähen die Eierstöcke insgesamt und besonders die Graafschen Follikel.

In der Vorbrunstzeit verändert sich auch das Verhalten der Fähen. Temperamentvolle weibliche Tiere, die vorher mit den Rüden spielten, werden jetzt ruhig. Hingegen sind die sonst ruhigen und scheuen Fähen nun unruhiger, mit der

Tabelle 5/3 Daten zum Zuchtgeschehen bei Füchsen (nach HERMAN, 1957; mit einigen Veränderungen von SŁAWOŃ und WOLINSKI, 1964)

Kennwerte	Blaufüchse	Silberfüchse
Rassen	Blau, weiß	Silber, platin
Geschlechtsreife	9 bis 11 Monate	9 bis 11 Monate
Zuchttauglichkeit	6 bis 7 Jahre	9 Jahre
Geschlechtszyklus	Monoestrisch	Monoestrisch
Ovulation	Spontan	Spontan
Verpaarungsschema	Polygam	Polygam
Ranzzeit	21. 2. bis 21. 4.	11. 1. bis 31. 3.
Hauptranzzeit	März	Februar
Brunstdauer bei der Fähe	5 Tage (3 bis 8)	3 Tage (2 bis 5)
Ovulationsperiode	1. bis 2. bzw. 4. bis 5. Tag der Brunst	2. bis 3. Tag der Brunst
Kopulationsdauer	20 bis 60 Minuten	20 bis 90 Minuten
Trächtigkeitsdauer	53 Tage (49 bis 57)	53 Tage (50 bis 56)
Wurfperiode	11. 4. bis 11. 6.	1. 3. bis 21. 5.
Dauer des Werfens	3 bis 5, bis 12 Stunden	2 bis 5 Stunden
Anzahl der Jungen im Wurf	8 (5 bis 18), alle 30 bis 40 Minuten ein Junges	4 (3 bis 10) alle 30 Minuten ein Junges
Durchschnittl. Geburtsmasse der Jungen	50 bis 90 g	70 bis 120 g
Zeitpunkt des Absetzens	Nach 6 bis 7 Wochen	Nach 7 bis 8 Wochen
Körpermasse der Jungen beim Absetzen	1 500 bis 2 000 g	1 600 bis 2 100 g
Körpermasse der erwachsenen Tiere	Rüden 5 bis 8 kg Fähen 4,5 bis 7 kg	Rüden 5,5 bis 7,5 kg Fähen 5,0 bis 7,0 kg

Zeit sogar aggressiv. In dieser Periode geben die Tiere verstärkt Harn ab. Die äußeren Geschlechtsorgane der Fähen verändern sich, bei den Blaufüchsen etwa zwei Wochen, bei den Silberfüchsen etwa vier bis sieben Tage vor der Brunst. Die Schamlippen werden blaß und vergrößern sich allmählich.

Die *eigentliche Brunst*, aus der Tabelle 5/3 ersichtlich, ist nur kurz. Bei Blaufüchsen währt sie etwa vier bis acht Tage, nur in Ausnahmefällen mehr als zehn. Zwanzig bis fünfundzwanzig Eizellen werden ausgestoßen. Bei Silberfüchsen dauert die Brunst ein bis drei Tage, oft, besonders bei jungen Tieren, nur einen Tag. Nur fünf bis acht Eizellen werden befruchtungsreif.

Es kommt sowohl bei Blau- als auch bei Silberfüchsen vor, daß eine Fähe sich frühzeitig, ohne jegliche äußere Brunstanzeichen, vom Rüden ein- oder zweimal decken läßt.

Solche Fähen werden häufig nach einigen Wochen auch sichtbar brünstig und dann von dieser späteren Begattung tragend. SZUMAN konnte nachweisen, daß solche anormalen Deckakte im Anoestrus bzw. im frühen Prooestrus vorkommen, dabei fehlen die normalen Veränderungen der zytologischen Bestandteile des Vaginalsekrets. Auch in den Ovarien waren bei zwei nach dem anormalen Deckakt getöteten Fähen keine reifen Follikel oder eine Ovulation zu beobachten.

Die eigentliche Brunst kann an den deutlichen Veränderungen der äußeren Geschlechtsorgane leicht erkannt werden. Die Schamlippen werden dunkler und gehen leicht auseinander. Die Ovulation erfolgt bei den Füchsen spontan, das heißt unabhängig vom Kopulationsakt. Bei Blaufüchsen tritt die Ovulation am ersten bis zweiten bzw. vierten bis fünften Tag, bei Silberfüchsen am zweiten bis dritten Tag der Brunst ein. Das ist bedeutungsvoll für die Wahl der Deckmethode.

Die *Befruchtung* findet im Eileiter statt, von wo aus die Zygote nach drei bis acht Tagen in die Gebärmutter gelangt. In der Gebärmutter erfolgt die Implantation der Zygote. Nicht bei allen Fähen ist an den äußeren Geschlechtsorganen und am Temperament der Beginn der Brunst ersichtlich. Das trifft für Fähen mit sogenannter stiller oder verdeckter Brunst zu. Diese Art der Brunst kann sich durch einen späteren Geburtstermin des Tieres oder durch Unterentwicklung ergeben. Um die Brunstzeit nicht zu verpassen, werden die Rüden täglich zu den Fähen gelassen, bei Silberfüchsen geschieht dies ab Mitte Januar, bei Blaufüchsen ab 20. Februar.

Die Brunst kann auch durch mikroskopische Untersuchungen von Vaginalausstrichen festgestellt werden. Die Probe wird entnommen, fixiert bzw. gefärbt und analysiert. Bei dieser Untersuchungsart können folgende Gewebearten beobachtet werden: Leukozyten, Epithelzellen mit Kernen, Hornzellen und Schleim. In den verschiedenen Phasen des Geschlechtszyklus zeigen sich unterschiedliche Zusammensetzungen.

Bei Blaufüchsen kann die Brunst von Mitte Februar bis Mitte April dauern, bei Silberfüchsen von Mitte Januar bis Mitte März. Zeitige Würfe sind für den Züchter wegen der dadurch möglichen längeren Aufzuchtperiode vorteilhaft.

Tabelle 5/4 Decktermine von Silberfuchsfähen von Januar bis März in % (nach KOWALSKI und FRINDT, 1981)

Jahr	Alter der Fähen	Anzahl der Fähen	Januar Dekaden III	Februar I	II	III	März I	II
1979	Jungfähen	88	—	—	5,7	36,4	48,9	9,0
	Altfähen	164	0,6	9,8	62,2	22,5	4,9	—
	Fähen insgesamt	252	0,4	6,4	42,5	27,4	20,2	3,1
1980	Jungfähen	80	—	—	3,8	50,0	37,5	8,7
	Altfähen	173	0,6	17,9	67,1	14,4	—	—
	Fähen insgesamt	253	0,4	12,2	47,0	25,7	11,9	2,8

Tabelle 5/5 Durchschnittswerte über das Zuchtgeschehen in polnischen Farmen 1966/67

Eigenschaft	Silberfuchs	Blaufuchs
Verpaarungsverhältnis	1 : 2,5 bis 4,5	1 : 2,5 bis 3,5
Verhältnis der Rüden zu den Fähen	1 : 3 bis 4	1 : 3 bis 4
Decktermin	20. 1. bis 28. 2.	15. 2. bis 30. 3.
Termin des verstärkten Deckens	5. 2. bis 20. 2.	1. 3. bis 15. 3.
Termin der verstärkten Würfe	25. 3. bis 10. 4.	25. 4. bis 15. 5.
Prozent der Leerfähen	8 bis 12	7 bis 11
Durchschnittszahl der Jungen pro Fähe	2,9 bis 4,8	7,8 bis 9,4
Termin des Absetzens in Wochen	5 bis 7	4 bis 6

Die Tiere haben mehr Zeit zum Wachsen, und die wirtschaftlichen Ergebnisse der Farm können verbessert werden. Es besteht die Tendenz, den *Brunstbeginn* vorzuziehen. Domestikation, richtige Fütterung und Selektion auf frühzeitige Geschlechtsreife machen dies möglich. Bei Silberfüchsen ist die *Brunstzeit* gegenüber freilebenden Tieren deutlich vorverlegt. Nach DEMOL (1928) konzentrierte sich die Brunstzeit von Silberfuchsfähen 1928 in Deutschland auf die dritte Februardekade. Nach KOSTRON (1960), der diese Fragen mehrere Jahre in der ČSSR untersuchte, fällt die stärkste Brunst in die erste Märzdekade. Nach 1936 verschob sich der Brunsttermin auf die zweite und dritte Februardekade. Verspätete Brunst bei einem Teil der Fähen kann durch ungenügende physische Entwicklung und Reife erklärt werden. Auch in der polnischen Zucht gibt es größere Verschiebungen der Brunsttermine. Hier wird der größte Teil der Tiere Mitte Februar gedeckt. Nach SELE (1963) ist in Norwegen die dritte Märzdekade die Hauptbrunstperiode.

Auch Wetterbedingungen beeinflussen den Brunstbeginn erheblich. Eine milde erste Winterhälfte (Januar/Februar) führt bei Blaufüchsen zu einer früheren Brunst (WOLINSKI und SLAWON, 1964).

Außer von klimatischen Bedingungen wird die Brunst der Blaufüchse auch vom Alter der Fähen beeinflußt. Nach SZUMAN (1955), STARKOW (1937) und SELE (1963) verspätet sich bei einjährigen Fähen die Brunst um drei bis fünfzehn Tage im Vergleich zu älteren Fähen im gleichen Bestand. SELE (1963) stellt außerdem fest, daß die Pause zwischen der ersten und zweiten Bedeckung bei jüngeren Fähen bedeutend länger ist als bei älteren.

Im Institut für Geflügelproduktion SHGW-AR in Warschau haben BRZOZOWSKI, FRINDT, KALETA (1979) Untersuchungen über die künstliche Besamung der Silberfüchse durchgeführt. Frühere Untersuchungen von AMDAAL (1976) und SZABRNIAK (1978) bezogen sich grundsätzlich auf Blaufüchse.

Die erste Etappe der im Institut für Geflügelproduktion realisierten Untersuchungen waren die Arbeiten im Zusammenhang mit der Bewertung des sexuellen Verhaltens der Füchse und die Bestimmung der Korrelation zwischen den Reaktionen der Rüden und deren späterer Zuchtleistung. Weitere Untersuchungen befaßten sich mit der Ausarbeitung der Technologie zur Gewinnung des Ejakulats, mit der Bewertung des Samens sowie seiner Verdünnung und Lagerung. Der Samen wurde auf dem Wege der Elektroejakulation in Samenbehältern mit einem Wassermantel und einer Temperatur von ungefähr 36 °C aufbewahrt. Folgende Merkmale des Samens wurden bewertet:

- Farbe
- Geruch
- Konsistenz
- Volumen

Man unterscheidet drei Farbtypen: halbdurchsichtig leicht zitronenfarben (ungefähr 50 % der Ejakulate), weiß und creme. Der Samen wird gekennzeichnet durch seinen charakteristischen Fuchsgeruch mit unterschiedlichem Grad der Intensität von schwach spürbar bis sehr intensiv. In den meisten Fällen war der Samen von wäßriger Konsistenz. Man fand auch milchige Kon-

sistenz (etwa 30 %); einige Ejakulate wiesen eine Rahmkonsistenz auf. Das Volumen der Ejakulate schwankte von 0,5 bis 2,6 ml mit einem Durchschnitt von ungefähr 1,2 ml.
Die individuelle Reaktion der Tiere auf die Elektroejakulation hatte Einfluß auf das Volumen der Ejakulate. Einige Tiere gaben den Samen bereits nach kurzer Reizeinwirkung, andere erst nach längerer Zeit ab.
Die Samenkonzentration wurde nach der zytometrischen Methode in der Thom-Zeiss-Kammer festgestellt; die Samenkonzentration betrug durchschnittlich ungefähr 150 000 Samenfäden in 1 mm^3. Der pH-Wert des Samens schwankte zwischen 4,6 und 7,9. Die Samenfäden waren sehr beweglich mit regelmäßiger Vorwärtsbewegung.
Die morphologischen Untersuchungen zeigten einen regelmäßigen Aufbau bei ungefähr 94 % der Samenfäden. Unregelmäßigkeiten bezogen sich hauptsächlich auf sekundäre Veränderungen. Es gab nur ungefähr 1 % primäre Veränderungen, die durch den unregelmäßigen Verlauf der Spermatogenese entstanden waren.
Die Durchschnittslänge eines ganzen Samenfadens betrug 75,4 µ, die durchschnittlichen Abmessungen des Kopfes: Länge 8,2 µ und Breite 6,1 µ.
Die Bewertung des Zuchtwertes der Rüden kann auf der Grundlage von Kennziffern wie Geschlechtsaktivität, bestimmt durch die Anzahl der Sprünge während der Zuchtsaison, und durch die durchschnittliche Dauer der Begattungsperiode in der Saison erfolgen.
Zuchtergebnisse der Blaufuchsrüden in den Jahren 1976 bis 1980 auf der Farm «Las», Bromin, in der Nähe von Warschau, siehe Tab. 5/6.

Paarungsverlauf

Füchse werden polygam gehalten. In den ersten Jahren der Fuchszucht, bei Silber- wie bei Blaufüchsen, wandte man das monogame System an, für jede Fähe ein Rüde. In den dreißiger Jahren begannen die Züchter mit dem polygamen System, wobei auf je zwei Fähen ein Rüde kam. Zur Zeit wird bei jungen Blaufüchsen ein Polygamieverhältnis von 1:2 bis 3, bei alten von 1:3 bis 5; bei Silberfüchsen von 1:3 bis 4 bei jungen Rüden sowie 1:4 bis 6 bei älteren Rüden angewandt.
Diese Verhältnisse ähneln den natürlichen. In

Tabelle 5/6 Zuchtergebnisse der Blaufuchsrüden in den Jahren 1976 bis 1980 (nach WOLOSZ und FRINDT)

Kennziffern der Rüden	Jährlich 1. Nutzjahr	Zweijährig	Dreijährig	Vierjährig	Fünfjährig
Anzahl der Rüden	622 (33,1)*	500 (26,6)	350 (18,6)	227 (12,1)	179 (9,5)
Durchschnittliche Anzahl der Sprünge in der Saison	6,8	10,0	11,2	12,0	11,0
Durchschnittliche Dauer der Deckperiode in der Saison (in Tagen)	18,4	26,2	26,8	30,1	26,2

* In Klammern: Prozent der Rüden im Verhältnis zur gesamten Population

Tabelle 5/7 Decktermine von Blaufuchsfähen von Februar bis Mai 1979 nach RESPONDOWSKA und FRINDT (in %)

Alter der Fähen	Anzahl der Fähen	Februar		März			April			Mai		
		\multicolumn{12}{c}{Dekaden}
		II	III	I	II	III	I	II	III	I	II	III
Einjährig	1613	—	0,1	0,7	7,5	28,3	27,4	21,9	10,7	3,0	0,4	—
Zweijährig	765	—	0,3	15,7	33,6	28,5	12,9	7,7	1,9	0,1	—	—
Dreijährig	460	—	1,7	26,5	38,1	24,3	7,4	2,0	—	—	—	—
Vierjährig	187	0,5	4,3	38,5	27,3	21,9	7,5	—	—	—	—	—
Fünfjährig	128	0,8	7,0	39,4	38,7	9,4	3,1	1,6	—	—	—	—

der Natur leben Blaufüchse oft in Monogamie. Das engere Polygamieverhältnis bei Blaufüchsen in Farmen ist nötig, weil mehrere Kopulationen je Fähe vorgesehen sind. Farmen mit geringerer Fähenanzahl müssen in der Regel mehr Rüden halten, um das Risiko bei Zuchtuntauglichkeit mancher Rüden zu vermeiden.

Die Kopulation verläuft bei Füchsen wie bei allen Caniden. Die Geschlechtsorgane bestehen aus den Hoden, deren Größe sich in Abhängigkeit von der Zuchtsaison verändert, den Samenleitern und dem Penis. Im Penis befindet sich der sogenannte Penisknochen. Der erste Teil, der Schwellkörper, vergrößert sich während der Kopulation und ermöglicht eine Verbindung der Tiere. Für eine bestimmte Zeit kann der Penis dabei nicht aus der Vagina entfernt werden. Das Ende des Penis wird meistens in den Muttermund eingeführt, wodurch der Samen unmittelbar in den Uterus gelangt. Fehlt Samen bei der Probeentnahme, so muß der Rüde noch nicht selektiert werden. Die Probeentnahme ist zu wiederholen.

Die eigentliche *Kopulation* besteht aus drei Phasen: Einführen des Penis, Verbindung der Tiere, Befruchtung der Fähe durch Eintritt der Spermien in den Uterus. Die *Kopulationsdauer* ist unterschiedlich. Es gibt große Schwankungen. Bei Blaufüchsen dauert der Deckakt im Durchschnitt etwa 20 bis 50 Minuten, bei Silberfüchsen 10 bis 40 Minuten. Die Ejakulation des Samens erfolgt fast unmittelbar nach Einführen des Penis, was durch charakteristische Körperbewegungen des Rüden deutlich wird. Die Samenmenge pro Kopulationsakt ist unterschiedlich groß, sie variiert zwischen 1,3 und 3,3 ml. Die Spermienkonzentration beträgt etwa 50 Millionen je 1 ml. Nach PAENON und BASSET (1961) beträgt die durchschnittliche Kopulationsdauer bei Blaufüchsen etwa 26,5 Minuten. Die Autoren stellten außerdem fest, daß der Deckakt bei einjährigen Fähen gegenüber älteren Fähen fünf Minuten kürzer war. Nach SELE (1963) betrug die durchschnittliche Kopulationsdauer 33 Minuten, für einjährige Rüden 33,5, für ältere 31,9 Minuten. Diese Zahlen zeigen keine bedeutenden Unterschiede in der Kopulationsdauer bei Rüden verschiedenen Alters. Bei Silberfüchsen dauert die Kopulation zwei Minuten bis zwei Stunden, bei 66 Prozent der untersuchten Fälle 11 bis 30 Minuten. Die Dauer der eigentlichen Kopulation und die Dauer der «Verbindung» der Tiere hat auf die Wurfstärke keinen Einfluß. Die Kopulation soll in den Morgenstunden und am Nachmittag erfolgen. Verschiedene Autoren konnten feststellen, daß in der Zeit von 9.00 bis 13.00 Uhr etwa 70 Prozent der Deckakte stattfinden.

Verpaarungstechnik

Voraussetzungen für Verlauf und Ergebnisse der Verpaarung sind: Wahl des richtigen Decktermins während der Brunst und die notwendige Anzahl von Deckakten pro Fähe.

So unterschiedlich wie der Verlauf und die Dauer der Brunstperiode bei Silber- und Blaufüchsen ist, so verschieden ist auch die Verpaarungstechnik.

Bei Silberfüchsen beginnt unter mitteleuropäischen Bedingungen die Brunst normalerweise in der zweiten Januarhälfte.

Die größte Intensität des Deckens fällt bei den Silberfüchsen in die zweite Februardekade; dies betrifft hauptsächlich ältere Zuchtfähen. Bei den Jungfähen ist hingegen eine Verzögerung der Ranzzeit von ungefähr 10 bis 15 Tagen im Vergleich zu den älteren Fähen zu beobachten. Gewöhnlich läßt man die Rüden zu den Fähen. Ein solches System hat folgende Vorteile: vereinfachte Verpaarungstechnik, beschleunigter Verlauf der Deckperiode, bessere Ergebnisse. Bei der Vorbereitung für die Deckzeit werden die Rüden daran gewöhnt, in die Transportbox zu gehen. Dabei muß berücksichtigt werden, daß es einfacher ist, eine geringe Anzahl von Rüden in den Käfig einer größeren Anzahl von Fähen zu lassen als umgekehrt. Das Fangen der Rüden und der Transport ohne Box beunruhigt die Tiere unnötig und kann zu verspäteter Brunst führen. Außerdem sind die Rüden in der Ranz aggressiver. Der Transport des Rüden in den Käfig der Fähe mindert seine geschlechtliche Aktivität nicht.

Um den Beginn der Brunst nicht zu verpassen, sollte man die Rüden bereits zu Beginn der zweiten Januarhälfte zu den Fähen lassen. Dabei

Tabelle 5/8 Einfluß der Anzahl Deckakte auf die Fruchtbarkeit der Fähen unter Berücksichtigung ihres Alters (nach SELE, 1964)
a = Einmaliges Decken
b = Zweimaliges Decken

Alter der Fähen	Anzahl der Fähen		% der Fruchtbarkeit	
	a	b	a	b
Einjährige	47	106	92,2	95,5
Ältere	108	134	95,6	87,0
Insgesamt	155	240	94,5	90,6

wird nach einem vorher ausgearbeiteten Deckplan verfahren. Beim Zusammensetzen der Tiere muß das gegenseitige Verhalten berücksichtigt werden. Bei anhaltender Feindseligkeit und Abneigung der Fähe gegenüber dem Rüden ist ein Reserverüde einzusetzen. Die Geschlechtsorgane sind in Zweifelsfällen zu untersuchen. Bei Silberfüchsen dauert die Brunst im Durchschnitt zwei bis drei Tage. Daher sollten die einjährigen Fähen am ersten und die älteren Fähen am zweiten Tag gedeckt werden. Dieses Decksystem, mit Wiederholung des Deckaktes am nächsten Tag, ist sehr vorteilhaft. Die Ovulation beginnt bei Füchsen etwa 24 bis 48 Stunden nach dem Höhepunkt der Brunst. Die Wiederholung des Deckaktes am nächsten Tag verkürzt die Zeitspanne zwischen dem Eindringen des Samens in den Uterus und dem Reifen der Eizelle. Bei Silberfüchsen kann für den zweiten Deckakt ein Platinrüde verwendet werden. Sind unter den Nachkommen platinfarbene Jungtiere, so ist normalerweise der Platinrüde der Vater. Die Platinfarbe dominiert über die Silberfarbe. Bei der Paarung dieser Mutationen erzielt man etwa 50 Prozent Silberfüchse und 50 Prozent Platinfüchse. Die Verpaarung der Platinfüchse untereinander ist wegen eines Letalfaktors bei dieser Mutation nicht empfehlenswert.

Bei Blaufüchsen soll mit dem täglichen Abprobieren der Fähen in der dritten Februardekade begonnen werden. Bei Blaufuchsfähen beginnt im ersten Nutzungsjahr im Vergleich zu den älteren Fähen die Ranzzeit später. Die höchste Intensität des Rollens (Ranzens) fällt bei den Jungfähen in die dritte März- und die erste Aprildekade. Bei den Altfähen beobachtet man den Höhepunkt des Rollens bereits in der ersten und zweiten Märzdekade.

Eine Reihe von Umweltfaktoren wie auch individuelle Faktoren beeinflussen die Dauer der Trächtigkeit bei den Blaufüchsen. Die Trächtigkeitsdauer beträgt meistens 52 bis 54 Tage (ungefähr 63 % der Fähen setzen innerhalb dieser Zeit ihre Jungen). Entsprechend dem Alter der Fähe besteht die Tendenz einer Verlängerung der Trächtigkeitsperiode. Es wurde aber auch eine positive Korrelation zwischen dem Alter der Fähe und ihrer Fruchtbarkeit festgestellt. Von Zeit zu Zeit werden die äußeren Geschlechtsorgane der Fähen untersucht. Der Deckakt erfolgt am ersten Brunsttag und wird am nächsten Tag wiederholt. Bei anhaltend geschwelltem Zustand der Schamlippen und typischem Brunstverhalten soll der Deckakt fünf Tage nach dem ersten wiederholt werden. Eine wiederholte Bedeckung vor dem Höhepunkt der Brunst ist nicht möglich, wird sie vorgenommen, bleibt die Fähe güst. Das beschriebene Decksystem wird zumeist bei der Blaufuchszucht in Polen angewandt. Ein ähnliches Verfahren empfehlen auch sowjetische Autoren. Einige Autoren raten zu einem zweimaligen Deckakt am zweiten und dritten Tag nach der Brunst. Bei gegenseitiger Abneigung der Tiere ist es notwendig, die Partner auszutauschen. Gegenseitige Abneigung äußert sich entweder in völliger Gleichgültigkeit oder in Aggressivität, wobei es nicht selten zu Beißereien kommt. In Norwegen wird der zweimalige Deckakt praktiziert, bei

Tabelle 5/9 Einfluß des Alters der Silberfuchsfähen auf die Wurfstärke (nach STARKOV, 1937)

Alter der Fähen (Jahre)	Anzahl der Fähen	Anzahl der Jungen je Fähe	Anzahl der ungedeckten Fähen in %
1	115	4,38	3,5
2	105	4,00	1,0
3	109	3,95	7,3
4	108	4,36	6,5
5	114	4,42	5,5
6	109	4,47	5,5
7	106	4,54	4,7
8	65	4,26	3,0

Tabelle 5/10 Wurfstärke der Silberfüchse in polnischen Farmen nach (WOLINSKI und SŁAWOŃ, 1964)

Anzahl der Jungen im Wurf	Anteil an der Wurfzahl %	Anzahl der Jungen im Wurf	Anteil an der Wurfzahl %
1	4,3	6	14,8
2	8,8	7	5,0
3	16,5	8	0,9
4	23,0	9	0,7
5	25,9		

Tabelle 5/11 Wurfstärke bei Blaufüchsen in Abhängigkeit vom Alter der Fähe
a – Nach STRZYZEWSKI (1965)
b – Nach SCHMIDT (1964)

Alter der Fähe in Jahren	Anzahl der Würfe	Durchschnittl. Anzahl der Jungen im Wurf	Durchschnittl. Anzahl der Jungen je Wurf in % bei einer Fruchtbarkeit im ersten Jahr von 100%	
			a	b
1	479	7,79	100	100
2	381	8,41	108	105
3	243	8,76	112	108
4	111	8,79	113	109
5	67	8,55	110	111
6	37	8,81	113	112
7	6	8,83	90	—
8	2	7,00	—	—

einem großen Teil der Fähen sogar nur der einmalige. Die Ergebnisse sind der Tabelle 5/8 zu entnehmen. Die Arbeiten der sowjetischen Autoren betreffen im wesentlichen Silberfüchse. Sie enthalten Angaben über Wurfstärke und Einfluß des Alters der Fähe.
Ähnliche Ergebnisse erzielten auch andere Autoren. Bei einem Alter von mehr als acht Jahren kommen güste Fähen sehr selten vor, da ohnehin nur die fruchtbarsten Tiere im Bestand gelassen werden. Eine weitere Kennzahl der Zuchtleistung von Fähen ist die *Wurfstärke*. Bei Silberfüchsen können drei bis sechs Stück je Wurf angenommen werden. Schwankungen sind durch Umweltbedingungen und die genetische Einheitlichkeit des Tiermaterials bedingt. Für einjährige Tiere gilt, daß die Wurfstärke der des Bestandes ähnlich ist.
Hinsichtlich der *Fruchtbarkeit* nehmen die Blaufüchse unter den Säugetieren eine Spitzenstellung ein. Im Durchschnitt werden in polnischen Farmen etwa sechs bis neun Junge je Wurf erzielt. In den Jahren 1960 bis 1961 betrug die Durchschnittszahl von Jungtieren je Wurf etwa sieben bei einjährigen Fähen und acht bei älteren. Ähnliche Zahlen sind aus der Sowjetunion und aus Skandinavien bekannt.
Die unterschiedliche Wurfstärke in den einzelnen Jahren kann durch Veränderung in der Herdenstruktur erklärt werden, da die einjährigen Fähen die kleinsten Würfe haben. Davon abgesehen, befindet sich in der Gruppe der einjährigen Fähen der größte Anteil an güsten Tieren.
Die Wurfstärke wird vom Fähenalter beeinflußt. Die geringste Fruchtbarkeit zeigen einjährige Fähen. Bei älteren Tieren steigt die Fruchtbarkeit allmählich. Bei fünfjährigen und älteren Tieren (nach STRZYZEWSKI, 1965) nimmt die durchschnittliche Jungtieranzahl pro Wurf wieder ab. In der Praxis wird das Zuchtmaterial alle drei bis fünf Jahre erneuert. Bei sechs- und siebenjährigen Fähen steigt die Fruchtbarkeit manchmal wieder an, nimmt bei noch älteren Fähen aber rasch ab.

Trächtigkeit

Ein zweiter, sehr wichtiger Faktor in der Fuchszucht ist die *Dauer* der Trächtigkeit. Bei Silberfüchsen schwankt sie zwischen 48 und 58 Tagen, beträgt im Durchschnitt aber 51 bis 53 Tage. Bei größeren Würfen verkürzt sich die Trächtigkeitsdauer. Diese Erscheinung trifft vor allem bei Blaufüchsen zu. Nach SELE (1964) beträgt die Trächtigkeitszeit von Blaufüchsen im Durchschnitt 53 Tage, sie wird jedoch vom Decksystem beeinflußt. So mißt die Trächtigkeit bei einmalig gedeckten Fähen im Durchschnitt 53,1 Tage, bei zweimaliger Bedeckung 53,9 Tage, gerechnet vom Zeitpunkt des ersten Deckaktes, und 52,3 Tage, gerechnet vom Zeitpunkt des zweiten. Die Trächtigkeit dauert bei Blaufüchsen durchschnittlich länger als bei Silberfüchsen. Das ergibt sich aus der längeren Brunst der Tiere.
Die Dauer der Trächtigkeit wird vom Alter der Fähe kaum beeinflußt. Im allgemeinen jedoch

Tabelle 5/12 Trächtigkeitsdauer bei Silberfuchsfähen unter Berücksichtigung ihres Alters (nach KOWALSKI und FRINDT, 1981)

Jahr		Anzahl der Fähen mit einer Trächtigkeitsdauer in Tagen								
		49	50	51	52	53	54	55	56	57	58
1979	Jungfähen				19	31	19	5	1		1
	Altfähen		1	9	41	53	39	8			
	Fähen insgesamt		1	9	60	84	58	13	1		1
1980	Jungfähen	1	1	8	23	23	10	4	1		
	Altfähen		1	11	39	60	36	12	1		
	Fähen insgesamt	1	2	19	62	83	46	16	2		

Tabelle 5/13 Trächtigkeitsdauer (in Tagen) und Größe der Würfe der Fähen (je Fähe) von Blaufüchsen in unterschiedlichem Alter (nach WOLOSZ und FRINDT)

A = durchschnittliche Trächtigkeitsdauer
B = durchschnittliche Größe eines Wurfes
n = Anzahl der Tiere

Alter der Fähen		1976	1977	1978	1979	1980
Ein-	n	85	110	70	126	126
jährig	A	54,8	54,6	54,4	54,6	55,6
	B	8,5	8,6	8,4	7,4	8,3
Zwei-	n	150	64	111	83	117
jährig	A	54,6	55,4	54,6	55,6	55,0
	B	10,1	9,5	9,4	8,6	8,6
Drei-	n	152	80	71	98	117
jährig	A	54,2	55,0	54,7	54,2	54,9
	B	9,5	10,1	8,7	9,2	9,4
Vier-	n	80	40	28	34	86
jährig	A	54,5	55,9	54,9	54,9	55,1
	B	7,4	8,6	9,2	8,6	9,8
Fünf-	n	37	47	36	26	22
jährig	A	54,4	54,7	55,6	54,8	55,2
	B	8,3	8,6	9,4	9,2	9,3

tragen jüngere Fähen nicht so lange. Auch die Wurfstärke beeinflußt die Zeit der Trächtigkeit. Bei Blaufüchsen rechnet man bei einem Jungtier mehr im Wurf im Vergleich zum Durchschnittswurf mit einer Verlängerung um 0,12 Tage, bei einem Jungtier weniger mit einer Verkürzung um 0,12 Tage.

Die Trächtigkeit der Blaufüchse beträgt etwa 53 Tage. Diese Tatsache wurde von verschiedenen Autoren bestätigt. Etwa 85 Prozent der Würfe erfolgen nach 51 bis 53 Tagen, mehr als 94 Prozent nach 50 bis 56 Tagen. Längere Zeiten sind nach STRZYZEWSKI (1965) häufiger als kürzere. Die Anzahl der Fähen, die vor dem 50. Trächtigkeitstag werfen, beträgt nur 1,9 Prozent der Gesamtzahl der Tiere. Die Trächtigkeitsperiode kann außerdem durch solche Faktoren wie Fütterung (besonders durch den Eiweißanteil und dessen Qualität) und klimatische Bedingungen beeinflußt werden.

Biologisch interessant ist bei Füchsen die *Geschlechtsdetermination*. Vom genetischen Standpunkt müßte die Zusammensetzung der Geschlechter etwa 1:1 betragen. Eine Reihe von Beobachtungen beweist jedoch, daß sich diese Zusammensetzung bei den Füchsen zugunsten des einen oder des anderen Geschlechts verschieben kann.

Bei den verschiedenen Zuchtrichtungen in den einzelnen Farmen werden an die Geschlechtszusammensetzung unterschiedliche Ansprüche gestellt. Die Produktionsfarmen bevorzugen wegen der größeren Felloberfläche Rüden, die Zuchtfarmen dagegen Fähen. Folgende Fakten können die Zusammensetzung der Würfe beeinflussen:
- Alter der Elterntiere, besonders das der Fähen,
- Umweltbedingungen der Farm,
- Wurfstärke,
- Decktermin.

Nach Untersuchungen von STRZYZEWKSI (1965) in verschiedenen polnischen Farmen unter unterschiedlichen Haltungsbedingungen im Zeitraum von 1957 bis 1964 konnten bei 1048 Würfen und 8691 Jungtieren 51,9 Prozent Rüden und damit ein Verhältnis Rüden:Fähen von 1,08:0,92 festgestellt werden. Die Ursachen waren klimatische und Fütterungsbedingungen. In der untersuchten Population gab es fast die doppelte Anzahl junger Fähen (ein- und zweijährige), wodurch die Zusammensetzung der Geschlechter ebenfalls beeinflußt wurde. ZYGALOW konnte in seinen Untersuchungen bei Silberfüchsen beobachten, daß der Anteil an Rüden bei drei- und vierjährigen Muttertieren am geringsten war.

Zusammenfassend kann festgestellt werden, daß bei ein- und zweijährigen Blaufuchs-Fähen der Anteil der Rüden im Wurf bedeutend höher ist. Bei größeren Würfen (sieben bis zwölf) beträgt der Anteil der Rüden etwa 52 Prozent, bei kleineren Würfen (ein bis drei Junge) fallen mehr Fähen. Nach Verpaarung während der zweiten und dritten Märzdekade werden mehr Rüden geboren. Die Geschlechtszusammensetzung des Wurfes wird wahrscheinlich auch durch Fütterung und Klima beeinflußt. Bei sonst gleichen Bedingungen ergibt sich auf den in Meeresnähe gelegenen Farmen eine andere Zusammensetzung als auf den Farmen des Binnenlandes.

Während der Trächtigkeit müssen die Tiere ungefähr nach dem Decktermin gruppiert werden. Solche Einteilung gewährleistet Ruhe in der Farm und vereinfacht die Arbeit, besonders bei der Fütterung der Fähen. Einzelne Gruppen können entsprechend ihrem physiologischen Zustand gefüttert werden.

Wegen des langen Haarkleides der Fähen sind in der ersten Trächtigkeitshälfte die äußeren Symptome nicht erkennbar. Erst in der zweiten Hälfte, bei sehr intensiver Entwicklung der Frucht, vergrößern sich die Milchleiste und die Bauchpartie. Diese Veränderungen zeigen sich infolge der größeren Wurfstärke bei Blaufüchsen noch intensiver. In der letzten Phase ist typischer Haarwechsel zu beobachten.

Vor dem *Wurftermin* soll der Züchter die Räume der Farm sehr sorgfältig reinigen und desinfizieren. Die Wohnboxen werden am besten mit der Flamme einer Lötlampe ausgebrannt. Etwa zehn Tage vor dem Werfen kommt in die Wohnbox eine spezielle, gereinigte und desinfizierte Wurfbox hinein. Der Zustand der Holzwände ist zu überprüfen. Bei sehr zeitigen Würfen und ungünstiger Witterung ist für zusätzliche Wärme in der Wurfbox von außen oder von innen zu sorgen. Dafür wird der Raum zwischen Wohnbox und Wurfbox mit gutem Isoliermaterial gefüllt. Dies ist besonders für Würfe der Silberfüchse in der Übergangsperiode vom Winter zum Frühling bedeutungsvoll.

Füchse werfen in der Regel in der Nacht oder in den frühen Morgenstunden. Die Dauer des Werfens ist abhängig vom Alter der Fähe, ihrer Kondition und von der Wurfgröße. Im Durchschnitt beträgt die Wurfdauer eine bis acht Stunden, wobei in Abständen von jeweils einer halben Stunde ein Jungtier geboren wird. Das Muttertier wirft die Jungen in Sitzstellung. Dabei kann es größere Junge selbst herausziehen. Die Fähe befreit die Jungen meist selbst von den Fruchthäuten. Bei Schwierigkeiten während der Geburt muß der Tierarzt geholt werden.

Unfruchtbarkeit der Fähen bzw. Verlust der Jungen kann folgende Ursachen haben:
- Fehlen der Brunst. Bei einjährigen Fähen durch späten Geburtstermin und physische Unreife in der ersten Zuchtperiode.
- Ein bestimmter Konstitutionstyp bzw. fehlerhafte Kondition (entweder zu fett oder zu mager).
- Pathologische Veränderungen an den Geschlechtsorganen, zum Beispiel unterentwickelt.
- Versäumen des Decktermins, vor allem bei Tieren mit sogenannter stiller Brunst, also keine wirkliche Unfruchtbarkeit.
- Ungenügende Qualität der Spermien durch Krankheiten der männlichen Geschlechtsorgane, hervorgerufen beispielsweise durch Zysten und Infektionen.
- Absterben der Frucht im Mutterleib zu Beginn der Trächtigkeit durch fehlerhafte Ernährung, insbesondere hinsichtlich Vitaminen und Mineralstoffen.
- Fehlgeburten in der Entwicklungsperiode. Ursachen für Frühgeburten können sein: Erhöhte Nervosität der Fähe, mechanische Verletzungen beim Fangen der Tiere, Folgen von Schlägen, Kämpfen und Springen an die Wände des Käfigs sowie unzureichende Fütterung.
- Totgeburten bei sehr starken Würfen. Die Jungen werden zu schnell hintereinander geboren, wobei einige ersticken können.

Die *Mortalität der Jungen* in den ersten zwei bis drei Tagen wird durch Schwierigkeiten beim Saugen, durch Infektionen und andere Krankheiten verursacht. Manchmal frißt die Fähe ihre Jungen selbst auf. In solchem Fall ist es schwer, Zeitpunkt und Verlustursachen festzustellen.

Um den Anteil der Leerfähen zu senken, sollen folgende Haltungsregeln beachtet werden (sie dienen auch der Senkung der Jungtierverluste):

● In der Wurfzeit müssen die Tiere über eine gute Kondition verfügen, die durch entsprechende Fütterung erzielt wird. Damit sind gleichzeitig die Voraussetzungen für eine gute Laktation geschaffen.

● Die Zuchtherde soll sich aus den besten Zuchtfähen zusammensetzen. Nur die besten einjährigen Tiere (20 bis 25% jährlich) sollen den Bestand ergänzen.

● Es muß sorgfältig selektiert werden. Dabei sind sowohl die weiblichen als auch die männlichen Tiere vom Standpunkt der Genetik, des Exterieurs und der Nutzungseigenschaften zu beurteilen.

● Fähen aus frühen und starken Würfen werden möglichst in den Zuchttierbestand aufgenommen. Fähen, die ihren Wurf verloren haben, sind auf jeden Fall aus der Zucht zu entfernen, da es sich um vererbbare Anlagen handeln kann.

● Während der ganzen Zuchtperiode müssen die Tiere mit ausreichend biologisch hochwertigem Eiweiß und genügend Vitaminen, Mineralstoffen und Spurenelementen gefüttert werden.

Aufzucht bis zum Absetzen

In der Anfangsphase der Trächtigkeit ist der Zuwachs der Tiere gering; erst in der letzten Phase erfolgt eine größere Zunahme der Früchte. Nach WOLINSKI und SŁAWOŃ (1964) sind die Tiere im Alter von 23 bis 26 Tagen ihres embryonalen Lebens nur 3 bis 4 cm lang, im Alter von 30 bis 33 Tagen 7 bis 8 cm mit einer Kör-

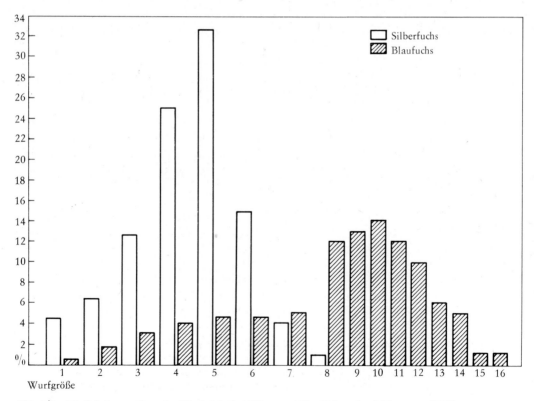

Abb. 5/2 Häufigkeitsverteilung der Wurfstärke bei Silber- und Blaufüchsen (nach HARTUNG, 1982)

permasse von etwa 5 g. Bei neugeborenen Blaufüchsen schwankt die Körpermasse zwischen 70 bis 80 g. Bei Würfen von zehn und mehr Jungen kann die Masse der Jungtiere auch nur 50 g betragen. Die jungen Silberfüchse sind schwerer, sie wiegen bei der Geburt etwa 80 bis 130 g. Rüden haben eine um etwa 5 bis 10% höhere Körpermasse als Fähen.
Die jungen Füchse werden blind und fast nackt, nur mit einem sehr feinen Haarflaum geboren. Junge Blaufüchse sind stahlgraphitfarbig, Silberfüchse silberfarbig, fast schwarz, die Platinfüchse hellgrau. Die Jungen sind taub, blind und ohne Zähne, zu einem selbständigen Leben unfähig. Sie benötigen viel Wärme.
Nach der Geburt beginnt die Periode intensiven Wachstums. Die Zuwachsraten sind groß. Bei Silber- und Platinfüchsen erhöht sich die Lebendmasse in den ersten Tagen um 10 bis 20 g, bei Blaufüchsen um 10 bis 15 g. Bis zur dritten Lebenswoche ist Muttermilch die ausschließliche Nahrung. Aus der großen Anzahl der Jungen und dem schnellen Wachstum ist zu schlußfolgern, daß die Milchleistung des Muttertieres sehr hoch sein muß. Bei anderen Wirtschaftstieren nimmt man an, daß für die Erhöhung der Lebendmasse um ein Kilogramm etwa drei Kilogramm Muttermilch benötigt werden. Legt man für Füchse die gleichen Proportionen zugrunde, so läßt sich errechnen, daß die Fuchsfähe in Abhängigkeit von der Laktationsperiode täglich 500 g Milch produziert, das heißt etwa 10% ihrer Lebendmasse. Fuchsmilch ist reich an Eiweiß, Fett und Mineralstoffen.
Die Zusammensetzung der Milch variiert in Abhängigkeit von der Laktationsperiode. Am Ende der Laktationsperiode vermindert sich der Anteil der Nährstoffe, gleichzeitig erhöht sich die Milchmenge. Hinsichtlich der Zusammensetzung ähnelt die Fuchsmilch der von Hunden und Katzen, diese Tiere werden auch zuweilen als Ammen verwendet. Kuhmilch enthält im Durchschnitt nur ein Drittel der in der Fuchsmilch enthaltenen Nährstoffe. Deshalb bleiben Versuche, junge Füchse mit Kuhmilch zu ernähren, in der Regel erfolglos.
Nach der Geburt soll der Wurf kontrolliert werden. Dabei wird die Anzahl der Jungen und ihr Entwicklungszustand geprüft. Besonders bei

Tabelle 5/15 Durchschnitt der geborenen und aufgezogenen Welpen je gedeckte Silberfuchsfähe unter Berücksichtigung des Alters der Fähen (nach KOWALSKI und FRINDT, 1981)

Jahr	Alter der Fähen	Anzahl der geborenen Welpen	Anzahl der aufgezogenen Welpen
1979	Jungfähen	3,20	2,47
	Altfähen	3,93	2,83
	Fähen insgesamt	3,68	2,70
1980	Jungfähen	3,98	3,25
	Altfähen	4,34	3,37
	Fähen insgesamt	4,22	3,33

starken Würfen sind die Jungen bei der Geburt unterschiedlich entwickelt. Die Unterschiede in der Körpermasse können manchmal bis zu 50% ausmachen. Bei größeren Würfen (mehr als zehn bis zwölf Jungtiere) ist es zweckmäßig, die schwächeren zu merzen. Bei ausgeglichenen, aber großen Würfen ist es oftmals nötig, einen Teil der Jungen einer anderen Fähe mit weniger Jungen anzusetzen. Dabei müssen gleichgroße Tiere zusammengebracht werden. Die Jungen kommen in Abwesenheit der Fähe in das neue Nest, vorher müssen sie mit dem Nestmaterial des neuen Nestes eingerieben werden, um sie im Geruch anzugleichen. Der Züchter kann auch, ähnlich wie bei Nerzen, die Jungen in die Nähe des Nesteinganges legen; die Fähe holt dann die Jungtiere meistens in ihre Wurfbox.
In der Nähe der Zuchtboxen muß absolute Ruhe herrschen. Die Arbeiten sollen sich auf perio-

Tabelle 5/14 Durchschnittliche Zusammensetzung der Milch von Blau- und Silberfüchsen (modifiziert nach WOLINSKI und SŁAWOŃ, 1964)

Bestandteile	Blaufuchs	Silberfuchs
Trockenmasse	30	20
Eiweiß	14,5	8
Fett	11	10
Kohlenhydrate	3,5	1
Ca, P	1	1

disches Reinigen des Käfiguntergrundes beschränken. Nach 14 bis 16 Tagen öffnen die Jungen die Augen. Nach drei Wochen beginnen sie, das Nest zu verlassen und zu laufen. In dieser Zeit fangen sie auch an, das von der Mutter ins Nest gebrachte Futter aufzunehmen. Um das Laufen der Jungen zu beschleunigen, ist es zweckmäßig, in das Gehege vor den Eingang zur Wohnbox ein breites Brett zu legen, da sich die Jungen zu diesem Zeitpunkt noch nicht auf dem Drahtgeflecht bewegen können.

Zu dieser Zeit beginnen auch die Zähne zu wachsen, der Gesichtsteil des Kopfes formt sich. In diesem Entwicklungszustand können sich die jungen Füchse selbständig ernähren, denn im zweiten Lebensmonat haben die Tiere bereits alle Zähne, mit Ausnahme der Backenzähne (siehe Altersbestimmung). Damit die Muttertiere durch ständige Saugversuche der Jungen nicht zu stark abgesäugt werden, kann man in einer Höhe von etwa 60 cm über dem Käfigboden ein Brett befestigen, auf das sich die Fähe zurückzieht. Das Haarkleid der jungen Füchse wächst bereits in den ersten Lebenswochen ganz intensiv. Nach einem Monat haben die jungen Füchse schon ein sehr schönes weiches Fell. In dieser Zeit wird der Wurfkasten aus der Wohnbox entfernt. Vor dem Absetzen, im Alter von zwei bis vier Wochen, soll mit den jungen und erwachsenen Füchsen eine Wurmkur durchgeführt werden (siehe Kapitel «Krankheiten»).

Bei sehr starken Würfen ist es notwendig, schon nach der ersten Woche zuzufüttern. In dieser Zeit wird mittags Milchsuppe mit gut ausgequollenem Grieß unter Zusatz von Leber, Milz und Eiern gegeben. Das Muttertier erhält jetzt dreimal täglich Futter mit einer Zusammensetzung wie sie aus der Tabelle 5/16 ersichtlich ist.

Für jeden jungen Blaufuchs sollen nach Ablauf der zweiten Lebenswoche 20 bis 100 g und für jeden Silberfuchs 20 bis 60 g eines solchen Futters gegeben werden. Dabei muß das Futter absolut frisch sein. Nach jeder Fütterung sind die Gefäße zu reinigen. In dieser Zeit erkranken die jungen Füchse besonders leicht an Durchfall, Blaufüchse außerdem an Blähungen. Beides führt meist zum Tod.

Tabelle 5/16 Zusammensetzung der Futterration in % für Blau- und Silberfüchse vor dem Absetzen

Zusammensetzung des Grundfutters	Blaufuchs	Silberfuchs
Fleisch	60	65
Milch	15	10
Getreide	12	12
Kleie	3	3
Trocken- und Grünfutter	10	10
Futtergabe insgesamt in g	600 bis 800	550 bis 600

Um Verwechslungen zu vermeiden, werden die jungen Füchse beim Absetzen durch *Tätowierung* gekennzeichnet. Für diese Arbeit wird eine spezielle Tätowierungszange mit austauschbaren Zahlen verwendet. Die Tätowierungsarbeit wird im Kapitel über die Zuchtbücher dargelegt. Beim Tätowieren werden gleichzeitig die Ohren der Tiere durchgesehen und prophylaktisch gegen Ohrräudemilben behandelt (siehe Kapitel «Krankheiten»).

Vor dem Absetzen sind die jungen Füchse nochmals zu wiegen. Die Ergebnisse der Gewichtskontrollen geben dem Züchter wichtige Aufschlüsse. Der Vergleich des Wachstumstempos der einzelnen Würfe bei sonst gleichen Bedingungen ist eines der entscheidenden Kriterien für die spätere Selektion der Tiere.

Tabelle 5/17 Lebendmasse der Blau- und Silberfüchse in den verschiedenen Wachstumsperioden (in g)

Zeitabschnitt	Blaufuchs		Silberfuchs
	Rüde	Fähe	
Vor dem Absetzen			
Bei der Geburt	50 bis 80		80 bis 130
3 Wochen	320	320	
4 Wochen	520	500	830
5 Wochen	810	765	1015
7 Wochen	1800	1610	1430
Nach dem Absetzen			
10 Wochen	2730	2440	2140
13 Wochen	3740	3700	2695
16 Wochen	4950	4250	3905
20 Wochen	5300	4520	4640
23 Wochen	5740	4950	5200

Entwicklung der Jungtiere nach dem Absetzen

Junge Blaufüchse zeigen im Vergleich zu Silberfüchsen eine größere Freßlust und müssen daher – auch wegen der Wurfgröße – eher als Silberfüchse *abgesetzt* werden. Ein zu langes Zusammenleben mit der Mutter führt zu deren Erschöpfung, ohne dabei für die Jungen besonders nützlich zu sein. Junge Blaufüchse werden in der Regel nach sechs Wochen abgesetzt, teilweise schon mit dreißig Tagen. In den meisten Farmen bleiben die Jungen zu lange bei der Mutter, sie werden nicht richtig abgesetzt. Solche Haltungsfehler beeinflussen den Ablauf des Zuchtzyklus, indem sie den Beginn der Brunst im folgenden Jahr verzögern. Außerdem erhöht sich nach der Laktation die Gefahr, daß die Jungen von der Mutter gebissen werden.

Der Zeitpunkt des Absetzens wird durch das Ende der Laktation und den Wurftermin bestimmt. Die Intensität der Laktation sollte bei jedem einzelnen Muttertier untersucht werden. Sehr früh geworfene Junge können etwas länger bei der Mutter bleiben, spätere Würfe sind so schnell wie möglich abzusetzen. Die jungen Silberfüchse werden im allgemeinen etwa zehn Tage später abgesetzt. Folgendes Verfahren sei empfohlen: Die Fähe wird zu gegebener Zeit in einen anderen Käfig gebracht. Danach bleiben die Jungen noch etwa eine Woche zusammen. Nach Ablauf dieser Frist werden sie in verschiedene Käfige verteilt. Zwei bis vier junge Blaufüchse kommen in einen Käfig. Junge Silberfüchse werden entweder einzeln oder paarweise (am besten je ein männliches und ein weibliches Tier) untergebracht. Beim paarweisen Halten der Silberfüchse sind Größe und Temperament zu berücksichtigen.

Ziel nach dem Absetzen: schnelles Wachstum der Tiere, richtige Körperproportionen, möglichst gutes Haarkleid. Dazu sind richtiges Füttern und das Einhalten optimaler Haltungsbedingungen nötig. Ein optimaler Wachstumsverlauf wird beurteilt nach:

- Aussehen der Tiere,
- Verhalten,
- Kondition,
- aufgenommene Futtermenge,
- Ergebnis der Lebendmassekontrolle.

Das Beurteilen des *Wachstums* wird durch biometrische Messungen wie Körperlänge (gemessen von der Nasenspitze bis zum Schwanzansatz) und Brustumfang (gemessen kurz hinter dem Schultergürtel) vereinfacht. Wiegen und Messen sind wesentliche Arbeiten bei der Aufzucht junger Füchse. Wenn erst unmittelbar vor dem Pelzen auffällt, daß die Tiere zu klein sind bzw. zu wenig wiegen, kann nichts mehr getan werden, diesen Zustand zu beheben. Werden Entwicklungsmängel aber rechtzeitig erkannt, so können die Futtermenge oder die Futterqualität noch verändert werden. Bei zu kleinen Jungtieren ist eine Behandlung mit Vitamin- und Eisenpräparaten sehr günstig.

Das *Winterfell* des Fuchses beginnt im September zu wachsen. Bei Silberfüchsen dauert es etwa einen Monat länger. Die Winterfellbildung fällt zeitlich mit dem Wechsel der ersten Haare bei den Jungtieren zusammen. Die Intensität des Haarwechsels ist vom Futter und anderen Haltungsbedingungen abhängig. Unter normalen Bedingungen sind die Sommerhaare Ende September ausgefallen. Nun beginnen die Winterhaare intensiv zu wachsen. Von diesem Zeitpunkt an müssen die Haltungs- und Pflegemaßnahmen ganz besonders sorgfältig durchgeführt werden. Die Farbe der in dieser Zeit wachsenden Haare ergibt die endgültige Farbe des Felles zur Pelzung. Verschmutzungen sind oft sehr dauerhaft und verursachen Qualitätsverluste. Während die Haare wachsen, bildet sich die für jedes Tier charakteristische Struktur des Haarkleides heraus. Die *Qualität der Haare* hängt von genetischen Anlagen und von Umweltbedingungen ab. Bei letzteren spielen Fütterung und Pflege die wichtigste Rolle, um Verschmutzungen und Beschädigungen des Felles zu vermeiden.

Auch Kahlstellen beeinflussen die Qualität des Felles. Sie entstehen durch Herausreißen der Haare entweder durch andere Tiere oder durch das Tier selbst. Solche Haarverluste sind Folgen zu enger Haltung, des Fehlens bestimmter Stoffe in der Nahrung bzw. zu einseitiger Nahrung. Eine weitere Qualitätsminderung entsteht durch verfilzte Haare. Sie bilden sich, wenn Winterhaare durch Schichten der Sommerhaare, die noch nicht ausgefallen sind, durchstoßen. Um Schäden am Haarkleid zu vermeiden, werden die Füchse, besonders die Blaufüchse mit ihrem dichteren Fell, in Polen gekämmt. Dazu legt man die jungen Füchse mit zugebundener Schnauze auf ein Brett und kämmt sie mit nicht zu dichtem Kamm in Richtung vom Kopf zum Schwanz. Besonders aufmerksam und genau müssen die Rücken- und Hinterteilpartien bearbeitet werden. An diesen Stellen verfilzen die Haare besonders stark. In größeren Farmen wird gruppenweise gekämmt. Mehrere Füchse werden in einem speziellen Stand festgehalten. Es ist zweckmäßig, Mitte August mit dieser Pflegemaßnahme zu beginnen, damit die Arbeit etwa Mitte September, also wenn die Winterhaare intensiv wachsen, beendet ist. Beim Kämmen des Felles zu einem späteren Termin reißen die neugebildeten Winterhaare zusammen mit dem alten Sommerhaar aus, und es entstehen irreversible Schäden. Verfilzt das Haar erst zu einem späteren Zeitpunkt oder entdeckt man es zu spät, so darf erst nach Abziehen und Trocknen des Felles wieder gekämmt werden. Die beste Maßnahme, Verfilzen der Fuchshaare zu vermeiden, ist intensive Fütterung der Tiere, dabei erhöhter Anteil von Muskelfleisch in der Ration von 70 bis 80 Prozent. Solches Futter erhöht die Intensität des Wachstums der Winterhaare und beschleunigt gleichzeitig das Ausfallen der Sommerhaare.

In der *Haarungsperiode* soll häufiger gefüttert werden. Die jungen Füchse müssen ihre Nahrung regelmäßig und der Entwicklung entsprechend erhalten. Zu viel Futter und nur einmal täglich kann speziell bei Silberfüchsen, die sehr freßlustig sind, besonders im Sommer zu Blähungen und Verlusten führen. Einmaliges Füttern begünstigt das Verfilzen der Haare. Der Fuchs legt sich nach dem Fressen hin und bleibt längere Zeit liegen, besonders wenn er viel zu sich genommen hat. Durch das Liegen werden die Haare angedrückt und verfilzen leicht.

Intensität und Reinheit der Haarfarbe sind auch abhängig von den Lichtverhältnissen. Anfang September sollen die für die Fellgewinnung vorgesehenen Füchse in spezielle «Dunkelgehege» gebracht werden. Es handelt sich hierbei um Gehege, in denen die Tiere vor unmittelbarer Sonnenbestrahlung geschützt sind. Direkte Sonnenbestrahlung verursacht besonders bei Tieren mit starker Pigmentkonzentration einen braunen oder sogar rotbraunen Farbton im Haar. In «Dunkelgehegen» (1,0 mal 1,5 m) werden nicht mehr als zwei bis drei Blaufüchse gehalten. Silberfüchse kommen zweckmäßigerweise in Einzelgehege. Sind derartige Gehege nicht vorhanden, können normale Käfige durch Verkleidung von Wänden und Dach umgestaltet werden. Das Dach ist besonders dann wichtig, wenn das Winterhaar wächst. Regen und Herbstnebel verursachen Haarfeuchtigkeit und damit Verfilzung. Damit das Haarkleid sauber bleibt, müssen die Räume ständig und sorgfältig gereinigt werden. Aus den Käfigen sind alle entbehrlichen Gegenstände wie Trennwände, Regale und Gefäße, Fütterungsgeräte usw. zu entfernen. Sogenannte «mechanische» Verschmutzungen lassen sich nur schwer aus den Haaren entfernen. Daher ist auch die Qualität des Käfigdrahtes wichtig. Schlechter Draht kann rosten, wodurch das Fell der Tiere beschmutzt wird. Solche Verschmutzungen, meist an den Hinterteilen der Tiere, lassen sich kaum entfernen. Lösungsmittel würden den Haaren schaden.

Zuchttierauswahl (Selektion)

Selektion ist ein Teil der Zuchtarbeit. Ziel dieser Arbeit ist die bessere Qualität und höhere Intensität der gewünschten Merkmale bei den Nachkommen der zu selektierenden Tiere. Sie wird sowohl in den Zuchtfarmen als auch in den Reproduktionsfarmen durchgeführt. Die reinen Produktionsfarmen sind nur an hohen Tierzahlen interessiert, ohne dabei unbedingt die Verbesserung des Tiermaterials anzustreben.

Merkmale und Eigenschaften der Tiere werden unter dem Einfluß von Umweltbedingungen und auf Grund genetischer Voraussetzungen herausgebildet. Damit sich Erbanlagen und Merkmale entfalten, müssen entsprechende Umweltbedingungen geschaffen werden. Andererseits aber können auch die besten Haltungsbedingungen nicht die gewünschten Merkmale hervorrufen, wenn die genetischen Grundlagen fehlen. Einige Merkmale werden stark, andere weniger von den Umweltbedingungen beeinflußt. Ein Merkmal und seine Intensität wird von Genen beeinflußt, die gemeinsam, kumulativ wirken. Bei Füchsen werden zum Beispiel Eigenschaften wie Wachstumstempo, endgültige Größe und Milchleistung im wesentlichen nicht durch Erbanlagen, sondern durch Haltungsbedingungen, hauptsächlich Fütterung, beeinflußt. Zu den vererbbaren Merkmalen gehört unter anderem die Haarfarbe, ein Merkmal, das für den Wert des Felles von entscheidender Bedeutung ist. Die Umweltbedingungen haben keinerlei Einfluß auf die Farbe des Felles, sie können lediglich einen bestimmten Ton hervorrufen.

Die genetische Übertragung des Merkmales «Farbe» wurde bei Silberfüchsen gründlich untersucht. Diese Füchse stammen vom nordamerikanischen Rotfuchs ab, und zwar vom Kanadischen- und vom Alaska-Rotfuchs mit dem Genotyp der Silberfarbe. Wie aus den Untersuchungen von JOHANSEN (1956) hervorgeht, ist der Grad der Silbertönung das Ergebnis kumulativer Genwirkung. Außerdem spielt hierbei noch die sogenannte unvollständige Dominanz eine Rolle.

Für den Blaufuchs fehlen Angaben über die Vererbung der Farbe, wahrscheinlich wegen der großen Formenmannigfaltigkeit und wegen der verschiedenen Abstammungsorte. Außerdem ist die Zucht von Blaufüchsen verhältnismäßig jung. Das Tier lebt noch nicht lange unter dem Einfluß der vom Menschen geschaffenen Bedingungen. BOIZOW (1937) und eine Reihe anderer Autoren unterscheiden folgende Genotypen der Blaufüchse in Zusammenhang mit der Haarfarbe: DDSS – dunkelblauer Fuchs (Alaskafuchs), DDss – blauer Silber, ddSS – hellblauer Fuchs und ddss – weißer Fuchs (D – hoher Pigmentgehalt der Haare, d – geringer Pigmentgehalt der Haare, S – einheitliche Farbe, s – Silberton). Daraus geht hervor, daß dunkle Füchse über hellere dominieren und daß der Haupttyp eine einheitliche Farbe hat. Der überwiegende Teil der Tiere ist hinsichtlich der beschriebenen Merkmale heterozygot.

Nach dieser kurzen Einführung über die Vererbung der Haarfarbe bei Füchsen wäre es nötig, Ziel, Methoden und Verfahren der Selektion darzustellen. Da diese Fragen jedoch detailliert in dem Kapitel über Nerzzucht beschrieben wurden, soll an dieser Stelle nur darauf verwiesen werden.

Unter *Zuchteigenschaften* von Füchsen ist die Fähigkeit zur Vererbung bestimmter Merkmale auf die Nachkommen zu verstehen. Die Zuchteigenschaften werden auf Grund der Eigenschaften und Merkmale des betreffenden Tieres, seiner Vorfahren und Nachkommen ermittelt. Diese Kriterien charakterisieren das Tier nur indirekt, sie geben lediglich Aufschluß über die Möglichkeit, Nachkommen mit bestimmten Qualitäten zu züchten. Die Methode, ein Tier direkt zu beurteilen, ist die wichtigste. Sie betrifft im wesentlichen den *Körperbau* und die *Qualität des Felles*. Bei älteren Tieren werden diese Angaben nach Ablauf einer Zuchtperiode durch die Werte Fruchtbarkeit, Milchleistung, Deckfähigkeit, Ausprägung des Mutterinstinktes usw. ergänzt. Die Beurteilung des Tieres muß mit den für diese Mutation geltenden Standards übereinstimmen, und die Zuchtrichtung sollte darin bestehen, diese Standardwerte zu verbessern. Die Beurteilung kann nur dann richtig sein, wenn die Haltungsbedingungen erfüllt sind, denn nur unter optimalen Haltungsbedingungen können sich die genetischen Anlagen entwickeln. Bei der individuellen Beurteilung des Fuchses werden, ähnlich wie bei anderen Tieren, folgende Merkmale berücksichtigt: Gesundheit, Körperbau, Wachtums- und Entwicklungsverlauf, Masse, Kondition und ihre Beständigkeit, Temperament und Reaktionsart auf äußere Reize, Konstitution, Eigenschaften des Felles und Zuchteigenschaften.

Die *erste Beurteilung* für die spätere Verwendung als Zucht- bzw. Pelzungstier erfolgt nach dem Absetzen der Jungen. Dabei werden die Eigenschaften der Eltern, die Lebendmasse, der Wachstumsverlauf und die Resistenz gegen Krankheitserreger zugrunde gelegt.

Die *zweite Beurteilung* in Form einer Vorselektion findet normalerweise statt, wenn das Haarkleid nach Abschluß der Wachstumsperiode ausgebildet wird, also unmittelbar vor der

Zuchttierbeurteilung. Die *Zuchttierbeurteilung* der Füchse wird meistens im November in Übereinstimmung mit den für die einzelnen Gruppen der Tiere geltenden Standards durchgeführt. Diese Arbeiten besorgt in Polen ein Zuchtrichter mit dem Zootechniker des Rates des Bezirkes und zwei Assistenten.

Die Tiere sollen bei vollem, gleichmäßig verteiltem Licht beurteilt werden. Die Kommission bewertet das Tier entsprechend dem Zuchtstandard der Rasse. Jedes Merkmal bekommt eine Note im Bereich von 0 bis 3, maximal kann das Tier 30 Punkte bei der Beurteilung von 10 Merkmalen erhalten. Nach der Zahl der erreichten Punkte ordnet man in Polen die Tiere wie folgt ein:

29 bis 30 – beste
25 bis 28 – sehr gute
20 bis 24 – gute
14 bis 19 – mittelmäßige Klasse

Besonders beachtet wird das *Haarkleid*. Die individuelle Beurteilung ist bei allen Rassen gleich. Die *Gesundheit* der Tiere wird auf Grund des äußeren Zustandes und eines tierärztlichen Gesundheitszeugnisses bewertet. Aus der Herde werden alle Tiere entfernt, die eine Infektionskrankheit durchgemacht haben (Übertragung), die Zeichen von Rachitis zeigen sowie unterentwickelte Tiere.

Beim *Körperbau* sind die richtige Beschaffenheit und die Proportionen einzelner Körperteile zueinander zu beurteilen. Bei Füchsen lassen sich bestimmte Körpertypen unterscheiden. Einige Autoren unterteilen die Tiere in drei, andere in fünf Typen, zum Beispiel Tiere mit sehr starkem, und Tiere mit zartem Körperbau. Als extreme Typen gelten der sogenannte Ordinärtyp und der superfeine Typ. Das Einordnen eines Fuchses in eine der genannten Gruppen erfolgt auf Grund von Messungen, die bei der Zuchttierbeurteilung durchgeführt werden. Gemessen werden Länge des Tieres und Brustumfang. Auf der Grundlage dieser Werte wird über die Größe des Fuchses und über den Typ des Körperbaues entschieden. Genauer zu beurteilen ist nach biometrischen Messungen. Sie ergeben Kennwerte, die die Beziehungen zwischen den anatomisch und funktionell korrelierenden Messungen widerspiegeln. Bei ausgewachsenen Blaufüchsen soll die Körperlänge etwa 64 cm bei Rüden und etwa 60 cm bei Fähen betragen; bei den Silber- und Platinfüchsen entsprechend 80 cm bei Rüden und etwa 75 cm bei Fähen. Die Lebendmasse der männlichen Blaufüchse soll nicht weniger als 6 kg und die der weiblichen nicht weniger als 5 kg betragen, die der Silberfüchse 7 kg und 6 kg.

Mit einem bestimmten Typ im Körperbau sind meistens die Kondition des Tieres, seine Resistenz gegen ungünstige Faktoren, sein Temperament und sein psychisches Verhalten verbunden. Die Gesamtheit dieser Eigenschaften ergibt die *Konstitution*. Fragen der Konstitution von Haustieren wurden von vielen Forschern untersucht. Für die Pelztiere gibt es auf diesem Gebiet nur wenige Hinweise. Einige Autoren versuchten, die Konstitutionstypen der Silberfüchse festzulegen. Auf der Grundlage organoleptischer Untersuchungen des Haarkleides, biometrischer Messungen sowie Untersuchungen der Körpergröße wurden zwei *Konstitutionstypen* ermittelt: der schwache und der starke Typ. Die Füchse des starken Konstitutionstyps haben einen starken Knochenbau, einen kompakten Körper, kurze Beine, breiten Kopf mit verkürztem Gesichtsteil, weit auseinanderstehende Ohren, kurzen Hals, breite und tiefe Brust und eine elastische, aber starke Haut mit dichter Haarbedeckung. Die Intensität des Metabolismus ist bei diesen Tieren geringer. Unter den Füchsen vom starken Konstitutionstyp gibt es zuweilen große Tiere (zu massiver Körper, dicke Haut und grobes bastartiges Haar).

Die zweite Gruppe bilden Tiere mit schwacher Konstitution. Qualität und Merkmale des Haarkleides sind mit dem Geschlecht und dem Konstitutionstyp verbunden. Füchse mit schwacher Konstitution sind äußerlich durch geringen Wuchs, lange Beine, Disproportionen einzelner Körperteile und in der Regel durch ein feines, seidenartiges, oftmals zu weiches Fell erkennbar. Als Beispiel seien die aus Finnland importierten Silber- und Blaufüchse erwähnt. Die stark gebauten Füchse mit kurzen Beinen haben in der Regel keine zu feine Haarbedeckung. Die Merkmale können bereits am lebenden Tier ermittelt

ROT- UND PLATINFÜCHSE 121

Adulter Rotfuchs im Sommerfell

Junger Rot- und Platinfuchs

Junge Platinfüchse

Silberfuchs

Vier Monate alte Silberfüchse

SILBER- UND PLATINFÜCHSE 123

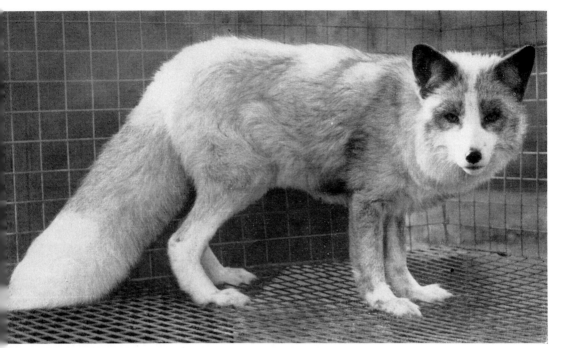

Platinfuchs

Heller und dunkler Platinfuchs

Junge dunkle Blaufüchse

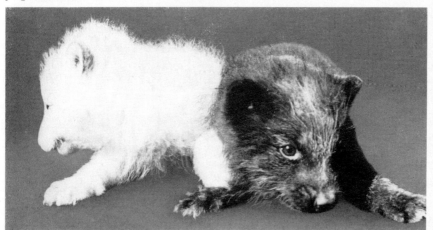
Weißer und dunkler Blaufuchs aus einem Wurf

Platinzeichnung und dunkler Blaufuchs aus einem Wurf

Kopf eines Blaufuchses

Blaufuchsrüde

Platinzeichnung beim Blaufuchs

Gefleckter Nasenspiegel

HAARWECHSEL 127

Blaufuchsfähe im Sommerkleid

Blaufuchsfähe mit beginnender Winterfellausbildung

Beginnende Winterfellausbildung bei jungen Blaufüchsen

Adulter Blaufuchs im Haarwechsel

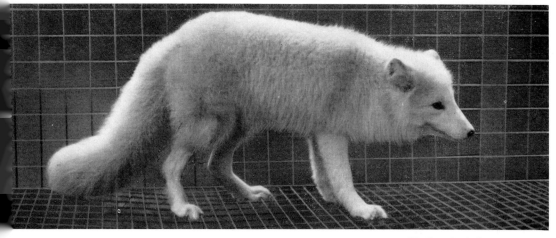
Weißer Blaufuchs im Winterfell

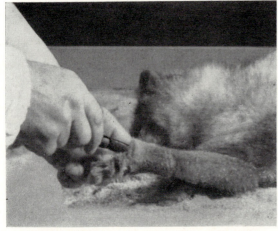
Hautschnitt an den Vorderbeinen

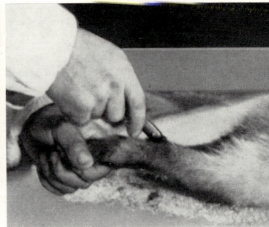
Hautschnitt an den Hinterbeinen

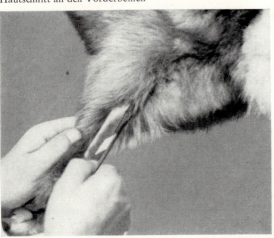
Freipräparieren

Abziehen der Haut

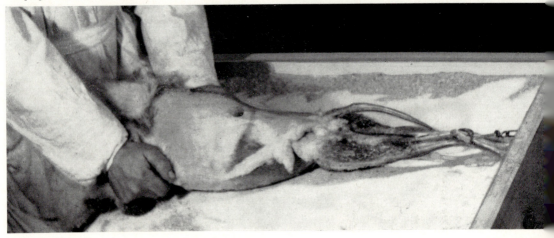
Abziehen der Bauchpartie

werden, einige lassen sich mit Hilfe biometrischer Messungen genau erfassen.
Bei Untersuchungen der inneren Organe wurde festgestellt, daß die Tiere im starken Konstitutionstyp ein besser entwickeltes Herz und stärkere Lungen (größere Masse) im Vergleich zu den Tieren des schwachen Konstitutionstypes hatten, die dagegen eine größere Leber und Milz besaßen. Diese Unterschiede sind eng mit dem Stoffwechsel verbunden. Vergleichende Untersuchungen von Silber- und Blaufüchsen ergaben, daß der Stoffwechsel der Blaufüchse intensiver verläuft als der der Silberfüchse.
Die zur Zeit vorhandenen Angaben über die Konstitutionstypen und über die Prozesse, die im Organismus eines Blaufuchses ablaufen, geben keine sichere Grundlage für optimale Zuchtarbeit. Erst die experimentelle Klärung dieser Fragen am vorhandenen Tiermaterial kann die Grundlagen für die Selektion und das Beurteilen der zur Zeit angewandten Zucht- und Haltungsmethoden schaffen.
Unabhängig von den Merkmalen der Konstitutionstypen, die von den einzelnen Autoren unterschiedlich beurteilt werden, ist festzustellen, daß es im wesentlichen zwei von der Konstitution abhängige Stoffwechseltypen mit verschiedenen Modifikationen gibt. Die Konstitutionstypen kommen in reiner Form kaum vor. Deshalb ist es notwendig, innerhalb eines Grundtyps zwischen einer Reihe von Untertypen zu unterscheiden. Die Untersuchungen von FRINDT (1966) bezüglich der Konstitution von Blaufüchsen ergaben auf Grund biometrischer Indizes zwei Konstitutionstypen.
Die Ergebnisse der Untersuchungen zeigten, daß Rüden und Fähen der Blaufüchse mindestens in zwei Konstitutionstypen unterteilt werden können. Die Einteilung in Konstitutionstypen erfordert aber wegen der Vielzahl von Übergangsformen noch eine zusätzliche Bewertung des Tiermaterials.
Die bisherigen Untersuchungen zeigten eine starke Korrelation zwischen dem Haarkleid und dem Konstitutionstyp der Tiere. Die beste Klasse erreichen die Felle der Tiere vom starken Konstitutionstyp. Ein schlechtes Fell (zu feines, dünnes Haar, deutliche Tendenz zum verfilzten Unterhaar) hatten die Tiere des schwachen Konstitutionstyps. Diese Tatsachen können für die züchterische Praxis und für die Selektionsarbeit von großer Bedeutung sein. Eine genaue Klärung der Beziehungen zwischen Konstitutionstyp und Qualität des Haarkleides wird erst nach genauen Laboruntersuchungen mit vielen Tieren möglich sein.
Das *Beurteilen des Felles* besteht im wesentlichen in der Analyse der Qualität. Eine der wichtigsten Eigenschaften ist die *Farbe*. Beim *Silberfuchs* werden zum Charakterisieren der Farbe folgende Kriterien herangezogen: Farbe der Deckhaare, Farbe der Unterhaare, Anteil der Silberhaare und Schleier (durchschnittliche Länge der pigmenthaltigen Enden der Deckhaare). Die Farbe des Deckhaares soll möglichst schwarz mit dunkelblauem Ton sein. Ein rötlicher oder brauner Ton sowie Verschmutzungen sind unzulässig. Die Unterhaare sollen einen dunklen, reinen Schieferton besitzen. Alle Tiere mit einem unreinen, gelblichen, bräunlichen oder hellschieferfarbigen bzw. ungleichmäßigen Ton des Unterhaares werden von der Zucht ausgeschlossen, denn diese Farbtöne verursachen un-

Tabelle 5/18 Exterieur- und Interieurwerte des schwachen und des starken Typs bei Blaufüchsen (nach FRINDT, 1966)

Nr. Indexbezeichnung	Konstitution	
	Stark	Schwach
1. Gesicht und Gehirnpartie	kleiner	größer
2. Masse des Schädels	größer	kleiner
3. Format des Schädels	größer	kleiner
4. Format des Unterkiefers	größer	kleiner
5. Kamm des Schulterstückes	größer	kleiner
6. obere Kammvertiefung des Schulterstückes	kleiner	größer
7. untere Kammvertiefung des Schulterstückes	größer	kleiner
8. Vertiefung der Schulterstücke	kleiner	größer
9. Schulterstück	größer	kleiner
10. Masse des Schlüsselbeines	größer	kleiner
11. Oberschenkelknochen	größer	kleiner
12. äußere Hülle	größer	kleiner
13. Verfettung	größer	kleiner
14. Masse des Herzens	kleiner	größer
15. Darmtrakt	kleiner	größer
16. Kompaktheit des Körpers	größer	kleiner

erwünschte Aufhellung des Deckhaares und verderben teilweise den Silberton. Zur Zeit gelten in Polen die sogenannten Vollsilberfüchse als die besten Tiere. Der Silbergrad drückt das Verhältnis des Fellteiles, auf dem die Silberhaare wachsen, zur gesamten Fellfläche, auf der sie wachsen könnten, aus. Man unterscheidet zwischen Vollsilberfüchsen, 75 % Silberfüchsen, 50 % Silberfüchsen, 25 % Silberfüchsen und schwarzen Füchsen ohne Silberhaare. Das Zuchtziel sind Vollsilberfüchse, das heißt Tiere mit Silberhaar auf dem Rücken, an den Seiten und an der Halspartie. Der Reinheitsgrad des Silbertones wird durch den pigmentfreien Teil des Haares, die sogenannte Silberzone, bestimmt.

Für die Beurteilung eines Silberfuchsfelles sind außerdem die Breite des Silberstreifens, die Höhe des Schleiers und das Bild des Silbertones sowie des Schleiers von Bedeutung. Für die Zucht muß dem mitteltiefen Silberton (bei einer Streifenbreite von 2 bis 2,5 cm) der Vorzug gegeben werden. Die Schleierlänge (durchschnittliche Länge der pigmenthaltigen Enden der Deckhaare) soll 1,5 bis 2,0 cm betragen. Die Silberhaare müssen gleichmäßig, nicht gruppenweise, auftreten. Gruppenweise Verteilung der Silberhaare erweckt den Eindruck von Flecken. Solch ein Fell wird als «Perlhuhnfell» bezeichnet.

Außer der Farbe ist für die Qualität des Felles die *Dichte* des Haarkleides, die sowohl durch die Dichte des Grannenhaares als auch die der Unterwolle bestimmt wird, bedeutungsvoll. Weiterhin werden das Aussehen und die Länge des Schwanzes (Lunte) berücksichtigt. Hier sollen die Deckhaare schwarz sein, die Unterhaare dunkel schieferfarbig, die Enden weiß und lang (länger als 12 cm). Der ganze Schwanz muß dichtes, langes Haar haben. Bei der Selektion der Silberfüchse sind folgende Zuchtrichtungen und Zuchtziele zu stellen:
- Bestmögliche Reinheit der Silberfarbe unter Beibehaltung des metallischen Glanzes,
- Deckhaare schwarz mit dunkelblauem Ton, Unterhaare dunkelschieferfarbig,
- Haarbedeckung von mittlerer Länge, sehr dicht, gute Bedeckung der Unterhaare,
- optimale Größe des Tieres.

Beim *Platinfuchs* soll die Selektion unter Berücksichtigung des Gesundheitszustandes und des Körperbaues noch strenger sein. Hinsichtlich der Felleigenschaften ist bei diesem Tier die Fellfarbe die wichtigste Kenngröße. Obwohl Platinfüchse helle oder dunkle Tiere sein können, werden in den polnischen Zuchtvorschriften die hellen Füchse bevorzugt. Die Farbe der Deckhaare dieser Tiere soll rein, hell, platin, aschgrau sein, die der Unterhaare sehr hellaschgrau mit einem deutlich blauen bis weißen Ton. Als Fehler gelten alle gelblichen, rötlichen, bräunlichen und allgemein unreine Farbtöne. Außerdem sind dunkle Flecken auf den hellen Teilen der Haare – meistens auf dem Kopf und an den Beinen – als Farbfehler unerwünscht. Als positives Merkmal wird eine sogenannte «Maske» im Unterschied zum unterbrochenen «Kragen» an der Halspartie betrachtet. Außerdem sind gleichmäßige Pigmenthaare an den Hinterteilen in Form sogenannter «Hosen» erwünscht. Der Schwanz muß die gleiche Farbe wie der Rücken und die Seiten des Tieres haben, er soll rein in der Farbe, groß, vollhaarig und zylindrisch sein mit einem Tips («Blume») von mindestens 16 cm.

Bei der Verbesserung des Genotyps sind folgende Ziele anzustreben:
- Volle Reinheit des Deckhaares unabhängig von der Farbintensität,
- gleichmäßige Verteilung der Flecken, jedoch ohne Aufhellung der Hinterpartien,
- ein die Unterhaare gut bedeckendes, nicht zu langes Deckhaar mit einem hohen Grad an Weichheit und Elastizität,
- optimale Größe.

Bei der Beurteilung von *Blaufuchsfellen* werden im Vergleich zu den Silber- und Platinfüchsen zusätzlich noch andere Faktoren berücksichtigt. Die Farbe des Felles wird durch den Ton der Unterhaare und der Deckhaare bestimmt. Als zusätzlicher Faktor kann auch die Beschaffenheit des Schleiers, besonders wenn er intensiv ist, hinzugezogen werden. Die Farbe der Blaufüchse soll rein, hellaschgrau mit stahlgrauem Ton sein. Auf der Rückenpartie dürfen keine Silbereffekte durch pigmentlose Haare hervorgerufen sein. Das wichtigste Merkmal ist die

Farbe der Unterhaare. Dabei kommt eine ganze Reihe von Farbtönen in Frage, angefangen von fast weiß mit einem blauen Ton, bis zu dunkelgrau bis bleifarbig mit einem braunen Ton. Als beste Farbe des Unterhaares gilt hellgrau mit einem deutlichen blauen Ton. Der *Schleier* ist dabei ebenfalls ein wichtiges Kriterium, er gibt dem Fell seinen «Charakter». Er soll gleichmäßig über den Rücken und die Seiten des Tieres bei Konzentrierung auf der Rückenlinie verteilt sein und einen Kontrast zu dem Rest der Haarbedeckung bilden.

Die meisten Züchter bevorzugen weißes Unterhaar mit bläulichem Ton. Bei Füchsen mit sehr stark ausgeprägtem Schleier ist das Unterhaar selten hell. Hierzu gibt es Untersuchungen von dem norwegischen Züchter FLAATEN. Er konnte feststellen, daß alle Blaufüchse in Norwegen bereits einen starken schwarzen Schleier haben, der gleichmäßig über das ganze Fell verteilt ist und zuweilen sogar am Schwanz auftritt. Der Schleier ist wichtigstes Merkmal bei der Qualität des Blaufuchsfelles. Hinsichtlich des Unterhaares gilt, daß das Fell nicht an Qualität verliert, wenn das Haar einen hellen graublauen Ton hat. In der Zucht soll ein hellblauer Ton des Unterhaares angestrebt werden, auch wenn Tiere mit hellgrauem Unterhaar noch als sehr gut bezeichnet werden können.

Große Bedeutung mißt FLAATEN der *Feinheit* des Haarkleides sowie der *Gleichmäßigkeit* an den einzelnen Körperpartien bei. Grobes Haar, sogenanntes «Ziegenhaar» (Deckhaar lang, grob, wenig elastisch, rauh, matt) gilt als einer der größten Fehler des Blaufuchsfelles. Beim weißen Blaufuchs sollen die Deckhaare als auch die Unterhaare schneeweiß sein.

Zu den wichtigsten Eigenschaften des Blaufuchsfelles gehört auch die *Struktur* der Haarbedeckung. Diese Komplexeigenschaft setzt sich aus der Dichte, der Länge und der Feinheit der Haare zusammen. Die Haare sollen dicht, mittellang, völlig die Unterhaare deckend, fein und seidenartig sein. Die Haare des Blaufuchses sind dichter als die des Silberfuchses. Deshalb muß die Elasitität der Haare berücksichtigt werden. Bei schwacher Elastizität haben die Haare «Wattecharakter» und verfilzen stark, besonders an den Hinterpartien. Der Schwanz spielt für die Beurteilung der Blaufuchsfelle eine geringere Rolle, es werden jedoch auch hier Länge, Dichte und der Farbton berücksichtigt. Bei der Selektion der Blaufüchse sind folgende Zuchtziele anzustreben:

- Größtmögliche Reinheit der Farbe der Deckhaare mit einem deutlichen blauen Ton,
- schwarzer Schleier mit starkem Kontrast zur Farbe der Haarbedeckung,
- hohe Elastizität und Feinheit der Haare,
- optimale Größe des Tieres.

Bei der Auswahl der Paare können verschiedene Systeme benutzt werden. In der Fuchszucht wird gewöhnlich das Liniensystem angewandt. Man paart Tiere, die mit einem hochwertigen Tier verwandt sind, wobei sich positive Eigenschaften gut vererben. Um schnell eine ausgeglichene Herde zu haben, werden auch eng verwandte Tiere miteinander gepaart. Diese Methode ist jedoch mit dem Risiko verbunden, negative Merkmale zu festigen. Bei Auswahl der Paare gilt, daß die besten mit den besten Tieren und die weniger guten miteinander gepaart werden. Auf der Grundlage dieses Verfahrens wird für jede Farm ein Deckplan erarbeitet. Richtige Selektion und ein gut vorbereiteter Deckplan sind wichtige Voraussetzungen für gute Zuchtergebnisse.

Dokumentation des Zuchtgeschehens (Zuchtbuch)

Ein Zuchtbuch ist nur zweckmäßig, wenn die Tiere zu identifizieren sind. Das Kennzeichnen der Füchse geschieht durch Tätowieren. Diese Arbeit wird während des Absetzens der jungen Füchse durchgeführt. An der Innenseite des Ohres tätowiert man in der VR Polen einen Buchstaben zur Bezeichnung des Jahrganges, zum Beispiel im Jahr 1966 – S, im Jahr 1967 – T, im Jahr 1968 – U, dazu die laufende Nummer des Tieres. Es ist zweckmäßig, die Jungtiere ihrem Alter entsprechend zu tätowieren, damit auch später auf Grund der Nummer das Alter des Fuchses jederzeit feststellbar ist. Am linken Ohr wird der Kennbuchstabe der Farm eintätowiert. Jede Farm dokumentiert ihr Zuchtgeschehen.

Um die Eintragungen zu vereinfachen, werden Vordrucke verwendet. Zu den wichtigsten Dokumentationen gehört das Farmbuch für Rüden und Fähen. Dieses Buch enthält folgende Angaben: Beschreibung des Tieres, Abstammung; bei Fähen die Beschreibung des Deckgeschehens und des Wurfes, bei Rüden die Nutzungseigenschaften. Für jedes Tier sind außer Nummer, Bezeichnung, Geburtsdatum und Wurfgröße auch Angaben über die Zuchttierbewertung, die erreichte Punktzahl, eventuelle Auszeichnungen, Termin der Eintragung in die Farmbücher, Massekontrollergebnisse und Impfungen enthalten. Der Abstammungsnachweis wird über drei Generationen geführt, wobei jeweils die Wurfgröße, Zuchttierbeurteilung und eventuelle Auszeichnungen der Vorfahren festzustellen sind. Bei Fähen wird der Decktermin, die Nummer des Vaters, die Reihenfolge des Wurfes, der Wurftermin, die Anzahl der Jungen im Wurf (Rüden und Fähen), Jungtierverluste und die Charakteristik als Muttertier eingetragen. Bei Rüden werden alle Angaben über die gedeckten Fähen, über Vererbung, Zuchttierbeurteilung der Nachkommen und deren Klasseneinteilung festgehalten.

Neben den Vordrucken verwendet man in der Farm spezielle Blätter für die Aufstellung der Deckpläne, die die Deckarbeiten wesentlich erleichtern. Außerdem werden auf einheitlichen Vordrucken die Tiere und die Felleigenschaften registriert.

Für die Ergebnisse der Zuchttierbeurteilung gibt es ebenfalls spezielle Vordrucke. Außer diesen führen die Züchter in fast jeder Farm Hefte und Bücher mit Bemerkungen und Eintragungen über das Zuchtgeschehen, die Fütterung usw. Dort werden auch alle Angaben über den Gesundheitszustand der Tiere, über Termine und Ergebnisse aller durchgeführten Pflegemaßnahmen, über Schutzimpfungen und die Anzahl der kranken Tiere festgehalten. Diese Hefte müssen stets den letzten Stand dokumentieren.

Pelzung

Termin

Nach der Zuchttierbeurteilung und Auswahl für die Zuchtherde muß der Züchter mit den Vorbereitungen zur Pelzung beginnen. Der Pelzungstermin hängt von vielen Bedingungen ab. Zum Beispiel vom Wurftermin, vom Futter, von Haltungsbedingungen mit besonderer Berücksichtigung der Lichtmenge und anderen Umweltbedingungen. Im mitteleuropäischen Raum erreicht das Fell der Blaufüchse Mitte November die volle Reife, das der Silberfüchse etwa ein bis zwei Wochen später. Der endgültige Pelzungstermin soll auf Grund des Reifegrades vom Haarkleid festgelegt werden. Die Kontrolle darüber beginnt zweckmäßigerweise bereits in der letzten Oktoberdekade. Die Hautfarbe ist dann zunächst noch graublau, ein Zeichen, daß die Haare noch nicht vollständig ausgewachsen sind. Beim Wachstumsprozeß der Haare verlagern sich die Pigmentkörper in die Haarwurzeln und wandern anschließend mit dem Haar nach oben, wodurch die Haut entfärbt wird. Pigmentfreie Haut ist ein Zeichen für den Pelzungsbeginn. Hellfarbige Füchse, bei denen sich die Haut schneller entfärbt, werden früher als dunkle Füchse gepelzt. Der Termin kann auch von der Abstammung der Tiere beeinflußt werden. So reifen zum Beispiel die finnischen Füchse eher als die Füchse norwegischer Abstammung. Bei Berücksichtigung aller Faktoren, die die Reife des Felles beeinflussen, ergibt sich in Polen folgende Reihenfolge:

- zuerst Füchse von finnischer Abstammung und sehr helle Tiere aus frühen und kleinen Würfen mit sehr guter Kondition,
- dann Füchse des polnischen und des norwegischen Typs aus späteren, größeren Würfen.

Ein weiteres Merkmal, den Reifegrad des Felles zu ermitteln, bildet der Wachstumsgrad der Deckhaare entlang der Rückenlinie mit besonderer Berücksichtigung der Kreuz- und Lendengegend. Schließlich kann eine Probepelzung stattfinden. Die genaue Untersuchung der Fleischseite der Haut entscheidet endgültig über den Termin des Pelzens und der Fellgewinnung.

Pelzungsmethode

Die zum Pelzen bestimmten Tiere bekommen bereits einen Tag vorher kein Futter, um Kot- und Harnabgabe beim Töten zu vermeiden (Verschmutzungsgefahr des Felles). Das Töten muß schnell erfolgen, doch soll ohne Beschädigung des Felles gepelzt werden. Für Füchse sind mehrere Tötungsverfahren bekannt.

Nach dem Töten sollen sich die Tierkörper nicht gegenseitig berühren. An solchen Stellen erhitzt die Haut, die Haare fallen aus, das Ergebnis sind Kahlstellen. Jedes Tier wird am besten an den Hinterbeinen aufgehängt, bis der Körper völlig abgekühlt ist. Sollen die Tiere unmittelbar nach dem Töten in den Fellgewinnungsraum gebracht werden, so verwendet man hierfür eine spezielle „Trage", einen Rahmen mit Netzboden, unterteilt durch Bretter. Die Trage ist mit Griffen und Beinen zum Aufstellen versehen. Die Trennbretter vermeiden das Berühren der Tierkörper.

Fellgewinnung

Die Fellgewinnung soll in einem speziellen Raum erfolgen, dessen Größe von der Anzahl der benötigten Arbeitsplätze abhängt. Die Wände des Raumes müssen möglichst gefliest, der Fußboden aus Beton sein, um immer leicht reinigen zu können. Die Arbeit erfolgt auf Holztischen (70 mal 70 cm), von drei Seiten mit Holzleisten eingerahmt. Die Tische sind etwa 80 bis 90 cm über dem Fußboden an der Wand befestigt. Jeder Arbeitsplatz muß eine eigene Lichtquelle haben, die so anzubringen ist, daß der Arbeiter bei jedem Arbeitsgang eine gute Sicht hat. Außerdem befinden sich in dem Raum Walzen, um die Fleischseite der Felle horizontal oder vertikal zu bearbeiten, und sonstige Arbeitsgeräte, meistens verschiedene Messer, Aufhängevorrichtungen für die getöteten Tiere und ein Kasten mit Sägespänen.

Vor Beginn der Arbeit wird die Oberfläche des Tisches mit einer Schicht trockener, reiner Sägespäne aus Hartholz bestreut. Das Abziehen der Haut kann erst erfolgen, wenn der Tierkörper erstarrt ist. Ist das eingetreten, legt der Arbeiter das Tier mit dem Rücken nach oben auf den Tisch und beginnt mit dem Aufschneiden der Haut an den Vorderbeinen. Mit dem Daumen der linken Hand wird die Haut von den Muskeln des Vorderbeines getrennt, dann werden die Bänder am Vorderbein durchgeschnitten, danach die Krallen mit den letzten Zehengliedern abgeschnitten (erst die zwei äußeren, anschließend die übrigen). Nach den Vorderbeinen wird die Haut der Hinterbeine in der gleichen Weise präpariert. Der Schnitt an der Innenseite der Hinterbeine ist bis zum After zu führen – kreisförmig um den After, der am Tierkörper bleibt. Während des Schneidens sind die Schnittstellen mit Sägespänen zu bestreuen, um Verschmutzungen des Felles mit Blut zu vermeiden.

Nach der Behandlung der Hinterbeine legt der Arbeiter das Tier wieder mit dem Kopf zu sich. Er faßt das Tier mit der linken Hand am Schwanzansatz und zieht mit der rechten Hand die Haut bis zur Leistengegend ab. Bei den Rüden ist der Penis zu entfernen. Danach wird die Haut vom Schwanz abgezogen. Dazu dient ein Metallhaken, der in der Wandseite des Tisches befestigt ist. Ist die Haut vom Schwanzansatz mit dem Daumen der linken Hand freipräpariert, werden die ersten Schwanzwirbel am Haken festgemacht. Danach faßt der Arbeiter die schon freien Wirbel und zieht mit einem Ruck alle Schwanzwirbel aus der Haut. Anschließend wird der Tierkörper an den Hinterbeinen am Haken befestigt und die Haut bis zu den Schultern abgezogen. Dann sind die Vorderbeine von der Haut zu befreien, die ständig mit Sägespänen zu bestreuen ist, damit sie beim Abziehen nicht abgleitet. Im nächsten Arbeitsgang entfernt der Arbeiter mit dem Messer die Haut der Augenumgebung. Zuvor werden die Ohren vom Tierkörper abgeschnitten, Nase und Oberlippe mit dem Messer entfernt, die Unterlippe mit einem starken Ruck abgerissen. Ist die Haut abgezogen, sind die Ohrknorpel mit dem Messer zu entfernen.

Abschließend ist zu sagen, daß die Fellgewinnung sehr exakt durchzuführen ist, da jeder Einriß oder Einschnitt in das Fell dieses in seiner Qualität sehr beeinträchtigen kann.

6

Umgang mit Pelztieren, schmerzlose Tötung, Erstbearbeitung der Felle

Umgang mit Pelztieren

Für die züchterische Arbeit, aber auch die tierärztliche Behandlung und Untersuchung ist es oft unumgänglich, Pelztiere zu fangen und zu fixieren. Hierzu gehören auch Manipulationen, die beim aggressiven Pelztier Anwendung finden müssen, um den Untersuchenden und auch das Hilfspersonal vor Verletzungen zu schützen. Dies bedeutet einen starken Streß für das Tier, und es sollte daher vom behandelnden Tierarzt sorgfältig abgewogen werden, ob das Risiko des Einfangens gerechtfertigt ist. Immer muß man davon ausgehen, daß Schäden an Menschen oder Tieren vermieden werden. Jede Fixierung ohne Sedation ist auch beim Pelztier nur für kurze und wenig schmerzhafte Eingriffe vertretbar. Häufig ist die Anwendung geeigneter Beruhigungsmittel vor oder nach Einfangen des Tieres angeraten.

Hilfsmittel für Fang, Fixierung und Handhabung beim Nerz

Untersuchungs- bzw. Impffalle. Die Fixierung der Nerze geschieht in der Regel mit einer Untersuchungs- oder Impffalle. Es handelt sich dabei um einen Käfig aus Metallstäben. Der hochziehbare Doppelboden fixiert dabei das Tier an der Oberseite der Falle. Durch die Zwischenräume der Metallstäbe können Manipulationen am Nerz gefahrlos vorgenommen werden. Wir verwenden z. Z. eine Falle mit den Abmessungen 150×150×420 mm, die Bügel der Falle ragen 150 mm, die des Doppelbodens 50 mm über die Käfigoberkante. Der Abstand der Stäbe von 18 mm ist günstig, da man durch die Stäbe bequem mit den Fingern greifen kann, um z. B. eine Hautfalte oder ein Bein fassen zu können. Andererseits ist der Abstand so gewählt, daß die Jungtiere nicht entweichen können. Querverstrebungen der Stäbe sollten, da sie stören, nur in der Mitte der Falle vorhanden sein. Ein einfacher und sicherer Verschluß der Fallentür sollte vorhanden sein.

Abfangen mit Kescher und Handschuh. Der Nerz wird mit Hilfe des Keschers aus dem Gehege, dem Transportkäfig oder auch freilaufend eingefangen. Ist das Tier im Netz, muß dieses oben am Bügel zugehalten oder abgeknickt werden, da sonst das Tier meist sehr schnell wieder herausspringt. Der Nerz wird im Netz eingeengt und kann so gefahrlos im Genick ergriffen werden. Durch Umstülpen des Netzes wird das Tier frei, dabei wird zur Sicherung der Nerz noch am Schwanz bzw. in der Beckengegend fixiert. Bei dieser Methode muß man sich durch Tragen von gefütterten Stulpenhandschuhen aus Leder vor Kratzverletzungen schützen. Das Tragen einer Gummischürze ist anzuraten. Verschmutzungen durch Kot und Stinkdrüsensekret sind nicht auszuschließen.

Abfangen mit Lederhandschuhen. Erfahrene Edelpelztierzüchter fangen Nerze aus dem Gehege mit Fanghandschuhen ab. Die Fixation erfolgt dabei im Genick und am Schwanz. Nur sehr junge Nerze können ohne Gefahr für den Fänger und Untersucher ohne Handschuhe gefangen werden (WENZEL und Mitarbeiter, 1974).

Untersuchung der Maulhöhle. Häufig

muß beim Nerz die Maulhöhle untersucht werden. Dies wird mit Hilfe von zwei Maulhaken durchgeführt. Dabei wird der Nerz gut fixiert in Seitenlage auf den Tisch gelegt. Hinter die Canini von Ober- und Unterkiefer wird je ein Maulhaken eingelegt und der Fang von einer Person geöffnet. Mit dieser Methode ist die Möglichkeit gegeben, in der Maulhöhle übersichtlich zu arbeiten (u. a. Entfernung von häufig zu beobachtenden Fremdkörpern, Zahnextraktionen usw.).

Hilfsmittel für Fang, Fixierung und Handhabung beim Fuchs

Fixation mit der Fanggabel. An der Lunte hochgehaltene Füchse sind wehrlos. Die Fixation erfolgt mit einer Fanggabel, einem gegabelten Stock oder einer Fangzange, die am Genick angesetzt werden.
Genickunterkiefergriff. Man kann durch den Genickunterkiefergriff das Tier fixieren. Dabei wird mit einer Hand der Nacken fest ergriffen, während mit der anderen der Fang vom Unterkiefer her fest umfaßt wird.
Zubinden des Fanges sollte man bei allen Füchsen vornehmen. Das Zubinden des Fanges wird mit einem Kordband (wie beim Hund, 1 bis 2 cm breit) in der Form vorgenommen, daß man es als Schlinge um den Fang legt (zu Beginn des knöchernen Nasenrückens), diese so zusammenzieht, daß der Knoten in der Unterkiefergegend zu liegen kommt, diesen sichert, indem man die beiden freien Bandenden einmal umeinander dreht und sie dann im Genick unmittelbar hinter den Ohren zur Schleife bindet (CHRISTOPH 1973, 1977).
Genickgriff kann bei jungen Füchsen gut durchgeführt werden. Dabei fixiert eine Hand das Tier im Genick, die andere hält die Lunte bzw. die Hinterextremitäten.
Fixation am lebenden Tier geschieht so, daß über den Rücken des Fuchses hinweg die beiden unten liegenden Extremitäten erfaßt werden und das Tier in dieser Lage sicher fixiert werden kann.
Untersuchung der Maulhöhle erfolgt, wie beim Nerz dargestellt, mit zwei Maulhaken.

Methoden der schmerzlosen Tötung von Pelztieren

Der Pelztierzüchter muß jährlich zur Fellgewinnung eine größere Zahl von Pelztieren töten. Sowohl aus ethischen Gründen als auch wegen tierschutzrechtlicher Bestimmungen sind solche Tötungsverfahren anzuwenden, die den Tieren unnötige Schmerzen ersparen und schnell zum Tode führen.
Alle Veröffentlichungen über geeignete Tötungsverfahren bei Pelztieren stellen deshalb immer wieder die Forderung nach «humanen, schmerzlosen und schnellen Verfahren» zum Töten der Tiere (SCHADACH, 1955; SCHMIDT, 1956; RANDEL, 1956; EHRLICH, 1958; KULBACH, 1961; SCHULZ, 1967; CHRISTOPH, 1973; WENZEL, 1974; WORMUTH, 1974; RESNIKOW und BORISOW, 1977; LÖLIGER, 1978; 1979; WENZEL, 1980; FINLEY, 1980; LÖHLE und WENZEL, 1984).
Im Gegensatz zur Schlachtung, die nur beim Sumpfbiber angewendet wird, kann bei der Pelztiertötung eine zur Vermeidung von Schmerzen eingeleitete Betäubung ohne weiteres in die Tötung übergehen bzw. diese gleichzeitig bedingen, da eine Ausblutung der Tiere und eine Fleischverwertung nicht mehr erfolgen (JACKSCH und MITTLEHNER, 1979).
Grundsätzlich ist ein Tötungsverfahren als tierschutzgerecht anzusehen, wenn es ohne Angst- und Erregungsphasen und ohne Schmerzäußerungen schnell zur Bewußtseinsausschaltung führt und der Tod (Herzstillstand) im bewußtlosen Zustand eintritt.
V. MICKWITZ (1972) gibt für das «tierschutzgerechte Töten» folgende Definition:
«Eine tierschutzgerechte Tötung muß zu einer synchron mit dem schmerzlosen Erlöschen des Bewußtseins einsetzenden oder unmittelbar folgenden, totalen, irreversiblen Aufhebung der Lebensfunktion eines Tieres führen.»
Bei der Beurteilung einer Tötungsmethode sollten nachfolgende Punkte als mögliche Kriterien zugrunde gelegt werden:
● Zeitliche Folge von Eintritt der Bewußtlosigkeit und sonstigen Reaktionen,
● Dauer bis zum Eintritt der Bewußtlosigkeit und zum Tod,

- führt das Agens oder die Methode ohne Schmerzverursachung zum Tod,
- Ausmaß der psychischen Streßreaktionen,
- mögliche Veränderung eines Sektionsbefundes,
- tierspezifische Eignung einer Methode,
- Zuverlässigkeit einer Methode,
- ist eine vollkommene technische Lösung möglich,
- Relation zwischen erforderlicher Ausrüstung und Zweck
- wirtschaftliche Durchführbarkeit der Methode,
- mögliche Verschleppung von Tierseuchen,
- Ungefährlichkeit für das Personal,
- emotionale Effekte für das Personal und die Zuschauer,
- Beeinträchtigung der Umwelt durch eine Tötungsmethode.

Die Erfüllung dieser Forderungen können besonders bei der Tötung größerer Tierzahlen, wie sie in der Pelztierproduktion vorhanden sind, Schwierigkeiten bereiten, da die notwendige Kontrolle des einzelnen Tieres beim Töten mitunter problematisch wird (LÖLIGER, 1978). Neben den tierschutzrechtlichen Auflagen zum schmerzlosen Töten von Tieren sind auch noch eine Reihe von rechtlichen Bestimmungen unbedingt einzuhalten, u. a.:

- Bestimmungen die zum Schutz des Menschen dienen,
- Einhaltung des Giftgesetzes,
- Einhaltung des Betäubungsmittelgesetzes,
- Einhaltung der Richtlinien über das Arbeiten mit gesundheitsgefährdenden Stoffen,
- Einhaltung der Arbeitsschutzbestimmungen,
- Einhaltung lebensmittelrechtlicher Vorschriften bei der Tötung von Pelztieren, deren Fleisch als Nahrungsmittel verwendet werden soll (Sumpfbiber),
- Vermeidung von Fellschäden durch das Tötungsverfahren.

Allgemein sollen Pelzungstiere einen Tag vor dem Töten kein Futter mehr erhalten, um Kot- und Harnabgabe beim Töten und Pelzen zu vermeiden, dadurch wird die Gefahr der Fleisch- bzw. Fellverschmutzung eingeschränkt.

Das Töten muß unter schonender Behandlung des Felles erfolgen, außerdem ist zu berücksichtigen, ob das Fleisch für die menschliche Ernährung oder Tierfütterung verwendet werden soll. Für Pelztiere werden eine Vielzahl von Tötungsverfahren angewendet.

Töten durch Inhalationsgifte

- Kohlenmonoxid (Auspuffgase von Kfz) bei Nerz und Fuchs,
- Chloroform, Äther, Acetylengas bei Fuchs und Nerz,
- Kohlendioxid beim Nerz,
- Blausäure-Zyangas bei Nerz und Fuchs.

Dazu kommen mehrere Nerze in eine Spezialkiste mit einzelnen separaten oder gemeinsamen Abteilen. Diese Kiste hat einen Gitterboden, durch den das Gas eindringt. Mit dieser Methode können mehrere Tiere gleichzeitig eingeschläfert und getötet werden. Bei dieser Methode muß mit großer Sorgfalt gearbeitet werden, um Vergiftungen des Personals zu vermeiden (Arbeitsschutzbestimmungen). Als Inhalationsgifte werden bei Pelztieren eingesetzt:

- *Kohlenmonoxid (CO)* in der Regel durch Einleitung von Diesel- oder Benzinmotorabgasen in den Tötungskasten. Kohlenmonoxid wirkt dabei als Atemgift. Das reine Gas führt nur bei Verwendung genügend hoher Konzentration zu einem schnellen und schmerzlosen Tod. Nerze werden nach etwa 130 Sekunden bewußtlos. Nach weiteren 3 bis 4 Minuten in dem mit CO angereicherten Milieu tritt der klinische Tod durch Herzstillstand ein. Vor der Bewußtlosigkeit sind die Tiere stark erregt mit zunehmenden Anzeichen der Atemnot, die Tiere schreien, setzen Harn und Kot ab, wobei die Felle häufig stark verschmutzt werden. Dieses Verfahren ist bei der Pelztiertötung nicht mehr anzuwenden.
- *Kohlendioxid (CO_2)*. Durch Konzentration von über 30 Prozent in der Atemluft wird das Atemzentrum gelähmt. Die Tiere nehmen das Vorhandensein des Gases nicht wahr, und die depressive Wirkung tritt somit ohne primäre Erregungs- oder Angstgefühle auf. Bei Nerzen tritt die Bewußtlosigkeit nach 50 bis 60 Sekunden auf, nach weiteren 3 Minuten wird Herzstillstand beobachtet. CO_2 hat für den Menschen eine ge-

ringere Toxizität als CO, und die völlig schlaffe Bewußtlosigkeit tritt schneller ein. Weitere Vorteile sind: billig, geruchlos und nicht flammbar. Diese Methode ist in Skandinavien weit verbreitet. Die Begasung mit Kohlendioxid wird dort im geschlossenen System durchgeführt. In einem Kasten werden 40 bis 70 Tiere gleichzeitig getötet. 10 bis 20 Sekunden nach Beginn der Einströmung von CO_2 tritt Dyspnoe auf, die in Schnappatmung übergeht. Nach etwa 50 bis 60 Sekunden sind die Tiere bereits ruhig, nehmen Seitenlage ein. Nach etwa 5 Minuten werden die getöteten Nerze (etwa 60 Stück) dem Tötungskasten entnommen. Auf Grund der skandinavischen Erfahrungen stellt die Kohlendioxidbegasung im geschlossenen Tötungskasten ein optimales und wirtschaftlich vertretbares Verfahren für die Massentötung von Nerzen dar. Das Fleisch kann ohne Einschränkung für Futterzwecke verwendet werden.

- *Äther, Acetylen* und *Chloroform* werden als Inhalationsnarkotica zum Töten von Pelztieren in kleineren Farmen für Einzeltiere benutzt. Chloroform-Inhalationen führen bei ausreichender Konzentration relativ schnell zur Bewußtlosigkeit (30 bis 50 Sekunden), es folgt wenig später der Tod durch Herzstillstand. Die Erregungsphase ist kurz. Bei der Inhalation wird die Tötung mit einer Betäubung eingeleitet, die dann langsam in den Tod übergeht. Das Fleisch chloroformierter Tiere ist nicht genießbar. Äther (Äthyläther) und auch Acetylengas sind in ihrer narkotisierenden und letalen Wirkung dem Chloroform gleichzusetzen. Zu beachten ist die erhöhte Feuer- und Explosionsgefahr. Bei Lagerung und Umgang sind besondere Auflagen einzuhalten. Die so getöteten Tiere sind für Fütterungszwecke nicht mehr zu verwenden.
- *Blausäure (Zyangas, Zyankali)* ist in einer Menge von 1 mg/kg Körpermasse ein absolut tödlich wirkendes Atemgift für Tier und Mensch. Wegen seiner außerordentlichen Giftigkeit (nach dem Giftgesetz Gift der Abt. I!) auch für den Menschen sollte es zur Tötung von Pelztieren nicht benutzt werden. Außerdem werden hierbei häufig heftige Krämpfe der Tiere, auch Schreikrämpfe, als unangenehme Nebenerscheinung beobachtet.

Töten durch Injektionsmittel

- Magnesiumsulfat bei Nerz und Fuchs,
- Chloralhydratlösung beim Nerz,
- Blausäure bei Nerz und Fuchs,
- Nikotinbase bei Nerz und Fuchs,
- Äther, Chloroform bei Nerz und Fuchs.

Das Töten der Pelztiere durch Injektionsgift kann durch eine intrathorakale, intrakardiale, intravenöse und intraabdominale Injektion durchgeführt werden. Abzulehnen ist jedoch das Injizieren von Giften in die Nasenhöhlen, wobei den Tieren unnötig Angst und Schmerzempfindungen bereitet werden.

Intrakardiale Injektion läßt sich besonders gut beim Fuchs durchführen. Man legt dazu das Tier auf die rechte Seite. Die Injektion erfolgt an der linken Thoraxseite im Bereich zwischen dem fünften und sechsten Interkostalraum, an dem Punkt, wo der Herzspitzenstoß am deutlichsten wahrnehmbar ist.

- *Äther und Chloroform* werden sehr häufig als Injektionsgifte intrathorakal, intrakardial und intraabdominal eingesetzt. Dabei tritt bei der intrakardialen Injektion der Tod nach 4 bis 6 Sekunden ein, bei Injektionen in den Brustraum dauert dies einige Minuten länger. Die Durchführung der Herzinjektion beim Nerz ist nach nur kurzer Einübungszeit problemlos und kann unmittelbar im Nerzschuppen durchgeführt werden (LÖLIGER, 1979). Nach LÖLIGER wird eine 3 cm lange Injektionskanüle etwa 1 cm neben dem in der Mitte der Brust verlaufenden Brustbein zwischen der 3. und 5. Rippe in das darunter liegende, deutlich pulsierende Herz eingestoßen. Die Stoßrichtung muß dabei schräg nach vorn in Richtung Brustbein sein.

Die Injektion mit Äther bzw. Chloroform führt unmittelbar zum Tod durch Herzstillstand. In Abhängigkeit zur Größe der Nerze werden 1,5 bis 3,0 ml Äther bzw. Chloroform zum Töten benötigt. Zur Injektion des Tötungsmittels eignen sich die bei Massenimpfungen gebräuchlichen Bühnerspritzen, die bei jeder Injektion die eingestellte Menge automatisch injizieren. Je nach Größe der Präparateflasche (im allgemeinen 0,5 bis 1,0 l) können einige hundert Tiere ohne Nachfüllung getötet werden.

- *Magnesiumsulfatlösungen* oder *Magnesiumchloridlösung* (Bittersalzlösungen). Die tödliche Dosis beträgt 0,5 g/kg Körpermasse bei intravenöser bzw. intrakardialer Injektion. Dieses Präparat ist billig und für den Menschen ungefährlich. Die Lösung führt schnell einen schmerzlosen, aber nicht ganz exzitationsfreien Tod herbei.
- *Chloralhydrat* wird als gesättigte Lösung 4 bis 8 ml intrathorakal bzw. intraabdominal beim Nerz eingesetzt. Dieses Präparat führt über tiefe Bewußtlosigkeit innerhalb von 1 bis 2 Minuten zum Tod durch Herzstillstand. Angst- und Erregungszustände wurden nicht beobachtet.
- *Nikotinbase* (Hauptalkaloid des Tabaks) ist ein schnell wirkendes und starkes Gift zum Töten der Pelztiere. Die tödliche Dosis beträgt 1,5 bis 2,0 mg/kg Körpermasse bei intravenöser, intrakardialer oder intrathorakaler Injektion. Der Tod tritt innerhalb weniger Sekunden durch Lähmung des Atemzentrums ein. Nikotin kann über die Haut resorbiert werden und zu Vergiftungserscheinungen beim Menschen führen.

Töten mit elektrischem Strom

Diese Methode wird häufig beim Nerz und seltener beim Fuchs angewendet. Die Tiere werden in einen Käfig gesperrt, dessen Boden mit einer Metallplatte versehen ist, sie bildet den einen Pol. Der zweite Pol ist ein metallischer Stab mit einem isolierten Griff. Beide Pole sind mit der Netzspannung verbunden, meistens 220 Volt Wechselstrom. Durch Hineinbeißen des Tieres in die Stabelektrode wird der Stromkreis über den Tierkörper geschlossen.

Weniger gefährlich für das Bedienungspersonal ist die Verwendung eines Tötungskäfigs, dessen Boden aus einem Isoliermaterial z. B. Pertinax, Hartgummi o.ä. besteht.

Auf diesem sind im Abstand von Vorder- zu Hinterbeinen 2 Metallplatten befestigt, folglich muß das zu tötende Tier auf beiden Platten stehen. Die Platten (Pole) werden mit einem Netzkabel nur im Moment der Tötung mit einer Steckdose verbunden. Eine Berührungsgefahr stromführender Teile durch den Bedienenden wird somit verhindert. Der Netzstrom sollte etwa 10 Sekunden durch den tierischen Körper fließen.

Obwohl die elektrische Tötung in Bruchteilen von Sekunden die Bewußtlosigkeit und dann das Verenden der Tiere herbeiführt und damit die Anforderungen seitens des Tierschutzes wohl am besten von allen Tötungsmethoden erfüllt, bleibt sie besonders bei Eigenbaugeräten für das Bedienungspersonal nicht ungefährlich.

Töten durch Genickbruch

Töten durch Genickbruch führt beim Nerz bei ordnungsgemäßer Durchführung schnell zum Tod. Dabei werden gleichzeitig die nervösen Bahnen vom Gehirn zum Körper unterbrochen, wobei die Gelenkverbindung zwischen Kopf und Atlas ausgerenkt wird und durch Zerstörung der Medulla oblongata der Tod sofort eintritt. Dieses Verfahren sollte aber nur von erfahrenen Nerzzüchtern durchgeführt werden, die in der Lage sind, den Nerz sicher zu fixieren. Die Tiere werden einzeln mit speziellen Fanghandschuhen aus dem Gehege gefangen, durch einen Schlag mit einem hölzernen Gegenstand bzw. durch Elektroschock betäubt und an den Rand eines Brettes gelegt. Danach wird der Kopf stark nach hinten, dann plötzlich nach vorn gezogen, wobei die Wirbelsäule bricht und der Tod rasch eintritt (KULBACH, 1955).

Diese Methode ist *wenig geeignet* beim Töten einer größeren Tierzahl, da die körperliche Anstrengung, wie auch die psychische Belastung hierbei erheblich ist.

Töten durch Kopfschlag

Beim Nerz ist das Töten durch Stockschlag auf den Gesichtsteil des Kopfes wegen der langen Agoniedauer und der häufigen Fellbeschädigungen *abzulehnen*.

Häufig wird das Keulen mittels Schlag mit einem 4 bis 5 cm starken, glatten Rundholz bei jenen Tieren durchgeführt, deren Fleisch verwertet werden soll. Besonders wird diese Methode beim Sumpfbiber, seltener auch bei Füchsen angewendet. Dabei wird das Tier mit der einen Hand am Schwanz (Lunte) hochgehalten, mit der anderen Hand wird der Schlag versetzt. Der Schlag muß sehr präzise erfolgen. Der richtig durchgeführte Kopfschlag führt zu einer sofortigen Totalzertrümmerung des Gehirns mit augenblicklicher Bewußtlosigkeit bzw. Tod. Ein zu schwacher Schlag führt nicht zum Tod des Tieres, ein zu starker kann Blutergüsse unter der Haut hervorrufen, wodurch die Fleischseite der Haut beschmutzt wird. War der Schlag kräftig genug, treten sofortige Bewußtlosigkeit infolge Gehirnerschütterung und umfangreiche Gehirnblutungen ein, die Tiere bluten durch die Nase aus.

Töten durch Bolzenschußapparate

Töten durch Bolzenschußapparat ist in der Wirkung der Keulung gleichzusetzen. Bei beiden letztgenannten Methoden muß der Tierkörper entbluten und das Fell den Tieren sofort nach Tötung abgezogen werden.

Günstige Tötungsverfahren

Zusammenfassend ist zu sagen, daß nach unseren Erfahrungen folgende Tötungsverfahren in der Pelztierzucht angewendet werden sollten:
- Intrathorakale Injektion von Äther bei Nerz und Fuchs;
- intrathorakale bzw. intraabdominale Injektion von Chloralhydrat bei Nerz und Fuchs;
- Genickbruch beim Nerz;
- Keulung durch Stockschlag beim Sumpfbiber und Fuchs mit nachfolgender Entblutung;
- Einsatz des Bolzenschußapparates beim Sumpfbiber und Fuchs;
- Einsatz von Kohlendioxid als Inhalationsgift bei Nerzen.

Anschließend sei darauf hingewiesen, daß das Töten eines Tieres eine tierärztliche Hilfeleistung darstellt, die Können und entsprechendes Verantwortungsbewußtsein erfordert.
Die Entwicklung von guten Tötungsmethoden, ihre eventuelle Durchführung bzw. die Überwachung der Durchführung erfordert Fachkenntnisse, die nur ein Tierarzt besitzt, sie darf nicht experimentierfreudigen Laien überlassen werden (v. Mickwitz, 1972).

Erstbearbeitung

Häute und Felle, die frisch vom Tierkörper abgezogen worden sind, unterliegen aufgrund ihrer chemischen Zusammensetzung einem *Fäulnisprozeß*, wenn nicht durch geeignete Maßnahmen dieser Fäulnisprozeß verhindert wird. Das ist möglich durch Trocknen der Felle, aber auch durch Behandlung mit Kochsalz, Säure-Kochsalz-Lösungen, gerbenden Substanzen oder durch andere Methoden. Für Pelzfelle ist die Methode des Trocknens weitverbreitet. Durch Wasserentzug wird den die Fäulnis hervorrufenden Mikroorganismen eine ihrer Lebensgrundlagen entzogen und damit der Fäulnisprozeß verhindert. Getrocknete rohe Pelzfelle lassen sich unter geeigneten Lagerbedingungen über einen längeren Zeitraum aufbewahren, so daß im weltweiten Handel mit rohen Pelzfellen fast ausschließlich getrocknete Ware angeboten und verkauft wird.

Fuchs- und Nerzfelle besitzen für den Züchter und für den Käufer einen großen Wert. Solche Felle werden deshalb nach der Tötung und Pelzung des Tieres nicht schlechthin getrocknet wie andere, billigere Fellarten, sondern diese Felle werden einer Reihe von Arbeitsgängen unterzogen, bei denen das der Hautseite anhaftende Fett entfernt, das Haarkleid gereinigt und das Fell sorgsam in einer bestimmten äußeren Form mit der Haarseite nach außen getrocknet wird.

Diese Arbeitsgänge werden im Deutschsprachigen als «*Erstbearbeitung*» bezeichnet (die erste Bearbeitung nach Zucht und Pelzung), im englischen und internationalen Sprachgebrauch als «scraping», obwohl scraping eigentlich nur für die eigentliche Fettentfernung zutrifft.

Am Ende der Erstbearbeitung liegt ein Rohfell vor, das für den Handel eine ausreichende Haltbarkeit besitzt und eine ordnungsgemäße Bewertung hinsichtlich Größe, Haardichte, Farbe und Beschädigungen ermöglicht. Die weitere Bearbeitung der Felle (Zurichtung bzw. Gerbung und Konfektion) darf durch die Erstbearbeitung nicht negativ beeinflußt werden.

Durch die Erstbearbeitung wird die Arbeit des Züchters und der Wert des Felles erst richtig zum Vorschein gebracht; eine qualitativ einwandfreie Erstbearbeitung erhält und erhöht den Wert des Felles. Andererseits können aber auch Fehler in der Erstbearbeitung dem Fellmaterial erhebliche Schaden zufügen, der dessen Wert mindert.

Eine ordnungsgemäße Erstbearbeitung setzt voraus, daß einige Grundkenntnisse über den chemischen und histologischen Aufbau der tierischen Haut sowie über bestimmte Eigenschaften der tierischen Haut vorhanden sind.

Aufbau der tierischen Haut

Das tierische Fell besteht aus Haut und Haar. Das Masseverhältnis zwischen beiden ist stark von der Tierart abhängig. Die eigentliche frische *Haut* (ohne Haare) enthält als wesentliche Bestandteile

60 bis 70 % Wasser
30 bis 35 % Eiweißsubstanzen

ferner Fett, Kohlenhydrate, Mineralstoffe u. a.
Für die Eigenschaften der Haut ist im wesentlichen der Eiweißgehalt verantwortlich. Die an der Haut befindliche starke Fettschicht beim ausgereiften Winterfell des Nerzes ist dabei nicht als Bestandteil der Haut gerechnet.

In tierischer Haut liegt überwiegend die Eiweißart «Kollagen» vor. Wie alle Eiweiße ist *Kollagen* aus Aminosäuren als Grundbausteinen aufgebaut, die sich in bestimmter Reihenfolge zu sogenannten Polypeptidketten zusammensetzen.

Im Kollagen sind 19 verschiedene Aminosäuren enthalten. Glyzin ist mit etwa 33 % die am meisten vorliegende Aminosäure im Kollagen der Säugetiere, gefolgt von Prolin (etwa 13 %) und Alanin (etwa 10 %). Die Polypeptidketten lagern sich über verschiedene Zwischenstufen schließlich zu Fasern zusammen, die das kollagene Bindegewebe bilden, das für die Haut typisch ist. Weitere Einzelheiten über den Aufbau des Kollagens können der Literatur entnommen werden.

Die Oberhaut (*Epidermis*) besteht aus Schichten von Epithelgewebe. Charakteristisch für Epithelgewebe ist der alleinige Aufbau aus Zellen. Die untere Schicht (*Basalschicht*) der Oberhaut besteht aus teilungsfähigen lebenden Zellen. Von dieser Schicht geht eine ständige Neubildung der Zellen aus. Die alten Zellen werden nach oben geschoben (*Körnerschicht*) und verhornen allmählich (*Hornschicht*). Die Oberhaut bildet eine geschlossene Schicht; sie wird von den Haaren nicht durchstoßen, sondern kleidet jeden Haarbalg aus.

Bei Pelzfellen macht die Oberhaut bis 5 % der gesamten Hautdicke aus. Chemisch besteht die Oberhaut nicht aus Kollagen wie der übrige größere Teil der Haut, sondern aus der Eiweißart Keratin.

Die Lederhaut (*Korium*) ist durch ihren Aufbau aus kollagenem Bindegewebe gekennzeichnet, dessen Fasern sich dreidimensional nach allen Richtungen durch die Haut ziehen. Die

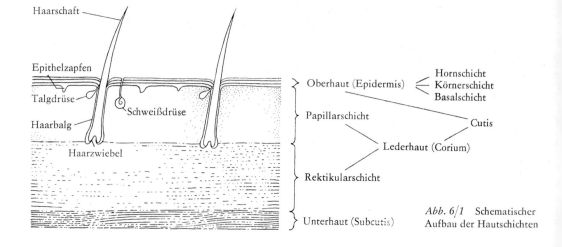

Abb. 6/1 Schematischer Aufbau der Hautschichten

Lederhaut ist unterteilt in zwei Schichten: *Papillar-* und *Retikularschicht*. Die Grenze zwischen beiden liegt etwa dort, wo die Haarwurzeln enden. Die Papillarschicht ist durch Haarwurzeln, Schweiß- und Talgdrüsen aufgelockert, während die Rektikularschicht durch die innige Verflechtung der Hautfasern der eigentliche Träger der Festigkeitseigenschaften der Haut ist. Das Unterhautbindegewebe (*Subkutis*) besteht aus Fett-, Binde- und Muskelgewebe und ist für die Nutzung des Felles wertlos. Es wird bei der Erstbearbeitung oder in der späteren Gerbung (Zurichtung) entfernt.

Die *Haare* sind fadenförmige Gebilde der Oberhaut. Das Haarkleid dient dem Schutz des Tieres gegenüber äußeren Einflüssen. Ein ausgewachsenes Haar besteht aus der Wurzel, die (unsichtbar) im Haarbalg der Haut sitzt und aus dem Haarschaft, der sich außerhalb der Haut befindet. Den unteren Teil der Haarwurzel bildet die Haarzwiebel, die wiederum auf der Haarpapille aufsitzt. Die Papillen sind Ausstülpungen der Lederhaut und dienen über Blutbahnen usw. der Versorgung des wachsenden Haares. Beim Nerzfell treten die Haare aus jeweils einem Haarbalg, aber gruppenweise aus einer gemeinsamen Öffnung der Haut aus.

Im Querschnitt der Haare kann man Haarmark, Rindenschicht und Haaroberhäutchen (Kutikula) unterscheiden. Der Anteil an *Haarmark* ist bei verschiedenen Fellarten unterschiedlich; sprödes Haar enthält wenig oder kein Haarmark. Die *Rindenschicht* bewirkt die Festigkeit des Haares und enthält die farbgebenden Pigmente. Das *Haaroberhäutchen* bildet die äußere Hülle eines Haares. Es besteht aus schuppenförmigen Zellen, die dachziegelartig angeordnet sind. Diese Anordnung ist typisch für jede Tierart. Durch äußere chemische und mechanische Einflüsse können sich die Schuppen des Haaroberhäutchens abspreizen, und Verfilzung kann die Folge sein.

Das Haar besteht aus der Eiweißart *Keratin*. Für Keratin ist der Gehalt an Zystin charakteristisch. Zystin ist eine schwefelhaltige Aminosäure. Keratin ist chemisch widerstandsfähiger und wärmebeständiger als das Kollagen der Haut.

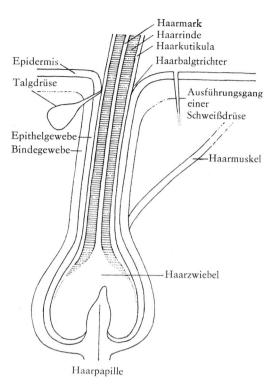

Abb. 6/2 Schematische Darstellung des Haares

Das Haarkleid des Nerzes besteht aus dem dichten *Unterhaar* und dem *Grannenhaar*. Die wellenförmig gekräuselten *Wollhaare* des Unterhaares sind etwa 0,01 mm dick. Die Grannenhaare sind in weit geringerer Zahl vorhanden als die Wollhaare, ragen über die Wollhaare hinaus und sind meist dunkler gefärbt und dicker als die Wollhaare. Dadurch ergibt sich das charakteristische Erscheinungsbild des Nerzfelles.

Eigenschaften der tierischen Haut

Tierische Haut besitzt eine Reihe von Eigenschaften, die nach Verarbeitung der Haut zu Leder besondere Vorteile bieten. Beispiele dafür sind:

Zugfestigkeit	= Verwendung als technische Leder
Luft- und Wasserdampfdurchlässigkeit, Feuchtigkeitsaufnahmevermögen	= Verwendung als Schuh- und Bekleidungsleder
Faserverschiebbarkeit (Dehnung)	= Verwendung als Handschuhleder und Pelz

Die Art der Gerbung beeinflußt in starkem Maße diese Eigenschaften. Andere Eigenschaften der tierischen Haut erfordern bereits bei der Lagerung und Verarbeitung von rohen Häuten und Fellen besondere Beachtung, wenn der Haut kein Schaden zugefügt werden soll.

Verhalten gegen Wärme

Eiweiß ist gegen höhere Temperaturen empfindlich. Es treten durch Wärme Einflüsse auf, die den ursprünglichen Aufbau des Eiweißes schädigen oder zerstören.
Für die Festigkeit der Haut ist die Struktur des kollagenen Bindegewebes in der Lederhaut von entscheidender Bedeutung. Die zwischen den Polypeptidketten und deren größeren Struktureinheiten wirkenden Bindungskräfte chemischer und anderer Art sind nur bis zu Temperaturen von etwa 42 °C voll wirksam. Darüber hinaus werden sie zunehmend geschwächt, wodurch die Festigkeit der Haut gemindert wird. Bei 62 bis 65 °C tritt ein völliger Zusammenbruch aller Bindungen ein. Äußerlich zeigt sich das in einem Zusammenschrumpfen der Haut; sie wird klebrig, gummiartig, ohne jede Festigkeit. Dieser Zustand ist irreversibel, d. h., es ist keine Rückwandlung der Schädigung möglich. Die Temperatur, bei der diese Schädigung eintritt, heißt *Schrumpfungstemperatur* und liegt für das Kollagen der Säugetiere eben bei 62 bis 65 °C.
Ergänzend muß bemerkt werden, daß diese Schrumpfungstemperatur nur für die voll wasserhaltige Haut gilt. Mit sinkendem Wassergehalt (z. B. während eines Trocknungsprozesses) steigt die Schrumpfungstemperatur an. Für die Praxis der Erstbearbeitung ist das aber ohne Bedeutung.

Verhalten gegen Bakterien und Enzyme

Am lebenden Tier gewährleisten normalerweise die natürlichen Abwehrkräfte des tierischen Körpers, daß schädliche Mikroorganismen, z. B. Bakterien, der Haut keinen Schaden zufügen können. Nach dem Tod des Tieres entfallen diese natürlichen Abwehrkräfte.
An jedem Fell befinden sich zahlreiche Mikroorganismen, deren Menge pro Gramm Haut in die Millionen gehen kann.
Bakterien sind einzellige, pflanzliche Kleinlebewesen von unterschiedlicher äußerer Form, die sich durch ungeschlechtliche Zellteilung vermehren. Die Vermehrungsrate ist so stark, daß sich unter optimalen Bedingungen jede Zelle alle 30 Minuten teilt. Das Wachstum der Bakterien erfolgt durch Diffusion von wasserlöslichen Nährstoffen durch die Zellwände in das Zellinnere. Als Nährsubstrat ist lösliches Eiweiß besonders gut geeignet.
Bakterien erzeugen in der Zelle *Enzyme*. Enzyme sind niedrigmolekulare chemische Verbindungen mit Eiweißstruktur. Sie sind in der Natur außerordentlich weit verbreitet. Enzyme kommen im tierischen Körper vor (z. B. in der Bauchspeicheldrüse); sie sind in höheren Pflanzen enthalten und werden von Bakterien und Schimmelpilzen erzeugt. Sie erfüllen in der Natur zahlreiche spezielle Aufgaben. Die von Bakterien erzeugten Enzyme haben die Aufgabe, die Nahrung für die Bakterien aufzubereiten, indem beispielsweise das hochmolekulare, unlösliche Eiweiß der Haut in eine wasserlösliche, für Bakterien verwertbare Form überführt wird. Solche speziell eiweißabbauenden Enzyme werden als *Proteasen* bezeichnet. Die Wirkung der Enzyme, d. h. letztlich auch die Wirkung der Bakterien ist von einigen Faktoren abhängig:
● Temperatur. Die günstigste Temperatur liegt bei 30 bis 60 °C; darunter sinkt die Wirkung schnell ab.
● pH-Wert. Solche Enzyme, die von Bakterien erzeugt werden, die für Fäulnis verantwortlich sind, besitzen ein Wirkungsoptimum im allgemeinen im Neutralbereich, d. h. bei pH-Wert 7.
● Anwesenheit von Aktivatoren bzw. Inhibitoren. Aktivatoren fördern, Inhibitoren mindern die Enzymtätigkeit (z. B. Formaldehyd).
Voraussetzung für das Bakterienwachstum ist immer das Vorhandensein von Feuchtigkeit. Frische Haut stellt folglich einen ausgezeichneten Nährboden für Bakterien dar:
● Feuchtigkeit ist vorhanden,
● das Eiweiß der Haut wird durch Enzyme in eine für Bakterien verwertbare Form überführt,
● Inhibitoren sind nicht vorhanden.

Besonders leicht angreifbar ist das Eiweiß rings um die Haarwurzeln, so daß als Folge von Bakterientätigkeit am Fell als erstes *Haarlässigkeit* eintritt. Ein Fell, das nach dem Abzug vom Tierkörper längere Zeit liegen bleibt, ohne daß der Bakterientätigkeit Einhalt geboten wird, zeigt bald Haarlässigkeit, die sich laufend verstärkt. Das gleiche Bild zeigt sich an getöteten oder verendeten Tieren, wenn das Fell nicht abgezogen wird. Zunächst gehen die Grannenhaare aus, später dann die Unterwolle.

Eine genaue Zeitangabe, wann die Haarlässigkeit einsetzt, kann man nicht geben. Das ist stark von den äußeren Bedingungen abhängig, besonders von der Temperatur. Im Hochsommer kann die Haarlässigkeit schon nach 12 Stunden beginnen, bei niederen Temperaturen erst nach 48 Stunden oder länger.

Diese Haarlässigkeit ist nicht rückgängig zu machen. Selbst wenn nach einer Trocknung des haarlässigen Felles die Haare wieder fest in der Haut zu sitzen scheinen, so ist das eine Täuschung. Beim notwendigen Wiederbenässen der Felle während der Zurichtung (Gerbung) gehen die Haare mit Sicherheit aus.

Wenn man rohe Pelzfelle über einen längeren Zeitraum *aufbewahren* will, muß man Möglichkeiten haben, um das Bakterienwachstum zu unterbinden.

Es gibt u. a. folgende Möglichkeiten:
- Fellagerung bei niedrigen Temperaturen,
- Behandlung der Felle mit Substanzen, die die Bakterien hemmen oder abtöten (Gerbstoffe, Formaldehyd, Kochsalz),
- Entzug der Feuchtigkeit aus den Fellen (Trocknen).

Für Pelzfelle hat sich weitestgehend die *Trocknung* durchgesetzt und bewährt. Durch die Herabsetzung des ursprünglichen Feuchtigkeitsgehaltes der Haut von 60 bis 70 % auf 10 bis 15 % im getrockneten Fell wird den Bakterien eine unentbehrliche Lebensgrundlage entzogen. Bei über 30 % Wasser in der Haut ist mit vollem Bakterienwachstum zu rechnen.

Getrocknete Rohfelle erfüllen folgende Forderungen:
- Ausreichende Haltbarkeit (sofern keine neue Feuchtigkeit hinzukommt),
- Möglichkeit der ordnungsgemäßen Bewertung,
- keine Einschränkung der weiteren Bearbeitung.

Die Lagerung bei niederen Temperaturen ($-15\,°C$) wird vielfach dort angewendet, wo frisch gepelzte Felle bis zur eigentlichen Erstbearbeitung (einschließlich Trocknung) ohne Schaden gelagert werden sollen.

Die Behandlung der rohen Felle mit bakteriziden oder bakteriostatischen Substanzen ist nur dort möglich, wo deren Einfluß auf die weitere Verarbeitung der Felle überschaubar und kalkulierbar ist. Diese Methode wird häufig bei Fellen und Häuten angewendet, die für die Lederherstellung bestimmt sind.

Technologie der Erstbearbeitung

Eine Technologie hat das Ziel, aus einem vorgegebenen Ausgangsmaterial ein Endprodukt mit bestimmten Eigenschaften und Merkmalen herzustellen. Dazu dienen Maschinen und Verfahren (Arbeitsgänge), deren zweckmäßige Anwendung und Reihenfolge in der Technologie festgelegt und in einer Technologiebeschreibung niedergelegt sind. Es ist selbstverständlich, daß die Herstellung des Endproduktes unter Beachtung ökonomischer Gesichtspunkte erfolgt.

Für die Erstbearbeitung bedeutet das: *aus dem fäulnisfähigen, rohen, frisch vom Tier abgezogenen Fell ist ein rohes Pelzfell herzustellen, das eine ausreichende Haltbarkeit besitzt, ordnungsgemäß bewertet werden kann und dessen weitere Verarbeitung nicht erschwert ist.*

Die Verfahrensweise der Erstbearbeitung, d. h. die Technologie der Erstbearbeitung, kann unterschiedlich sein und ist davon abhängig, welche Traditionen vorliegen, welche Fachkräfte, Maschinen, Geräte und Anlagen vorhanden sind.

Ausgehend von den Forderungen des Handels mit rohen Nerz- und Fuchsfellen ergeben sich zwei Vorbedingungen für die Erstbearbeitung:
- die Haltbarmachung hat durch Wasserentzug (Trocknen) zu erfolgen,
- das Fell muß nach Erstbearbeitung mit bestimmten äußeren Maßen in Länge und Breite und mit dem Haarkleid nach außen vorliegen.

Das getrocknete Fell ermöglicht die Aufbewahrung des Fellmaterials über einen längeren Zeitraum, natürlich unter der Bedingung, daß der erneute Zutritt von Feuchtigkeit verhindert wird und Schutz gegen Fraßinsekten gegeben ist.

Ein gleichbleibendes Verhältnis Länge zu Breite am Fell schafft die Möglichkeit einer einheitlichen Kennzeichnung der Fellgröße. Schließlich wird durch das Haarkleid nach außen erst eine exakte Bewertung des Felles hinsichtlich Farbe, Haardichte, Fehler im Haarkleid u. a. möglich. Die Technologie der Erstbearbeitung muß mindestens folgende Bearbeitungen beinhalten, wenn sie der Aufgabenstellung der Erstbearbeitung gerecht werden soll:

- Entfernung der an der Hautseite der Felle befindlichen starken Fettschicht und Säuberung der Hautseite,
- Säuberung des Haarkleides,
- weitgehende Beseitigung des Wassers in der Haut und Trocknung in der geforderten äußeren Form.

Zur Erstbearbeitung gelangen die Felle entweder im *frischen* Zustand sofort nach dem Pelzen der Tiere oder *gefrostet*. Eine Frostlagerung der Felle bei etwa −15 °C wird durchgeführt, wenn die Felle nicht sofort nach dem Pelzen erstbearbeitet werden können. Bei der Frostlagerung müssen die Felle vor Austrocknung geschützt werden, indem sie mit Folie bedeckt oder in Plastesäcke eingelegt werden.

Gefrostete Felle müssen vor der weiteren Bearbeitung vollständig aufgetaut werden. Das geschieht durch Lagerung über mehrere Stunden (z. B. über Nacht) in einem mäßig warmen Raum (15 bis 20 °C). Durch Bedecken mit Folie oder nassen Tüchern ist dafür zu sorgen, daß die Felle nicht antrocknen.

Entfernen des Fettes

Am ausgereiften Winterfell des Nerzes und Fuchses befinden sich eine starke Fettschicht, die beim Nerzrüdenfell bis 1,2 cm stark sein kann und bis 500 g schwer ist, beim Fähenfell entsprechend weniger. Die Fettschicht wird bei der Erstbearbeitung entfernt. Dieser Arbeitsgang ist im englischen Sprachgebrauch das eigentliche «scraping», in der deutschen Fachsprache mitunter auch als «Rabatzen» bezeichnet.

Die Entfernung des Fettes kann auf verschiedene Art erfolgen: Früher wurde das Fell auf einen Holzkegel oder -stock aufgezogen (Haut außen), so daß das Fell dicht am Holz anlag. Dieser Kegel war in beliebiger Weise an der Wand o. a. befestigt und zwar so, daß er von der Befestigung gelöst und das Fell aufgezogen werden konnte. Mit Klemmen und Federn wurde das Fell am Kegel straff gezogen. Mit einem Schabeeisen oder einem ähnlichen Hilfsmittel wurde das Fett vom Fell gelöst.

Besonders in Pelzzurichtungsbetrieben erfolgt die Entfernung des Fettes auf der sogenannten Zurichterbank.

Heute sind zur Entfernung des Fettes Maschinen in Anwendung, die die körperlich schwere Arbeit des Entfettens erleichtern. Das Fell wird auf einen Kegel («scrapestock» – meist aus Plast) aufgezogen und durch Klammern und Haken an Kopf, Schweif und Hinterpfoten festgespannt, so daß es straff auf dem Kegel aufliegt. Ein Messer, das der Form des Kegels entspricht und durch einen Motor mit Exzenter eine vibrierende Bewegung ausführt, wird vom Bearbeiter so am Fell vorbeigeführt und gegen das Fell gedrückt, daß die Fettschicht entfernt wird. Das vibrierende Messer ist auf einem schlittenähnlichen Gestell montiert, das auf einer Schiene bewegt werden kann. Es liegt also nicht eine selbständige Bearbeitung des Felles durch die Maschine vor, sondern der Andruck des Messers gegen das Fell, die Geschwindigkeit des Vorbeiführens des Messers am Fell, welche Stelle am Fell bearbeitet werden soll, wird durch den Bearbeiter bestimmt. Damit ist gewährleistet, daß die individuellen Unterschiede der Felle, z. B. Unebenheiten an Kopf und Vorderpfoten, Penis bei Rüden und Saugwarzen bei Fähen berücksichtigt werden können. Die Fehlerquote durch Einreißen des Felles ist von der Sorgfalt und Erfahrung des Bearbeiters abhängig.

Mit einer solchen Bearbeitung kann die Fettschicht weitgehend entfernt werden. Das abgeschnittene Fett fällt in ein unter der Maschine befindliches Behältnis. Verbleibende Fett- und Fleischreste, besonders am Kopf, werden mit

FIXATIONSMETHODEN BEIM NERZ

Impffalle

Impfen eines Nerzes

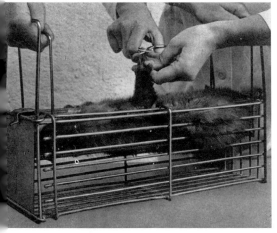

Abschneiden einer Kralle zur Blutentnahme

Abfangen mit Kescher und Handschuh

Untersuchung der Maulhöhle

146 FIXATIONSMETHODEN BEIM FUCHS

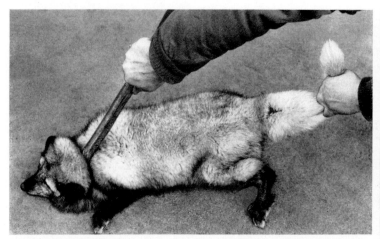

Fixation mit der Fanggabel

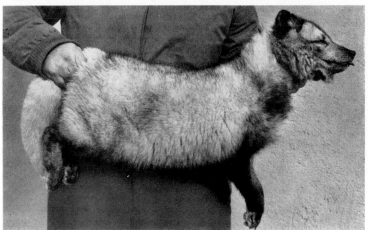

Fixation von Jungfüchsen

Fixation am liegenden Tier mit zugebundenem Fang

Genickunterkiefergriff beim Fuchs

Hochheben an der Lunte

ERSTBEARBEITUNG DER FELLE 147

Entfettungsmaschine, rechts entfettetes Fell, links im Entfettungsgang

Entfettungsmaschine

Entfernen von Fettresten mit einem Messer

Messer der Entfettungsmaschine

Plastmesser zum Abschaben von Fleischresten

Zurichtbank

Läutertonne

Nachentfettung

Druckluftnagler

Schütteltonne

ERSTBEARBEITUNG DER FELLE 149

Spanner

Der Spanner wird mit Papier umwickelt

Aufziehen der Felle auf den Spanner

Abdecken und Befestigen

Auflegen des Schwanzes

Trockeneinrichtung ohne Felle

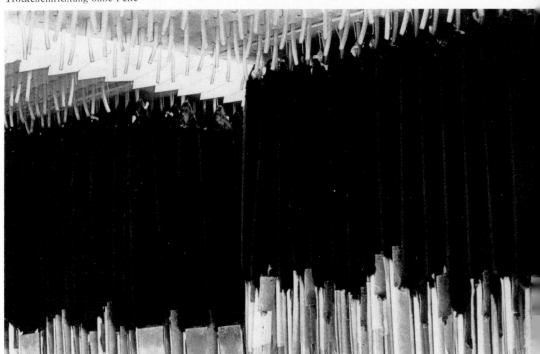
Trockeneinrichtung mit Fellen

TROCKNEN DER FELLE 151

Hygrometer

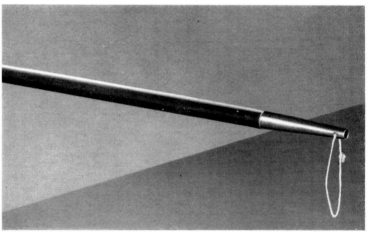

Abziehen des Felles vom Spanner

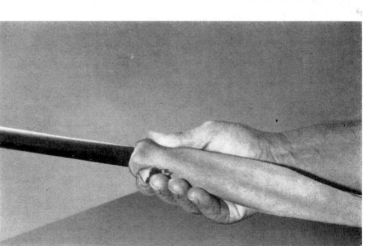

Verschiedene Umwendestäbe

152 ERSTBEARBEITUNG DER FELLE

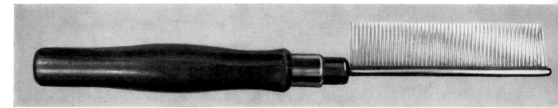

Fellkamm

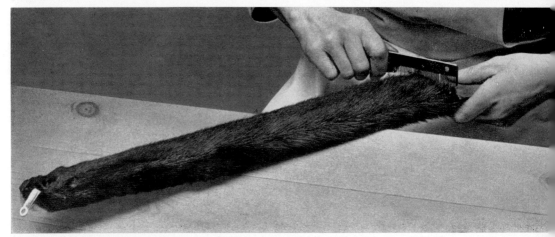

Kämmen des Felles

Schwarzkreuz-Lose zur Versteigerung

Kennzeichnung der Lose

scharfem Messer entfernt. Es können Rüden und Fähen entfettet werden. Die Maschine kann von Männern und Frauen bedient werden, die Leistung beträgt nach einiger Übung bis 50 Felle pro Stunde. Durch Ausreiben der Hautseite mit saugfähigem Holzmehl o. ä. direkt auf dem Kegel wird eine weitgehende Säuberung der Hautseite erreicht.

An anderen Maschinentypen ist das vibrierende Messer durch eine rotierende Gummiwalze mit entsprechender Profilgestaltung ersetzt, die das Fett vom Fell abreißt. Auch hier werden Andruck und Geschwindigkeit des Vorbeiführens am Fell vom Bearbeiter bestimmt.

Eine besonders gute Säuberung der Hautseite wird erreicht, wenn die Felle nach der Entfettung an der Maschine nochmals auf der Zurichterbank oder an einem an der Wand befestigten halbmondförmigen Messer nachentfettet werden. Der Arbeitsaufwand ist dabei natürlich entsprechend höher.

Das anfallende Fett stellt einen wirtschaftlich wichtigen Rohstoff dar und sollte der weiterverarbeitenden Industrie zugeführt werden (z. B. Fettsäuregewinnung für Waschrohstoffe). Pro 1000 Nerzfelle (je zur Hälfte Rüden und Fähen) ist mit einem Anfall von etwa 300 kg Fett zu rechnen.

Die Säuberung der Hautseite von dem Fettfilm, der nach der Bearbeitung an der Maschine noch am Fell verbleibt, geschieht am günstigsten durch Läutern. *Läutern* ist eine Behandlung der Felle in einer rotierenden Trommel unter Zusatz von saugendem Material, am besten Holzmehl. Für 100 Nerzfelle werden etwa 15 kg Holzmehl benötigt. Die Läuterzeit beträgt 5 bis 10 Minuten, anschließend werden die Felle 10 bis 15 Minuten in einer Schütteltonne geschüttelt, um sie vom Holzmehl zu befreien.

Säuberung des Haarkleides

Das Haarkleid bedarf einer Säuberung von anhaftendem Schmutz und Fett. Dafür hat sich ebenfalls das Läutern am besten bewährt, d. h. eine Behandlung der Felle in einer rotierenden Trommel («Läutertonne») unter Zusatz von Holzmehl und/oder Holzspänen. Holzmehl und -späne saugen Fett auf; durch ihre reibende Wirkung wird das Haarkleid aufgelockert, Spiel und Glanz des Haarkleides erhöhen sich.

Die Felle werden nach der Entfettung und Säuberung der Hautseite umgewendet, so daß die Haarseite nach außen kommt.

Für 100 Nerzfelle werden etwa 20 kg, für 15 Fuchsfelle 20 bis 30 kg Holzspäne und/oder Holzmehl zugesetzt. Als Holzart kommt vorzugsweise Buche infrage. Eiche und Nadelhölzer sind wenig geeignet. Eine Korngröße von 1 bis 2 mm ist für die Späne typisch, 0,25 mm beim feineren und damit saugfähigeren Holzmehl. Späne und Holzmehl sollen trocken sein (Feuchtigkeitsgehalt etwa 8 %). Sie können mehrfach (meist 2 oder 3mal) verwendet werden, bis infolge Verfettung der Reinigungseffekt an den Fellen nicht mehr ausreicht. Dadurch verringert sich die Einsatzmenge. Späne und Holzmehl nehmen auch einen Teil der Feuchtigkeit der Haut auf.

Der Arbeitsgang «Läutern» mit Haar außen dauert im allgemeinen 15 bis 30 Minuten. Danach werden die Felle der Läutertonne entnommen und in einer sogenannten Schütteltonne mit Siebboden von anhaftenden Spänen und Mehl befreit. Dieses Schütteln dauert 10 bis 20 Minuten.

Zusätze von organischen Lösemitteln (z. B. Benzin, Chlorkohlenwasserstoffe) zum Läutern sind möglich und erhöhen die reinigende Wirkung des Läuterns vor allem, wenn mit relativ geringer Spänemenge gearbeitet wird. Solche Zusätze erfordern jedoch entsprechende Maßnahmen im Brand- und Gesundheitsschutz.

Die Größe der Läutertonne ist abhängig von der Zahl der zu läuternden Felle. Die Läutertonnen besitzen im Innern sogenannte Mitnehmerbretter, wodurch die Felle bei der Drehung der Tonne immer wieder mit nach oben genommen werden. Die Umdrehungszahl der Tonne liegt bei 15 bis 20 Umdrehungen in der Minute. Für die Schütteltonne gelten die gleichen Umdrehungszahlen.

Es ist zweckmäßig, daß ein Erstbearbeitungsbetrieb mindestens 2 Läutertonnen und 2 Schütteltonnen besitzt. Davon ist je eine zum Läutern und Schütteln mit Haut außen bestimmt. Hier wird vorzugsweise Holzmehl allein eingesetzt, um dessen fettsaugende Wirkung voll zu nutzen. Dieses Holzmehl kann meist nur zwei- oder dreimal verwendet werden. Die andere Läuter- und Schütteltonne wird für das Läutern Haar außen benutzt. Dafür hat sich die gleichzeitige Verwendung von Holzmehl und Spänen bewährt.

Trocknung

Es wurde bereits gesagt, daß die Felle am Ende der Erstbearbeitung eine bestimmte äußere Form hinsichtlich Breite und Länge aufweisen sollen. Diese Form wird erreicht, indem die Felle vor dem Trocknen auf sogenannte Spanner (meist voll aus Holz oder aus Leisten) aufgezogen und daran befestigt werden. So werden die Felle getrocknet, so daß sich die vorgegebene Form nicht ändern kann. Die Größe der Spanner wird von der Auktionsgesellschaft oder dem Handelsunternehmen festgelegt, wohin die Felle verkauft werden. Es können also durchaus von Land zu Land Unterschiede bestehen.

Die Spanner werden vor dem Aufziehen der Felle zweckmäßigerweise mit saugfähigem Papier umwickelt, das ebenfalls Fett und Feuchtigkeit aufzunehmen vermag und das spätere Abziehen der Felle vom Spanner erleichtert. Auch vorgefertigte Papiertüten sind im Einsatz.

Das Befestigen des Felles am Spanner kann mit Gummischnur, Klammern oder Nägeln erfolgen. Am rationellsten ist die Befestigung mit Metallklammerstäben, die mit Druckluftnagler durch das Fell geschossen werden. Für das Betreiben der Druckluftnagler ist die Bereitstellung von Druckluft über eine zentrale Anlage oder durch einen Kompressor erforderlich.

Das Aufziehen der Felle auf den Spanner und die anschließende Trocknung können mit Haut außen oder Haar außen erfolgen. Mit Haut außen geht die Trocknung schnell und unproblematisch vor sich. Die Felle müssen später jedoch nochmals umgewendet werden, damit für die ordnungsgemäße Bewertung das Haarkleid nach außen zeigt. Die Trocknung der Felle mit Haar außen dauert länger, und es muß sehr sorgfältig gearbeitet werden. Diese Arbeitsweise ist rationell und hat sich fast überall durchgesetzt. Die folgenden Ausführungen beziehen sich auf eine solche Arbeitsweise.

Das Fell wird symmetrisch auf den Spanner aufgezogen (Mittellinie des Felles auf Mittellinie des Spanners), in die Länge gezogen und am Spanner befestigt. Es hat sich durchgesetzt, daß die Vorderklauen beim Nerzfell bereits bei der Pelzung abgeschnitten werden und die Vorderbeine beim Aufspannen innerhalb des Felles liegen. Die Hinterbeine werden breitgezogen und am Spanner befestigt; der Schweif wird ebenfalls keilförmig breitgezogen, mit einer Pappe überdeckt und befestigt. Eine eventuell entstehende Falte am Hinterteil des Felles wird auf der Bauchseite übereinandergelegt. Beim Fuchsfell werden die aufgeschnittenen Vorder- und Hinterpfoten mit Pappe unterlegt und daran befestigt. Diese äußere Gestaltung des Felles wird meist von der Auktionsgesellschaft bzw. dem Handelsunternehmen koordiniert.

Für die Trocknung hat sich die sogenannte Konvektionstrocknung mit bewegter Luft bewährt. Dabei wird die Fähigkeit der Luft genutzt, abhängig von der Temperatur Feuchtigkeit aufzunehmen. Zur richtigen Führung des Trocknungsprozesses sind deshalb Kenntnisse dieser Zusammenhänge von Bedeutung.

Wasser besitzt wie jede Flüssigkeit einen Dampfdruck, der von der Temperatur abhängig ist. Dieser Dampfdruck bewirkt, daß immer Feuchtigkeit als Wasserdampf in der Luft vorhanden ist.

Tabelle 6/1 Aufnahmevermögen der Luft für Feuchtigkeit, abhängig von der Temperatur

Temperatur in °C	Maximaler Feuchtigkeitsgehalt der Luft g/m^3
−15	1,40
−10	2,15
− 5	3,24
0	4,84
5	6,76
10	9,38
15	12,71
20	17,12
25	22,80
30	30,04
35	39,19

Es ist zu erkennen, daß die *maximale Feuchtigkeitsaufnahme der Luft* mit der Temperatur steigt. Ist das Maximum erreicht, dann scheidet sich die Feuchtigkeit in Form von Regen, Tau, Reif, Beschlagen der Fenster usw. aus der Luft aus. Liegt die absolute, d. h. die tatsächlich in der Luft vorhandene Feuchtigkeit niedrig, kann die Luft noch bis zum Maximum Feuchtigkeit aufnehmen. Wenn man also etwas trocknen will, muß man laufend Luft mit niedrigem Feuchtigkeitsgehalt an der Stelle vorbeiführen, wo Wasser entfernt werden soll; die Luft nimmt Feuchtigkeit auf und wird abgeführt.

Um das (restliche) Aufnahmevermögen der Luft für die Feuchtigkeit zu kennen, muß man die tatsächlich vorhandene (absolute) Feuchtigkeit wissen. Diese ist über eine Messung der relativen Luftfeuchtigkeit zu erfahren. Die relative Luftfeuchtigkeit gibt das Verhältnis zwischen dem absoluten und dem maximalen Feuchtigkeitsgehalt der Luft wieder und wird in Prozent angegeben:

$$\% \text{ relative Feuchte} = \frac{\text{absolute Feuchte}}{\text{maximale Feuchte}} \cdot 100$$

Die absolute Feuchte läßt sich errechnen:

$$\text{absolute Feuchte} = \frac{\% \text{ relative Feuchte} \cdot \text{max. Feuchte}}{100}$$

Die Differenz zwischen absoluter Feuchte und maximaler Feuchte stellt das restliche Aufnahmevermögen der Luft für Feuchtigkeit dar, welches zur Trocknung genutzt werden kann, wobei die Abhängigkeit der maximalen Feuchte von der Temperatur zu beachten ist.

Beispiel:
Temperatur   20 °C
relative Luftfeuchtigkeit 60 %
maximale Feuchte   17,3 g/m³
absolute Feuchte   10,4 g/m³
Differenz zwischen maximaler und absoluter Feuchte
= 6,9 g/m³ = restliches Aufnahmevermögen der Luft

Die *relative Luftfeuchtigkeit* kann in einfacher Weise mit sogenannten Hygrometern gemessen werden. Die Genauigkeit ist ausreichend, die Hinweise zur Eichung des Hygrometers in gewissen Zeitabständen sind zu beachten.

Die Haut besteht zu 60 bis 70 % aus Wasser, das während der Erstbearbeitung weitgehend entfernt wird. Die Haut eines Nerzrüdenfells enthält 80 bis 120 g Wasser, die Haut eines Fähenfells 40 bis 60 g. Ein Teil der Feuchtigkeit (30 bis 40 % der Gesamtfeuchtigkeit) wird von Spänen und Holzmehl während des Läuterns aufgesaugt bzw. wird beim Schütteln im Anschluß an das Läutern an die Luft abgegeben. Es kann also leicht passieren, daß durch zu langes Läutern bzw. Schütteln, durch zu viel trockene Späne/Holzmehl die Felle bereits so trocken sind, daß sie sich nicht mehr ordnungsgemäß auf die Spanner aufziehen lassen.

Die fertig getrocknete Haut enthält noch etwa 10 % Wasser, bezogen auf die Hautmasse, das sind 4 bis 5 % der ursprünglichen Gesamtfeuchtigkeit.

Man könnte natürlich den Versuch machen, zu errechnen, wieviel Luft man durch das Fell leiten muß, um die Feuchtigkeit zu entfernen. Dabei würde man aber kein brauchbares Ergebnis erhalten. Bei der hohen Geschwindigkeit der durch das Fell strömenden Luft und der damit verbundenen kurzen Verweilzeit im Fell kann deren restliches Aufnahmevermögen nur zum Teil ausgenutzt werden, d. h. nicht bis zum maximalen Aufnahmevermögen. Einige Messungen sprechen dafür, daß das restliche Aufnahmevermögen nur 5 bis 10 % ausgenutzt wird (Wirkungsgrad der Anlage).

Unter Berücksichtigung dieser Tatsache soll folgende Rechnung als Beispiel für eine Trocknungsberechnung dienen:

- 1000 Nerzrüdenfelle mit je 80 g Wasser sind zu trocknen
- 10 % des Wassers verbleiben nach der Trocknung in der Haut = 8 g

Tabelle 6/2 Änderung des Wassergehaltes von Nerzfellen während der Erstbearbeitung

Zeitpunkt der Bearbeitung	Relativer Wassergehalt in %	
	Rüden	Fähen
Nach Entfettung	100	100
Nach dem 1. Läutern	84	84
Nach dem 2. Läutern	65	65
Nach 3 Stunden Trocknung	51	38
Nach 24 Stunden Trocknung	17	6
Nach 48 Stunden Trocknung	6	

- 40 % des Wassers werden beim Läutern und Schütteln entfernt = 32 g
- 50 % des Wassers sind beim Trocknen zu entfernen = 40 g Wasser pro Fell = 40 000 g Wasser pro 1 000 Felle
- Temperatur der Luft 20 °C
- relative Luftfeuchte 60 %
- max. Aufnahmevermögen der Luft bei 20 °C 17,3 g/m³
- restliches Aufnahmevermögen der Luft bei 20 °C 6,9 g/m³

Es soll ein Wirkungsgrad der Anlage von 5 % angenommen werden. Dann sind zur Entfernung von 40 000 g Wasser

$$\frac{40\,000\text{ g} \cdot 100}{6,9\text{ g/m}^3 \cdot 5} = 115\,942 \text{ m}^3 \text{ Luft}$$

erforderlich.

Solange die Haut noch ihren vollen Wassergehalt aufweist, ist sie geschmeidig und zügig. Die getrocknete Haut jedoch ist steif und ohne Zügigkeit. Das Wasser wirkt wie ein Schmiermittel zwischen den Fasern. Je mehr Wasser im Trocknungsprozeß verdunstet, um so steifer wird das Fell. Vor dem Trocknen müssen die Felle also *in die Form gebracht* werden, die sie nach dem Trocknen behalten sollen. Das geschieht, indem die Felle auf Bretter oder Rahmen aufgezogen werden, die die gewünschte Form aufweisen. Auf diesen sogenannten «*Spannern*» verbleiben die Felle während der Trocknung. Würde man die Felle ohne Spanner trocknen, wäre ein völlig formloses und faltenreiches Fell das Ergebnis.

Wenn mit dem Haarkleid nach außen getrocknet wird, soll das Fell mit der Haut nach innen auf den Spanner aufgezogen werden. Es ist von Vorteil, wenn der Spanner dabei noch mit saugfähigem Papier umwickelt ist. Dieses Papier nimmt Feuchtigkeit und Fett auf und muß nach mehrmaliger Verwendung erneuert werden.

Die strömende Luft, mit deren Hilfe getrocknet werden soll, muß in direkten Kontakt mit der Haut kommen, die getrocknet werden soll. Würde man mit der Haut nach außen trocknen, dann brauchte man nur die Luft in den Raum einleiten, und die Luft würde die Felle umströmen. Ist das Haarkleid nach außen, muß man die Luft mit geeigneten Vorrichtungen durch die Felle hindurchleiten. Als gut geeignet haben sich Trocknungseinrichtungen erwiesen, bei denen die Spanner mit den aufgezogenen Fellen an Haken aufgehängt werden und ein Schlauch in die Mundöffnung des Felles gesteckt wird, durch den die Luft in das Fell eingeleitet wird. Solche Vorrichtungen sind unter der Bezeichnung «*Monsuntrockner*» bekannt geworden. Bei anderen Trocknungseinrichtungen werden die Spanner mit dem Fell auf Rohre aufgesteckt, aus denen die Luft austritt.

Würde man bei Haaraußen-Trocknung auf die direkte Lufteinleitung verzichten, besteht durch die stark verzögerte Trocknung die Gefahr der Fäulnis und Haarlässigkeit.

Die *Temperatur* bei der Trocknung beträgt normalerweise 10 bis 25 °C. Bei der Wärmeempfindlichkeit der Haut ist eine Temperatur bis 40 °C möglich, ohne daß Schäden am Fell zu befürchten sind. Bei einer solchen Temperatur würde jedoch das Fell zu steif und hart werden; ein Zustand, der als «übertrocknet» bezeichnet wird. Auch Temperaturen unter 10 °C erlauben noch eine Trocknung, solange die relative Luftfeuchtigkeit unter 100 % liegt und genügend Luftumwälzung erfolgt.

Die *Erwärmung der Luft,* die von außen zugeführt wird, kann auf verschiedene Art erfolgen: Raumheizung durch Zentralheizung, Nachtspeicheröfen o. ä. oder Einsatz von Warmlufterzeugern. Wird die Raumluft erwärmt, dann wird die Luft, die durch die Felle geleitet wird, dieser Raumluft entnommen. Es ist wichtig, die Temperatur der Luft in den geforderten Grenzen zu halten (das kann durch entsprechende Regelung erfolgen) und direkten Wärmekontakt mit den Fellen zu vermeiden.

Die Luftfeuchtigkeit im Trocknungsraum liegt im allgemeinen bei 60 bis 80 % relativer Luftfeuchte. Steigt sie über 80 % an, ist diese Luft, die mit Feuchtigkeit angereichert ist und kaum noch trocknet, abzusaugen. Auch hier hat sich eine automatische Regelung bewährt, wenn beispielsweise über ein Hygrometer mit Meßfühler bei Erreichen einer bestimmten Luftfeuchte die Absaugung eingeschaltet wird. Bei der *Wahl der Trocknungstemperatur* ist immer auch die Feuchtigkeit der Außenluft, die zum Trocknen

benutzt wird, zu beachten. Man sollte so verfahren, daß man die Temperatur noch etwas erhöhen kann, wenn die Außenluft selbst schon einen hohen Feuchtigkeitsgehalt aufweist. Auf diese Weise erhöht man das restliche Aufnahmevermögen der Luft für Feuchtigkeit.
Unter den genannten Bedingungen
- Temperatur 10 bis 20 °C,
- relative Luftfeuchte 60 bis 80 %,
- genügender Luftwechsel,
- direkter Kontakt Luft/Haut,
- Umwicklung der Spanner mit Papier,

ist mit einer Trocknungszeit von 36 bis 48 Stunden bei den Nerzrüden und 24 bis 36 Stunden bei Nerzfähen zu rechnen. Für Fuchsfelle beträgt die Trocknungszeit 48 bis 72 Stunden.

Der Trocknungsvorgang läßt sich energetisch günstiger gestalten, wenn die Trocknungsluft im Kreislauf durch das Trocknungsgut geführt und ihr anschließend in einer Kältebatterie durch Kondensation die Feuchtigkeit entzogen wird. Die bei der Kälteerzeugung enstehende Wärme wird zur erneuten Erwärmung der Luft benutzt. Nach der Trocknung werden die Felle vom Spanner abgezogen. Zunächst müssen die Nägel oder dergleichen, mit denen die Felle am Spanner befestigt waren, beseitigt werden, dann wird das Fell direkt vom Spanner abgezogen, z. B. mit einem Haken an der Wand oder einer mechanischen Vorrichtung.

Sonstige Arbeitsgänge der Erstbearbeitung

Die in den vorangegangenen Abschnitten genannten Bearbeitungen stellen innerhalb der Erstbearbeitung die wichtigsten Arbeitsgänge dar. Daneben gibt es weitere, die im folgenden kurz dargestellt werden:
- *Umwenden.* Die Felle müssen im Verlauf der Erstbearbeitung mehrmals umgewendet werden. Als Hilfsmittel werden dafür einfache Stäbe oder an der Wand befestigte Stäbe verwendet. Von einer Arbeitskraft werden pro Stunde 200 bis 300 Nerzfelle umgewendet. Auch pneumatische Umwendevorrichtungen sind einsetzbar.
- *Nähen.* Felle, die durch Einreißen o. ä. beschädigt worden sind, können mit Hand oder mit einer Pelznähmaschine genäht werden. Das Nähen an der Pelznähmaschine geht besser, wenn die Felle geläutert sind.
- *Kämmen.* Zur Erzielung eines sauberen, spielenden Haarkleides ist es zweckmäßig, die Felle zu kämmen, beispielsweise vor dem Trocknen und unmittelbar vor der Auslieferung. Auch der Einsatz einer Maschine, welche die Felle im Durchlauf mit Drahtbürsten kämmt, ist möglich. Solche Maschinen sind aus der Pelz- und Textilindustrie bekannt. Auch andere Kämm- und Bürstmaschinen werden verwendet.
- *Nachbehandlung.* Außer dem Kämmen, das der allgemeinen Verbesserung des äußeren Erscheinungsbildes dient, können an einzelnen Fellen weitere Nachbehandlungen erforderlich sein, um den Wert des Felles zu erhöhen. Kleinere Verunreinigungen und Filzstellen können durch vorsichtiges Herauslösen mit einem Metallkamm und durch Bürsten beseitigt werden. Auch eine Naßbehandlung mit Wasser von etwa 30 °C unter Zusatz neutraler Tenside (Waschmittel) ist möglich, um größere Verunreinigungen zu beseitigen. In diesem Falle muß das betreffende Fell eventuell nochmals geläutert, gespannt und getrocknet werden.

Beispiel der Erstbearbeitung

Die Erstbearbeitung kann abhängig von Tradition, Ausrüstung, Erfahrung der Arbeitskräfte usw. in verschiedener Verkettung der einzelnen erforderlichen Bearbeitungen durchgeführt werden. Im folgenden soll *ein* Beispiel gegeben werden, wie die Erstbearbeitung von Nerzfellen durchführbar wäre:
- Anlieferung der frischen oder gefrosteten Felle; Auftauen der gefrosteten Felle über Nacht in einem Raum von 15 bis 20 °C bei Zudeckung mit Folie oder feuchten Tüchern;
- Entfettung an der Entfettungsmaschine einschließlich Abschneiden von Fleischresten mit dem Messer; Entfettung von beschädigten Fellen auf der Zurichterbank.
- Läutern mit Haut außen unter Verwendung von Holzmehl, 10 bis 15 Minuten; anschließend Schütteln 10 bis 15 Minuten;
- Umwenden (Haar außen);
- Läutern mit Haar außen unter Verwendung

von Holzspänen (Korngröße 1 mm) und Holzmehl ($2/3$ der Gesamtmenge Späne und $1/3$ der Gesamtmenge Holzmehl); 20 bis 30 Minuten; anschließend Schütteln 10 bis 15 Minuten;
- Umwenden (Haut außen);
- Nähen beschädigter Felle;
- Aufziehen auf Spanner und am Spanner befestigen (Spanner vorher mit Papier beziehen);
- Kämmen;
- Trocknen;
- Abziehen vom Spanner;
- Nachbehandlung;
- Sortierung (Trennung nach Rüden/Fähen, Sortierung nach Größen und Beschädigungen);
- Auslieferung (Verpackung in Kartons, Aufhängen an Drahtbügel o. ä.). Selbstverständlich ist, daß während des Transportes keine Beschädigungen der Felle durch Abreiben des Haarkleides, durch Verschmutzung o. a. eintreten darf.

Tabelle 6/3 Holzspanner für Nerzfelle, Maße in cm

Kriterien	Rüden	Fähen
Gesamtlänge	116	90
Breite (gemessen ab Kopfende)		
Nach 30 cm	6,5	5,5
Nach 60 cm	8,2	6,3
Nach 90 cm	10,0	7,5
Über 116 cm	11,0	–

Fehler bei der Erstbearbeitung

Fehler können während der Erstbearbeitung vor allem bei den mechanischen Bearbeitungen und beim Trocknungsprozeß entstehen. Es sind Fehler, die einmal bei der Einzelbearbeitung des Felles durch Zerreißen der Haut, Einschnitte, falsches Aufspannen u. ä. entstehen, zum anderen bei der partieweisen Bearbeitung in der Läutertonne und beim Trocknungsprozeß, wobei dann eine größere Zahl von Fellen von dem Fehler betroffen ist.
- *Fehler beim Auftauen.* Durch fehlende oder ungenügende Bedeckung kann es zur Vertrocknung vor allem solcher Hautteile kommen, die nicht oder nur wenig mit Fett bedeckt sind. Solche vertrockneten Stellen bringen beim Entfetten die Gefahr des Einschneidens mit sich. Vermeiden durch Befeuchten oder Einweichen der vertrockneten Stellen.
- *Fehler beim Entfetten.* Solche Fehler sind meist kleinere oder größere Risse am Fell, besonders auf der dünnen Bauchseite, am Penis bei Rüden, an den Saugwarzen bei Fähen und an den Vorderpfoten. Sie können entstehen, wenn das Fell nicht faltenlos auf den Kegel der Entfettungsmaschine aufgezogen wurde; ferner durch ungenügende Sorgfalt beim Entfetten und Nichtbeachtung der Besonderheiten jedes Felles. Das vibrierende Messer an der Entfettungsmaschine darf keine Scharten haben und muß im richtigen Winkel zum Fell eingestellt sein, der sich nur durch Erfahrung und Übung ermitteln läßt. Maschinen mit Gummiwalzen zur Entfernung des Fettes zerreißen das Fell weniger. Man muß sich darüber im klaren sein, daß solche Fehler fast immer zu erheblichen Preisminderungen für das Fell führen. Gegenüber dem Zerreißen treten Einschnitte bzw. Ausheber, bei denen die Haut nur eingeschnitten wird, relativ selten auf. Wenn dabei die Haarwurzeln angeschnitten werden, tritt an dieser Stelle Haarlässigkeit auf. Dieser Fehler hat seine Ursache häufig in zu starkem Andrücken des Messers der Entfettungsmaschine an das Fell. Wenn dieser Fehler durch Einschneiden bei der Erstbearbeitung eintritt, ist die Ursache eindeutig. Ein gleicher Fehler kann aber auch während der Zurichtung beim Arbeitsgang «Dünnschneiden» eintreten, und am fertig zugerichteten Fell kann nur der erfahrene Fachmann entscheiden, ob die Haarlässigkeit infolge des Einschnittes bei der Erstbearbeitung oder bei der Zurichtung entstanden ist.
- *Fehler beim Läutern.* Die Verwendung verbrauchter Späne oder von zu wenig Spänen führt zu ungenügender Säuberung der Haut bzw. des Haarkleides. Wird zu lange geläutert (besonders bei Verwendung frischer Späne/Holzmehl) oder zu lange geschüttelt, besteht die Gefahr der Vertrocknung der Felle; dadurch ist eine ordnungsgemäße Formgestaltung beim Aufziehen auf den Spanner nicht mehr möglich.
- *Fehler beim Aufspannen vor dem Trocknen.* Fehler beim Aufspannen vor dem Trocknen kön-

nen zu Mängeln in der äußeren Form führen, die mit Preisabschlägen geahndet werden; ungenügende Nutzung der Länge des Felles bedeutet Wertminderung; Faltenbildung (besonders am Rücken) kann zur Haarlässigkeit führen, wenn diese Felle nicht ordnungsgemäß trocknen.

• *Fehler beim Trocknungsprozeß.* Fehler beim Trocknen können vor allem auftreten, wenn die zu trocknende Haut nicht oder in ungenügendem Maße mit der strömenden Luft in engen Kontakt kommt. Besonders bei höheren Temperaturen (über 25 °C) entwickeln sich an solchen Hautstellen Bakterienwachstum und Fäulnis. Haarlässigkeit ist die Folge. Wenn davon eine größere Anzahl von Fellen betroffen ist, entsteht im Raum ein typischer Fäulnisgeruch. Es können aber auch einzelne Felle betroffen sein, wenn der luftzuführende Schlauch nicht richtig in das Fell gesteckt worden ist. Die Haarlässigkeit als Folge einer solchen ungenügenden Trocknung kann zunächst unerkannt bleiben, wenn das Fell nach längerer Zeit doch noch getrocknet und die lockeren Haare in der getrockneten Haut festgehalten werden. Während der Zurichtung tritt die Haarlässigkeit im Weichprozeß auf jeden Fall zutage und führt zur Reklamation.

• Weitere Fehler im Trocknungsprozeß sind *zu hohe Temperaturen.*

Über 25 °C bis 40 °C = Gefahr der Übertrocknung und Sprödigkeit der Felle.
Über 40 °C bis 60 °C = Verminderung der Festigkeit der Haut (auch wenn das äußerlich nicht sichtbar ist).
Über 60 °C = Erreichen der Schrumpfungstemperatur der Haut und absolute Schädigung.

Bei zu niedrigen Temperaturen wird der Trocknungsprozeß unnötig verlängert. Ungenügender Luftwechsel im Raum führt zu mangelhafter Trocknung und den damit verbundenen Gefahren.

• *Sonstige Fehler.* Beim Abziehen des Felles vom Spanner kann das Fell mechanisch beschädigt werden, wenn festsitzende Felle mit Gewalt abgezogen werden.

Beim Kämmen der Felle kann durch scharfkantige Kämme die Haut an der Epidermis aufgekratzt oder auch das Fell zerrissen werden.

Bewertung und Sortierung

Es ist im internationalen Handel mit rohen Fuchs- und Nerzfellen üblich, daß weitgehend einheitliche Sortimente hinsichtlich Geschlecht, Größe, Farbe, Beschädigungen und Haarqualität der Felle dem Käufer angeboten werden. Die Sortierung nach diesen Merkmalen kann entweder im Zuchtbetrieb selbst ganz oder teilweise erfolgen oder wird von der Auktionsgesellschaft oder dem Handelsbetrieb durchgeführt. Es wird im allgemeinen angestrebt, daß eine möglichst große Zahl von Fellen mit einheitlichen Merkmalen zum Verkauf gelangt. Das ist aber nur zu erreichen, wenn eine entsprechend große Zahl von unsortierten Fellen zur Verfügung steht.

Die *Größe der Felle* wird anhand der Felllänge gemessen (meist von Nasenspitze bis Schwanzwurzel). Voraussetzung ist, daß alle Felle auf einheitlichen Spannern getrocknet wurden. Die Messung erfolgt manuell oder durch entsprechende maschinelle Einrichtungen.

Die Sortierung nach *Farbe* erfolgt durch erfahrene Sortierer. Es ist eine Frage der Festlegung, in wieviel Farben z. B. ein Sortiment von Standardnerzen aufgespalten werden soll.

Auch die Sortierung nach *Beschädigungen* und *Qualität* des Haarkleides wird von erfahrenen Fachkräften durchgeführt. Beschädigungen sind beispielsweise fehlende Teile am Fell, kahle Stellen, Verfilzungen, schwach behaarte Seiten, Wirbel im Haar, Risse, markierende Nähte und Bauchnässer.

Am Ende des Sortierprozesses liegen jeweils große Stückzahlen von Fellen mit einheitlichen Merkmalen (Größe, Farbe usw.) vor. Diese werden gebündelt (meist in sogenannten Losen zu 40 Stück bei Nerzfellen) und gelangen so zum Verkauf bzw. zur Versteigerung.

Für die Kennzeichnung der Felle haben sich im internationalen Fellhandel bestimmte Festlegungen eingebürgert, z. B. Einteilung in *Größenklassen, Bezeichnung der Farbe, Einteilung nach Beschädigungsgraden.*

Die Richtlinien für die Sortierung variieren von Land zu Land. Wesentlich für das Vertrauen der Käufer ist die Gleichheit des Sortiments über

Tabelle 6/4 Farbeinteilung der Felle

Gruppe	Standard	Mutation
a	dunkelfarbig	reinfarbig
b	mittelfarbig	leicht fehlfarbig
c	hellfarbig	fehlfarbig

einen längeren Zeitraum. Die Kennzeichnung der Sortimente ermöglicht es dem Käufer, auf einen Blick (z. B. im Katalog für eine Auktion) zu erkennen, um welche Ware es sich handelt. Die *Größe* der Felle wird bei Nerz und Fuchs in Größenklassen angegeben, deren cm-Maße von Land zu Land unterschiedlich sein können.

Tabelle 6/5 Bezeichnung der einzelnen Längenklassen bei Blaufüchsen

Klasse	Polnische Bezeichnung	Auktionsbezeichnung der Länge	Länge in cm
I	besonders lang	extra, extra large	mehr als 89
II	sehr lang	extra large	von 82 bis 89
III	lang	large	von 74 bis 82
IV	mittelmäßig	medium	von 66 bis 74
V	klein	small	weniger als 66

Edelfuchsfelle werden abhängig von ihrer Qualität (Haardichte, Reinheit der Farbe, Beschädigungen u. a.) nach *Sorten* unterteilt. Die *Farbe* von Nerz- und Fuchsfellen wird durch folgende Benennung gekennzeichnet:

Standard	XXD	exexdark	außergewöhnlich dunkel
	XD	exdark	besonders dunkel
	D	dark	dunkel
	M	medium	mittel
Mutation	D	dark	dunkel
	M	medium	mittel
	P	pale	hell
	XP	expale	besonders hell

Bei Silberfuchsfellen wird noch der *Silberungsgrad* angegeben (z. B. Vollsilber, Halbsilber).
Für die Kennzeichnung einer Beschädigung werden unterschiedliche Bezeichnungen angewendet. Bestimmte *Merkmale* von Fellen werden besonders benannt, beispielsweise

males	Felle von männlichen Tieren
females	Felle von weiblichen Tieren
breeders	Felle von Tieren, die nach einer Zuchtperiode ausgesondert wurden, z. B. Nerzrüden nach der Ranz und Nerzfähen nach der Wurfzeit
matted	verfilzte Felle
damaged	beschädigte Felle

In einigen Ländern existieren *Markennamen* (trade-marks) für besonders ausgewählte Nerz- und Fuchsfellqualitäten.

7 Farmanlagen

In den ersten Jahren der Pelztierzucht wurden Füchse und Nerze in Gehegen gehalten, die direkt auf der Erde standen und nur selten mit einem zusätzlichen Holzboden versehen waren. Um 1930 wurde die Ansicht vertreten, daß die Maße für Gehege nicht zu klein sein dürften, da sonst die Bewegungsfreiheit der Tiere zu stark eingeschränkt wäre, sie würden schnell dick werden, die Verdauung und die Fruchtbarkeit wären vermindert. Die Nerzkiste wurde aus 2 cm starken, gefugten Brettern gefertigt. Der Innenraum bestand aus drei Abteilungen. Die Schlafkisten waren 80 cm lang und 40 cm breit, die Höhe betrug an einer Seite 45 cm, an der anderen 40 cm.

Die Käfige für Füchse und Nerze waren sehr groß. Sie betrugen für Füchse 40 m² und mehr, für Nerze 2 bis 3 m². Für die Herstellung dieser Käfige wurden viel Arbeit, Mittel und Material aufgewandt. Riesige Ländereien waren notwendig und eine Mechanisierung des Produktionsprozesses unter diesen Bedingungen nicht möglich. Durch diese Haltungsform auf natürlichem, mit Urin und Kot getränktem Boden wurde die Bekämpfung der Infektions- und Invasionskrankheiten bei Jungtieren erschwert. Magen- und Darmerkrankungen waren verbreitet, die Jungtiersterblichkeit lag sehr hoch.

Die Haltungsbedingungen mußten verändert werden, um Pelztiere rentabel und in Großfarmen züchten zu können. Es gab Bedenken, daß Haltung von Pelztieren in kleineren, vom natürlichen Erdboden entfernten Gehegen, in denen die Tiere ohne ausreichende Bewegung wären, die Vitalität vermindern würde. Es wurden die in Freiheit lebenden Tiere, die viel Bewegung haben und demzufolge über einen hohen Stoffwechsel verfügen, und die im Gehege lebenden verglichen. Aus der Sowjetunion liegen Ergebnisse aus Untersuchungen unter alten und neuen Bedingungen bei der Fuchshaltung vor.

Besonders überzeugend sind die guten Wurf- und Aufzuchtergebnisse. In den neuen Gehegen wurden die weiblichen Tiere mit Erfolg befruchtet. Die Geburt verlief in den meisten Fällen normal, die Milchleistungen der Muttertiere

Tabelle 7/1 Zucht von Silberfüchsen in alten Gehegen (a) und in neuen Gehegen (b)

Kennziffer	Pelztierzucht «Belojarski»		Pelztierzucht «Biski»		Pelztierzucht «Salykowski»	
	a	b	a	b	a	b
Anzahl der weiblichen Tiere	88	88	54	54	93	93
Prozentsatz der Bedeckung	100	100	100	100	99	100
Prozentsatz des glatt ablaufenden Werfens	91,5	96,5	97,0	95,1	97,8	96,3
Wurfergebnis	3,9	4,3	4,8	5,1	4,7	4,8
Abgang bei Welpen vor dem Absetzen in %	8,3	0,9	3,2	1,3	4,6	1,2
Aufzuchtergebnis	3,6	4,2	4,4	4,9	4,3	4,6

verschlechterten sich nicht. Auch bei den männlichen Tieren, die in den neuen Gehegen lebten, erreichte man gute Ergebnisse. Die polygamen Fähigkeiten der Rüden sowie die Wurfgröße der Fähen verbesserten sich bedeutend. Hinsichtlich Degenerationserscheinungen durch Haltung auf einem kleinen, angehobenen Drahtboden führte man in der Sowjetunion Untersuchungen an Fuchsfähen über mehrere Generationen durch. Diese ergaben, daß unter den neuen Haltungsbedingungen bessere Resultate erzielt wurden.

Die neuen Haltungsbedingungen bilden die entscheidende Grundlage für industrielle Produktion von edlen Pelzfellen. Im Zusammenhang mit dem schnellen Ansteigen der Bestände an Pelztieren steht auch die Frage der modernen Technik als Voraussetzung für eine ständige Steigerung der Arbeitsproduktivität.

Eine gute Haltung soll dazu beitragen, die Leistung der Pelztierbestände zu erhöhen, alle Reserven zu nutzen, die guten Anlagen der Tiere zu fördern und noch weiter zu verbessern. Alle Einflüsse, die Gesundheit und Leistung der Tiere beeinträchtigen, müssen beseitigt oder vermindert werden. Eine sachgemäße Haltung ist eine Voraussetzung für die erfolgreiche und wirtschaftliche Zucht gesunder Pelztiere.

Grundrißgestaltung einer Pelztierfarm

Bestimmte Grundforderungen müssen bei einer Pelztieranlage berücksichtigt werden.

Wie auch für andere Nutztiere ist die Wahl der Standorte für den Erfolg der Pelztierzucht von großer Bedeutung. Nicht jedes vorhandene Grundstück eignet sich. Im einzelnen ergeben sich nachstehende Gesichtspunkte.

● *Verkehrslage.* Die äußere Verkehrslage hat besondere Bedeutung für die Anlage der Pelztierfarm, da laufend ein An- und Abtransport von Futtermitteln und Dung stattfindet. Die Entfernung der Farm von der nächsten Hauptstraße, von der nächsten größeren Stadt und von den Futterquellen hat wirtschaftliche Auswirkungen.

Wichtig ist weiter eine gute innere Verkehrslage.

Die Futterküche, das Futterkühlhaus sowie der Speicher für Zerealien und Zusatzfuttermitteln sind in der Nähe der Farm zu errichten, damit der Transport des Fertigfutters zu den Farmanlagen möglichst kurz ist. Der Speicher bzw. die Silos für die Zerealien und Zusatzfuttermittel sowie die Dämpfanlage zum Dämpfen von Kartoffeln, Getreide und Schweineschlachtnebenprodukten sind in unmittelbarer Nähe der Futterküche aufzubauen. Alle Transporte bei der Futterzubereitung müssen ohne großen Arbeitsaufwand über Förderbänder oder Stickstoffpumpen möglich sein. Die Bergeräume für Einstreu befinden sich am zweckmäßigsten in der jeweiligen Produktions- oder Zuchtbrigade. Das Anpflanzen von Bäumen zwischen den Schuppenreihen wird nicht empfohlen, da hierdurch die Dungbeseitigung behindert wird.

Für den innerbetrieblichen Transport werden in größeren Farmen zwischen den einzelnen Abteilungen, den Bodenverhältnissen entsprechend, Farmstraßen angelegt, die es gestatten, mit großen Fahrzeugen Fertigfutter und Einstreu anzufahren. Innerhalb der einzelnen Abteilungen müssen die Wege zwischen den Schuppensektionen so angelegt sein, daß Entmisten mit Kleindumpern sowie mechanische Fütterung möglich sind.

● *Wohnsiedlung.* Zu beanstanden ist eine zu große Nähe zu den Nachbarn, da trotz größter Sauberkeit eine Geruchsbelästigung nicht immer auszuschließen ist. Es sollte auch genügend Platz für einen eventuellen späteren Ausbau der Farm vorhanden sein.

● *Energiezufuhr.* Bei Farmgründung ist darauf zu achten, daß das Gelände an das Stromnetz angeschlossen ist.

● *Wasserversorgung.* Von Bedeutung ist nicht nur, ob für die projektierte Größe entsprechend große Mengen Wasser verfügbar sind, sondern auch wie das verbrauchte Wasser auf möglichst einfache Art wieder abgeleitet werden kann. Die Wasserversorgung einer Farm soll eine Wasserleitung gewährleisten. Die dazugehörigen Rohre verlaufen an der Stirnseite der Schuppenreihen. Jeder Schuppen muß eine Wasserentnahmestelle haben für die Beschickung der Tränkrohre bzw. Trinkrinnen.

- *Futtereinzugsgebiet.* Die Farmen müssen sich das Futter für ihre Tiere weitgehend selbst beschaffen. Täglich müssen größere Mengen frische schnellverderbende Futtermittel herangeschafft werden. Die gesamten pflanzlichen Futtermittel werden meistens von anderen spezialisierten Betrieben gekauft. Kopplung von anderen intensiven Tierzuchtzweigen mit Pelztieren ist nicht ratsam, die Spezialisierung der Nerzfellproduktion wird hierdurch eingeengt. In der Sowjetunion teilt man die Pelztierfarmen entsprechend ihrer Lage zu den Futterquellen in Farmen mit hauptsächlicher Fleisch- und in Farmen mit hauptsächlicher Fischfütterung ein. Darauf ist die gesamte Technologie der Futterzubereitung und Lagerung ausgerichtet.
- *Beschaffenheit des Farmgeländes.* Das Gelände, das für eine moderne Pelztierfarm ausgewählt wird, muß möglichst eben sein bzw. eine geringe Neigung für den Abfluß des Oberflächenwassers haben. Der Untergrund sollte ein wasserdurchlässiger, leichter toniger Sandboden sein, der das anfallende Regenwasser, das Überlaufwasser aus den Tränkanlagen und den Urin der Tiere gut aufnimmt. Nicht geeignet für eine Pelztierfarm sind schwere sumpfige Böden, Gelände mit Wärme- und Nebelstau und ständig scharfen Winden.

Es hat sich gezeigt, daß Gelände mit einem hohen Grundwasserstand für die Anlage einer Pelztierfarm ebenso ungeeignet sind, wie solche mit ständigem Wassermangel. Durch Hochwasser gefährdetes Gelände ist für die Pelztierzucht ungeeignet. Beim Neuaufbau einer Farm mit industriemäßigen Produktionsmethoden müssen folgende Richtlinien erfüllt sein:
- Hochmechanisierte Futterküche, in der mit geringem Arbeitsaufwand Nerzfutter hergestellt werden kann.
- Maschinelle Fütterung durch Einsatz von Nerzfütterungsautomaten in Nerzzucht- und Nerzfellproduktionsanlagen.
- Schneller und rationeller Futtertransport innerhalb und außerhalb des Betriebes.
- Vollautomatische Trinkwasserversorgung in den Farmanlagen, die es in den warmen Jahreszeiten ermöglicht, den Tieren in kurzen Abständen frisches Wasser zu geben.
- Einsatz der Technik bei Dungbeseitigung, um mit geringem Arbeitsaufwand größtmögliche Sauberkeit in den Anlagen zu erreichen.
- Mechanische Desinfektion und Reinigung der Gehege, Kisten und Arbeitsgegenstände.
- Die Zuchtgehege sind so zu besetzen, daß jedes Zuchttier einzeln untergebracht wird.
- Eine Krankenabteilung für gebissene oder erkrankte Tiere, die ebenfalls einzeln unterzubringen sind.
- Ausreichende Frost- und Kühllagermöglichkeiten für Fisch, Fleisch, Innereien; Silos für Zerealien und Zusatzfuttermittel sowie Bergeräume für Einstreu.

Umzäunung

Jeder Pelztierproduktionsbetrieb muß unbedingt eingezäunt werden, um Aus- und Einbrüche von Tieren zu verhindern. Auch bei größter Aufmerksamkeit kommt es vor, daß Tiere ihrem Gehege entweichen. Sie werden durch den Zaun am Entkommen gehindert. Innerhalb der Umzäunung ist es verhältnismäßig leicht, ein entlaufenes Pelztier mit Hilfe eines Fangnetzes oder einer Fangfalle wieder einzufangen.

Ein ordnungsgemäßer Zaun verhindert das Eindringen von wildernden Hunden und Wildtieren (Tollwut).

Die *Höhe der Umzäunung* muß sich nach dem zu erwartenden Schnee richten. Da dieser in verschiedenen Gegenden unterschiedlich hoch sein kann, ist es nicht möglich, die Höhe des Zaunes generell anzugeben. Sie sollte aber vom Boden bis zum oberen Rand mindestens 150 cm betragen. Man muß besonders Lagen, in denen es zu Schneewehen kommen kann, beachten. Benutzt man ein 2 m hohes Drahtgeflecht und rechnet mit 20 cm, die in die Erde eingelassen werden, dann erreicht man eine Zaunhöhe von 180 cm, die für die meisten Betriebe ausreichend ist. Bei erhöhtem Schneefall muß der Zaun im Notfall freigeschaufelt werden.

Wichtig ist, daß der Zaun in einer Entfernung von mindestens 3 m von Schuppen und Gehegen entfernt steht und daß sich nicht Bäume und Büsche in unmittelbarer Nähe befinden, die entlaufenen Nerzen als Sprungbrett dienen können und die auch den Arbeitsablauf behindern.

Als *Pfähle* werden Holz-, Beton- oder Eisenrohre verwendet. In der Vergangenheit waren Holzpfähle besonders in kleineren Betrieben sehr verbreitet, da sie billig sind und der Maschendraht sich leicht annageln läßt. Nachteil bei Holzpfählen ist die geringe Haltbarkeit. In wenigen Jahren sind sie faul und brechen bei starkem Wind.

Zaunpfähle müssen in einem Abstand von 3 m ausreichend tief in die Erde eingelassen werden, damit sie dem starken Seitendruck des Windes standhalten. Bei Holzpfählen empfiehlt sich Eiche, Lärche oder Robinie, da diese eine längere Lebensdauer gegenüber Fichte und Kiefer haben. Betonpfähle zeichnen sich durch eine sehr lange Haltbarkeit aus, sind aber teuer und schwer.

In den letzten Jahren hat sich in den modernen Großbetrieben der Eisenpfahl durchgesetzt. Er besteht aus einem Eisenrohr mit einem Durchmesser von 50 mm und einer Länge von 2,50 m. An der Unterseite, die 50 cm tief in die Erde eingelassen wird, befindet sich der besseren Haltbarkeit wegen eine Grundplatte von 15 mal 15 cm. Das obere Ende des Pfahles wird mit einem Deckel verschweißt, damit sich kein Regenwasser stauen kann. Die Eckpfähle werden in Beton eingegossen und seitlich abgestützt. Maschendraht soll für eine Nerzfarm Maschenweiten von 25 mm haben, für eine Fuchsfarm 35 mm, aber nicht darüber hinaus. Am besten ist ein verzinkter Maschendraht mit einer Drahtstärke von 1,60 bis 2,00 mm. Vor Anbringen des Maschendrahtes werden mit Hilfe eines Flaschenzuges drei Spanndrähte von einem Eckpfeiler zum anderen gespannt und an jedem dazwischenliegenden Pfeiler mit Draht befestigt. An diese Spanndrähte wird der Maschendraht, nachdem er von Pfeiler zu Pfeiler mit Hilfe eines Hebelarmes straffgezogen wurde, mit einem Bindedraht befestigt. Man bindet an allen drei Spanndrähten im Abstand von jeweils 1 m den Draht an. Damit die Pelztiere nicht über den Zaun entkommen können, wird oben ein *Überhang* aus Drahtgitter oder Blech, 50 cm breit, angebracht. Der Überhang hat den Nachteil, daß er beim Anbringen sehr arbeitsaufwendig ist. Damit die Nerze den Zaun nicht untergraben, kommt das Drahtgeflecht 15 bis 25 cm tief in den Boden und wird in vielen Fällen noch nach der Farmseite hin umgebogen. Dazu muß ein entsprechend tiefer Graben innen an der Pfahlseite entlang gegraben werden, bevor das Drahtgeflecht angebracht wird. In den letzten Jahren wurde der Überhang mehr und mehr durch einen Kletterstreifen ersetzt. Kunststoff ist besonders gut geeignet, da er nicht verwittert. Der Kunststoff darf bei tiefen Minusgraden nicht brechen, und er muß wärmebeständig sein. Der *Kletterstreifen* soll eine Breite von 50 bis 70 cm haben und kann in verschiedenen Höhen angebracht werden, und zwar mit verzinktem Bindedraht. In Gegenden mit starkem Wind sollte der Kletterstreifen nicht an der oberen Kante des Zaunes befestigt sein, da er sonst eine große Angriffsfläche bietet und der Zaun schnell umfallen kann. Neuerdings werden auch Zäune aus Asbestbetonplatten verwendet.

Jede Abteilung einer größeren Nerzfarm sollte gegenüberliegende *Tore* haben (weißer Eingang, schwarzer Ausgang). Wichtig ist, daß auch die Tore ausbruchsicher und zu allen Jahreszeiten leicht zu öffnen und zu schließen sind. Als Torpfähle sind eiserne Rohre am geeignetsten. Die Pfosten müssen gut in den Boden einbetoniert sein. Durch das Tor muß ein LKW hindurchfahren können, und es soll eine Tür für Personen haben. Jedes Einfahrtstor und jede Tür sind mit einer möglichst gemauerten Desinfektionswanne zu versehen. Es ist ratsam, entlang der Innenseite des Zaunes in gewissen Abständen Kastenfallen aufzustellen. Ausgebrochene Nerze laufen am Zaun hin und her und schlüpfen dann in alle Öffnungen. Günstig ist es, 7 bis 10 m außerhalb des Farmgeländes einen grünen Gürtel als Windschutzstreifen anzupflanzen.

Unterbringung der Nerze

Wohnbox

Die Wohnboxen für Nerze werden immer an der Stirnseite der Käfige am Futtergang des Nerzschuppens angebracht. Die Wohnboxen be-

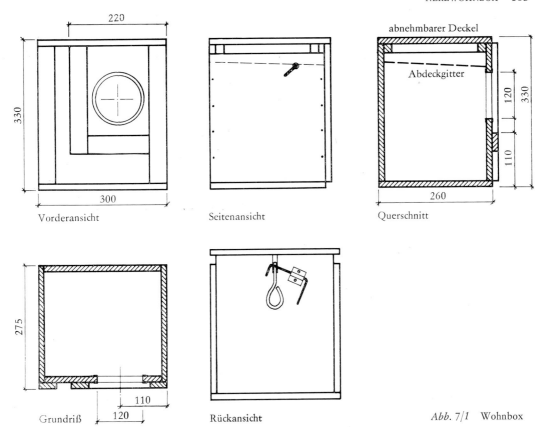

Abb. 7/1 Wohnbox

stehen aus einer Kammer und werden einzeln an jeden Käfig mit kräftigen Krampen von der Innenseite des Gehegeraumes her an das Geflecht genagelt. Es ist auch möglich, Wohnboxen in Form einer Batterie für mehrere Käfige aufzustellen. Die Länge dieser Batterie kann von Schuppenbinder zu Schuppenbinder reichen. Das Herstellen solcher Wohnboxen erfordert einen geringeren Arbeitsaufwand, da Vorder-, Rückwand und Boden aus durchgehenden Brettern bestehen. Es gibt eine Vielzahl von Modellen für Nerzwohnboxen. Im Vergleich zu früheren Jahren wurde die Konstruktion vereinfacht. Doppelwände, Einsatzkästen sowie besonderes Isoliermaterial sind nicht immer notwendig. Es reicht aus, wenn in besonders kalten Wintertagen für ausreichend trockenes Heu bzw. Stroh gesorgt wird. Für unsere Gegend genügen einwandige Wohnboxen, bestehend aus Nadelschnittholz bzw. Spanplatten mit einer Brettstärke von 2 cm.

Die zur Zeit üblichen Wohnboxen haben folgende Außenmaße: Breite 300 mm, Tiefe 260 mm, Höhe 300 mm. Die Wohnbox wird für Wurf- und Aufzuchtzeit verwendet. Bis zu drei abgesetzte Jungtiere werden in einer Wohnbox mit Käfig gehalten. Zuchttiere erhalten jeweils eine Wohnbox allein. Der Boden besteht aus Holz oder aus einem feinmaschigen Drahtgitter, auf das in der Wurf- und Aufzuchtzeit ein passend zugeschnittener, abnehmbarer Holzboden kommt. Durch Herausnehmen des Holzbodens wird in der warmen Jahreszeit für ausreichende Ventilation gesorgt. Der *Deckel* der Wohnbox ist doppelt ausgeführt. Obenauf befindet sich ein nach hinten geneigter und alle Seiten überragender Brettdeckel, der ohne besonderen Verschluß aufgelegt wird. Er ist daher schnell bei Kontrolle oder Säuberung abzunehmen.

Steht nun aber die Wohnbox im Freien, muß der Deckel mit Dachpappe oder einem anderen wasserundurchlässigen Material bezogen werden. Unter dem Holzdeckel befindet sich ein Drahtgitter (Einlegesieb), damit der Nerz bei Kontrollen nicht aus der Kiste springen kann. Das Gitter liegt rechts und links auf einer schmalen Holzleiste, hinten in der Kiste wird es eingehangen. Vorn befindet sich ein einfacher Verschluß. Bei Säuberung der Wohnbox wird der Holzdeckel abgenommen und beiseite gelegt, das Drahtgitter dagegen nach Öffnen des vorderen Verschlusses nur angehoben. Dabei muß der Nerz im Gehege abgeschiebert worden sein. Das Drahtgitter selbst besteht aus einem Metallbügel von 3 mm Rundmaterial, der mit Wellendrahtgitter oder punktgeschweißtem Material in einer Maschenweite von 1 Zoll mal 1 Zoll bespannt ist. Das Drahtgitter muß verzinkt sein.

Das *Schlupfloch* in der Wohnbox ist rund, hat einen Mindestdurchmesser von 10 bis 12 cm und ist an der Vorderwand seitlich rechts angeordnet. Damit die Nerze bei ihrem ständigen Hin und Her von Gehege und Wohnbox ihr Fell an den rauhen Holzkanten nicht abschaben, wird das Schlupfloch mit einem Aluminiumring verkleidet. Das Schlupfloch ist 205 mm hoch angebracht (von Kistenboden bis Lochmitte). Um das Loch wird von drei Seiten eine Holzleiste genagelt. Diese Leisten ermöglichen, einen Metallschieber zwischen Gehege und Kiste anzubringen. So ist es möglich, den Nerz bei Reinigungs- und Reparaturarbeiten aus seiner Wohnbox auszusperren oder in seiner Kiste einzusperren. Da das Absperren des Nerzes oft sehr schnell gehen soll, müssen die Leisten so angebracht sein, daß sich der Metallschieber nicht verklemmen kann. Besonders wichtig ist ausreichende Belüftung der Wohnbox, damit sich innen keine Feuchtigkeit niederschlägt, die bei Frost zu Rauhreifbildung führen kann. Um das zu vermeiden, werden Boxen, die im Schuppen untergebracht sind, außer bei Zuchtfähen während der Reproduktionsperiode (15. April bis 20. Mai), in der Regel nicht mehr mit einem Holzdeckel versehen. Die Vorteile einer holzdeckellosen Haltung von Nerzen unter Schuppen sind u. a.:

- Bessere Durchlüftung der Boxen,
- trockene Boxen, kein Feuchtigkeitsniederschlag,
- saubere Boxen durch Rückgang der Verkotung der Boxen,
- gute Übersicht über den Bestand,
- besserer und zeitiger Haarwechsel im Herbst,
- zeitigere Fellreife und damit früherer Pelzungstermin.

SZUMAN und LERACZYK (1969) aus Polen haben

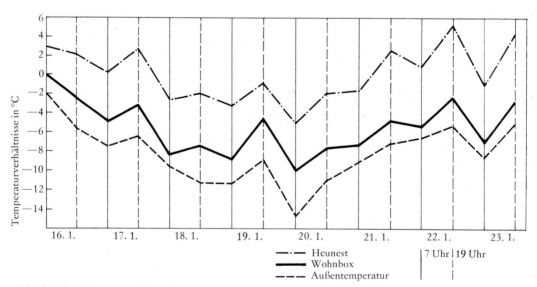

Abb. 7/2 Temperaturverhältnisse (16. bis 23. Januar, jeweils 7 und 19 Uhr) zwischen Außentemperatur, Temperatur in der Wohnbox und im Heunest

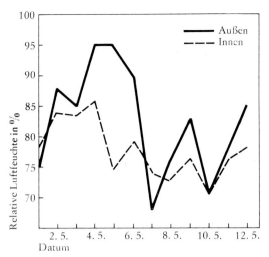

Abb. 7/3 Relative Luftfeuchtigkeit (1. bis 12. Mai) innerhalb und außerhalb der Wohnbox

die Wohnboxen auf Wärmeschutz, Temperaturverhältnisse und relative Luftfeuchtigkeit untersucht und sind zu folgenden Ergebnissen gekommen: Der Unterschied zwischen der Außentemperatur und der Innentemperatur beträgt im April 1 bis 2 Grad Celsius, im Mai 2,3 Grad Celsius und im Januar 2,6 Grad Celsius. Bei sehr niedrigen Temperaturen geben die Holzwände Wärmeschutz. So betrug der Unterschied bei minus 19 bzw. 13 Grad Celsius Außentemperatur 4 bis 4,3 Grad zur Innentemperatur. Bei unüberdachter Wohnbox bewirkt die Sonnenstrahlung in den Sommermonaten eine erhöhte Innentemperatur, die einige Grade über der Außentemperatur liegt. In solchen Fällen ist unbedingt für zusätzliche Belüftung durch Anheben der Kistendeckel zu sorgen. Eine Wohnbox muß zugfrei und trocken sein, weil Feuchtigkeit und Luftzug Erkältungskrankheiten und sogar Lungenentzündungen hervorrufen.

Der *Starenkasten,* eine besondere Form der Wohnbox, weicht im Grundaufbau außer in den unterschiedlichen Maßen kaum von der in der DDR üblichen Standardausführung ab. Der Starenkasten besteht nur aus einem Innenraum und hat in der Regel Abmessungen von 260 mal 260 mal 300 mm. Die Einschlupföffnung befindet sich oben in der Kastenwand und hat einen Durchmesser von 120 bis 130 mm. Wie bei der Standardausführung ist das Schlupfloch seitlich angebracht. Die Starenkästen sind in den meisten Fällen nicht fest mit dem Gehege verbunden, sondern können mit Leichtigkeit seitlich verschoben werden. Durch das Verschieben wird das Schlupfloch verdeckt, und der Nerz ist im Gehege oder im Starenkasten eingesperrt. So ist der Metallschieber zum Absperren nicht nötig.

Der Starenkasten ist ausschließlich für Einzelhaltung von Nerzen vorgesehen. Die aus einem Raum bestehenden kleineren Starenkästen werden von den Tieren sauberer gehalten als größere oder gar mehrteilige Wohnboxen. Der Arbeitsaufwand für die Säuberung ist geringer. Ein Nachteil ist, daß die Einschlupföffnungen zu hoch liegen. Das trifft auch für die in die Gehegedecke eingehängten Starenkästen zu, sofern sie überhaupt für die Zucht verwendet werden. Durch den hohen Einschlupf können die Jungtiere in den ersten Wochen nicht ins Gehege und somit nicht an das Futter.

Nerzgehege

Für Nerzgehege verwendet man verzinktes Drahtgitter in verschiedener Form und von verschiedenem Material. In der Hauptsache gibt es punktgeschweißtes Drahtgitter mit quadratischen oder rechteckigen Maschen und Wellendrahtgitter mit gewebten Maschen.

Punktgeschweißte Drahtgitter werden auf Spezialelektroschweißgeräten geschweißt und verzinkt.

Drahtgitter aus schwarzem unverzinktem Draht ist für die Haltung von Pelztieren gänzlich ungeeignet, da der entstehende Rost auf dem Fell der Pelztiere einen braunen Schleier hinterläßt, der den Wert des Felles stark mindert. Besonders gefährlich ist die Verwendung von verrostetem Drahtgitter für die Haltung von hellen Mutationsnerzen. Außerdem hält ein schwarzes Gitter im Vergleich zu einem verzinkten Gitter nur ein Viertel der Zeit. Um die Haltbarkeit unverzinkter Gehege zu erhöhen, sind Schutzanstriche möglich, jedoch ist der Aufwand größer als der Nutzen.

Bei der Wahl des Drahtgitters für den Gehegebau ist zu berücksichtigen, daß Nerzwelpen bis zu einem Alter von sechs Wochen durch Maschen mit einer Weite von 25 mm leicht hindurchfallen. Um das zu verhindern, legt man in vielen Betrieben Roste aus Drahtgitter desselben Typs, aber mit einer engeren Maschenweite (10 mm) ein bzw. unter oder wählt Gehege mit entsprechender Maschenweite.

Für Nerzgehege gilt folgendes:
- Es muß aus einem Drahtgitter bestehen, das ohne jedes Skelett erbaut werden kann.
- An keiner Stelle der Bodenfläche darf sich eine Leiste oder ähnliches befinden, auf der sich Kot und Futterreste sammeln können.
- Das Drahtgitter muß verzinkt, leicht und stabil sein und mindestens acht bis zehn Jahre halten.
- Füttern, Tränken und Säubern sollen möglichst einfach durchführbar sein.
- Die Gehegeklappe muß sich leicht und sicher schließen und öffnen lassen.
- Herausnehmen und Hineinsetzen der Nerze soll mühelos erfolgen können.
- Der Einbau in den Nerzschuppen muß unkompliziert vor sich gehen, damit es jederzeit möglich ist, einzelne Gehege auszuwechseln.
- Da die Bodenfläche der Gehege durch Kot, Urin und mechanische Beanspruchung dem größten Verschleiß unterliegt, muß diese mit wenigen Handgriffen auswechselbar sein.
- Das Nerzgehege soll billig in Material und Herstellung sein.

Das punktgeschweißte Gehege ist *feuerverzinkt* und sehr stabil. Die Abmessungen des Geheges sind:
- Breite 300 mm,
- Höhe 400 mm und
- Länge 900 mm.

Der *Gehegeboden* besteht aus einer Maschenweite von 1 Zoll mal 1 Zoll, wobei die letzten fünf Maschen als Kotstelle vergrößert sind, so daß die Maschenweite im letzten Viertel zur besseren Säuberung 1 Zoll mal 2 Zoll beträgt.

Die *Seitenwände* sind so ausgeführt, daß die rechte Seite eine Maschenweite von 1 Zoll mal 2 Zoll und die linke Seite eine Maschenweite von 1 Zoll mal 1 Zoll hat.

Die *Gehegeklappe* hat eine Maschenweite von 1 Zoll mal 1 Zoll, wobei im vorderen Drittel eine Masche vergrößert wurde, so daß dort eine Maschenweite von 1 Zoll mal 2 Zoll entsteht. Die vergrößerte Masche ist zum Durchdrücken des Futters mit dem Fütterungsautomaten auf das Futterbrett, während der hintere Bereich der Klappe mit den engeren Maschen zum Futterauflegen gedacht ist. Das übrige Gehegeoberteil hat eine Maschenweite von 1 Zoll mal 2 Zoll. An der Vorder- und Rückseite des Geheges beträgt die Maschenweite 1 Zoll mal 1 Zoll.

Punktgeschweißte, feuerverzinkte Gehege halten bedeutend länger, da sich an den Drahtschnittpunkten keine Kot- und Futterreste festsetzen können. Es ist zweckmäßig, die Wohnbox so am Gehege zu befestigen, daß sie mit einem Handgriff ein- und ausgehangen werden kann. Das erleichtert das Auswechseln der Boxen und auch die Reinigung, zudem kommt man leichter an die Tiere heran, wenn man nämlich bei einer notwendigen tierärztlichen oder anderen Behandlung die Wohnbox samt Nerz herausnehmen kann.

Nerzschuppen

Seit den Anfängen der Nerzzucht gibt es den Nerzschuppen. Allerdings wurde er nur in Gegenden mit extremen klimatischen Verhältnissen (sehr hohe Schneelage) gebaut. Die großen Freilandgehege der vergangenen Jahre erforderten hohe Kosten und waren in der Unterhaltung viel zu arbeitsaufwendig. Bei Großfarmen spielte der Bedarf an Grundfläche und innerbetrieblichen Transportwegen eine entscheidende Rolle. Die moderne Schuppenbauweise in der Edelpelztierproduktion bildet die Voraussetzung für industrielle Fellproduktion in Großfarmen.

Vorzüge der Schuppenbauweise gegenüber der herkömmlichen Freilandgehegehaltung der Nerze sind folgende:
- bedeutend längere Haltbarkeit der Gehege und Nerzkisten; Einsparung des Holzdeckels auf den Boxen (Materialeinsparung);
- geringerer Arbeitsaufwand beim Füttern, Tränken und Einstreuen je nach Mechanisierungsgrad der Schuppen;
- in der warmen Jahreszeit kann auf Einstreu ganz verzichtet werden;

NERZSCHUPPEN 169

Großfarm für Nerze

Nerzschuppen, im Hintergrund Fuchsschuppen

FARMANLAGEN

Nerzschuppen

Umzäunung aus Holz

Drahtzaun mit Kletterstreifen

Nerzschuppen im Bau

Futtergang eines Nerzschuppens

1/2 FARMANLAGEN

Welldrahtgehege

Punktgeschweißtes Gehege

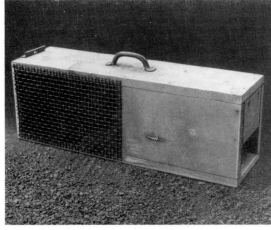

Fangfalle

NERZGEHEGE 173

Blick in eine Nerzhalle, Boxen und Gehege

Nerzhalle

Fuchsgehege mit Wurfkiste

FUCHSGEHEGE 175

Fuchsschuppen in der DDR

Fuchsschuppen in Dänemark

Fuchskiste im Zuchtschuppen

Einzelnes Fuchsgehege mit Holzrahmen

Zweistöckiger Fuchsschuppen in der Mongolei

- eine wettergeschützte und gesündere Aufzucht ist möglich;
- mit niedrigeren Temperaturen unter dem Dach sind erhöhte Futteraufnahme und damit eine bessere Entwicklung der Jungtiere verbunden. Gleichzeitig wird das auf die Gehege verteilte Futter länger frisch gehalten;
- durch Konzentration von großen Tierbeständen auf engem Raum verringert sich der Flächenbedarf. Damit ist eine Verkürzung der Arbeits- und Transportwege und nicht zuletzt eine bessere Überwachung der Tiere möglich;
- die Fellqualität wird bei Schuppenhaltung bedeutend verbessert. Bei den verschiedenen Mutationen werden die einzelnen Farbnuancen immer feiner. Da Nerze in Freigehegen den Witterungseinflüssen und vor allem der Sonne ausgesetzt sind, können die feinen Farbabstufungen nur unter Dach erzielt werden;
- nicht zuletzt wird die Arbeit der Züchter erleichtert, da sie zu einem großen Teil im Schuppen verrichtet werden kann.

Schuppen für Nerze und Füchse haben im Prinzip die gleiche Bauweise. Sie sollen billig, einfach in der Konstruktion sein und allen Anforderungen entsprechen. Die Nerzschuppen besitzen ein Satteldach, welches hoch genug sein muß, um einen aufrechten Gang der Beschäftigten zu erlauben. Dabei dürften 2,30 m in den meisten Fällen genügen. In großen Pelzungsschuppen mit vier bis sechs Käfigreihen ist der Dachfirst bedeutend höher, damit das erforderliche Dachgefälle zustande kommt.

Der *Universalschuppen* besteht aus einer Stahlrohrkonstruktion. Die Einzelteile eines Schuppens sind standardisiert und ihre Herstellung unkompliziert. Die Länge der Schuppen kann je nach Geländelage verschieden sein. In der Regel beträgt sie jedoch 40 bis 60 m. In vielen Farmen werden die im Grundprinzip gleichen Schuppentypen aus Holz hergestellt. Die Schuppen sind entsprechend der Geländelage aufzubauen, wobei möglichst die Nord-Süd-Richtung einzuhalten ist. Dadurch scheint jeweils die Vormittags- bzw. Nachmittagssonne auf eine Gehegereihe. Die Lichtverhältnisse des Innenraumes spielen bei der Pelztierzucht eine entscheidende Rolle. Das Licht bildet für Nerze und Füchse den reflektorischen Reiz für die wichtigsten biologischen Prozesse wie Verpaarung (Ranz) und Haarwechsel. In der Praxis konnten auf diesem Gebiet interessante und aufschlußreiche Untersuchungen gemacht werden.

Durch ein zu niedriges Schuppendach über den Gehegen und durch zusätzliche Schneeverwehungen im Februar wird den Tieren die notwendige Lichtmenge entzogen, was den Brunstzyklus bei Rüden und Fähen verzögert.

Für die *Dacheindeckung* der Nerzschuppen ist ein Material zu verwenden, das seiner Masse nach leicht ist, sich bequem bearbeiten läßt, die Strahlungswärme auf ein Mindestmaß herabsetzt und somit die Temperaturverhältnisse im überdachten Raum günstig beeinflußt. Besonders gut geeignet sind Welleternit und Wellaluminium. Wellaluminium ist sehr leicht, reflektiert die Sonnenstrahlen, und der Schnee bleibt nicht darauf liegen. Bei Dachziegeln ist bei der Konstruktion der Schuppen (Stützen, Binder und Querstreben) die Masse des Daches und die der Schneelast zu berücksichtigen. Die Temperaturverhältnisse unter einem Ziegelsteindach sind gut, jedoch wird diese Bauweise hinsichtlich des Materialaufwandes nur selten angewandt.

Zinkblech ist wegen der großen Wärmeabgabe in den Schuppenraum ungünstig. Schilf- oder Rohrdächer müssen einen steilen Dachwinkel haben, sind feuergefährlich, kostenaufwendig und Ungeziefer läßt sich darin nieder. Weiter gibt es auch Schiefer- und Schindeldächer. Diese kommen nur für solche Gegenden in Frage, wo das Material billig hergestellt werden kann. Dachpappendächer benötigen einen vollständigen Bretterbelag als Unterlage. Sie sind teuer und arbeitsaufwendig. Bei starker Sonneneinstrahlung ist es unter Pappdächern sehr heiß.

Der *Mittelgang* im Schuppen wird zum Käfiguntergrund um mindestens 15 cm höher angelegt. Somit kann er nicht durch Schmelz- oder Tauwasser aufgeweicht und unpassierbar werden. Will man den Mittelgang asphaltieren, ist zu beachten, daß Asphalt nur auf Schotter, in keinem Fall aber auf Schlacke gegossen werden darf, da sonst Ratten Löcher graben können. Der Mittelgang kann auch mit Betonplatten

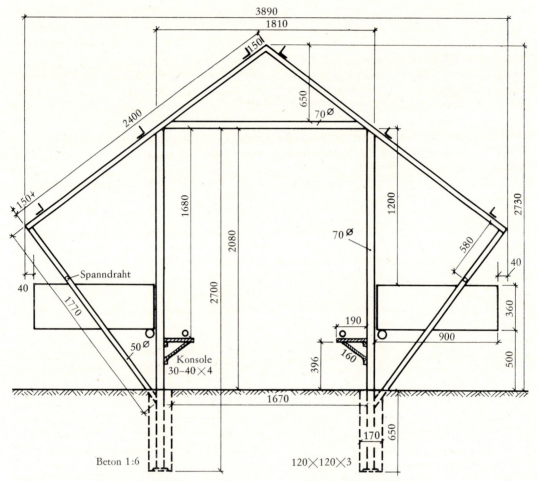

Abb. 7/4 Nerzschuppen (Grundriß)

oder Stampfbeton befestigt werden, was allerdings kostenaufwendig ist.

Die Gänge können aus Schlacke gestampft sein. Sie haben sich im Sommer und Winter gut bewährt. Die gesamte Grundfläche der Nerzschuppen zu betonieren oder mit Platten auszulegen, sieht schön aus, muß aber wegen zu hohem Kostenaufwand abgelehnt werden. Außerdem finden die Ratten hier Unterschlupf, aus dem sie sich nicht mehr verdrängen lassen. Es besteht auch die Gefahr, daß der Beton durch Frosteinwirkungen reißt. In den Spalten sammelt sich Urin und Kot und bildet eine Brutstätte für Insekten und Fliegen. Das Bodenklima wird durch Betonuntergrund ebenfalls ungünstig beeinflußt. Um den Kot abzuspülen, wird viel Wasser gebraucht. Die Praxis hat gezeigt, daß eine Farm in den meisten Fällen nicht imstande ist, die großen Wassermengen bereitzustellen. Der natürliche Boden unter den Käfigen saugt dagegen den Urin gut auf, und der Kot kann mit Hilfe von Kleindumpern periodisch weggeräumt werden.

Um die Fütterung durch Automaten zu mechanisieren, wird empfohlen, bei Schuppen auf feuchtem Grund, auf Flächen mit unebenem, steinigem Gelände und in Gebieten mit großem Schneeanfall im Gang einen Fußboden in der richtigen Höhe und mit einer sauberen, festen und glatten Oberfläche zu bauen.

Die seitliche Lichtöffnung zwischen der Dach- und Käfigkante soll mindestens 50 cm betragen. Dabei ist zusätzliche Beleuchtung durch die Dachfläche nicht erforderlich, in den Betrieben aber dennoch des öfteren zu finden. Bei Nerzschuppen, die länger als 60 m sind, macht es sich erforderlich, an den Längsseiten Durchgänge zu schaffen. Sie erweisen sich besonders aus arbeitswirtschaftlichen Gründen als vorteilhaft. In der Sowjetunion werden die Nerzschuppen mit einer Schienenhängebahn für den Futtertransport ausgerüstet. Das Gelände für den Bau von Nerzschuppen sollte möglichst eben liegen oder gut ausplaniert werden, da Gefälle die künftigen Arbeiten erheblich erschweren. Als Beispiel sei folgende Bauweise genannt:

- Stahlbaukonstruktion,
- Dacheindeckung aus Wellasbest,
- Zentraler Futtergang,
- Mittelgang, mindestens 15 cm höher als der Käfiguntergrund,
- Boden aus Schlacke gestampft,
- Nestboxen an der Stirnseite der Käfige am Futtergang,
- Käfige beidseitig am zentralen Futtergang angeordnet.

Die *Herstellung eines Nerzschuppens* sei hier kurz beschrieben. Die Konsolen bestehen aus 230 mm langem Flachstahl. Die Flachstahlstücke werden auf einer Länge von 190 mm angerissen, im Schmiedefeuer rotwarm erhitzt und im Schraubstock rechtwinklig abgebogen. Als Stütze für die Konsole verwendet man Rundmaterial, das auf 19 mm Länge geschnitten, im Schmiedefeuer rotwarm erhitzt und danach flach geschmiedet wird. Die Stützen werden in den Schraubstock gespannt und mit dem Hammer an der flach geschmiedeten Stelle stumpfwinklig abgebogen. Anschließend muß man die Stützen mit den Konsolen elektrisch verschweißen. Die Konsolen dienen später als Auflage für die Nerzboxen. Zur Befestigung der von Binder zu Binder reichenden Längsrohre verwendet man Rundstahl mit einem Durchmesser von 8 mm. Das Rundmaterial wird mit Hilfe einer Hebelschere auf 130 mm Länge geschnitten und anschließend im Schraubstock rechtwinklig abgebogen. Damit beim Befestigen der Längsrohre möglichst wenig Stifte abbrechen, wird für den Schraubstock eine Einlegebacke mit abgerundeter Ecke angefertigt.

Um eine größere Standfestigkeit der Binder im Boden zu erreichen, schweißt man um die Ständer eine Grundplatte aus 2 bis 5 mm starkem Tafelblech mit den Abmessungen 100 mal 100 mm an. Für die Grundplatte können alle anfallenden Materialreste verwendet werden. Die Ständer bestehen aus Rohren mit einem Durchmesser von 70 mm. Von diesen Rohren werden jeweils zwei nebeneinander auf der Maschinensäge auf 2 700 mm Länge geschnitten. Am oberen Ende schmiedet man die Ständer auf dem Amboß etwas flach, damit sie sich später beim Verschweißen besser anpassen.

Die Mittelstücke bestehen ebenfalls aus 70 mm starken Eisenrohren, auf 1 810 mm Länge geschnitten. Danach werden sie im Schmiedefeuer rotwarm erhitzt, in Gesenk gelegt und mit Hilfe eines 35 bis 38 mm starken Rundeisens und einem Handhammer schräg eingeknickt. Ist das eine Ende abgekühlt, folgt das andere. Die beiderseitigen Streben bestehen aus 55 mm starken Rohren, geschnitten auf 1 850 mm Länge. Die zugeschnittenen Streben werden auf einer Seite 50 mm flach geschmiedet, im Gesenk hohl geschmiedet und auf der Kante abgebogen. Sind sie abgekühlt, wird 580 mm von oben ein Loch mit einem Durchmesser von 10,2 bis 10,5 mm für den Spanndraht hineingebohrt. An den Spanndraht kommen später die Gehege. Damit entfallen unter den Gehegen Leisten oder Rohre als Auflage, auf denen sich Kot ansammeln würde. Für die Dachstücke nimmt man 38 mm starke Rohre, geschnitten auf 4 800 mm Länge. Genau die Mitte wird angerissen, im Schmiedefeuer erhitzt, mit einem Schrotbeil leicht eingeknickt und nach einem Muster im richtigen Winkel abgebogen.

Sind alle Einzelteile fertig, wird der Binder auf eine speziell dafür gebaute Lehre, die mit Anschlägen versehen ist, zusammengeschweißt. Das geschieht folgendermaßen: Zuerst legt man das Dachstück auf, dann das Mittelstück, die Ständer, zuletzt die beiden äußeren Streben. Danach werden Mittelstück und Dachstück miteinander verschweißt, es folgen die Ständer. Die Streben sind am Ständer und dann mit dem Ende des Dachstückes zu verbinden. Am Dachstück werden auf jeder Seite drei Befestigungsstifte für die Längsrohre angeschweißt, und zwar im Abstand 150 mm, 1200 mm und 2250 mm von unten. Die Konsolen sind auf der Innenseite der Ständer 1680 mm von oben anzuschweißen und am Ende ebenfalls mit Befestigungsstiften zu versehen. Die Rohre, die später damit befestigt werden, dienen als Auflage und zum Befestigen von Gehegen und Nerzboxen.

Auf dem planierten Gelände wird als erstes ein Abstand von 3 m vom Farmzaun abgesteckt. Der Zwischenraum von Nerzschuppenkante zu Nerzschuppenkante muß ebenfalls 3 m betragen. Diese Abstände sind erforderlich, um beispielsweise mechanisiert entmisten zu können. Die Stellen für die Endbinder sind genau auszufluchten und zu markieren. Dabei ist wichtig, daß die Schuppen im rechten Winkel stehen. Die Löcher für die Binder werden auf einer Fläche von 25 mal 25 cm und 65 cm tief ausgehoben. Der Binder kommt in die ausgehobenen Löcher, auf die richtige Höhe, senkrecht und waagerecht ausgerichtet und wird mit einer Kies-Zement-Mischung 4:1 festgestampft. Der entgegengesetzte Binder des Schuppens wird in einem Abstand von 58,50 m aufgestellt. Für einen 58,50 m langen Nerzschuppen, in dem 300 Gehege Platz haben, benötigt man 16 Binder. Der Abstand von einem Binder zum anderen beträgt 3,82 m. Zwischen zwei Binder kommen auf eine Seite zehn Gehege. Um die genauen Abstände sowie die Seitenflucht einzuhalten, verwendet man genau zugeschnittene Meßlatten. Sollen auf einem Gelände mehrere Nerzschuppen aufgestellt werden, so setzt man zuerst sämtliche Anfangs- und Endbinder. Sobald der Beton angebunden hat, beginnt das Anbringen der Längsrohre auf dem Dach, zuerst das Rohr an der Dachoberkante. Es folgen die mittleren und zum Schluß die unteren Rohre. Die einzelnen Rohrstücke werden am Dach entlang miteinander verschweißt, so daß auf jeder Dachseite zum Schluß drei Rohre von der Länge des Schuppens liegen. Während man Anfang und Ende der Längsrohre mit den Entbindern fest verschweißt, wird die Verbindung mit den anderen Bindern nur mit Hilfe der Befestigungsstifte hergestellt, indem man sie um das Längsrohr biegt. Dann werden die Rohre für die Kisten und Gehege aufgelegt, am Schuppen entlang zusammengeschweißt und mit Hilfe der Befestigungsstifte fixiert. Ist der Schuppen aufgestellt, erhält die gesamte Eisenrohrkonstruktion einen Korrosionsschutz, noch bevor Gehege und Kisten eingebaut werden bzw. das Dach eingedeckt wird.

Unterbringung der Füchse

Fuchskiste

Fuchskisten werden aus gehobelten und gefugten Brettern, 20 mm stark, gebaut. Sie bestehen aus einem Vorraum und einem Nistraum. Vorraum und Nistraum sind durch ein Schlupfloch miteinander verbunden. Um das Geschehen in der Fuchskiste zu beobachten, ist der Kistendeckel durch Anheben leicht zu öffnen. Er ist mit zwei Scharnieren an der Kiste befestigt. Damit der Fuchs beim Öffnen des Kistendeckels nicht gleich herausspringen kann, befindet sich ein mit Maschendraht bespannter Holzrahmen darunter. Vielfach wird eine zusätzliche Einsatzkiste, in der die Fähe wirft, eingebaut. Die Wand zwischen Außenkiste und Einsatzkiste wird zur Wärmedämmung mit Heu ausgestopft. Zum Reinigen ist es besonders günstig, wenn sich der Boden öffnen läßt.

Fuchsschuppen

Der Fuchsschuppen, in dem die Tiere einzeln in ihren Käfigen sitzen, hat sich in den spezialisierten Fuchszuchtbetrieben durchgesetzt. Die Schuppen müssen in Nord-Süd-Richtung stehen. Bauausführung und Material sind ähnlich wie beim Nerzschuppen.

In der Sowjetunion gibt es zwei Käfigtypen; für Fähen und Welpen einen Einheitskäfig, der in einem Fuchsschuppen untergebracht ist. Dagegen verwendet man für Rüden einzeln stehende Gehege, in denen die Tiere verpaart werden. Das unter den Schuppen eingebaute Gehege für Fähen und Welpen besteht aus einem mit Maschendraht bespannten Holzrahmen, und zwar

300 mal 100 mal 70 cm. Das Gehege kann durch Trennwände (herausnehmbare Platten) in drei Segmente aufgeteilt werden, von denen jedes Segment mit einer Tür, einem Futterbrett und einem Trinkbecher ausgestattet ist. Vor dem Absetzen wird das Gehege durch Einsetzen der Platten in drei Teile gegliedert. Während der Wurfzeit kommt in die Ecke des Geheges eine Wurfkiste, sie bleibt dort bis zum Absetzen der Jungtiere.

In einem 60 m langen Fuchsschuppen können 40 Fähen mit ihrer Nachzucht untergebracht werden. Die in Schuppen gehaltenen Tiere haben bedeutend bessere Felle als die in freistehenden Gehegen.

Fuchsgehege

In einigen Ländern ist man zu einem einheitlichen Gehegetyp für die Haltung von Blau- und Silberfüchsen übergegangen. Das Gehege besteht aus einem geschweißten, stabilen Rohrrahmen, der mit Wellendrahtgitter bespannt ist. Die Rohrstärke beträgt 30 mm. Der Gehegeboden aus Wellendrahtgitter steht 80 cm über dem Boden. Alle Gehege haben einheitliche Maße von 200 mal 100 mal 100 cm. Sie stehen einzeln, aber in Reihen einander gegenüber, so daß ein Gang zum Füttern und Tränken entsteht. Außen an den Gehegen befinden sich die Kisten. Um die Füchse vor Witterungseinflüssen und vor allem vor Sonnenstrahlen zu schützen, hat jedes Gehege ein Dach aus Welleternit.

In vielen Farmen werden die Fuchsgehege aus 6 mal 5 cm starken Kanthölzern gebaut und mit Drahtgitter von 4 bis 5 cm Maschenweite bespannt. Tür und Kiste befinden sich auf einer Seite. Das ist wichtig für das Einfangen der Füchse mit dem Fangnetz oder Fangkoffer. Die Gehege können unmittelbar aneinander stehen.

Farmmechanisierung

Durch Haltung von Pelztieren unter Schuppen ist es möglich, Füttern, Tränken und Entmisten zu mechanisieren. Kann das grundlegend geschehen, verringern sich die arbeitsaufwendigen Prozesse, und die Tiere können betreut werden, ohne die Käfige zu öffnen. Diese werden nur noch zur gründlichen Reinigung aufgemacht.

Futterküche

Die Zubereitung des Futters hat in der Pelztierzucht eine besondere Bedeutung, da schnell verderbende Fisch-, Fleisch- und Milchprodukte in roher oder gekochter Form verfüttert werden.

In der Futterküche müssen sich ein Wasseranschluß und ein Ablauf befinden. Sie muß Feuchtigkeit vertragen und leicht sauber zu halten sein. In der Küche befinden sich elektrisch betriebene Wölfe, Mischer und eine Kochanlage für Zerealien. In der Futterküche wird das Futter sorgfältig zerkleinert, gemischt und in dickbreiiger Form zur Farm gebracht. In großen Nerzfellproduktionsbetrieben muß die Futterküche eine Kapazität haben, um 50 bis 60 t Fertigfutter an einem Tag herzustellen.

Zentralfutterküchen wie sie in skandinavischen Ländern üblich sind, können bis 250 t Fertigfutter täglich herstellen. In Norwegen, Dänemark und Finnland werden z. Z. etwa 75 % des gesamten Pelztierfutters in Zentralfutterküchen hergestellt.

Dazu benötigt man eine große Anzahl unterschiedlicher Futtermittel. Bereits zerkleinerte Fisch- und Fleischprodukte dürfen, besonders in den Sommermonaten, nicht aufbewahrt werden. Ist das Futter zerkleinert, muß es sofort gemischt und verfüttert werden.

In den verschiedenen Zuchtperioden ist beim Zerkleinern auf den *Feinheitsgrad* zu achten. Wenn die Jungtiere anfangen zu fressen, verwendet man eine Lochscheibe mit einem Durchmesser von 8 mm. Ab 1. Juli kann eine Lochscheibe mit normalem Durchmesser von 10 mm verwendet werden. Anschließend ist das zerkleinerte Futter sorgfältig zu mischen. Alle Grund- und Zusatzfuttermittel müssen gut und intensiv miteinander vermengt sein. Eine entscheidende Rolle spielt der Flüssigkeitsanteil, bestehend aus Blut, Milch oder Wasser. Bei zu geringem Flüssigkeitsanteil ist der Mischprozeß erschwert und ein gründliches Vermengen aller Bestandteile (vor allem der in kleinen Mengen beigegebenen Futtermittel) nicht möglich. Das Futter sollte von dickbreiiger Konsistenz sein, mit gewisser Formbeständigkeit.

Für die erste Jungtierfütterung (etwa vom 20. Mai bis 1. Juli) muß etwas mehr Flüssigkeit beigegeben werden. So können es die Tiere besser aufnehmen. Im allgemeinen fressen Pelztiere von wasserreichem Futter mehr auf als von trockenem. Es ist aber ratsam, das Futter in den Wintermonaten nicht so feucht herzustellen.

Mit einem *Homogenisator* wird das Futter nach dem Mischprozeß nachträglich zu einer pasteartigen Masse zerkleinert. Das erhöht die Verdaulichkeit, besonders in den ersten Lebenswochen der Jungtieraufzucht, und verringert die Verluste beim Ausbringen des Futters auf das Drahtgitter der Gehege. Um die Deckenschäden im Fell (Futterflecken) durch abtropfendes Futter so gering wie nur möglich zu halten, ist es notwendig, daß vor dem Haarwechsel bis zur Fellreife mit Hilfe des Homogenisators ein feines Futter hergestellt wird. Je feiner die Konsistenz des Futters ist, um so größer ist die Wasserbildung. Beim Bau einer Futterküche ist folgendes zu beachten:

● Futterküche und Kühllagerraum müssen sich in einem Gebäudeteil oder in unmittelbarer Nähe befinden;

● die Entfernung der Futterküche zu den Farmanlagen muß so sein, daß möglichst geringe Transportwege entstehen;

● gute Zufahrtswege für die Anlieferung des Rohfutters sowie für die Auslieferung des Fertigfutters sind erforderlich;

● die Versorgung mit einwandfreiem kalten und warmen Wasser muß im Sommer und im Winter gewährleistet sein. Eine ausreichende Kanalisation ist notwendig;

● die Futterküche muß ausreichend mit Dampf und Strom versorgt sein.

Für den Bau einer Futterküche wird trockenes Gelände gewählt. Um die gesamte Futterküche kommt eine 10 bis 15 m breite Beton- oder Asphaltdecke. Das erleichtert den Transport und ermöglicht, das Futter hygienisch einwandfrei und schnell aufzubereiten. Hier sollte sich der Lagerplatz für Paletten, Transportkübel, Futterfahrzeuge, Gefäße usw. befinden.

Der *Maschinenraum* der Futterküche muß geräumig und hell sein. Die Fensterfläche sollte daher mindestens ein Fünftel der Fußbodenfläche betragen. Der Fußboden in der Futterküche muß betoniert und mit einem Estrichbelag versehen sein. Besonders günstig ist es, wenn die Wände der Futterküche mit hellen Fliesen bis zu 2 m Höhe ausgekleidet sind.

Die Heizung der Futterküche ist so anzulegen, daß die Räume gut austrocknen, sich kein Dampf bildet und die Fenster nicht beschlagen. Der Wasserbedarf einer Futterküche liegt bei ungefähr 3 m^3 Wasser für 1000 Zuchtfähen. Durch die Kanalisation der Futterküche fließt viel Wasser, das mit Blut, Sand, Fett, Fisch- und Fleischresten vermischt ist. Damit die Anlage nicht verstopft und leicht zu reinigen ist, müssen die Rohre unter dem Fußboden ohne spitze Winkel gelegt sein. Bevor das Schmutzwasser in ein natürliches oder künstliches Klärbecken gelangt, muß es einen Fett- und Schlammabscheider durchlaufen. Diese Abscheider sind so anzulegen, daß sie in bestimmten Abständen leicht gereinigt werden können.

Für Futterküche und Futterkühlhaus benötigt man in einer Pelztierfarm den meisten Strom. Es ist deshalb zweckmäßig, den Transformator der Hochspannungsleitung in unmittelbarer Nähe dieser Anlagen zu errichten. Alle elektrischen Anlagen und Leitungen in der Futterküche sind nach den Vorschriften für Räume mit erhöhter Feuchtigkeit zu legen. Der nasse betonierte Fußboden einer Futterküche ist ein sehr guter Stromleiter. Um Unfälle zu vermeiden, müssen die Isolierungen der Leitungen und die Erdung der Motoren von dem dafür verantwortlichen Mitarbeiter sorgfältig ausgeführt und ständig kontrolliert werden. Jeder Beschäftigte einer Futterküche muß über den Arbeitsschutz bei Handhabung von elektrischen Anlagen genauestens unterrichtet sein.

Beim Verarbeiten gefrorener Futtermittel müssen diese vorher aus dem Gefrierlagerraum kommen, damit sie auf- bzw. antauen. In maschinell ausgestatteten Futterküchen können auch gefrorene Futtermittel verarbeitet werden. Großfarmen verfügen oft über *Frostblockzerkleinerer,* in denen große Frostblöcke erst grob zerkleinert werden, bevor sie in den Wolf kommen.

Unentbehrlich für eine Futteranlage sind *Fördereinrichtungen* (Fließbänder, Futterschnecken, Elevatoren), die Rohfutter in den Hacker, zerkleinertes Futter in den Mischer und Fertigfutter in den Futtertransportwagen befördern. Fördereinrichtungen sind aus einer modernen Futterküche nicht mehr wegzudenken; durch sie kann die Arbeitsproduktivität erheblich gesteigert werden. Zerealien sollte man in entsprechender Menge durch einen Schacht direkt in den Futtermischer schütten. Dazu muß sich oberhalb des Futtermischers ein Einschütt-Trichter befinden.

In vielen Großfarmen werden Zerealien gekocht. Gekocht wird nachts, um dadurch den billigen Nachtstrom auszunutzen. Morgens, wenn das gefrostete Futter verarbeitet wird, kommt der heiße Brei von oben direkt in das Rührwerk des Futtermischers.

Mehr und mehr Betriebe setzen gedämpfte Kartoffeln dem Nerzfutter zu. Es ist – ähnlich wie bei den Zerealien – ratsam, die gedämpften Kartoffeln im heißen, frischen Zustand dem Futter beizugeben. Zerkleinert werden sie im *Hacker (Wolf)*. Schlacht- und Schlachtnebenprodukte vom Schwein sind generell gekocht bzw. gedämpft dem Futter beizugeben. Diese Aufgabe übernehmen die Schlachthöfe für die Nerzfellproduktionsbetriebe. Es ist streng darauf zu achten, daß beim Verarbeiten von leicht verderblichen Futtermitteln alle Lagerräume und die Futterküche mit den Maschinen gründlich sauberzuhalten sind.

Ein modernes Futterkühlhaus mit einer Kapazität von 50 bis 70 t Fertigfutterproduktion besteht aus folgenden Teilen:
- *Maschinenraum* (Kühlmaschinen),
- *Frosttunnel* mit Manipulationsräumen,
- *Frostlagerräume,*
- *Futterküche* mit den Maschinen für die Futterzubereitung, bestehend aus Fleischwölfen, Mischern, Homogenisatoren und Breikochanlage. Diese Maschinen sind durch Fördereinrichtungen (Schaberaufzüge, Querförderschnecken, Dickstoffpumpen) miteinander verbunden. Um Ausfälle bei Havarien zu vermeiden, sind jeweils zwei von einander unabhängige Futterproduktionslinien aufzustellen.
- *Lagerraum* für Zerealien und Zusatzfuttermittel,
- *Abnahmeplatz* für Fertigfutter,
- *Sozialteil* mit Sanitär- und Aufenthaltsraum für die Beschäftigten.

Die Arbeit in einer modernen Futterküche läuft wie folgt ab:

Da im ersten Halbjahr nur 25 % des Gesamtjahresfutterbedarfes benötigt werden, ist es notwendig, den größten Teil der erfaßten Schlacht- und Schlachtnebenprodukte einschließlich Fisch einzufrosten. In dieser Zeit nimmt die Einfrostung und Einlagerung den größten Anteil der Arbeitszeit in Anspruch.

Futtermittelerfassung und Transport

Die auf den Schlachtbetrieben für die Nerzfütterung bereitgestellten Schlacht- und Schlachtnebenprodukte von Schwein, Rind und Geflügel sowie ein Teil des Futterfisches von der Küste werden ausschließlich mit LKW in frischer Form täglich abgeholt.

Futtermittelerfassung

Da jede starke Keimanreicherung im Futter bei den Nerzen zu Leistungsminderungen bzw. je nach Art der Keime auch zu Erkrankungen führt, muß es das Ziel der Schlachtbetriebe sein, ein qualitativ hochwertiges, für die Tiere gesundheitlich unbedenkliches Futter bereitzustellen. Dazu gehören eine ordnungsgemäße *Reinigung* der Schlachtnebenprodukte nach der Ausschlachtung, eine ausreichende *Abkühlung* mit kaltem Leitungswasser und eine kühle, trockene, insekten- und nagetierfreie *Lagerung*. Der Lagerraum muß mit einer ausreichenden Ventilation versehen sein.

Die Schlachtnebenprodukte vom Schwein müssen ausreichend *durchgekocht* werden, um der Aujeszkischen Krankheit vorzubeugen. Nach dem Kochprozeß werden die Schweineschlachtnebenprodukte mit kaltem Leitungswasser auf mindestens 15 °C heruntergekühlt.

Pansen müssen grundsätzlich hängend gelagert werden. Schlachtnebenprodukte vom Geflügel werden in gemischter Form (Ständer, Köpfe, Därme) gleichmäßig in Transportgefäße eingebracht und ständig mit unterkühltem Wasser herabgekühlt.

Kurz vor dem Abholen werden alle Schlacht- und Schlachtnebenprodukte in Transportgefäße mit den Abmessungen von 80 cm Breite, 120 cm Länge und 100 cm Höhe gebracht und mit Hilfe von Gabelstaplern auf den LKW geladen.

Futtermitteltransport

Das Abholen der Schlacht- und Schlachtnebenprodukte von Schwein, Rind und Geflügel wird von den Empfängern grundsätzlich mit dem LKW durchgeführt. Dabei ist der Transport so zu gestalten, daß die Schlachtnebenprodukte in frischer Form so schnell wie möglich verfüttert bzw. eingefrostet werden, jedoch muß eine Auslastung der Fahrzeuge weitgehend gewährleistet sein.

Um die Qualitätserhaltung der Futtermittel weiter zu verbessern und eine optimale Auslastung der Fahrzeuge zu erreichen, ist es notwendig, die auf den Schlachtbetrieben anfallenden Schlacht- und Schlachtnebenprodukte an Ort und Stelle mit Hilfe eines Plattenfrosters oder Frosttunnels zu *frosten*. Die gefrostete Ware wird palettisiert und bis zu einer Transportgröße von etwa 20 bis 25 t zwischengelagert. Von hier aus gelangen die gefrosteten Futtermittel direkt als Vorrat in das Kühlhaus oder zum Verbrauch in die Futterküche. Bei den zur Lagerung vorgesehenen Futtermitteln darf die Kühlkette durch den Transport nicht unterbrochen werden.

Als Transportfahrzeuge können *Thermo-* und *Kühlfahrzeuge* eingesetzt werden. Für Futtermittel, die zum sofortigen Verbrauch vorgesehen sind, reicht ein LKW mit Plane.

Futterfische – in der Regel Filetierabfall, bestehend aus Kopf, Mittelgräte und Schwanz – werden zum Teil in frischer Form per LKW von der Küste in Transportgefäßen abgeholt. Gut eignen sich hierfür *Fischtransportbehälter*. Die frischen Fische können bei Temperaturen um 0 °C 24 bis 48 Stunden nach Anfall gelagert werden. Längere Lagerung ist wegen des schnellen Verderbs ungefrosteter Fische nicht möglich. Für den Transport von gefrostetem Futterfisch per Wagen von der Küste zur Einlagerung in das Kühlhaus benötigt man Trockeneis.

Unter der Voraussetzung, daß die gefrosteten Fische mit –18 °C verladen werden und die Kerntemperatur beim Empfänger –10 °C betragen soll, sind abhängig von Waggongröße, Laufzeit und Außentemperatur bestimmte Trockeneismengen notwendig.

Tabelle 7/2 Trockeneismengen in kg beim Transport von Futterfisch, abhängig von der Außentemperatur, der Waggongröße und der Laufzeit

Außen-temperatur	Transport in Tagen			
	2	3	4	5
Zweiachshänger				
+ 25 °C	485	700	920	1 140
+ 20 °C	420	610	800	990
+ 15 °C	360	515	670	825
+ 10 °C	300	420	545	665
+ 5 °C	235	330	425	520
Vierachshänger				
+ 25 °C	660	970	1 270	1 155
+ 20 °C	575	835	1 100	1 365
+ 15 °C	485	705	925	1 145
+ 10 °C	440	575	750	925
+ 5 °C	310	445	575	710

Futterzubereitung

Für die Herstellung des Nerzfertigfutters werden je nach Jahreszeit frische und z. T. gefrostete Schlacht- und Schlachtnebenprodukte sowie Fisch verwendet.

Die gefrosteten Futtermittel werden je nach Außentemperatur ein bis drei Tage vorher aufgetaut. Betriebe mit kleinen Fleischwölfen müssen die gefrosteten Futtermittel vollkommen auftauen.

Für die Erhaltung der Futterqualität ist es wichtig, den *Auftauzeitraum* so kurz wie möglich zu halten. Deshalb verfügen große Nerzzuchtbetriebe über entsprechend leistungsstarke Fleischwölfe, die gefrostete Blöcke zerkleinern können.

Grundsätzlich gelangen alle Schlacht- und Schlachtnebenprodukte sowie Futterfisch, Quark, Kartoffeln und Muskelfleisch über den Fleischwolf in den Mischer.

In der Regel ist der *Fleischwolf* versenkt angebracht, damit die einzelnen Futtermittelarten ebenerdig in den Einfülltrichter eingebracht werden können. Zum Beschicken der Fleischwölfe werden in großen Farmen Gabelstapler und Vorderkippkarren verwendet. Mit Hilfe von Schabeaufzügen, Förderbändern und Förderschnecken gelangen die zerkleinerten Produkte in den Mischer. Die erforderlichen Flüssigkeitsmengen (heißes Wasser, Blut, Milch) gelangen ebenfalls über den Fleischwolf in den Mischer. Durch heißes Wasser, das in den Fleischwolf gegeben wird, wird das Zerkleinern der gefrosteten Ware erleichtert.

Der *Futtermischer* mit einem Fassungsvermögen von 3 bis 5 t sollte zur genauen Dosierung der einzelnen Futtermittelarten (Futterrezeptur) auf einer Waage stehen. Im Futtermischer befindet sich axial ein Rührwerk in Spiralform, angetrieben durch einen Elektromotor. Die zerkleinerten Futtermittelarten kommen von oben in den Mischer. Mit laufendem Rührwerk wird der Mischer beschickt.

Der *Speicher* für Zerealien sollte sich unmittelbar neben der Futterküche befinden, um eine Beschickung des Mischers mit Förderschnecken zu ermöglichen. Getreidebrei wird mit Hilfe von Dickstoffpumpen in den Mischer gepumpt. Nachdem die Füllmenge des Mischers erreicht ist, muß der Mischvorgang noch etwa 15 Minuten fortgesetzt werden, damit die Futtermischung einheitlich wird. Nach dem Mischvorgang wird das Futter durch eine Entleerungsklappe, die seitlich am Boden des Mischers angebracht ist, abgelassen. Von hier aus gelangt das Futter in einen Homogenisator.

Der *Homogenisator* ist dem Fleischwolf im Aufbau ähnlich. Er besteht aus einer Zubringerschnecke, zwei Lochscheiben mit einem Durchmesser von 8 mm und zwei Messern. Der Homogenisator hat einen bedeutend schnelleren Lauf als der Fleischwolf. Die Aufgabe des Homogenisators ist es, ein einheitliches, feines, tropffreies, geschmeidiges Fertigfutter herzustellen.

Vom Homogenisator aus gelangt das Futter über ein Förderband in den *Futtertransportwagen.* Die Füllmenge des Mischers und die des Transportwagens sollten übereinstimmen.

In kleineren Farmen, in denen kein Homogenisator vorhanden ist, werden im Fleischwolf kleinere Lochscheiben eingesetzt, was aber die Durchlaßgeschwindigkeit bedeutend verringert.

Fischwäsche

Unter der Voraussetzung, daß sauberes Wasser benutzt wird, wird die Qualität der Fische durch Abspülen von Fischschleim verbessert. In Betrieben, in denen ein hoher Anteil an frischen Fischen in die Futterration kommt, kann eine Fischwäsche eingesetzt werden.

Die Fischwäsche besteht aus einer großen *Förderschnecke.* Der Waschprozeß erfolgt im Gegenstromprinzip, dabei kommen die Fische von unten, das Wasser von oben.

Innerbetrieblicher Futtertransport

Im VEB Industrielle Nerzproduktion Plau wird das fertige Futter über ein Förderband direkt in einen 5 t fassenden Zugmaschinenhänger gebracht.

Der *Zugmaschinenhänger* hat als Aufbau einen Bunker. An der Seite des Bunkers befinden sich drei Öffnungen. Die Luken sind mit einer Klappe durch Hand zu öffnen. Mit Hilfe von Hydraulik wird der Hänger vom Traktor aus seitlich angekippt, so daß sich das breiige Futter durch Eigengefälle entlädt. Vom Zugmaschinenhänger gelangt das Futter direkt in den Fütterungsautomaten.

In Großfarmen ist schnelle Fütterung nicht nur eine ökonomische Frage, sondern auch erforderlich, um in kürzester Zeit die Tiere der ganzen Farm zu füttern. Daher sind in vielen Ländern *Fütterungsautomaten* konstruiert worden, die die Versorgung großer Tierbestände in kurzer Zeit ohne große körperliche Anstrengung und mit befriedigender Genauigkeit ermöglichen.

Je nach Konstruktion werden die Fütterungsautomaten mit einem Benzin-, Diesel- oder

Elektromotor angetrieben. Der Fütterungsautomat besteht im wesentlichen aus einem Chassis, einem Fahrwerk mit vier gummibereiften Rädern und einem Futterbunker mit einem Fassungsvermögen von 300 bis 600 kg. Der Futterbunker besteht aus Plastik oder rostfreiem Stahl ohne Ecken und Kanten, so daß Entleeren und Säubern schnell und einfach vor sich geht. Am Boden des Bunkers befindet sich eine Zahnradpumpe, die das Futter durch einen Gummischlauch auf das Drahtgitter des Geheges drückt. Der Arbeiter sitzt auf dem Fütterungsautomaten. Während er mit der linken Hand das Fahrzeug steuert, bedient er mit der rechten den Futterschlauch.

In kleinen Nerzfarmen werden *Handfutterverteilungswagen* benutzt.

Die leichten gummibereiften Wagen werden von einer Person im Schuppengang entlanggeschoben. Größere Unebenheiten im Futtergang erschweren die Arbeit. Bei Geländegefälle ist der Wagen mit einem Lederriemen am Körper zu befestigen. Der Futterverteilungswagen besteht aus einem Rahmen, darauf eine abnehmbare Wanne

Abb. 7/5 Futterkarren

aus verzinktem Stahlblech, die ein Fassungsvermögen von 100 bis 150 kg Fertigfutter hat. Während eine Person den Wagen im Schuppengang vor sich her schiebt, verteilt sie das Futter mit einer Futterkelle auf die Gehege. Zur Zeit der Wurf- und Aufzuchtperiode wird das Futter auf die im Gehege angebrachten Futterbretter verteilt. Dabei entsteht ein zusätzlicher Arbeitsgang durch Öffnen und Schließen der Gehegeklappen.

In einigen sowjetischen Nerzfarmen werden die kleinen Futterverteilungswagen durch *Hängebahnen* ersetzt. Für den Bau einer Hängebahn verwendet man Winkeleisen mit den Abmessungen 35 mal 35 mal 4 mm, am Schuppen entlang zu einer Einschienenbahn verschweißt. Die Laufschiene wird mit Konsolen an den Querbalken unter dem Dachfirst des Schuppens befestigt. Um gleichmäßigen Lauf zu erreichen, muß die Laufschiene genau nach der Wasserwaage ausgerichtet sein. An den Laufschienen wird mit zwei Rollenlagern eine verzinkte *Blechwanne* befestigt, die 100 bis 150 kg Futter aufnimmt. Während der Arbeiter die Hängebahn vor sich her schiebt, teilt er das Futter mit einer Futterkelle auf die einzelnen Gehege aus.

Lagerung und Konservierung von Futtermitteln

Im großen und ganzen muß das ganze Futter, das für Nerze und Füchse verwendet wird, längere oder kürzere Zeit gelagert werden. Die Lagerung der pflanzlichen und getrockneten tierischen Futtermittel bringt gewöhnlich keine größeren Probleme. Dagegen ist die Lagerung von frischem tierischen Futter mit zahlreichen schwer zu bewältigenden Problemen verbunden. Es ist unmöglich, eine gewisse Wertminderung des Futters während der Lagerung zu vermeiden. Eine im Verhältnis zum Bedarf und dem Vorrat gut geplante Lagerwirtschaft ist Voraussetzung dafür, daß die Wertminderung nicht zu groß wird. Für solche Futtermittel, die immer zu bekommen sind, ist eine Bevorratung über einen größeren Zeitraum nicht notwendig. Das gilt besonders für Vitaminfuttermittel, deren Wert bei langer Lagerzeit oft stark gemindert wird.

Lagerung von Trockenfuttermitteln

Gemahlene pflanzliche und tierische Trockenfuttermittel können während der Lagerung Schaden erleiden, wenn der Feuchtigkeitsgehalt zu hoch ist. Getreidefuttermittel dürfen einen Wassergehalt von höchstens 15 % und getrocknetes tierisches Futter von höchstens 10 % haben. Bei höherem Wassergehalt wird die Schimmelbildung begünstigt. Schimmeliges Futter darf für Pelztiere nicht verwendet werden.

Bestimmte *Insekten* können Trockenfutter angreifen und schädigen. Um dem Insektenbefall vorzubeugen, sollen Lagerräume und Lagergefäße ständig und intensiv gereinigt werden. Tritt trotzdem Insektenbefall auf, muß eine Bekämpfung mit Insektiziden durchgeführt werden. Tierische Trockenfuttermittel (Fischmehl, Fleischknochenmehl, Knochenmehl, Milchpulver usw.) benötigen trockene Lagerräume. Die Lagerzeit sollte höchstens auf 3 Monate begrenzt werden. Bei längeren Lagerzeiten kann das Fett in solchen Futtermitteln wie in Fisch-, Fleischknochen- und Knochenmehl, aber auch in Weizenkeimen und Hafermehl ranzig werden.

Kühl- und Gefrierlagerung von frischen tierischen Produkten

Für die Lagerung von Schlacht- und Schlachtnebenprodukten und Fischfutter über längere Zeit hat eigentlich nur eine Konservierung durch *Gefrieren* eine größere Bedeutung in der Nerz- und Fuchsfütterung. Die als Pelztierfutter verwendeten frischen tierischen Produkte können nur einige Tage (bis höchstens 2 Tage) kühl gelagert werden (Lagerungen bei Temperaturen um 0 °C). Lagerungen über längere Zeit müssen bei –18 °C oder einer niedrigeren Temperatur und einer relativen Luftfeuchtigkeit von 90 bis 95 % erfolgen. Für fette Fische ist eine Lagertemperatur von mindestens –20 °C erforderlich. Die Größe und Leistung der Tiefgefrierhäuser variiert zur Zeit noch stark von Farm zu Farm, nicht nur abhängig von der Tierzahl. Einige Nerzfarmen haben Tiefgefrierhäuser nur als Reserve- und Überbrückungslager, die meisten haben eine mehr oder weniger große Tiefkühlanlage, um eine Vorratswirtschaft betreiben zu können. Neben den Tiefgefrierhäusern hat sich ein Kühlraum bewährt.

Ein der Betriebsgröße entsprechendes *Tiefkühlhaus* für die Lagerung von tierischen Futterreserven ist in jedem Pelztierproduktionsbetrieb unbedingt erforderlich, nur dadurch kann in den einzelnen Fütterungsperioden eine gleichmäßige Versorgung der Tiere garantiert werden.

Eine kontinuierliche Belieferung mit *Futterfisch* wird einerseits durch unterschiedliche Fangergebnisse, andererseits dadurch gefährdet, daß während des größten Futterbedarfs, d. h. im Sommer und Herbst, fast ausschließlich solche Fischarten gefangen werden, die nur bedingt eingesetzt werden können (u. a. Sprotten, Heringe, Makrelen mit einem sehr hohen Fettgehalt). Die günstigsten Liefermöglichkeiten für mageren Futterfisch bestehen dagegen in den Monaten November bis März. Zu dieser Zeit werden aber nur die Zuchttiere gehalten, und der Futterbedarf ist gering. Dieses gute Angebot an Futterfisch in den Wintermonaten muß genutzt werden, das geschieht durch Einfrosten, so daß er in der Hauptfuttersaison zur Verfügung steht.

Eine ähnliche, wenn auch bei weitem günstigere Situation besteht beim Anliefern von *Schlacht- und Schlachtnebenprodukten*. Die Schlachtbetriebe sind bestrebt, die vertraglich gebundenen Gesamtmengen über das ganze Jahr kontinuierlich zu liefern. Auch hier können ohne Tiefkühlhäuser günstige Liefermöglichkeiten in den Windermonaten nicht ausgenutzt werden.

Ordnungsgemäße Lagerung der leicht verderblichen tierischen Futtermittel gehört zu den Grundbedingungen eines jeden Betriebes. Der unkontinuierliche Anfall würde einen ständigen quantitativen und qualitativen Futterwechsel bedingen, was sich nachteilig auf die Entwicklung der Tiere auswirkt.

In der Sowjetunion vertritt man den Standpunkt, daß Nerzfellproduktionsbetriebe für 1000 Nerzfähen und Fuchsfellproduktionsbetriebe für 500 Fuchsfähen über eine Tiefkühlfläche mit einer Kapazität von mindestens 100 t verfügen müssen, um die natürlichen Schwankungen in der Belieferung abzufangen und eine gleichmäßige kontinuierliche Fütterung zu sichern.

Die Zerstörungsprozesse, denen frische tierische Futtermittel, besonders in den Sommermonaten, ausgesetzt sind, sind von bakteriologischer und enzymatischer Natur. Die toten Tiergewebe bilden einen ausgezeichneten Nährboden für eine Vielzahl von Bakterienarten.

In allen Körpergeweben und insbesondere in

bestimmten Organen und Drüsen gibt es reichlich Enzyme, die sofort nach dem Eintreten des Todes mit ihrer zerstörenden Wirkung beginnen. Diese *Selbstaufspaltung (Autolyse)* bereitet vielen Bakterien den Weg in die Gewebe. Anfangs haben diese enzymatischen Prozesse eine konservierende Wirkung. Durch die Zersetzung von Glykogen, das sich in den Muskeln befindet, wird Milchsäure gebildet. Ist reichlich Glykogen vorhanden, wenn der Tod eintritt, wird soviel Milchsäure gebildet, daß eine vorübergehende chemische Säurekonservierung zustandekommt. Die *Milchsäurebildung* ist gewöhnlich bei Landtieren bedeutend höher als bei Fischen, was dazu beiträgt, daß Schlacht- und Schlachtnebenprodukte haltbarer als Fischprodukte sind. Die Milchsäurebildung bei verschiedenen Fischarten ist sehr unterschiedlich. Sie wird beeinflußt durch
- die Fischart,
- die Fangmethode,
- die Schnelligkeit der Fischtötung.

Längere Aufbewahrung der tierischen Futtermittel ist nur dadurch möglich, daß das Wachstumstempo und die Vermehrungsintensität der Bakterien durch tiefe Temperaturen gehemmt werden. Frischgefangene Fische sind reich an *Bakterien,* teils in der schleimigen Haut, teils im Darmkanal und auf den Kiemen. Diese Bakterien stammen aus dem Meereswasser und -boden. Die Bakterien der Fische vermehren sich unmittelbar über 0 °C relativ schnell. Nur durch ein sehr sorgfältiges Eisen oder Gefrieren ist es möglich, das Verderben des Fisches während des Anlandens und Transports wirksam zu verhindern. Man kann damit rechnen, daß die Haltbarkeit des Fisches durch eine Temperatursenkung um 3 °C im Temperaturintervall +5 °C bis −1 °C ungefähr verdoppelt werden kann.(ALDEN u. a., 1974). Einige, bei Fischen vorkommende Bakterienarten haben sogar noch ein starkes Wachstum bei −5 °C bis −7 °C.

Durch Spülen der gefangenen Fische auf dem Meer und/oder nach der Anlandung wird ein Teil des Hautschleimes mit zahlreichen Bakterien entfernt, wodurch die Haltbarkeit des Fisches verlängert wird. Die Darmbakterien der Fische zerstören Proteingewebe, das wird besonders begünstigt, wenn Fische unsachgemäß gelagert und transportiert werden.

In *Zeitabschnitten,* in denen die Fische viel Nahrung aufnehmen, ist die Gefahr des Verderbens durch die Wirkung der Darmbakterien besonders groß. In der Zeit vor und während des Laichens nehmen viele Fische nur unbedeutende Nahrungsmengen auf. Solche Fische sind fast frei von Darminhalt und damit auch von Darmbakterien. Gleichzeitig sind die Darm- und Magenenzyme gering.

Das *Fett in gefriergelagertem Fisch* stellt ein weiteres großes Problem dar. Es oxydiert leicht. In bestimmten Oxydationsstadien enthält es wahrscheinlich einige Stoffe, die für Nerz und Fuchs schädlich sind.

Ein charakteristischer Geruch tritt im Zusammenhang mit dem *Ranzigwerden* auf. Im fortgeschrittenen Stadium bekommt das Futter, das ranziges Fett enthält, einen goldbraunen Farbton. Durch ein schnelles hygienisches Einfrieren sowie Lagerung bei niedrigen Temperaturen kann dem oxydativen Ranzigwerden entgegengewirkt werden.

Für die Gefrierlagerung von Schlacht- und Schlachtnebenprodukten gilt das meiste, was über Fischgefrierlagerung gesagt wurde. Besonders soll auch hier auf eine einwandfreie hygienische Behandlung hingewiesen werden. Alle Schlachtabfälle müssen unmittelbar nach der Schlachtung gekühlt werden. Die Anforderungen, die an das Gefrieren und die Lagerungstemperaturen bei Schlacht- und Schlachtnebenprodukten gestellt werden, sind gewöhnlich nicht so streng wie für Fisch. Blut, Leber, Euter, Magen vom Schwein sowie Trachten und Därme sind jedoch Produkte, die ein schnelles Einfrieren erfordern. Das gleiche gilt für Geflügelschlachtabfälle.

Kühllagerung. Die in der Tabelle 7/3 angeführten Lagerungsbedingungen für Lebensmittel sollten auch für Pelztierfuttermittel gelten. Für kurze Aufbewahrung von Schlacht- und Schlachtnebenprodukten, Futterfisch (mit Kopf und Innereien), Blut und Milch sind Kühllagerräume einsetzbar. Unter Kühllagerung versteht man die Aufbewahrung der Futtermittel bei einer Temperatur von +4 °C bis 0 °C. Bei diesen

Tabelle 7/3 Lagerungsbedingungen von Lebensmitteln

Ware	Lagertemperatur °C	Relative Luftfeuchtigkeit %	Lagerzeit M Monate W Wochen T Tage
Dorsch	−10 ... −4	85	2 W
Eier	−1 ... −0,5	80 ... 85	8 M
Eier, gefroren	−18		12 M
Eingeweide	−12	80	3 M
Fett	+0,5	80	6 M
Fett	−18	90	12 M
Fische, frisch	−0,5 ... +4	90 ... 95	1 ... 2 W
Fische, gefroren	−20 ... −12	90 ... 95	8 ... 10 M
Geflügel, frisch	0	80	1 W
Geflügel, gefroren	−30 ... −10	80	3 ... 12 M
Geflügel, gereinigt	−30 ... −10	80	12 M
Hammelfleisch	0	80	10 T
Hammelfleisch, gefroren und getrocknet	−12 ... −18	80 ... 85	3 ... 8 M
Hefe	0	75	2 M
Heilbutt, gefroren	−20	80	6 M
Kalbfleisch	0 ... +1	90	5 ... 10 T
Kaninchen	0 ... +1	80 ... 90	5 ... 10 T
Kaninchen, gefroren	−24 ... −12	80 ... 90	6 M
Kartoffeln	+3 ... +6	85 ... 90	6 M
Lammfleisch	0 ... +1	85 ... 90	5 ... 10 T
Lammfleisch, gefroren	−24 ... −12	80 ... 90	10 M
Leber	−24 ... −18	90 ... 95	3 ... 4 M
Milch	0 ... +2	80 ... 85	1 W
Milchpulver	0 ... +1,5	75 ... 80	1 ... 6 M
Mohrrüben ohne Grün	0 ... +1	80 ... 95	2 ... 5 M
Rindfleisch	0 ... +1,5	88 ... 92	1 ... 6 W
Rindfleisch, gefroren	−24 ... −18	85 ... 95	3 ... 12 M
Schweinefleisch	0 ... +1	80 ... 90	3 ... 10 T
Schweinefleisch, gefroren	−24 ... −18	85 ... 95	2 ... 8 M

Temperaturen ist die Wirkungsweise der Bakterien eingeschränkt, aber keinesfalls aufgehoben.
Bei 0 °C kann fettarmer Fisch maximal 7 Tage, gerechnet vom Fangzeitpunkt, kühl gelagert werden. Fleisch kann längere Zeit, Pansen und Lungen können etwas länger als Fisch, Leber und Nieren sowie Blut dürfen nicht länger als einige Tage kühlgelagert werden. In den Sommermonaten kann frisches Blut bereits in wenigen Stunden untauglich sein, wenn es nicht unter ständiger Bewegung heruntergekühlt wird. Außer der Tätigkeit der Bakterien laufen bei diesen Temperaturen auch enzymatische Vorgänge ab.

Gefrieren von Futtermitteln. Futtermittel, die im ungefrorenen Zustand angeliefert werden, müssen vor dem Frosten im Frosttunnel, im Plattenfroster oder in einem Tiefgefrierraum gründlich *auskühlen*. Der Frostprozeß von außen verhindert nicht, daß sich im Inneren noch Umsetzungen vollziehen. Jedes Einfrieren soll so schnell wie möglich vor sich gehen. Um die Tiefkühllagerfläche optimal auszunutzen, muß möglichst dicht gestapelt werden, ohne dabei bis an die Wände, an die Decke oder direkt auf den Boden zu lagern. Um die Luftzirkulation nicht zu beeinflussen, müssen die angegebenen Abstände eingehalten werden. In kleineren Tiefkühlräumen und -zellen verwendet man zu diesem Zweck am Boden und an den Wänden Holzroste. Die Lagerkapazität der Kühlfläche ist zu steigern, wenn Schlacht- und Schlachtnebenprodukte, aber auch Fisch in schon zerkleinertem Zustand gefrostet und in glasierten Blöcken gelagert werden.

Ein Gefrieren von Fisch- und Fischprodukten soll durch *Schnellgefrieren* bei einer Temperatur unter -30 °C in Frostsatten (Kisten) mit höchstens 25 cm Höhe erfolgen.

Für das Einfrieren von Schlacht- und Schlachtnebenprodukten gelten die gleichen Forderungen wie für Magerfisch. Das ganze Futter, das gefriergelagert werden soll, muß beim Einfrieren in einwandfreier Qualität sein. Die Zahl der durch das Gefrieren abgetöteten Mikroorganismen ist von der Geschwindigkeit des Gefrierprozesses und der Gefrierlagertemperatur abhängig.

Die nach dem Gefrieren überlebenden Mikroorganismen sterben graduell mit der Dauer der Lagerung entsprechend einer Exponentialfunktion ab. Es ist daher nicht möglich, Pelztierfuttermittel durch Kältebehandlung keimfrei zu machen.

Bei der Gefrierlagerung erfolgt bei Temperaturen unter -20 °C ein beschleunigtes Absterben der Mikroorganismen, während darüberliegende Temperaturen zu einer höheren Überlebensrate führen. Die beim Gefrieren und Gefrierlagern feststellbare Keimminderung ist nur für den Lagerprozeß selbst von Bedeutung. Nach Auftauen der Futtermittel hat der verminderte Keimgehalt nur eine untergeordnete Bedeutung für die Qualitätserhaltung, da die günstigen Entwicklungsbedingungen in aufgetautem Gefriergut zu einem schnellen Wiederanstieg der Keimzahlen führen.

Gefrierlagerung von Nerz- und Fuchsfuttermitteln sollte gewöhnlich bei Temperaturen um -20 °C bis zu einer Lagerdauer von höchstens 8 Monaten erfolgen. Fettfische und ihre Abfälle sollten bei längerer Lagerung mindestens bei -28 °C aufbewahrt werden, um die oxydativen Prozesse in solchen Futtermitteln vollständig zu stoppen. Gefrierlagerzeiten für verschiedene tierische Futtermittel sind in Tabelle 7/4 angegeben.

Der angelieferte frische *Futterfisch* kann in einem Plattenfroster, in einem Frosttunnel oder in einem Tiefgefrierraum gefrostet werden. Für den Plattenfroster müssen größere Fische vorher zerkleinert sein, da das Gerät nur einen Plattenabstand von 100 mm hat und demzufolge große Rundfische nicht im ganzen aufnehmen kann. Vorteilhaft ist, daß keine Behälter zum Einfrosten nötig sind.

Alle Fische werden vor dem Frosten gewaschen, um die anhaftende Schleimschicht, die einen ausgezeichneten Nährboden für Bakterien bildet, zu entfernen. Nach dem Frosten gelangen die Blöcke in den Glasierungsautomaten, wo sie durch Besprühen mit Wasser eine Eisglasur erhalten. Danach werden die Blöcke auf Ecksäulenpaletten gestapelt und mit einem Gabelstapler in einen Gefrierlagerraum gebracht. Die Ecksäulenpaletten haben eine Höhe von 1,30 m und sind je nach Raumhöhe übereinander zu stapeln. Man kann Gitteraufsteckrahmen verwenden, die auf eine Europalette gesetzt werden.

Tabelle 7/4 Maximale Gefrierlagerzeiten für Futtermittel (ALDÉN u. a., 1974)

Futterart	Lagerzeit in Monaten bei verschiedenen Lagertemperaturen ($-$ °C)			
	16 bis 17	18 bis 20	21 bis 23	unter 27
Notschlachtabfälle	3	8	12	18
Geflügelschlachtabfälle	1/2	4	8	18
Ausgenommener Magerfisch und Filetabfälle davon	3	8	12	18
Ganzer Magerfisch	1/2	4	8	18
Ganzer Fettfisch (4 bis 8 % Fett)	1/4	2	6	12
Filetabfälle vom Fettfisch (4 bis 8 %)	0	1	6	12
Filetabfälle vom Fettfisch (9 bis 15 %)	0	1/4	1	12

Die Gitteraufsteckrahmen lassen sich zusammenklappen und somit platzsparend je 10 Stück übereinander lagern. Sie haben die Abmessungen 80 cm breit, 120 cm lang und 90 cm hoch. Man kann 5 solcher Gitteraufsteckrahmen übereinander stapeln. Beim Einfrieren ist folgendes unbedingt zu beachten:

- Ungewaschene Fische dürfen auf keinen Fall eingefrostet werden. Die Bakterien in der Schleimschicht können sich zwar durch die niedrigen Lagertemperaturen nicht weiter vermehren, beginnen aber nach dem Auftauen sofort wieder ihre Tätigkeit. So besteht die Gefahr, daß der aufgetaute Fisch innerhalb weniger Stunden restlos verdirbt und es zu Verdauungsstörungen kommt.
- Die gefrosteten Fische müssen unbedingt glasiert werden. Unglasierte Fische trocknen bei langer Lagerung, wenn sie nicht anders verpackt sind, an der Oberfläche stark aus. Das führt zu Masseverlusten und andererseits zu Konsistenzveränderungen, wodurch die Futterqualität leidet. Da das Glasieren sehr arbeitsaufwendig ist, werden die eingelagerten gefrosteten Fische oder Fischabfälle in Folie eingeschweißt.

Beim *Einfrieren von Schlacht- und Schlachtnebenprodukten* wird das Fleisch auf dem Schneidetisch zerlegt, in Behälter gepackt und nach dem gleichen Schema behandelt wie Fisch. Beim Einstapeln der Ware in die Kühlräume ist darauf zu achten, daß aufgetautes oder unzureichend gefrorenes Futter nicht eingelagert wird. Es muß in bestimmtem Rhythmus eingelagert werden, damit der Zugang zu länger gelagerten Futtermitteln nicht durch Neuzugänge verbaut wird. Zum Stapeln von eingefrorenen Fisch- und Fleischblöcken verwendet man Paletten, je nach Art der Ware Flach- oder Ecksäulenpaletten, und Gitteraufsteckrahmen. Der Investitionsaufwand für Paletten ist verhältnismäßig hoch. Jede andere Stapelungsart würde aber erhebliche Nachteile mit sich bringen – hoher Aufwand an manueller Arbeit, Schwierigkeiten beim Trennen der Blöcke während der Auslagerung sowie schlechte Ausnutzung der Lagerräume bei begrenzter Stapelhöhe. Zum Transport für größere Strecken (vom Kühlhaus zur Futterküche), zum Stapeln der gefrosteten Ware in die Kühlräume und für die Entnahme aus den Kühlräumen werden Gabelstapler eingesetzt.

Lagerung von fertiggemischtem Pelztierfutter (Säurekonservierung). Im Sommerhalbjahr muß das Futter für Nerze und Füchse täglich hergestellt werden.

In den Wintermonaten gibt es zahlreiche Züchter, die das Futter nur einen Tag um den anderen mischen; das Fertigfutter wird also nicht in jedem Falle sofort nach der Herstellung verfüttert. Der Verderb des fertig gemischten Futters hängt vorwiegend vom *Bakteriengehalt* des Ausgangsmaterials und der *Zeit* ab, die die Bakterien zum Wachstum haben, bis das Futter von den Pelztieren aufgenommen wird. Die idealsten Wachstumsbedingungen haben die Bakterien bei 35 bis 40 °C und bei einem pH-Wert von 6,5 bis 6,8 (wie er normalerweise im Nerzfutter vorkommt).

Die *Haltbarkeit* des fertiggemischten Pelztierfutters kann erhöht werden durch ein Herabkühlen des Futters auf 3 bis 8 °C (unter 7 bis 8 °C ist das Wachstum der Bakterien im allgemeinen am geringsten) und die Säurekonservierung des Futters auf einen pH-Wert von 5,5 bis 6,0. Dieser pH-Wert verhindert die Vermehrung der meisten Bakterien.

Zur *Säurekonservierung* des Fertigfutters werden z. Z. Essigsäure, Ameisensäure und Phosphorsäure genommen. Am häufigsten wird in Skandinavien die Essigsäure verwendet. Ameisensäure wird seltener benutzt, da dadurch das Futter geschmacklich negativ beeinflußt wird. Die anorganische Phosphorsäure ist zur Konservierung der Futtermittel auch gut geeignet, da sie gleichzeitig den pH-Wert des Harns der Nerze beeinflußt, so daß eine Harnsteinbildung verhindert wird.

Folgende Zusätze werden von ALDEN u. a. (1974) angegeben:

- *Essigsäure:* 0,20 % zum Futter von einer 80 %igen Säure oder 0,25 % zum Futter von einer 60 %igen Säure.
- *Phosphorsäure:* 0,20 % zum Futter von einer 75 %igen Säure.

Bei dem Zusatz von Säuren zum Futter ist mit einer verstärkten Korrosion des Maschendrahtes und der Mischer zu rechnen.

Tränkeinrichtungen

Der Nerz ist ein wasserliebendes Tier. Aus diesem Grunde stellte man in den Anfangsjahren der Nerzzucht, als es große Bodengehege gab, Bademöglichkeiten in die Gehege. Ein stets nasses Fell, das dazu noch der Sonne ausgesetzt ist, verliert aber an farblicher Qualität. Den Tieren größere Mengen Wasser zur Verfügung zu stellen, lohnt nicht, da es sich in der warmen Jahreszeit schnell erwärmt. Es ist daher angebracht, den Tieren ständig sauberes und frisches Wasser anzubieten.

Als Behälter für Trinkwasser wurden eine Reihe verschiedener *Trinkbecher* entwickelt. Sie werden an der Stirnseite des Käfigs angebracht und bestehen aus Aluminium oder Kunststoff. Der beste Typ ist der aus Aluminium gestanzte und mit zwei Saugern (Nasen) ausgestattete. Sein Fassungsvermögen soll mindestens 200 g Wasser betragen. Die Nasen der Trinkbecher werden durch die Maschen des Drahtgitters in den Nerzkäfig eingesetzt und dort mit Stahldraht befestigt.

Die Trinkbecher sind in einheitlicher Höhe am Gehege befestigt. Über den Trinkbechern verläuft ein Polyäthylenrohr mit einem Durchmesser von 20 mm und mit einer Wandstärke von 2,5 mm. Das Tränkrohr wird mit verzinktem Bindedraht oder besser mit Schellen befestigt. In das Wasserrohr bohrt man über der Trinkbechermitte ein kleines Loch, durch welches das Wasser in die Trinkbecher gelangt.

An jedem Schuppen befindet sich eine Wasseranschlußstelle. Das Leitungsrohr ist mit einem Schnellverschluß an die Wasseranschlußstelle gekoppelt. Durch Öffnen des Handhahnes werden in wenigen Minuten die Trinkbecher einer ganzen Gehegereihe mit Wasser gefüllt. Dieser Vorgang ist je nach Jahreszeit mehrmals am Tag zu wiederholen. Das System muß allerdings ständig kontrolliert werden, da sich die feinen Löcher verstopfen können und der Nerz in dem entsprechenden Gehege ohne Wasser bleibt. Der Durchmesser des gebohrten Loches richtet sich in erster Linie nach dem Wasserdruck und der Länge der Leitung. Es ist sehr zu empfehlen, die Öffnungen unmittelbar an der Zapfstelle

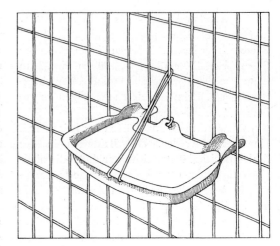

Abb. 7/6   Trinkbecher mit zwei Nasen

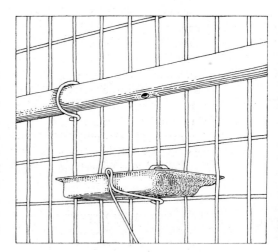

Abb. 7/7   Tränkeinrichtung mit Tränkrohr

etwas kleiner als am entgegengesetzten Ende zu bohren.

Die Trinknäpfe, in denen sich leicht Algen ansetzen können, sind mindestens einmal in der Woche mit einer kleinen Handbürste zu reinigen. In kleinen Farmen werden die Trinkbecher mit einem transportablen Schlauch gefüllt. Das Wassertragen mit der Gießkanne sollte bis auf die extrem kalten Wintermonate der Vergangenheit angehören. Eisenrohre sind für Wasserleitungen über Trinkbecher ungeeignet, da sie teuer sind und schnell rosten. Außer Polyäthylen kann man auch dünnwandige Aluminiumrohre ver-

TRÄNKEINRICHTUNGEN 193

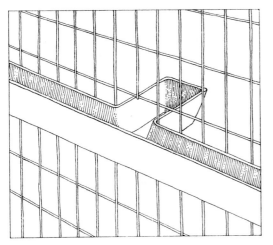

Abb. 7/8 Tränkrinne

wenden. Neuerdings gibt es in vielen Farmen *Tränkrinnen.* Diese Rinnen bestehen aus verzinktem U-Rohr und haben den Vorteil, daß sie verhältnismäßig winterfest, also nicht so störanfällig sind.
Eine weitere Automatisierung des Tränkvorganges kann mit einer elektrischen Schaltuhr erreicht werden. Sie schaltet die Wassergaben in den gewünschten Abständen ein. Außer ständiger Kontrolle und Trinkbechersäuberung ist dieses System arbeitserleichternd und zeitsparend. Am besten für automatische Tränkeeinrichtungen eignen sich zweireihige Schuppen mit einem Mittelgang. Bei mehrreihigen Schuppen mit Tränken im Innenraum ist für einen entsprechenden Wasserabfluß zu sorgen.
Die *Trinkbecher für Silber- und Blaufüchse* haben ein bedeutend größeres Fassungsvermögen (600 bis 800 g Wasser). Sie sind an der Gehegeinnenseite angebracht. Die Tränkungsart richtet sich nach der jeweiligen Unterbringung (Schuppenhaltung oder freistehende Gehegeeinzelhaltung). Die Trinkbecher werden aus verzinktem Stahlblech gefertigt, da die aus Aluminium gestanzten von den Füchsen schnell zernagt werden. In Silber- oder Blaufuchsfarmen sind runde Drehtränken aus Gußeisen, die in die Gehegewand eingesetzt werden, weit verbreitet. Bei Schuppenhaltung der Füchse kann das Tränksystem ähnlich wie bei Nerzen aufgebaut sein. Es ist lediglich darauf zu achten,

daß die Trinkbecher, die in den Gehegeinnenraum ragen, genügend stabil und breit sind, eben der Größe der Tiere entsprechen.
In skandinavischen und amerikanischen Farmen ist die *Nippeltränke,* versehen mit einem Druckventil, weit verbreitet. Bei dieser verläuft an der Stirnseite ein Kunststoffrohr, in welches die Nippelselbsttränken so eingeschraubt werden, daß sie durch eine Masche des Drahtgitters in den Käfiginnenraum reichen. Die Nippelselbsttränke besteht aus einem Messing- oder Kunststoffgehäuse mit Gewinde, Kopf und Ventil. Ein Nerz, der mit seiner Nase, den Zähnen oder der Zunge auf die bewegliche Druckstange drückt, öffnet dabei das Ventil, und das Wasser

Abb. 7/9 Nippeltränken

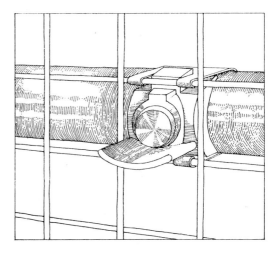

Innenansicht einer Zentralfutterküche. Ein Wolf läuft beweglich auf Schienen zwischen zwei Mischern hin und her

Zentralfutterküche in Schweden

Futterküche im Großbetrieb (DDR)

Transportfahrzeuge für Fertigfutter

FARMANLAGEN

Zugmaschinenanhänger zum innerbetrieblichen Futtertransport

Fütterungsautomat

Blechwannen zum Futtertransport

Futterküche im Kleinbetrieb

kommt in kleinen Mengen heraus. Ein Nippeltränksystem verlangt einen gleichmäßig abgestimmten Wasserdruck. Hauptvorteile sind der geringe Arbeitsaufwand und daß dem Nerz ständig sauberes Wasser zur Verfügung steht. Um die Anlage aber vor Einfrieren zu schützen, muß ein isolierter Heizdraht installiert werden, der Eisbildung verhindert.

In der UdSSR wird die *Diaphragmatränke* verwendet (CENA, 1975). Die Tränke wird an ein Leitungswasserrohr angeschlossen, das dem Selbsttränksystem angehört. Dieses System besitzt einen Druckregelbehälter, der im Rohr einen Wasserdruck von nicht mehr als 0,04 bis 0,06 at gewährleistet. Im Gehäuse der Selbsttränke ist ein Ventilmechanismus angebracht. Wenn das Tier mit dem Kopf die Klappe andrückt, dann neigt sich das Diaphragma der Klappe abwärts und durch den dabei entstehenden Zwischenraum strömt das Wasser aus dem Rohr über die Außenfläche des Diaphragmas in die Tränkschale. Hebt das Tier den Kopf, hört der Wasserfluß in den Trinkbecher auf, da der Wasserdruck in der Rohrleitung das Diaphragma der Klappe hochschiebt und die wasserzuführende Öffnung verschließt.

Abschließend sei noch erwähnt, daß alle Wasserrohre frostsicher anzulegen sind und ständig auf ihre Funktionstüchtigkeit kontrolliert werden müssen.

Dung- und Kotbeseitigung

Die Dungwirtschaft ist in den Pelztierfarmen noch am wenigsten mechanisiert. Auf diesem Gebiet sind zukünftig in modernen Großfarmen Veränderungen notwendig. Meistens werden der Kot und die durchgefallene Einstreu periodisch von Hand unter den Gehegen hervorgeharkt und zwischen die Schuppen auf kleine Haufen geräumt. Die Haufen werden anschließend auf eigens dafür vorgesehene *Kleindumper* geladen und auf einen außerhalb der Farmanlage gelegenen Dungplatz gekippt. Jede Abteilung besitzt einen vorschriftsmäßigen, den Veterinärbedingungen entsprechenden Dungplatz, der in Form von *Dungsilos* aufgebaut ist. Der Dunghaufen kann auch mit einem Dungauflader auf einen Kipphänger oder auf einen Dumper geladen werden. Der Einsatz der leichten Planierraupe, die unter einem bestimmten Winkel arbeitet, ist dazu ebenfalls möglich. Auf sowjetischen Großfarmen, die einen angehobenen Mittelgang im Nerzschuppen haben, wird der Kot im Laufe des Jahres regelmäßig mit Torf und Kalk bestreut und nur zweimal im Jahr, und zwar im Frühjahr und im Herbst, weggeräumt. Nerzdung ist ein wertvolles Produkt für die Landwirtschaft und wird gern von den umliegenden landwirtschaftlichen Betrieben genommen.

8

Grundlagen der Fütterung, Charakterisierung der Futtermittel und Zusammensetzung der Futterrationen

Der *Verdauungskanal* fleischfressender Pelztiere ist von der Mundhöhle bis zum Dickdarm der Aufnahme und Verdauung tierischer Nahrung angepaßt. Im Gegensatz zu Allesfressern und pflanzenfressenden Tieren besitzen sie weniger echte Kauzähne, um die Nahrung zu zermahlen. Ihre Zähne mit scharfen, gezackten Rändern sind nicht dazu geeignet, das Futter zu zerkauen, sondern sie dienen dazu, die Nahrung festzuhalten und in Stücke zu reißen. Wegen des geringen Fassungsvermögens der Mundhöhle verbleibt hier die Nahrung nur kurze Zeit. Pelztiere besitzen einen einfachen Magen mit dünnen, elastischen Wänden und schwach entwickelter Muskulatur, der die Nahrung weder erweicht noch zerreibt.

Die Länge des Darms im Verhältnis zu der des Körpers ist bei Nerzen und Füchsen geringer als bei anderen Tierarten. Sie entspricht bei Nerz, Blaufuchs und Silberfuchs dem 4fachen der Körperlänge (Schwein 25fach, Pferd 15fach, Hund 6fach). Das geringe Fassungsvermögen des Dickdarms zeugt davon, daß der Darm der Pelztiere nicht für die bakterielle Verdauung, d. h. für den Aufschluß der Rohfaser durch Mikroorganismen, geeignet ist. Die Kürze und der Aufbau des Darms bewirken kurze Durchgangszeiten, innerhalb derer die Nahrung den Verdauungskanal passiert. Beim Nerz beträgt sie durchschnittlich 142 Minuten mit Schwankungen je nach Zusammensetzung der Ration zwischen 62 und 240 Minuten (WOOD, 1956; NESENI u. a., 1958; SIBBALD u. a., 1962). Restlos ist die Nahrung beim Nerz 15 bis 20 Stunden nach Aufnahme ausgeschieden. Silberfuchs und Blaufuchs scheiden die ersten Verdauungsprodukte nach 6,5 bis 8 Stunden mit dem Kot aus und haben nach 24 bis 30 Stunden völlig verdaut (KLECKIN, 1937; BERNARD u. a., 1941, 1942). Da die Nahrungsmassen nur kurz im Magen-Darm-Kanal bleiben, spielt dessen Mikroflora für die Verdauung pflanzlicher Nahrung und die Vitaminsynthese keine Rolle. Das erklärt die schlechte Verwertung der in pflanzlicher Nahrung enthaltenen Nährstoffe durch fleischfressende Pelztiere. Da auch keine Rohfaserverdauung stattfindet, müssen B-Vitamine stets mit dem Futter zugeführt werden.

Eine andere biologische Eigenart von Nerz und Fuchs beruht auf der charakteristischen *Periodizität* ihrer *Lebensfunktionen*. Pelztiere bringen einmal im Jahr zu einer bestimmten Zeit Junge. Saisongebunden ist auch der Haarwechsel. Daraus ergibt sich eine unterschiedliche Intensität des Stoffwechsels und des Energieumsatzes bei Pelztieren während verschiedener Jahreszeiten. Daher reicht das Erhaltungsfutter ausgewachsener Tiere im Sommer lediglich zur Erhaltung der Lebendmasse, im Herbst werden mit den gleichen Mengen Fettdepots im Körper angelegt. Die im Herbst notwendige energiereiche Fütterung des Nerzes zur Vorbereitung auf Ranz- und Wurfzeit kann für das Reproduktionsvermögen der Pelztiere nachteilig sein. Anderseits bleibt Futtermangel nicht ohne Folgen auf die Reproduktionsleistungen der Nerze.

Deck- und Befruchtungsergebnisse, Wurfstärke, Vitalität, Zuwachsrate – bestimmend für das Aufzuchtergebnis einer Fähe – hängen sehr stark vom Fütterungsregime ab. Mangel an Nährstoffen oder Überfütterung, Vitaminmangel, ungünstiges Protein: Energie-Verhältnis in der Ration u. a. können Ursachen für niedrige Wurfergebnisse sein. Die Fruchtbarkeit der Pelztiere ist von der Fütterung während des ganzen Jahres abhängig. Zu später Ausgleich der Substanz- und Vitaminverluste, die im Organismus der Fähen während der Säugezeit eintreten, und eine unausgeglichene Versorgung mit Aminosäuren und Vitaminen während des intensiven Wachstums der Jungtiere wirken sich negativ auf die Fortpflanzungsfunktionen aus.

Jungtiere wachsen sehr schnell. Die Geburtsmasse eines Nerzes von 3,6 bis 14,8 g ($\bar{x} = 8,4$ g) hat sich bis zum Ende der dritten Woche fast verzehnfacht. Nach dem Absetzen wachsen die Nerzwelpen noch immer sehr intensiv und haben im Alter von eineinhalb Monaten 20 %, mit zwei Monaten 40 %, mit drei Monaten 65 % und mit vier Monaten 80 % ihrer Endmasse erreicht. Dasselbe gilt auch für Fuchswelpen. Ihre Geburtsmasse von 80 bis 100 g hat sich innerhalb eines Monats auf das Sieben- bis Achtfache erhöht; mit zwei Monaten beträgt sie das 20fache, mit drei Monaten das 30fache, mit vier Monaten das 40fache.

Im Verlauf von Wachstum und Entwicklung gibt es *kritische Phasen,* innerhalb derer der Faktor Fütterung besonders wichtig ist. So kann z. B. die verzögerte Entwicklung wirtschaftlich wertvoller Eigenschaften später nicht mehr korrigiert werden. Beispiele sind die Beziehungen zwischen Wachstumsgeschwindigkeit während der Säugeperiode und späterer Endgröße, Einfluß der B-Vitamine und anderer Faktoren während des Haarwechsels im Herbst und Qualität des Winterfelles. Es ist z. B. eine optimale Ernährung während des Haarwechsels im Herbst ausschlaggebend für die Fellqualität.

Bedarf an Nährstoffen, Vitaminen und Mineralstoffen

Proteinbedarf der Nerze

Die Proteinversorgung ist eng mit dem Niveau der Energieversorgung und der Versorgung mit Vitaminen verbunden. Sie ist wesentlich abhängig von der Aminosäurengarnitur des Futterproteins. In den meisten vor 1960 durchgeführten Untersuchungen über die Proteinversorgung der Nerze bildeten Zerealien-Kohlenhydrate die energetische Grundlage, während das Fett in den Zerealien und in dem aus Fleisch und Fisch bestehenden Futter nur teilweise berücksichtigt wurde. Da man damals Fette noch nicht zusetzte und ein größerer Zerealienanteil in der Ration die Futteraufnahme einschränkte, führten verminderte Proteingaben tierischer Herkunft bei Nerzen zu Wachstumshemmung und zu schlechterer Fellqualität. Bei Verfütterung von magerem Fleisch und fettarmem Fisch gelang es z. B. nicht, hohe Wachstumsraten der Welpen zu erzielen, auch nicht bei reichlichen Gaben an tierischem Protein. Infolge der unzureichenden Energiezufuhr erreichten Nerzrüden im Alter von sieben Monaten höchstens Lebendmassen von 1 250 bis 1 300 g. Das sind 900 bis 1 000 g weniger als die Lebendmassen von Rüden, deren Rationen Fettzusätze enthielten.

Untersuchungen haben ergeben, daß der Proteinbedarf junger Nerze (vom 15. Juni bis zum 1. Dezember) in Rationen mit hohem Fettgehalt (40 % des Kaloriengehalts und mehr) 7 bis 8 g verdauliches Rohprotein (vRP) je 100 kcal umsetzbare Energie (u. E.) beträgt.* Bei Rationen mit niedrigem Fettgehalt benötigen Nerzwelpen, besonders Rüden, mehr vRP, mindestens 11 g je 100 kcal. PETERSEN (1959) prüfte an Nerzen Rationen mit 11,8; 10,5; 9,6; 7,6 und 6 g vRP je 100 kcal. Rüden, die 6 g vRP je 100 kcal erhielten, blieben in bezug auf die Endmasse und die Fellqualität hinter den Rüden zurück, deren Rationen einen höheren Gehalt an vRP hatten. Eine Verminderung der Gaben an vRP auf 7,6 g je 100 kcal wirkte sich auf das Wachstum und die Fellqualität der Rüden nicht negativ aus.

* Dieses Buch wurde bewußt für den Praktiker in der Pelztierzucht geschrieben, deshalb verwenden wir weiterhin die alte, eingebürgerte Maßeinheit «Kalorie». Nach dem internationalen Einheitssystem (SI) wird diese alte Maßeinheit «Kalorie» durch die Maßeinheit «Joule» abgelöst. Eine Umrechnung ist wie folgt möglich: 1 kcal = 4,19 kJ. Definition: Das Joule ist die Arbeit, die verrichtet wird, wenn sich der Angriffspunkt der Kraft 1 N (Newton) in Richtung der Kraft um 1 m verschiebt. 1 J = 0,23885 cal.

Bei den Fähen waren die Unterschiede in Größe und Fellqualität zwischen allen Gruppen gering und nicht signifikant. Wichtig erscheint der Hinweis, daß die Nerze in PETERSENS Versuch nicht groß waren: ihre maximale Lebendmasse vor dem Pelzen betrug 1645 g (Rüden) bzw. 952 g (Fähen).

ÅHMANN (1959), der vom 12. Juli bis zum 5. Dezember Rationen mit 13,3 und 8,4 g vRP je 100 kcal Nerzwelpen prüfte, stellte bei den Tieren keine Unterschiede in Wachstum und Fellqualität fest. In Versuchen von MADSEN (1960) unterschieden sich pastellfarbene Nerzwelpen, die vom 1. Juli bis zum 15. November 8 g vRP je 100 kcal erhielten, in bezug auf Endmasse, Größe und Fellqualität nicht von den Tieren, deren tägliche Rationen 11 g vRP enthielten. Zu ähnlichen Ergebnissen kam der Autor mit Welpen des Standardnerzes, denen man vom Absetzen bis zum Pelzen Rationen mit 9; 10,5 und 12 g vRP je 100 kcal gab. JØRGENSEN (1962) teilt Ergebnisse von Versuchen mit, die beweisen, daß sich die Welpen bei einem Gehalt von 9 g vRP je 100 kcal im Juli bis August und von 8 g in den folgenden Monaten normal entwickeln und sich die Fellqualität nicht verschlechtert.

RIMESLÅTTEN (1964) zieht aus den Ergebnissen skandinavischer Versuche (1958 bis 1963) die Schlußfolgerung, daß es ohne weiteres möglich sei, den Gehalt an vRP in den Rationen der abgesetzten Nerzwelpen ab Mitte August auf je 8 g je 100 kcal u. E. zu reduzieren. Voraussetzung ist jedoch, daß das zugeführte Fett den Energiebedarf der Tiere mindestens zu 35 % deckt und die Ration leichtverdauliche Kohlenhydrate enthält. Weitere skandinavische Untersuchungen besagen, den Nerzwelpen mit der täglichen Ration vom 15. Juli bis zum 15. September 9 bis 11 g vRP und ab 16. September bis zur Pelzung 8 bis 10 g vRP je 100 kcal zu verabfolgen. Geringere Mengen an vRP müssen mit hohen Fettgaben – 35 bis 45 % der umsetzbaren Energie des Futters – kombiniert werden (JØRGENSEN, 1967).

In sowjetischen Untersuchungen (PERELDIK, TITOVA, KUSNEZOVA, 1963) wurde der Einfluß unterschiedlicher Protein- und Fettgehalte in den Rationen auf das Wachstum und die Entwicklung von Nerzen geprüft. Dabei zeigte sich, daß bei einer Steigerung der Fettmenge auf 20 bis 23 % der Futtertrockensubstanz (5,0 bis 5,5 g je 100 kcal) Nerzwelpen vom 1. Juli bis zum 15. November normal wachsen und bei 7,5 bis 8,0 g vRP je 100 kcal u. E. Felle hoher Qualität liefern. Die Steigerung der täglichen Proteingabe auf 11,5 g je 100 kcal ergab keine bessere Wirkung als verminderte Proteingaben in Verbindung mit einem höheren Fettgehalt der Ration. Standardnerze hatten in diesen Versuchen eine durchschnittliche Endmasse von 2150 g (Rüden) bzw. 1050 g (Fähen). Bei geringem Fettgehalt des Futters (weniger als 3 g/100 kcal) benötigten die Nerze für ein normales Wachstum 11 bis 13 g vRP je 100 kcal. Die Endmasse lag unter diesen Bedingungen unter 2 kg (Rüden) bzw. unter 1 kg (Fähen). Nerzwelpen benötigten vom 1. Juli bis zum 15. November im Durchschnitt täglich 28 bis 30 g vRP.

Die Möglichkeit, große Nerze bei Verfütterung von 7,2 bis 7,4 g vRP je 100 kcal u. E. zu bekommen, bewiesen auch die Versuche von MILOVANOW (1963).

LEBENGARZ (1968) stellte in Untersuchungen über den Einfluß des Energie:Protein-Verhältnisses auf das Wachstum der Nerze fest, daß die Rüden im Alter bis zu dreieinhalb Monaten bei Rationen mit mäßigem Gehalt an vRP (8,5 bis 9,5 g je 100 kcal) weniger Fett und Eiweiß ansetzen als Nerze, die relativ viel vRP (11,1 bis 12,4 g je 100 kcal) erhielten. Sie verwerteten aber zu einem späteren Zeitpunkt bei den gleichen Rationen die Nährstoffe des Futters besser und holten die Welpen im Wachstum ein, die reichlich mit vRP gefüttert worden waren.

Bei hoher Energiekonzentration und ausgeglichenem Aminosäureangebot in der Ration wachsen die Nerze auch bei relativ niedrigen Proteingaben normal. PERELDIK, TITOVA und KUSNEZOVA (1970) zogen Standardnerze auf, von denen die Rüden eine Lebendmasse von 2010 g und die Fähen von 1097 g hatten, wenn sie ab Anfang Juli bis zur Pelzung im November nur 6,35 g vRP je 100 kcal umsetzbare Energie erhielten. Das Eiweiß tierischer Herkunft stammte zu 40 % von unzerteiltem Fisch, 40 % Pansen und 20 % Hammelköpfen. Jedes Tier erhielt

18,4 g vRP je Tag, davon waren 13,5 g tierischer Herkunft. In der Kontrollgruppe bekamen die Nerzwelpen 10 g vRP je 100 kcal oder 26,6 g vRP je Tier und Tag; sie wogen im November 2174 g (Rüden) bzw. 1164 g (Fähen). Die Fellfläche war um 37 cm² größer. In der Dichte des Winterfelles war zwischen den Versuchsgruppen kein Unterschied festzustellen. In der Versuchsgruppe waren es 12,40 und in der Kontrollgruppe 12,56 Tiere.

Die Angaben über den Proteinbedarf wurden in der Sowjetunion an Standardnerzen, in den skandinavischen Ländern an Standard- und Mutationsnerzen, insbesondere an pastellfarbenen und silbergrauen, ermittelt. Amerikanische Untersuchungen besagen, daß in Rationen wachsender Nerze im Alter von 7 bis 23 Wochen 22 % vRP in der Trockensubstanz (TS), ab 23. Woche 16 % vRP enthalten sein sollten. Voraussetzung ist, daß die Rationen 34 % TS, 100 g Futter für Welpen bis zu 23 Wochen 7,5 g vRP und danach 5,4 g vRP enthalten.

Der Einfluß der Proteinzufuhr auf das Wachstum des Haarkleides bei Nerzen wurde von DOLNICK u. a. (1960) nachgewiesen. Die erste Gruppe Jungtiere erhielt ab Mitte Juni eine Ration, die zu 85 % aus Fleisch und zu 15 % aus Zerealien bestand. Die zweite Gruppe (gleiche Tieranzahl) wurde mit 48 % rohem Weizenmehl, 12 % Fett und 40 % Zerealien gefüttert. Das Futter der ersten Gruppe enthielt 8 g und das der zweiten 3 g vRP je 100 kcal. Das Auszählen der Haare auf horizontalen Hautschnitten ergab stark vermindertes Wachstum der Haarfollikel bei verminderter Proteinzufuhr. SINCLAIR, EVANS und SIBBALD (1962) stellten fest,

daß Rationen mit 30,65 % vRP in der TS bei Standardnerzwelpen vom Absetzen bis zum Pelzen ein besseres Wachstum gewährleisten als Rationen mit 23,46 %. Sie sind der Ansicht, daß 24,73 g vRP je 100 g TS (entspricht etwa 6,3 g vRP je 100 kcal umsetzbare Energie) den Bedürfnissen wachsender Nerze am besten entsprechen.

PEARCEY-ALLEN u. a. (1964) untersuchten den Einfluß des Energie:Protein-Verhältnisses auf das Wachstum der Nerze und die Futterverwertung. Sie stellten fest, daß das Verhältnis zwischen Verdaulichkeit der Energie zu vRP im Altersabschnitt von 6 bis 16 Wochen einen stärkeren Einfluß auf das Wachstum hat als im Alter von 16 bis 28 Wochen.

Proteinbedarf ausgewachsener Nerze

Grundlagenuntersuchungen über den Proteinbedarf ausgewachsener Nerze wurden bisher kaum durchgeführt. Die in verschiedenen Ländern vorgeschlagenen Proteinnormen für diese Altersgruppe beruhen hauptsächlich auf betrieblichen Beobachtungen und auf den Ergebnissen kleiner Versuche.

PERELDIK und TITOVA (1950) stellten fest, daß ausgewachsene und junge Fähen des Standardnerzes, die vom 1. August bis zum 15. Juli des folgenden Jahres 8,2 g vRP je 100 kcal u. E. erhielten, bis zum Absetzen im Durchschnitt 5,87 Welpen warfen, während die übrigen Fähen je 5,35 Welpen brachten. Nerzfähen, die man genauso selektierte und die mit dem Futter 10,5 g vRP je 100 kcal erhielten, übertrafen die Leistung der Kontrollgruppe nicht. Je Versuchsfähe wurden 5,71 Welpen geworfen, von denen 5,33 bis zum Absetzen aufgezogen werden konnten.

Die von PERELDIK und TITOVA vorgenommene Analyse der Fütterungspraxis ausgewachsener Nerze in den besten Pelztierbetrieben der Sowjetunion (von 1950 bis 1953) zeigte, daß es neben Sowchosen, die ihren Zuchtbestand mit eiweißreichen Rationen (12 bis 14 g vRP je 100 kcal) fütterten, auch Betriebe gab, die bei geringeren Gaben von vRP (8 bis 9 g im Sommer und Herbst und 11 bis 12 g je 100 kcal im Winter)

Tabelle 8/1 Anzahl der Haare in der Follikelgruppe

Datum	Alter Tage	1. Gruppe	2. Gruppe
19. Juni	45	5 (3 bis 7)	5 (3 bis 7)
31. Juli	85	15 (10 bis 19)	8 (5 bis 11)
28. August	115	16 (10 bis 21)	9 (7 bis 11)
25. September	140	22 (16 bis 28)	13 (9 bis 17)
25. Oktober	170	24 (18 bis 29)	16 (12 bis 19)
20. November	195	26 (20 bis 32)	17 (12 bis 20)
12. Dezember	215	29 (25 bis 33)	19 (14 bis 24)

guten Nachwuchs erzielten. In den Spitzenbetrieben lag das Wurfergebnis je Fähe des Zuchtbestandes über 5 Stück.

Im Forschungsinstitut für Pelztierzucht und Kaninchenhaltung der SU 1965 bis 1968 durchgeführte Versuche haben bewiesen, daß 7,5 bis 8,5 g vRP je 100 kcal u. E. im Sommer und Herbst und 10 g ab Dezember bis zum Werfen bei jungen Zuchtfähen die Fruchtbarkeit nicht herabgesetzt haben. Auch das Aufzuchtergebnis und die Entwicklung der Welpen bis zum Absetzen sind im Vergleich zu den Tieren, die 11 bis 13 g vRP erhielten, nicht beeinträchtigt worden.

Ein von 1968 bis 1969 durchgeführter Versuch hat gezeigt, daß Fähen des Standardnerzes, die vom 10. Juli bis zum 31. Dezember 7,77 g vRP und vom 1. Januar bis zum 30. April 8,33 g vRP je 100 kcal bekamen, 5,35 Welpen je Wurf brachten. Das Futter tierischer Herkunft bestand zu 50% aus ganzem Fisch, 15% Pferdefleisch und zu rund 35% aus Schlachtnebenprodukten. Bekamen die Fähen die gleiche Menge an vRP aber weniger Futter tierischer Herkunft, war das Wurfergebnis geringer: 4,06 Welpen je werfende Fähe, das entspricht 3,23 Welpen je Fähe des Gesamtbestandes.

Norwegische Wissenschaftler konnten keinen Unterschied hinsichtlich der Fruchtbarkeit von Nerzen feststellen, die im Winter mit Rationen gefüttert wurden, in denen der vRP-Gehalt zwischen 7 und 15 g je 100 kcal u. E. schwankte (RIMESLÅTTEN, 1959, 1964). Versuche dänischer Wissenschaftler ergaben, daß sich die Schwankungen in der Proteinzufuhr zwischen 8,5 und 13,5 g vRP je 100 kcal bei gleichzeitig hohem Fettgehalt in den Rationen, gefüttert während der Laktation, nicht nachteilig auf das Wachstum und das Aufzuchtergebnis der Welpen auswirkten (JØRGENSEN, 1961, 1962). Die Empfehlungen skandinavischer Wissenschaftler für vRP-Normen liegen etwas höher als die Angaben aus sowjetischen Versuchen (8 bis 11 g je 100 kcal).

Aminosäurebedarf der Nerze

Die gegenwärtig empfohlenen Proteinnormen sind unvollkommene Angaben. Da sie empirisch, d. h. ohne Berücksichtigung des Aminosäurenbedarfs festgelegt wurden, besteht keine Gewißheit darüber, ob bei unterschiedlichem Aminosäurenangebot mit der gleichen Menge Protein der gleiche Effekt erwartet werden kann. Deshalb können die als Mindestgaben mitgeteilten Proteinnormen je nach dem Gehalt an *essentiellen* (unentbehrlichen) *Aminosäuren* im Futter in manchen Fällen ungenügend, in anderen zu reichlich sein.

In den Farmen werden aus ökonomischen Erwägungen häufig Schlachtnebenprodukte mit hohem Kollagengehalt (Hammel- und Rinderköpfe, Luftröhren, Blättermagen, Lungen, Pansen, Geflügelschlachtabfälle) verfüttert. Im Protein dieser Futtermittel sind nur 40 bis 70% der schwefelhaltigen Aminosäuren – Methionin und Zystin sowie Tryptophan, Isoleuzin, Histidin und Threonin – enthalten, die das Protein des Muskeleiweißes enthält. Je mehr Kollagene im Futter, desto ärmer ist es an Aminosäuren. Im Fleischfutter unterschiedlichster Herkunft hält sich der prozentuale Gehalt der anderen essentiellen Aminosäuren – Arginin, Lysin, Phenylalanin, Leuzin und Valin – in engen Grenzen. Wachsende Pelztiere haben den höchsten Bedarf an *schwefelhaltigen Aminosäuren*, denn sie sind für das Wachstum des Haarkleides, dessen Proteine etwa 15% Zystin enthalten, unbedingt notwendig. Der Methionin- und Zystinbedarf der Tiere ist während der Ausbildung des Winterfelles (August bis Oktober) besonders hoch. Da bei Nerzen das Verhältnis zwischen Haarmasse und Lebendmasse größer ist als bei Silber- und Blaufüchsen, ist auch der Zystinbedarf höher. Überwiegen in den Rationen der Nerzwelpen Schlachtnebenprodukte mit hohem Kollagengehalt, werden Methionin und Tryptophan zu limitierenden Aminosäuren, wobei sie das Wachstum des Körpers und die Entwicklung des Haarkleides begrenzen können. Aus der Tabelle 8/2 ist ersichtlich, daß Kollagene nur ein Sechstel des Methionins und Zystins, das sich im Muskelprotein befindet, und weniger als ein

Tabelle 8/2 Aminosäurenzusammensetzung einiger Futterarten im Vergleich zu denen von Körper und Fell von Nerzwelpen* (in % zum Protein – N 6,25)

Amino-säuren	Nerz-welpen 3 Mon. alt	Nerz-fell	Mintai	Rinder-Pansen	Gela-tine
Arginin	6,4	7,6	4,9	6,2	7,0
Lysin	6,6	4,1	7,8	5,8	3,7
Histidin	2,1	1,0	1,7	1,8	0,5
Methionin	1,8	1,0	3,0	1,7	0,3
Zystin	—	16,1	3,8	2,4	0,7
Tryptophan	0,4	0,3	1,0	0,9	0,01
Threonin	3,9	5,7	5,3	3,5	1,9
Phenyl-analin	4,2	2,9	4,8	3,4	1,7
Leuzin	7,3	6,3	8,2	6,0	2,7
Isoleuzin	3,5	2,6	5,2	3,4	1,2
Valin	5,0	4,9	5,5	3,8	2,3

* Zusammensetzung des Nerzkörpers und -fells nach MOUSTGAARD u. a. (1957); Zusammensetzung der Futterarten nach IONKINA (1968)

Zwanzigstel des Methionins und Zystins des Haarproteins enthält. Kollagene enthalten fast kein Tryptophan (weniger als 0,01 %); ihr Gehalt an anderen Aminosäuren beträgt nur 50 bis 33 % des Aminosäuregehalts im Körper von Welpen. Zystin gehört zu den nichtessentiellen (entbehrlichen) Aminosäuren: der Organismus ist fähig, Zystin aus Methionin zu synthetisieren. Obwohl Zystin Methionin nicht ersetzen kann und bei Methioninmangel das Wachstum der Tiere nicht gewährleistet ist, kann ausreichend Zystin den Methioninverbrauch verringern. Da bedeutende Zystinmengen aus dem Futter für die Haarbildung verwertet werden, genügt es, vom Gehalt des Futters an schwefelhaltigen Aminosäuren auszugehen.

TRAVIS u. a. (1949) wiesen nach, daß sich die Lebendmasse der Nerze nicht erhöht, wenn in den Rationen das Eiweiß pflanzlicher Herkunft überwiegt. Gab man dem pflanzlichen Protein Methionin, Lysin und Tryptophan hinzu, setzte das normale Wachstum der Tiere wieder ein. In Versuchen von LEOSCHKE (1959) hatten Nerzwelpen, die Kasein als einziges Protein erhielten, bis zum Beginn des Haarwechsels im Herbst gute Zunahmen. Im September und Oktober fraßen sie das kaseinhaltige Futter schlecht und nahmen ab. Bekamen die Nerze mit dem Futter 0,5 % Arginin und 0,25 % Methionin, unterschieden sich Wachstum und Qualität des Winterfelles wenig von den mit üblichen Rationen gefütterten Nerzen. Der alleinige Zusatz von Arginin oder Methionin hatte einen geringeren Effekt. Da die Mangelerscheinungen zu Beginn der Haarkleidausbildung auftraten, sind die Autoren der Ansicht, die Arginin- und Methioninmenge in der kaseinhaltigen Ration decke den Bedarf des Organismus für den Fellwuchs nicht. Von DAVIS (1953) wurde nachgewiesen, daß Arginin der begrenzende Faktor für das Wachstum des Haarkleides bei Nerzwelpen ist. Im Mischfutter (Konzentrat) erwiesen sich Methionin und Lysin für Nerze als limitierende Aminosäuren (HOOGERBRUGGE, 1968).

Der Einfluß des Methionins auf das Wachstum junger Nerze und auf die Qualität ihrer Felle wurde von MILOVANOW (1963) geprüft. Für Nerzwelpen war die Hauptproteinquelle Futter aus gehackten Hammelköpfen (ohne Zungen). Bei Nerzrüden, die vom 20. Juli bis zum 20. November durchschnittlich je 23,7 g vRP je Tag erhielten, traten Methionin-Mangelerscheinungen auf. Etwa bei 40 % der Tiere zeigte sich beim Pelzen an den Seiten schütteres Haar. Nachdem die Ration um 600 mg Methionin angereichert wurde, verringerte sich der Anteil an fehlerhaften Fellen auf 14 %. Methioninmangel wurde auch in der Gruppe festgestellt, die 26,5 g vRP je Tier und Tag erhalten hatte; es zeigte sich bei 9 % der Felle schütteres Haar. Nerze, denen man 300 mg Methionin zusätzlich gab, hatten diesen Fellfehler nicht. Bei Methioninmangel waren die Grannenhaare der Nerze steif, leicht verfilzt, unterschiedlich lang und unnormal glänzend. Der Zusatz von synthetischem Methionin führte zu mehr Flaumhaaren je Büschel, zu verlängerten, gleichmäßigeren und stärkeren Grannenhaaren.

Von PERELDIK, TITOVA, KUSNEZOVA (1968, 1970) wurden eine Reihe von Versuchen durchgeführt, um den Bedarf der Nerzwelpen an Aminosäuren zu ermitteln. Dazu standen Rüden und Fähen des Standardnerzes im Versuch, die Rationen mit 7,3 bis 8,7 g vRP je 100 kcal erhielten. Als Protein tierischer Herkunft dienten in einigen

Tabelle 8/3 Reproduktionsergebnisse bei unterschiedlichen Methionin- und Tryptophangaben in mg je 100 kcal u. E.

Kennwerte	Gruppe		
	I	II	III
Anzahl Fähen zu Beginn der Ranz (1. März)	39	37	33
Anzahl gedeckter Fähen	39	37	33
Anzahl Fähen ohne Nachzucht	8	5	2
Anzahl lebendgeborener Welpen	148	180	177
Welpenverlust bis zum Registrieren (in %)	14,9	17,2	17,5
Registrierte Welpen:			
Insgesamt	126	149	146
Je werfende Fähe	4,07	4,66	4,71
Je gedeckte Fähe	3,23	4,03	4,42

Versuchen zerkleinerte Hammel- und Rinderköpfe (ohne Zungen), in anderen Rinderohren und Schnauzen mit unterschiedlichen Zusätzen von Aminosäuren. Bei diesen Schlachtnebenprodukten wurde unterstellt, daß sie einen geringeren Gehalt an Tryptophan, Methionin, Isoleuzin und Histidin aufweisen als alle anderen Futterfleischarten. Zur Ration gehörten ferner Getreidemehl und -brot, freie Fette, Futterhefe und ein Vitaminpräparat. Die Rationen der Versuchsgruppen unterschieden sich hinsichtlich Menge und Zusammensetzung schwefelhaltiger Aminosäuren. Es zeigte sich, daß für Nerzwelpen bei energiereicher Fütterung (300 kcal im Alter von zwei bis drei Monaten; 320 kcal im Alter von drei bis vier Monaten; 360 kcal im Alter von vier bis sechs Monaten und 300 kcal im Alter über sechs Monate je Tier und Tag) für ein normales Wachstum (Lebendmasse im November bei Rüden 2 kg und darüber, bei Fähen 1 kg und darüber) und für ein hochwertiges Winterfell 53 mg Tryptophan und 189 mg Methionin und Zystin je 100 kcal u. E. ausreichen.

Nach den erwähnten Versuchen war es notwendig, Nerzwelpen ab Anfang Juli bis Mitte September täglich mindestens 175 mg Tryptophan und 620 mg Methionin und Zystin anzubieten. Rüden, die während der Wachstumsperiode je Tag durchschnittlich 380 kcal benötigen, brauchen 210 mg Tryptophan sowie 740 mg Methionin und Zystin. Geringere Tryptophangaben (185 mg und weniger) führten bei Rüden zu verschiedenen Störungen (Nierenaffektionen, Veränderungen in der Zusammensetzung des Plasmaeiweißes) und zu schlechter Fellqualität (verringerte Haardichte, «Opalisierung» der Grannenspitzen). Der Bedarf der Nerzwelpen an den die Fellbildung begrenzenden Aminosäuren kann durch 7,5 bis 8,0 g vRP je 100 kcal umsetzbare Energie bei überwiegender Fütterung von Schlachtnebenprodukten und Fischabfällen mit relativ niedrigem Gehalt an Tryptophan (0,6 bis 0,8 % des Proteins) und an schwefelhaltigen Aminosäuren (2,3 bis 2,7 % des Proteins) gedeckt werden. Enthält das Futterprotein 0,9 % Tryptophan und 3 % Methionin (+ Zystin), reichen für Nerzwelpen 6,5 bis 7,0 g vRP je 100 kcal aus.

Der schwankende Histidingehalt zwischen 65 und 240 mg und Isoleuzingehalt von 168 bis 410 mg je 100 kcal in den Rationen wirken sich nicht auf Wachstum und Fellentwicklung aus. Untersuchungen zum Methionin- und Tryptophanbedarf von Nerzfähen für die Zucht haben gezeigt, daß sie vom 1. Juli bis Dezember mindestens 73 mg Tryptophan und ab Januar bis einschließlich April mindestens 86 mg Tryptophan benötigen. Die Methioningaben sollen mindestens 214 bzw. 281 mg je 100 kcal umsetzbare Energie betragen. In diesem Fall kann die Menge an vRP ohne Schaden auf 6,5 bis 7,0 g je kcal reduziert werden. Noch geringere Gaben an diesen begrenzenden Aminosäuren führen aber zu schlechteren Wurfergebnissen je Fähe (Pereldik, Titova, Kusnezova, 1970).

Proteinbedarf der Blaufüchse

Versuche von Abramov und Poveckij (1955) ergaben Resultate in bezug auf Wachstum und Fellqualität abgesetzter Blaufuchswelpen mit Rationen, die 10,0 bis 11,5 g vRP je 100 kcal umsetzbare Energie enthielten. Mehr Protein mußte bei jüngeren Tieren (vom Absetzen bis September), weniger in den letzten Monaten vor dem Pelzen gegeben werden. Für die zur Zucht vorgesehenen Jungtiere waren die Eiweißgaben auf 11,0 bis 12,5 g vRP je 100 kcal zu erhöhen. ABRAMOV und POVECKIJ (1955) empfehlen, ausgewachsenen Tieren im Sommer 10,0 g, im Winter 11,5 g vRP je 100 kcal Futter zu geben. Es sei darauf hingewiesen, daß in den Versuchen nur Rationen mit mäßigem Fettgehalt verfüttert wurden.

RIMESLÅTTEN und ÅHMAN (1964) kamen auf Grund von Versuchsergebnissen (1955 bis 1956 und 1961 bis 1963) zu der Schlußfolgerung, daß Blaufuchswelpen ab 8. Lebenswoche bei Rationen mit 6,2 bis 6,7 g vRP normal wachsen, wenn mindestens 30 bis 35 % der u. E. in Form von Fett zugeführt werden. Für Zuchttiere reicht es aus, wenn sie im Sommer die gleichen Proteinmengen wie wachsende Jungtiere erhalten. Im Winter (von Dezember bis zum Werfen) sollte die Ration 7,5 g vRP je 100 kcal enthalten. Die Wurfergebnisse waren dabei nicht schlechter als bei Rationen mit 11 g vRP. Nach RIMESLÅTTEN müssen Fähen in den ersten beiden Laktationsmonaten mindestens 8 bis 9 g vRP bekommen.

Tabelle 8/4 Normen an verdaulichem Rohprotein für Fähen und Welpen (nach RIMESLÅTTEN, ÅHMAN, 1964)

Zeitraum	g je 100 kcal umsetzbare Energie
Dezember bis zum Werfen	9 (von 8 bis 10)
Laktierende Fähen und Welpen bis zur 8. Lebenswoche	10 (von 9 bis 11)
Abgesetzte Welpen bis zur 14. Lebenswoche	9 (von 8 bis 10)
Welpen ab 14. Lebenswoche bis zum Pelzen	8 (von 6,7 bis 9)

ANTIPOV (1968) wies nach, daß für Blaufuchswelpen, die Rationen mit ausgeglichenem Aminosäureangebot und etwa 5 g Fett je 100 kcal erhalten, zu normalem Wachstum und gutem Fell insgesamt nur 7 g vRP je 100 kcal u. E. ausreichen. Bis zur Pelzung hatten die Blaufüchse eine Lebendmasse von 5,7 bis 5,8 kg und Felle mit einer Fläche von 2100 cm² (nach dem Trocknen). Mehr als 90 % konnten in die höchsten Preisgruppen eingestuft werden.
In der gleichen Arbeit stellt der Autor fest, daß

Tabelle 8/5 Normen an verdaulichem Rohprotein für Welpen und ausgewachsene Blaufüchse (nach AFANASEV und PERELDIK, 1966)

Tiere	Zeitraum	g je 100 kcal umsetzbare Energie
Abgesetzte Welpen und ausgewachsene Blaufüchse	Sommer	8
Zuchttiere	Winter (Dezember bis zum Werfen)	8,5
Fähen	Laktationsperiode	5

Blaufuchswelpen zum normalen Wachstum zwar nicht mehr als 200 mg Methionin + Zystin und 50 mg Tryptophan je 100 kcal benötigen, daß diese Aminosäuremenge aber für ein normales Wachstum des Haarkleides nicht ausreicht. Um zu sichern, daß die Welpen intensiv wachsen und Felle guter Qualität bekommen, müssen sie mindestens 260 mg Methionin + Zystin sowie 70 mg Tryptophan je 100 kcal erhalten. Geringere Aminosäuregaben führen zu langsamem Wachstum des Haarkleides, geringerer Dichte von Granne und Unterwolle sowie zu verfilztem Fell.

Proteinbedarf der Silberfüchse

Die Eiweißnormen für abgesetzte Silberfuchswelpen resultierten bis 1940 aus Beobachtungen aus der Praxis und aus Ergebnissen von Einzelversuchen. In den damaligen Empfehlungen waren erhöhte Gaben an vRP in Höhe von 10,0 bis 11,5 g je 100 kcal u. E. vorgesehen (JARL, 1944; PERELDIK, 1945; GUNN, 1948; ROCHMANN, 1949). Nach diesen Empfehlungen erhielt ein zwei bis drei Monate altes Tier täglich 33 bis 39 g vRP, mit sechs Monaten 53 bis 59 g. Um den Proteinbedarf genauer zu ermitteln, untersuchten HØIE und RIMESLÅTTEN (1950) den Einfluß von Rationen mit unterschiedlichem Protein-, Fett- und Kohlenhydratgehalt auf Wachstum und Fellqualität von Silberfuchswelpen. Dabei zeigte sich, daß sich der Bedarf der Silberfuchswelpen an vRP im Alter von drei bis sechs Monaten von 46 auf 52 g je Tier und Tag erhöht. Solche Proteingaben, kombiniert mit einem niedrigen Fettgehalt in den Rationen und einem erhöhten Gehalt an Kohlenhydraten, sind ausreichend, um hochwertige Felle zu erzeugen. Die Lebendmassezunahme betrug im Durchschnitt 23 bis 25 g je Tag.

ABRAMOV und VACHRAMEEV (1949) überprüften Rationen mit unterschiedlichem Proteingehalt hinsichtlich Wachstum und Fellqualität bei Welpen im Alter von vier bis sieben Monaten. Sie stellten fest, daß man die Gaben von 10,5 g vRP in den ersten Monaten nach dem Absetzen, im Alter von vier bis fünf Monaten auf 10 g, ab fünften Monat auf 9 g je 100 kcal herabsetzen kann, ohne daß die Fellqualität beeinträchtigt wird. Zu den gleichen Schlußfolgerungen kamen FIRSTOV und VACHRAMEEV (1950). Nach ihren Angaben benötigen Silberfuchswelpen im Alter von zwei bis drei Monaten 38 bis 39 g vRP, im Alter von drei bis vier Monaten 48 bis 52 g vRP und in den folgenden Monaten nur noch 46 bis 48 g vRP je Tier und Tag. PERELDIK und KIM (1951) stellten fest, daß es ausreicht, Jungtieren vom Absetzen bis zur Pelzung täglich je 40 g vRP tierischer Herkunft oder 46 g vRP-Gesamt zu geben.

MARKOVA (1968) stellte fest, daß bei erhöhtem Fettgehalt für Silberfuchswelpen im Alter von drei bis sieben Monaten 7 g vRP je 100 kcal ausreichen, um hohe Zunahmen und Felle guter Qualität zu erzielen. In den Versuchen erhielten die Welpen im Alter von zwei bis drei Monaten täglich 39 g vRP, mit drei bis vier Monaten 42 g, mit vier bis sechs Monaten 46 g. Die Angaben von MARKOVA stimmen mit Versuchswerten von HARRIS, BASSETT u. a. (1951) überein. Die Autoren sind der Ansicht, daß die Proteingaben nach fünfeinhalb Monaten auf 6 g je 100 kcal reduziert werden können.

Dies wird durch die Versuchswerte von MARKOVA (1969) bestätigt, die Silberfuchswelpen mit hoher Endmasse (5,80 bis 5,95 kg bis zum 20. November) mit energiereichen und in bezug auf essentielle Aminosäuren gut ausgeglichenen Rationen aufzog, wobei lediglich 5,7 g vRP je 100 kcal u. E. gegeben wurden. Je Tier und Tag wurden folgende Mengen an vRP eingesetzt: Juni 26 g, Juli 33 g, August 37 g, September 36 g, Oktober 32 g, November 29 g. Die Felle der Versuchstiere hatten eine gute Qualität und wurden genauso bewertet wie die der Silberfüchse, die höhere Proteinmengen erhielten.

Zusammenfassend gilt, daß Silberfuchswelpen bei hohem Fettgehalt im Futter und bei vollwertigem Futter tierischer Herkunft auch dann gut wachsen und Felle guter Qualität liefern, wenn die Rationen 6 bis 7 g vRP je 100 kcal Futter enthalten. Bei mäßigem Fettgehalt muß die Ration 9 bis 10 g vRP je 100 kcal für Welpen im Alter von zwei bis vier Monaten und 7 bis 8 g für ältere Welpen enthalten. Die ersten Untersuchungen von MARKOVA (1968, 1969), den Bedarf an Aminosäuren zu ermitteln, ergaben, daß Silberfuchswelpen zu normalem Wachstum und normaler Fellausbildung vom Absetzen bis zur Pelzung durchschnittlich täglich 1 150 mg Methionin + Zystin sowie 340 mg Tryptophan benötigen. Das deckt den Bedarf der Tiere mit 33 bis 44 g vRP je Tag oder bei 5,7 bis 7,0 g je 100 kcal u. E. Bei diesen Mengen an vRP ist darauf zu achten, daß auf 100 kcal mindestens 200 mg Methionin + Zystin und 65 mg Tryptophan entfallen. Werden aber 40 g vRP und mehr je Tier und Tag oder 7 g je 100 kcal u. E. gegeben, können Methionin + Zystin auf 180 mg und Tryptophan auf 50 mg je 100 kcal reduziert werden.

Für die zur Zucht bestimmten Jungtiere gilt, daß sie in der Wachstumsperiode (von Juni bis November) je 100 kcal 7 g vRP mit mindestens 245 g Methionin + Zystin sowie 70 mg Tryptophan erhalten müssen. Geringere Mengen dieser Aminosäuren (180 bis 210 mg schwefelhaltige Aminosäuren und 50 bis 65 mg Tryptophan je 100 kcal) in der Wachstumsperiode führten zu schlechteren Fortpflanzungsergebnissen.

Der Proteinbedarf ausgewachsener Silberfüchse ist bisher kaum untersucht worden. Die von verschiedenen Autoren vorgeschlagenen Proteinnormen beruhen auf Fütterungsergebnissen in guten Zuchtbetrieben. Es empfiehlt sich, ausgewachsene Silberfüchse von Juli bis November nach den Proteinnormen zu füttern, die für Jungtiere üblich sind. So schlug JARL (1944) vor, Silberfuchsfähen während dieser Periode 45 g vRP und ab November bis zum Werfen 50 g vRP je Tier und Tag zu geben. PERELDIK (1965) empfiehlt, ausgewachsenen Silberfüchsen 41 bis 53 g vRP von Juli bis November zu geben. Geringere Gaben sind nur bei Rationen mit hohem Fettgehalt möglich, höhere bei solchen, die in der TS nicht mehr als 10 % Fett enthalten. In der Reproduktionsperiode (Dezember bis zum Werfen) müssen die Proteinnormen etwas höher sein, und zwar je nach Fettgehalt des Futters 45 bis 60 g vRP je Tier und Tag. Nach Angaben von ROCHMANN (zitiert nach HØIE u. a., 1950) brauchen ausgewachsene Tiere im Winter 60 g vRP täglich.

Nach Angaben von JARL (1944) werden von Fähen in der Laktationsperiode bei mittelgroßen Würfen 35 g vRP in der ersten Woche, 70 g in der zweiten, 110 g in der dritten und vierten sowie 180 g in der fünften bis achten Woche benötigt; 7 bis 9 g vRP je 100 kcal im Sommer, nicht weniger als 9 g im Winter, gelten als Norm.

Verdaulichkeit des Proteins

Das Protein des Fleisches wird von fleischfressenden Pelztieren zu 90 % und mehr verdaut, das Protein aus Zerealien nur zu 50 bis 75 %. Pelztiere verdauen Muskelprotein besser als das Protein des Bindegewebes, der Knorpel und der Knochen. Je mehr Kollagene im Protein enthalten sind, desto schlechter wird es verdaut. Die Verdaulichkeit des Proteins ist direkt abhängig vom Kollagengehalt.

Nach Angaben von ÅHMAN (1961) verdauen Nerze Rohprotein von unzerteiltem, rohem Fisch, von Fischabfällen ohne Gräten und von Muskelfleisch zu 90 %, von rohen Schlachtnebenprodukten, von Geflügel- und Fischabfällen und Fischmehl (< 20 % Mineralstoffgehalt) zu 85 %, von rohen Hühnerköpfen, Fischen sowie Fischmehl (20 bis 25 % Mineralstoffgehalt) zu 80 %, von Hammel- und Kalbsköpfen zu 70 %, von Fleisch-Knochen- und Fischmehl (> 25 % Mineralstoffgehalt) zu 60 %. Am besten wird das Protein von Milch und Molkereiprodukten verdaut (etwa 95 %). Das Protein von Getreidegrütze, gekochtem Getreidemehl, Brot, gekochten Kartoffeln und Hefe verdauen Pelztiere (nach ÅHMAN) zu 75 %, das der Kleie zu 50 bis 55 %, das Mehl verdauen Nerze zu 65 %.

PEARCEY-ALLEN u. a. (1964) untersuchten getrennt bei Nerzrüden und Fähen die Verdaulichkeit des Rohproteins in Rationen, die sich bezüglich des Energie- und Proteingehaltes je 100 g TS unterschieden. Enthält das Futter 18 % der TS Rohprotein, verdauten Rüden das Protein besser als Fähen: die Verdaulichkeit betrug mit 11 Wochen durchschnittlich 75 ($\pm$ 1,3) bzw. 70 ($\pm$ 9) %, mit 21 Wochen 79 ($\pm$ 0,6) %bzw. 71 ($\pm$ 2,9) %. Bei den Rüden verbesserte sich die Verdaulichkeit des Proteins mit zunehmendem Alter. Ein Einfluß des Alters auf die Verdaulichkeit konnte ab 37 % Protein in der TS nicht festgestellt werden.

Die *Energiekonzentration der Ration* beeinflußt die Verdaulichkeit des Proteins nicht. Damit verändert sich auch nicht die Proteinverwertung in Abhängigkeit vom Fettgehalt. Die Verdaulichkeit der Energie verbesserte sich mit wachsender Energiekonzentration in der TS.

Silberfüchse und Blaufüchse verdauen Protein besser als Nerze, und zwar um etwa 5 %. Kochen und Trocknen von Futter tierischer Herkunft bei hohen Temperaturen setzt die Verdaulichkeit des Proteins herab. Silberfüchse verdauen das Protein von rohem Pferdefleisch zu 92,9 %, von gekochtem zu 83,5 %, von Fleischmehl zu 80 %; Nerze verdauten das Protein von rohem und

Tabelle 8/6 Verdaulichkeit des Proteins verschiedener Futtermittel bei Nerzen (nach LEOSCHKE, KLECKIN, JUDIN, 1968)

Futtermittel	Verdaulichkeit %
Pferdefleisch	87,2 bis 92,1
Walfleisch	92,5
Leber	92,2
Seefische	87,2 bis 88,8
Pansen	86,4 bis 90,2
Lunge	81,7 bis 84,3
Blättermagen	87,8
Milz	88,0 bis 88,6
Frisches Blut	91,7
Schnauze und Ohren	87,0
Rinderköpfe	71,0
Hammelköpfe	65,8
Luftröhren	67,0
Hühnerköpfe	78,2
Hühnerständer	32,4

gekochtem Pferdefleisch zu 91,3 bzw. 86,7 %, von Fleischmehl zu 70 %.
Am besten verdauen Pelztiere Rationen aus Fleisch und Fisch, die bei 50 bis 55 °C im Vakuum getrocknet wurden. Kochen erhöht in den meisten Fällen die Verdaulichkeit des Proteins pflanzlicher Herkunft, besonders von Hülsenfrüchten. Am besten werden Sojabohnen verdaut, wenn sie 30 Minuten bei 100 bis 120 °C gekocht wurden.
Die Verdaulichkeit des Proteins pflanzlicher Futtermittel hängt vom Zerkleinerungsgrad ab. Das Protein von Mehl verwerten Pelztiere genauso gut wie das von gekochtem Getreide. Durch Kochen oder Mahlen werden die Zellwände zerstört und das Protein durch die Verdauungsfermente besser aufschließbar.

Fettbedarf

Die ernährungsphysiologische Bedeutung der Fette beruht auf ihrem Gehalt an essentiellen Fettsäuren und dem hohen Energiegehalt. Die Tiere müssen mit dem Futter zumindest die *essentiellen Fettsäuren* – Linol-, Linolen- und Arachidonsäure – aufnehmen, da sie im tierischen Körper nicht synthetisiert, aber für Wachstum und Fortpflanzung benötigt werden.
Mangel an Linol- und Linolensäure führt bei Pelztieren zu Wachstumshemmungen, Fortpflanzungsstörungen und Hauterkrankungen. ENDER u. a. (1951) beobachteten bei Silberfuchswelpen, die eine Ration mit überwiegendem Futterfisch und niedrigem Fettgehalt erhielten, folgende abweichende Entwicklung der Haut und des Haarkleides: Hyperkeratose, Abschuppung und Entpigmentierung der Haare. Solche Störungen traten nicht auf, wenn dem Futter ungesättigte Fettsäuren in Form von Sonnenblumenöl oder Weizenöl zugegeben wurden. WORNE (1958) stellte bei Nerzen, die drei Monate lang bis zur Paarung eine Ration mit gesättigtem Fett erhielten, die niedrigste Reproduktionsrate fest. Keines der Jungen lebte länger als 72 Stunden. Enthielt die Ration ungesättigte Fettsäuren, warfen die Nerze normal, und die Jungen blieben am Leben.
Nach den in der Literatur gegebenen Hinweisen lassen sich durch fehlendes Fett bedingte Mangelerscheinungen dadurch verhüten, daß essentielle Fettsäuren in einer Menge von 0,5 % der Futtertrockensubstanz verabreicht werden. Es handelt sich dabei um die Mindestmenge zur Gesunderhaltung der Tiere. Bei tragenden und laktierenden Fähen sowie wachsenden Tieren sollten 1,5 % der TS veranschlagt werden. Das entspricht bei Nerzwelpen, die täglich 75 bis 100 g TS mit dem Futter aufnehmen, 1,0 bis 1,5 g essentiellen Fettsäuren.
Wegen der hohen Energiekonzentration ist es bei genügendem Anteil an Fett im Futter möglich, die Rationen zu senken. Energetisch hat Fett ernährungsphysiologisch eine größere Bedeutung als Kohlenhydrate und Proteine. Wie Versuche von PERELDIK u. a. (1960) an Nerzen und von RAPOPORT (1961) an Blaufüchsen und Silberfüchsen gezeigt haben, beeinflußt der äquivalente Ersatz eines Teils der Energie aus Zerealien, Fleisch und Fisch durch Fett Wachstum und Größe der Pelztiere positiv. Der Wachstumseffekt von Fett war dann besonders stark, wenn die Ration aus magerem Futter tierischer Herkunft und unzerkleinerten Zerealien bestand. In letzterem Falle sind Pelztiere sogar bei beliebiger Futteraufnahme nicht imstande, ihren Energiebedarf zu decken.
Zu ähnlichen Ergebnissen kam LEOSCHKE (1960). Er wies nach, daß sich die Erhöhung des Fettgehaltes im Futter der Nerze von 8 bis 10 auf 22 % der TS (oder von 2,5 auf 5,5 g je 100 kcal) günstig auf frühes Wachstum der Pelztiere und auf eine größere Lebendendmasse der Rüden auswirkt. SINCLAIR u. a. (1962) begründen den positiven Einfluß des Fettes auf den Organismus von Nerzwelpen mit der gleichzeitig proteinsparenden Wirkung.
Es gibt zahlreiche experimentelle und praktische Beobachtungen, wonach fettarme Nahrung zu verstärktem Abbau des Körpereiweißes führt und umgekehrt. Da die Proteine die teuerste Futterkomponente bilden, verbilligt sich durch ausreichende Fettzufuhr die Futterration.
In der Literatur gibt es auch Hinweise, daß sich erhöhte Fettgaben negativ auf die Fortpflanzung von Nerzen, Blaufüchsen und Silberfüchsen auswirken. So können die Fähen verfetten. Gleich-

zeitig kann Mangel an Vitamin E und an Riboflavin eintreten. In jedem Falle handelt es sich dabei um ausgewogen zusammengesetzte Futterrationen. Enthalten letztere ausreichend Proteine und Vitamine, ist ein Fettzusatz unschädlich. Auf das Wurfergebnis und die Milchleistung der Fähen wirkt er sich sogar günstig aus (TRAVIS u. a., 1961; RAPOPORT, 1969). FRIEND u. a. (1961) stellten einen positiven Effekt fest, wenn Rationen aus Magerfisch und erhöhtem Getreideanteil zugegeben wurden. Eine Ergänzung mit Fett tierischer Herkunft in Höhe von 8 % der Ration, die aus 20 % Dorsch, 45 % Dorschabfällen, 7 % Rinderleber und 20 % angereichertem Getreidegemisch bestand und pastellfarbenen Nerzen 80 Tage vor dem Werfen gegeben wurde, wirkte sich auf die Fortpflanzungsleistung besonders positiv aus. Der Anteil der Fähen mit normalen Würfen erhöhte sich von 50 (Kontrolle) auf 85 %. Im Mittel brachte jede werfende Fähe fünf Welpen.

Laktierende Nerzfähen geben bei Rationen mit erhöhtem Fettgehalt länger Milch, so daß auch die Welpen beim Absetzen größer und kräftiger waren. JØRGENSEN u. a. (1962), die in den Rationen laktierender Nerzfähen 50 % der Kohlenhydrate (Hafermehl) durch eine energieäquivalente Menge Schmalz ersetzten, beobachteten in dieser Gruppe ein bedeutend besseres Wachstum der Welpen. Im Alter von sieben Wochen wogen die Tiere durchschnittlich 456 g gegenüber 401 g bei üblich gefütterten Würfen.

Da die Futteraufnahme von der Höhe der Energiekonzentration abhängt, kann bei einem höheren Energieangebot die Aufnahme anderer Nährstoffe – Protein, Kohlenhydrate, Vitamine, Mineralstoffe – vermindert sein. Es muß deshalb bei fettreichen Rationen darauf geachtet werden, daß gleichzeitig der Bedarf an den genannten Nährstoffen durch vollwertige Futtermittel, Zusatz von Vitaminkonzentraten und Mineralstoffmischungen gedeckt wird.

Von Dezember bis April (Vorbereitung auf die Ranz und Trächtigkeit) setzt man die Fettnorm für Nerze etwas herab, um Überfüttern und Verfettung der Fähen zu vermeiden. Auch in den letzten beiden Monaten vor dem Pelzen werden die Fettgaben herabgesetzt, um Bauchnässen (wet belly disease) zu vermeiden. Nach LEOSCHKE (1959) geht die Störung der Harnabsonderung bei Ersatz eines Teils des Fettes durch kohlenhydratreiches Futter zurück.

Die für Nerze empfohlenen Fettgaben sind auch für Blaufüchse anwendbar. Bei Silberfüchsen soll die Ration während der Fortpflanzungszeit nicht mehr als 10 % und bei Jungtieren nicht mehr als 15 % Fett in der Futtertrockenmasse enthalten. Höhere Fettgaben an Silberfüchse (20 bis 22 % der TS) bewirken zwar intensives Wachstum der Welpen, sind aber für die Qualität des Haarkleides ungünstig (HØIE und RIMESLÅTTEN, 1950).

Beim Einsatz *freier Fettsäuren* oder fettreichen Futters ist zu beachten, daß Tran von Fischen und Meeressäugetieren, pflanzliche Öle und Pferdetalg einen hohen Gehalt an ungesättigten Fettsäuren haben. Letztere oxydieren leicht und lassen sich schlecht lagern. Durch die Zugabe

Tabelle 8/7 Optimale Gaben an Fett in Nerzrationen (in g)

Land	Bezugsgröße	Perioden				Autor
		Dezember bis April	Mai bis Juni	Juli bis 15. September	16. September bis November	
UdSSR	Je 100 g TS	10 bis 15	15 bis 20	18 bis 23	15 bis 18	PERELDIK
	Je 100 kcal u. E.	2,5 bis 3,7	3,7 bis 4,9	4,7 bis 5,7	3,7 bis 4,5	(1965)
Skandinavische	Je 100 g TS	11 bis 15,5	15,5 bis 22	13 bis 20	13 bis 20	ÅHMAN
Länder	Je 100 kcal u. E.	2,7 bis 3,8	3,8 bis 5,4	3,2 bis 4,8	3,2 bis 4,8	(1966)
USA	Je 100 g TS	16 bis 20	20 bis 27	21,5 bis 27	18 bis 20	LEOSCHKE
	Je 100 kcal u. E.	4 bis 5	5 bis 6,7	5,3 bis 6,7	4,4 bis 5	(1969)

Aus Vergleichsgründen wurde 1 g TS mit 4 kcal und die Verdaulichkeit des Fettes mit 90 % angenommen.

von Antioxydantien sind solche Fette haltbar zu machen. Andernfalls zeigt sich bei hohen Gaben Tran von Fischen und Meerestieren bei Blaufüchsen, Silberfüchsen und Nerzen ein schlechteres Wurfergebnis.

Große Mengen ungesättigter Fettsäuren beeinträchtigen auch die Qualität des Haarkleides. So beobachtete Wood (1956) Entpigmentierung des Haarkleides bei Silberfüchsen und Nerzen, wenn sie Rationen mit hohem Gehalt an fettem Fisch erhielten. Ein Zusatz von Fischtran zu diesen experimentellen Rationen verstärkte den Farbverlust des Unterfells. Helgebostad u. a. (1958) beobachteten ebenfalls eine schlechtere Fellqualität bei Nerzen, wenn diesen mit dem Futter Tran von Meeressäugern und Heringen verabfolgt wurde (Rindertalg hat keinen schädigenden Einfluß auf das Fell). Die Ursache für die schlechtere Fellqualität sehen die Autoren übereinstimmend in der Aufnahme großer Mengen ranziger Fettsäuren. Entpigmentierungen des Haarkleides erklären sie damit, daß im Futter und im Körper der Tiere verschiedene Vitmine der B-Gruppe durch oxydiertes Fett zerstört werden. Der negative Einfluß des Fischtranes liegt z. B. an seiner leichten Oxydierbarkeit.

Bei hohen Gaben an ungesättigtem Fett erhöht sich der Bedarf an Vitamin E. Ist die Zufuhr ungenügend, kommt es zu Fortpflanzungsstörungen. Deshalb müssen bei der Verfütterung von Fischen, Fischabfällen und Fleisch von Seetieren die Rationen mit Vitamin E angereichert werden. Durch diesen Vitamin-E-Zusatz wird gleichzeitig ein Schutz gegen Steatitis erreicht.

Gefährlich für die Tiere sind die *Oxydationsprodukte der ungesättigten Fette.* Gelangen sie mit dem Futter in den Organismus, kommt es zu Reizungen der Schleimhäute des Verdauungskanals, und schwere Verdauungsstörungen sind die Folge. Ranziger Tran von Fischen und Seetieren zerstört im Futter die Vitamine A, C, E, B_1, Pyridoxin, Pantothensäure und Biotin. Es treten Wachstumshemmung sowie Entfärbung und Ausfall der Haare auf. Fähen, die während der Fortpflanzungszeit ranziges Fett erhalten, verwerfen oder werfen überhaupt nicht. Besonders beeinträchtigt wird der Gesundheitszustand der Tiere, wenn die Fette sekundäre Oxydationsprodukte (Oxysäuren) enthalten.

Um Fette vor dem Verderben zu schützen, werden Antioxydantien wie Butylhydroxytoluol (BHT), Butylhydroxyanizol (BHA), Hydroxinon u. a. verwendet. Natürliche Antioxydantien sind z. B. α-Tokopherol, Askorbinsäure, Phosphatide.

Die höchste Verdaulichkeit haben pflanzliche Öle sowie ungesättigter Tran von Fischen und Seetieren. Nerze verdauen sie zu 95 bis 97 %. Rinder- und Hammeltalg dagegen nur zu 81 bis 90 %. Der Verdauungskoeffizient von Schweineschmalz und Pferdefett nimmt mit 90 bis 95 % eine Zwischenstellung ein. Blaufüchse und Silberfüchse verdauen Fette tierischer Herkunft zu 96 bis 98 %. Von Nerzen verschiedener Mutationen werden Fette unterschiedlich verdaut. Der Standardnerz verdaut Rinderfett besser als der Blueiris- und der Saphirnerz (Åhman, 1967). Bei manchen Fetten verringert sich die Verdaulichkeit mit zunehmendem Anteil in der Ration.

Trocknen und Kochen des Futterfleisches oder Futterfisches bei hohen Temperaturen führt zur Polymerisation des Fettes und zu einer um mindestens 7 bis 10 % geminderten Verdaulichkeit. Umgekehrt ist es bei Fett in gekochtem Futtergetreide und im gekochtem Ölkuchen. Pflanzenfett wird in freier Form besser verwertet. So verdauen Nerze freies Sojaöl zu 96 %, das aus Sojabohnen lediglich zu 75 bis 80 %.

Kohlenhydratbedarf

Von den Kohlenhydraten haben Stärke und Zucker die größte Bedeutung für die Ernährung der Pelztiere. Die organische Substanz der Zerealien und der Kartoffeln besteht zu 80 % aus Stärke. Beide sind für Fleischfresser das wichtigste Futter pflanzlicher Herkunft. Die aus Zuckerrüben oder Zuckerrohr gewonnene Saccharose wird in der Pelztierhaltung häufig als leichtverwertbare Energiequelle laktierenden Fähen und saugenden Welpen gegeben. Mit dem Futtergemüse, insbesondere mit Wurzelfrüchten und Obst, können die Pelztiere eine bestimmte Menge Einfachzucker – Glukose, Fruktose,

Mannose und Galaktose – sowie organische Säuren, die leicht resorbiert und fast vollständig verwertet werden, erhalten.
Die Rohfaser (Zellulose, Pentosane, Lignin, Kutin) wird von Pelztieren nicht verdaut, sondern unverändert ausgeschieden. Gleiches gilt für die Hemizellulose. Demgegenüber wird Stärke von Pelztieren gut verdaut. BERNARD u. a. (1942) stellten fest, daß Nerze die in verschiedenen Zerealien enthaltene Stärke zu 91 bis 96 % verwerten, sofern sie diese in gekochter Form erhalten. Ähnliches gilt für die Silberfüchse.
Die Verdauungskoeffizienten der stickstofffreien Extraktstoffe einschließlich eines Teils der Hemizellulose sind etwas niedriger als die der Stärke. In der Futtermittelanalyse werden alle löslichen Kohlenhydrate des Futters zur Gruppe der stickstofffreien Extraktstoffe (NfE) gerechnet.
Angaben von ÅHMAN (1961), LEOSCHKE (1967), JUDIN (1969) und KLECKIN (1961) machen deutlich, daß von Nerzen die NfE des Hafermehls zu 70 bis 76 %, rohen Weizenmehls zu 68 bis 77 %, rohen Maismehls zu 54 bis 69 % und Gerstenmehls zu 68 bis 70 % verdaut werden. Erhalten die Tiere die gleichen Futtermittel gekocht, sind die Verdauungskoeffizienten der NfE wesentlich höher. So betrugen sie für Haferbrei 84, Weizenbrei 80 und Maisbrei 80 %. Nach ÅHMAN werden die Kohlenhydrate in rohem Mehl aus Vollkorn vom Nerz zu durchschnittlich 60 %, im gekochten Mehl aber zu 75 % verdaut.
Feines Zermahlen des Futters erhöht die Verdaulichkeit der Kohlenhydrate. Je mehr Zellwände zerstört sind, desto leichter wird der Zellinhalt von den Verdauungssäften zersetzt. Die Differenz in der Verdaulichkeit der Kohlenhydrate von fein- und grobgemahlenem Korn kann 10 % und mehr betragen. Kohlenhydrate in Brot und Brotabfällen verdauen Nerze ungefähr zu 70 %. NORDFELDT und Mitarb. (1956) erzielten dadurch, daß sie in der Ration die gewöhnliche Getreidemischung durch Brotabfälle ersetzten, bei Nerzwelpen eine um 10 % höhere Verdaulichkeit. Die Kohlenhydrate gekochter, eingesäuerter und getrockneter Kartoffeln werden zu 80 % verdaut. Die gleichen Stoffe roh verabreicht, führen zu einer Verdaulichkeit von weniger als 30 %. Demgegenüber wird Zucker mit 98 % fast vollständig verdaut.

Im *Fettstoffwechsel* haben Kohlenhydrate eine wichtige Funktion. Bei unzureichender Kohlenhydratzufuhr kommt es zu Stoffwechselstörungen (Ketose). Der Körper kann nicht ausreichend Oxalessigsäure bilden. Letztere ist an der Oxydation und Synthese von Fettsäuren in der Leber beteiligt. So kommt es zu verstärkter Konzentration der Ketokörper (Azetonessigsäure, Oxybuttersäure und Azeton) im Blut und im Harn. Ketokörper verursachen eine höhere Kalzium-, Magnesium- und Natriumausscheidung mit dem Harn und bewirken «Entwässerung» des Organismus.
Um Ketose zu verhüten, müssen Pelztiere mindestens 1 g verdauliche Stärke je 3 g Fett erhalten. Für jeweils 3 g Fett in der Ration müssen mindestens 2 g Getreidemehl gegeben werden. Die Verabreichung kohlenhydratfreier Rationen an Nerze untersuchte LEBEGARZ (1968). In den ersten beiden Monaten war das Wachstum noch normal, später blieben die Tiere im Wachstum zurück und hatten bei der Pelzung eine niedrigere Lebendmasse als Nerze der Vergleichsgruppe, deren Rationen nach Kalorien 13 % und mehr Kohlenhydrate enthielten. Auch die Felle der kohlenhydratfrei ernährten Tiere waren von schlechter Qualität (geringe Dichte des Haarkleides, verklebtes und verfilztes Fell am Bauch).
Ebenso wie Fette können sich Kohlenhydrate eiweißsparend auswirken. Da sie eine billige Energiequelle sind, ist ihre maximal mögliche Dosis für Pelztiere von praktischem Nutzen. Bereits 1949 wurde in Versuchen von PERELDIK und TITOVA (1950) gezeigt, daß bei Nerzen, deren Futterenergie zu 30 % aus Kohlenhydraten stammte, Fellqualität und Fruchtbarkeit nicht leiden. Von RIMESLÅTTEN (1959) und ÅHMAN (1961) wird die höchste Kohlenhydratgabe (bis 30 % der umsetzbaren Futterenergie) für Nerzwelpen vom 15. Juli bis zur Pelzung empfohlen, unter der Voraussetzung, daß etwa die gleiche Menge umsetzbare Energie in Form von Fett und 8 bis 9 g vRP je 100 kcal aufge-

nommen werden. Die Möglichkeit, den Kohlenhydratanteil bis auf 30% der umsetzbaren Energie in Rationen wachsender Nerzwelpen zu steigern, wurde von JØRGENSEN (1967) experimentell nachgewiesen. Zwischen den Gruppen, deren Futterenergie zu 30 und zu 15% aus Kohlenhydraten stammte, bestanden weder im Wachstum, in der Qualität des Felles noch in der Menge des aufgenommenen Futters Unterschiede. ÅHMAN (1961) erhöhte für ausgewachsene Nerze vom Dezember bis zum Werfen die Kohlenhydratgaben bis zu 35% des Kaloriengehalts ohne Schwierigkeiten. Die niedrigsten Kohlenhydratgaben (10 bis 20%) sollen laktierende Fähen und noch saugende Welpen erhalten.

LEBENGARZ (1968) hat nachgewiesen, daß wachsende Nerze bei mäßigen Gaben an vRP (7.0 bis 8,5 g je 100 kcal) die Energie und das Protein des Futters effektiv verwerten, wenn in der Ration 12 bis 30% der Kalorien in Form von Kohlenhydraten und 35 bis 53% in Form von Fett enthalten waren. Stammten 48% der Kalorien aus Kohlenhydraten und 20% aus Fett, wuchsen die Nerzwelpen schlechter. Ihre Felle waren kleiner und von schlechterer Qualität als die von den Nerzen, deren Ration die gleiche Proteinmenge, aber 16% Kohlenhydrate und 48% Fett enthielt. Bei hohen Kohlenhydratanteilen waren die Energie- und Proteinverwertung des Futters schlechter. Bei der Verabreichung von Rationen, die 11,0 bis 12,5 g vRP je 100 kcal enthielten und deren Energie zu 20% aus Kohlenhydraten stammte, wurden die größten Energie- und Proteinablagerungen im Körper der Nerzwelpen nachgewiesen. Insgesamt ist ersichtlich, daß die optimale Kohlenhydratgabe für Nerze im Bereich von 15 bis 25% der umsetzbaren Energie der Ration liegt.

Füchse verwerten Kohlenhydrate besser als Nerze. Deshalb machen bei ihnen die Anteile 50% (Silberfuchs) bzw. 45% (Blaufuchs) der umsetzbaren Energie aus. KIM, KUSNEZOV (1956) und RIMESLÅTTEN (1964) konnten mit diesen Gaben und Verwendung leichtverdaulicher Kohlenhydratfuttermittel intensives Körperwachstum und normale Entwicklung des Haarkleides vom vierten Lebensmonat bis zur Pelzung gewährleisten. In den anderen Wachstumsstadien ergab sich ein positiver Effekt bei einem Kohlenhydratanteil von 35%. In jedem Fall sollte die Norm nicht unter 20% liegen.

Bei energetischen Berechnungen ist zu beachten, daß der Wärmekoeffizient 4,1 den Kaloriengehalt von 1 g verdaulichen Kohlenhydraten (und nicht des gesamten kohlenhydrathaltigen Futters) ausdrückt und in den Körnern der verschiedenen Getreidearten der Gehalt an verdaulichen NfE durchschnittlich 50% beträgt. So sind in 100 g Gerstenmehl, das 10,8 g vRP, 0,8 g verdauliches Fett und 48,3 g verdauliche NfE enthält, 254 kcal u. E. enthalten, von denen 198 kcal auf Kohlenhydrate entfallen. Die Herkunft der Kohlenhydrate (Zerealien, Kartoffeln) hat keinen wesentlichen Einfluß auf die Verwertung, sofern sie gut zerkleinert sind, nicht zuviel Rohfaser enthalten und gekocht oder gedämpft wurden. Kochen und Dämpfen trägt außerdem dazu bei, das Getreide von pathogenen Mikroorganismen und einigen Pilzen zu befreien sowie die Geschmackseigenschaften und die Konsistenz der Futtermischung zu verbessern.

In der Sowjetunion verwendet man häufig ausschließlich Getreidemehle. Feinmehle werden von Pelztieren roh gut verwertet, geschrotetes Getreide wird gedämpft und breiförmig verfüttert.

Eine Reihe Körnerfrüchte können Pelztiere ungeschält verwerten. Der dadurch gegebene Anteil von 2 bis 3% Rohfaser wirkt sich sogar verdauungsfördernd aus. Hafer muß entspelzt werden, weil die Haferspelzen Darmreizungen und Verdauungsstörungen verursachen können.

Vitaminbedarf

Außer Proteinen, Fetten, Kohlenhydraten, Mineralstoffen und Wasser müssen Tiere für einen normalen Ablauf der Lebensfunktionen Vitamine aufnehmen. Vitamine sind organische, für den tierischen Organismus lebensnotwendige Verbindungen, die zumeist vom Tierkörper nicht selbst gebildet werden können. Völliger Mangel an Vitaminen führt zu schweren Erkrankungen (Avitaminosen); unter praktischen Fütterungsbedingungen muß häufiger mit mangelhafter

Vitaminzufuhr gerechnet werden (Hypovitaminosen).
Je nach ihrer Löslichkeit wird zwischen fettlöslichen und wasserlöslichen Vitaminen unterschieden.
- *Fettlösliche Vitamine* sind: Vitamin A, D, E, K.
- *Wasserlösliche Vitamine* sind: Vitamin B_1, B_2, B_6, B_{12}, C, Niazin, Pantothensäure, Folsäure, Cholin, Biotin.

Zwischen beiden Gruppen bestehen aber auch funktionelle Unterschiede. Fettlösliche Vitamine haben hauptsächlich eine spezifische Wirkung bei der Bildung von Geweben und Zellgruppen; die meisten wasserlöslichen Vitamine sind Bestandteile lebensnotwendiger Zellenzyme.

Vitamin A (Retinol, Axerophthol)

Vitamin A ist fettlöslich und für eine Reihe lebenswichtiger Funktionen – Wachstum, Fortpflanzung, Sehen – notwendig.
Vitamin-A-Mangel führt bei Pelztieren vor allem zu gestörter Fortpflanzung, zum Beispiel bei Fähen zu pathologischen Veränderungen der Follikelentwicklung und des Ovulationsprozesses, gestörter Implantation, zum Absterben und zur Resorption der Früchte in ihren verschiedenen Entwicklungsstadien. Viele Fähen werfen entweder überhaupt nicht oder die Anzahl der Welpen je Wurf ist bedeutend niedriger.
Die Welpen von Fähen mit A-Avitaminose sind lebensschwach und kaum widerstandsfähig gegenüber Infektionen. Die bei Vitamin-A-Mangel entstehende Metaplasie des Epithels und die Verhornung der Schleimhäute setzt ihre Schutzfunktionen gegenüber Infektionen herab und trägt zu Lungen-, Magen- und Darmerkrankungen der Jungen bei. Bei Rüden verursacht Vitamin-A-Mangel Veränderungen in den Hoden und der Samenkanälchen, wodurch die Spermabildung gestört und die Samenqualität verschlechtert wird. Auch geht die Geschlechtsaktivität verloren.
Die ersten Symptome von Vitamin-A-Mangel bei Blaufuchswelpen nach zwei, drei Monaten Entzug waren nervöse Erscheinungen: Zucken (Schütteln) des Kopfes, anormales Zurückwerfen des Kopfes, Drehen im Gehege, gestörte Bewegungskoordination, nervöse Anfälle. Die Keratinisierung des Epithels in der Luftröhre, den Bronchien, den Nierenbecken sowie Xerophthalmie (Eintrocknung der Augen) stellten sich bei Silberfuchswelpen erst später und zwar im fünften bis achten Monat ein.
Durch Vitamin-A-Mangel kommt es zu schlechterem Wachstum und erhöhter Sterblichkeit der Welpen. Bei den verendeten Welpen wurden Schleimhautentzündungen im Magen, Darm und den Harnwegen festgestellt, nicht selten mit Ulzeration. In den Nieren und in der Harnblase befanden sich häufig Harnsteine.
Bei Nerzwelpen äußert sich Vitamin-A-Mangel ähnlich wie bei Silberfuchswelpen. Erste Symptome von Avitaminose traten nach 58tätigem Füttern einer Vitamin-A-armen Ration auf (BASSETT, 1961). LEBEDOVA (1962) nimmt an, daß Vitamin-A-Mangel der Hauptgrund für Erkrankungen der Nerze an Urolithiasis ist.

Tabelle 8/8 Vitamin-A-Gehalt einiger Futtermittel in mg %

Futtermittel	mg%
Dorschlebertran	60 bis 120
Heilbuttlebertran	600 bis 1 200
Rinder- und Pferdeleber	10 bis 25
Schweineleber	2 bis 15
Hühnerei	0,08 bis 0,15
Milch	0,02 bis 0,008

Regelmäßige und ausreichende Versorgung der Jungtiere mit Vitamin A gewährleistet intensives Wachstum und große Felle, wirkt sich günstig auf die Entwicklung des Winterfells und die Fortpflanzungsfunktionen aus.
Nach Angaben von SMITH (1942) sowie BASSETT u. a. (1948) haben Silberfüchse einen minimalen Bedarf an Vitamin A von 25 IE* je kg Lebendmasse. Fuchswelpen, die diese Vitamingaben erhielten, wiesen keine Mangelerscheinungen auf und wuchsen normal. Nerzwelpen benötigen mindestens 100 IE Vitamin A je kg Lebendmasse.
In der Vorbereitungszeit zur Ranz und während

---

* Internationale Einheit, entspricht 0,3 µg (0,0003 mg) reinem Vitamin A oder 1,8 bis 3,0 µg β-Karotin der Trächtigkeit benötigen alle Pelztiere die dreifache Vitamin-A-Menge gegenüber den Mindestgaben. In bezug auf Wurfergebnis, Aufzuchtergebnis und Wachstum wurden die besten Resultate erzielt, wenn die Fähen täglich 250 IE und mehr je kg Lebendmasse erhielten. Die Welpen werden bereits mit einem bedeutenden Vitamin-A-Vorrat in der Leber geboren. Vitamin-A-Gaben um mehr als das 10fache des Bedarfs können Schwankungen im Vitaminbedarf und den Vitaminumsatz im Organismus ausgleichen.

Speicherung und Verwertung von Vitamin A im Organismus können vom physiologischen Zustand des Organismus, von Funktionsstörungen des Magen-Darm-Kanals und der Leber, von parasitären und infektiösen Erkrankungen, vom Protein- und Fettgehalt des Futters, der Versorgung mit Vitamin E und C u. a. beeinflußt werden. Während des intensiven Wachstums, der Trächtigkeit und der Laktation, insgesamt bei intensiven Stoffwechselprozessen ist der Gehalt an Vitamin A in der Leber relativ niedrig. Ein Rückgang des Vitamingehaltes im Organismus ist bei Erkrankungen des Darms, der Leber und der Bauchspeicheldrüse zu beobachten, weil die Vitaminresorption gestört ist. Die Vitaminkonzentration wird auch nach Leberaffektionen durch Alkaloide, Toxine und Helminthen gesenkt.

Vitamin E (Tokopherol) schützt Vitamin A vor dem Oxydieren im Darm und trägt damit zur besseren Verwertung bei. Tokopherol hat außerdem eine Schutzwirkung für Vitamin A in den Geweben. Die Vitamin-A-Vorräte in der Leber sind schnell aufgebraucht, wenn Fette mit hohem Gehalt an ungesättigten Fettsäuren gegeben werden, da sie zur Verarmung des Organismus an Vitamin E führen. Es wurde auch festgestellt, daß Pelztiere Vitamin A besser nutzen, wenn sie gleichzeitig Vitamin C erhalten. Die Tiere sind fähig, Vitamin A in der Leber, in den Nieren und in anderen Organen zu speichern. Die Speicherung wird vom Fettgehalt in der Ration beeinflußt; sie ist dann am günstigsten, wenn der Fettgehalt 5 % nicht übersteigt.

Da Pelztiere Vitamin A im Organismus speichern, können sie Vitaminpräparate in Abständen von drei bis fünf Tagen erhalten, jedoch dann in höheren Dosen. Allerdings wird es dann schlechter als bei täglichen Gaben verwertet (KURIS und KOLOCEJ, 1966).

Vitamin A wird in Gegenwart von Sauerstoff leicht oxydiert, besonders bei hohen Temperaturen. Es ist gegenüber Eisen-, Kupfer-, Zink- und anderen Metallsalzen sehr empfindlich. Ranzige Fette zerstören Vitamin A. Beim Kochen des Futters in geschlossenen Gefäßen sind Verluste an Vitamin A unbedeutend.

Die Versorgung der Pelztiere mit Vitamin A wird am Vitamin-A-Gehalt der Leber festgestellt. Enthält 1 g Leber mehr als 1000 IE Vitamin A, ist die Versorgung ausreichend, um hohe Leistungen zu gewährleisten. Pelztiere verwerten hohe Dosen Vitamin A gut (HELGEBOSTAD, 1955).

Symptome einer Hypervitaminose beobachtete man bei Nerzfähen, nachdem sie während der Trächtigkeit Walleber in Mengen von 10 % der Ration erhielten. Die Fruchtbarkeit verminderte sich um 20 bis 60 % vor allem durch den Rückgang der Welpenzahl je Wurf (FRIEND und CRAMPTON, 1961). Walleber enthält je g 4000 IE Vitamin A und mehr, so daß eine Dosis, die 70 000 IE/kg Lebendmasse überstieg, als toxisch angesehen werden kann.

Fleischfressende Pelztiere verwerten das Karotin der Pflanzen schlecht. Deshalb ist es notwendig, 6- bis 10mal mehr (in IE) β-Karotin in öliger Lösung zu geben als Retinol (BASSETT, HARRIS und WILKO, 1946; COOMBES, OTT und WISNICKY, 1940; PERELDIK und ARGUTINSKAJA, 1960).

Vitamin-D-Gruppe (Kalziferole)

Vitamin D reguliert den Kalzium- und Phosphorumsatz im Organismus. Bei Fehlen oder Mangel an diesem Vitamin entsteht bei wachsenden Tieren Rachitis, was sich in krankhaften Veränderungen des Brustkorbs, der Wirbelsäule und der Extremitäten sowie in Knochenverkrümmungen und -brüchen äußert. Bei Rachitis sind die Knochen der Jungtiere weich, lassen sich leicht biegen und brechen. Rachitische Welpen wachsen und fressen schlecht, sind träge, leiden häufig an Verdauungsstörungen und sind anfällig gegenüber Infektionserkrankungen. Bei Fähen, die an Rachitis erkrankt waren, treten später infolge des schlecht ausgebildeten Knochengerüstes Komplikationen beim Werfen ein. Rachitis tritt meist im Alter von zwei bis vier Monaten auf. Ältere Tiere leiden bei *Vitamin-D- und Kalziummangel* unter fibröser Osteodystrophie. Diese Krankheit äußert sich durch Erweiterung der Schädelknochen und Proliferation durch fibröses Gewebe. Dadurch verändert sich die Form der Kiefer, und die Tiere können schlecht Nahrung aufnehmen. Sie magern ab und verenden oft.

Bei genügendem Kalzium- und Phosphorgehalt im Futter sind D-Avitaminosen bei Pelztieren nicht auslösbar. Der Bedarf der Pelztiere an diesem Vitamin muß deshalb gering sein. Durch die Synthese in der Haut aus *7-Dehydrocholesterin* unter dem Einfluß der ultravioletten Sonnenstrahlen und durch den Gehalt des Futters an Cholesterin und an Ergosterin dürfte er stets gedeckt werden.

Nach Angaben von BASSETT, HARRIS und WILKE (1951) genügten 0,82 IE Vitamin D je g Futtertrockensubstanz bei ausreichender Versorgung mit Kalzium und Phosphor, um den Bedarf wachsender Tiere zu decken. Skandinavische Wissenschaftler empfehlen für Nerze 100 IE Vitamin D je Tier und Tag. In der Sowjetunion ist es üblich, den täglichen Bedarf mit 100 IE Vitamin D je kg Lebendmasse zu veranschlagen. Bei Rachitis ist dem Futter Vitamin D zuzusetzen und die Versorgung der Tiere mit frisch zerkleinerten Knochen oder Knochenmehl zu gewährleisten. Fischleber, Fettfisch, Molkereiprodukte, bestrahlte Hefe enthalten Vitamin D. Welpen, die in abgedunkelten Schuppen gehalten werden leiden stärker unter Rachitis als Tiere, die ausreichend Sonnenlicht erhalten. Nach JØRGENSEN (1980) können 600 IE Vitamin D in einem kg Fertigfutter den Bedarf des Fuchses völlig abdecken.

Große Mengen an Vitamin D beim Fuchs über 10 000 IE/kg, über längere Zeit gegeben, können toxisch wirken. D-Hypervitaminose äußert sich in Appetitverlust, Erbrechen, Rückgang der Körpermasse und Verdauungsstörungen, wobei es gleichzeitig zu Kalziumablagerungen in vielen Organen und Geweben und Entmineralisierung der Knochen kommt. Infolge der stärkeren Kalziumresorption aus dem Darm entsteht Hyperkalzämie und in deren Folge eine übermäßige Phosphormobilisierung aus den Geweben und Organen. Eine D-Hypervitaminose verläuft am intensivsten, wenn das Futter sehr kalziumreich ist, da in diesem Fall der Organismus schneller an Phosphor verarmt. Hypervitaminose kann auftreten, wenn man zwei bis drei Wochen mit dem Futter täglich 10 000 IE Vitamin D und mehr je kg Lebendmasse verabreicht.

In Futtermitteln pflanzlicher Herkunft kommt Vitamin D nur in seiner Vorstufe, dem *Ergosterin*, vor.

Tabelle 8/9 Vitamin-D-Gehalt einiger Futtermittel (IE/g)

Futtermittel	IE	
Thunfisch-Lebertran	40 000	bis 60 000
Heilbuttlebertran	2 000	bis 4 000
Dorschlebertran	50	bis 150
Flunder	5	bis 40
Dorsch	5	bis 10
Ei, ganz	0,5	bis 2,0
Rinder- und Schweineleber	0,2	bis 1,0
Muskelfleisch	0,1	bis 0,4
Milch im Sommer	0,04	bis 0,10
bestrahlte Trockenhefe	100	bis 5 000

Vitamin E (Tokopherol)

Vitamin E ist wichtig für die Fortpflanzungsfunktionen, Entwicklung der quergestreiften Muskulatur, Resistenz der Erythrozyten gegen Hämolyse, Zellatmung und andere physiologische Prozesse. Bei Nerzwelpen äußert sich *Vitamin-E-Mangel* in Muskeldystrophie, einer fettigen Infiltration der Leber sowie in degenerativen Veränderungen des Herzmuskels und des Fettgewebes (STOWE und WHITEHAIR, 1963). Diese Störungen treten bei Rationen mit hohem Gehalt an ungesättigten Fettsäuren, bereits früher nach Verfütterung ranziger Fette auf.

RAPOPORT (1961) verweist auf eine Vergrößerung der Anzahl nicht brünstig und nicht trächtig gewordener Fähen bzw. schwache Würfe und lebensunfähige Welpen. Gedeckte Fähen blieben durch Aborte oder durch Absterben und Resorbieren der Früchte in der zweiten Hälfte der Trächtigkeit ohne Nachwuchs. Das Wurfergebnis der Fähen, die zusätzlich zu den erprobten Rationen ein Vitamin-E-Präparat erhielten, war fast doppelt so hoch wie das der Mangelgruppe.

Bei Rüden bewirkt Vitamin-E-Mangel die Degeneration der Samenkanälchen bei gestörter Spermatogenese. Das Sperma enthält wenig Spermien, von denen ein großer Teil unbeweglich oder pathologisch verändert ist. Die Zugabe von Vitamin E zum Futter schützte die Rüden vor solchen Störungen, und die Geschlechtsaktivität blieb erhalten.

Vitamin-E-Mangel verursacht bei Jungtieren *Steatitis,* eine Erkrankung, die man auch als «Gelbfettkrankheit» (yellow fat disease) bezeichnet. Ursache dieser Erkrankung ist die Fütterung der Jungtiere mit Rationen, in denen wenig Vitamin E, aber relativ viel ungesättigte Fettsäuren enthalten sind. Zu den ungesättigten Fettsäuren, die Steatitis verursachen, gehören das Fett von Fischen, Seetieren und Pferden sowie pflanzliche Öle. Wurden die gleichen Mengen Rinder- oder Schweinefett verabfolgt, erkrankten die Nerze nicht. Diese Fette enthalten wenig ungesättigte Fettsäuren.

Das klinische und pathologisch-anatomische Bild der Steatitis bei Nerzen wurde von HELGEBOSTAD (1967 detailliert beschrieben. Der Verlauf der Krankheit ist vom Gehalt des Futters an ungesättigten Fettsäuren, Vitamin E sowie vom Alter und der aufgenommenen Menge abhängig. Akute und subakute Erkrankungsfälle werden während des intensiven Wachstums der Tiere (Juli bis September) beobachtet. Am anfälligsten sind die großen, gut wachsenden Welpen. Chronische Steatitis tritt meist bei ausgewachsenen Nerzen auf. Die Krankheit wird gewöhnlich bei der Pelzung im Herbst anhand des gelbgefärbten Unterhautfettes festgestellt. Steatitis ist häufig von Anämie begleitet, so daß die Fellqualität bei diesen Tieren, in der Hauptsache durch die schlechte Färbung, gering ist.

Einige Antioxydantien, zum Beispiel BHT (Butylhydroxytoluol), UMQ (Äthoxyquin) und Methylenblau, können Nerze vor Steatitis schützen, weil sie eine Reihe der durch das Fischfett bedingten Störungen verhindern. Günstig wirkt sich bei Steatitis Natriumselenit aus (1 µg je 1 kg Futter), obwohl es Vitamin E nicht vollständig ersetzen kann. Nach JØRGENSEN liegt der Bedarf des Fuchses bei täglich 60 mg Vitamin E pro kg Fertigfutter.

Vitamin E wirkt erst zwei bis vier Wochen nach der Aufnahme auf die Fortpflanzungsfunktionen der Tiere. Deshalb ist lange vor Beginn der Paarungszeit dafür zu sorgen, daß Vitamin E ausreichend in der Ration enthalten ist.

Die Schwierigkeit, Vitamin-E-Gaben zu normieren, liegt darin, daß die Aktivität der bekannten Tokopherole sehr unterschiedlich ist. In den meisten Angaben wird der Gehalt der Futtermittel an allen Tokopherolformen nur summarisch angegeben. Eine IE Vitamin E entspricht 1 mg des synthetischen dl-α-Tokopherolazetats. Grünes Gemüse und Obst enthalten weniger Tokopherole als Pflanzenfette. Arm an Tokopherolen sind alle Produkte tierischer Herkunft. Butter (im Sommer) und Eier sind noch am reichsten an Tokopherolen. Das Fett der meisten Fische enthält relativ wenig Tokopherol, die Leber einiger Fischarten jedoch in bedeutender Menge. Im Dorschlebertran schwankt der Gehalt an Vitamin E zwischen 10 und 20 mg$^0/_0$, im Tran einiger Lachsartigen erreicht er 50 mg und mehr je 100 g. Zu beachten ist, daß sich diese Werte ausschließlich auf frisches Fett beziehen.

Tabelle 8/10 Tokopherolgehalt einiger Futtermittel (mg$^0/_0$)

Futtermittel	mg	Futtermittel	mg
Weizenkeime	36,0	Küchenzwiebel	0,3
Weizen	3,9	Möhre	1,2
Hafer	3,2	Weißkohl	2,0
Mais	2,2	Grünkohl	5,0
Salat	18,7	Junges Gras	8,0
Schnittlauch	2,4	Grünmehl	6,0

Vitamin K

Die wichtigste physiologische Funktion des Vitamin K ist die Sicherung der normalen Blutgerinnung. Es beteiligt sich als Koferment an der

Biosynthese des Prothrombins mit Substanzen, die in direkter Beziehung zum Gerinnungsprozeß des Blutes stehen. Bei unzureichender Zufuhr von Vitamin K treten bei Neugeborenen spontane Blutungen in den inneren Organen und unter der Haut auf.

Bei Jungtieren und ausgewachsenen Tieren tritt gewöhnlich K-Avitaminose nicht auf, da dieses Vitamin in bedeutender Menge von Darmmikroben synthetisiert wird und außerdem in vielen Futtermitteln enthalten ist. Lediglich bei Leberschäden können ausgewachsene Tiere an K-Avitaminose erkranken.

Vitamin-K-Mangel bei Pelztieren wurde in der Literatur bisher noch nicht beschrieben. Nerze scheinen gar nicht auf die exogene Vitamin-K-Zufuhr angewiesen zu sein. Es besteht aber Grund zur Annahme, daß Pelztiere unter bestimmten Verhältnissen an Vitamin-K-Mangel leiden können. So werden in einigen sowjetischen Betrieben neugeborene Silberfuchs- und Blaufuchswelpen mit intrakranialen, subkutanen und endogenen Blutungen beobachtet. Derartige Welpen sind nicht lebensfähig, und viele von ihnen verenden in den ersten Tagen nach der Geburt. Die Anreicherung des Futters der trächtigen Fähen mit Vitamin K wirkte sich in derartigen Fällen sehr günstig aus. Empfehlenswert sind Vitamin-K-Gaben an Fähen mit Lebererkrankungen. Infolge des schwachen Gallenflusses ist die Vitamin-K-Aufnahme aus dem Darm bei diesen Tieren gehemmt, so daß Junge geboren werden, die zu Blutungen neigen. Vitamin-K-Mangel kann auch dadurch verursacht worden sein, daß während der Trächtigkeit die Bakterienflora durch Medikamente beeinträchtigt wurde.

Den höchsten Gehalt an Vitamin K haben grünes Gemüse und junge Getreide- und Hülsenfrüchte. Futtermittel tierischer Herkunft enthalten wesentlich weniger (5 % der vergleichbaren Menge Gemüse).

In Betrieben, in denen neugeborene Silber- und Blaufüchse zu Blutungen neigen, empfiehlt es sich, den Fähen vor dem Werfen 1 bis 2 mg Vitamin K je Tier zu verabfolgen, erstmals zehn Tage, dann drei bis fünf Tage vor dem Werfen. Vitamin-K-Präparate sind in hohen Dosen toxisch. Eine Gabe von 6 mg am Tag je kg Lebendmasse verursacht Dyspepsieerscheinungen, Erbrechen und verstärkten Speichelfluß. Der Zusatz von 10 mg Vitamin K je Tag zum Futter trächtiger Nerze verursachte nach sieben Tagen eine Intoxikation; nicht lebensfähige Junge und sogar das Verenden einzelner Fähen war die Folge. Am besten ist es, trächtige Fähen ausreichend mit Grünpflanzen, Gemüsesilage aus grünen Kohlblättern, grünen Tomaten, Möhren- und Rübenkraut zu versorgen.

Tabelle 8/11 Vitamin-K-Gehalt einiger Futtermittel (mg/100 g)

Futtermittel	mg	Futtermittel	mg
Spinat	6,0	Tomaten, reif	0,40
Kohl	3,2	Möhren	0,10
Brennessel	3,2	Kartoffel	0,08
Weizen, grün	2,5	Rinderleber	0,15
Tomaten, grün	1,0	Rindfleisch	0,10

Vitamin B$_1$ (Thiamin, Aneurin)

Das Vitamin B$_1$ hat im Kohlenhydratstoffwechsel als Koferment Dekarboxylase, das die Brenztraubensäure oxydiert, eine lebenswichtige Funktion. Bei unzureichender Vitamin-B$_1$-Zufuhr wird der Abbau der Kohlenhydrate im Organismus im Stadium der Brenztraubensäure gestoppt; da sie sich dadurch im Blut und in den Geweben ansammelt, kommt es zu Funktionsstörungen des Zentralnervensystems und der Muskeltätigkeit. Vitamin B$_1$ ist auch am Stickstoff-Stoffwechsel beteiligt. Mangel führt zum verstärkten Abbau stickstoffhaltiger Substanzen und zur Proteinverarmung des Organismus. Bei Thiaminmangel ist auch die Fettsynthese aus Kohlenhydraten im Organismus gehemmt.

Das klinische Bild des *Vitamin-B$_1$-Mangels* bei Silberfüchsen wurde von ENDER und HELGEBOSTAD (1939, 1943) und HODSON und SMITH (1942) beschrieben. Nach drei- bis sechswöchiger Verabreichung einer Ration ohne Thiamin wurden bei Pelztieren Appetitverlust, erschwerte Bewegungen und Krämpfe beobachtet. Die Körpertemperatur sinkt bei Tieren mit dieser Avitaminose um 1,5 bis 2,0 °C; auch wird die Herz-

tätigkeit schwächer. Tiere mit den ersten Symptomen dieser Avitaminose sind heilbar, wenn ihnen Thiamin durch eine Sonde direkt in den Magen oder intramuskulär verabfolgt wird. Falls die Hilfe nicht rechtzeitig erfolgt, verenden die Tiere einen Tag nach Auftreten der Krämpfe.
Thiaminmangel verursacht eine Störung des Geschlechtszyklus und der embryonalen Entwicklung der Pelztiere (ENDER u. a., 1943; RJASOENKO, 1949). Erhielten Nerze lange Zeit thiaminarmes Futter, gingen zwar noch 40 bis 60 % der Fähen normal in die Ranz und wurden befruchtet, doch brachten die Fähen durch das Absterben und Resorbieren der Embryonen keine Jungen zur Welt. Die Mortalität der an dieser Avitaminose erkrankten Fähen erreichte in der zweiten Hälfte der Trächtigkeit 20 bis 30 %. Bei thiaminarmen Rationen einen Monat vor der Paarungszeit wurden alle Nerzfähen normal gedeckt, jedoch abortierten sie zu mehr als 80 %, warfen tote Welpen oder fraßen die Jungen auf. Viele Jungtiere verendeten in den ersten Tagen nach der Geburt. Nicht selten äußerte sich der Thiaminmangel lediglich in Verdauungsstörungen bei den Jungtieren bald nach der Geburt, obwohl sie nur Muttermilch in dieser Zeit aufnahmen. Die Durchfälle der Jungtiere lassen sich damit erklären, daß sie mit der Muttermilch toxische Stoffwechselprodukte aufnehmen, die bei Thiaminmangel im Organismus der Mutter gebildet werden. Diese Erscheinungen ließen sich beheben, wenn man dem Futter der Fähen täglich 4 bis 5 g Hefe zusetzte.
Bei Pelztieren wird Thiaminmangel meist dann beobachtet, wenn sie rohen Süßwasserfisch oder Abfälle von Süßwasserfischen erhalten. Silberfüchse erkranken schnell, wenn sie mit Fischköpfen und anderen Abfällen gefüttert werden, langsam, wenn sie das Muskelfleisch (Filet) vom Fisch erhalten. Kochen beseitigt den ungünstigen Einfluß des Frischfisches. Diese als *Chastek-Paralyse* bezeichnete Erkrankung wird durch das in vielen Süßwasserfischen enthaltene Ferment Thiaminase bedingt, die das Thiamin des Futters zerstört.
Vitamin B_1 wird durch ranziges Fett zerstört. Deshalb kann altes Futter oder solches mit hohem Fettgehalt (Fettfisch und Fettfischabfälle, Fleisch- und Fischmehl, verschiedene Ölkuchenarten) manchmal die Ursache einer B_1-Hypovitaminose sein. Bei Welpen werden dann Appetitverlust, mangelndes Wachstum und manchmal nervöse Anfälle beobachtet. Vitamin-B_1-Mangel wird auch oft bei laktierenden Nerzfähen beobachtet. Er äußert sich im Verweigern der Nahrung, Rückgang der Laktation und in starker Abmagerung.
Auf Grund vorliegender Werte (ENDER und HELGEBOSTAD, 1943; HARRIS und LOOSLI, 1949; LEOSCHKE und EIVEHJEM, 1950) kann man den Mindestbedarf von Pelztieren an Vitamin B_1 mit 0,1 bis 0,2 mg je 100 g TS ansetzen. Da der Vitaminbedarf von der Kondition der Tiere abhängig ist, gibt man am besten mehr, und zwar 0,20 bis 0,25 mg je 100 g TS. Bei hohem Gehalt der Ration an Kohlenhydraten benötigen Pelztiere größere B_1-Mengen als bei höherem Fettgehalt. Nach JØRGENSEN (1980) benötigt der Fuchs täglich 20 mg Thiamin pro kg Fertigfutter.

Tabelle 8/12 Vitamin-B_1-Gehalt einiger Futtermittel (mg/100 g)

Futtermittel	mg	Futtermittel	mg	Futtermittel	mg
Pferde- und Rindfleisch	0,10 bis 0,15	Kuhmilch	0,03 bis 0,05	Bäckerhefe, gepreßt	0,3 bis 0,5
Schweinefleisch	0,40 bis 0,80	Fischmehl	0,02 bis 0,05	Weizenkeime	2,00
Fisch verschiedener Herkunft	0,02 bis 0,06	Fleisch- und Knochenmehl	0,01 bis 0,03	Haferschrot	0,30
				Gerstenschrot	0,20
				Weizenkörner	0,40
Leber	0,25 bis 0,40	Bierhefe, trocken	5,0 bis 7,0	Kartoffeln	0,10
Nieren	0,28 bis 0,38	Bäckerhefe, trocken	2,0 bis 3,0	Möhre, Kohl	0,06
Herz	0,24 bis 0,31	Hydrolysehefe, trocken	1,4 bis 2,2	Grünpflanzen	0,10
Lunge	0,09 bis 0,11				
Milz	0,09 bis 0,13	Futterhefe, trocken	0,3 bis 0,5		

Reich an Thiamin sind Hefen und Getreidekeime. Relativ viel Thiamin enthalten Leber, Nieren und Herz landwirtschaftlicher Nutztiere. Auch Fleisch, Fisch und Schlachtabfälle enthalten es. Die synthetischen Vitamin-B_1-Präparate, Thiaminchlorid und Thiaminbromid, lassen sich gut in Wasser lösen und sind kaum toxisch. In Dosen, die den Bedarf des Organismus um das 200- bis 300fache übersteigen, sind sie noch nicht schädlich.

Die Vitaminverluste betragen beim üblichen, kurzen Kochen der Futtermittel bis zu 30 %. Durch die Konservierung von Futterfleisch und Futterfisch mit Natriumpyrosulfit wird Vitamin B_1 zerstört. Unter dem Einfluß von Licht und Sauerstoff verändert es sich nicht.

Vitamin B_2 (Riboflavin)

Vitamin B_2 ist ein Bestandteil der Flavinfermente.

Die erste Arbeit, die dem Nachweis des Riboflavinbedarfs der Silberfüchse gewidmet war, ist eine Untersuchung von SCHÄFER u. a. (1947). Bei einer Ration ohne Riboflavin blieben die Silberfuchswelpen bereits nach zwei Wochen im Wachstum zurück, nach drei Wochen traten Muskelschwäche und Spasmen auf, und die Tiere fielen in einen komaähnlichen Zustand. Es wurde eine Entpigmentierung des Haares und eine Trübung der Augenlinse beobachtet. RIMESLÅTTEN (1957, 1959) beobachtete bei Blaufuchswelpen Dermatitis und Ausfall der Haare. Der Autor ist auf Grund seiner Beobachtungen der Meinung, Blaufuchswelpen müßten nach dem Absetzen mindestens 0,1 mg Riboflavin je 100 g TS erhalten. Für trächtige und laktierende Blaufuchsfähen werden 0,15 mg Riboflavin je 100 kcal angegeben. RIMESLÅTTEN empfiehlt, den Fähen während der Trächtigkeit und der Laktation 0,4 mg und abgesetzten Jungtieren 0,25 mg Riboflavin je 100 kcal zu verabreichen. Schlechtes Wachstum von Nerzwelpen durch riboflavinfreie Rationen wurde durch 0,15 mg dieses Vitamins je 100 g TS behoben. Nach ÅHMAN (1965) ist der Bedarf für Nerze 4 bis 6 mg/kg Trockenfutter. Nach JØRGENSEN (1980) 10 mg pro kg Fertigfutter.

Versuchswerte und Beobachtungen deuten darauf hin, daß Riboflavinmangel meist bei solchen Tieren auftritt, die Rationen mit mäßigem Proteingehalt, besonders in Form von Fisch- und Fleischabfällen, und hohe Fettgaben erhalten. Symptome einer B_2-Hypovitaminose können folgende angeborene Mißbildungen sein: Gaumenspalten, verkürzte Knochen der Extremitäten und anormale Skelettentwicklung. Bei dunkelgefärbten Tieren ist das Haarkleid häufig entfärbt, besonders bei neugeborenen Tieren. Bei allen Tieren vermindert Riboflavinmangel die Widerstandskraft des Organismus gegen Infektionen, die von Pneumokokken, Staphylokokken und Salmonellen hervorgerufen werden. Nerze haben dann z. B. Abszesse an Kopf und Hals.

Die Tiere sind nicht fähig, im Organismus bedeutende Vitamin-B_2-Reserven zu speichern. Bei Mangel geht die Reserve in allen Organen auf ein Drittel der Norm zurück. Den höchsten Gehalt haben Leber, Nieren und Herz.

Tabelle 8/13 Vitamin-B_2-Gehalt einiger Futtermittel (mg/100 g)

Futtermittel	mg	Futtermittel	mg	Futtermittel	mg
Pferdeleber	3,0	Fisch verschiedener Herkunft	0,1 bis 0,15	Bierhefe, trocken	4,0
Rindsleber	3,3	Dorsch	0,05	Bäckerhefe, gepreßt	2,0
Kalbsleber	3,5	Ei	0,35	Haferschrot	0,14
Muskelfleisch	0,2	Milch	0,15	Gerstenschrot	0,15
Nieren	1,9	Sojabohne	0,50	Weizenmehl	0,15
Rinderherz	0,8	Hydrolysehefe	6,0	Kartoffeln	0,05
Milz	0,3	Futterhefe	13 bis 14	Kohl	0,03
Lunge	0,4	Bäckerhefe	6,0	Möhren	0,06
				Salat	0,08

Von den einzelnen Futtermitteln haben Futter- und Bierhefen, Milch, Leber, Herz, Nieren und Muskelfleisch den höchsten Gehalt an Riboflavin. Futterfisch und Schlachtabfälle enthalten ebenso wie Getreide wenig Riboflavin, können jedoch, wenn sie in großen Mengen verabfolgt werden, den Mindestbedarf decken.

Das Einfrieren von Futter zur Lagerung und auch die thermische Behandlung führen zu keinen wesentlichen Verlusten an diesem Vitamin.

Niazin (Nikotinsäure, Nikotinamid)

Niazin ist an einer Vielzahl von Fermentreaktionen beteiligt, indem es eine Reihe von Prozessen katalysiert, die mit dem Kohlenhydrat-, Fett-, Aminosäure- und Proteinumsatz verbunden sind. Tiere sind fähig, Nikotinsäure aus Tryptophan zu synthetisieren und damit ihren Bedarf teilweise zu decken. Dieser Prozeß ist jedoch wenig effektiv, da 60 mg Tryptophan zur Bildung von 1 mg Niazin benötigt werden.

Niazinmangel wurde von HODSON und LOOSLI (1942) bei ausgewachsenen Silberfüchsen und von SCHÄFER, WHITEHAIR und ELVEJEM (1947) bei Silberfuchswelpen beschrieben. Er äußert sich in Freßunlust, diffuser Entzündung des Zahnfleisches, der inneren Schnauzen- und Bakkenflächen und der Bereiche unter der Zunge. Die Mundschleimhäute sind hierbei leicht affektiert und riechen schlecht. Der Speichel fließt stark, ist zähflüssig und klebrig. Zungenspitze und Zungenränder sind zunächst rot, dann bekommen sie dunkelblaue Linien. Bei Pelztieren kommen Erbrechen und ein stärkerer blutiger Durchfall häufig vor. Die Schleimhaut des gesamten Magen-Darm-Kanals ist meist entzündet. Weiterer Niazinentzug führt bei Silberfüchsen zur Ausprägung aller erwähnten Symptome, zur völligen Verweigerung der Nahrungs- und Wasseraufnahme und zum Tod. Schwankender Gang, nervöse Anfälle und Paralysen weisen auf Störungen im Nervensystem bei den an Niazinmangel leidenden Tieren hin.

Bei Nerzen wurde Niazinmangel experimentell von WÄRNER u. a. (1968) hervorgerufen. Die Nerzwelpen gingen in der Futteraufnahme und Körpermasse zurück, zeigten allgemeine Schwäche, einen komatösen Zustand und starben nach zehn Tagen.

In der Milch der Nerze ist mehr Niazin als in der anderer Tiere. In 100 g Nerzmilch wies JØRGENSEN (1960) 16 mg Niazin nach; das ist ungefähr das 20fache an Niazin gegenüber Kuhmilch und das Doppelte im Vergleich zur Sauenmilch. Dieser hohe Niazingehalt deutet auf einen hohen Niazinbedarf der Pelztiere. Er beträgt etwa 1,5 mg je 100 g Futtertrockensubstanz. Mit den üblichen Futterrationen wird der Niazinbedarf durch Fleisch, Fisch und Getreide vollständig gedeckt. Zusätzliche Gaben sind somit zumeist nicht notwendig.

Niazinmangel kann bei Pelztieren die Folge von Unterernährung und Störung der Verdauungsprozesse sein. Bei verschiedenen Magen-Darm-Erkrankungen, besonders dann, wenn sie einen protrahierten Verlauf nehmen, kann Nikotinsäure einen normalisierenden Einfluß auf die sekretorische und motorische Funktion des Magens ausüben, die fermentative Tätigkeit der Bauchspeicheldrüse stimulieren und die Rekonvaleszenz der Tiere beschleunigen. Einen positiven Einfluß übt Nikotinsäure auch bei Erkrankungen der Leber aus, besonders dann,

Tabelle 8/14 Niazingehalt einiger Futtermittel (mg/100 g)

Futtermittel	mg	Futtermittel	mg	Futtermittel	mg
Pferde- und Rindfleisch	5,0	Fischmehl	6,0	Weizenschrot- und Mehl	4,2
Hammelfleisch	5,3	Fleisch- und Knochenmehl	4,5	Gerstenschrot	2,5
Schweinefleisch	2,7	Blutmehl	3,1	Erbsen	2,4
Rindsleber	9,5 bis 15	Lebermehl	20,5	Sojabohnen	3,0
Fisch verschiedener Herkunft	2,0	Bierhefe, trocken	50	Grünpflanzen	0,5
Kuhmilch	0,1	Bäckerhefe, trocken	40	Möhren	0,7
Käse	0,4	Futterhefe, trocken	20	Kartoffeln	1,5

Tabelle 8/15 Pantothensäuregehalt einiger Futtermittel (mg/100 g)

Futtermittel	mg	Futtermittel	mg	Futtermittel	mg
Rindsleber	2,1 bis 4,3	Fisch versch. Herkunft	0,4 bis 0,8	Gerstenkörner	0,5 bis 1,0
Schlachtnebenprodukte	3,6 bis 7,3	Heringsmehl	1,1	Maiskörner	0,6 bis 1,0
Muskelfleisch	0,8 bis 1,8	Blutmehl	0,1	Hafer, entspelzt	1,3 bis 2,7
Lebermehl	0,6 bis 0,8	Fleisch- und		Luzernemehl	3,3 bis 4,6
Vollmilch	4,6 bis 10,0	Knochenmehl	0,5	Sojabohnenmehl	0,8 bis 2,2
Magermilchpulver	0,2 bis 0,5	Hefe, trocken	7,5 bis 20,0	Spinat, roh	0,1 bis 0,2
Ei, roh	0,8 bis 4,8	Weizenkleie	2,0 bis 3,0	Kopfkohl	0,2 bis 0,5
Dorschfilet	1,6 bis 2,0	Weizenkeime	0,3 bis 2,0	Möhren	0,2 bis 0,4
Hering	0,9 bis 1,0	Weizenkörner	0,8 bis 1,2	Schnittlauch	0,1 bis 0,2

wenn ihre antitoxische und Glykoregulationsfunktion gestört ist. Da übermäßige Niazingaben eine fettige Infiltration der Leber begünstigen, empfiehlt es sich, zu deren Verhütung gleichzeitig mit dem Futter eine ausreichende Menge Cholin oder Methionin zu verabfolgen.
Niazinreich sind Hefen, Leber, mageres Fleisch und Hülsenfrüchte. Weniger Niazin enthalten Weizen-, Gersten- und Roggenmehl aus Vollkorn. Milch, Eier, Fleisch- und Fischprodukte enthalten zwar wenig Niazin, spielen jedoch dank ihres hohen Tryptophangehaltes eine wichtige Rolle bei der Verhütung und Behebung von Niazinmangel. Nerze sind zwar fähig, Nikotinsäure aus Tryptophan zu synthetisieren, sie sind aber dabei nicht in der Lage, dadurch ihren Bedarf an diesem Vitamin zu decken. Niazin ist wenig toxisch. Toxische Erscheinungen treten erst bei 1000facher Überdosierung auf.

Pantothensäure

Pantothensäure ist eine Komponente des Koenzyms A, das eine wichtige Rolle im intermediären Stoffwechsel spielt. Mangel an Pantothensäure äußert sich bei Silberfuchswelpen in langsamerem Wachstum, Veränderungen der Haarfarbe und erhöhter Sterblichkeit. Bei verendeten Tieren sind eine Degeneration der Leber, ein katarrhalischer Zustand des Magens und des oberen Dünndarmabschnittes sowie eine hämorrhagische Veränderung in den Nieren, in der Rinde und der Medulla, bei einzelnen Tieren auch eine Vergrößerung der Thymusdrüse, festzustellen.
Für normales Wachstum beträgt der Mindestbedarf der Nerze an Pantothensäure nach Angaben von McCarthy u. a. (1966) 0,5 bis 0,8 mg je Tier und Tag. Für Silberfüchse und Blaufüchse beläuft er sich ungefähr auf 1,0 bis 1,6 mg je Tier. Der Bedarf der Pelztiere an Pantothensäure zur Fortpflanzung wurde nicht untersucht. Pereldik (1950) beobachtete jedoch, daß ein Pantothensäurezusatz zu den Rationen der Nerze und Zobel die embryonale Mortalität verringerte und das Wurfergebnis je Fähe verbesserte.
Der Gehalt der Futterarten an Pantothensäure ist Schwankungen unterworfen. Unter praktischen Fütterungsverhältnissen ist es deshalb zweckmäßig, höhere Gaben an Pantothensäure zu verabfolgen, und zwar ungefähr 3 bis 5 mg je Nerz und 6 mg je Silber- und Blaufuchs. Zu beachten ist dabei, daß Pantothensäuremangel auftreten kann, wenn die Tiere mit trockenem und gekochtem Futter tierischer Herkunft gefüttert werden, das ranziges Fett, wenig Hefe und wenig Leber enthält. Mit steigendem Fettgehalt im Futter erhöht sich der Bedarf an Pantothensäure.

Vitamin B_6 (Pyridoxin)

Vitamin B_6 ist an den enzymatischen Prozessen beteiligt, die im Organismus die Transaminierungs-, Desaminierungs- und Dekarboxylierungsreaktionen der Aminosäuren katalysieren. Es übt dabei einen großen Einfluß auf die Verwertung des mit der Nahrung aufgenommenen Stickstoffs durch den Organismus aus.
Bei Nerzen äußert sich *Pyridoxinmangel*, der durch eine synthetische Ration ohne Vitamin B_6 während zwei Wochen ausgelöst wird, in Freß-

Tabelle 8/16   Vitamin-B_6-Gehalt einiger Futtermittel (mg/100 g)

Futtermittel	mg	Futtermittel	mg	Futtermittel	mg
Rind- und Pferdefleisch	0,90	Blutmehl	0,44	Gerste	0,8
Hammelfleisch	0,30	Vollmilch	0,07	Mais	1,0
Rindsleber	0,80	Ei	0,22	Weizenkeime	1,2
Nieren	0,40	Bäckerhefe, trocken	3,7 bis 4,9	Kartoffeln	0,2
Dorsch	0,30	Bäckerhefe, gepreßt	0,6 bis 0,7	Kohl	0,1
Hering	0,16	Weizen	0,4	Grünpflanzen	0,2
		Hafer	0,2		

unlust, Verdauungsstörungen, Zurückbleiben im Wachstum und nervösen Erscheinungen, gestörter Bewegungskoordination, unruhigem Zustand, Konvulsionen und Apathie (BOWMAN, TRAVIS, WARNER und HOGUS, 1968). Bei einem Teil der Tiere werden starker Augenausfluß, Ödeme am Kopf sowie eine symmetrische Dermatitis (Akrodynie) festgestellt. Vitamin-B_6-Mangel kann auch Ursache von Störungen der Fortpflanzungsfunktionen sein. Die Anzahl der nicht in Ranz gehenden Nerzfähen erhöht sich, und das Wurfergebnis wird schlechter. Futterrationen mit einem Vitamin-B_6-Gehalt von 0,9 mg je 100 g TS brachten völlig befriedigende Deck- und Wurfergebnisse. Höhere Pyridoxindosen (1,8 und 2,4 mg je 100 g TS) hatten keine bessere Wirkung als die Tagesgabe von 0,9 mg (JØRGENSEN, 1965). Versuche von BAALSRUD (1965) und AKIMOVA (1969) zeigten, daß Pyridoxinmangel bei trächtigen Nerzfähen in den üblichen Futterrationen vorkommen kann. JØRGENSEN (1980) gibt 4 mg pro kg Fertigfutter für den Fuchs an.

Die reichsten Vitamin-B_6-Quellen sind Hefe mit 1,2, Leber mit 0,8, Fleisch mit 0,5, Schlachtnebenprodukte mit 0,2, Eigelb mit 0,2 und Milch mit 0,5 mg/100 g.

Vitamin B_{12} (Kobalamin)

Die wichtigste physiologische Funktion des Vitamins B_{12} besteht in der Aufrechterhaltung normaler Blutbildung. Ungenügende Zufuhr hat Anämie zur Folge, die von einer Störung der Blutbildungsfunktionen des Knochenmarks begleitet ist. Zyankobalamin ist an einer Reihe von Stoffwechselprozessen beteiligt. Es stimuliert die Bildung von Nukleinsäuren, die Eiweißsynthese und die Eiweißspeicherung und hat damit einen günstigen Einfluß auf das Wachstum.

Bei *Vitamin-B_{12}-Mangel* ist die Fähigkeit des Organismus gestört, Kohlenhydrate zu verwerten. Da Zyankobalamin eine große lipotrope Aktivität besitzt, beeinflußt es auch die Fettsynthese in der Leber. Vitamin B_{12} spielt in den Fortpflanzungsprozessen vieler Tiere eine wesentliche Rolle. Bei Mangel sind Störungen der Fortpflanzungsfähigkeit und die Geburt nichtlebensfähiger Nachkommen zu beobachten.

Nerze und Füchse benötigen Vitamin B_{12} mit dem Futter. Darmbakterien, die Zyankobalamin synthetisieren, sind nicht in der Lage, den Bedarf des Organismus zu decken. Dies wurde von SCHÄFER u. a. (1948) an Silberfüchsen und von LEOSCHKE, LALOR und ELVEHJEM (1953) an Nerzen nachgewiesen. Der Vitamin-B_{12}-Mangel äußerte sich in Appetitverlust, Rückgang der Lebendmasse und Degeneration der Leber. Bei Silberfüchsen war in einigen Fällen keine Anämie zu beobachten.

Durch Zusätze von Vitamin B_{12} in die Rationen trächtiger Nerzfähen, bei deren Fütterung Schlachtnebenprodukte überwogen, wurde die Anzahl der totgeborenen Welpen und die Mortalität der Welpen in den ersten Lebenstagen reduziert, wodurch sich das Absetzergebnis pro Fähe um durchschnittlich 0,8 bis 1,2 Welpen im Vergleich zur Kontrollgruppe verbesserte. Der Zusatz von Zyankobalamin zum Futter junger Nerze, die als Eiweißquelle hauptsächlich Schlachtabfälle erhielten, verbesserte nicht nur das Wachstum, sondern wirkte sich auch positiv auf die spätere Ausbildung ihrer Fortpflanzungsfähigkeit aus (AKIMOVA, 1969).

Der Einfluß auf die Vitalität und das Wachstum der Jungtiere kommt stärker zum Ausdruck, wenn das Vitamin Rationen zugesetzt wird, die einen mäßigen Anteil von Futterfleisch und Futterfisch enthalten und in deren Futterarten tierischer Herkunft Schlachtnebenprodukte überwiegen. Nerze und andere Pelztiere sind durch Rationen, in denen reichlich unzerteilter Fisch und Muskelfleisch enthalten sind, mit Vitamin B_{12} ausreichend versorgt.

Bei Pyridoxin- oder Eisenmangel wird Zyankobalamin von den Tieren bedeutend schlechter verwertet. Das erklärt den günstigen Einfluß der komplexen Verabfolgung von Präparaten aus Eisen-II-Oxyd und Vitamin B_{12} auf den Zustand der Tiere, die wegen unzureichender Eisenzufuhr an Anämie erkrankt waren.

Der Bedarf der Nerze an B_{12} beträgt täglich 2 µg (LEOSCHKE, 1960). Diese Menge ist als Mindestbedarf anzusehen. Unter den Bedingungen der Praxis ist es angebracht, 5 µg Zyankobalamin je kg Lebendmasse zu veranschlagen; für Silber- und Blaufüchse empfiehlt sich sogar die doppelte Menge. Vitamin B_{12} ist nicht toxisch und verursacht auch keine Hypervitaminose.

Zu den Futterarten mit dem höchsten Vitamin-B_{12}-Gehalt gehören das Fleisch von Rindern, Pferden und Seetieren, die Leber von landwirtschaftlichen Nutztieren und Fischen (besonders von Dorschen), Milch sowie Quark. Niedrigste B_{12}-Gehaltswerte vorausgesetzt, reichen für Nerze täglich 7 bis 10 g Rindsleber oder 20 bis 25 g Schweineleber aus. Auch eine tägliche Gabe von 80 bis 100 g Pferdefleisch deckt die von Nerzen benötigte Menge an Vitamin B_{12}. Im Futterfisch schwankt der Vitamin-B_{12}-Gehalt nach Angaben skandinavischer Autoren je nach der Fischart zwischen 1 und 10 µg je 100 g Futter. Im Fischmehl sind 30 µg je 100 g enthalten. Getreide enthält nur wenig Vitamin B_{12}. Zyankobalamin ist ein dunkelrotes, kristallines Pulver, das sich in Wasser und Alkohol gut löst.

Folsäure

Ebenso wie Vitamin B_{12} ist Folsäure ein antianämischer Faktor. Bei Folsäuremangel werden die Blutbildungsprozesse gestört, insbesondere ist die Bildung von Erythrozyten, Granulozyten und Thrombozyten gehemmt, so daß sich Leukopenie entwickelt. Folsäure ist an der Biosynthese der Nukleinsäuren und an ihrem Umsatz sowie an der Bildung von Methionin aus Hämozystin beteiligt. Sie wird auch zur Synthese der Methylgruppen benötigt und entwickelt in diesem Zusammenhang eine cholinsparende Wirkung.

Die Mikroflora des Darms bildet bei Pelztieren, wie auch bei anderen Tierarten, eine bedeutende Menge Folsäure; die Folsäureausscheidung mit dem Kot ist 4- bis 6mal größer als die Aufnahme mit der Nahrung.

Folsäuremangel entsteht meist nach der Verabreichung von Sulfonamiden, Antibiotika und anderen Präparaten, die die Mikroflora beeinträchtigen und so die endogene Synthese des Vitamins im Darm blockieren.

Tabelle 8/17 Folsäuregehalt einiger Futtermittel (mg/100 g)

Futtermittel	mg
Rindsleber	0,15 bis 0,45
Herz und Nieren vom Rind	0,1 bis 0,12
Rindfleisch	0,03 bis 0,10
Fisch	0,08 bis 0,10
Hühnerei	0,01 bis 0,03
Spinat	0,1 bis 0,30
Kopfkohl	0,09 bis 0,10
Blumenkohl	0,05 bis 0,16
Möhren	0,06 bis 0,13
Getreide	0,03 bis 0,20

Der Bedarf der Pelztiere an Folsäure wurde bisher nicht nachgewiesen. Bei Anämie oder Lebererkrankungen empfiehlt man eine tägliche Dosis von 0,2 bis 0,3 mg je Nerz und doppelt so viel je Blaufuchs oder Silberfuchs bis zur Gesundung. Folsäure ist kaum toxisch. Die maximal zulässige Dosis beträgt 2 mg je kg Lebendmasse.

Den höchsten Folsäuregehalt haben Hefe, Leber, Blumenkohl, grüne Blätter und Sojabohnen.

Biotin (Vitamin H)

Die physiologische Bedeutung des Biotins ist noch wenig untersucht, eventuell ist es am Kohlenhydrat-, Fett- und Purinstoffwechsel beteiligt.

Pelztiere bedürfen kaum der Zufuhr von Biotin, da es in allen Futtermitteln enthalten ist und von den Darmbakterien synthetisiert wird.

Biotinmangel läßt sich bei Pelztieren auslösen, wenn ihnen mit dem Futter längere Zeit eine große Menge Eiklar verabfolgt oder ein synthetisches, biotinfreies Futter gegeben wird. Weißei enthält das Albumin Avidin, das im Darm Biotin bindet. Dabei entsteht ein von Darmfermenten nicht spaltbarer Avidin-Biotin-Komplex, so daß das Biotin aus dem Stoffwechsel ausfällt. Biotin-Avitaminose kann bei Tieren auftreten, wenn gleichzeitig mit rohem Weißei Sulfonamidpräparate oder Antibiotika verabfolgt werden.

Experimentell ausgelöster Biotinmangel äußert sich in gestörtem Haarwechsel und Nachwachsen des Winterfelles, in einer Entpigmentierung des Felles und in Haarausfall auf dem Rücken und an den Seiten.

Nerzfähen, die bis zur Ranz Futter mit wenig Biotin erhalten hatten, wurden normal gedeckt, brachten aber keine Nachkommen. Erhielten die Fähen das gleiche Futter ab zweiter Hälfte der Trächtigkeit, warfen sie Welpen mit ödematösen Pfoten und einer grauen schütteren Behaarung, von denen ein großer Teil in den ersten Tagen nach der Geburt starb, weil sich die Fähen nicht um sie kümmerten. Bei Nerzen, denen man Biotin entzog, ist die Leber stark vergrößert, graugelb gefärbt und hat einen hohen Fettgehalt.

In der Praxis kann Biotinmangel nach längerer Verfütterung fetthaltiger Futtermittel eintreten, besonders wenn sie lange lagerten. Oxydierter Tran und ranziges Pferdefett zerstören das Vitamin in der Futtermischung und unterdrücken seine Synthese durch die Mikroflora des Darms. Ein Gehalt von 0,125 mg Biotin in 1 kg Futter reicht aus, um den Bedarf der Nerze zu decken (SCHIMMELMANN u. a., 1969). Skandinavische Wissenschaftler setzen die Tagesnorm für Nerze mit 15 µg an.

Biotin ist in allen Produkten tierischer und pflanzlicher Herkunft enthalten. Den höchsten Gehalt haben Hefen, Leber und Nieren (180 bis 250 µg je 100 g); Fleisch und Fisch dagegen viel weniger (4 bis 8 µg je 100 g). Im ganzen Getreidekorn ist mehr (9 bis 12 µg je 100 g) als im entspelzten (1 bis 2 µg). Beim Kochen der Produkte werden ungefähr 25 % des Vitamins zerstört.

Cholin

Die physiologische Bedeutung des Cholins ist durch seine lipotrope Wirkung bedingt. Zusammen mit anderen lipotropen Faktoren schützt es die Leber vor fettiger Infiltration und trägt dazu bei, daß bei derartigen Störungen das überflüssige Fett aus der Leber entfernt wird.

Eine durch *Cholinmangel* hervorgerufene Fettspeicherung in der Leber führt zu Nekrosen mit anschließender Proliferation des Bindegewebes und somit zu einer Reihe funktioneller Störungen dieses Gewebes. Als Folge von Cholinmangel kann sich eine hämorrhagische Degeneration der Nieren einstellen: diese vergrößern sich, nehmen eine dunkelrote Färbung an und weisen bei histologischer Untersuchung eine Hyperämie der Gefäße und Blutungen in der Rindenschicht auf.

Im Organismus des Tieres wird Cholin aus der schwefelhaltigen essentiellen Aminosäure Methionin synthetisiert. Deshalb wird Cholinmangel meist bei der Fütterung von geringwertigen Proteinen tierischer Herkunft mit niedrigem Methioningehalt beobachtet. Der Organismus des Tieres ist nicht in der Lage, durch Biosynthese seinen Cholinbedarf vollständig zu decken, sondern muß eine gewisse Menge mit der Nahrung aufnehmen. Die Wirkung des Cholins im Organismus ist im bestimmten Maße von anderen Vitaminen abhängig.

In der praktischen Pelztierzucht greift man auf die Einbeziehung von Cholin in die Ration zurück, wenn unter den Tieren Todesfälle mit Erscheinungen einer Zirrhose und fettiger Infiltration der Leber beobachtet werden. Die Einbeziehung von Cholin in das Futter von Nerzen mit fettiger Leberdystrophie, die durch Verfütterung von Ölkuchen, der durch einen toxischen Pilz *(Aspergillus niger)* befallen war, hervorgerufen wurde, führte zur Ausscheidung des überschüssigen Fettes aus der Leber, zur Speicherung von Glykogen in der Leber und zu

Tabelle 8/18 Cholingehalt einiger Futtermittel (mg/100 g)

Futtermittel	mg	Futtermittel	mg	Futtermittel	mg
Sojamehl	345	Fleischmehl	105 bis 185	Mais	38
Hefe, trocken	300	Weizen	90	Schlachtnebenprodukte,	
Leber	260	Hering	90	im Durchschnitt	30
Hafer, entspelzt	150	Fleisch, im Durchschnitt	77	Milch, entrahmt	23
Gerste	140	Fisch, im Durchschnitt	70	Vollmilch	15
Luzernemehl	135	Weizenkleie	60 bis 100		

einer spürbaren Verbesserung des Allgemeinzustandes der Tiere.
Der Cholinbedarf der Fleischfresser wurde nicht ermittelt. Analog zu anderen Tieren, insbesondere zu Hunden, wird empfohlen, Pelztieren mit dem Futter prophylaktisch 20 bis 40 mg Cholinchlorid je kg Lebendmasse und therapeutisch 50 bis 70 mg oder 1 % der TS des Futters zu verabreichen. Die ergiebigste Cholinquelle ist Eigelb. Auch Leber, Hirn, Hefe und Sojamehl enthalten viel Cholin. In Fleisch, Fisch und Getreidekörnern findet sich weniger, aber stets ausreichend Cholin.

Vitamin C (Askorbinsäure)

Vitamin C beeinflußt die Stoffwechselprozesse im Organismus. Es ist an der Bildung des Kollagens beteiligt und stimuliert die im Organismus ablaufenden Oxydationsprozesse. Das Vitamin kontrolliert außerdem die einzelnen Phasen des Proteinumsatzes und beeinflußt u. a. die entgiftende und glykoregulierende Funktion der Leber. Mit Ausnahme der Primaten und der Meerschweinchen können alle höheren Tiere, darunter auch die Pelztiere, Vitamin C in ihrem Organismus synthetisieren. *Futter ohne Vitamin C* verursacht bei Silberfüchsen, Blaufüchsen und Nerzen keine Erkrankungen (MATHIESEN, 1939). Es ist aber nachgewiesen, daß Gaben von Askorbinsäure bei Pelztieren einen günstigen Einfluß auf den Gesundheitszustand und die Vitalität der Jungtiere ausübten.
Die Wirkung der Askorbinsäure bei der Verhütung von Jungtierverlusten durch «Rotpfotigkeit» besteht darin, daß es den Organismus bei Mangel an Vitamin B_1, Pantothensäure, Biotin, Vitamin E u. a. schützt. Ein Askorbinsäurezusatz verhütet oder verlangsamt die Entstehung von avitaminösen Zuständen bei Mangel an diesen Vitaminen (TERRUAN, 1969). Das unterstreicht die große Bedeutung der Verwendung von Askorbinsäure in Pelztierzuchten zur Beseitigung möglicher Fütterungsfehler während der Trächtigkeit und der Laktation.
Neugeborene Silberfuchswelpen, bei denen am ersten Lebenstag geschwollene und gerötete Pfoten festgestellt werden, erhalten mit einer Pipette zweimal täglich 1 ml einer 3- bis 5 %igen Askorbinsäurelösung so lange, bis die Ödeme verschwunden sind. Ausgewachsene Fähen sollen während der Trächtigkeit, ebenso wie an Lebererkrankungen leidende Tiere 10 bis 20 mg Askorbinsäure je 100 kcal Futter erhalten. JØRGENSEN (1980) gibt für Füchse 200 mg pro kg Fertigfutter an.
Den höchsten Gehalt an Askorbinsäure haben Hagebutten, Johannis- und andere Beeren sowie Gemüse. Wenig Vitamin C enthalten Produkte tierischer Herkunft, fast überhaupt keines die Getreidearten. Der Askorbinsäuregehalt (in 100 g) beträgt 1500 mg in getrockneten Hagebutten, 300 mg in schwarzen Johannisbeeren, 250 mg in Paprika, 120 mg in Sanddorn, 70 mg in Blumenkohl, 60 mg in Schnittlauch, 50 mg in Eberesche, Spinat und Tomaten, 30 mg in frischem Weißkohl, dunkelgrünem Salat und Kohlrüben, 10 mg in roten Rüben, Kartoffeln, frischer Küchenzwiebel und 1 mg in Muskelfleisch und Milch.

Mineralstoffbedarf

Im tierischen Organismus werden ungefähr 40 Mineralstoffe gefunden; ein Teil von ihnen spielt im Stoffwechsel keine Rolle und wurde mit den

Bestandteilen des Futters in den Organismus aufgenommen. Lebenswichtig sind alle diejenigen Mineralstoffe, die strukturelle Funktionen erfüllen, als Fermentaktivatoren wirken oder am Zellstoffwechsel beteiligt sind.

Kalzium und Phosphor

Beide Mengenelemente kommen in allen Geweben des Organismus vor, vor allem aber im Skelett (99 % des Kalziums). Kalzium ist als strukturelle Substanz des Stützgewebes notwendig; es ist an der Regulierung des Nervensystems, an der Blutgerinnung und anderen physiologischen Prozessen beteiligt. Phosphor steht im Organismus mit dem Kalzium in enger Wechselbeziehung. Etwa 80 % seiner gesamten Menge sind in den Knochen und den Zähnen konzentriert; er ist aber auch in den Proteinen, Nukleinsäuren und Phospholipiden enthalten. Phosphor spielt eine wichtige Rolle im Kohlenhydratstoffwechsel.

Bei *Kalzium- und Phosphormangel* oder bei Mangel an einem dieser Stoffe wird bei Jungtieren der Mineralstoffwechsel gestört und *Rachitis* hervorgerufen. Bei ausgewachsenen Tieren führt Mangel an Kalzium und Phosphor zu *Osteomalazie,* einer Krankheit, bei der die Knochen weich und brüchig werden. Bei Rachitis sind Röhrenknochen und Rippen deformiert, die Gelenke verdickt und das Wachstum der Jungtiere verschlechtert. Kalzium- und Phosphormangel wirken sich negativ auf die Milchbildung der Fähen und auf die Entwicklung der säugenden Welpen aus; auch treten Geburtsschwierigkeiten auf.

Untersuchungen über den Einfluß eines unterschiedlichen Niveaus von Kalzium und Phosphor und Vitamin D auf die Ausbildung des Knochengerüstes bei Nerzen haben gezeigt, daß das Kalzium-Phosphor-Verhältnis in der Ration von großer Bedeutung ist. Die beste Wirkung hat ein Verhältnis von 1:1 bis 1,7:1. Bei diesem Verhältnis der Mineralstoffe und einem Vitamin-D-Gehalt von 0,82 IE je g TS reichten 0,3 % Kalzium und ebensoviel Phosphor für eine normale Entwicklung des Knochengerüstes und eines guten Felles bei Jungnerzen aus (BAS-SETT, LOOSLI und WILKE, 1948). Für praktische Rationen empfehlen die Autoren Kalzium- und Phosphorgaben in Mengen von 0,4 % der Futtertrockensubstanz. ARGUTINSKAJA (1955) fand daß Nerzwelpen Kalzium in einer Menge von 0,5 bis 0,6 % und Phosphor in Mengen von 0,4 bis 0,5 % der Futtertrockensubstanz benötigen. Diese Gaben gewährleisten nicht nur normales Wachstum, sondern auch eine ausreichend hohe Mineralstoffablagerung im Körper. Der Bedarf laktierender Nerzfähen beträgt nach Angaben von ARGUTINSKAJA an Kalzium 0,8 % und an Phosphor 0,55 % der TS.

HARRIS, BASSETT und WILKE (1951), die den Einfluß eines unterschiedlich hohen Kalzium- und Phosphorniveaus auf die Entwicklung von Silberfuchswelpen untersuchten, stellten fest, daß zur Sicherung einer normalen Ausbildung des Knochengerüsts und eines guten Wachstums des Haarkleids mindestens 0,6 % der TS des Futters an diesen Mineralstoffen gegeben werden müssen. In einem anderen, früheren Versuch, der an wachsenden Silberfüchsen durchgeführt wurde, stellten die gleichen Autoren fest, daß die Welpen bei Rationen mit 0,5 % Phosphor und 0,2 bis 0,4 % Kalzium der TS rachitische Symptome zeigten. Eine Steigerung des Kalziumniveaus auf 0,51 % beseitigte die Bewegungsschwierigkeiten der Welpen nicht vollständig.

Versuche an Silberfüchsen und Nerzen zeigten, daß Kalziummangel bei Phosphorüberschuß oder umgekehrt, also ein unausgeglichenes Verhältnis dieser Elemente, schnell zu Rachitis führt.

Den Bedarf trächtiger und laktierender Silberfuchsfähen an Kalzium und Phosphor stellte KLECKIN (1940) auf Grund praktischer Fütterungsversuche fest. Danach müssen Kalzium und Phosphor in Mengen von 0,8 bis 1,3 g je 100 g TS gegeben werden. Der Mindestbedarf ausgewachsener Silberfüchse an Kalzium kann bis zur Fortpflanzungsperiode mit 0,3 % der Futtertrockensubstanz angenommen werden. Die Phosphormenge kann die gleiche sein oder zwei Drittel dieser Menge betragen. Die für Silberfüchse erwähnten Kalzium- und Phosphornormen gelten auch für Blaufüchse. In der Praxis wird der Phosphorbedarf der Pelztiere durch Futterfleisch und Futterfisch ohne Knochen bzw. Gräten vollständig gedeckt. Berechnungen zeigen, daß in den typischen Pelztierrationen ohne Knochen ungefähr 0,17 % Phosphor enthalten sind, d. h. so viel, wie Fähen in der Laktationsperiode benötigen. Es ist somit lediglich Kalzium zuzusetzen, um das empfohlene Verhältnis beider Elemente zu erreichen.

Da frische Knochen, Knochenmehl und Trikalziumphosphat außer Kalzium auch Phosphor enthalten, ist es für ein normales Verhältnis notwendig, Mineralstoffe in etwas größeren Mengen als empfohlen zuzusetzen. Das normale Kalzium-Phosphor-Verhältnis wird erreicht, wenn man dem Futter 5 g frisch zerkleinerte Knochen oder 1,5 g Knochenmehl, 1,4 g Trikalziumphosphat oder 0,5 g Kreide zusetzt. Bei Einbeziehung jedes der drei ersten Zusätze in den erwähnten Mengen erhöht sich der Kalziumgehalt auf fast das Dreifache, der Phosphorgehalt auf das Zweifache des Bedarfs. Die in Pelztierfarmen üblichen Rationen mit Fisch und mehr noch mit knochenhaltigen Schlachtabfällen (Füße, Geflügelköpfe) enthalten Kalzium und Phosphor in einer Menge, die den Bedarf der Pelztiere an diesen Stoffen um ein Mehrfaches übersteigt. Nach NIELSEN (1970) ist im Pelztierfutter Kalzium in der acht- bis zwölffachen und Phosphor in der sechs- bis siebenfachen Menge des Mindestbedarfs enthalten. LEOSCHKE (1969) weist darauf hin, daß die in den Farmen verwendeten Rationen zu 35 bis 40 % Futterfleisch und Futterfisch mit Knochen bzw. Gräten enthalten und somit den Kalzium- und Phosphorbedarf der Pelztiere vollständig decken. Rationen mit 6 % Mineralstoffen decken den Kalzium- und Phosphorbedarf der Nerze. Für laktierende Fähen sieht LEOSCHKE (1969) einen Mineralstoffgehalt der Ration von 7 % als notwendig an. Von den Zusätzen verdienen die phosphorsauren Kalziumsalze den Vorzug, da sie besser verwertet werden, den Harn leicht alkalisieren und das Kalzium-Phosphor-Verhältnis nicht stark verändern.

Natrium und Chlor

Neben Kalium und Bikarbonaten spielen Natrium und Chlor eine wichtige Rolle bei der Regulierung des osmotischen Druckes der Körperflüssigkeiten. Natrium ist auch an der Regulierung der Säure:Basen-Bilanz beteiligt. Natriummangel verursacht Freßunlust, schlechtere Verwertung von Protein und Energie, Wachstumshemmungen und gestörte Fortpflanzungsfunktionen. Chlor ist Bestandteil der Magensalzsäure.

Im Gegensatz zu den meisten Futtermitteln pflanzlicher Herkunft enthalten Fleisch- und Fischprodukte relativ viel Natrium und Chlor. Bei laktierenden Nerzfähen kann ein *Defizit* an diesen Stoffen auftreten. Der Mangel äußert sich darin, daß Fähen mit großen Würfen gegen Ende der Laktation an Appetitlosigkeit leiden, abmagern und nicht selten an Erschöpfung verenden (Ammenkrankheit). Die Ursache liegt in der Entwässerung des Organismus und in Störungen der Magensekretion. Am häufigsten werden diese Erscheinungen bei der Verabfolgung von Rationen mit geringem Gehalt an Muskelfleisch, Blut und Seefisch beobachtet. HARTSOUGH (1961) hat nachgewiesen, daß ein Zusatz von Natriumchlorid (Kochsalz) in die Ration laktierender Fähen vom 15. Mai bis zum 1. Juli in einer Menge von 0,5 % des Gesamtfutters bei regelmäßiger Versorgung mit Trinkwasser die Fähen vor Erschöpfung nach der Laktation schützt. Der Bedarf der Nerze an Kochsalz beträgt nach Angaben von ÅHMAN (1969) in allen Perioden, mit Ausnahme der Laktationsperiode, 0,21 % der Originalsubstanz und ist durch den Kochsalzgehalt in den üblichen Rationen gedeckt (NIELSEN, 1970). Größere Salzgaben können zu Vergiftungen führen. Besonders empfindlich gegenüber zu hohen Salzgaben sind Nerze und

Tabelle 8/19 Gehalt einiger Mineralstoffzusätze an Kalzium und Phosphor (%)

Mineralstoffzusätze	Kalzium	Phosphor
Kreide, ungeschlämmt	37,0	—
Kreide, geschlämmt	40,0	—
Kalkstein	33,0	—
Knochenmehl	30,0	13,6
Trikalziumphosphat	32,1	14,4
Kalziumphosphat, fluorfrei	34,0	18,0
Knochenkohle	35,0	13,0

Blaufüchse; die Tiere sind anfangs erregt, reichliche Speichelabsonderung und auch Erbrechen sind zu beobachten. Später fallen die Nerze in einen komatösen Zustand und verenden an Atemnot. Bei ausreichender Wasserversorgung vertragen Nerze und andere Pelztiere übermäßige Kochsalzdosen ohne Schaden (bis 4,5 g je kg Lebendmasse). Falls Trinkwasser aber fehlt, führen bereits Zusätze von 1,8 bis 2,0 g Salz je kg Lebendmasse bei Nerzen zu Salzvergiftung.

Eisen

Eisen kommt in allen Zellen des Organismus vor, besonders aber im Hämoglobin und im Myoglobin. Es ist Bestandteil der Atmungsfermente (BERGNER, 1967). Etwa 70 % des Gesamt-Eisen-Bestandes des Organismus sind im Hämoglobin enthalten, des weiteren im Ferritin und Hämosiderin – Proteinverbindungen, die die Rolle eines Eisenspeichers spielen. Da die Hauptmasse des Eisens im Organismus ständig durch den physiologischen Zerfall der Erythrozyten und des Hämoglobins ergänzt wird, ist der Eisenbedarf gesunder Tiere nicht hoch. Am höchsten ist er bei intensiv wachsenden Tieren, besonders während der Säugezeit, da der Eisengehalt der Milch sehr niedrig ist. *Eisenmangel* kann bei wachsenden Tieren auch dann auftreten, wenn die Eisenresorption aus dem Futter im Darm gestört ist. Diese Art Eisenmangel wurde bei Nerzen beobachtet, die rohen Fisch bestimmter Herkunft erhielten. Von vielen Wissenschaftlern (HELGEBOSTAD, 1958; HELGEBOSTAD und MARTINSONS, 1958; STOUT, OLDFIELD und ADAIR, 1960; HELGEBOSTAD, GJØNNES und SVENKERUD, 1961; FEDOROV, 1967; KANGAS, 1967) wurde festgestellt, daß einige Fische, sog. *Anämiefische* (Köhler, Wittling, Hechtdorsch, Schellfisch und Mintai) Stoffe enthalten, die das Eisen der Futtermischung binden und es in eine nicht verwertbare Form verwandeln. Durch Kochen des Fisches läßt sich diese Wirkung vollständig, durch Entfernen der Eingeweide teilweise aufheben. Nerzwelpen, die bedeutende Mengen einer der genannten Fischarten erhalten, hören auf zu wachsen und erkranken an Anämie.

Besonders leiden die Jungtiere an Anämie, denen die genannten Fischarten in großen Mengen (über 40 %) in den ersten Monaten nach der Umstellung auf selbständige Futteraufnahme gegeben wurden.

Das klinische Bild der *Anämie* zeigt sich darin, daß die sichtbaren Schleimhäute und die unbehaarten Hautteile auf der Nase und an den Pfoten hell werden und die Hämoglobinwerte im Blut zurückgehen. Sinkt bei anämischen Welpen der Hämoglobingehalt während der Ausbildung und des Wachsens des Winterfells unter 13 g %, wird das Unterhaar farblos, so daß das Fell stark an Wert verliert. Das Haar an Fellen mit weißer Unterwolle ist gewöhnlich schlapp, unelastisch, leicht zerdrückt und verfilzt. Die Unterwolle kann in der gesamten Länge farblos sein, manchmal nur an einzelnen Stellen. Aufgehellte Haare können bei allen, bei gleicher Fütterung aber auch nur bei einzelnen Welpen auftreten. Das ist aus der unterschiedlichen Veranlagung für die Anfälligkeit gegenüber Anämie zu erklären. Wenn jährlich die an Anämie erkrankten Nerze gemerzt werden, so kann die Resistenz des Bestandes gegen diese Krankheit erhöht und er allmählich der vermehrten Fischfütterung angepaßt werden.

Untersuchungen von RAPOPORT (1969) zeigen, daß Nerze bei überwiegender Fütterung von Fisch zusätzlich Eisen benötigen, auch dann, wenn in der Ration keine Fische mit dem eisenbindenden Faktor enthalten sind. Nach Angaben dieses Autors ist in Fischen der meisten Arten der Eisengehalt mit 0,05 bis 0,1 % sehr niedrig und beträgt damit nur 2 bis 3 % des Eisengehalts im Futterfleisch. Zusätze von Eisensalzen in Fischrationen haben auf das Wurfergebnis wie auf den Zustand der Welpen einen positiven Einfluß. Eisenzusatz zu Fischrationen während der Trächtigkeit erhöhte bei Blaufüchsen das Wurfergebnis um 1,5 Welpen je Fähe. Eisen wird dem Futter in Form von zwei- oder dreiwertigen Eisenpräparaten zugesetzt in einer Menge, die dem Bedarf von 2 bis 3 mg je Nerz und Tag entspricht. Es empfiehlt sich, trächtigen Fähen jeden zweiten Tag 20 bis 30 mg schwefelsaures Eisen zu verabfolgen. Da die saugenden Welpen mit der Milch wenig Eisen aufnehmen, müssen sie für ihre normale Entwicklung bei der Geburt einen Eisenvorrat haben, der durch die ausreichende Versorgung der trächtigen Fähen mit diesem Element geschaffen wird. Es ist zweckmäßig, Nerzwelpen täglich 5 bis 7 mg schwefelsaures Eisen zu verabfolgen. Das Eisen kann auch zweimal wöchentlich gegeben werden, wenn man die Dosis entsprechend erhöht. Schwefelsaures Eisen wird als 1 %ige Lösung verwendet. Gute Resultate sind auch beim Einsatz anderer Eisenmonoxydpräparate zu erwarten, z. B. Eisenlaktat, das in den gleichen Dosen wie schwefelsaures Eisen zugesetzt wird.

In den Versuchen von RAPOPORT (1969) gab es positive Ergebnisse, wenn dem Futter 50 mg Eisenglyzerophosphat je kg Lebendmasse zugesetzt wurden. Hier muß beachtet werden, daß die Eisenpräparate solchen Futtermischungen beigegeben werden, die keinen Fisch mit eisenbindendem Faktor enthalten. Zur besseren Verwertung der Präparate setze man Futter ohne Anämiefischanteile zweimal wöchentlich zu. Einen effektiven Schutz von Anämie bieten parenterale Gaben organischer Eisenverbindungen, von denen eine einmalige intramuskuläre Dosis von 50 mg Eisen in der zweiten Julihälfte ausreicht, um die Jungtiere vor Anämie und weißer Unterwolle zu schützen.

Den höchsten Eisengehalt haben Hefe, Leber, Eigelb, Erbsen und Hafermehl. Eisenarm sind Milch und Milchprodukte, Futterfisch sowie Fette und Gemüse.

Kupfer, Kobalt, Mangan, Zink und Jod

In der Sowjetunion wurde eine Reihe von Untersuchungen durchgeführt, um die Bedeutung dieser *Spurenelemente* in der Ernährung der Pelztiere zu klären. Untersucht wurde der Einfluß auf Wachstum, Fellqualität und Fortpflanzungsfähigkeit der Tiere, von TITOVA und Mitarbeitern (1960) bei Standardnerzen, von BERSIN (1961) bei Standardnerzen und Silberfüchsen, BELUGINA und Mitarbeitern (1962) bei Palomino-Nerzen, BERESTOV (1966) bei Nerzen, Blaufüchsen und Silberfüchsen, VASIL'KOV (1964) bei Blaufüchsen, MAMAEVA (1967) und BOBROV (1967) bei Nerzen, ZOTOVA (1968) bei Silberfüchsen, VINOGRADOV (1968) bei pastellfarbenen Nerzen, BUKOVSKAJA (1969) bei Silberfuchswelpen und von MICHAILOV (1969) bei Nerzen. In allen Untersuchungen zeigte sich ein *positiver Einfluß* des Spurenelementzusatzes auf die Aufzuchtrate und das Wachstum der Jungtiere sowie auf die Fortpflanzungsfähigkeit der Fähen. Da in den meisten Untersuchungen Spurenelementgemische verwendet wurden, ist es in vielen Fällen schwer, den Einfluß einzelner Elemente auf die Leistungen und den Zustand der Tiere abzugrenzen. Die Wirkung einzelner Spurenelemente sowie Rückschlüsse auf den Bedarf an Kupfer, Kobalt, Mangan, Zink und Jod lassen sich aus den Untersuchungen nicht ableiten.

Kupfer
Die physiologische Bedeutung dieses Elements besteht darin, daß es an der Zusammensetzung vieler Fermentsysteme beteiligt, für die Hämoglobinbildung unerläßlich und für die normale Pigmentierung des Haarkleides notwendig ist. *Kupfermangel* in der Nahrung verursacht Anämie, schlechtes Wachstum, Magen-Darm-Störungen und Entfärbung des Haares. Kupfer kommt in vielen Futtermitteln vor; Mangel kann nur in Gebieten auftreten, in denen der Boden kupferarm ist. Milch ist arm an Kupfer, so daß saugende Jungtiere, die mit geringen Kupferreserven geboren werden, an Kupfermangel leiden können. Wird in Pelztierzuchten Anämie beobachtet, setzt man dem Futter neben Eisensalzen auch Kupfersulfat zu, von schwefelsaurem Kupfer nur ein Zehntel der Menge, die für schwefelsaures Eisen üblich ist. Nerze erhalten 1,0 bis 1,5 mg je Tier und Tag. Gewöhnlich wird Kupfersulfat in gelöster Form zusammen mit dem Eisensulfat gegeben. Auf 10 Teile Eisensulfat nimmt man einen Teil Kupfersulfat und stellt aus dieser Mischung eine 1 %ige wäßrige Lösung her, die man der Futtermischung zusetzt.

Es ist zu beachten, daß übermäßige Kupferdosen toxisch sind. Über den Bedarf hinaus verabreichte Kupfersalze führen zur Kupferspeicherung in den Geweben, besonders in der Leber, was eine chronische Vergiftung zur Folge haben kann.

Kobalt

Die Bedeutung des Kobalts für die Ernährung aller Tiere hängt unmittelbar mit der physiologischen Funktion des Vitamins B_{12} zusammen, an dessen Zusammensetzung es beteiligt ist. Bei *unzureichender Kobaltzufuhr* entsteht bei den Tieren schwere Anämie infolge starker Störung der bakteriellen Synthese des Vitamins B_{12} im Magen. Für Tiere mit einhöhligem Magen, bei denen die Möglichkeit einer Vitamin-B_{12}-Synthese durch die Mikroflora des Magen-Darm-Kanals äußerst gering ist, kann Kobalt nicht von wesentlicher Bedeutung sein. Deshalb müssen bei Pelztieren die durch Vitamin-B_{12}-Mangel verursachten Erscheinungen, wie verminderte Fruchtbarkeit, Anämie und Wachstumsstockungen, durch Vitamin-B_{12}-Gaben und weniger durch Kobalt verhütet werden. Alle Versuche, bei Tieren mit einhöhligem Magen, die mit dem Futter Vitamin B_{12} erhalten hatten, Kobaltmangel auszulösen, blieben erfolglos.

Mangan

Es ist an der Zusammensetzung der Gewebe beteiligt. Bei *Mangel an Mangan* kommt es zu Wachstumsstörungen. An Versuchstieren wurde nachgewiesen, daß Mangan die Fortpflanzungsfähigkeit beeinflußt. Bei unzureichender Aufnahme dieses Elements tritt die Geschlechtsreife verspätet ein, die Ovulation ist unregelmäßig, und die Welpen sind nicht lebensfähig oder werden bereits tot geboren. Bei männlichen Tieren verursachte Manganmangel die Degeneration des germinativen Epithels.

In allen üblichen Futtermitteln reicht der Mangangehalt aus, um den Bedarf der Pelztiere zu decken. Interessant sind in diesem Zusammenhang Untersuchungen, die zur Behebung von Fortpflanzungsstörungen bei Nerzen, Silberfüchsen und Blaufüchsen durch Manganzusatz durchgeführt wurden. Pelztiere können als Futterzusatz 0,5 bis 1 mg schwefelsaures oder kohlensaures Mangan je 100 g Futtertrockensubstanz erhalten. Danach kann täglich eine ausgewachsene Nerzfähe bis 0,5 mg, eine Blaufuchs- oder Silberfuchsfähe bis 1 mg dieses Salzes erhalten. Mangan wird in Form einer 1 %igen wäßrigen Lösung der Futtermischung zugesetzt. Nach jeweils 14tägiger Verabfolgung legt man eine zweiwöchige Pause ein. Zu hohe Mangangaben sind zu vermeiden, da sie die Vitaminbilanz (insbesondere von Thiamin und Riboflavin) beeinträchtigen.

Zink

Zinkmangel beeinflußt das Wachstum und die Fortpflanzung der Tiere. Es wird angenommen, daß die Zinkmenge in den üblichen Futtermitteln den möglichen Zinkbedarf des Organismus bedeutend übersteigt. Es besteht deshalb keine Notwendigkeit, zusätzlich Zink zu verabreichen. Da aber ein Einfluß von Zinkzusätzen auf den Stoffwechsel nicht ausgeschlossen ist, und da eine günstige Wirkung in der Fortpflanzungsperiode der Pelztiere beobachtet wurde, wird es für notwendig erachtet, den Nutzen dieses Elements in der Pelztierhaltung weiter zu untersuchen.

Pelztiere erhalten zusammen mit der Spurenelementmischung täglich 0,2 bis 0,3 mg Zinkchlorid bzw. schwefelsaures Zink je kg Lebendmasse.

Jod

Das Element Jod ist Bestandteil des Schilddrüsenhormons Thyroxin. Bei *unzureichender Jodzufuhr* hört die Thyroxinbildung auf, die Tiere erkranken an Kropfbildung, Fähen warfen schwache oder tote Junge mit schütterem oder vollständig fehlendem Haar. Die mit einer Überfunktion der Schilddrüse überlebenden Jungen bleiben schwach und entwickeln sich schlecht.

Der Jodgehalt im Getreide, Futterfleisch und in der Milch ist sehr gering und hängt vom Jodgehalt des Bodens und des Wassers ab. Es gibt Gegenden, in denen das Jod im Futter den Mindestbedarf der Tiere nicht deckt. Hier ist es notwendig, besonders während der Trächtigkeit und Laktation, Jod zusätzlich zu verabfolgen.

In Gebieten, in denen die Kropfbildung bei Tieren endemisch auftritt, ist den Rationen der Pelztiere Jod zuzusetzen. Da der Jodbedarf noch unbekannt ist, sind Jodpräparate in solchen Dosen anzuwenden, wie sie in der Praxis Jodmangel verhüten. Nerze erhalten täglich 0,03 bis 0,05 mg

Kaliumjodid, Silberfüchse und Blaufüchse 0,1 mg als ausreichende Menge. Jod ist Pelztieren vor allem in der Zeit der Trächtigkeit zu verabfolgen. Da die Schilddrüse Jod speichern kann, genügt es, die Gaben alle drei bis fünf Tage zu verabreichen.

Inwieweit es notwendig ist, den üblichen Rationen der Pelztiere noch weitere Mineralstoffe, z. B. Kalium und Magnesium, zuzusetzen, ist aus der einschlägigen Literatur nicht ersichtlich.

Bei Verwendung von Spurenelementzusätzen ist zu beachten, daß sie größtenteils stark oxydativ wirken und in der Futtermischung die Zerstörung einiger Vitamine beschleunigen können. Deshalb dürfen sie nicht täglich mit dem Futter gegeben werden. Den wichtigsten Vitaminträgern (Fischtran, Hefe, Leber, Vitaminpräparate) dürfen keine Mineralstoffe zugesetzt werden.

Energetischer Wert der Futtermittel

Zur Aufrechterhaltung der Lebensfunktionen sowie für Vollbringung von Leistung in Form von Fleisch, Fett, Wolle, Milch, Fortpflanzung benötigt der Tierkörper eine bestimmte Menge Energie. *Energiequellen* sind die organischen Substanzen des Futters, die im Verlauf des Stoffwechsels abgebaut werden und bei denen Energie freigesetzt wird.

Um festzustellen, welche Energiemenge ein Tier mit dem Futter erhalten hat und davon für seine Bedürfnisse genutzt hat, ist der Energiegehalt des Futters *(Bruttoenergie)* zu ermitteln und dem der unverdauten Futterteile und Stoffwechselprodukte gegenüberzustellen. Die Differenz zwischen der Bruttoenergie des Futters und der des Kotes entspricht der Energie der verdaulichen Nährstoffe bzw. der *verdaulichen Energie*. Zieht man von der Bruttoenergie des Futters nicht nur die Kotenergie, sondern auch die Energie ab, die vom Tier mit dem Harn und mit Gasen ausgeschieden wird, erhält man den im Organismus verbleibenden Teil der Energie, als *umsetzbare* Energie (u. E.)* der Ration (des Futters) bezeichnet. Die umsetzbare Energie ist somit die Energiemenge, die vom Organismus aus dem Futter für seinen Energiehaushalt und für produktive Zwecke verwertet wurde.

Die Verdaulichkeit des Futters bzw. seiner Nährstoffe wird in Tierversuchen ermittelt. Dabei werden Menge und Zusammensetzung des aufgenommenen Futters der des Kotes gegenübergestellt. Das in Prozent ausgedrückte Verhältnis von verdauter zu aufgenommener Nährstoffmenge ergibt den *Verdauungskoeffizienten*. Ist letzterer für ein Futtermittel bekannt, kann man die umsetzbare Energie des Futters leicht und relativ genau bestimmen. In der SU und in den skandinavischen Ländern führt man die Berechnung der umsetzbaren Energie anhand folgender *Wärmekoeffizienten* durch: 9,3 für verdauliches Fett, 4,5 für verdauliches Protein und 4,1 für verdauliche Kohlenhydrate. Diese Wärmekoeffizienten drücken die Anzahl Kilokalorien aus, die im Organismus beim Oxydieren der betreffenden Nährstoffe freigesetzt werden. Bei Verwendung dieser Koeffizienten weichen die berechneten Werte für die umsetzbare Energie des Futters von den in Versuchen tatsächlich erhaltenen Werten bis zu $\pm 3\%$ ab.

Gewährleistet die mit dem Futter aufgenommene Energiemenge den Normalzustand des in Ruhe befindlichen Tieres ohne Veränderungen des Energiegehalts im Körper, wird unterstellt, daß sie dem Bedarf zur Erhaltung des Lebens *(Erhaltungsbedarf)* entspricht. Dementsprechend kennzeichnet das *Erhaltungsfutter* ein Fütterungsniveau, bei dem der Stoffabbau im Körper, energetisch ausgedrückt, durch das aufgenommene Futter ausgeglichen wird und bei

---

* Der Begriff «umsetzbare Energie» ist konventionell. Sein Nachteil besteht darin, daß die aus dem Stoffwechsel stammende Menge an N-haltigen Verbindungen auf Kosten des Futtermittels geht und der Wert durch die Höhe des Proteinanteils in der Ration und durch die Menge des angesetzten Proteins modifiziert wird. Bei Futterberechnungen für landwirtschaftliche Nutztiere wird die *Nettoenergie* als der für das Tier nutzbare Energiegehalt zugrundegelegt. Daß bei Edelpelztieren die umsetzbare Energie als Bewertungsmaßstab Verwendung findet, beruht auf ihrer leichteren Bestimmbarkeit im Vergleich zur Nettoenergie, in fehlenden Energiebedarfsnormen und Untersuchungen über die Verdaulichkeit der Energie bei Pelztieren. (Anm. d. federführenden Autors).

dem sich die gesamte Energiemasse des Körpers weder vergrößert noch verkleinert.

Der Bedarf eines Tieres an Nettoenergie zur Erhaltung des Lebens kann auf direktem Wege durch den *Grundumsatz* ermittelt werden, der die Wärmeproduktion eines in Ruhe befindlichen Tieres im Hungerzustand und bei sogenannter kritischer Lufttemperatur darstellt, die den Energieumsatz nicht beeinflußt. Bei Nerzen, Blaufüchsen und Silberfüchsen wird der Grundumsatz zwei bis drei Tage nach der letzten Nahrungsaufnahme ermittelt, wenn sich die Tiere im Ruhezustand, das heißt ohne Muskelarbeit zu leisten, in einer Kammer mit einer Lufttemperatur zwischen 14 und 25 °C befinden. Unter diesen Verhältnissen ist der Zuwachs des Energieaufwands für die Nahrungsaufnahme, Muskeltätigkeit und Temperaturausgleich auf ein Minimum reduziert; die nachweisbare Wärmeproduktion ergibt sich in der Hauptsache durch den Abbau von Fett und verdeutlicht den Erhaltungsbedarf *(Respirationskoeffizient* 0,7). Bezogen auf 1 kg Lebendmasse haben kleine Tiere einen höheren Grundumsatz als große. Das hängt mit der Größe der Körperoberfläche zusammen. Zwischen Höhe des Grundumsatzes und Körperoberfläche besteht eine enge statistische Beziehung. Nach Auffassung der meisten Tierernährungswissenschaftler besteht die engste Abhängigkeit zwischen Grundumsatz und der in die Potenz 0,73 gesetzten Lebendmasse ($W^{0,73}$). Sie wird als Umsatz-Lebendmasse des Tieres, kurz *Umsatzmasse* bezeichnet.

Den produktiven Teil der Futterenergie ermittelt man in speziellen Bilanzversuchen anhand der Stickstoff- und Kohlenstoffbilanz. In einer Respirationskammer wird am Tier die Menge des mit dem Futter aufgenommenen und aus dem Körper ausgeschiedenen Kohlenstoffs und Stickstoffs ermittelt und aus der Differenz die Ablagerung dieser Stoffe im Körper errechnet. Die Stickstoffbilanz gibt die Menge des im Körper angesetzten Proteins und die in ihm enthaltene Energie an. Anhand der Kohlenstoffbilanz bewertet man unter Berücksichtigung des Kohlenstoffgehalts im angesetzten Protein die abgelagerte Fettmenge.

Der Energieaufwand, der mit der Verwertung des Erhaltungsfutters im Organismus verbunden ist, entspricht größenmäßig nicht dem Energieaufwand, der mit der Verwertung des Leistungsfutters bei der Bildung verschiedener Produkte (Leistung des Tieres) gekoppelt ist. Demzufolge wird die umsetzbare Energie der Ration vom Organismus mit unterschiedlicher Effektivität verwertet, je nachdem, für welche Zwecke er sie verwendet – Erhaltung des Lebens, Wachstum der Gewebe, Ablagerung von Fett, Laktation. Zur Feststellung des Bedarfs der Pelztiere an umsetzbarer Energie sind somit experimentelle Werte über den Energieaufwand für die Erhaltung des Lebens und für die Leistung von Muskelarbeit, über den Energieansatz beim Wachstum zu den verschiedenen Jahreszeiten und im unterschiedlichen Alter sowie über die Energieablagerung während der Trächtigkeit usw. notwendig. Insgesamt benötigt werden Angaben, die die *Nutzungseffektivität der umsetzbaren Energie* für die Erhaltung des Lebens, für die Fettablagerung und für andere Formen der Leistung charakterisieren. Die Ergebnisse der Fütterung nach den auf dieser Grundlage berechneten Normen müssen zeigen, inwieweit sie den theoretischen Werten entsprechen und welche Korrekturen zu machen sind.

Energiebedarf der Nerze

Ausgewachsene Nerze

Den größten Teil der Futterenergie benötigen ausgewachsene Nerze zur Erhaltung des Lebens. Eine zusätzliche Energiemenge benötigen sie von August bis Oktober zur Verbesserung ihres Ernährungszustandes (Winterfell), von März bis April zur Entwicklung der Früchte und im Mai zur Bildung der Milch. Den *Bedarf an Erhaltungsfutter* ausgewachsener Standardnerze untersuchten PERELDIK und TITOVA (1950) in Bilanzversuchen, in denen die Lebendmasse der Tiere bei mäßiger Aktivität unverändert blieb. Unter Berücksichtigung der Bilanzkorrekturen betrug der Erhaltungsbedarf von September bis Oktober 200 kcal u. E. je kg Lebendmasse. Nach Berechnungen von NORDFELDT (1947) beläuft sich der Erhaltungsbedarf auf 162 kcal u. E. je kg Lebendmasse.

FARRELL und WOOD (1968) ermittelten den Erhaltungsbedarf von pastellfarbigen Nerzfähen in der Zeit vom 1. September bis zum 29. November. Sie stellten fest, daß ausgewachsene Nerzfähen bei einer durchschnittlichen Lufttemperatur von + 10,7 °C (mit Tiefstwerten von + 7 °C) für die Erhaltung des Lebens 258 kcal verdauliche Energie verbrauchten, wenn sie in großen Gehegen gehalten wurden, bzw. 202 kcal je kg Lebendmasse bei Haltung in kleinen Gehegen. Das entspricht einem Bedarf an umsetzbarer Energie von etwa 232 bzw. 182 kcal.

Als Grundlage für die Aufstellung von *Energienormen* kann der Energieaufwand für die Erhaltung des Lebens im September angenommen werden, der bei Nerzen täglich 200 kcal umsetzbare Energie je kg Lebendmasse beträgt. Von PERELDIK und TITOVA (1950) wurde in Bilanzversuchen nachgewiesen, daß dieser Wert dem Bedarf von Nerzen entspricht, die sich im Zustand einer mäßigen Aktivität befinden und damit den Wert des Grundumsatzes im September um 32,5 % übersteigen. Bei ausgewachsenen Nerzen betrug der Grundumsatz, der die Wärmeproduktion am 2. Hungertage ausdrückt, von Januar bis März 140 kcal, im April 149, im Mai bis Juli 170, im August bis Oktober 131 und im November bis Dezember 129 kcal u. E. je kg Lebendmasse.

Da sich der Energieverbrauch zur Erhaltung in den einzelnen Monaten proportional zum Grundumsatz verändert, läßt sich anhand der im September bestimmten Werte der Energiebedarf der Nerze während der anderen Monate des Jahres leicht ermitteln. Die betreffenden Werte der Wärmeproduktion sind lediglich um 32,5 % zu erhöhen. Nach diesen Berechnungen benötigt ein ausgewachsener Nerz zur Erhaltung täglich 185 kcal u. E. von Januar bis März, 194 kcal u. E. im April, 225 kcal u. E. im Mai bis Juli, 200 kcal u. E. von August bis Oktober, 197 kcal u. E. vom November bis Dezember und im Jahresdurchschnitt 197 kcal u. E. je kg Lebendmasse.

Die *Lebendmassezunahme* der Pelztiere im Herbst ist eine wichtige Voraussetzung für die Fortpflanzungsleistungen. Von Juli bis Oktober erhöht sich die Lebendmasse ausgewachsener Pelztiere unter normalen Fütterungsverhältnissen um 30 bis 35 % gegenüber den Sommermonaten. Fütterungsversuche an Nerzen haben ergeben, daß der Energiebedarf je g tägliche Zunahme während dieser Periode durchschnittlich 10 kcal u. E. beträgt.

Im Oktober sind die höchsten Zunahmen zu beobachten: täglich bis zu 5 g bei Rüden, bis zu 3,5 g bei Fähen, im September bis zu 4 bzw. 3 g, im August und im November etwa 2 bis 3 g. Ab Mitte Dezember bis zum Decken geht die Lebendmasse der Nerze allmählich zurück.

Während der Wintermonate verringert sich die Lebendmasse der Nerze um 10 bis 20 %. Das entspricht bei Fähen von Dezember bis März einem Verlust von täglich 2,5 g. Da hauptsächlich Fett abgebaut werden dürfte, das einen durchschnittlichen Energiegehalt von 8 kcal je g hat, muß die Verminderung der Lebendmasse um 2,5 g soviel Energie freisetzen, wie 26 kcal u. E. des Erhaltungsfutters entsprechen (Verwertungskoeffizient 1,325).

Es gibt Beobachtungen, wonach sich die Wärmeproduktion bei Nerzen in den Herbst- und Wintermonaten, in denen die Lufttemperatur zurückgeht (nicht unter 0 °C), nur unbedeutend erhöht und damit nur unwesentlich auf den Energiebedarf der Tiere auswirkt. Bei niedrigen Temperaturen (unter 0 °C) erhöht sich nach Angaben von RIMESLÅTTEN (1964) bei Nerzen je 1 Grad Temperaturrückgang der Erhaltungsbedarf an u. E. um etwa 1 % gegenüber den Normwerten.

Vom Decken bis zum Werfen müssen Nerzfähen über den Erhaltungsbedarf hinaus zusätzliche Nährstoffe erhalten, um das Wachstum der Früchte zu sichern und den erhöhten Energiebedarf auszugleichen (Vergrößerung der Körpermasse, verstärkte Arbeit des Herzens und der Atmungsorgane, aktivierte Funktionen der innersekretorischen Drüsen u. a.).

Wie bei anderen Pelztieren ist anzunehmen, daß sich die Wärmeproduktion bis Anfang April, das heißt in den ersten 15 Tagen nach dem Decken, im Verlaufe der Trächtigkeit wenig verändert, aber im April, den letzten 30 Tagen der Trächtigkeit, erhöht. Nach unserer Ansicht ist eine Steigerung der Wärmeproduktion um

Tabelle 8/20 Bedarf ausgewachsener Nerze an umsetzbarer Energie (kcal/Tag)

Monat	Lebendmasse am Anfang des Monats kg	Umsatzmasse kg	Erhaltungsbedarf		Zusatzfutter		
			Je kg Umsatzmasse kcal	Je Tier kcal	Für die tägliche Zunahme g	Für die Gesamtzunahme g	Bei niedrigen Temperaturen insgesamt %
Rüden							
Januar	1,81	1,56	185	289	—	—	10 29
Februar	1,71	1,47	185	272	—	—	8 22
März	1,61	1,41	185	261	—	26*	5 13
April	1,46	1,31	195	255	—	—	— —
Mai bis Juni	1,45	1,31	225	294	—	—	— —
Juli	1,45	1,31	225	294	1,6	16	— —
August	1,50	1,34	200	268	3,0	30	— —
September	1,60	1,41	200	282	3,5	35	— —
Oktober	1,70	1,47	200	294	4,0	40	— —
November	1,82	1,55	170	264	1,5	15	4 11
Dezember	1,87	1,58	170	269	—	—	8 22
Fähen							
Januar	1,16	1,11	185	205	—	—	10 20
Februar	1,09	1,06	185	196	—	—	8 15
März	1,01	1,00	185	185	2	20	5 9
April bis Mai, nicht trächtige Fähen	0,97	0,98	195	191	—	—	— —
April bis Mai, trächtige Fähen	1,07	1,04	195	203	3	30	— —
Juni	0,85	0,89	225	200	—	—	— —
Juli	0,85	0,89	225	200	0,6	6	— —
August	0,87	0,90	200	180	2,0	20	— —
September	0,93	0,95	200	190	3,0	30	— —
Oktober	1,02	1,01	200	202	3,5	35	— —
November	1,13	1,09	170	186	2,0	20	4 8
Dezember	1,18	1,13	170	192	—	—	8 15

* Zusatz für Aktivität während der Ranz

Tabelle 8/21 Energieaufwand für Jungnerze (Rüden und Fähen) nach Angaben verschiedener Autoren (kcal u. E./Tag)

Monat	Nach Jørgensen			Nach Åhman (1966)		Nach Pereldik u. a.		Nach Rimeslätten (1964)
	1961	1962	1963	Große Nerze	Mittlere Nerze	1968	1969	
Ab 15. Juni	—	—	—	—	—	—	—	149
Juli	300	240	260	190	180	297	241	240
August	256	286	335	300	290	320	294	289
September	364	305	300	320	300	364	308	303
Oktober	360	312	276	330	310	361	283	312
November	303	257	237	320	260	301	238	265
Höchste Lebendmasse vor dem Pelzen (g)								
Rüden	1906	1780	2152	2100	1800	2100	2126	1821
Fähen	1038	1022	1098	1180	1050	1090	1139	1045

etwa 15 % anzunehmen. Etwa die gleiche Steigerung des Umsatzes beobachteten FIRSTOV und CHARITONOV (1957) an trächtigen Silberfüchsen sowie TOMMÉ und PERELDIK (1949) an trächtigen Kaninchen.

Nach MOUSTGAARD und RIIS (1957) werden bei Fähen in den letzten Tagen der Trächtigkeit zur Entwicklung von sechs Früchten je Tag durchschnittlich 0,3 g Protein benötigt. Da während dieser Zeit im Körper vorwiegend Protein und wenig Fett abgelagert wird, ist die in den täglichen Ablagerungen enthaltene Energie gering und übersteigt wohl kaum 1,5 bis 2,0 % der Energie des Erhaltungsfutters.

Bei Verwendung dieser grundlegenden Werte ist es nicht schwierig, den *Bedarf ausgewachsener Nerze an umsetzbarer Energie* in den einzelnen Monaten des Jahres zu berechnen.

Die Berechnung des Energieumsatzes bei veränderter Lebendmasse führten wir unter Verwendung der sog. Umsatz-Lebendmasse ($W^{0,73}$) durch. Der Futterzuschlag für Kälte wurde unter Zugrundelegung der durchschnittlichen Minustemperaturen in den europäischen Zentralgebieten der Sowjetunion berechnet. Es ist selbstverständlich, daß der Wert dieses Zuschlags für die südlichen oder nördlichen Gebiete des Landes ein anderer sein wird.

Die Übereinstimmung der berechneten Werte mit dem tatsächlichen Futterverbrauch, den RIMESLÅTTEN (1964) in seinen Beobachtungen von 1955 bis 1962 feststellte, widerspiegelt die Sicherheit in der Aussage des tatsächlichen Energiebedarfs der Tiere. In der Praxis müssen allerdings die Normen um 10 bis 15 % erhöht werden, je nach den Verhältnissen des Betriebes (Höhe der Futterverluste durch Gefrieren, schlechte Zerkleinerung u. a. m.).

Der Futteraufwand für die *Bildung von Milch* bei Nerzen wurde bisher nicht untersucht. Die Energienormen der Fähen während der Laktationsperiode wurden anhand des in den verschiedenen Laktationsperioden aufgenommenen Futters und abhängig von der Anzahl der Welpen je Wurf festgelegt. Auf Grund von Futtermittelanalysen in Pelztierzuchten mit hohem Wurfergebnis je Fähe bei normaler Entwicklung der Welpen bis zum Absetzen wurde der Energie-

Bedarfsverringerung durch niedrigere Masse		Energiebedarf insgesamt	Praxisbeobachtungen (RIMESLÅTTEN, 1964)
g	kcal	kcal	kcal
3,3	33	285	265
2,3	33	261	267
5,0	50	250	247
—	—	255	245
—	—	294	270
—	—	310	255
—	—	298	239
—	—	317	257
—	—	334	302
—	—	290	297
2	20	271	268
2,3	23	202	195
0,7	7	204	192
—	—	214	186
—	—	191	194
—	—	233	—
—	—	200	186
—	—	206	195
—	—	200	192
—	—	220	213
—	—	237	233
—	—	214	222
0,7	7	200	203

Tabelle 8/22 Energieaufwand für eine laktierende Nerzfähe mit fünf Welpen (kcal u. E./Tag)

Laktationsdekade (je 10 Tage)	Nach PERELDIK und TITOVA (1951)	Nach JØRGENSEN u. a. (1960)	Nach RIMESLÅTTEN (1964)
1.	250	190	185
2.	350	280	262
3.	450	440	312
4.	550	600	510
5.	800	700	797
je Welpe in 50 Tagen	4800	4420	4132

bedarf errechnet. Danach reicht es aus, für jeden säugenden Welpen der Ration im ersten Laktationsabschnitt 10 kcal, im zweiten 30, im dritten 50, im vierten 70 und im fünften 120 kcal u. E. zuzusetzen. Der Bedarf einer Fähe zur Erhaltung wurde mit täglich 200 kcal angenommen (Pereldik, Titova, 1951).

Rimeslåtten (1964) berechnete den Futterverbrauch je Welpe vom achten Lebenstag bis zum Absetzen (40 Tage), wobei er annahm, daß die Fähe zur Deckung ihres Erhaltungsbedarfes 175 kcal benötigt. Seine Berechnungen beruhen auf der Menge an aufgenommenem Futter. Im Durchschnitt von acht Jahren (1955 bis 1962) erhielten die Welpen zusätzlich 2 kcal vom 6. bis zum 19. Mai, 23 kcal vom 20. Mai bis zum 2. Juni, 67 kcal vom 3. Juni bis zum 16. Juni und 149 kcal je Tier und Tag vom 17. bis zum 30. Juni. Es muß darauf hingewiesen werden, daß Rimeslåtten diese Werte für ein normales Wachstum der Welpen als unzureichend ansieht, weil die Ergebnisse in den Zuwachsleistungen dieser Jahre nicht völlig befriedigten.

Jørgensen, Clausen und Petersen (1962) geben für den Zeitraum von 56 Laktationstagen einen Verbrauch der Nerzfähen je Welpe von 5625 kcal u. E. an (mit Schwankungen von 5460 bis 5970 kcal). Abzüglich der für die Erhaltung notwendigen Energie beträgt der Aufwand für die Milchleistung und das Beifutter je Welpe 3665 kcal u. E.

Pereldik und Mitarbeiter empfehlen für laktierende Fähen in Abhängigkeit von der Lebendmasse folgende *Normen*:

Erhaltungsbedarf: 200 bis 250 kcal umsetzbare Energie

Leistungsbedarf je Welpe: im ersten Laktationsabschnitt 5 kcal, im zweiten 20, im dritten 50, im vierten 70 bis 90 und im fünften 110 bis 150 kcal umsetzbare Energie.

Jungnerze

Hinweise auf den Energiebedarf wachsender Nerze beruhen in der Hauptsache auf betrieblichen Beobachtungen. Als Kriterien für ausreichende Fütterung dienten das intensive Wachstum der Jungtiere, eine hohe Lebendmasse Anfang November und die normale Entwicklung des Winterfells.

Hinweise auf den Energiebedarf der Jungnerze liegen von verschiedenen Autoren vor. In der Größenordnung weichen die Werte nur unbedeutend voneinander ab und deuten auf einen erhöhten Futterverbrauch von Juli bis Oktober und einen etwas niedrigeren im November und Dezember.

Die meisten Untersuchungen beziehen sich auf Standardnerze. Es wurde beobachtet (Madridina und Mitarb., 1965; Leoschke, 1969), daß Mutationsnerze, insbesondere weiße, violette und saphirfarbene, einen höheren Energiebedarf zur Erhaltung und zum Wachstum als Standardnerze haben. Die in Tabelle 8/21 wiedergegebenen Werte vermitteln eine Vorstellung vom Energiebedarf der Jungnerze mit einer Lebendmasse vor dem Pelzen in Höhe von 1800 bis 2100 g bei Rüden und von 1000 bis 1190 g bei Fähen.

Eine Vorstellung über die Höhe des *Energiebedarfes zur Erhaltung* bei Jungtieren läßt sich anhand des Grundumsatzes in den verschiedenen Monaten und der Nutzungseffektivität der umsetzbaren Futterenergie bei Erhaltungsfütterung gewinnen. Der Grundumsatz verändert sich bei Nerzwelpen mit zunehmendem Alter nach Angaben von Lebengarz (1968) wie folgt: 170 kcal im Juni und Juli, 155 im August, 150 im September, 145 im Oktober, 140 im November und 135 kcal u. E. je Tag im Dezember. Die Werte beziehen sich auf die Umsatzmasse, d. h. auf ein kg Lebendmasse $W^{0,73}$. Den Erhaltungsbedarf der Jungtiere an umsetzbarer Energie kann man, ebenso wie für ausgewachsene Nerze, in Höhe des mit 1,325 multiplizierten Grundumsatzes veranschlagen.

Außer zur Erhaltung benötigen die Tiere Energie für das Wachstum. Die Höhe der Zunahmen ist je nach der Altersgruppe verschieden, doch liegen experimentelle Ergebnisse noch nicht vor. Aus Fütterungsversuchen kann abgeleitet werden, daß Nerze je g Zunahme in der zweiten Junihälfte (im Alter von 1,5 bis 2 Monaten) 4, im Juli 5, im August 7, im September 9 und im Oktober ungefähr 100 kcal u. E. verbrauchten. Sind die Lebendmasse der Welpen und die Höhe

Tabelle 8/23 Bedarf abgesetzter Nerzrüden an umsetzbarer Energie (kcal)

Kennwerte	Juni	Juli	August	Sept.	Okt.	Nov.	Dez.
Lebendmasse am Monatsanfang (kg)	0,42	0,72	1,27	1,71	2,00	2,15	2,10
Umsatzmasse (W)	0,53	0,79	1,19	1,49	1,66	1,75	1,72
Erhaltungsfutter je kg Umsatzmasse	225	225	205	200	192	186	179
Erhaltungsfutter je Tier	119	178	244	298	319	325	308
Durchschnittliche Massezunahme (g/Tag)	20,0	17,7	14,2	9,7	5,0	—	7,0
Verbrauch für die gesamte Zunahme	80	89	99	87	50	—	70
Gesamtbedarf	199	267	343	385	369	325	308
Gesamtbedarf mit 10%igem Sicherheitszuschlag für betriebliche Verhältnisse (abgerundet)	220	300	380	420	410	360	340

Tabelle 8/24 Bedarf abgesetzter Jungnerze an umsetzbarer Energie (kcal)

Kennwerte	Ab 15. Juni	Juli	August	Sept.	Okt.	Nov.	Dez.
Lebendmasse am Monatsanfang (kg)							
Rüden	0,42	0,72	1,27	1,71	2,00	2,15	2,10
Fähen	0,38	0,56	0,80	0,97	1,09	1,16	1,13
durchschnittlich	0,40	0,64	1,03	1,34	1,54	1,65	1,60
Umsatzmasse (W)	0,51	0,72	1,02	1,24	1,37	1,44	1,41
Erhaltungsfutter je kg Umsatzmasse	225	225	205	200	192	186	179
Erhaltungsfutter Tier und Tag	115	162	209	248	263	268	252
Durchschnittliche Zunahme (g/Tag)	16	12,2	10,0	6,5	3,6	—	2,0
Verbrauch für die gesamte Zunahme	64	61	70	59	36	—	20
Gesamtbedarf	179	223	279	307	299	268	252
Gesamtbedarf mit 10%igem Sicherheitszuschlag für betriebliche Verhältnisse (abgerundet)	200	250	310	340	330	300	280

der täglichen Zunahme bekannt, läßt sich der Bedarf der Jungtiere an umsetzbarer Energie in den einzelnen Monaten des Jahres berechnen.
Ein Vergleich der erwähnten Normen des Energieverbrauches mit den praktischen Fütterungswerten zeigt, daß sie ausreichend sind, wenn man eine genormte Fütterung, einen vollwertigen Eiweißanteil im Futter und eine sorgfältige Zerkleinerung des Futters voraussetzt. Sind diese Bedingungen nicht gegeben, müssen die Normen um 15% erhöht werden. Außerdem wird an Frosttagen für jedes Grad unter 0 °C die Ration um 1% erhöht.
Die Berechnung des Energiebedarfs der Rüden erfolgt nach dem gleichen Prinzip wie für Jungtiere. Danach benötigen Rüden 20 bis 25% mehr Futter als Jungnerze.

Energiebedarf der Silberfüchse

Ausgewachsene Silberfüchse

Untersuchungen sowjetischer Wissenschaftler haben gezeigt, daß der *Grundumsatz* bei ausgewachsenen Silberfüchsen, bezogen auf die Lebendmasse bzw. die Körperoberfläche, in den einzelnen Jahreszeiten unterschiedlich ist. Die Wärmebildung hungernder Silberfüchse in Ruhe war in den Sommermonaten fast 30% höher als in den Herbstmonaten. Nach FIRSTOV (1957) betrug der Grundumsatz von Silberfüchsen im Sommer 61,7 kcal, im Winter 41,2 kcal je kg Lebendmasse. TITOVA (1950) untersuchte den Einfluß der Lichtdauer auf den Grundumsatz ausgewachsener Silberfüchse. Danach beträgt die Wärmebildung im Juli 67 kcal, im

Tabelle 8/25 Verwertung der Energie bei Silberfüchsen, die Rationen im Niveau des Erhaltungsbedarfes erhielten (kcal)

Tier Nr.	Lebend- masse kg	Umsetzbare Energie der Ration	Energie- ablagerung (±)	Brutto- Wärme- erzeugung	Grund- umsatz	Grundumsatz, in % zur Brutto-Wärmeerzeugung (abgerundet)
1	3,85	401,7	+ 13,8	387,9	252,1	65
2	3,84	384,6	+ 16,6	368,0	267,1	72
3	4,48	395,0	− 4,8	399,9	299,2	75
4	4,46	409,0	− 35,5	444,5	342,3	77
5	4,10	404,8	+ 26,3	378,5	264,9	70
Mittel	4,15	399,0	− 3,5	395,5	285,1	72

September bis Oktober 58 kcal und im Dezember 47 kcal je kg Lebendmasse.
In einer Arbeit von VEDENSKAJA wurden der N- und C-Stoffwechsel bei unterschiedlichem Niveau untersucht. Die Resultate dieses Versuchs vermitteln eine Vorstellung davon, wie Silberfüchse das Erhaltungsfutter verwerten, und deshalb in Tabelle 8/25 zusammengefaßt. Nach diesen Zahlen war das Ernährungsgleichgewicht bei ausgewachsenen Silberfüchsen im Juni bis August erreicht, wenn sie 96 kcal umsetzbare Energie je kg Lebendmasse verbrauchten. Der Grundumsatz belief sich auf 72 % der umsetzbaren Energie, die für die Erhaltung des Lebens notwendig ist. Der *Erhaltungsbedarf* ausgewachsener Füchse an u. E. je kg Lebendmasse betrug nach VEDENSKAJA (1954) im Juni bis August 93 kcal, im September und Oktober 81, im November 72 und im Dezember 65 kcal je Tag, 137, 118, 109 und 101 kcal je kg Umsatzmasse.
Der von sowjetischen Wissenschaftlern errechnete Erhaltungsbedarf der Silberfüchse stimmt mit den Werten von SMITH (1935), HODSON und SMITH (1945) und ABRAMOV (1950) überein. Ausgewachsene Silberfüchse gleichen in den Sommer- und Herbstmonaten die Substanzverluste aus, die während der Laktation entstanden sind; darüber hinaus lagern sie im Körper eine bestimmte Fettmenge ab. Die Verbesserung des Ernährungszustandes der ausgewachsenen Tiere bis zum Winter ist eine wichtige Voraussetzung für ihre normale Vorbereitung auf die anschließende Reproduktionsperiode. Zur Erzielung guter Wurfergebnisse müssen ausgewachsene Fähen ihre Lebendmasse im Dezember um mindestens 30 % gegenüber der Julimasse erhöhen.
Eine Vorstellung, wie ausgewachsene Silberfüchse die Futterenergie zur Ablagerung von Fett und Eiweiß im Körper verwerten, vermitteln die Werte aus Bilanzversuchen von VEDENSKAJA (1952). Der Verbrauch an umsetzbarer Energie betrug bei einem Erhaltungsfutter, welches mit 39 % über dem Grundumsatz liegt, etwa 1,4 kcal je kcal Ansatzleistung. Bei diesen Versuchen setzten die Tiere im Durchschnitt täglich 86 kcal Energie an. Sie nahmen in der Zeit von Juli bis November je Tag 14 g zu. Somit betrug der Energiegehalt je g Zunahme 6,2 kcal.
Wie Silberfüchse die umsetzbare Futterenergie für Ansatzleistungen nutzten, ist aus den Angaben in Tabelle 8/26 ersichtlich.
Anhand der Werte für Erhaltung und Leistung läßt sich der gesamte Energiebedarf von Silberfüchsen mit unterschiedlicher Lebendmasse berechnen. Die Ergebnisse vermitteln die Werte in Tabelle 8/27.
Unter Praxisbedingungen war der Futterverbrauch in den einzelnen Perioden 10 bis 15 % höher als der theoretisch berechnete Bedarf. Der von PERELDIK und PORTNOVA (1949) durch Faktorenanalyse wissenschaftlich ermittelte und nach den Unterlagen des Pelztiersowchos Saltykowka (ABRAMOV, 1950) berechnete Bedarf der Silberfuchsfähen an umsetzbarer Energie war in der Zeit von Juni bis Dezember 10 bis 12 % niedriger als der tatsächliche.
Der Energiebedarf ausgewachsener Silberfüchse in der ersten Hälfte des Jahres (von Januar bis

Tabelle 8/26 Verwertung der umsetzbaren Futterenergie für Ansatzleistungen bei ausgewachsenen Silberfüchsen während des Sommers und Herbstes (kcal)

Gruppe	Anzahl Tiere	Umsetzbare Energie in der Ration	Wärmebildung je Tag beim Hungern	Verbrauch an umsetzbarer Energie zur Erhaltung	Verbrauch an umsetzbarer Energie für Ablagerungen	Tägliche Energieablagerungen im Körper	Verbrauch an umsetzbarer Energie je kcal Ablagerungen
I (Herbst)	3	445	237	329	116	97,2	1,19
II (Herbst)	2	434	235	326	108	79,0	1,37
III (Sommer)	3	507	272	377	130	79,6	1,63
III (Herbst)	3	497	253	351	146	99,6	1,46
IV (Sommer)	2	491	279	387	104	75,0	1,38

Tabelle 8/27 Bedarf ausgewachsener Silberfuchsfähen an umsetzbarer Energie (kcal/Tag)

Monat	Lebendmasse kg	Umsatzmasse $kg^{0,73}$	Erhaltungsbedarf Je kg Umsatzmasse	Erhaltungsbedarf Je Tier	Masseveränderungen je Tag g	Futterzuschlag 1 g Zunahme	Futterzuschlag Gesamte Zunahme	Bedarfsverringerung bei Massesenkung Je 1 g	Bedarfsverringerung bei Massesenkung Insgesamt	Gesamtbedarf	Gesamtbedarf mit 10 % Zuschlag für Praxisbedingungen
Januar	6,37	3,68	127	490	—11,3	—	—	8,4	95	395	435
Februar	5,72	3,75	127	453	— 7,6	—	—	8,4	64	389	430
März	5,50	3,47	108	375	—	—	150	—	—	525	580
April	5,60	3,52	108	380	—	—	150	—	—	530	580
Juli	4,81	3,15	137	432	+10,6	6,0	64	—	—	496	545
August	5,14	3,30	137	452	+14,5	6,0	87	—	—	539	590
September	5,59	3,51	118	414	+15,3	8,4	129	—	—	543	600
Oktober	6,05	3,72	118	439	+ 8,0	8,4	67	—	—	506	555
November	6,30	3,83	109	417	+ 6,7	8,4	56	—	—	473	530
Dezember	6,50	3,92	109	427	—	—	—	—	—	427	470

Mai) wurde experimentell wenig untersucht. Fütterungsnormen für Silberfüchse während der Ranz, Trächtigkeit und Laktation sind auf Grund von Angaben über den Futterverbrauch in vorbildlichen Pelztierbetrieben aufgestellt worden. In den zentralen Gebieten der UdSSR gibt man ausgewachsenen Silberfüchsen im Januar und im Februar etwa 100 kcal umsetzbare Energie je kg Lebendmasse, von denen die Tiere insgesamt nur 80 kcal verwerten, während etwa 20 % des Futters nicht gefressen wurden (FIRSTOV, 1964). Ausgewachsene Silberfüchse, die im Sommer und im Herbst reichlich Nahrung erhielten, verlieren gewöhnlich im Winter an Masse, Rüden täglich 15 bis 20 g, Fähen 8 bis 12 g. Diese Verminderung der Lebendmasse ist normal und kennzeichnet die Vorbereitung der Tiere auf die Fortpflanzungsperiode; sie darf nicht durch reichliche Fütterung aufgehalten werden. Bei gutem Ernährungszustand im Dezember reicht es aus, je Tier und Tag im Januar und Februar 65 kcal je kg Lebendmasse zu veranschlagen.

FIRSTOV und CHARITONOV (1957) haben nachgewiesen, daß es zweckmäßig ist, Silberfuchsfähen im Verlauf der gesamten Trächtigkeit mit Rationen zu füttern, die etwa 560 kcal u. E. enthalten. Es wird die vollständige Aufnahme des Futters und ein besseres Wurfergebnis als bei reichlicher Fütterung in der zweiten Hälfte dieser Periode gewährleistet. Daß trächtige Silberfuchsfähen in der zweiten Hälfte der Trächtigkeit relativ wenig energiereiches Futter benötigen, wird auch von MILOVANOV (1959) bestätigt. Er konnte mit 4,8 bis 5,4 Welpen je Fähe des Bestandes ein gutes Wurfergebnis erreichen, wenn die zeitig gedeckten Fähen in dieser Zeit täglich nur etwa 450 kcal und die spätgedeckten Jungfähen etwa 520 kcal u. E. erhielten. In der ersten Hälfte der Trächtigkeit nahmen die Altfähen täglich ungefähr 560 kcal und die Jungfähen ungefähr 610 kcal auf.

Den *Energiebedarf laktierender Silberfuchsfähen* berechnete PERELDIK (1950) anhand vierjähriger Fütterungsunterlagen von fünf Pelztierfarmen. Diese Betriebe mit hohen Wurf- und Aufzuchtergebnissen erfaßten den Futterverbrauch in jedem Jahr und registrierten das Aufzuchtergebnis und das Wachstum der Jungtiere sowie die Veränderungen in der Lebendmasse der Fähen während der Laktation. Der Erhaltungsbedarf einer Fähe mit einer Durchschnittsmasse während dieser Zeit in Höhe von etwa 4,5 kg wurde mit 450 kcal u. E. angenommen. Laktierende Fähen benötigen zusätzlich (über den Erhaltungsbedarf von 450 kcal und 42 g vRP) je g Zunahme der Welpen 5,4 kcal umsetzbare Energie und 0,5 g vRP im ersten Monat der Laktation, 7,2 kcal und 0,66 g Protein im zweiten Monat. Bei dieser Fütterung erzielte man eine durchschnittliche Zunahme der Welpen von 21 bis 23 g je Tag im ersten Monat und von 34 bis 40 g/Tag im zweiten, bei einem hohen Aufzuchtergebnis und einer nur unbedeutenden Körpermasseverringerung der Fähen während der Laktation. Die trächtigen Fähen erhielten täglich 490 kcal u. E. und 45 g vRP in der ersten Hälfte der Trächtigkeit sowie 630 kcal u. E. und 58 g vRP in der zweiten Hälfte.

Wegen des großen Schadens, den eine Unterversorgung während der Laktation für die Entwicklung der Jungtiere und den Gesundheitszustand der Fähen bewirken kann, ist es zweckmäßig, den Wert der Zusätze je Welpe ab der vierten Dekade um 20 % gegenüber den Normen in Tabelle 8/28 zu erhöhen.

Nimmt man für die Beobachtungen von RIMESLÅTTEN einen Erhaltungsbedarf je Fähe von 450 kcal an, errechnen sich als Zusatzfutter je Welpe in der ersten Dekade 52, in der zweiten 123, in der dritten 195, in der vierten 292, in der fünften 392, in der sechsten 450 kcal. Das entspricht einem Durchschnitt von 250 kcal je Tag. Vergleichsweise betragen die empfohlenen Normen in sowjetischen Betrieben 236 kcal.

Abgesetzte Silberfuchswelpen

Sie haben einen *Erhaltungsbedarf* von 110 kcal u. E. je 100 kcal Wärmebildung im Ruhezustand. Dies wurde von PERELDIK (1950) in einem Bilanzversuch festgestellt.

Aus Tabelle 8/29 ist ersichtlich, daß die Welpen je 100 kcal Ansatz 138 bis 140 kcal u. E. verbrauchten. Zur Erhaltung benötigte der Organismus 100 kcal u. E. (106,5 bis 114,0 kcal) je 100 kcal Grundumsatz.

Der hohe Verwertungsgrad für die umsetzbare Energie des Erhaltungsfutters durch Silberfuchswelpen läßt sich dadurch erklären, daß die Tiere Rationen mit einer hohen Energiekonzentration erhielten. Sie bestanden überwiegend aus Muskelfleisch, Milch und Graupenbrei. Aus Rationen mit niedrigerer Energiekonzentration, z. B. aus Schlachtnebenprodukten und rohem Vollkornmehl, verwerteten junge Silberfüchse die umsetzbare Energie des Futters mit geringerer Effektivität.

Für den täglichen Bedarf der Silberfuchswelpen an umsetzbarer Energie zur Erhaltung ergibt sich: im Alter von zwei Monaten 146 kcal je kg Lebendmasse und 164 kcal je kg Umsatzmasse, im Alter von drei Monaten 115 bzw. 151 kcal, von vier Monaten 87 bzw. 128, von fünf Monaten 82 bzw. 118, von sechs Monaten 79 bzw. 114,

Tabelle 8/28 Zusatzfutter in kcal je Welpe über den Erhaltungsbedarf laktierender Fähen von 450 kcal

Laktationsdekade	Durchschnittliche Zunahme g/Tag	Zusatz je Welpe und Tag		
		Je g Zunahme	Nach den Werten des Betriebes	Empfohlene Norm
I.	17,5	4,1	71,8	70
II.	23,0	5,4	124,2	125
III.	28,5	6,3	179,6	180
IV.	35,0	6,7	234,5	280
V.	40,0	7,2	288,0	350
VI.	45,0	7,7	346,5	410
Durchschnitt	31,5	6,2	207,4	236

Tabelle 8/29 Verwertung der Futterenergie in kcal bei 4 Monate alten Silberfuchswelpen

Periode	Umsetzbare Energie	Grundumsatz	Energieablagerung	Energieablagerung mit Korrektur für die Differenz im Grundumsatz	Verteilung der umsetzbaren Energie auf		Erhaltungsenergie je 100 kcal Grundumsatz
					Ablagerung	Erhaltung	
1. Beispiel:							
I.	649,2	236,9	+286,0	275,4	385,5	263,7	110,0
II.	515,7	247,5	+179,5	179,9	251,9	263,8	106,5
Differenz	133,5	—10,6	+106,1	95,5	—	—	—
	140,0	—	—	100,0	—	—	—
2. Beispiel:							
I.	654,9	260,3	+269,8	+295,0	375,4	297,5	114,0
II.	491,6	271,1	+140,8	+140,8	194,2	297,4	109,7
Differenz	163,3	—10,8	+129,0	118,2	—	—	—
	138,0	—	—	100,0	—	—	—

Tabelle 8/30 Bedarf der Silberfuchswelpen an umsetzbarer Energie (kcal/Tag)

Alter (Monate)	Lebendmasse am Monatsanfang kg	Umsatzmasse kg^{0,73}	Erhaltungsbedarf		Tägliche Zunahme g	Bedarf		Gesamtbedarf	
			Je kg Umsatzmasse	Je Welpe		Je g Zunahme	Für das Wachstum insgesamt	Ohne Korrektur	Mit 15 % Zuschlag für Praxisbedingungen
2 bis 3	1,80	1,54	164	252	40	3,5	140	392	450
3 bis 4	3,00	2,23	151	337	35	4,9	172	509	590
4 bis 5	4,10	2,80	128	358	30	6,3	189	547	630
5 bis 6	5,00	3,24	118	382	25	7,7	193	575	660
6 bis 7	5,75	3,51	114	400	10	8,4	84	484	560
7 bis 8	6,00	3,70	104	385	5	8,4	42	427	490

von sieben Monaten 70 bzw. 104 und im Alter von acht Monaten 62 bzw. 94 kcal. Je g Zunahme benötigen sie im Alter von 2 bis 3 Monaten 3,5 kcal, von 3 bis 4 Monaten 4,9, von 4 bis 5 Monaten 6,3, von 5 bis 6 Monaten 7,7 und von mehr als 6 Monaten 8,4 kcal u. E. Die vorstehenden Werte ermöglichen es, den Bedarf der Silberfuchswelpen verschiedenen Alters an u. E. abhängig von der Intensität ihres Wachstums zu berechnen.
Als Beispiel enthält die Tabelle 8/30 die Berechnung des Energiebedarfes großer Silberfuchswelpen mit durchschnittlichen Zunahmen. Nach Versuchen von MAMAEVA (1958) und MARKOVA (1962) sind die in Tabelle 8/30 mitgeteilten Werte um 15 % zu erhöhen.

Energiebedarf der Blaufüchse

Ausgewachsene Blaufüchse

Untersuchungen über den Energiebedarf ausgewachsener Blaufüchse gibt es nur wenige, doch ist es hier ähnlich wie bei Silberfüchsen. Beide sind in der Lage, während der Herbstmonate im Körper bedeutende Fettmengen anzusetzen, die zum überwiegenden Teil im Frühjahr, teilweise aber auch schon im Winter abgebaut werden. In den Sommermonaten wird bei Blaufüchsen vorwiegend Protein angesetzt, das hauptsächlich für die Entwicklung des Winterfells benötigt wird. Im Herbst ist aber die Energie des Proteins mit nur 30 % an der gesamten Energieablagerung des Körpers beteiligt (70 % Fettansatz).

Tabelle 8/31 Wärmebildung (kcal) bei ausgewachsenen Silberfüchsen und Blaufüchsen in verschiedenen Jahreszeiten (Firstov, 1964)

Jahres-zeit	Täglich insgesamt	Je kg Lebend-masse	Je kg Umsatz-masse
Silberfüchse			
Winter	269,56	41,2	68,3
Frühling	242,93	50,3	77,1
Sommer	383,30	61,7	93,1
Herbst	259,20	51,8	80,0
Mittel	263,75	51,3	79,6
Blaufüchse			
Winter	268,88	58,6	88,4
Frühling	260,02	69,6	100,0
Sommer	254,46	78,6	108,7
Herbst	238,59	67,7	95,0
Mittel	255,49	68,6	98,0

Ähnlich den Ansatzleistungen sind die Ansprüche ausgewachsener Blaufüchse an die Zusammensetzung des Futters sowie an Menge und Qualität des Proteins. Zwischen Blaufüchsen und Silberfüchsen gibt es keine wesentlichen Unterschiede im Verdauungsvermögen. Wegen ihrer besseren Fruchtbarkeits- und Wachstumsleistungen haben Blaufuchswelpen einen intensiveren Energieumsatz als Silberfuchswelpen. Posndjakov (1954) verglich die Wärmebildung junger Blaufüchse mit der junger Silberfüchse gleichen Alters. Danach war der auf 1 kg Lebendmasse bezogene Grundumsatz von Blaufuchswelpen im Alter von zwei bis sechs Monaten etwa 33 % höher als der von Silberfuchswelpen.

Auch bei ausgewachsenen Blaufüchsen wurde ein höherer Grundumsatz nachgewiesen (Tabelle 8/31).

Bei ausgewachsenen Blaufüchsen war der Grundumsatz um durchschnittlich 23 % höher als bei Silberfüchsen, mit saisonbedingten Schwankungen zwischen 16 und 29 %. Wenn man annimmt, daß Blaufüchse wie Silberfüchse 139 kcal u. E. je 100 kcal Grundumsatz benötigen, muß ihr Erhaltungsfutter in den Wintermonaten (Dezember bis Februar) 123 kcal, in den Frühlingsmonaten (März bis Mai) 139 kcal, in den Sommermonaten (Juni bis August) 152 kcal und in den Herbstmonaten (September bis November) 132 kcal u. E. je kg Umsatzmasse enthalten. Der Bedarf an u. E. für die Zunahmen im Sommer und im Herbst kann für Berechnungen in der gleichen Höhe wie bei Silberfüchsen angenommen werden: im Juli und August 6 kcal und im September bis November 8,4 kcal je g Zunahme. Eine Vorstellung davon, inwieweit diese zur Berechnung des Energiebedarfs angenommenen Werte mit den Werten der Fütterungspraxis übereinstimmen, vermittelt Tabelle 8/32.

Vachramcov (1951) weist darauf hin, daß den Zuchttieren im Juli mit der Tagesration 570 kcal

Tabelle 8/32 Vergleich des errechneten Bedarfs ausgewachsener Blaufüchse an umsetzbarer Energie mit dem tatsächlichen Futter-(Energie-)Verbrauch

Monate	Lebendmasse am Monats-anfang kg	Umsatz-masse $kg^{0,73}$	Berechneter Bedarf je Tier kcal/Tag	Tatsächlicher Verbrauch an umsetzbarer Energie (kcal/Tag/Tier)		
				Nach Abramov und Poveckij (1955)	Nach Vachramcov (1951)	Durch-schnitt
Juli	3,5	2,50	440	432	513	473
August	3,8	2,65	481	437	540	488
September	4,2	2,85	544	463	585	524
Oktober	4,8	3,14	523	496	585	540
November	5,2	3,33	517	536	650	593
Dezember	5,4	3,42	420	530	550	540
Januar	5,0	3,24	400	512	495	503
Februar	4,6	3,04	374	525	450	488
März	4,1	2,80	389	460	450	455

Tabelle 8/33 Bedarf ausgewachsener Blaufüchse an umsetzbarer Energie (kcal/Tag)

Monat	Lebend-masse kg	Umsatz-masse $kg^{0,73}$	Erhaltungsbedarf		Masse tägliche Zu-nahme g	Zusatzfutter für		Gesamt-bedarf	Gesamt-bedarf mit 10 % Zuschlag
			Je kg Umsatz-masse	Je Tier		1 g Zu-nahme	Gesamte Zu-nahme		
Rüden									
Juli	5,80	3,60	152	547	10	6,0	60	607	670
August	6,10	3,74	152	568	15	6,0	90	658	720
September	6,57	3,95	132	521	25	8,4	210	731	800
Oktober	7,32	4,27	132	564	17	8,4	143	707	780
November	7,85	4,50	132	594	8	8,4	67	661	730
Dezember	8,10	4,60	123	566	— 3	8,4	— 25	541	600
Januar	8,00	4,56	123	561	—13	8,4	—109	452	500
Februar	7,60	4,39	123	540	—16	8,4	—134	406	450
März	7,15	4,19	139	582	—20	8,4	—168	414	460
April	6,55	3,94	139	548	—	—	—	548	600
Fähen									
Juli	4,80	3,14	152	477	7	6,0	42	519	570
August	5,02	3,24	152	492	11	6,0	42	519	610
September	5,35	3,40	132	449	19	8,4	159	608	670
Oktober	5,90	3,63	132	479	13	8,4	109	584	640
November	6,30	3,83	132	506	6	8,4	50	556	610
Dezember	6,50	3,92	123	482	— 2	8,4	— 17	465	510
Januar	6,44	3,89	123	478	— 8	8,4	— 67	411	450
Februar	6,19	3,77	123	464	—11	8,4	— 92	372	410
März	5,85	3,63	139	505	—13	8,4	—109	400	440
April	5,45	3,44	139	478	—	—	—	478	530

verabreicht werden und man danach die Norm allmählich bis auf 720 kcal (im November) erhöht.

Die in Tabelle 8/32 mitgeteilten Werte für den Zeitraum von Juli bis November kommen den Durchschnittswerten des Futterverbrauchs sehr nahe. Sie stimmen etwa mit den Fütterungsnormen überein, die von ABRAMOV und POVECKIJ (1955) für die Praxis empfohlen wurden (470 kcal im Juli, 495 kcal im August, 540 kcal im September und Oktober, 585 kcal im November), unter Berücksichtigung eines Zuschlages von 10 % für Praxisbedingungen. Für die Wintermonate (Dezember bis März) liegen die berechneten Normen 20 % unter denen der Praxis. In den letzten Jahren sind Blaufüchse wesentlich größer geworden. In einer Reihe von Betrieben wiegen ausgewachsene Fähen des Blaufuchses am Jahresende durchschnittlich 6 kg bis 6,4 kg. Die Rüden erreichen Anfang Januar eine Lebendmasse von 7,5 bis 8,0 kg. In Tabelle 8/33 wird der Energiebedarf dieser Blaufüchse mit den üblichen Fütterungsnormen verglichen. In Tabelle 8/34 wird der berechnete Energiebedarf ausgewachsener Blaufüchse (im Durchschnitt

Tabelle 8/34 Vergleich berechneter Werte mit dem tatsächlichen Futterverbrauch von Blaufüchsen (kcal u. E./Tier/Tag)

Monat	Pelztier-sowchos Saltykowka (1967 und 1968)	Norwe-gisches Institut für Pelz-tierzucht	Berech-nete Werte
Juli	590	584	587
August	600	616	628
September	639	649	651
Oktober	683	690	665
November	635	670	660
Dezember	558	545	580
Januar	560	516	510
Februar	560	492	460

von fünf Fähen und einem Rüden) dem tatsächlichen Futterverbrauch von Tieren gleicher Lebendmasse aus Praxisbetrieben gegenübergestellt, der in Tabelle 8/33 zusammengestellt wurde. Unter Verwendung dieser Zahlen ist es möglich, den Energiebedarf ausgewachsener Blaufüchse von Juli bis Februar abhängig von der Lebendmasse festzulegen, wenn man den für Silberfüchse festgestellten Energieaufwand für Erhaltung und Zunahme als Normativ benutzt. Für die Zeit von Dezember bis Februar ist noch der übliche Zuschlag in Höhe von 10 % hinzuzurechnen.

Die Notwendigkeit, Blaufüchsen an Frosttagen die Ration zu erhöhen, ist anscheinend dadurch bedingt, daß sich die Futterverluste durch das Gefrieren erhöhen. Der Energieverbrauch steigt bei Blaufüchsen selbst bei einem Rückgang der Temperaturen auf −15 bis −20 °C nur unbedeutend an.

Während der Paarungszeit fressen Blaufüchse wenig. Im März nehmen sie täglich insgesamt nur 420 bis 450 kcal auf. Nach dem Decken fressen die Fähen wieder besser, die Futteraufnahme steigt schnell auf 500 kcal und mehr je Tag an. ABRAMOV und POVECKIJ (1955) sind der Ansicht, daß trächtige Blaufuchsfähen 610 bis 660 kcal u. E. je Tier und Tag benötigen. MILOVANOV (1959) schlägt vor, trächtigen Fähen sofort nach dem Decken 600 kcal zu geben und dafür den Kaloriengehalt des Futters in der zweiten Hälfte der Trächtigkeit nicht mehr zu erhöhen. In guten Betrieben werden die Blaufüchse während der Trächtigkeit nach Normen gefüttert, die 700 kcal je Tier und Fähe vorsehen.

RIMESLÅTTEN (1964) stellte fest, daß bei 575 kcal u. E. für die Fähe täglich je Welpe 39 kcal in der ersten Laktationsperiode, 84 in der zweiten, 139 in der dritten, 230 in der vierten und 330 kcal in der fünften Laktationsperiode zu veranschlagen sind. Diese Werte entsprechen fast den Fütterungsnormen, die von AFANASEV und PERELDIK (1966) angegeben wurden, liegen aber etwa 20 % unter den Normen, die von ABRAMOV und POVECKIJ (1955) für die ersten vier Laktationsperioden empfohlen werden. Wenn man je Fähe soviel Futter gibt, wie RIMESLÅTTEN vorschlägt, entspricht das im Durchschnitt einem täglichen Zusatzfutter je Welpe von 49 kcal in der ersten, 110 in der zweiten, 190 in der dritten, 282 in der vierten und 328 kcal in der fünften Laktationsperiode.

Wachsende Blaufüchse

Der Energiebedarf der Jungtiere kann anhand der Angaben berechnet werden, die für junge Silberfüchse mitgeteilt wurden, nur mit dem Unterschied, daß der *Erhaltungsbedarf* für Blau-

Tabelle 8/35 Fütterungsnormen für ausgewachsene Nerze

Monat	Lebendmasse Anfang November (kg)			
	1,15		1,30	
	kcal u. E.	vRP (g)	kcal u. E.	vRP (g)
Januar und Februar	220	23,0	230	24,0
März	240	24,5	260	27,5
April und Mai, nicht-				
trächtige Fähen	220	18,5	240	20,5
trächtige Fähen	240	25,0	260	27,5
Juni	220	21,0	240	23,0
Juli	230	19,5	250	21,0
August	250	20,5	260	22,0
September	240	21,5	270	23,0
Oktober	270	28,5	300	31,5
November	240	25,0	250	26,0
Dezember	220	23,0	230	24,0

fuchswelpen 30 % höher veranschlagt werden muß.

Die Tabelle 8/36 enthält ein Berechnungsbeispiel des Energiebedarfs wachsender Rüden des Blaufuchses, wie er für einen Bestand mit mittlerer Körpergröße charakteristisch ist (TRUBECKOJ, 1966).

Beobachtungen zeigen, daß der Zuschlag für Praxisbedingungen nicht höher als 10 % sein muß. Hier ist darauf hinzuweisen, daß man in früheren Arbeiten (ABRAMOV und POVECKIJ, 1955) empfahl, den Tieren in den ersten Monaten nach dem Absetzen weniger Futter als in den Herbst- und Wintermonaten zu geben. Es muß jedoch berücksichtigt werden, daß die Endmasse der Tiere zu dieser Zeit nicht hoch war.

FÜTTERUNGSNORMEN 245

Tabelle 8/36 Bedarf wachsender Blaufuchs-Rüden an umsetzbarer Energie (kcal/Tag)

Alter (Monate)	Lebendmasse am Monatsanfang kg	Umsatzmasse am Monatsanfang kg^{0,73}	Erhaltungsbedarf		Tägliche Zunahme	Bedarf		Gesamtbedarf, abgerundet	
			Je kg Umsatzmasse	Je Welpe		Je g Massezunahme	Für das Wachstum insgesamt	Ohne Korrektur	Mit Korrektur für Praxisbedingungen
2 bis 3	2,30	1,84	213	392	50	3,5	175	567	620
3 bis 4	3,80	2,65	196	519	40	4,9	196	715	780
4 bis 5	5,00	3,24	166	538	25	6,3	158	696	760
5 bis 6	5,75	3,60	153	550	10	7,7	77	627	690
6 bis 7	6,10	3,74	143	559	5	8,4	42	595	650
7 bis 8	6,25	3,81	135	514	—	—	—	514	570

während eines Jahres mit Ausnahme der Laktationsperiode

1,50		1,90		2,2		2,4		2,6		vRP (in g je 100 kcal u. E.)
kcal u. E.	vRP (g)	kcal u. E.	vRP (g)	kcal u. E.	vRP (g)	kcal u. E.	vRP (g)	kcal u. E.	vRP (g)	
250	26,0	300	31,5	320	33,5	330	34,5	350	36,5	10 bis 11
280	29,5	280	29,0	290	30,5	310	32,5	330	34,5	10 bis 11
260	22,0	280	24,0	300	25,5	320	27,0	340	29,0	8 bis 9
280	29,5	—	—	—	—	—	—	—	—	10 bis 11
260	27,5	320	30,5	350	33,0	390	37,0	420	40,0	9 bis 10
270	23,0	340	29,0	360	30,5	400	34,0	430	36,5	8 bis 9
280	24,0	350	30,0	380	32,5	410	35,0	440	37,5	8 bis 9
300	25,5	360	30,5	400	34,0	430	36,5	460	39,0	8 bis 9
330	34,5	390	41,0	420	45,0	440	46,0	470	49,0	10 bis 11
270	28,5	310	32,5	320	33,5	340	35,5	360	37,0	10 bis 11
250	26,0	300	31,5	310	32,5	330	34,5	350	36,5	10 bis 11

Tabelle 8/37 Fütterungsnormen für laktierende Nerzfähen

Fütterungsarten	Lebendmasse (kg)		
	>1,3	1,1 bis 1,3	<1,1
Futter (kcal)			
Grundfutter je Fähe	250	225	200
Zusatzfutter je Welpe			
Laktationsdekaden: I.		5	
II.		20	
III.		50	
IV.		70 bis 90	
V.		110 bis 150	
vRP (in g je 100 kcal)			
Bei hohen Fettgaben		9	
Bei mittleren Fettgaben		10	
Bei niedrigen Fettgaben		11	

Fütterungsnormen

In den letzten Jahren werden immer mehr Nerze, Blaufüchse und Silberfüchse in den Pelztierfarmen gehalten. Betrug in den letzten Jahren die durchschnittliche Lebendmasse von Jungnerzen im Dezember 900 bis 1000 g bei Fähen und 1700 bis 1800 g bei Rüden, so stehen heute schon in vielen Betrieben Nerze mit einer Lebendmasse von 1200 bis 1400 g (Fähen) bzw. 2200 bis 2500 g (Rüden). Es gibt sogar Rüden mit 2700 g und Fähen mit 1500 g. Auch die Lebendmasse von Blaufüchsen und Silberfüchsen hat sich in den letzten Jahren erhöht. Das muß in den Fütterungsnormen berücksichtigt werden.
In den von sowjetischen Wissenschaftlern vor-

Tabelle 8/38 Fütterungsnormen für abgesetzte Jungnerze (kcal/Tag)

Monat	Durch-schnitts-alter (in Monaten)	Lebendmasse der Welpen am 1. November (kg)							vRP in g je 100 kcal	
		1,1	1,3	1,5	1,8	2,1	2,3	2,5	2,8	Für Zucht-tiere	Für Pel-zungs-tiere
Ab 15. Juni	1,5 bis 2	150	190	200	220	230	240	250	260	9 bis 10	9 bis 10
Juli	2 bis 3	190	230	240	270	300	330	340	350	8 bis 9	8 bis 9
August	3 bis 4	230	270	280	340	370	400	420	440	8 bis 9	8 bis 9
September	4 bis 5	240	280	300	350	390	420	450	500	8 bis 9	8 bis 9
Oktober	5 bis 6	250	290	330	360	400	440	470	520	8 bis 15. Okt. 10 bis 11 ab 16. Okt.	8 bis 9
November	6 bis 7	230	260	290	320	350	380	400	450	10 bis 11	
Dezember	7 bis 8	220	230	260	290	300	320	330	350	10 bis 11	8 bis 9

Tabelle 8/39 Empfohlenes Nährstoffverhältnis in den Normen für Nerze bei unterschiedlichen Proteingaben (je 100 kcal)

Verdauliches Rohprotein		Verdauliches Rohfett		Verdauliche Kohlenhydrate	
g	kcal u. E.	g	kcal u. E.	g	kcal u. E.
8	36,0	4,2 bis 5,3	39,0 bis 49,7	6,1 bis 3,5	25,0 bis 14,3
9	40,5	3,8 bis 4,9	35,7 bis 45,2	5,8 bis 3,5	23,8 bis 14,3
10	45,0	3,6 bis 4,6	33,3 bis 42,7	5,3 bis 3,0	21,7 bis 12,3
11	49,5	3,3 bis 4,5	30,9 bis 40,3	4,8 bis 2,5	19,6 bis 10,2
12	54,0	2,8 bis 3,9	26,4 bis 35,8	4,8 bis 2,5	19,6 bis 10,2

Tabelle 8/40 Fütterungsnormen für ausgewachsene Silberfüchse

Monat und physiologischer Zustand der Fähen	Lebendmasse am 1. Dezember (kg)									
	5,5		6,0		6,5		7,0		7,5	
	kcal u. E.	vRP (g)	kcal u. E.	vRP (g)	kcal u. E.	vRP (g)	kcal u. E.	vRP (g)	kcal u. E.	vRP (g)
Januar	400	40,0	420	42,0	440	44,0	460	46,0	480	48,0
Februar, Fähen vor dem Decken	390	39,9	410	41,0	430	43,0	450	45,0	470	47,0
März, nichtträchtige Fähen	380	34,0	400	36,0	420	38,0	460	41,5	480	43,0
April, nichtträchtige Fähen	380	30,5	400	32,0	420	33,5	460	37,0	480	38,5
Trächtige Fähen	520	52,0	550	55,0	580	58,0	—	—	—	—
Mai, nichtträchtige Fähen	400	32,0	420	33,5	440	35,0	480	38,5	500	40,0
Juni	430	39,0	460	41,5	480	43,0	510	46,0	540	48,5
Juli	480	38,5	520	41,5	550	44,0	580	46,5	610	49,0
August	520	41,5	560	45,0	590	47,0	630	50,5	660	53,0
September	530	50,5	570	54,0	600	57,0	640	61,0	670	63,5
Oktober	490	46,5	530	50,5	560	53,0	600	57,0	630	60,0
November	460	44,0	490	46,5	530	50,5	550	52,5	580	55,0
Dezember	410	41,0	430	43,0	470	47,0	480	48,0	510	51,0

geschlagenen Normen wird der *Bedarf* der Tiere an *umsetzbarer Energie* je Tag abhängig von der Jahreszeit, vom Alter und vom physiologischen Zustand angegeben. Für Praxisbedingungen wurden zum berechneten Energiebedarf bei Silberfuchswelpen 15 % und bei allen anderen Tierarten und Gruppen 10 % zugeschlagen. Die Normen enthalten einen Zuschlag für einen

Tabelle 8/41 Fütterungsnormen für abgesetzte Fuchswelpen (kcal/Tag)

Alter (Monate)	Lebendmasse der Welpen im Alter von 7 Monaten (kg)							vRP in g je 100 kcal	
	5,0	5,5	6,0	6,5	7,0	7,5	8,0	Für Zuchttiere	Für Pelzungstiere
Silberfüchse									
1,5 bis 2	350	370	390	420	440	460	480	9,5 bis 10,5	9,5 bis 10,5
2 bis 3	420	430	450	490	540	560	600	8,5 bis 9,5	8,5 bis 9,5
3 bis 4	530	560	590	650	700	740	780	7,5 bis 8,5	7,5 bis 8,5
4 bis 5	550	590	630	680	720	760	790	7,5 bis 8,5	7,5 bis 8,5
5 bis 6	560	610	660	700	740	780	810	9 bis 10	7,5 bis 8,5
6 bis 7	460	510	540	570	600	630	660	9 bis 10	7,5 bis 8,5
	510*	560*	590*	630*	660*	690*	720*		
7 bis 8	410	450	490	510	530	560	580	9 bis 10	7,5 bis 8,5
	450*	500*	540*	560*	590*	620*	640*		
Blaufüchse									
1,5 bis 2	400	420	440	460	480	500	500	9 bis 11	9 bis 11
2 bis 3	550	570	580	620	650	560	710	8,5 bis 9,5	8,5 bis 9,5
3 bis 4	670	720	760	800	860	880	920	7,5 bis 8,5	7,5 bis 8,5
4 bis 5	650	690	730	780	810	840	880	7,5 bis 8,5	7,5 bis 8,5
5 bis 6	600	650	690	740	780	810	850	9 bis 10	7,5 bis 8,5
6 bis 7	550	590	640	680	720	760	800	9 bis 10	7,5 bis 8,5
7 bis 8	500	540	560	600	640	660	680	9,5 bis 10,5	7,5 bis 8,5

* Ab 6. Monat erhöht man die Normen für die zur Zucht bestimmten Jungtiere um 10 % gegenüber den Normen für Pelzungstiere

Tabelle 8/42 Fütterungsnormen für laktierende Fähen

8,0 kcal u. E.	vRP (g)	vRP (in g je 100 kcal)	Fütterungsarten	Silberfuchsfähen Lebendmasse (kg)			Blaufuchsfähen Lebendmasse (kg)		
				>6,5	5,5 bis 6,5	<5,5	>6,5	5,5 bis 6,5	<5,5
510	51,0	9,5 bis 10,5	Futter (kcal)						
			Grundfutter je Fähe	350	500	475	600	550	500
490	49,0	9,5 bis 10,5	Zusatzfutter je Welpe in den Laktationsdekaden						
500	45,0	8,5 bis 9,5							
500	40,0	7,5 bis 8,5	I.		70			50	
—	—	9,5 bis 10,5	II.		125			100	
530	42,5	7,5 bis 8,5	III.		180			150	
580	52,0	8,5 bis 9,5	IV.		280			250	
640	51,0		V.		300 bis 350			350	
700	56,0	7,5 bis 8,5	VI.					410	
710	67,5	9 bis 10	vRP (in g je 100 kcal)						
660	63,0	9 bis 10	Bei hohen Fettgaben		9			9	
610	58,0	9 bis 10	Bei mittleren Fettgaben		10			10	
530	53,0	9,5 bis 10,5	Bei niedrigen Fettgaben		11			11	

Tabelle 8/43   Fütterungsnormen für ausgewachsene Blaufüchse

Monat und physiologischer Zustand der Fähen	Lebendmasse am 1. Dezember (kg)									
	5,0		5,5		6,0		6,5		7,0	
	kcal u. E.	vRP (g)	kcal u. E.	vRP (g)	kcal u. E.	vRP (g)	kcal u. E.	vRP (g)	kcal u. E.	vRP (g)
Januar	430	43,0	450	45,0	480	48,0	500	50,0	540	54,0
Februar	400	43,0	420	42,0	440	44,0	450	45,0	480	48,0
März, Fähen vor dem Decken	380	38,0	400	40,0	420	42,0	440	44,0	460	46,0
April bis Mai, nichtträchtige Fähen	440	35,0	470	37,5	500	40,0	530	42,5	550	44,0
trächtige Fähen	600	66,0	640	70,5	670	74,0	700	77,0	—	—
Juni	470	42,5	500	45,0	530	47,5	560	50,0	590	53,0
Juli	480	38,5	510	41,0	540	43,0	570	45,5	610	49,0
August	520	41,5	550	44,0	580	46,5	610	49,0	660	53,0
September	550	44,0	590	47,0	630	50,5	670	53,5	710	57,0
Oktober	540	51,5	570	54,0	600	57,0	640	61,0	700	66,5
November	510	48,5	540	51,5	580	55,0	610	58,0	650	62,0
Dezember	470	47,0	500	50,0	530	53,0	560	56,0	600	60,0

Tabelle 8/44   Empfohlenes Nährstoffverhältnis in den Rationen bei unterschiedlichen Proteingaben (je 100 kcal)

	Verdauliches Rohprotein		Verdauliches Rohfett		Verdauliche Kohlenhydrate	
	g	kcal	g	kcal	g	kcal
Silberfüchse	7	31,5	3,6 bis 5,2	33,5 bis 48,5	8,6 bis 4,9	35,0 bis 20,0
	8	36,0	3,1 bis 4,8	29,0 bis 44,0	8,6 bis 4,9	35,0 bis 20,0
	9	40,5	3,0 bis 4,7	27,5 bis 43,1	7,8 bis 4,0	32,0 bis 16,4
	10	45,0	2,5 bis 4,4	23,0 bis 40,7	7,8 bis 3,5	32,0 bis 14,3
	11	49,5	2,5 bis 3,9	23,0 bis 36,2	6,7 bis 3,5	27,5 bis 14,3
	12	54,0	2,5 bis 3,4	23,0 bis 31,7	5,6 bis 3,5	23,0 bis 14,3
Blaufüchse	7	31,5	4,0 bis 5,3	37,2 bis 49,3	7,6 bis 4,7	31,3 bis 19,2
	8	36,0	3,8 bis 5,0	35,0 bis 46,5	7,1 bis 4,3	29,0 bis 17,5
	9	40,5	3,5 bis 4,6	32,6 bis 43,1	6,6 bis 4,0	26,9 bis 16,4
	10	45,0	3,1 bis 4,4	29,0 bis 41,0	6,4 bis 3,4	26,0 bis 14,0
	11	49,5	2,7 bis 4,1	25,0 bis 38,1	6,3 bis 3,0	25,5 bis 12,4
	12	54,0	2,5 bis 3,6	23,0 bis 33,5	5,6 bis 3,0	23,0 bis 12,5

Temperaturrückgang bis −10 °C. Bei weiterem Rückgang der Temperatur muß der Kaloriengehalt der Ration um 1 % je Grad erhöht werden.

Außer dem Gehalt an u. E. wird in den Normen die benötigte Menge an *verdaulichem Protein* mitgeteilt. Um stabile Werte der Produktivität, insbesondere der Reproduktion, zu erhalten, muß unter Praxisbedingungen mehr Protein gegeben werden. Die Proteinnormen enthalten zwar eine gewisse Reserve, sind aber dennoch ökonomischer als die in den meisten Betrieben angewendeten. In der Tabelle 8/39 Empfohlenes Nährstoffverhältnis in den Normen ist angegeben, welches Proteinniveau dem jeweiligen Fettgehalt im Futter entspricht und wieviel Fett in der Ration bei dieser oder jener Proteinmenge gegeben werden muß.

Um die richtigen Verhältnisse für die Tiere in Menge und Zusammensetzung zu erhalten, sind verschiedene Futtermittel tierischer Herkunft zu geben. Mindestens 10 bis 15 % davon sollten unzerteilter Fisch sein. Überwiegen in der Ration Schlachtnebenprodukte, muß sie in bezug auf die Aminosäuren Methionin und Tryptophan überprüft werden.

7,5 kcal u. E.	vRP (g)	8,0 kcal u. E.	vRP (g)	vRP (in g je 100 kcal)
550	55,0	560	56,0	9,5 bis 10,5
490	49,0	500	50,0	9,5 bis 10,5
470	47,0	480	48,0	9,5 bis 10,5
580	46,5	600	48,0	7,5 bis 8,5
—	—	—	—	10,5 bis 11,5
620	56,0	650	58,5	8,5 bis 9,5
630	50,5	670	53,5	7,5 bis 8,5
690	55,0	720	57,5	7,5 bis 8,5
760	61,0	800	64,0	7,5 bis 8,5
740	70,5	780	74,0	9,0 bis 10,0
690	65,5	730	69,0	9,0 bis 10,0
630	63,0	660	66,0	9,5 bis 10,5

Auf die ausreichende Versorgung mit Kalzium und Phosphor ist bei der Zusammenstellung der Rationen zu achten. Der Gehalt dieser Stoffe ist nur dann zu berechnen, wenn das Futter wenig Knochen oder wenig Fischgräten enthält. Der Bedarf an den einzelnen Vitaminen wird in Tabelle 8/45 ausgewiesen. Dem Futter müssen Fischtran, Hefe, Leber und Vitaminpräparate zugesetzt werden. Bei Jungtieren ist zu beachten, daß die Normen für Nerz- und Blaufuchswelpen bis Mitte Oktober und für Silberfuchswelpen bis Mitte September ohne Unterschied zwischen Pelzungs- und Zuchttieren berechnet wurden. In den anschließenden Monaten werden die zur Zucht bestimmten Jungtiere auf Proteinnormen umgestellt, wie sie für ausgewachsene Tiere vorgesehen sind.

Die wenigen Untersuchungen über die Besonderheiten des Stoffwechsels und des Energieumsatzes bei Mutationsnerzen und Blaufüchsen ermöglichen es nicht, die Fütterung dieser Tiere nach Farbgruppen zu differenzieren.

Die empfohlenen Fütterungsnormen sind Durchschnittswerte. Viele Faktoren, die den Futterbedarf beeinflussen, wie Zustand und Qualität des Tierbestandes, Schwankungen in der Zusammensetzung der Futtermittel, klimatische Verhältnisse u. a. m., konnten nicht berücksichtigt werden. Deshalb sind in den Farmen Korrekturen unter Beachtung der gegebenen Bedingungen vorzunehmen. Da die Fütterungsnormen aller Tierarten nach einem Prinzip erstellt wurden, wird ihr Aufbau nur anhand der Normen für Nerze erläutert.

Die Normen für ausgewachsene Nerze sind für Rüden angegeben, die Anfang November eine Lebendmasse von 1,9; 2,2; 2,4 und 2,6 kg haben. Der Energie- und Eiweißbedarf gilt für Fähen mit einer Lebendmasse Anfang November von 1,15; 1,30 und 1,50 kg. In den Normen für laktierende Fähen wurde beim Grundfutter unterschieden, je nachdem, ob der Betrieb kleine, mittlere oder große Tiere besitzt. Unabhängig von der Größe der Fähen wurde das Zusatzfutter je Welpe in gleicher Höhe festgesetzt.

Die Fütterungsnormen für abgesetzte Jungnerze wurden für sieben Tiergruppen mit unterschiedlicher Wachstumsintensität und mit unterschiedlicher Endmasse am 15. November errechnet. Die Proteinnormen gewährleisten die beste Verwertung des Futters, wenn sie in dem in Tabelle 8/39 ausgewiesenen Verhältnis zum Rohfett und zu den Kohlenhydraten kombiniert werden.

Die Vitamindosen hängen von allen Faktoren ab, welche die Vitaminbilanz des Organismus beeinflussen. Das sind u. a. der physiologische Zustand der Tiere und das Verhältnis von Protein zu Fett zu Kohlenhydraten.

Tabelle 8/45 Durchschnittlicher Vitaminbedarf der Pelztiere (nach Angaben verschiedener Autoren)

Vitamin		Je 100 g Trockensubstanz des Futters	Je 100 kcal Futter
Vitamin A	(IE)	500 – 825	150 – 250
Vitamin D	(IE)	100 – 165	30 – 50
Vitamin E	(mg)	3 – 15	1 – 5
Thiamin	(mg)	0,2 – 0,6	0,10 – 0,18
Riboflavin	(mg)	0,2 – 0,8	0,10 – 0,25
Niazin	(mg)	1,5 – 4,0	0,45 – 1,2
Pantothensäure	(mg)	1,2 – 4,0	0,36 – 1,2
Pyridoxin	(mg)	0,6 – 0,9	0,18 – 0,27
Vitamin B_{12}	(µg)	5,0 – 8,0	1,5 – 2,5
Biotin	(µg)	13,0 – 20,0	4,0 – 6,0
Folsäure	(mg)	0,06 – 0,3	0,02 – 0,09
Cholin	(mg)	33,0 – 66,0	10,0 – 20,0
Vitamin C	(mg)	33,0 – 66,0	10,0 – 20,0

Zusammenstellen von Futterrationen

Vor der Zusammenstellung von Futterrationen nach Abschnitten und Leistungen sowie dem Alter der Tiere muß ermittelt werden, welche *Futtermittel* zur Verfügung stehen. Es ist außerdem wichtig, welche Futtermittel zu einer bestimmten Zeit gegeben werden müssen, aus ökonomischen Erwägungen gegeben werden sollen und welche Mengen den Tieren gegeben werden können. Hierbei werden die Futtervorräte in dem Betrieb, die Möglichkeiten der Futterbeschaffung, die Lagerungstermine und andere futtermittelwirtschaftliche Gesichtspunkte berücksichtigt.

Die Grundforderung an jede beliebige Ration besteht darin, den Bedarf der Tiere vollständig zu decken und vorwiegend jene Futtermittel zu berücksichtigen, die am billigsten und am reichlichsten vorhanden sind.

Es ist ferner zu entscheiden, nach einer Besichtigung des Bestandes und nach Kontrollwägungen, ob die Entwicklung der Jungtiere sowie der Gesundheits- und Ernährungszustand des gesamten Bestandes befriedigen und welche Normen an Energie und vRP veranschlagt werden müssen. Wichtig ist auch die Kenntnis des *Futterwertes* der wichtigsten Futtermittel. Einen Überblick hierzu vermitteln die Werte in Tabelle 8/46.

Es ist am einfachsten, die Ration auf der Grundlage von 100 kcal Futterenergie aufzustellen. Die Futtermenge, die 100 kcal enthält, bezeichnet man in der Pelztierhaltung üblicherweise als Portion. Nach Festsetzung des erforderlichen Nährstoffverhältnisses wird die Masse der in die Ration einzubeziehenden Bestandteile ermittelt. Begonnen wird mit den Futtermitteln pflanzlicher Herkunft, und zwar in den Mengen, die zur Deckung des Bedarfes an Kohlenhydraten notwendig sind. In vorliegendem Beispiel sind es Mohrrüben mit Kohl, die maximal in einer Menge von 2% des Kaloriengehalts verabfolgt werden können, ferner Getreide (Weizen- und Gerstenschrot). In 7 g Mohrrüben und 9 g Schrot ist der überwiegende Teil der benötigten Menge an Kohlenhydraten enthalten. Mit der erwähnten Schrot- und Möhrenmenge kommen 23 kcal u. E. und 0,86 g vRP in die Ration.

Da die Tiere im vorliegenden Fall kein Muskelfleisch erhalten, dafür aber Fett und geschältes Getreide, wird Hefe nach der erhöhten Norm — mindestens 3 g je Portion — hinzugegeben. Das erhöht den Gehalt der Ration um 7 kcal und 1,14 g vRP.

Addiert man den Proteingehalt des zur Verfütterung bestimmten Getreides mit dem der Hefe und errechnet die gesamte Proteinmenge, so muß diese mit Futterfleisch, Futterfisch oder Milch gedeckt werden. Die Proteindifferenz, die durch Futter tierischer Herkunft auszugleichen ist, beträgt 6,4 g.

Bei der Aufschlüsselung des tierischen Proteins auf die einzelnen Futterarten ist zu beachten, daß die essentiellen Aminosäuren in ausreichender Menge und in richtigem Verhältnis in die Ration einbezogen, der Kalzium- und Phosphorbedarf der Tiere (ohne zuviel Knochen einzusetzen) gedeckt sowie eine gute Aufnahme und Verwertung der Ration gewährleistet sind. Für die normale Entwicklung der zur Pelzung bzw. zur Zucht bestimmten Jungnerze müssen mindestens 73 mg Tryptophan und 215 mg Methionin+Zystin je 100 kcal gegeben werden. Bei vorliegender Zusammenstellung der Futtermittel tierischer Herkunft sind zur Deckung des Bedarfs an essentiellen Aminosäuren 20% Mintai, 5% Magermilch und 75% Schlachtnebenprodukte zu veranschlagen.

In dem genannten Beispiel waren, bezogen auf den Proteingehalt, 35% Mintai (nur wenn mehrere Jahre anämieanfällige Tiere gemerzt wurden), je 20% Pansen, Lunge und Kopf und 5% Magermilch vorgesehen. Das sind fast 20% essentielle Aminosäuren über dem Mindestbedarf.

Fehlt ganzer Fisch oder ist nicht genügend vorhanden (weniger als 20%), ist zur Deckung des Aminosäurebedarfes die mit Schlachtabfällen eingebrachte Proteinmenge zu erhöhen und dementsprechend die gesamte Proteingabe je 100 kcal zu steigern (von 8,5 auf 9,5 g).

Inwieweit die Ration den Bedarf der Tiere an Kalzium und Phosphor deckt, wird nach dem Knochengehalt überprüft. Es sollten ungefähr

Tabelle 8/46 Beispiele für den Futterwert der für eine Ration ausgewählten Futtermittel

Futtermittel	vRP %	Rohfett %	Kohlenhydrate %	kcal/ 100 g Futter	Form der Verfütterung
Fisch *(Theragra chalgogramma)*	13,0	2,3	—	80	als roher Hackfisch
Mittelfetter Pansen	12,8	4,6	—	100	als rohes Hackfleisch
Lunge	12,5	3,6	—	90	als rohes Hackfleisch
Rinderköpfe	13,0	8,5	—	138	als rohes Hackfleisch
Magermilch	3,0	0,5	3,4	31	dem Getreidebrei beim Kochen anstelle von Wasser zuzusetzen
Weizenschrot	9,6	1,5	47,0	250	in Breiform
Gerstenschrot	8,0	1,8	47,0	245	in Breiform
Futterhefe, trocken	38,0	5,1	—	218	der fertigen Mischung zuzusetzen
Frische Möhren	1,0	—	5,2	28	in Pastetenform zu geben
Schmelzfett, gemischt	—	87,3	—	812	dem warmen Getreidebrei oder beim Kochen zuzusetzen

Tabelle 8/47 Ungefähre Zusammensetzung einer Tagesration für Jungnerze aus Fisch und Schlachtnebenprodukten (je 100 kcal)

Futtermittel	Menge g	kcal	vRP g	Rohfett g	Kohlenhydrate g	Methionin + Zystin mg	Tryptophan mg
Mintai	18,0	14	2,30	0,41	—	87	23
Pansen	10,0	10	1,30	0,46	—	31	12
Lunge	10,5	10	1,30	0,38	—	42	10
Kopf	10,0	14	1,30	0,85	—	36	9
Magermilch	10,0	3	0,30	0,05	0,34	10	4
Insgesamt	58,5	51	6,50	2,15	0,34	206	58
Weizenschrot	4,7	11	0,45	0,07	2,20	13	6
Gerstenschrot	4,3	10	0,34	0,08	2,00	12	5
Möhren	7,0	2	0,07	—	0,36	—	—
Futterhefe	3,0	7	1,14	0,15	—	36	15
Schmelzfett	2,3	19	—	2,00	—	—	—
Insgesamt	79,7	100	8,50	4,45	4,90	267	84

5 g Knochen je Portion gegeben werden. Rinder- und Hammelköpfe enthalten ungefähr 50 % Knochen, unzerteilter Fisch enthält etwa 15 % Gräten. Anhand dieser Werte kann ermittelt werden, daß die Ration rund 8 g Knochen bzw. Gräten je 100 kcal enthält. Folglich sind Kalzium und Phosphor ausreichend vorhanden, so daß ihre Menge nicht in die Rationsbereicherung einbezogen werden muß.
Die Überprüfung der Ration hinsichtlich der Vitaminversorgung wird gewöhnlich dadurch erschwert, daß der Vitamingehalt der Futtermittel nicht bekannt ist. Deshalb setzt man der Ration die Vitamine A, E, B_1, B_2 und B_{12} in den erforderlichen Mindestmengen oder sogar in optimalen Mengen in Form von Vitaminpräparaten oder Vitaminzusätzen (Fischtran, Hefe, Leber) zu.
Rationen, die unzerteilten Seefisch mit einer Proteinmenge von 20 % und mehr der Ration

enthalten, muß weder Fischtran noch Vitamine A, B und B_{12} zugegeben werden, da sie in der Fischleber ausreichend vorliegen. Da Fischtran wenig Vitamin B_1 und B_2 enthält, sollte die Ration durch Thiamin- und Riboflavinpräparate ergänzt werden. Hat die Ration einen hohen Fettgehalt, besonders an ungesättigten Fettsäuren, ist die zusätzliche Gabe von Vitamin E nützlich. Im vorliegenden Beispiel ist es zweckmäßig, der Ration 0,2 mg Thiaminchlorid, 0,2 mg Riboflavin und 2 bis 3 mg Vitamin E zuzusetzen.

Tiere, die viel dorschartigen Seefisch erhalten, müssen periodisch Eisen- und Kupferzusätze erhalten. Die Zusätze gibt man mit der Futtermischung, die keinen Rohfisch enthalten soll, zweimal wöchentlich. Bei der Fütterung der vorgeschlagenen Ration müssen die Nerze alle drei Tage je 20 mg schwefelsaures Eisen und je 2 mg schwefelsaures Kupfer mit dem Futter erhalten, dem man den Mintai in gekochter Form oder Schlachtnebenprodukte zusetzt.

Einteilung und Beschreibung der Futtermittel

Rationelle Nutzung der Futtermittel ist nur dann möglich, wenn ihre Zusammensetzung und ihr Futterwert, ihre Geschmackseigenschaften und ihr Einfluß auf die Leistung der Tiere bekannt sind. Der Futterwert eines Futtermittels hängt vom Gehalt an Nährstoffen, Mineralstoffen und Vitaminen, vom Gehalt an essentiellen Aminosäuren und von der Verdaulichkeit der einzelnen Nährstoffgruppen ab. Nicht alle Nährstoffe der verschiedenen Futtermittel werden von Pelztieren gleich gut verwertet, so daß Angaben über die Verdaulichkeit von großer Bedeutung sind. Die Kennzahl für den energetischen Wert eines Futtermittels ist in der Pelztierfütterung der Gehalt an umsetzbarer Energie (u. E.). Bei der Bewertung eines Futtermittels ist außerdem seine physikalische Beschaffenheit, der Gehalt an Asche und an Rohfaser sowie der Gehalt an Substanzen zu berücksichtigen, die Eisen binden oder Vitamine zerstören.

Der Futterwert der einzelnen Futtermittel kann sehr stark schwanken, so daß die bei der Beschreibung der einzelnen Futtermittel angegebenen Werte nicht in jedem Falle mit denen in einschlägigen Futtermitteltabellen übereinstimmen.

Muskelfleisch

In der Pelztierfütterung bezeichnet man mit Muskelfleisch die Schlachtkörper (oder Teile davon) von Tieren, einschließlich der Skelettmuskulatur (Muskeln), des Knochen-, Binde-, Fett- und Nervengewebes sowie der Lymphdrüsen, der Lymph- und der Blutgefäße mit den Resten von Lymphe und Blut. Die Wassermenge in dem von Fettgewebe befreiten Muskelgewebe ist bei allen Tierarten, selbst bei unterschiedlichem Ernährungszustand, etwa gleich und beträgt rund 75 %. Das Fettgewebe enthält zwischen 4 und 40 % Wasser. Deshalb schwankt der Wassergehalt im Fleisch in Abhängigkeit vom Ernährungszustand der Tiere zwischen 70 und 80 %.

Muskelfleisch enthält 18 bis 25 % vRP; es wird von Pelztieren gut verwertet. Etwa 15 % des Proteins im Fleisch (ohne Knochen) entfallen auf Bindegewebe (Faszien, Sehnen, Bänder usw.), 85 % auf Muskeln. Das Protein des Bindegewebes und der Knochen besteht vorwiegend aus Kollagen und bleibt in seiner Qualität hinter dem Muskelprotein zurück. In der vergleichbaren Menge Knochen sind nur 12 bis 17 % des Tryptophans, 33 % des Zystins und 40 bis 50 % des Methionins des Muskelfleisches enthalten. Daher hat das Protein aus Fleisch mit hohem Knochen- und Bindegewebeanteil (Fleisch von mageren und alten Tieren) eine geringere Eiweißwertigkeit.

Durch Muskelfleisch läßt sich der Bedarf der Pelztiere an einigen Vitaminen der B-Gruppe (Cholin, Pyridoxin, Thiamin u. a.) und bei Zusatz von Knochen auch an Kalzium und Phosphor decken.

Bei der Verfütterung von reinem Muskelfleisch ist die Fortpflanzung der Pelztiere normal, wenn die notwendigen Mengen an Getreide und Vitaminen gegeben werden. Es gelingt aber bei

Verfütterung von magerem Fleisch an Jungtiere (besonders an Jungnerze) nicht, große Felle zu erzeugen, wenn in der Zeit des intensiven Wachstums der Welpen der Ration kein freies Fett zugesetzt wird.

Zur *Dauerlagerung* wird Muskelfleisch auf $+2$ bis $4\,°C$ abgekühlt, danach in Luft bei einer Temperatur unter $-18\,°C$ gefrostet und in Kühlzellen gelagert. Bei Temperaturen unter $-8\,°C$ lagert das Fleisch in Hälften oder Vierteln (350 bis 500 kg je m³ Kühlkammer) oder in Stücken (bis 1000 kg je m³). Die Fleischlagerung in Stücken ist nur bei Temperaturen unter -15 bis $-18\,°C$ zweckmäßig, weil sich auf den ungeschützten Flächen leicht Schimmel und andere Mikroorganismen entwickeln. Bei dieser Methode des Einfrierens und der Lagerung erreichen die Verluste 3,2 bis 3,5 % der ursprünglichen Masse, wobei 50 % der Verluste während der Kühlzeit entstehen, 10 % während der Lagerung vor dem Einfrieren, 20 % während des Einfrierens und 20 % während der Lagerung im Verlauf von sechs Monaten (SCHÄFFER, SAATISCHAN, 1967). Eine längere Lagerung von gekühltem Fleisch bei Temperaturen zwischen 0 und $-5\,°C$ ist unzulässig. In Versuchen (GARBRIEL'JANC, MALJUTINA, 1966) war das Fleisch bei einer Temperatur von 0 bis $-2\,°C$ nach 10- bis 12tägiger Aufbewahrung schleimbedeckt und nach 14 bis 18 Tagen vollständig verdorben. Bei -2 bis $-3\,°C$ traten die ersten Anzeichen von Verderben nach 35 Tagen, bei -4 bis $-5\,°C$ nach 64 Tagen auf. Um zu verhüten, daß gefrostetes Fleisch schimmelt, sind die Kühlkammern zu belüften. Dabei empfiehlt sich, nicht nur gekühlte, sondern auch gefilterte und von Bakterien gereinigte Luft in die Kühlzellen zu blasen.

Die *Konservierung* von Fleisch mit chemischen Mitteln wird hauptsächlich in kleinen Pelztierfarmen, bei fehlender Kühlkapazität oder bei sehr langen Transportverbindungen angewendet. Bekannt sind die Methoden zur Konservierung von Fleisch mittels Pökelsalz, Molke, Pyrosulfit, Schwefel-, Salz- und Ameisensäure u. a. Die Konservierung durch chemische Methoden schränkt die Möglichkeit ein, das Fleisch zur Fütterung von Pelztieren zu verwenden. In großen Farmen werden Möglichkeiten zur Konservierung von Fleisch durch Trocknen an der Luft, Einsäuern u. a. m. nur selten angewendet.

Pferdefleisch. Es war lange Zeit Hauptfutter für Pelztiere. In den letzten Jahren deckte es aber in der Sowjetunion nicht mehr als 5 bis 7 % des Gesamtbedarfs an Protein tierischer Herkunft. Pferdefleisch wird, ebenso wie die anderen Arten des Muskelfleisches, hauptsächlich während der Fortpflanzungsperiode eingesetzt. Sein Gehalt an vRP schwankt zwischen 20 und 24,5 %, an Fett zwischen 2 und 13 %.

Die Schlachtausbeute beträgt 51 bis 53 % der Lebendmasse des Pferdes in gutem, 48,6 bis 50,3 % in mittlerem, 46,3 bis 47,9 % in schlechtem Ernährungszustand sowie 46,0 bis 49,6 % der Lebendmasse bei Fohlen (ČEBOTAREV, 1967). In den Schlachtkörpern von Pferden mit gutem Ernährungszustand sind 75 bis 80 % Fleisch, 16 bis 22 % Knochen und 2 bis 3 % bindegewebsartige Gebilde enthalten.

Bei Temperaturen von -8 bis $-12\,°C$ kann Pferdefleisch in Kühlzellen ohne bedeutende Qualitätseinbuße 4 bis 6 Monate, fettfreies Muskelfleisch bis 12 Monate gelagert werden (ČEBOTAREV, 1967). Pferdefett unterliegt einer schnellen Oxydation. Um fettes Pferdefleisch längere Zeit zu lagern, muß in der Kühlzelle die Temperatur ständig unter $-18\,°C$ liegen.

Rind- und Schaffleisch. Beide haben in der Pelztierfütterung keine große Bedeutung. Die Farmen erhalten meist mageres Fleisch mit einem hohen Gehalt an Knochen und Bindegewebe, das den Gütevorschriften nicht entspricht. Während in den Schlachtkörpern gut ernährter Tiere der Knochenanteil etwa 20 % beträgt, erreicht er in den Schlachtkörpern von magerem Vieh 35 % und darüber. Rindfleisch und Schaffleisch läßt sich unter sonst gleichen Verhältnissen bei Minustemperaturen besser als Pferdefleisch lagern, da ihre Fette weniger ungesättigte Fettsäuren enthalten.

Schlachtnebenprodukte und Blut

Je nach der Tierart, dem Ernährungszustand, Geschlecht, Alter und der Rasse schwankt der Anteil an Schlachtnebenprodukten zwischen 10

und 18 %. Entsprechend ihrem Futterwert werden die Schlachtnebenprodukte in den Fleischkombinaten der Sowjetunion in folgende zwei Kategorien unterteilt:
Kategorie I: Leber, Niere, Zunge, Hirn, Fleischabfälle, Herz, Zwerchfell, Rinder- und Schafschwänze sowie Euter.
Kategorie II: Pansen, Schweinemagen, Kaldaunen, Muskelfleisch, Speiseröhren, Labmagen, Schweineschwänze, Lunge, Rinder- und Schafköpfe, Luftröhre, Milz, Blättermagen, Rindergelenke, Beine, Schnauzen und Ohren.

Gekühlte Schlachtnebenprodukte lassen sich bei einer Temperatur, die um 0 °C liegt, nicht länger als 3 bis 5 Tage lagern. Zum Transport über kurze Entfernungen (bis drei Stunden) in losem Zustand durch Kühlfahrzeuge eignen sich nur gekühlte Nebenprodukte. Über große Entfernungen lassen sich nur gefrostete Nebenprodukte transportieren. Bei der Beförderung durch Kraftfahrzeuge für die Dauer von höchstens fünf Stunden sollten die gekühlten Nebenprodukte zusammen mit Eisblöcken transportiert werden. Der Einsatz der einzelnen Schlachtnebenprodukte richtet sich nach den spezifischen Eigenschaften und dem Futterwert. Alle Nebenprodukte, die von gesunden Tieren stammen und keine Anzeichen von Fäulnis aufweisen, werden roh an die Pelztiere verfüttert. Da es keine ausreichende Prophylaxe gegenüber der Aujezkyschen Krankheit gibt, werden Schlachtnebenprodukte vom Schwein aus Gegenden, in denen derartige Erkrankungsfälle vorgekommen sind, ebenso wie alle Nebenprodukte unbekannter Herkunft an die Pelztiere gekocht verfüttert.

L e b e r. Sie enthält viele wasser- und fettlösliche Vitamine und hat einen hohen diätetischen Wert. Die Leber landwirtschaftlicher Nutztiere und des Bartenwals hat etwa die gleiche chemische Zusammensetzung (71 bis 74 % Wasser, 17 bis 19 % vRP, 3,0 bis 4,2 % Rohfett und bis zu 5 % stickstofffreie Extraktstoffe).
In der Leber von Seetieren hängt der Vitamin-A-Gehalt von der Art und vom Geschlecht der Tiere ab. So sind nach Angaben von MROTSCHKOV (1951) in 1 g Leber des Finnwal-Männchens 1 500 IE Vitamin A, in der des Weibchens 700 IE, in der Leber des Blauwals 4750 bzw. 3 000 IE, des Buckelwals 700 bzw. 400 IE und des Pottwals 3 800 IE enthalten, während die Leber der Robben 1 050 IE (Bartrobbe) und 840 bis 1 400 IE (Seehund) und die des Walrosses ungefähr 600 IE enthält (SOUKUP, 1964). Während der Fortpflanzungsperiode der Pelztiere sollten keine übermäßigen Mengen an Walleber verfüttert werden, da dies eine Hypervitaminose und die Verschlechterung des Wurfergebnisses verursachen kann.

Während der Aufbewahrung der Leber in gefrorenem Zustand vermindert sich der Vitamin-A-Gehalt allmählich, der Gehalt an den Vitaminen der B-Gruppe bleibt fast unverändert. In frischer Leber findet ein intensiver Glykogenabbau während der ersten Stunden nach dem Schlachten statt (Rückgang des pH-Wertes auf 4,3). Danach verstärkt sich die Hydrolyse der Proteine durch die Einwirkung von Fermenten. Deshalb müssen die Lagerungsvorschriften sorgfältig eingehalten werden.

Leber verdirbt schnell. Sie nimmt eine schmierige Konsistenz und gelbe Färbung an, riecht scharf sauer und zeigt auf der Oberfläche Schaumbläschen. Verdorbene Leber ist keinesfalls als Futter für Pelztiere geeignet.

H e r z. Es ist eine gute Quelle für hochwertiges Protein, enthält wenig Fett, aber befriedigende Mengen an Vitaminen der B-Gruppe. Herz läßt sich gut lagern und wird in Pelztierrationen wie Muskelfleisch verwendet.

N i e r e n. Sie enthalten weniger Protein und essentielle Aminosäuren als Muskelfleisch, Leber und Herz. Reich sind sie an den Vitaminen A und B. Bei der Lagerung zersetzen sich Harnreste in den Nieren, wobei sie dann scharf riechen und grün aussehen. Hat eine bakterielle Zersetzung des Proteins noch nicht eingesetzt, können die zersetzten Harnreste durch Auswaschen der zerschnittenen Nieren mit Wasser beseitigt werden.

H i r n. Es ist bei niedrigem Proteingehalt (etwa 9 %) reich an verschiedenen Lipiden, wobei die eigentlichen Fette (Triglyzeride) mehr als 10 % aller Lipide stellen. Die Fettsäuren der Hirnlipide sind in der Mehrheit ungesättigt. Unter den Lipiden herrschen Phosphatide (Lezithine) und Cholesterin vor. Hirn ist eine wichtige Cholinquelle. Die Verfütterung an Pelztiere kann in der Fortpflanzungsperiode und bei Störungen des Fettstoffwechsels empfohlen werden.

Eingefrorenes Hirn muß bei Temperaturen unter $-15\,°C$ gelagert werden, da es schlecht haltbar ist. Der hohe Gehalt an Fermenten und ungesättigten Fettsäuren sowie der bedeutende Gehalt an Wasser und die hohe Transportempfindlichkeit tragen zum schnellen Verderb bei ungünstiger Lagerung bei. Verdorbenes Hirn hat eine schmierige Konsistenz und ist graugrün, läßt sich leicht deformieren und entwickelt wegen der Zersetzung der Phosphatide einen unangenehmen Geruch.

E u t e r. Der Gehalt an vRP beträgt etwa 12%; sein Eiweißwert ist gering. Der hohe Fettgehalt (etwa 12%) bestimmt in der Hauptsache den Futterwert dieses Nebenproduktes. Euter mit Milchresten lassen sich zumeist besser lagern, weil durch die milchsaure Gärung die Entwicklung einer bakteriellen Zersetzung verhindert wird. Einsatz bis 12%.

M i l z. Sie enthält eine bedeutende Menge Protein (bis 18%), wobei der Gehalt an essentiellen Aminosäuren dem des Muskelfleisches und der Leber nahekommt. Die Sättigung der Milz mit Antikörpern, Fermenten und vielen Vitaminen macht sie im Futterwert der Leber ähnlich, so daß ihre Verabreichung an Nerze in allen Perioden zweckmäßig ist. Ihres hohen Blutgehaltes wegen unterliegt die Milz schnellen Veränderungen. Ein frühes Anzeichen für den Verderb ist ihr Dunkelwerden an den Schnittflächen. Milz mit schwarzrot gefärbtem Inhalt und grünlichen Schattierungen sowie verändertem Geruch ist ungeeignet für die Verfütterung in rohem Zustand.

L u n g e. Sie enthält eine bedeutende Menge an Bindegewebe und etwa 30% weniger essentielle Aminosäuren als Muskelfleisch. Lunge kann Pelztieren in großen Mengen verabfolgt werden. Dem Futter von Blaufüchsen und Silberfüchsen muß sie aber doch auch gut zerkleinert zugesetzt werden, um Erbrechen zu vermeiden. Die Lunge ist häufig schon vor dem Schlachten des Tieres durch eine bestimmte Mikroflora verunreinigt, so daß sie nach dem Schlachten des Tieres schnell verderben kann. Bei bakterieller Zersetzung nimmt die Lungenoberfläche eine grüne und später schwarzgrüne Farbe an. Einsatz bis 10%.

M a g e n. Der Magen von Rindern und Schafen besteht aus Pansen, Netzmagen, Blättermagen und Labmagen. Bei der Bearbeitung im Schlachtbetrieb wird der Magen gesäubert und mit kochendem Wasser abgebrüht, dabei die Schleimhaut des Magens gelöst und abgetrennt. Die wertvollsten Teile des Wiederkäuermagens sind der Pansen und der Labmagen. Ihr Fettgehalt schwankt je nach Alter und Ernährungszustand des Tieres. Der Fettgehalt des Pansens eines ausgewachsenen, gut ernährten Rindes kann 8 bis 10% der TS und mehr betragen. Pansen und andere Magenteile lassen sich als Hauptfutter tierischer Herkunft für wachsende Jungnerze verwenden. Es empfiehlt sich, eine organoleptische Bewertung erst nach vollständigem Auftauen vorzunehmen.

Kennzeichen des Verderbs sind säuerlicher Geruch, Schleim und Ablösung der Wände. Einsatz 25 bis 30%.

L u f t r ö h r e n. Ihr Protein hat einen geringen Wert, das zu fast 95% aus Kollagen und Elastin besteht. Der Nährwert von Luftröhren hängt somit von ihrem bedeutendem Fettgehalt ab (bis 15%). Sie werden hauptsächlich im Sommer, zusammen mit vollwertigen Proteinträgern verfüttert. Einsatz bis 6%.

H a m m e l - und R i n d e r k ö p f e. Sie bestehen zu 45 bis 50% aus Knochen. Ihr Wert hängt davon ab, ob die Backen, das Hirn und die Zunge entfernt wurden. Der Gehalt an vRP ist in ganzen Köpfen relativ hoch (17 bis 20%), jedoch ist es arm an Tryptophan und schwefelhaltigen Aminosäuren. Die Verdaulichkeit des Proteins dieser Köpfe beläuft sich auf 60 bis 70%. Der Fettgehalt beträgt 10% und darüber. Bei Jungtieren kann normales Wachstum bei ausschließlicher Verfütterung von Köpfen gewährleistet werden, wenn ausreichende Mengen an Tryptophan und Methionin hinzukommen. Schweineköpfe enthalten weniger Mineralstoffe (ungefähr 30% Knochen) und sind fettreicher als Rinder- und Hammelköpfe.

B e i n e, O h r e n, S c h n a u z e n. Es handelt sich um Futtermittel mit geringem Eiweißwert, die nur zur Fütterung von Pelztieren geeignet sind,

wenn man sie mit anderen Futtermitteln tierischer Herkunft kombiniert (PERELDIK u. a., 1968). Beine enthalten 10 bis 15 % Fett.
Geflügelabfälle (Köpfe, Ständer, Flügel, Innereien). Der Anteil an diesen Stoffen im Futter der Pelztiere erhöht sich ständig. Nach Angaben von ALDÈN und STÅHLE (1975) sind in gemischten Geflügelabfällen etwa 30,1 % Trockensubstanz, 15,0 % Rohprotein, 12,1 % Fett und 3,0 % Asche enthalten. Die meisten Geflügelabfälle dürfen während der Fortpflanzungszeit und der Fellausbildung nicht als einziges Protein tierischer Herkunft verwendet werden. Für wachsende Jungtiere sind sie stets ein gutes Futter. Von Nerzen wird das Protein der Geflügelinnereien zu 89 %, der Köpfe zu 78 % und der Ständer zu 52 % verwertet (SCHAIBLE, 1969).
Es gibt Hinweise auf die Gefahr einer Biotin-Avitaminose bei Nerzen, wenn man ihnen bedeutende Mengen Geflügelinnereien verabfolgt, die Eier in verschiedenen Entwicklungstadien enthalten. Auch auf eine mögliche Verminderung der Fortpflanzungsfähigkeit der Pelztiere wird hingewiesen, wenn sie Fleisch und Abfälle von Geflügel erhielten, das Futter mit Hormonpräparaten und Antibiotika erhalten hat.
Geflügelfett ist nicht lange haltbar, so daß es sich empfiehlt, Geflügel und Geflügelabfälle bei −12 °C (3 bis 4 Monate), bei −18 °C (8 bis 10 Monate) und bei −23 °C (12 bis 15 Monate) zu lagern. Ungünstig auf die Fellqualität wirken sich große Mengen Putenschlachtabfälle (über 10 %) aus.

Tabelle 8/48 Maximale Anteile Geflügelschlachtabfälle im Gesamtfutter (nach ALDÉN und STÅHLE)

Fütterungsperiode	Gemischte Schlachtabfälle	
	Broiler %	Legehennen %
Dezember bis zum Werfen	30	20
Werfen bis 15. Juli	20	15
15. Juli bis 15. August	25	20
15. September bis zum Pelzen	30	20

Dazu täglich 5 mg Vitamin E je Tier

Blut. Das beim Schlachten landwirtschaftlicher Nutztiere anfallende Blut wird zur Fütterung von Pelztieren in allen Perioden verwendet. Es enthält 17 bis 22 % vRP, das in der Qualität die meisten Schlachtnebenprodukte übertrifft. Im Fettgehalt steht Blut hinter vielen Futterfleisch- und Futterfischarten zurück.
Im Tryptophangehalt bleibt Blutprotein nicht hinter dem Protein des Muskelfleisches und dem der Schlachtnebenprodukte zurück; es enthält eine ausreichende Menge an Methionin+Zystin (ebenso wie die Schlachtnebenprodukte), aber relativ wenig Isoleuzin. Beim Einsatz größerer Blutmengen während des Haarwechsels im Herbst können infolge von Isoleuzinmangel und Störungen des Aminosäureverhältnisses in der Ration unerwünschte Veränderungen in der Struktur des Felles auftreten.
Das Blut gesunder Tiere besitzt in den ersten Stunden nach der Schlachtung eine bakterizide Wirkung. Beim Sammeln mit dem Hohlmesser in sterile Gefäße kann es bei 2 bis 4 °C in geschlossenen Gefäßen bis zu drei Tagen und bei 0 °C bis zu 10 Tagen aufbewahrt werden (POZARISKAJA u. a., 1960). Da hygienische Lagerungsbedingungen nicht immer gegeben sind, empfiehlt es sich, das Blut frisch innerhalb von 3 bis 5 Stunden nach Anfall zu verwenden oder zu konservieren.
Zur *Konservierung* von Blut gibt es folgende Möglichkeiten: Einfrieren, in reiner Form oder zusammen mit Futtergetreide; Trocknen; Zusetzen von Salmiakgeist, Natriummetabisulfat (Pyrosulfit), Kochsalz, Schwefelsäure mit Kochsalz oder Ameisensäure (Kochsalz 1 bis 2 %, Essigsäure 0,2 bis 0,3 %, Ammoniak 0,1 bis 0,2 % oder Phosphatfibrisol 1 %, wobei das letztere den Vorteil besitzt, daß *keine* Blutgerinnung eintritt). Blut kann auch erfolgreich gekocht eingesetzt werden, obwohl die Verdaulichkeit dann nicht mehr so hoch ist und es der Futtermischung nicht in größeren Mengen zugesetzt werden kann. Zu viel gekochtes (besonders nicht frisches) Blut in der Ration kann dazu führen, daß Pelztiere die Futteraufnahme verweigern.
Silberfüchse und Blaufüchse fressen Futtermischungen (Ölkuchen, Hefe, Quark usw.) mit

einem hohen Gehalt an frischem Blut (50 bis 60 % des Proteingehalts) gern. Nerze gewöhnen sich langsam an die Aufnahme von Futtergemischen mit Blut, so daß es selten gelingt, die Blutgabe auf 15 bis 20 % des Proteingehalts zu erhöhen. Nach Verfütterung einer Ration mit 20 % Blut an Nerze konnte ÅHMAN (1962) keine Unterschiede in der Fellqualität der Versuchs- und der Kontrolltiere feststellen. Es wird vielfach betont, daß sich die Verfütterung von Blut günstig auf die Fellqualität bei Silberfüchsen auswirkt, weil die Reinheit der Farbe erhalten bleibt und Fellschäden reduziert werden.

Fisch und Fischabfälle

In der Futterbilanz der Pelztierfarmen nimmt Futterfisch einen immer größeren Raum ein. Gewöhnlich werden kleine Fische verwendet, die zur Verarbeitung nicht geeignet sind, oder wegen mechanischer Beschädigungen beim Transport an Aussehen verloren haben, sowie Fischabfälle (Innereien, Köpfe, Gräten, Flossen).
Verfüttert werden ungesalzene Fischprodukte in einwandfreier Qualität (sonst Vergiftungen).
Die *artenmäßige Zusammensetzung* der für Pelztiere bestimmten Fische ist reich und verschiedenartig. Sie hängt in der Hauptsache von der Lage der Fanggebiete ab. Mit der zunehmenden Erschließung weit entfernter Fanggründe erweitert sich die artenmäßige Zusammensetzung der Fische ständig.
Der weitgehende Einsatz von Fischprodukten zur Fütterung von Pelztieren erklärt sich durch den hohen Nährstoffgehalt. Im Futterwert ist Fisch mit Rindfleisch und Schaffleisch vergleichbar. Fisch ist billiger als Fleisch, hat einen hohen Eiweißwert, gut verwertbare Fette, enthält die fettlöslichen Vitamine A und D und eine Reihe wichtiger Spurenelemente (Jod, Kobalt u. a.). Fischfleisch hat gewöhnlich eine helle, hellgraue oder hellrosa Farbe. Bei einigen Arten (Heringen, Stören, Thunfischen, Makrelen u. a.) ist es dunkel oder braun. Die chemische Zusammensetzung der Futterfische schwankt je nach Art der Fische, ihrem Alter, Geschlecht und der Fangsaison sowie der Art und der Zusammensetzung der Fischabfälle.

Der *Wassergehalt* im Fisch der wichtigsten Arten variiert zwischen 50 und 90 %. Die meisten der an Pelztiere verfütterten Fische enthalten zwischen 70 und 80 % Wasser. Der *Proteingehalt* unzerteilter Fische verschiedener Herkunft schwankt zwischen 7,4 und 27,5 %. Der Proteingehalt kann auch im Fleisch von Fischen der gleichen Art schwanken. Dies hängt vorwiegend von der Fortpflanzungszeit und der Fangsaison ab.
Nach dem Proteingehalt können Fische in drei Gruppen unterteilt werden. Zur ersten, relativ kleinen Gruppe sind die Fische mit einem Proteingehalt bis zu 15 % zu rechnen. Das sind die sog. *eiweißarmen Fische:* Katfisch, Kalottenfisch, schwarzer Heilbutt und Pfeilzahnhecht, Polardorsch und Grenadierfisch. Die größte Gruppe ist die zweite mit einem Proteingehalt von 16 bis 20 %. Zu ihr gehören mehr als die Hälfte der untersuchten Fische. Fische mit einem Proteingehalt über 20 % (Thunfische und die meisten Makrelen) werden in einer dritten Gruppe zusammengefaßt.
Der Proteingehalt von Fischabfällen ist in der Regel niedriger und schwankt in bedeutend weiteren Grenzen als im ganzen Fisch. Dies erklärt sich aus der quantitativen wie qualitativen Zusammensetzung dieses Futters. Überwiegen Innereien in den Fischabfällen, kommt der Proteingehalt dem des ganzen Fisches nahe. Er ist niedriger, wenn ein bedeutender Teil der Abfälle aus Gräten besteht.
Gemessen am Gehalt an essentiellen Aminosäuren, übertrifft das Protein im Fleisch der Fische das im Fleisch warmblütiger Tiere. Fische enthalten Aminosäuren in einem für den Organismus der Pelztiere optimalen Verhältnis.
Das *Fett* im Fischkörper ist noch größeren Schwankungen unterworfen. Im Gegensatz zu den Eiweißen sind die Lipide im Fischfleisch ungleichmäßg verteilt. Abhängig vom Ort ihres Vorkommens im Fischkörper werden sie in Struktur- und Depotlipide eingeteilt. Erstere sind vorwiegend durch Phospholipide in Form von Lezithin, Kephalin und anderen Phosphatiden vertreten und werden in der Regel in den Muskelfasern (Myofibrillen, großen und kleinen Granula, Sarkoplasma) und im intrazellulären

Tabelle 8/49 Durchschnittlicher Aminosäuregehalt im Fleisch verschiedener Fischarten (in % des Proteingehaltes, nach BREKKEN und BOGE, 1963)

Aminosäuren	Experimentelle Angaben nach PERELDIK, 1972	Aus Literaturangaben
Arginin	5,95	6,11
Histidin	2,01	2,75
Isoleuzin	6,03	5,44
Leuzin	8,41	7,99
Lysin	8,81	10,11
Methionin	2,97	2,98
Phenylalanin	3,92	4,01
Threonin	4,62	4,85
Tryptophan	0,96	1,03
Valin	5,95	5,61
Tyrosin	3,27	3,67
Zystin	1,04	1,26
Alanin	7,91	6,49
Asparaginsäure	10,34	9,34
Glutaminsäure	14,91	15,48
Glyzin	4,60	4,61
Prolin	3,52	3,78
Serin	5,14	5,11

Raum gespeichert (LLEVANITOV, 1968). Die Depotlipide sind in den Myosepten, den Bindegewebselementen des intrazellulären Raums, den periostalen Bildungen und im Unterhautgewebe konzentriert. Es handelt sich um neutrale Fette (Triglyzeride).

Während die Strukturlipide innerhalb eines Jahres relativ konstant bleiben, verändern sich die Depotlipide, weil sie vom physiologischen Zustand des Fisches abhängen. Besonders schwankt der Fettgehalt im Unterhautzellgewebe.

Je nachdem, welche Fette im Körper der Fische überwiegen, unterscheidet man drei Gruppen.

Zur ersten gehören die Fische, in deren Fleisch fast ausschließlich Strukturlipide konzentriert sind. Das sind die sog. *Magerfischarten*. Fische, in deren Fleisch sich die Reservelipide im intramuskulären Raum befinden und im Unterhautzellgewebe kaum nachweisbar sind, gehören zur zweiten Gruppe oder zu den *mittelfetten Fischarten*. Bei den *Fettfischen* ist der größte Teil der Lipide im Unterhautfettgewebe konzentriert, das unterschiedlich stark ist.

Bei den Magerfischen (Hecht, Stint, Zander, Dorsch, Blaufisch, Schellfisch, Silberfisch, Mintai, Köhler u. a.) ist der Fettgehalt nicht höher als 3 bis 4 %, im Fleisch sogar nur 1 bis 2 %. Zur zweiten Gruppe sind die meisten Karpfenfische (Wildkarpfen, Blei) und einige Meeres- und Hochseefische (Seebarsch, Scholle u. a.) zu rechnen. Der durchschnittliche Fettgehalt kann bei diesen Fischarten zwischen 5 und 8 % schwanken. Bei den Fettfischarten erreicht der Lipidgehalt 20 % und mehr (Hering, Makrelenhecht, Makrele u. a.); er schwankt zwischen 9 und 20 %. Auch je nach der Jahreszeit ergibt sich ein unterschiedlicher Fettgehalt; im Herbst ist er höher als im Frühjahr.

Fischfett ist leicht oxydierbar. Es verändert sich stark, spaltet in freie Fettsäuren auf und bildet dabei Peroxide, anschließend auch Aldehyde mit den hierbei spürbaren Veränderungen der organoleptischen Eigenschaften (Auftreten eines unangenehmen Geruchs, Ranzigwerden, Bildung des sog. Rostes u. a.). Diese hängen mit der Oxydation der ungesättigten Fettsäuren in Fischfetten zusammen. Der Anteil mehrfach ungesättigter Fettsäuren erreicht bei einzelnen Fischarten 85 % (FEDOROV, 1967). Die in Tabelle 8/50 mitgeteilten Angaben erlauben eine gewisse

Tabelle 8/50 Fettsäuregehalt in Fetten der Fische aus dem Asowschen und Schwarzen Meer (in % der Fettmasse) (nach CHRISTOFERSEN, 1964)

Fischart	Mehrfach ungesättigte Fettsäuren					Jodzahl
	Linolsäure	Linolensäure	Arachidonsäure	Pentaensäure	Hexaensäure	
Scholle	5,0	Spuren	4,4	6,0	10,6	121,3
Sardine	4,4	0	2,6	7,7	12,4	139,4
Stocker	5,7	0	4,1	7,8	16,3	150,5
Asowsche Krimsche	5,8	0	7,0	9,1	17,8	162,7
Kertscher Hering	3,7	0	4,7	9,5	18,9	173,9

Vorstellung von der *Fettsäurezusammensetzung* des Fetts einzelner Fische aus dem Asowschen und Schwarzen Meer.

Durch die Vielfalt und die Menge der mehrfach ungesättigten Fettsäuren, die hohe Jodzahl und die leichte Oxydierbarkeit unterscheiden sich Fischfette von den Fetten landwirtschaftlicher Nutztiere, bei denen die Jodzahl lediglich zwischen 32 und 70 liegt.

Glykogen ist in sehr kleinen Mengen (0,6 bis 0,7 %) in Fischen enthalten, in Fischabfällen bis zu 1,6 %.

Die Gesamtmenge an Mineralstoffen in den weichen Geweben und den verschiedenen Organen der Fische erreicht 3 %, in unzerteiltem Fisch mit Gräten bis zu 5,5 % der Originalsubstanz. Im Muskelgewebe der Seefische ist der Mineralstoffgehalt höher als in dem von Flußfischen. Seefisch ist relativ reich an Kobalt und Jod, enthält aber relativ wenig Eisen, Kupfer, Mangan und Zink. Die Gewebe der Fische unterscheiden sich hinsichtlich des Gehalts an Kalium, Natrium, Kalzium, Magnesium, Phosphor, Schwefel und Chlor von den Geweben der Warmblüter nur wenig.

Der Vitamingehalt der verschiedenen Fischarten ist noch nicht umfassend untersucht worden. Bekannt ist, daß zwischen den Arten Unterschiede in der Fähigkeit bestehen, Vitamine in den Geweben des Körpers zu speichern. Die Leber einer Reihe von Seefischen ist eine Quelle zur industriellen Herstellung der Vitamine A und D. Die fettlöslichen Vitamine E und K sind in Fischfetten wenig enthalten.

Literaturangaben besagen, daß ausgenommener Seefisch in Mengen von 30 % der Ration den Bedarf der Pelztiere an den Vitaminen A, D und B_{12} vollständig decken kann. Im Gehalt an Vitaminen der B-Gruppe, insbesondere an den Vitaminen B_2, B_6 und an Pantothensäure, bleibt Fisch hinter dem Futterfleisch zurück.

Die *Nährstoffe von rohem Fisch* werden von Pelztieren gut verwertet, Protein zu 87,1 bis 90,0 %, Fett zu 97,0 bis 98,8 % jeweils abhängig von der Fischart. Es ist anzunehmen, daß Nerze das Protein von rohem Fisch um 2 bis 3 % schlechter als das von Pferdefleisch ohne Knochen aber ähnlich dem von Schlachtnebenprodukten verwerten (PERELDIK, 1968). Die Verdaulichkeit des Fischfettes liegt in einigen Fällen 1 bis 2 % über der des Fettes landwirtschaftlicher Nutztiere.

Um hohe Leistungen zu erzielen, empfiehlt es sich, höchstens 70 % des Bedarfs der Pelztiere an Protein tierischer Herkunft durch Fisch zu decken. Die restlichen 30 % sind durch Futterfleisch (Schlachtnebenprodukte oder Muskelfleisch) auszugleichen. Beim Einsatz von Fischen in der Ration ist vor allem der *Fettgehalt* zu beachten. Rationen mit Magerfisch, in denen der Fettgehalt 5 % nicht übersteigt, ist Fett zuzusetzen. Ist das nicht möglich, kommt es zu Energiemangel, damit zu geringerem Wachstum und schließlich kleineren Fellen.

Vorsicht ist bei der Verfütterung von Fettfisch geboten, da ranziges Fett die Vitamine zerstört. Während der Fortpflanzungsperiode dürfen Zuchttiere keine gelagerten Fettfutterfische erhalten. Müssen gelagerte Fettfische eingesetzt werden, sind den Rationen Vitamin E und Vitamine der B-Gruppe in Form von Hefe, Leber und Vitamin-B-Präparaten zuzusetzen.

Einige Fischarten, besonders Süßwasserfische, enthalten das Ferment *Thiaminase*, das Vitamin B_1 (Thiamin) zerstört. Das Ferment ist in den Innereien und den Köpfen der Fische am stärksten konzentriert. Die Thiaminase ist thermolabil, so daß sie weitgehend durch Kochen des Fisches in 15 bis 30 Minuten bei einer Temperatur von 95 bis 100 °C zerstört wird (ZOTOVA, 1960). Dieses Ferment wurde in vielen Fischarten nachgewiesen: Karpfen, Hecht, Großer Stint, Hasel, Karausche, Quappe, Blei, Elritze, Wandermuräne, Barsch, Aland, Schlei, Felchen, Katzenwels u. a. ENDER und HELGEBOSTAD (1945) sowie SOUMALAINEN u. a. (1955) rechnen auch den Ostseehering zu diesen Fischen. GUNN (1948), HØIE und RIMESLÅTTEN (1951) konnten bei Versuchen mit Silberfüchsen das Vorhandensein von Thiaminase in Ostseeheringen nicht feststellen.

Um eine Vitamin-B_1-Avitaminose zu verhüten, empfiehlt es sich, abwechselnd Futter mit und ohne rohen Süßwasserfisch zu verabfolgen. Dieser Fisch kann ein, zwei Tage in der Ration sein; wenn er dann einen Tag abgesetzt wird, gibt man eine erhöhte Thiaminmenge in das Futter, um die Verluste von den vorangegangenen Tagen auszugleichen. Längere Pausen (vier Tage) hinsichtlich der Thiamingaben verschlechtern das Wachstum der Jungtiere (MIDDLETON und MORRISON, 1962). Mit gleichem Erfolg können abwechselnd Rationen mit frischem und gekochtem Süßwasserfisch gegeben werden (POKROVSKAJA, 1965). Es ist zu erwähnen, daß Jungtiere bei dieser Fütterung normal wachsen und Felle guter Qualität bringen, daß aber die Fortpflanzungsfähigkeit der Fähen leidet. Auch Nerzrüden verlieren die normale Fortpflanzungsfähigkeit, wenn man die abwechselnde Fütterung mit und ohne Süßwasserfisch auch im Winter fortsetzt. Deshalb wird Süßwasserfisch während der Fortpflanzungsperiode nur gekocht verfüttert.

Einige Fischarten (Wittling, Mintai, Köhler und Schellfisch) enthalten eine fermentähnliche Substanz, die Eisen bindet und in eine nicht verwertbare Form umwandelt. Daher kann bei Pelztieren, die eine dieser Fischarten in großer Menge mit der Futtermischung erhalten, *Anämie* auftreten; die Tiere hören auf zu wachsen und bilden weiße Unterwolle aus.

Besonders wichtig ist es, während der Paarungszeit und der Trächtigkeit sowie während des intensiven Wachstums der Jungtiere bis zum September vorsichtig in bezug auf Anämie verursachenden Fisch zu sein; andernfalls kommt es zu schlechteren Aufzuchtergebnissen, hohen Welpenverlusten im frühen Alter, Wachstumshemmungen und verminderter Fellqualität. Kochen hebt diese negative Wirkung auf. Beim Einsatz rohen Fisches müssen dem Futter Eisenpräparate zugesetzt werden.

In manchen Gewässern sind die Fische von Helminthen (Parasiten) befallen. Solche Fische werden vor dem Verfüttern gekocht oder tiefgekühlt. Nerz und Blaufuchs sind der Aufnahme von Fisch gut angepaßt. Für beide Arten sind die Angaben über den Futterwert des Fisches gleich. Silberfüchse reagieren schlechter auf Futterfisch, nehmen ihn aber in kleineren Mengen (bis zu 40% des Futters tierischer Herkunft in der Ration) gut auf.

Über die *Effektivität von Rationen,* in denen Fisch die einzige Quelle tierischen Eiweißes ist, existieren unterschiedliche Meinungen. In manchen Fällen verursachten solche Rationen ein dünneres Haarkleid, eine schlechtere Fortpflanzung usw., in anderen bessere Leistungen. Entscheidend ist deshalb, die Art des Fisches, seinen Futterwert und seine Fütterungseigenschaften zu beachten.

Dorsch und Dorschabfälle werden häufig verfüttert. Dorsch gehört zu den Magerfischarten und wird unzerteilt, manchmal auch ausgenommen, verfüttert. Ganzer Dorsch enthält bedeutend mehr Fett, da sich die größten Vorräte in der Leber ansammeln und diese mehr als 60% der Lebendmasse ausmachen. ARGUTINSKAJA und VOROBJEV (1955) prüften den Einsatz von Dorschabfällen (Flossen und Gräten) an Blaufuchsjungen ab 2. Lebensmonat. In der Verdaulichkeit der wichtigsten Nährstoffe ist Dorsch dem Pferdefleisch fast vergleichbar. Es handelte sich in den Versuchen um Rationen, die Fischabfälle in Mengen von 100 und 80% des Kaloriengehalts der Futtermittel tierischer Herkunft enthielten. Der Verdauungskoeffizient der organischen Substanz betrug 84 bis 85%, der des Proteins 87 bis 90% und der der Kohlenhydrate 75 bis 84%. Etwas schlechter wurde das Fett verdaut.

Die grätenreichen Dorschabfälle haben einen relativ niedrigen Eiweißwert. Sie sollten deshalb nicht an Welpen in der frühesten Wachstumsperiode und an laktierende Fähen in größeren Mengen verfüttert werden.

Nach der Verfütterung von Dorschabfällen an Silberfüchse und Blaufüchse haben norwegische Pelztierzüchter an einigen Tieren übermäßige Trockenheit und Schuppung der Haut beobachtet. Das Haar verlor seinen Glanz und sah matt aus. Ein Zusatz von frischem Pflanzenöl in einer Menge von 1% der Futtermischung verbesserte den Zustand der Tiere. Wegen Anämiegefahr bei trächtigen Fähen und bei Welpen empfehlen einige Wissenschaftler (TRAVIS, SCHAIBLE, 1960; LEONARD, 1966), dorschartige Fische nicht mehr als 20% der gesamten Futtermasse zu verfüttern. Praktische Erfahrungen besagen jedoch, daß man bei Einhaltung eines ausreichenden Fettniveaus in der Ration und bei Zusätzen von Eisen im Sommer und Herbst bis zu 60% des

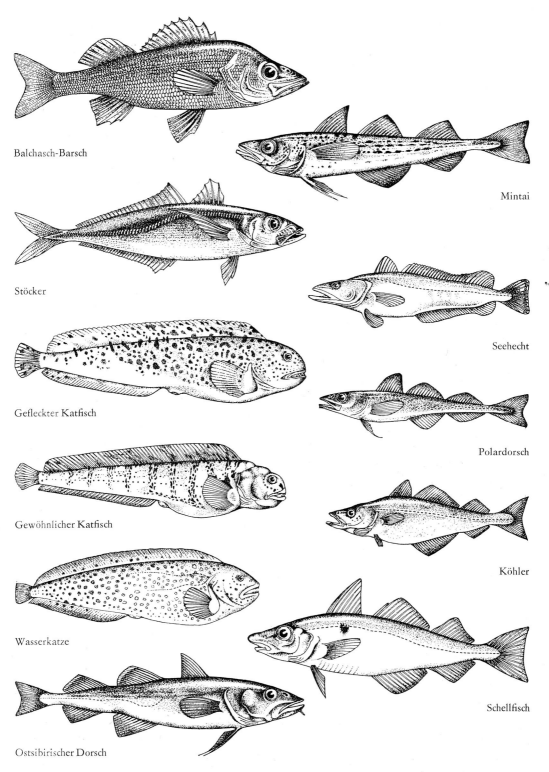

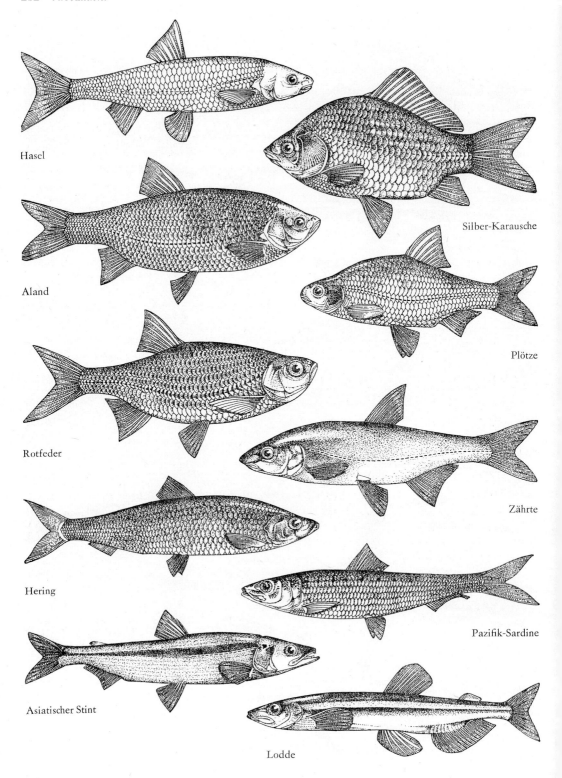

Futters tierischer Herkunft in Form von Dorsch und Dorschabfällen geben kann.

Als Futter für Pelztiere hat während der letzten Zeit der *Mintai* weite Verbreitung gefunden. Er gehört ebenfalls zur Familie der Dorschartigen. Man fängt den Mintai im Beringmeer, im Ochotskischen Meer und im Japanischen Meer. Dieser Grundfisch ist stark von parasitären Würmern befallen, die aber für Pelztiere unschädlich sind. Mintai gehört zu den Magerfischen. Sein Fleisch hat, ebenso wie Dorschfleisch, einen geringen Fettgehalt (0,3 bis 0,6 %). Wegen des hohen Fettspeicherungsvermögens der Leber und einiger anderer innerer Organe erreicht aber die Fettmenge im ganzen Fisch 2,5 bis 3,0 %. In der Leber sind durchschnittlich mehr als 30 % Fett enthalten, das reich an Vitamin A ist. In 100 g Mintai ganz sind bis zu 20 000 IE Vitamin A, ohne Leber 5 450 IE und ausgenommen 190 IE enthalten (FEDOROV, 1967). Das Fleisch des Mintai enthält reichlich Vitamin B_{12}, 3- bis 5mal mehr als Dorschfleisch. In 1 kg Lebertrockensubstanz befinden sich 12 930 mg Vitamin B_{12}.

Im Körper des Mintai liegt ein thermolabiler Faktor vor, der die Aufnahme von Eisen aus dem Futter verhindert. Nach den Erfahrungen in einer Reihe von Pelztierbetrieben in der Sowjetunion ist es möglich, bis zu 60 % der Futtermittel tierischer Herkunft in der Ration der Nerze und Blaufüchse durch Mintai abzudecken. Voraussetzung ist, daß Eisen zusätzlich in Form eines Präparates gegeben wird und alle anderen Ernährungsfaktoren erfüllt sind. Nach Erfahrungen von WENZEL (1969, 1972) und WENZEL, EICH (1970) sollte der Anteil an Mintai in der Ration höchstens 20 % betragen. Fischabfälle aus Mintai liegen im Futterwert nur wenig unter dem des unzerteilten Fisches (MALCANOVA, 1966). In bezug auf Aufnahme sowie Einfluß auf das Wachstum, die Fellqualität und die Fruchtbarkeit der Pelztiere wird Mintai hoch bewertet und dem Futterfleisch gleichgesetzt.

Die *Dorschartigen*, Schellfisch, Blaufisch und Bartmännchen, gleichen in ihrem Futterwert und ihrem Einfluß auf die Leistungen der Pelztiere dem Dorsch. Sie ähneln ihm auch in der chemischen Zusammensetzung, Verdaulichkeit und hinsichtlich des Einsatzes. Hechtdorsch, Silberfisch, Wittling, Köhler (Seelachs) und Seehecht (Lodde) kommen in der Zusammensetzung, den Futtereigenschaften und der spezifischen Wirkung (eisenbindender Faktor) dem Mintai nahe. Unter den Dorschartigen nimmt der Saika oder Polardorsch, der im Nordpolarmeer gefangen wird, eine besondere Stellung ein. Dieser Fisch ist nur 13 bis 30 cm lang und wiegt 40 bis 80 g. Im Gegensatz zu den anderen Dorschartigen enthält er mit 9,5 % bei Schwankungen zwischen 4 und 15 % relativ viel Fett. Der Gehalt an vRP beträgt etwa 12 %. Der Energiegehalt von 100 g Polardorsch kann im Durchschnitt mit 169 kcal angenommen werden. Der Polardorsch läßt sich schlecht lagern. Selbst bei einer Temperatur von −18 °C ist er nicht länger als drei Monate lagerfähig. Andernfalls wird das Fett ranzig, die Zusammensetzung des Fleisches verändert sich.

Nach praktischen Erfahrungen ist es möglich, frisch eingefrosteten, gut gelagerten Polardorsch in den Sommer- und Herbststationen in Mengen bis zu 30 % der Futtermittel tierischer Herkunft zu verabfolgen. Allerdings ist es wichtig, die Ration mit den Vitaminen E und B zu ergänzen. Größere Mengen Polardorsch setzen die Futteraufnahme herab und sind daher in diesem Falle nicht zu empfehlen.

Von den Fischen, die in der Ostsee gefangen werden, sind es vor allem Strömling, Aalmutter, Flunder und Sprotte, die für die Pelztierfütterung in Frage kommen. Der *Strömling* ähnelt dem Hering, ist aber etwas kleiner. Er kommt nur in der Ostsee (im östlichen und südlichen Teil) vor. Im Proteingehalt unterscheidet sich der Strömling fast nicht vom Mintai und vom Dorsch, im Fettgehalt übertrifft er aber, unabhängig von der Fangzeit, die dorschartigen Fische beträchtlich. Sogar in dem im Frühjahr gefangenen Strömling, der mit etwa 6 % wenig Fettvorräte besitzt, ist der Fettgehalt noch immer 2- bis 3mal höher als im Dorsch. Deshalb ist sein energetischer Wert ziemlich hoch, er schwankt zwischen 120 und 145 kcal umsetzbare Energie je 100 g Originalsubstanz. Nach Angaben von PARANOV (1966) sind in 100 g entfetteter Trockensubstanz des Strömlings 967 µg Vitamin B_1, 886 µg B_2, 68,6 µg B_{12} und 27,8 mg PP enthalten

(PP = Pellagra Preventiv Faktor; Schutzfaktor gegen Pellagra).

Nach Beobachtungen sowjetischer Autoren haben Strömling und Strömlingsabfälle einen guten Futterwert. In den Versuchen von ANNILO (1963) hat sich der Ersatz von 50 bis 60% des Futterfleisches durch frisch gefangene Strömlinge in der Zeit von August bis November auf das Wachstum, die Entwicklung der Jungtiere und Fellqualität nicht negativ ausgewirkt. Nach vollkommener Ausbildung des Winterfells kann sich der Anteil auf über 90% des Futters tierischer Herkunft erhöhen. In allen Fütterungsperioden wurden die Rationen täglich durch 16 g Bierhefe je Tier und eine speziell festzulegende Menge an Vitamin E ergänzt.

Auswirkungen auf die Fruchtbarkeit der Nerze waren auch bei hohen Anteilen Strömling in der Ration (50 bis 60% der kcal des Futters tierischer Herkunft) nicht festzustellen. Lange gelagerte Strömlinge mit oxydierten Fettsäuren zersetzen die Vitamine der B-Gruppe, außerdem werden sie von den Pelztieren ungern gefressen. Die *Sprotte* ähnelt dem Strömling im Futterwert und in den Futtereigenschaften.

Vom *Hering* gibt es viele Rassen, die sich u. a. in der Größe, der Laichzeit und dem Fettgehalt unterscheiden. Der größte Teil des Fettes (70 bis 80%) ist im Fleisch konzentriert, während die Innereien nur 8 bis 14% enthalten (FEDOROV, 1967).

Als Futter für Pelztiere hat der Hering in der UdSSR und anderen Ländern kaum Bedeutung. Dies liegt an dem hohen Fettgehalt und dem reichlichen Anteil an mehrfach ungesättigten Fettsäuren. Der erhöhte Gehalt an diesen Säuren bedingt die leichte Oxydierbarkeit des Heringsfettes und verursacht Schwierigkeiten bei der Lagerung und Verfütterung. Einsatz bis 5%. Soll Hering eingesetzt werden, ist der Ration genügend Vitamin E und B-Komplex zuzusetzen. Um einen Vitaminabbau zu verhüten, ist Hering bei zwei Mahlzeiten nur einmal täglich und bei einer Mahlzeit nur jeden zweiten Tag zu geben.

MICHNO (1968) stellte keine Beeinträchtigung der Fellqualität bei Nerzen fest, wenn sie bis zu 30% des Futters tierischer Herkunft in Form von Heringen erhielten; 45% verschlechterten die Qualität des Haarkleides, ohne die Lebendmasse der Jungtiere zu beeinflussen, doch verringerten sich im Blut die Hämoglobinmenge und die Anzahl der Erythrozyten.

Versuche haben gezeigt, daß die im Winter und im Frühjahr in der Ostsee gefangenen Heringe möglicherweise genau wie der Strömling mit gutem Erfolg an Pelztiere verfüttert werden können, wenn den Rationen eine ausreichende Menge Vitamin E zugesetzt wird. Bei Verwendung der im Sommer und Herbst gefangenen Heringe als Futter für Pelztiere ist Vorsicht geboten. Die im Darm der Fische enthaltenen Nahrungsmassen sind reich an Fermenten und Mikroben und setzen die Haltbarkeit des Futters herab. Deshalb muß auch das Futter, dem Hering zugemischt wurde, so schnell wie möglich verfüttert werden.

Abhängig von der Fangzeit schwankt die Fettmenge im Körper der *Sardine* stark: von 6,8% im Sommer bis zu 16,2% im Winter; der Proteingehalt ist mit durchschnittlich 14% der Originalsubstanz relativ stabil. Der Eiweißwert des Sardinenproteins unterscheidet sich von dem anderer Fische nur wenig. Die im Winter gefangene Sardine enthält 0,28 mg Kobalt, 7,64 mg Kupfer, 14,13 mg Mangan, 6,76 mg Eisen und 3,31 mg Zink je 1 kg. Sie enthält aber auch in großer Menge einen Faktor, der Vitamin B_1 inaktiviert. Kristallisches Thiaminchlorid, das man einem Hackfischbrei aus Sardinen zusetzte, war nach 1,5 bis 2 Stunden vollständig inaktiviert. Bedeutend schneller wurde das Vitamin B_1 zerstört, wenn man es einer Ration mit Sardinen zusetzte, die man länger als fünf Monate gelagert hatte.

MOZARENKO (1967) erzielte bei einem Sardinenanteil von 20% der auf die Futterarten tierischer Herkunft entfallenden Kalorien (frisch oder höchstens vier Monate gelagert) gute Ergebnisse bei der Aufzucht von Nerz- und Silberfuchswelpen. Die Qualität der Felle verschlechterte sich nicht, und die Fortpflanzungsergebnisse der ausgewachsenen Nerze lagen im Normalbereich.

Die *Aalmutter* gehört zu den Fischen mit erhöhtem Fettgehalt. Praktische Erfahrungen zeigen

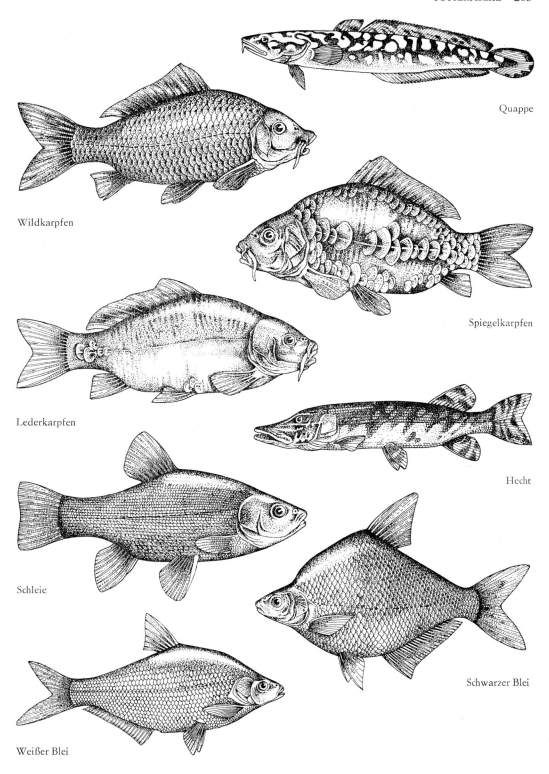

dennoch, daß sie sich gut als Nerzfutter eignet. ANNILO (1965) prüfte unterschiedliche Aalfuttermengen in der Ration und stellte fest, daß sich ein Anteil von 50 bis 60 % im Futter tierischer Herkunft auf Wachstum, Entwicklung und Fellqualität der Jungnerze nicht negativ auswirkte. Bei Standardnerzen mit einem Anteil Aalmutter in Höhe von 53 % des Kaloriengehalts des Futters tierischer Herkunft war die Verdaulichkeit folgendermaßen: organische Substanz 88,56 %, Rohprotein 89,44 %, Rohfett 95,73 % und stickstofffreie Extraktstoffe 81,92 %.

Der *Stint* ist ein relativ kleiner Fisch. Seine größten Fettvorräte befinden sich in den Innereien; der ganze Fisch enthält 2 bis 4 % Fett. Besonders der in Seen gefangene Stint ist häufig von Helminthen befallen. Wurden solche Fische roh und ungefrostet verfüttert, verursachten sie bei Pelztieren Erkrankungen. Der Stint enthält Thiaminase. Er kann an Pelztiere jedoch ohne Gefahr roh verabfolgt werden, wenn man ihn nur alle zwei Tage oder an zwei von drei Tagen in die Futtermischung einbezieht. Eine Beeinträchtigung der Fellqualität ist nicht zu erwarten.

Seit längerem werden in der Pelztierfütterung verschiedenartige *Schollen* bzw. die Verarbeitungsabfälle dieser Fische verfüttert. Man unterscheidet einige Gattungen dieser Familie der Plattfische. Die Schollen (See- und Flußschollen) gehören zu den Magerfischen, während die Vertreter der Gattung *Butten* zu den Fettfischen zählen. Der Fettgehalt beträgt bei den erstgenannten 1,5 bis 2,5 %, bei den Butten 6,5 bis 8,5 %. In den Geweben der Leber und in den Innereien speichern Schollen viel Vitamin B_{12}. Nach Angaben von KISEWETTER u. a. (1963) beträgt die Vitamin-B_{12}-Menge in der Leber der Scholle 11 560 bis 15 470 mg, in den Innereien 1 260 bis 2 400 mg, während im Fleisch einschl. Haut 70 bis 90 mg je kg Trockensubstanz enthalten sind. Ausgenommen unterscheiden sich Schollen in der chemischen Zusammensetzung nicht vom Dorsch.

Praktische Erfahrungen zeigen, daß sich See- und Flußschollen sowie Butten als Futter für Pelztiere eignen. Sie können in großen Mengen verfüttert werden (10 bis 40 %). In der Barentssee kommt der schwarze Heilbutt vor, der in roher Form als toxisch gilt. MARAKOVA u. a. (1962) wiesen darauf hin, daß Schollen, die in den Küstengewässern von Kamtschatka in 200 bis 300 m Tiefe gefangen wurden, bei Blaufüchsen Erbrechen und Durchfälle verursachten, wenn man sie frisch verfütterte.

Nicht selten wird auch die *Makrele* als Futter für Pelztiere eingesetzt. Ein charakteristisches Merkmal des Fettes dieser Fische ist seine Instabilität gegenüber Sauerstoff. Im Verlauf der Lagerung ist die Qualität der gefrosteten Makrele starken Veränderungen unterworfen. Deshalb zählt die Makrele zu den wenig haltbaren bzw. schlecht lagerfähigen Fischarten. Einsatz 10 bis 20 %.

Süßwasserfische können an Pelztiere wie Seefische in großen Mengen verfüttert werden. Es ist nur zu beachten, daß Fische häufig *Thiaminase* enthalten und in einigen Gewässern durch Helminthen befallen sind und die Pelztiere dann zu Zwischenwirten werden.

Fischsilage (ALDÉN und TAUSON, 1979). Zur Silageherstellung wird meistens 3 %ige Schwefelsäure, in Kombination mit Ameisensäure oder Essigsäure verwendet. Der pH-Wert soll nicht unter 5,3 absinken. Nach skandinavischen Angaben (HANSEN zit. von ALDÉN und TOUSON, 1979) können in der Wachstumsperiode 15 bis 20 % und in der Säugeperiode unter 10 % Fischsilage verwendet werden.

Durch den Einsatz von Silage wird die Verdaulichkeit von Kohlenhydraten verbessert.

Beim Einsatz von großen Silagegaben kommt es zu einer Störung des Mineralstoffumsatzes der Tiere, so daß das Kalzium- und Phosphorgleichgewicht stark absinkt. Ein vermindertes Knochenwachstum konnte bei steigenden Silageeinmischungen festgestellt werden. Durch Neutralisierung des Futters mit $Ca(OH)_2$ (= gelöschter Kalk) kann die Kalziumbalance verbessert werden. Durch Säurekonservierung von Süßwasserfischen verringert sich die Thiaminase um mehr als 50 %.

Im Vergleich mit dem Fleisch warmblütiger Tiere ist Fischfleisch bedeutend geringer haltbar. Das liegt an dem hohen Gehalt aller Fischproteine an dem am wenigsten beständigen Myosin.

Fischfleisch enthält 17 bis 21 % Albumine, 78 bis 80 % Myosine und etwa 3 % der gesamten Proteinmenge Myostromine. Die schlechte Haltbarkeit des Fisches hängt zu einem gewissen Grade auch von dem Gehalt an Nichtprotein-Stickstoffverbindungen (NPN) im Fischfleisch ab. Je mehr davon vorhanden sind, desto geringer ist die Haltbarkeit (NIKITIN, 1969). Seefische enthalten mehr NPN als Süßwasserfische und verderben deshalb auch schneller.

Bei längerer Lagerung vollzieht sich unter der Wirkung von Mikroorganismen sowie körpereigener Enzyme die Zersetzung der Proteine und Fette, es bilden sich übelriechende Substanzen mit toxischen Eigenschaften.

Ebenso wie Futterfleisch lassen sich Fisch und Fischabfälle am besten gefrostet lagern. Die *Haltbarkeit* ist besser, wenn das Frostgut innerhalb von zwei Stunden von 0 auf —5 °C abgekühlt wurde. Es wird so lange gefrostet, bis die Temperatur im Fischkörper —21 °C erreicht. Eine ideale Lagerungstemperatur ist —29 °C. Magerfisch ist z. B. dann 12 bis 18 Monate haltbar.

Futtermittel, in denen das Fett bereits ranzig wird, sind auch bei bester Lagerungstemperatur nicht vor Verderb gesichert, da sich der Oxydationsprozeß auch bei sehr niedrigen Temperaturen fortsetzt. Selbst die Zugabe von Antioxydantien kann den eingeleiteten Verderb nicht aufhalten. Beim Einlagern in Kühlzellen schützt das Glasieren des bereits gefrosteten Fisches oder sein Einschlagen in Folie vor Luftzutritt und dadurch das Gewebsfett vor dem Oxydieren. Eine gute *Qualität* ist nur beim Einfrosten eines völlig frischen Produkts erreichbar. Die Frische von Fischen wird anhand des Glanzes der Schuppen, der Klarheit der Augen und der Färbung der Kiemen (hellrote Färbung) festgestellt. Frischer Fisch riecht leicht nach sauberem (See- oder Fluß-)Wasser.

Zur Fütterung der Pelztiere ungeeignet ist Fisch mit folgenden Merkmalen: Mundhöhle geöffnet, Augen tief eingefallen, zusammengeschrumpft, getrübt und schmutziggraurosa oder rötlich gefärbt, Kiemendeckel abstehend, Kiemen und Oberfläche des Fisches mit mattgrauem, flüssigem Schleim bedeckt. Schleim stellenweise graurot gefärbt mit stark ausgeprägtem saurem oder fauligem Geruch, Kiemen graurot oder graurosa gefärbt. Bauch aufgedunsen. Beim Einstechen Austreten übelriechender Gase aus der Bauchhöhle. Schuppen verlieren Verbindung zum Körper und lassen sich leicht ablösen. Bei Fingerdruck auf den Rücken des Fisches bleibt eine Vertiefung bestehen. Schließmuskeln stark vorgewölbt, schmutzigrosa oder schmutzigrot gefärbt. Fisch geht im Wasser nicht unter. Reaktion des Fleisches stark alkalisch (auf Ammoniak ausgeprägt, auf Schwefelwasserstoff schwach). Fleisch weich, zeigt an Schnittflächen Sekret, läßt sich leicht mit der Hand von den Gräten lösen. Darm aufgebläht, schmutzig-graurosa oder rötlich gefärbt. Schwimmblase gespannt. Gallenfärbung stark ausgeprägt sowohl an den Organen um die Schwimmblase als auch an der Bauchseite gegenüber der Leber. Nieren und Leber fast vollständig verflüssigt und matt schmutziggrau oder schmutzigrötlich gefärbt. Blut flüssig, schmutzigrot gefärbt.

Trockenfutter tierischer Herkunft

Von den Trockenfutterarten tierischer Herkunft werden in der Pelztierfütterung Fisch-, Fleisch-, Fleischknochen- und Blutmehl verwendet.

Sortiment und Menge der Abfälle für die Herstellung von Fischmehl hängen vom Verfahren der Aufbereitung ab. Die Qualität des Fischmehls richtet sich nach seinem Gehalt an Fett, Kochsalz und phosphorsaurem Kalzium; je weniger von diesen Stoffen und je mehr Protein im Fischmehl enthalten sind, desto besser ist es geeignet. Für Pelztiere ist ein Fischmehl optimal, wenn es nicht mehr als 22 % Mineralstoffe enthält. Während der Lagerung oxydieren die Fettsäuren des Fischmehls und werden ranzig, wodurch es nicht nur einen unangenehmen Geruch und Geschmack annimmt, sondern auch zur Bildung von für den Organismus schädlichen Substanzen (Ketone und Aldehyde) kommt. Zur Fütterung von Pelztieren ist Fischmehl zu verwenden, das nicht mehr als 10 % Fett enthält.

Der Gehalt an vRP bestimmt in der Hauptsache den Wert des Fischmehls. Bei thermischer Denaturierung kann der Eiweißwert des Fischmehls niedriger sein als der der Ausgangssubstanz. So sind Methionin, Arginin und Lysin im Fischmehl durch hohe Trockentemperaturen verändert und werden nicht mehr resorbiert.

Fischmehl enthält relativ viel Kalzium, Phosphor und Spurenelemente, wie Kupfer, Zink, Kobalt, Jod und Mangan, aber wenig Vitamine. Einige Fischmehlsorten enthalten viel Kochsalz. Ein hoher Kochsalzanteil schränkt die Möglichkeit ein, dieses Fischmehl als Pelztierfutter zu verwenden; zumeist wurde es aus nicht frischen Fischabfällen hergestellt.

Fleisch- und Fleischknochenmehl in guter Qualität enthalten gewöhnlich 50 bis 60 % vRP. Es wird aus Schlachtnebenprodukten oder aus für den menschlichen Verzehr für untauglich erklärten Schlachtkörpern hergestellt. Die Herstellung erfolgt unter Hochdruck mit Dampf; Fett und Kollagen werden abgepreßt, der Rückstand getrocknet und gemahlen. Verschiedentlich wird dem Fleischmehl Trockenblut zugesetzt, um einen bestimmten Proteingehalt einzustellen. Einsatz bis 5 %.

Das *Fleischknochenmehl* enthält zusätzlich zermahlene Knochen. Sein Proteingehalt liegt zwischen 45 und 50 %. Im Mehl von guter Qualität sollen nicht mehr als 11 % Fett und nicht mehr als 25 bis 28 % Mineralstoffe enthalten sein. Gutes Fleischmehl enthält nicht mehr als 10 % Wasser, nicht über 12 % Fett und 12 % Mineralstoffe sowie mindestens 60 % Protein. Einsatz bis 2 % beim Nerz, beim Fuchs bis 5 %.

Der Futterwert des Fleisch- wie des Fleischknochenmehls hängt vom Ausgangsmaterial ab. So ist Mehl aus ganzen Schlachtkörpern proteinreicher. Je höher der Knochenanteil, desto geringer ist der Futterwert. Fettreiches Fleischmehl ist schlecht lagerfähig, besonders bei hohem Luftfeuchtigkeitsgehalt.

Aus Blut, Fibrin und Knochen (höchstens 5 %) wird *Blutmehl* hergestellt. Es ist ein Futtermittel mit hohem Proteingehalt, in dem höchstens 12 % Wasser, 3 % Fett, aber mindestens 80 % Protein enthalten sind. Wegen der günstigen Aminosäurezusammensetzung ist Blutmehl ein Produkt mit hohem Eiweißwert. Einsatz von Blutmehl bis 3 %.

Fisch-, Fleisch- und Fleischknochenmehl sind, aus qualitativ einwandfreien Rohstoffen hergestellt, ein ausgezeichneter Proteinzusatz. Wurde Fisch- oder Fleischmehl bei hohen Temperaturen (über 100 °C) hergestellt, fressen es Pelztiere ungern und verwerten es auch schlecht. Nerze sollen durchschnittlich nicht mehr als 30 % und Silberfüchse nicht mehr als 50 % im Futter tierischer Herkunft erhalten (PERELDIK, 1966). BASSETT und TREVIS (1950) weisen darauf hin, daß sich die Verdaulichkeit der Nerzrationen beim Austausch eines Teils des Fleisches durch Fisch- oder Fleischknochenmehl verschlechterte. PERELDIK vertritt deshalb die Ansicht, daß in einem solchen Fall die Gesamtgabe an Mischfutter zu erhöhen ist.

Das Protein von Fischmehl, welches bis zu 20 % Mineralstoffe enthält, wird vom Nerz zu 85 %, bei einem Mineralstoffgehalt von über 23 % zu 75 % verdaut. Die Verdaulichkeit des Proteins von Fleischknochenmehl mit 20 bis 30 % Mineralstoffen beträgt etwa 60 %. Einsatz von Fischmehl 2 bis 8 %.

Pelztiere werden allmählich an die Aufnahme von Fisch-, Fleisch- oder Fleischknochenmehl gewöhnt. Vor dem Einsatz wird die Qualität des Mehls und sein Einfluß auf die Verdauung an kleineren Tiergruppen geprüft. Verdorbenes Fischmehl darf nicht verfüttert werden. Zu beachten ist auch, daß sich Fleisch- und Fischmehl in der Ration günstig auswirken, wenn der restliche Teil des Futters tierischer Herkunft aus vollwertigen Fleischprodukten besteht und die Futtermischung ausreichend Hefe und andere Vitaminträger enthält.

Die *Lagerung* von Fleischknochen-, Blut- und Fischmehl mit niedrigem Fett- und Wassergehalt, abgesackt in trockenen und sauberen Räumen, ist ohne Qualitätsminderung längere Zeit möglich. Bei ungenügenden Lagerbedingungen verdirbt das Mehl schnell. Überlagertes Mehl hat einen dumpfigen Geruch und ist angeschimmelt – erste Anzeichen eines beginnenden Verderbs. Durch Kochen lassen sich diese Mängel nicht beseitigen.

In letzter Zeit wurde begonnen, zur *Konservierung* verschiedener Futterarten aus Fleisch und Fisch die bakteriziden und fungiziden Eigenschaften bestimmter Chemikalien zu nutzen. Die Behandlung von Futtermitteln tierischer Herkunft mit solchen Konservierungsmitteln ist eine anwendbare und billige Methode zur Erhaltung der Produkte und ermöglicht außerdem, sie auch bei Temperaturen über 0 °C zu lagern. Gewöhnlich werden dann die Futtermittel tierischer Herkunft zu Hackfisch oder -fleisch verarbeitet und mit einem chemischen Konservierungsmittel behandelt. Besonders geeignet sind Natrium- und Kalium-Pyrosulfit.

Nach JERIN (1968) ist die Behandlung des Futters mit Natrium- oder Kalium-Pyrosulfit (Metabisulfit) die einfachste Konservierungsform und hat außerdem noch arbeitswirtschaftliche Vorzüge gegenüber anderen Verfahren. Dem Hackfleisch bzw. Hackfisch wird das Konservierungsmittel in einer Menge von 2 kg je 100 kg Hackmasse zugesetzt und gut eingemischt. Diese Hackmasse kommt in Fässer, Holzwannen oder Zementsilos, deren Wände und Böden vor dem Einbringen der Hackmasse mit einer dünnen Schicht Pyrosulfit bestreut werden. Die Lagergefäße müssen undurchlässig sein. Abschließend wird auf die Hackmasse eine dünne Schicht Pyrosulfitpulver aufgebracht. Danach werden die Behälter so verschlossen und gelagert, daß Fliegen keinen Zugang haben und Regen nicht eindringen kann.

Auf diese Weise konservierte Hackfleisch- oder Hackfischmasse kann länger als 10 Monate aufbewahrt werden. Konserviertes Futter bewirkt bei den Tieren Durst; für ausreichende Versorgung mit Wasser ist deshalb besonders zu sorgen.

Jungnerze können in der Zeit vom Absetzen bis zur Paarung mit einer durch Natriumpyrosulfit behandelten Hackmasse aus Fleisch und Fisch gefüttert werden, nach Kalorien bis zu 30 % des Gesamtfutters tierischer Herkunft. Wachstum und Entwicklung, Fortpflanzung und Fellqualität der Tiere verschlechtern sich hierbei nicht. Die Verdaulichkeit der Nährstoffe und die Verwertung des Proteins sind nicht schlechter als bei frischen Produkten. Der Anteil der Konservate in der Ration kann ohne Schwierigkeiten noch erhöht werden.

Zur Konservierung von Fleisch und Fisch kann auch Ameisensäure verwendet werden. Die Konservierungstechnik und die Lagerungsbedingungen sind fast die gleichen wie bei der Verwendung von Pyrosulfiten.

Kochsalz ist als Konservierungsmittel seit langem bekannt. Das Pökeln von Futterfleisch und Futterfisch gewährleistet gute Haltbarkeit der Produkte, wenn die Kochsalzkonzentration 15 % beträgt. Allerdings kann gesalzenes Futter bei Pelztieren zu Vergiftungen führen. Besonders empfindlich gegenüber Kochsalz sind Nerze. Steht Trinkwasser nicht zur freien Aufnahme zur Verfügung, sind Vergiftungen möglich, wenn die Kochsalzmenge in der Ration 1,8 g je kg Lebendmasse erreicht (JERIN, 1964). Gepökeltes Futter muß deshalb vor dem Verfüttern an Pelztiere gewässert werden, was mit Nährstoffverlusten verbunden ist.

Grundsätzlich ist zu beachten, daß alle Konservierungsmittel unterschiedliche Eigenschaften haben, je nachdem, für welches Futter man sie verwendet. So hat Natriumpyrosulfit eine gute konservierende Wirkung bei Futterfleisch, das sich ohne nennenswerte Nährstoffverluste zehn Monate hält. Nebenprodukte aus Fleisch lassen sich durch Ameisensäure gut konservieren, während Fischfleisch, das mit Ameisensäure behandelt wurde, nicht länger als einen Monat haltbar bleibt. Formalin konserviert Futterfisch bedeutend besser, so daß die Lagerung ohne Verlust bis zu vier Monaten möglich ist. Hinsichtlich seiner konservierenden Wirkung bei Futterfisch bleibt Natriumpyrosulfit hinter den anderen Konservierungsmitteln zurück.

Milch und Milchprodukte

Kuhmilch ist ein hochwertiges Eiweißfutter und kann zur Fütterung der Pelztiere in den wichtigsten Produktionsperioden verwendet werden. In der Kuhmilch ist das Eiweiß-Fett-Mineralstoff-Verhältnis günstiger als in jedem anderen Produkt tierischer Herkunft. Wegen ihrer günstigen Wirkung auf die Milchleistung der Fähen und das Wachstum der Welpen ist Kuhmilch während der Trächtigkeit, Laktation und der ersten Lebensmonate der Jungtiere sehr wichtig. Die Milchinhaltsstoffe werden fast vollständig verwertet. Bei ihrer Einbeziehung in die Rationen erhöht sich deren Futterwert und verbessert sich die Verdaulichkeit der gesamten Ration. In den Rationen aller Pelztiere kann ein Teil des Fleisches durch Milch ersetzt werden. Wurden 30% des Fleischanteils durch Milch ersetzt, zeigte sich ein günstiger Einfluß auf die Entwicklung der Jungnerze (POSDNJAKOV u. a., 1958; 1961; 1962). Jede weitere Erhöhung des Milchgehalts in Jungtierrationen trug dazu bei, daß die Welpen vom Absetzen bis zur Pelzung intensiv wuchsen und ein besseres Haarkleid ausbildeten.

Einen hohen Eiweißwert haben auch die Milchprodukte: Magermilch, Quark (entfetteter, trockener und gepreßter), Milchpulver u. a.

Die Zusammensetzung von *Magermilch* hängt von der Entrahmungsmethode und von der Qualität der Vollmilch ab. 100 g entrahmte Milch enthält durchschnittlich 3,4 g Protein, 0,2 g Fett und 4,8 g Milchzucker. 100 g dieser Milch enthalten 30 kcal u. E.

Trächtigen und laktierenden Fähen sowie Welpen nach dem Absetzen werden 10 bis 15% des gesamten Kaloriengehalts der Ration in Form von Vollmilch gegeben. In den übrigen Perioden gibt man Pelztieren entrahmte Milch in einer Menge, die hauptsächlich von der Konsistenz der Futtermischung abhängt.

Ein für Pelztiere ausgezeichnetes Futtermittel zu jeder Zeit ist *Quark*. Es ist ein konzentriertes Eiweißfuttermittel und enthält 13 bis 19% Protein, etwa 3 g Kalzium und 2 bis 4 g Phosphor je kg (KASANSKI, 1960). Da Quark Methionin und Cholin enthält, die lipotrope Wirkung haben, wird er bei gelber Leberdystrophie mit Erfolg an Nerze verfüttert. Durch Quark können bis zu 50% (nach dem Proteingehalt) des Futters tierischer Herkunft in Jungtierrationen (POSDNJAKOV u. a., 1961) sowie in den Rationen ausgewachsener Pelztiere ersetzt werden.

Rationen mit Quark werden ähnlich verwertet wie Rationen mit rohem Fleisch. Wegen seines geringen Vitamingehaltes müssen die Mengen an Leber, Hefe und Fischtran erhöht werden. Tiere, die Quark in den erwähnten Mengen erhielten, hatten ein Fell guter Qualität und gute Fortpflanzungsleistungen.

Vielfach wird an Pelztiere mit Erfolg gepreßter Magerquark verfüttert. Er enthält ungefähr 60 g Wasser, 33 g Protein, 1,5 g Fett, 2,5 g Kohlenhydrate und 3 g Mineralstoffe je 100 g Originalsubstanz. 1 kg gepreßter Magerquark ersetzt das Protein von 1,5 kg Fleisch. Wegen des hohen Proteingehalts wird an Pelztiere auch entfetteter Trockenquark als Fleischersatz verfüttert.

Die Eiweißwertigkeit von Quark ist hoch, wie eine Gegenüberstellung der Aminosäurenzusammensetzung von Quark und Rindfleisch ausweist. Die Verdaulichkeit der organischen Substanz von Trockenquark liegt durchschnittlich bei 95,47%, die des Proteins bei 95,10%.

Tabelle 8/51 Gehalt an den wichtigsten Aminosäuren (g) in 100 g Protein (nach TITOVA, 1950)

Produkt	Lysin	Tryptophan	Methionin und Zystin	Histidin	Leuzin
Rindfleisch	7,5	1,2	4,3	2,0	12,1
Quark	7,5	1,6	4,0	2,5	12,0

TITOVA (1950) konnte nachweisen, daß bis zu 60% des Fleisches durch Trockenquark in den Rationen junger und ausgewachsener Silberfüchse zu jeder Zeit ersetzt werden können. Die mit Trockenquark gefütterten Welpen wurden größer und hatten dichtes, elastisches und glänzendes Fell im gewünschten reinen Farbton. Später hatten die Tiere auch gute Zuchtleistungen.

Entfetteter Trockenquark enthält meist 3 bis 15% Kochsalz. Er wird deshalb vor dem Verfüttern gewässert, wobei sich seine Masse verdoppelt.

Trockenmilch (Milchpulver) ist eine ausgezeichnete Quelle für Protein und Vitamine der B-Gruppe. Ihre Zusammensetzung ist von der des Rohmaterials abhängig. Milchpulver aus Vollmilch enthält zumeist 26,0 bis 26,5% Fett und 69 bis 71% fettfreie Trockensubstanz, davon 36 bis 39% Milchzucker und 26 bis 28% Protein. Milchpulver aus Magermilch enthält 1,7% Fett und 30,8% Protein.

Von den anderen Nebenprodukten der Milchverarbeitung können *Molke* und *Buttermilch* zum Breikochen verwendet werden. In Molke sind ungefähr 0,2% Fett, bis 1% Eiweiß, 4,7% Milchzucker und 0,5 bis 0,6% Mineralstoffe. Der Fettgehalt in Buttermilch schwankt zwischen 0,25 und 0,69% (DEMUROV, 1952), der Proteingehalt zwischen 3,2 und 3,3%. Sie kann je nach dem Butterungsverfahren süß oder sauer sein. Die hohe Transportempfindlichkeit dieser Produkte schränkte ihren umfassenden Einsatz in den Rationen der Pelztiere ein.

Gutes und relativ billiges Futter für Pelztiere können *Käsereiabfälle* sein. Hierzu gehören Abschnitte und Bruchstücke von Käse, Käserinden usw. Vor dem Verfüttern sind sie unbedingt zu kochen (Schmelzkäse).

Der Einsatz von Käsereiabfällen im Futter von Nerzen und Blaufüchsen während mehrerer Jahre im sowjetischen Forschungsinstitut für Pelztierzucht zeigte, daß diese Abfälle in Mengen bis zu 20% in die Sommer- und Herbstrationen einbezogen werden können.

Alle Milchprodukte, die an Pelztiere verfüttert werden, müssen frisch sein. Andernfalls kommt es zu Verdauungsstörungen. Milch und Milchprodukte dürfen nicht in verzinkten Gefäßen aufbewahrt werden. Milchsäure bildet mit Zink Verbindungen, die sich auf den Organismus ungünstig auswirken (Katarrh der Schleimhäute des Magen-Darm-Kanals, Magengeschwüre, Zwölffingerdarmgeschwüre).

Körnerfutter, Verarbeitungsprodukte der Mühlen- und Fettindustrie

Körnerfrüchte (Zerealien) sind für Pelztiere die wichtigste Kohlenhydratquelle. Zu dieser Gruppe gehören die *Körner* der Getreidearten (Hafer, Gerste, Weizen, Mais, Roggen) und die *Samen* der Hülsenfrüchte (Erbsen, Sojabohnen) sowie deren Verarbeitungsprodukte. Da die Spelzen von Hafer und Gerste unverdaulich sind, ist es üblich, diese Getreidearten entpelzt und geschält an Pelztiere zu verfüttern, hauptsächlich verschieden fein gemahlene Graupen oder Mehl.

Das Getreide ist kohlenhydratreich (bis 80% der organischen Substanz). Die Kohlenhydrate gekochten Getreides werden von Pelztieren zu 72% und mehr verdaut. Der Proteingehalt ist niedrig (10 bis 14%); das Protein hat einen geringeren Eiweißwert und ist durch Eiweiß tierischer Herkunft zu ergänzen. Geschältes Getreide ist arm an Vitaminen. Das Getreideprotein wird von Pelztieren etwa zu 65% verdaut. Im Futterwert bestehen zwischen den Getreidearten keine wesentlichen Unterschiede. Auch in der chemischen Zusammensetzung bestehen zwischen Hafer, Weizen und Gerste nur geringe Unterschiede, in den diätetischen Eigenschaften und der Geschmacksqualität übertrifft Hafer den Weizen und die Gerste. Roggen wird als Mehl allmählich in begrenzten Mengen in die Rationen der Pelztiere einbezogen. Hohe Gaben verursachen Verdauungsstörungen. Einsatz von Weizen 2 bis 4%, Hafer (entspelzt) 2 bis 6%, Gerste 2 bis 8% (bei Füchsen bei 12%).

Körnermais liegt im energetischen Wert bei Hafer, Weizen und Gerste, wird aber als Mehl von Pelztieren viel schlechter verdaut. Alle Körnerfrüchte enthalten wenig Kalzium, sind aber eine gute Phosphorquelle. Einsatz 1 bis 2%.

Je nach Entwicklungsabschnitt der Tiere und Fettgehalt der Futtermischung setzt man der Ration 15 bis 30% (nach Kalorien) Körnerfrüchte zu. Für Silberfüchse kann der Anteil auf 40% erhöht werden. Im Gegensatz zu den anderen Pelztieren können Silberfüchse das Getreideprotein effektiver nutzen.

Körnerfrüchte erhalten Pelztiere in Form von überbrühtem Mehl oder gut gekochtem Brei. Mais muß zwecks besserer Verwertbarkeit stets gekocht werden. Verdaulichkeit bei 1 mm Mehlgröße, gekocht = 69%; roh = 37%.

Von den *Mühlennachprodukten* ist Weizenkleie in der Pelztierfütterung am stärksten verbreitet. Kleien dürfen nicht dumpfig und schimmelig sein und keinen bitteren oder sauren Geschmack haben. Sie enthalten viel Phosphor.

Schale und Keim machen ungefähr 16% der Gesamtmasse des Korns aus. Der Futterwert der Kleie hängt vom Ausmahlungsgrad ab. Die Rohfaser der Kleien wird von Pelztieren nicht verdaut. 100 g Kleie enthält durchschnittlich 103 kcal u. E. und 6 g vRP.

Kleien werden in geringen Mengen an Pelztiere

verfüttert (bis 5 g an Nerze, bis 10 g an Silberfüchse und Blaufüchse pro Tag), um die Verdauung anzuregen. Hohe Kleiegaben setzen die Verdaulichkeit der Ration herab und können zu Verdauungsstörungen führen. Gersten- und Roggenkleien sollten ihres hohen Rohfasergehaltes wegen an Pelztiere nicht verfüttert werden.

Die Samen von *Leguminosen* (Erbse, Sojabohne u. a.) ähneln sich in ihrer chemischen Zusammensetzung und im Futterwert. Sie sind im Vergleich zu den Getreidearten proteinreich und fettarm (außer der Sojabohne).

In der Aminosäurenzusammensetzung kommt das Protein der Sojabohne von allen Körnerfrüchten den Proteinen tierischer Herkunft am nächsten. Sojabohnen enthalten im Durchschnitt 3,8 % Protein und bis 17 % Fett.

Rohe Sojabohnen enthalten einen Inhibitor, der die Proteinverwertung durch die Tiere herabsetzt. Beim Toasten verliert dieser Inhibitor seine Aktivität, und die Verwertbarkeit des Sojaproteins erhöht sich.

Es empfiehlt sich, an ausgewachsene Pelztiere nicht mehr als die Hälfte und an wachsende Tiere bis fünf Monate nicht mehr als ein Viertel der gesamten Körnerfruchtmenge der Ration in Form von Soja zu geben. In diesen Mengen sind Sojabohnen nicht nachteilig auf den Gesundheitszustand und die Fellqualität. Größere Mengen führen zu Blähungen und zu schlechter Fellqualität durch mangelnde Entwicklung der Grannen und Hellerwerden des Haares.

Unter Praxisbedingungen werden anstelle von Sojabohnen die Verarbeitungsprodukte *Sojakuchen* und *Sojaschrot* eingesetzt. Sojakuchen enthält noch 5 bis 12 % Fett, Sojaextraktionsschrot dagegen nur noch 3,0 bis 3,5 %. Je geringer der Rohfasergehalt, desto höher ist ihre Verdaulichkeit. Sojakuchen und Sojaextraktionsschrot haben mit mehr als 48 % und nicht weniger als 30 % Protein in der Trockensubstanz einen hohen Eiweißgehalt. Insgesamt sind beide für Pelztiere besonders gut geeignet. Einsatz 1 bis 2 %.

Mischfuttermittel bzw. *Konzentrate* sind Fertigfuttermittel, die so optimal zusammengesetzt sind, daß die Versorgung der Tiere mit Energie, Protein, Mineralstoffen und Vitaminen vollständig gesichert ist. Für Pelztiere wird in der Sowjetunion Getreidemischfutter hergestellt. Es enthält 25 bis 40 % Weizenmehl, 25 bis 30 % Gerstenmehl, 25 bis 30 % Hafermehl, 10 bis 15 % Futterhefe und 10 % Ölkuchen oder Extraktionsschrot. 100 g Mischfutter enthalten 250 kcal u. E. und 9,4 bis 15 g vRP.

In der DDR gibt es ein Mischfutter für Edelpelztiere mit einer vergleichbaren Energiekonzentration und einem Gehalt an vRP in Höhe von 17 % in der Trockensubstanz bzw. von 12 % in der Originalsubstanz. Ferner gibt es ein Eiweißkonzentrat für Edelpelztiere mit 55 % vRP in der Trockensubstanz und damit niedrigerem Energiegehalt. Es wird als Eiweißkomponente in der, in den Betrieben herzustellenden Mischung verwendet. (Anm. d. federf. Autors)

Saftfutter pflanzlicher Herkunft

Zu dieser Gruppe zählen Wurzeln und Knollen, Gemüse sowie die entsprechenden Silagen.

Von den Wurzeln bzw. Knollen hat die *Kartoffel* den höchsten Futterwert. Als ausgesprochene Kohlenhydratquelle wird sie gekocht verfüttert und kann Getreide in den Pelztierrationen fast vollständig ersetzen. Durch 3,5 kg Kartoffeln läßt sich 1 kg Getreide ersetzen. Gemessen am Kohlenhydratgehalt nimmt die Kartoffel den zweiten Platz hinter den Getreidearten ein. Ihre Zusammensetzung schwankt je nach Sorte und den Anbaubedingungen. In der Regel enthält die Kartoffel 22 % Trockensubstanz; mindestens 80 % davon entfallen auf Stärke, die von Tieren leicht verwertet wird. Mit etwa 6 bis 7 % der Trockensubstanz ist der Gehalt an Protein gering, der an Mineralstoffen mit etwa 4 % und der an Fett mit etwa 2 % entsprechend niedrig. Auf Originalsubstanz bezogen enthalten Kartoffeln zwischen 12 und 24 % Stärke. Je nach der Lagerung ist der Vitamin-C-Gehalt verschieden und schwankt von 5 bis 30 mg% (KOROTKOW, 1963). Frisch geerntete Kartoffeln enthalten 2- bis 4mal mehr Askorbinsäure als gelagerte.

Der Ersatz des Getreides durch Kartoffeln wurde in einer Reihe von Versuchen überprüft. KLEZKIN und MARKOV (1959) haben festgestellt, daß sich die Futteraufnahme nicht vermindert und auch die Verdauung normal funktioniert. Blaufuchswelpen, die von September bis zur Pelzung Kartoffeln erhielten, nahmen besser zu und hatten eine bessere Fellqualität als die Tiere, die in den Rationen ausschließlich Getreidebreie erhielten.

Kartoffeleiweiß hat einen hohen Proteingehalt und eine gute Aminosäurezusammensetzung. Die Proteinverdaulichkeit beträgt 88 bis 95 %. Ein Nachteil des Kartoffelproteins kann sein Solaningehalt sein; dieser schwankt zwischen den verschiedenen Qualitäten. Nicht geeignet für die Nerzfütterung ist die Kartoffelpektinzellulose, da das Protein in diesem Produkt unverdaulich ist.

Es ist am besten, Kartoffeln gekocht zu verfüttern. Vor dem Kochen oder Dämpfen sind sie unbedingt zu waschen und von Erde und Keimen zu befreien. Verdorbene Knollen dürfen nicht verwendet werden. Da gekochte Kartoffeln schnell sauer werden, sind sie alsbald zu verfüttern. Einsatz in den Herbstmonaten bis 20 %.

Häufig verwendet man zur Fütterung von Pelztieren *Weiß-* und *Markstammkohl*. Letzterer enthält mehr Protein (3,3 %) als Weißkohl (bis 2 %). Dieser wiederum ist eine billige und reiche Vitamin-K-Quelle (2 mg in 100 g). Grüne Kohlblätter enthalten Vitamin C, in 100 g Weißkohl mehr als 30 mg. Der Kohl wird den Pelztieren im Spätherbst gegeben. Er ist nicht empfindlich gegen Frühfröste und hält sich im Vergleich zu anderen Pflanzen länger (Markstammkohl).

Im Futterwert und in der Bedeutung für Pelztiere kann Kohl Wurzelfrüchten gleichgesetzt werden. Sein hoher Wassergehalt (Weißkohl mehr als 90 %) schränkt allerdings die Möglichkeiten ein, ihn in größeren Mengen als 1,0 bis 1,5 % des Kaloriengehalts der Ration zu verfüttern.

Von den Wurzelfrüchten erhalten Pelztiere zumeist *Möhren*. Sie enthalten etwa 12 % Trockensubstanz, von der mehr als $2/3$ auf Stärke und Zucker entfallen. Mit 0,9 % der Trockensubstanz ist der Proteingehalt von Möhren gering. Besonders günstig sind aber der hohe Karotingehalt der Möhren und ihre guten diätetischen Eigenschaften.

Häufig werden auch *Futter-* und *Kohlrüben* an Pelztiere verfüttert. Stoppelrüben stehen im Futterwert hinter den anderen Wurzelfrüchten zurück. In der Literatur gibt es Hinweise auf den günstigen Einfluß des *Topinamburs* auf die Fruchtbarkeit, Milchabsonderung und Fellausbildung bei Pelztieren (KÜPPERS-SONNENBERG, 1966). Die Topinamburknollen sind reich an leicht verdaulichen Kohlenhydraten und ähneln im Futterwert der Kartoffel.

Knollenfrüchte werden vorwiegend gekocht, pastetenartig zerkleinert verfüttert. Den Rationen von Silberfüchsen und Blaufüchsen setzt man bis zu 3 %, den von Nerzen bis zu 2 % der Tagesnorm zu.

Frisches Gemüse (Salat, Spinat, Schnittlauch und junge Brennessel) enthält viel Wasser (bis 98 %). In der TS sind 30 bis 35 % Protein, ungefähr 40 bis 50 % leichtlösliche Kohlenhydrate, 10 bis 15 % Rohfaser und 8 bis 10 % Mineralstoffe. Als Träger für die Vitamine K, C und E wird grünes Gemüse der Ration von Pelztieren in Mengen bis zu 1 % des Kaloriengehalts zugesetzt.

Zur Verfütterung an Pelztiere im Winter und im Frühjahr lassen sich Wurzelfrüchte und grünes Gemüse silieren. Die Silage wird am besten im September oder Oktober hergestellt und besteht aus verschiedenen Gemüsearten. Meistens verwendet man Kraut und Mohrrüben, letztere können bis zu 70 % der Gemüsemasse ausmachen. Es entsteht so eine Mischsilage, in die Möhrenkraut mit eingeht.

Die Bedeutung des Saftfutters in den Rationen von Nerzen und Silberfüchsen wurde von BELJAOVA (1954) geprüft. Nach ihren Beobachtungen blieb Saftfutter (Möhren und Salat) bei Jungnerzen im Alter von 2 bis 6 Monaten ohne nachteiligen Einfluß auf den Zustand der Tiere und die Fellqualität. Auch die Fortpflanzungsleistungen waren unverändert. Im Prinzip bedeutet das nicht, daß Pelztiere absolut kein Saftfutter pflanzlicher Herkunft benötigen. Es ist z. B. günstig, Möhren, Rüben und Kohl in das Futter der Pelztiere einzubeziehen, wenn der Anteil Trockenfutter tierischer Herkunft in fett-

Tabelle 8/52 Verschiedene Hefen, chemische Zusammensetzung (nach ABRAMOV, 1951) und Vitamingehalt

Art	Chemische Zusammensetzung (in % der Trockensubstanz)				Vitamingehalt (mg je 100 g)		
	Rohprotein	Rohfett	Mineralstoffe	Stickstofffreie Extraktstoffe NFE	Vitamin B_1	B_2	Ergosterin
Bäckerhefe	44 bis 46	1,5 bis 2,5	7 bis 10	30 bis 40	5 bis 7	4	200
Bierhefe	51 bis 58	2,5 bis 3,0	8 bis 9	25 bis 30	2 bis 3	6	2 000
Futterhefe	47 bis 53	2,5 bis 3,0	8 bis 11	27 bis 40	1,4 bis 2,2	6	2 500

reichen Rationen überwiegt und die Nerze zum Bauchnässen neigen. Grünfutter oder Gemüsesilage guter Qualität wird den Pelztieren während der Fortpflanzungsperiode zweckmäßigerweise als zusätzliche Vitaminquelle gegeben, besonders dann, wenn die Versorgung mit Leber, Hefe und Vitaminpräparaten unzureichend ist.

Hefen

Hefe enthält viel Protein und ist reich an Vitaminen der B-Gruppe. In der chemischen Zusammensetzung bestehen zwischen Bäckerhefe, Bierhefe und Futterhefe kaum Unterschiede. Hefen haben einen hohen Gehalt an den meisten Vitaminen der B-Gruppe sowie an Ergosterin, das nach Behandlung der Hefe mit ultravioletten Strahlen in Vitamin D_2 übergeht. Bierhefen enthalten mehr Vitamin B_1 und weniger B_2 als Futterhefe.

Nach WHITE (1957) sind unbehandelte Bäckerhefe und Bierhefe schwer verdaulich. Futterhefe wird von Pelztieren am liebsten gefressen. Einsatz 2%. Bierhefe wird im Verhältnis zu Futterhefe 4:1 eingesetzt.

Zu dieser Futtergruppe ist ein *Eiweiß-Vitamin-Konzentrat* zu rechnen, das ein bakterielles Syntheseprodukt ist und aus gereinigten, flüssigen Paraffinen des Erdöls hergestellt wird. 100 g dieses Konzentrats enthalten 38 g vRP, 5,1 g verdauliches Rohfett und 212 kcal umsetzbare Energie. Im Anteil an den essentiellen Aminosäuren ähnelt das Eiweiß-Vitamin-Konzentrat dem Muskelfleisch. So sind im Vergleich zum Pferdefleisch (7,9%) 7,4% Lysin, (4,8) 5,0% Isoleuzin und (2,6) 2,0% Methionin enthalten. Im Tryptophan- und Zystingehalt übertrifft das Eiweiß-Vitamin-Konzentrat die Menge im Pferdefleisch (IONKINA, 1968). Nach PERELDIK u. a. (1968) kann dieses Futter in Mengen bis 25% des Normbedarfs an vRP bei ausgewachsenen wie jungen Nerzen den Bedarf decken, ohne daß Nachteile im Wachstum und in der Fellqualität auftreten.

Die stickstofffreien Extraktstoffe des Eiweiß-Vitamin-Konzentrats werden von Nerzen nicht verwertet. Deshalb liegt die Verdaulichkeit der organischen Substanz nur bei 50,6%. Demgegenüber ist die Verdaulichkeit des Proteins (76,2%) und des Fettes (79,6%) vollkommen befriedigend. Das Konzentrat gleicht somit Futtermitteln tierischer Herkunft mit hohem Kollagengehalt.

In Fütterungsversuchen an Nerzen wurden weder im Wachstum, der Entwicklung der Jungtiere noch in der Fellausbildung Abweichungen festgestellt. Von PERELDIK u. Mitarb. (1970) wurden auch bei Blaufüchsen positive Ergebnisse nach Verabfolgung von Futterhefen aus Erdölparaffinen erzielt, wenn sie in einer Menge von 20% des vRP im Verlaufe des ganzen Jahres zugesetzt wurden. Wachstum der Jungtiere, Qualität der Felle und Wurfergebnisse je Fähe waren nicht schlechter als bei den Tieren, die Rationen aus Fleisch und Fisch erhielten.

Fette

In der Pelztierfütterung werden Fischöle, Fette von landwirtschaftlichen Nutztieren und pflanzliche Öle verwendet.

Fischöle enthalten im Gegensatz zu den Fetten der Landtiere große Mengen an ungesättigten und mehrfach ungesättigten Fettsäuren. Diese Fette haben eine hohe Jodzahl. Die Gesamtmenge der ungesättigten Säuren liegt zwischen

73 und 82 %. Der Rest sind gesättigte Fettsäuren (ALEKSANDROVSKI, 1959). Daraus erklärt sich nicht nur die flüssige Konsistenz der Fischöle, sondern auch ihre leichte Oxydierbarkeit.

Die Farbe des Fischöles ist vorwiegend durch das Gewinnungsverfahren bedingt. Beste Sorten sind hellgelb oder hellorangegelb, schlechtere Sorten dagegen braun. Frisches Fischöl hat einen schwachen Fischgeruch und einen angenehmen Geschmack. Der hohe Wert der Fischöle, besonders wenn sie aus Leber hergestellt wurden, liegt im Gehalt an den Vitaminen A und D. 1 ml eines nicht mit Vitaminen angereicherten Fischöls enthält 300 bis 500 IE Vitamin A und etwa 10 IE Vitamin D_3.

In den Rückständen der Lebertranherstellung aus Seetieren und Dorsch bleiben nach der Gewinnung des Trans 20 bis 25 % Öl und 16,3 % Eiweißstoffe zurück; in 1 g dieses Futterprodukts befinden sich ungefähr 100 IE Vitamin A. Diese Rückstände sind unter der Bezeichnung *Grieben* bekannt. Grieben oxydieren leicht, enthalten oft erhöhte Mengen Aldehyde und freie Fettsäuren.

RAPOPORT (1964) verfütterte an Jungnerze vom 10. Juli bis zur Pelzung je 20 g Rückstände der Lebertrangewinnung und bis zu 30 g an Blaufüchse und Silberfüchse. Dadurch verschlechterte sich die Futteraufnahme der Tiere nicht. Die Felle der Versuchstiere hatten eine bessere Dichte und waren größer. Bei den Silberfüchsen wurde jedoch eine gewisse Qualitätsverschlechterung des Haarkleides festgestellt.

Fette landwirtschaftlicher Nutztiere (Rindertalg, Hammeltalg, Schweine-, Knochen- und Mischfett) werden zur Verfütterung an Pelztiere weitgehend verwendet. Von den gesättigten Fettsäuren überwiegt Palmitin- und Stearinsäure (40 bis 50 %). Wegen des insgesamt hohen Gehaltes an gesättigten Fettsäuren sind die Fette landwirtschaftlicher Nutztiere, ausgenommen Pferdefett, lange haltbar. Pferdefett enthält viel ungesättigte Fettsäuren und steht in der Haltbarkeit zwischen Schweinefett und Walöl.

Die Fette landwirtschaftlicher Nutztiere werden etwas schlechter verwertet als die Öle der Fische und Seetiere.

Das Fett kann roh angeliefert werden, in den meisten Fällen wird es aber ausgelassen zur Verfügung gestellt. Die dabei zurückbleibenden Grieben können ebenfalls als Futter für Pelztiere verwendet werden, da sie noch viel Fett und Eiweiß enthalten. In getrockneten Fettgrieben erreicht der Fettgehalt 35 bis 40 %.

Zur Herstellung von *Knochenfetten* verwendet man verschiedene Arten frischer Knochen landwirtschaftlicher Nutztiere. *Sammelfett* (Mischfett) erhält man aus fettigen Rohstoffen aller Tierarten beim Kochen von Schlachtnebenprodukten, von Fleisch und Wurst sowie nach dem Pressen der Grieben.

Pflanzliche Öle sind nicht so vielfältig zusammengesetzt wie Fischöle. Da ihr Gehalt an essentiellen Fettsäuren (Linol- und Linolensäure) hoch ist, sind sie ein wichtiges Futtermittel.

Im Vergleich zu anderen Fetten oxydieren pflanzliche Öle schneller. Während der Lagerung von Ölen erhöht sich im Ergebnis hydrolytischer Prozesse die Säurezahl, deren Wert 2,25 nicht übersteigen soll. Öl mit einer Säurezahl über dem erwähnten Wert ist nur noch für technische Zwecke geeignet.

Bei *Lagerung* in großen Behältern (Fässern) und niedriger Temperatur (6 °C) wird der Umsetzungsprozeß verlangsamt, was bei der Organisation der Lagerung berücksichtigt werden muß. Fette werden in Kühlhäusern bei einer Temperatur von — 8 °C und einer relativen Luftfeuchtigkeit von nicht mehr als 90 % gelagert. In diesem Fall ist eine Aufbewahrungsdauer bis zu sechs Monaten zulässig. Bei tieferen Temperaturen läßt sich die Lagerzeit bis auf ein Jahr verlängern. Kurze Zeit lassen sich Fette in trockenen Lagern bei Temperaturen von 5 bis 6 °C, aber unbedingt im Dunkeln, aufbewahren.

Nach ÅHMAN (1966) ergeben sich bei Verfütterung von Mischungen verschiedener Fette die gleichen Resultate wie bei Verabreichung eines bestimmten Fettes. Die beobachtete ungleichartige Effektivität verschiedener Fette ist zumeist auf die unterschiedliche Versorgung des Organismus mit Vitaminen zurückzuführen und vom Gehalt der Fette an ungesättigten Fettsäuren abhängig.

Hohe Fettgaben mit großen Anteilen an ungesättigten Fettsäuren (Leinöl, Öl von Seetieren) haben schlechteren Glanz und schlechtere Qualität der Felle bei Silberfüchsen und Nerzen zur Folge. Beim Einsatz selbst großer Mengen Rindertalg waren diese Erscheinungen nicht festzustellen (HELGEBOSTAD, ENDER, 1958).

Herstellung von Futtermischungen und Futtereinsatz

Die Haltung von Pelztieren in Gehegen setzt voraus, das Futter in einer kompletten Mischung vorzulegen. Eine solche *Futtermischung* muß folgende Bedingungen erfüllen: Homogenität der Mischung und bedarfsgerechte Zusammensetzung. Zerkleinerung der einzelnen Futterkomponenten, so daß die Tiere beim Fressen nicht selektieren können und Fleisch, Fisch oder andere für sie schmackhafte Bestandteile heraussuchen und Knochen, Körnerfrüchte und Gemüse übriglassen.

Eine weiche Masse aus fein zerteiltem Futter in Pastenform wird besser gefressen und besser verwertet. Die Futterverluste sind gering, besonders wenn die Mischung auf die Maschen im Oberteil des Geheges gelegt wird. Es ist wichtig, daß in der Futtermischung die einzelnen Teile von Fleisch und Fisch durchschnittlich nicht größer als 5 mm, von Gemüse 1,0 bis 1,5 mm und von Körnerfrüchten und anderem Trockenfutter nicht größer als 0,8 mm sind.

Die *Konsistenz* der Futtermittel muß so beschaffen sein, daß Futterverluste nicht auftreten, die Futteraufnahme nicht beschränkt wird und die Fütterung mechanisiert werden kann. In ihrer Konsistenz muß die Mischung dem Alter der Tiere und der Saison angepaßt sein. Welpen und laktierende Fähen benötigen z. B. eine flüssigere Masse. Bei Frostwetter ist eine dickere Masse, im Sommer eine dünnere besser. Die Mischung darf keine minderwertigen Futtermittel enthalten, ferner auch nicht solche Futtermittel, die schnell gären, die die Entwicklung einer pathogenen Mikroflora und die Speicherung von Toxinen verursachen könnten und die Substanzen enthalten, durch die die Gesundheit der Tiere beeinträchtigt wird. Alle Futtermittel, die zur Herstellung der Futtermischung angeliefert werden, sind hygienisch zu begutachten. Das Futter soll im Sommer 8 bis 12 °C und im Winter 15 bis 18 °C warm sein, um seine Haltbarkeit zu sichern und eine hohe Aufnahme zu gewährleisten. Bei diesen Temperaturen kann die Mischung ohne Konservierungsmittel nicht länger als eine Stunde von der Herstellung bis zur Verfütterung aufbewahrt werden. Auch soll die Dauer der Mischarbeiten nach dem Zugeben der letzten Komponente 15 bis 20 Minuten nicht überschreiten. Beim Mischen, Transport und bei der Verabreichung ist das Futter vor Staub, Abwässern, Insekten, Nagern usw. zu schützen. Lange Transportwege sind zu vermeiden. Allgemein setzt sich der *Herstellungsprozeß* von Futtermischungen aus folgenden Etappen zusammen:

● Annahme, teilweise oder vollständige Entfrostung, Auftauen, Waschen, Sortieren des Futters;
● Thermische Behandlung der kohlenhydratreichen Futterarten;
● Dosieren und Zerkleinern;
● Mischen der Komponenten, Einstellen der Mischung auf die vorgeschriebene Temperatur und, falls nötig, Umrühren der fertigen Mischung;
● Beladen der Transportbehälter und Transport zur Farm.

In Pelztierbetrieben befindet sich eine Futterküche zur Mischfutterbereitung (für alle Tierarten). Moderne Maschinen und Transportmittel ermöglichen es, Futtermischungen in der gewünschten Zusammensetzung schnell herzustellen. Je nach der Lage der Betriebe ist die Technologie der Futteraufbereitung unterschiedlich. Zumeist ist entscheidend, ob das Fleisch und der Fisch gekühlt oder gefrostet angeliefert werden oder ob die Futteraufbereitung auf der Basis des Einsatzes von Trockenfutter organisiert ist. Nach den Erfahrungen in der Sowjetunion sind etwa 3 Kategorien von Futteraufbereitungseinrichtungen zu unterscheiden.

Die erste Gruppe ist vorwiegend auf den *Einsatz von Mischfuttermitteln* (Vollfutter mit hohem Gehalt an Proteinen tierischer Herkunft) ausgerichtet. Eine thermische Behandlung des Futters ist nicht erforderlich. Der Einsatz von brikettiertem Hackfleisch und Hackfisch, die gefrostet angeliefert und in Kühlkammern des Betriebes gelagert werden, ist für diese Gruppe ebenfalls typisch. Im Prinzip ist die Aufbereitungstechnik einfach und besteht aus Fleischwolf, Mischer (mit Homogenisator) und den Transportmitteln. Bei einer zweiten Gruppe besteht das Futter vorwiegend aus *Fisch* und *Fischabfällen*. Die Körnerfrüchte und die Schlachtnebenprodukte werden zumeist gekocht. In solchen Anlagen befinden sich Einrichtungen zum Waschen des Futters (vor dem Einlagern in den Kühlraum und vor dem Zerkleinern), eine Kesselanlage zum Kochen des Futters, zum Aufwärmen der Futtermischungen und zur Aufrechterhaltung der notwendigen Temperaturen in den Arbeitsräumen. Dieser Typ ist in den Farmen der Sowjetunion und der skandinavischen Länder weit verbreitet.

In einer dritten Gruppe ist die Fütterung vorwiegend auf den Einsatz verschiedener Arten von *Muskelfleisch, Knochenfleisch* und weicher *Schlachtnebenprodukte, gefrorenen Fisches* und bedeutender Mengen *gekochter Körnerfrüchte, Fleischfutter* und *Gemüse* ausgerichtet. Die Technik solcher Anlagen bedarf relativ großer Räume, weil verschiedene Aufbereitungsmaschinen benötigt werden. Das sind z. B. Maschinen zur Aufbereitung von Futter bester Qualität, Maschinen zur Verarbeitung nur bedingt verwendbarer Futtermittel und Maschinen zur Vorbereitung der Körnerfrüchte und des Gemüses. Dabei wird die Anordnung der Maschinen nach dem Prinzip von Fertigungsstrecken vorgenommen. So sind z. B. bei der Projektierung entsprechende Kapazitäten zum Lagern, Entfrosten, Sortieren und Waschen von Futterfleisch und Futterfisch vorzusehen.

Grundsätzlich muß frisches (ungefrostetes) Futter aus Fleisch und Fisch, das nicht alsbald nach der Anlieferung verfüttert wird, in einen Raum bei etwa 0 °C gebracht und kann dort 3 bis 5 Tage gelagert werden. Andernfalls ist es in Gefrierzellen unterzubringen. Schlachtnebenprodukte sind ebenso wie Fische in dünnen Schichten (10 bis 15 cm hoch) in Regalen oder Kisten (Schüsseln) aufzubewahren.

Die *Dauer des Entfrostens* hängt von der Temperatur des eingefrosteten Futters und dessen Wärmekapazität, der Größe der Stücke (Blöcke des Produkts) sowie von dem Medium, in dem sich der Auftauungsprozeß vollzieht (Luft, Wasser, Dampf), von der Temperatur und Zirkulation dieses Mediums sowie von anderen Faktoren ab.

Es empfiehlt sich, das Auftauen an der Luft langsam und in speziell dafür eingerichteten Kammern mit regulierbarer Temperatur und Feuchtigkeit vorzunehmen (im Verlauf von etwa drei Tagen mit Temperaturanstieg von 0 auf 20 °C und einer relativen Luftfeuchtigkeit über 90 %). Bei diesem Verfahren sind die Verluste durch Schwund am geringsten, es ergeben sich jedoch arbeitswirtschaftliche Schwierigkeiten. Dazu kommt, daß sich während des langsamen Auftauens an der Futteroberfläche eine Mikroflora entwickelt, besonders bei einer Luftfeuchtigkeit über 65 %. Es wird deshalb empfohlen, das Entfrosten durch Luft mit ultravioletter Bestrahlung zu kombinieren, um so eine Entkeimung zu erreichen.

In den meisten Pelztierfarmen werden Fleisch und Fisch mit Wasser entfrostet. Allerdings ist ein hoher Wasserverbrauch zu veranschlagen. Das Frostgut taut in relativ kurzer Zeit auf (Futterfleisch in 20 Stunden bei einer Wassertemperatur von ungefähr 10 °C, in 10 Stunden bei einer solchen von 20 °C; Futterfisch in 2 Stunden bei 10 bis 15 °C). Die Saftverluste bleiben gering, und die Futteroberfläche bleibt rein. Futter wie Wasser lassen sich auch durch direktes Einleiten von Dampf erwärmen.

Gut bewährt hat sich ein Verfahren, Futter auf Regalen unter Wasserduschen aufzutauen, wobei die Temperatur für Fleisch 10 bis 20 °C und für Fisch 10 bis 15 °C beträgt. Es sind dann keine Spezialkammern und besondere Einrichtungen notwendig. Es ist möglich, das Entfrosten unter der kalten Dusche mit der Futteraufbereitung zu kombinieren. So wird z. B. in der Sowjetunion sowie in einigen skandinavischen Ländern Fisch teilweise unter einer Wasserdusche im Schneckenförderer entfrostet.

Der Saftverlust beträgt beim Entfrosten mit Wasser 1 %, ohne daß eine Massedifferenz auftreten muß, weil der Saft durch Wasser ersetzt wird. Die geringsten Proteinverluste entstehen beim Auftauen von Futter, das bei Temperaturen unter $-25\,°C$ eingefrostet wurde (BRENDOVA, JAKUSKINA, 1954). Entfrostetes Futter verdirbt schnell und ist deshalb schnell zu verwerten. Soll das Futter ohnehin gekocht werden, muß es vorher nicht aufgetaut werden. Futter, das nach dem Auftauen erneut eingefrostet wird, weist beim erneuten Auftauen große Nährstoffverluste und starke bakterielle Besiedlung auf. Verschmutztes Futter ist mit Wasser unterschiedlicher Temperatur zu waschen: Es ist wünschenswert, alle notwendigen Arbeiten beim Sortieren und Waschen des Futters, das in Kühlräumen gelagert werden soll, in speziellen Räumen oder auf den Fördergleisen der Kühlhäuser vor dem Einbringen in die Frostungskammern auszuführen. Dadurch verbessert sich die Haltbarkeit des Futters, sinkt der Aufwand für das Entfrosten und Zerkleinern und verringert sich die Gefahr der Einschleppung von Krankheiten.

Das *Zerkleinern* von Futter aus Fleisch und Fisch bei Temperaturen unter $-5\,°C$ erfordert einen höheren Energieaufwand. Trotzdem kann es notwendig werden, z. B. wenn das stark gefrostete Futter im Förderer nicht mit Wasser behandelt werden kann. Es empfiehlt sich, das Futter aus Fleisch und Fisch bei Temperaturen von -2 bis $5\,°C$ zu zerkleinern. Bei diesen Temperaturen wird eine gute Homogenität erreicht, der Wärmeverbrauch beim Auftauen sowie der Kraftaufwand beim Zerkleinern werden verringert und die Nährstoffverluste während des vollständigen Auftauens gesenkt (PROSSELKOV u. a., 1967; GARBAREZ u. a., 1968).

Unter Praxisbedingungen ist es häufig notwendig, Futter zu zerkleinern, das noch unter $-5\,°C$ kalt ist. Das setzt voraus, bei der Behandlung das Futter im Mischer auf die zur Futterverabreichung geforderte Temperatur zu bringen.

Die Beziehungen zwischen durchschnittlicher Teilchengröße und Höhe der *Futterverluste* untersuchten PAVLOV, PETROV und FILIN (1970). Sie wiesen nach, daß sich die Futterverluste bis auf 1% senken lassen, wenn man die Futterkomponenten auf eine durchschnittliche Teilchengröße von 2,0 bis 2,5 mm zerkleinert. Wird z. B. das Futter unzerkleinert angeliefert (ganzer gefrosteter Fisch, Schlachtnebenprodukte in Blöcken, ganze Schlachtkörper von Seetieren und landwirtschaftlichen Nutztieren, Köpfe, Beine usw.), ist in der Regel die Zerkleinerung in folgenden Stufen vorzunehmen:
● Hack-(Säge-)Maschinen und Brecher,
● Fleischwölfe vor dem Mischen,
● Homogenisatoren oder Fleischwölfe nach dem Mischen.

Entfrostetes Futter (Fisch, Schlachtnebenprodukte) wird vor dem Mischen nur einmal in Fleischwölfen zerkleinert. Gemüse und Grünfutter ist vor dem Mischen zu waschen und in Homogenisatoren zu zerkleinern.

WAGIN und NURTAEV (1970) empfehlen folgende Methode der *thermischen Behandlung* von minderwertigem Fettfleisch: Fleisch, das Knochen enthält, wird in Teilchen von 30 bis 50 mm Größe zerkleinert. Weiche Schlachtnebenprodukte können auch unzerkleinert, aber entfrostet mit einer Temperatur von -1 bis $3\,°C$ in die Kessel kommen. Dadurch wird eine gleichmäßige Erwärmung gewährleistet. Gekocht wird im geschlossenen Kessel bei erhöhtem Druck, ständigem Bewegen des Futters und unter Dampfzufuhr. Die geringsten Nährstoffverluste entstehen bei einem Dampfdruck von 0,8 bis $1,0\,kp/cm^2$ und einer Temperatur von $98\,°C$. Die Aufheizungszeit soll eine Stunde, die Kochzeit nicht mehr als eineinhalb Stunden betragen. Eine rationelle thermische Behandlung und zuverlässige Entkeimung wird bei einem Dampfdruck von $2\,kp/cm^2$ und einem Temperaturanstieg auf $100\,°C$ innerhalb von 40 Minuten und auf $120\,°C$ innerhalb von 65 Minuten erreicht. Zum Kochen bei $120\,°C$ rechnet man etwa 90 Minuten. Bei diesem Verfahren wird gleichzeitig die in die Kochbrühe abgegebene Nährstoffmenge reduziert. Mit zunehmender Kochdauer erhöhen sich die Nährstoffverluste. Nach dreistündigem Kochen ist mit einem Masseverlust von 40% zu rechnen. Wertgemindertes Fleisch ist zweckmäßigerweise zu Trockenfutter zu verarbeiten.

Gesalzenes Fleisch und gesalzener Fisch guter Qualität sind 1 bis 2 Tage zu wässern.

Graupen und Futtermehl (Schrot) sowie Mischfutter, Kleie und andere Körnerfrüchte werden

Tabelle 8/53 Rezeptur zur Herstellung von Brei aus verschiedenen Getreidearten (Werte von LUSIECKIEGO, zit. nach WOLINSKI, SŁAWOŃ, 1964)

Brei	Flüssig-keitsnorm je 1 kg Schrot kg	Koch-zeit Stunden	Masse des fertigen Breies aus 1 kg Schrot kg
Weizenbrei	2,70	3	3,0
Gerstenbrei	2,25	3	3,0
Haferbrei	3,20	2	4,0
Haferflockenbrei	5,00	20 Min.	5,7
Hirsebrei	2,90	2	3,8

gekocht, wenn ihre Qualität angezweifelt werden muß. Der Brei wird im Dampfkessel unter langsamem mechanischen Rühren gekocht. Die Kochdauer hängt von der Art der Körnerfrüchte, ihrem Zerkleinerungsgrad, der Qualität des Wassers und von der Dampftemperatur ab. Brei kann auch in Druckkesseln zusammen mit zerkleinerten Schlachtnebenprodukten gekocht werden.
Beim Vermischen mit kaltem Hackfleisch und Hackfisch wird der Getreidebrei heiß in den Mischer gegeben. Um die Mischung alsbald verfüttern zu können, sollten die Mischer eine Kühleinrichtung haben. Das kann insbesondere in den Sommermonaten oder beim Einsatz bereits entfrosteter Futtermittel notwendig sein. Angebrannter Brei wird von den Tieren ungern aufgenommen.
Bei der *Herstellung der Mischungen* wird die Masse der einzelnen Komponenten festgestellt. Es genügt dabei eine Genauigkeit von ±2 bis 3%. Maximale Genaugkeit ist bei der Zugabe der Vitaminpräparate, Mineralstoffmischungen sowie Medizinalfuttermittel notwendig. Unzweckmäßig ist es, mit groben Angaben zu rechnen, ohne die Verluste beim Entfrosten, Kochen, Reinigen und Waschen zu berücksichtigen. In welcher Reihenfolge die einzelnen Komponenten in den Mischer gegeben werden, hängt hauptsächlich vom Umfang, dem Futterwert, den spezifischen Eigenschaften sowie von der Temperatur ab. Futtermittel mit hohem Vitamingehalt (Leber, Hefe, Grünmasse u. a.) und Vitaminpräparate werden zuletzt zugesetzt.

Vitaminpräparate werden nacheinander in Milch, Fischöl oder Wasser gelöst (emulgiert) und mit einer Flüssigkeitsmenge in den Mischer gegossen, die mindestens 1 Vol.-% der Futtermischung entspricht.
PAVLOV, PERTOV und FILIN (1970) stellten fest, daß bei optimalem Zerkleinerungsgrad dann mit geringsten Verlusten gerechnet werden kann, wenn der Wassergehalt der Mischung 73 bis 75% beträgt. Trockeneres Futter (66,5% Wassergehalt) krümelt; bei höherem Wassergehalt (78%) ist das Futter fließfähig und zerfällt in kleine Portionen. In jedem Falle erhöhten sich die Futterverluste auf das Eineinhalbfache. Zu berücksichtigen sind auch Wasseraufnahmevermögen, Viskosität, Dichte und sonstige physikalische Eigenschaften der Futtermittel. So ist z. B. frischer Hackfisch elastischer und nimmt mehr Wasser auf als solcher aus gefrorenem, besonders aber aus lange gelagertem Material. Hackfisch aus gefrorenem Material ist locker und zerfällt leichter. Werden 50% der Getreideprodukte in Form von Brei gegeben, läßt sich immer die gewünschte Konsistenz der Mischung erreichen. Bestehen andere Rationsteile aus Muskelfleisch, Fleischabschnitten und einigen gekochten Schlachtnebenprodukten (Schweineköpfe, Schnauzen, Ohren, u. a.) sowie aus gekochten Kartoffeln, wird dies noch unterstützt. Die Viskosität eines Futters erhöht sich auch dann, wenn es nach dem Mischen zusätzlich homogenisiert wird. Falls Homogenisatoren nicht verfügbar sind, kann die Mischung durch Fleischwölfe (Lochweiten von 6 mm und weniger) zusätzlich bearbeitet werden.
Die Temperatur der fertigen Mischung ist zu messen und täglich in das Futterbuch einzutragen. Dann wird die Futtermischung in geschlossenen Transportbehältern zur Farm befördert (spez. Futtertransportaggregate) und über (halbautomatische) Futterverteiler entleert.
Ungefähr ab zweiten Lebensmonat bis zur Pelzung füttert man die Jungtiere mit einem Gemisch, das auf die Oberseite des Geheges (aus Draht mit einer Maschenweite von höchstens 25 mm) oder auf Futterklappen kommt, die an die Außenwände angehängt sind. Das letztgenannte Verfahren wendet man in der Haupt-

sache bei Fütterung von Silberfüchsen und Blaufüchsen an, die Futter durch den lotrecht stehenden Maschendraht mit einer Maschenweite von 30 bis 35×30 bis 35 mm gut aufnehmen. Falls Silberfüchse oder Blaufüchse sowie trächtige oder laktierende Fähen und saugende Welpen fließfähiges Futter und zusätzlich kein Trinkwasser erhalten, sind Futterklappen mit Rändern oder Schüsseln an der Vorderseite der Gehege vorzusehen. Bei entsprechender Futterkonsistenz sind die Verluste bei der Fütterung vom Maschendraht nicht höher als aus Futtergefäßen. In jedem Falle müssen sich die *Fütterungseinrichtungen* leicht reinigen, waschen und desinfizieren, schnell auswechseln und reparieren lassen. Stationäre Fütterungseinrichtungen müssen aus hygienischen Gründen 20 bis 30 cm über dem Gehegeboden angebracht sein.

In gesunden Beständen kann man 1 bis 2 Stunden nach dem Füttern der Jungtiere die Futterreste auf dem Gehege umverteilen. Sie werden den Tieren nochmals vorgelegt, die ihre Portion vollständig gefressen haben und möglicherweise (ihrem Verhalten nach zu urteilen) noch hungrig sind. Bei manueller Futterverteilung im Zuchtbestand empfiehlt es sich, nicht die gesamte Futterportion aufzulegen, sondern gegen Ende der Fütterung die Tiere nachzufüttern, die noch guten Appetit haben oder sich in ungenügendem Ernährungszustand befinden. Selbst bei automatischer Futterverteilung ist diese Methode anwendbar. Vorteile hat diese Form der Verteilung und Umverteilung von Futter im Sommer und im Winter, weil sich das Futter durch Gefrieren oder Austrocknen schnell verändert und dann nicht aufgenommen wird.

Alle *Futterreste* werden vor der nächsten Futtergabe, bei saugenden Welpen und bei Welpen an den ersten Tagen nach dem Absetzen 2 bis 3 Stunden nach dem Füttern entfernt, gesammelt und in besonders abgeteilten Kühlkammern aufbewahrt. In Pelztierfarmen ist Futterraub durch Vögel (Raben, Krähen, Möwen u. a.) bedeutungsvoll. Erfahrungen zeigen, daß die meisten Vogelarten von den Gehegen zurückgehalten werden können, wenn die obere Hälfte der Seitenwände (bis in Höhe der Gehegedecken) mit Netzen (Drahtnetze) verhängt wird.

Besonderheiten bei der Fütterung der Nerze, Silber- und Blaufüchse

Vorbereitung auf die Ranz und Fütterung während der Ranz

Von der Fütterung ausgewachsener Zuchttiere nach der Reproduktionsperiode hängt die Erhaltung ihrer Fortpflanzungsfähigkeit ab. Die Nährstoffverluste nach der Paarungszeit (Ranz) und der Laktation bei Berücksichtigung des höheren Energieumsatzes in den Frühjahrs- und Sommermonaten müssen wieder ersetzt werden. Bereits in früheren Arbeiten (PERELDIK, 1940, 1945) wurde darauf hingewiesen, daß Fruchtbarkeit von der Vorbereitung abhängt.

Nach Abschluß der Paarungszeit erhalten Rüden zwei bis drei Wochen die gleichen Rationen wie die Fähen, in ein oder zwei Mahlzeiten täglich. Danach bekommen sie ein Futtergemisch mit geringerem Gehalt an Muskelfleisch, Leber und anderen Futterarten. Die Rüden werden so gefüttert, daß sie im Frühjahr und Sommer keine übermäßigen Körpermasseverluste haben und im Frühjahr rechtzeitig das Haarkleid wechseln. Während der warmen Jahreszeit erhalten die Tiere des Zuchtbestandes die gleiche Futtermischung wie die Jungtiere. Falls das Futter von den ausgewachsenen Tieren schlecht aufgenommen wird oder wenn es zur Deckung ihres Energie- und Proteinbedarfs nicht ausreicht, müssen die Zuchttiere besondere Rationen erhalten.

Die Rationen der Zuchttiere und der zur Pelzung im Herbst bestimmten Tiere sind unterschiedlich. Zur Zucht bestimmte Silberfüchse erhalten ab Mitte September und zur Zucht bestimmte Nerze und Blaufüchse ab Mitte Oktober speziell hergestellte Futtermischungen. Die zur Zucht bestimmten Jungtiere der Silber- und Blaufüchse müssen ab diesem Zeitpunkt mehr Futter als ausgewachsene Tiere erhalten.

Fütterung der Zuchtnerze

Zur Erhaltung von Gesundheit und Leistung der Nerzfähen ist der Zeitpunkt des Absetzens der Welpen, besonders bei großen Würfen, entscheidend. Es gilt als bewiesen, daß eine über 40 Tage hinausgehende Haltung der Welpen bei den Fähen auf die Endgröße der Jungtiere und die Qualität des Felles keinen Einfluß hat und sich nur nachteilig auf den Ernährungszustand der Muttertiere auswirkt. KUSNEZOV u. a. (1962), DOROCHOVA und CHOMULLO (1968) beobachteten, daß allmähliches Absetzen der Nerzwelpen günstig für Gesundheit und Ernährungszustand der Fähen ist. Im Alter von 35 bis 40 Tagen wird der größte Teil des Wurfes abgesetzt, während einzelne Welpen noch 5 bis 10 Tage bei der Fähe bleiben. Die Fähen sind dann nicht so unruhig, außerdem auch nicht übermäßig erschöpft.

In einigen Betrieben wird den Fähen, die große Würfe aufziehen, die Futtermischung auf Futterbretter oder Futtersiebe gelegt, die von den Welpen nicht zu erreichen sind. Während der Laktationsperiode nehmen die Fähen stark ab und verbrauchen ihre Reserven fast vollständig. Die erschöpften Tiere sind gegenüber Magen-Darm- und Infektionskrankheiten leichter anfällig. Es treten auch Todesfälle als Folge von Leberkrankheiten, Plasmozytose (Aleutenkrankheit), Tuberkulose u. a. auf. Solche Tiere können zum Ansteckungsherd des gesamten Bestandes werden. Aus diesem Grund müssen die Fähen auch nach der Laktationsperiode besonders gut ernährt werden. Nicht zu empfehlen ist Futter mit Protein geringer Verdaulichkeit (knochenhaltige Schlachtnebenprodukte, Trockenfleisch und Trockenfisch), der Einsatz von Silagen oder Rationen mit hohem Mineralstoff- und Rohfasergehalt. Die Fähen sind in dieser Zeit gegenüber Futterwechsel und Veränderungen der Geschmackseigenschaften des Futters sehr empfindlich und verweigern oft die Aufnahme. So wirkt sich z. B. schnelle Umstellung der Tiere auf Fischfütterung nach vorwiegender Fleischfütterung (und umgekehrt) negativ auf den Zustand der Tiere aus. Jungtiere fressen diese Futtermischung allerdings gut und entwickeln sich auch normal. Falls das Futter nicht vollständig gefressen wird, muß es, bevor man die Futtergaben reduziert, hinsichtlich Sortiment und Qualität analysiert und eventuell das Verhältnis verändert werden. Bestimmte Futtermittel verbessern den Geschmack der Ration, so z. B. Hafermehl, Geflügelabfälle und Milch.

Im Prinzip kann man unterstellen, daß die Rationen für Jungnerze im Juli bis Oktober auch ausreichen, den normalen Ernährungszustand ausgewachsener Tiere wiederherzustellen und sie genügend auf die neue Fortpflanzungsperiode vorzubereiten. Dabei ist besonders darauf zu achten, daß die Rationen ausreichend Fett (mindestens 3,8 g je 100 kcal u. E.) und Vitamine, in erster Linie der B-Gruppe (Thiamin, Riboflavin, Panthotensäure und Pyridoxin) enthalten. Die Praxis zeigt, daß ausgewachsene Nerze ihre Ausgangslebendmasse im August bis Oktober, das heißt gleichzeitig mit dem intensiven Wechsel des Haarkleides, am besten wieder erreichen. Weiter wurde festgestellt, daß ausgewachsene Fähen, bei denen sich in dieser Zeit der Ernährungszustand verschlechtert oder nicht verbessert, in der nächsten Fortpflanzungssaison weniger Welpen haben.

Schlechte Futteraufnahme kann auch durch Temperaturschwankungen oder ungenügende Versorgung mit Trinkwasser bedingt sein. In Frage kommen aber auch Viamin-B-Mangel, insbesondere an Thiamin sowie ein Unterangebot an essentiellen Aminosäuren (LEOSCHKE, ELVEHJEM, 1959) während der intensiven Fellbildung. Das energetische Niveau in der Ration von Zuchtnerzen während der Wintermonate hängt vom Niveau der vorangegangenen Fütterung, vom Ernährungszustand der Tiere und von den Umweltverhältnissen ab.

Kennwerte einer unbefriedigenden Vorbereitung der Nerze auf die Fortpflanzung sind ein verspäteter Wechsel des Haarkleides und ein schlechter Ernährungszustand im Herbst. Der-

Tabelle 8/54 Änderungen der Lebendmasse bei Nerzfähen im September und deren Fruchtbarkeit in der folgenden Fortpflanzungssaison (nach SAIZEW, 1969)

Ernährungszustand	n	Fruchtbarkeit	
		Anzahl	$\bar{x}^*$
Normal	125	1 bis 14	$5,2 \pm 0,16$
Erhöht	883	1 bis 14	$6,3 \pm 0,05$
Vermindert	298	1 bis 9	$4,8 \pm 0,11$

$\bar{x}$ = arithmetisches Mittel

Tabelle 8/55 Beziehung zwischen Wurfleistung und Lebendmasseveränderungen der Fähen im Januar bis Februar

Ernährungs-zustand	Anzahl Fähen n	%	Fruchtbarkeit $\bar{x}$
Normal	1549	87,3	6,26 $\pm$ 0,04
Erhöht	56	3,2	5,99 $\pm$ 0,28
Vermindert	169	9,5	4,20 $\pm$ 0,13

artige Tiere werden selektiert und im November bis Dezember gepelzt. Es muß besonders darauf geachtet werden, daß Zuchtnerze im Herbst gut fressen und auch während der Pelzungsperiode regelmäßig gefüttert werden. Wünschenswert ist, daß die Tiere am Anfang der Paarungszeit (Ende Februar bis März) eine Lebendmasse haben, die 10 bis 20 % unter der Lebendmasse von November bis Dezember liegt. Allerdings ist diese Masseverminderung nur zweckmäßig, wenn sich die Tiere von November bis Dezember in gutem Ernährungszustand befinden. Die physiologische Bedeutung dieser Verringerung durch Abbau des Fettdepots vor der Paarungszeit besteht möglicherweise darin, daß beim Abbau der Fette gleichzeitig oestrogene Substanzen freigesetzt werden, die zusätzlich den Eintritt der Ranz und die Ovulation stimulieren. Angaben von SAIZEW (1969) beweisen, daß Nerzfähen, die von Januar bis Februar nicht abmagerten, Würfe mit einer signifikant kleineren Zahl von Welpen lieferten. Die Zahlen in Tabelle 8/55 verdeutlichen nur Tendenzen, weil eine Reihe von Ausnahmen nachweisbar sind. So ist die individuelle Variabilität oft groß, denn es gibt Fähen, deren Fruchtbarkeit stets gleich gut ist, obwohl der Ernährungszustand über oder unter dem Optimalen liegt.

Insgesamt ist anhand der Lebendmasseveränderung ein Rückschluß auf die mögliche Fortpflanzungsleistung nicht möglich. Frostwetter von Dezember bis Februar trägt häufig zur Lebendmasseverminderung der Pelztiere bei. Bei solchem Wetter können die Tiere nicht viel Futter aufnehmen, selbst wenn täglich zweimal gefüttert wird. Bei Temperaturen um 0 °C aber fressen Nerze gut, so daß die Gefahr der Verfettung besteht.

In Tabelle 8/56 ist die Lebendmasse ausgewachsener, unterschiedlich großer Nerze ausgewiesen. Diese ungefähren Werte können zur Kontrolle der Vorbereitung der Tiere auf die Fortpflanzung benutzt werden. Zu beachten ist, daß die Durchschnittsmasse der Nerze keinen sicheren Vergleichswert ihres Ernährungszustandes darstellt, weil die Größe der Tiere variiert und Unterschiede in ihrer Konstitution bestehen. Standardfähen sollen im normalen Ernährungszustand im Dezember, je nach der Körpergröße, die in Tabelle 8/57 ausgewiesene Lebendmasse haben (SAIZEW, 1961; KUSNEZOV, 1962).

Tabelle 8/56 Veränderungen in der Lebendmasse unterschiedlich großer Nerze (kg am Monatsanfang)

Monat	Rüden				Fähen		
	I	II	III	IV	I	II	III
Januar	2,40	2,20	2,00	1,80	1,40	1,25	1,15
Februar	2,25	2,05	1,90	1,70	1,30	1,20	1,10
März	2,10	1,90	1,80	1,60	1,20	1,15	1,00
April	1,90	1,75	1,60	1,50	1,30	1,20	1,05
Juni	1,90	1,75	1,60	1,45	1,05	0,95	0,85
Juli	2,00	1,80	1,60	1,45	1,05	0,95	0,85
August	2,10	1,90	1,70	1,50	1,10	1,00	0,90
September	2,30	2,05	1,80	1,60	1,20	1,15	0,95
Oktober	2,50	2,25	2,00	1,75	1,35	1,20	1,00
November	2,60	2,35	2,15	1,90	1,50	1,30	1,20
Dezember	2,50	2,30	2,10	1,85	1,50	1,30	1,20

Tabelle 8/57 Beziehung zwischen Lebendmasse und Körperlänge von Nerzfähen (Dezember), SIAZEW, 1961 und KUSNEZOV, 1962

Lebendmasse kg	Körperlänge cm
800 bis 900	33 bis 34
850 bis 950	35 bis 36
900 bis 1 000	37 bis 38
950 bis 1 050	39 bis 40
1 000 bis 1 100	41 bis 42
1 050 bis 1 150	43 bis 44
1 100 bis 1 200	45 bis 46
1 150 bis 1 250	47 bis 48
1 200 bis 1 400	49 bis 50

In einer Reihe von Untersuchungen hat sich gezeigt, daß sich die Fortpflanzungsergebnisse bei Nerzfähen verbessern, wenn man im Januar und Februar das energetische Niveau in der Ration vermindert. Erreicht wird dies durch Senkung des Anteils an Magerfutter (Fisch, Quark u. a.) oder durch Einschränkung der Futtergaben.

In diesem Zusammenhang sind Werte von großem Interesse, die SANNE und ÅHMAN 1963 bis 1965 bei der Untersuchung des Zusammenhangs zwischen *Fütterungszustand* und *Fortpflanzungsfähigkeit* der Nerze ermittelten. Drei Gruppen von Nerzen – gleichwertig in bezug auf Herkunft und Körperlänge und annähernd gleicher Lebendmasse – erhielten im Januar und Februar Rationen mit unterschiedlichem energetischen Niveau. Die eine Gruppe lag 20 % unter, die andere 25 % über der Fähengruppe mit durchschnittlichem Fütterungszustand. Die Lebendmasse der Nerze war Ende Februar sehr unterschiedlich.

Die Nerze der Gruppe mit dem reduzierten Fütterungsniveau waren Ende Februar äußerst aktiv, so daß ihnen die tägliche Futtergabe erhöht wurde, ohne daß die Tiere zunahmen. Um zu sichern, daß die Fähen in der Gruppe mit reduzierter Fütterung einen guten Fütterungszustand erreichten, mußten sie zwei- bis dreimal täglich gefüttert werden. Die verfetteten Tiere zeigten wenig Aktivität und behielten ihren überdurchschnittlichen Fütterungszustand ohne bedeutenden Futterverbrauch bei. Die Fähen mit dem überdurchschnittlichen Fütterungszustand wogen mehr als die der anderen Gruppen, auch während der Paarungszeit, Trächtigkeit und Laktation, obwohl während dieser Zeit die Rationen für alle drei Gruppen wieder gleich waren.

Die Werte in Tabelle 8/59 zeigen, daß das *Aufzuchtergebnis* der durchschnittlich ernährten Fähen am besten war. Für die verfetteten Fähen war der höchste Prozentsatz nicht trächtig gewordener Tiere und das niedrigste Wurfergebnis (Welpen je werfende Fähe) nachweisbar.

Es ist zu berücksichtigen, daß es zur Aufrechterhaltung des gleichen Fütterungszustandes bei Mutationsnerzen notwendig sein kann, unterschiedliche Futtermengen zu geben. ILLARIONOV und MILOVANOV (1965), ÅHMAN (1966) und andere Autoren weisen auf die Differenz im Energiebedarf von Zuchtnerzen der verschiedenen Mutationen hin, die 10 bis 20 % beträgt.

Von Dezember bis März schwankt in den meisten Gegenden des europäischen Teils der Sowjetunion das Fütterungsniveau bei Fähen zwischen 200 und 260 kcal u. E. je Tier und Tag, bei Rüden zwischen 250 und 330 kcal. Der *Futterverbrauch* steigt bei anhaltenden niedrigen Lufttemperaturen (unter −10 °C) an. Obwohl eine normale Reproduktion der Nerze bei Proteingaben von 7 bis 9 g je 100 kcal u. E. bewie-

Tabelle 8/58 Durchschnittliche Lebendmasse der Fähen ($\bar{x}$) mit unterschiedlichem Fütterungszustand

Zeitabschnitt		Fütterungszustand zu Beginn der Ranz		
		Unterdurchschnittlich	Durchschnittlich	Überdurchschnittlich
1963	17. Januar	912	896	912
	21. Februar	659	777	948
1963 bis 1964	6. Dezember	1018	1093	768
	21. Februar	655	768	1024
1964 bis 1965	15. Dezember	1066	1076	1144
	23. Februar	674	789	1081

Tabelle 8/59 Wurfergebnisse der Fähen mit unterschiedlichem Fütterungszustand (nach SANNE und ÅHMAN, 1966)

Kennwerte	Ernährungszustand		
	Unterdurchschnittlich	Durchschnittlich	Überdurchschnittlich
Gepaarte Fähen	73	74	71
Werfende Fähen	63	67	59
Nichtwerfende Fähen	14	9	18
Lebendgeborene Welpen	336	356	282
Gesamt je gedeckte Fähe	4,6	4,8	4,0
Gesamt je Wurf	5,3	5,3	4,8

sen wurde, werden unter Praxisbedingungen von Oktober bis März zumeist Rationen mit 10 bis 11 g vRP je 100 kcal gegeben. Bei dieser Proteingabe ist der Bedarf an essentiellen Aminosäuren stets gewährleistet. Außerdem soll ein höheres *Proteinniveau* die Fett- und Kohlenhydratgaben einschränken, um einer Verfettung vorzubeugen. Da die Futteraufnahme in dieser Periode je nach dem Zustand der Tiere und der Lufttemperatur stark schwankt, ist es notwendig, daß eine Mindestmenge von 20 g vRP je Fähe und Tag gesichert ist (nach JØRGENSEN, 1966, durchschnittlich 26 g je Tier, nach anderen skandinavischen Autoren 17 bis 25 g). Falls die Freßlust der Nerze mit normalem oder unterdurchschnittlichem Fütterungszustand nachläßt und die Futteraufnahme unter die Norm sinkt, muß der Anteil der gern gefressenen Futterarten tierischer Herkunft in der Ration erhöht werden, um das Proteinniveau je Tier auf den empfohlenen Wert zu bringen. Es wird dann ein bedeutender Teil der Energie (45 bis 50 %) den Nerzen in Form von Protein verabfolgt.

Beim Einsatz von mittelfettem Fleisch und Fisch enthält die Futtermischung gewöhnlich 3,5 bis 4,2 g vRP je 100 kcal u. E. Das reicht zur Vorbereitung der Tiere auf die Fortpflanzung völlig aus. Freies Fett wird der Futtermischung nur dann zugesetzt, wenn die Ration Magerfleisch und -fisch enthält oder wenn starke Fröste herrschen, denn die Tiere sollen nicht übermäßig abmagern. In der Regel enthalten die Rationen 3 bis 4 g Kohlenhydrate je 100 kcal u. E. Unzureichende *Kohlenhydratgaben* bei Verfütterung von fettem oder lange gelagertem Futter (Pferdefleisch, Fisch u. a.) kann zu Bauchnässen der Nerze vor der Ranzzeit führen sowie zu Lebererkrankungen. In der Regel müssen die

Tabelle 8/60 Typische Winter- und Frühjahrsrationen (Dezember bis April) für Zuchtnerze in skandinavischen Farmen, umgerechnet auf 100 kcal umsetzbare Energie

Futtermittel	Schweden (1961)	Norwegen (nach ÅHMAN, 1969)	Dänemark (nach JØRGENSEN, 1966) I	II	Finnland (nach KANGAS u. a., 1968) Januar bis Juni
Magerfisch, unzerteilt	16	9	28	25	—
Fischabfälle (einschl. nicht standardgerechtes Filet)	25	27	65	50	40
Muskelfleisch	8	—	—	—	—
Leber	2	—	—	—	—
Blut	4	5	—	—	—
Schlachtnebenprodukte	15	5	—	18	15
Fischmehl für Pelztiere	—	2,5	—	—	4
Trockenmilch	—	—	—	—	1
Magermilch (Joghurt), Buttermilch	8	5,5	6,5	6	—
Fett, tierisches	1	2,7	1,1	0,2	2
Körnermischung	10	9	6,5	6,5	11
Sojaextraktionsschrot	—	2	—	—	—
Vitamin-Mineralstoffzusätze (einschl. Hefe und Eisenpräparate)	3	2	2	2	3,5
Nährstoffgehalt in g/100 kcal u. E.					
Protein	10,5	10,0	13,0	13,0	10,0
Fett	3,2	3,6	3,0	3,0	3,6
Kohlenhydrate	5,5	5,2	3,2	3,2	5,0
In % des Kaloriengehaltes					
Protein	47	45	59	59	45
Fett	30	33	28	28	34
Kohlenhydrate	23	22	13	13	21

Tiere in den Wintermonaten mindestens 20 % des Gesamtproteins in Form von Muskelfleisch, unzerteiltem Fisch, Quark, Leber und anderem Futter mit hohem Gehalt an vollwertigem Protein erhalten. Bei überwiegender Fischfütterung, wie sie z. T. in der Sowjetunion und in den skandinavischen Ländern verbreitet ist, erhalten die Tiere manchmal bis zu 80 % des gesamten Proteins in Form von Fisch und Fischabfällen. Gewöhnlich stellt Fischprotein aber 50 bis 60 % des verdaulichen Rohproteins der Ration.

Beim Einsatz von *Fischen* in den Rationen von Nerzen während des Winters ist zu beachten, daß Fettfisch (Hering, Polardorsch, Strömling, Makrelenhecht, Sprotte, Seebarsch, Aalmutter u. a.), der richtig eingefrostet und unter guten Bedingungen (bei Temperaturen nicht über − 18 °C) gelagert wurde, nur in Mengen von 15 bis 20 % des Gesamtproteins der Ration gegeben werden darf. Zweckmäßig ist, Nerze mit Magerfisch (bis 4 % Fett) zu füttern und, falls erforderlich, tierisches Fett zuzusetzen (HELGEBOSTAD, ENDER, 1958).

In Tabelle 8/60 sind die typischen *Rationen skandinavischer Farmen* zusammengestellt. Es wird hierbei im Winter tierisches Fett der Ration nur dann zugesetzt, wenn die Schlachtnebenprodukte, das Muskelfleisch und der Fisch fettarm waren.

Bei der Fütterung von Nerzen mit dorschartigen Fischen, wie Mintai, Köhler, Wittling und Schellfisch im Februar und März muß Vorsorge getroffen werden, daß es bei den trächtigen Fähen nicht zu Anämie kommt. Der Anteil qualitativ hochwertigen Fleisch-, Fisch- und Milchtrockenfutters ist dann so zu erhöhen, daß die Gaben an Anämiefischen reduziert werden können (KANGAS, 1967).

Die Fortpflanzungsleistungen von Versuchsnerzen ergaben, daß sich nach Rationen aus Dorschabfällen und frischem, richtig eingefrostetem Fettfisch das Wurfergebnis je Fähe erhöhte. In den Versuchsgruppen wurden bis zu 25 % Strömlinge und bis zu 10 bis 15 % der Futtermasse Heringe verabfolgt.

Sowjetische Autoren empfehlen, während der

Tabelle 8/61 Beispielrationen für trächtige Fähen für die Winter-Frühjahrs-Periode (Dezember – Januar – April), umgerechnet auf 100 kcal Futterenergie

Futtermittel	Futter in g je 100 kcal u. E.		
	LEOSCHKE (1964)		LEOSCHKE (1968)
	Fleischfütterung	Fischfütterung	
Leber	3 bis 6	3	6
Muskelfleisch, Schlachtnebenprodukte der Kategorie I, gekochte Eier, Quark u. a. m.	10 bis 20	10 bis 15	20
Geflügelschlachtnebenprodukte*	(0 bis 12)	(0 bis 12)	—
Pansen und Lunge	10 bis 18	7 bis 10	16
Fisch	10 bis 22	18 bis 40	15
Mischfutter mit Vitaminzusätzen (ungefähr 16 % vRP)	10	10	10
Fett	0,7 bis 1,4	0,7 bis 1,4	0,7
Nährstoffgehalt in g/100 kcal u. E.			
Protein	10,5	10,5	10,5
Fett	4,0	4,0	4,0
Kohlenhydrate	3,9	3,9	3,9
In % des Kaloriengehalts			
Protein	47	47	47
Fett	37	37	37
Kohlenhydrate	16	16	16

* Geflügelschlachtnebenprodukte sind nur Köpfe und Innereien

Winter-Frühjahrsperiode Heringe und Sardinen in Mengen von 15 bis 20 % und Strömlinge bis zu 30 % des gesamten vRP der Ration zu verfüttern. Bei Fett und Fettfisch ist besonders darauf zu achten, daß die Tiere täglich mit Vitaminen der Gruppe B (besonders mit B_1, B_2 und B_6) und Vitamin E versorgt werden. Darüber hinaus ist zu beachten, daß bei der Fütterung der Pelztiere mit ausgenommenem Fisch oder Fischabfällen ohne Innereien die Zufuhr an Vitamin A und B_{12} stark reduziert wird. Bei Fleischfütterung und gemischter Fütterung ist auf das richtige Verhältnis an Aminosäuren zu achten.

Bei allen *Rationsarten*, besonders bei Fleischfütterung, empfiehlt es sich, Nerzen rohe Leber von landwirtschaftlichen Nutztieren in Mengen von etwa 5 g je 100 kcal zu verabfolgen. Der Bedarf an Vitamin A wird bei dieser Lebermenge und bei Gaben an vitaminreichem Fischöl gedeckt. Letzteres benötigen die Tiere auch nicht, wenn sie weniger als 30 % ausgenommenen Seefisch (Mintai, Dorsch u. a.) erhalten.

Müssen lange gelagertes Pferdefleisch, Fisch und Geflügelschlachtabfälle an Nerze verfüttert werden, sind gleichzeitig Vitamin-E-Präparate der Ration zuzusetzen. Das ist nicht notwendig, wenn die Tiere überwiegend frisches Futterfleisch erhalten und die Ration wenig ungesättigte Fettsäuren enthält.

In einer Reihe von Betrieben wird frischer oder gefrosteter Magerquark mit Erfolg eingesetzt. Grundsätzlich ist aber die Aufmerksamkeit darauf zu lenken, daß Mischfutter, Trockenfutter und konserviertes Futter qualitativ stets einwandfrei sind. Dennoch soll die Menge an diesem Futter 30 % der Gesamtmenge an vRP im Sommer und Herbst und 15 % im Winter nicht übersteigen.

Der negative Einfluß hoher Dosen *Antibiotika* aus der Tetrazyklinreihe bei täglicher Gabe während der Vorbereitungszeit zur Ranz und der Trächtigkeit auf die Fortpflanzungsfähigkeit der Fähen gilt als erwiesen (MILOVANOV, DRJAGALIN, 1958; u. a.). Nach ÅHMAN (1961) ist bei guter Qualität des Futters ein Antibiotikazusatz nicht notwendig. Prophylaktisch können Nerze bis zu 1,5 mg Antibiotika je Tag erhalten.

Sind Milch und Quark vorhanden, wird der An-

Tabelle 8/62 Beispielrationen für Zuchtnerze von Oktober bis Dezember und Januar bis März (in g je 100 kcal u. E.)

Futterzutaten	Ration			
	1	2	3	4
Muskelfleisch	18	8	—	12
Schlachtnebenprodukte				
Innereien				
aus Fleisch und	25	18	7	—
Knochen	12	12	8	—
Leber	3	3	3	3
Magerfisch	—	20	30	42
Fleischknochenmehl	—	—	4	—
Magerquark	5	3	—	—
Milch	5	5	5	5
Körnerfrüchte	7	7	7	7
Gemüse	6	6	6	6
Trockenhefe	1,2	1,5	1,8	2,0
Fischöl	0,4	0,2	—	—
Fett, tierisches	—	0,5	1,8	2,0

Nährstoffgehalt in g/100 kcal u. E.	
Protein	10 bis 11
Fett	3,7 bis 4,2
Kohlenhydrate	4,0

In % des Kaloriengehalts	
Protein	45 bis 50
Fett	34 bis 39
Kohlenhydrate	16

teil an Fleisch und Fischgaben reduziert. Kleinere Mengen an Muskelfleisch und Schlachtnebenprodukten als in Ration 1 angegeben, sind nur zweckmäßig, wenn wertvollste Fischarten zur Verfügung stehen.

Bei Fischfütterung und gemischter Fütterung ist ein gegenseitiger Ersatz des Muskelfleisches und der verschiedenen Schlachtnebenprodukte möglich. Fischabfälle mit hohem Gehalt an Gräten (Rückengräten, Köpfe) dürfen in der Ration 4 nicht mehr als 50 % der empfohlenen Fischmenge ausmachen.

Im erwähnten Zeitraum werden Zuchtnerze zweimal täglich gefüttert. Nur bei starken Frösten und schlechtem Ernährungszustand wird die Ration in drei Portionen verabreicht. Eine einmalige Fütterung ist an einzelnen Tagen möglich, sofern die Lufttemperatur über 0 °C liegt, sowie an den Tagen, an denen sich die Tiere während der Ranz intensiv bewegen, ihr Appetit nachläßt und der Lichttag nicht lang genug ist, um die wichtigsten Arbeiten in dieser Zeit auszuführen.

Fütterung der Zuchtfüchse

Ebenso wie bei Nerzen ist die Lebendmasse der Silberfuchs- und Blaufuchsfähen beim Absetzen der Welpen (im Alter von 40 bis 45 Tagen bei Silberfüchsen und von 35 bis 40 Tagen bei Blaufüchsen) um 25 bis 30 % niedriger als im Dezember. Untersuchungen ergaben (BERESTOV, 1966), daß bei Blaufüchsen noch anderthalb Monate nach Beendigung der Laktation der Proteingehalt im Blut 15 bis 20 % unter der Norm lag, hauptsächlich bedingt durch das reduzierte Albuminniveau.

Untersuchungen über die saisongebundenen *Veränderungen der Lebendmasse* bei Silberfüchsen (SMITH, 1931; u. a.) deuten auf einen Zusammenhang zwischen Lebendmasse der Fähen in den Sommermonaten und Fruchtbarkeit im nächsten Jahr. Nach Angaben sowjetischer Wissenschaftler vermehren sich Silberfuchsfähen dann normal, wenn sie ab Juli die ursprüngliche Lebendmasse wiederherstellen. Angaben über die mögliche Veränderung der Lebendmasse unterschiedlich großer Silberfüchse und Blaufüchse wurden in Tabelle 8/63 zusammengestellt (unter Berücksichtigung der Werte von ILJINA, 1952, 1963, AFANASEV, PERELDIK, 1966; u. a.).

Die durchschnittliche Lebendmasse normal ernährter, ausgewachsener Zuchttiere erhöht sich bis Dezember im Vergleich zu der im Mai und Juni um 30 %. Zumeist wird in dieser Zeit die Maximalmasse erreicht.

In einigen Betrieben mißt man den *Geschmackseigenschaften* des Futters große Bedeutung bei, hält den Proteingehalt in der Futtermischung mit 9 bis 11 g je 100 kcal Futter relativ hoch und erhöht sofort nach dem Absetzen der Welpen den Energiegehalt der Tagesration für Silberfüchse und Blaufüchse auf 650 kcal und darüber. Auf diese Weise soll die Wiederherstellung der Lebendmasse bereits am Herbstanfang weitgehend gewährleistet werden. Das sind eineinhalb Monate früher als unter den üblichen Fütterungsbedingungen. Die Erfahrungen zeigen, daß nach reichlicher Fütterung im Sommer die Freßlust der Fähen in den Herbst- und Wintermonaten nachläßt und trotz geringerer Futteraufnahme im November bis Februar (360 bis 450 kcal u. E.) ein normaler Fütterungszustand der Tiere gewährleistet ist, der bis zur Paarungszeit zurückgeht (KRASNOV, MILOVANOV, 1958; ILLARIONOV, 1966). Aus diesem Grunde empfehlen polnische und norwegische Autoren (WOLINSKI, SŁAVOŃ, 1964; ROCHMAN, 1969), für ausgewachsene und junge Blaufüchse vom 1. Juni bis zum 1. August bis zu 700 kcal (bis 800 g Futtermischung), vom 1. August bis 1. November 550 bis 600 kcal und ab Februar 350 bis 400 kcal zu veranschlagen. Demgegenüber sollen Silberfuchs- und Blaufuchsfähen bei mäßiger

Tabelle 8/63 Veränderungen der Lebendmasse ausgewachsener, unterschiedlich großer Silberfüchse und Blaufüchse (in kg am Monatsanfang)

Monat	Silberfuchsrüden			Silberfuchsfähen			Blaufuchsrüden			Blaufuchsfähen		
	Große	Mittlere	Kleine	Große	Mittlere	Kleine	Große	Mittlere	Kleine	Große	Mittlere	Kleine
Januar	7,80	7,35	6,90	6,40	5,90	5,40	8,00	7,00	6,20	6,40	5,50	5,00
Februar	7,00	6,60	6,20	5,70	5,30	4,80	7,60	6,75	6,00	6,20	5,30	4,90
März	6,40	6,00	5,60	5,20	4,80	4,40	7,10	6,40	5,70	5,90	5,00	4,70
April	6,25	5,70	5,40	5,00	4,60	4,25	6,50	5,90	5,30	5,40	4,60	4,30
Juli	5,90	5,55	5,20	4,80	4,40	4,10	5,80	5,20	4,70	4,80	4,10	3,80
August	6,30	5,90	5,50	5,10	4,70	4,35	6,10	5,40	4,90	5,00	4,30	4,00
September	6,90	6,45	6,00	5,60	5,20	4,70	6,60	5,80	5,30	5,40	4,60	4,30
Oktober	7,40	7,00	6,50	6,10	5,60	5,10	7,20	6,30	5,70	5,80	5,00	4,70
November	7,80	7,30	6,80	6,30	5,80	5,30	7,70	6,80	6,10	6,20	5,40	4,90
Dezember	8,00	7,50	7,00	6,50	6,00	5,50	8,10	7,10	6,30	6,50	5,60	5,10

Fütterung im Januar und Februar etwas abnehmen.
Übermäßig gefütterte Fähen aller Pelztierarten sind wenig aktiv, alte Silberfuchsfähen (fünf Jahre und älter), die vor der Paarungszeit nicht abgenommen haben, werden zumeist spät befruchtet und bleiben häufig unbefruchtet. Nach KLECKIN (1940) hatten junge Silberfuchsfähen, die im Januar zu schwer waren, schlechtere Wurfergebnisse als die Fähen, deren Lebendmasse in dieser Zeit zurückging.
Für eine normale *Fortpflanzung* der Silberfüchse und Blaufüchse reicht es bei unterschiedlichem Sortiment des im Herbst und Winter verabfolgten Futterfleisches und Futterfisches aus, etwa 10 g vRP je 100 kcal u. E. zu veranschlagen. Vergleichsweise liegt das Proteinniveau in den Pelztierfarmen der Sowjetunion zwischen 9,5 und 10,3 g je 100 kcal u. E. In den skandinavischen Ländern ist es üblich, je 100 kcal u. E. 7,8 bis 10,0 g Protein (ROCHMANN, 1969), 2,1 bis 3,2 g Fett und 7,3 bis 9,3 g Kohlenhydrate zu füttern.
Bei niedrigem Gehalt an Kohlenhydraten und hohen Gaben an Fischöl in der Ration trat nach ENDER und HELGEBOSTAD (1953) bei Silberfüchsen eine Erkrankung analog der Steatitis bei Nerzen auf. RAPOPORT (1961) bewies, daß der Zusatz von Fett von Seetieren im Winter die Geschlechtsfunktionen der Blaufuchsfähen unterdrückt und oxydiertes Fett ohne Vitamin-E-Zusatz bei vielen Würfen zu Komplikationen führte. Deshalb wird nicht empfohlen, den Rationen von Silberfüchsen und Blaufüchsen Fette mit einem hohen Gehalt an ungesättigten Fettsäuren zuzusetzen; notfalls muß Vitamin E oder ein anderes Antioxydans zugesetzt werden.
Die in der Tabelle 8/64 angegebenen Rationen enthalten wenig Protein und viel *Kohlenhydrate*. Es wird empfohlen, in kleinen Mengen qualitativ hochwertiges Fischmehl zu verfüttern, entweder in reiner Form oder auch im Mischfutter. Fett wird nur bei niedrigem Fettgehalt (weniger

Tabelle 8/64 Rationen für Blaufuchszuchttiere in norwegischen Farmen während der Vorbereitungszeit auf die Ranz und Fortpflanzung (in g je 100 kcal u. E.)

Futtermittel	Von Januar bis Anfang Juni (Werte von WOLINSKI und SŁAVOŃ, 1964)			Ab 16. November bis zum Werfen (nach ROCHMANN, 1969)
	Gemischte Fütterung	Fischfütterung	Fleischfütterung	
Fisch und Fischabfälle (fettarm)	30	30	—	23
Schlachtnebenprodukte	16	—	25	4,5
Blut	—	—	—	2
Fischmehl	—	—	—	5,5
Mischfutter für Pelztiere (mit Fleisch- und Fischmehl)	11	16	20	—
Körnermischfutter	10	9	9	mit Vitaminzusätzen
Vitaminzusätze (Hefe, Keime u. a.)	5	5	5	—
Sojamehl	—	—	—	2
Magermilch, Buttermilch, Vollmilch	12	12	12	5
Tierisches Fett und Fischöl	—	1,1	—	1,8
Wasser	30	40	45	30
Nährstoffgehalt in g/100 kcal u. E.				
Protein	9,4	9,0	8,5	9,5
Fett	2,4	2,5	2,4	2,6
Kohlenhydrate	8,3	9,0	9,7	8,0
In % des Kaloriengehalts				
Protein	43	40	38	43
Fett	23	23	22	24
Kohlenhydrate	34	37	40	33

Tabelle 8/65 Rationen für ausgewachsene Silberfüchse in der Vorbereitungszeit auf die Ranz in Farmen der UdSSR und Kanada (in g je 100 kcal u. E.)
1 = Pelztiersowchos «Raku», Estnische SSR, 1957 (Wurfergebnis je Fähe 5,3)
2 = Pelztiersowchos Rirjulowo, Tatarische SSR, 1959 (Wurfergebnis je Fähe 5,5)
3 = Versuchsfarm auf der Prinz-Eduard-Insel (nach GUNN, 1948)

Futtermittel	1	2		3
	Juni	Sept.	Jan. bis Febr.	Ges. Zeit
Muskelfleisch ohne Knochen	25	14	35	28
Schlachtnebenprodukte	8	24	3	20*
Leber, Herz, Hirn	1	1	2	6
Fisch und Fischabfälle (Strömling)	14	10	—	—
Seidenraupenpuppen	2,5	3	3	—
Milch	10	10	26	—
Magerquark	7	5	—	—
Körner (verschiedener Herkunft)	7	7	7	12
Hefe (umgerechnet auf Trockenhefe)	1,7	1,5	1	1,7
Gemüse, Grünpflanzen	6	7	7	2,5
Weizenkeime	—	—	—	6
Fischöl	0,3	0,3	0,2	—
Knochenmehl	—	—	—	3
Nährstoffgehalt in g/100 kcal u. E.				
Protein	11	11	11	11
Fett	3,7	3,7	3,2	2,5
Kohlenhydrate	4,0	4,0	5,0	6,6
In % des Kaloriengehalts				
Protein	50	50	50	50
Fett	34	34	30	23
Kohlenhydrate	16	16	20	27

* Ohne Knochen

als 2 g je 100 kcal) der Futtermittel zugesetzt. Das Fehlen von Leber und anderen hochwertigen Schlachtnebenprodukten ist durch einen hohen Gehalt an Hefe und verschiedenen Vitaminkonzentraten zu kompensieren. Die gleichen Rationen sollen auch Blaufüchse während der Trächtigkeit erhalten.

In den meisten Silberfuchsfarmen der Sowjetunion werden die Silberfüchse mit Rationen gefüttert, in denen *Futterfleisch* überwiegt. Sie ähneln im Gehalt an vRP und an Muskelfleisch kanadischen Rationen (Tab. 8/65). Andererseits hat sich gezeigt, daß es möglich ist, den in Tabelle 8/65 angegebenen Proteingehalt der Silberfuchsrationen durch höhere Kohlenhydratanteile zu vermindern, die in Form von geschältem Getreide, Kartoffeln und Gemüse verabfolgt werden.

Bei gemischter wie bei Fleischfütterung erhalten Silberfüchse in den Wintermonaten bis zum Beginn der Laktationsperiode häufig die gleichen Futtermischungen wie Blaufüchse. Allerdings muß beachtet werden, daß der Anteil des Futterfischs in den Silberfuchsrationen nicht so groß wie in den Blaufuchsrationen sein darf, in denen 60 bis 70 % des gesamten Proteins der Futtermischung aus dem Protein der Futterfische bestehen können.

Die Erfahrungen bei der Haltung von Silberfüchsen und Blaufüchsen ermöglichen es, die in Tabelle 8/66 mitgeteilten Rationen für die Fütterung in der Vorbereitungszeit zur *Ranz* und in der *Paarungszeit* zu empfehlen. Die Werte können bei der Zusammenstellung betrieblicher Rationen unter Beachtung des tatsächlichen Futterwertes und der eingesetzten Futtermittel verwendet werden.

Im Herbst und im Winter werden Blaufüchse in der Regel einmal täglich gefüttert. Bei ungenügendem Fütterungszustand, aber gutem Appetit erhalten sie zweimal täglich Futter. Zweimal täglich werden Silberfuchs- und Blaufuchszuchttiere gefüttert, wenn starker Frost herrscht. Bei starken Frösten soll die Futtermischung eine feste Konsistenz und eine Temperatur von 20 bis 25 °C haben. Ist der Fütterungszustand der Tiere dennoch nicht verbessert, muß der Gehalt an tierischen Fetten auf 4,0 bis 4,5 g je 100 kcal u. E. erhöht werden.

Fütterung der Zuchtrüden

In der Vorbereitungszeit zur Ranz und während der Paarungszeit ist es üblich, Fähen und Rüden eine Futtermischung gleicher Zusammensetzung zu geben und die täglichen Portionen je nach Fütterungszustand und Freßlust zu variieren. Der *Energiebedarf* der Nerzrüden ist um 30 % und mehr (bis 40 %) höher, während der Be-

Tabelle 8/66 Beispielrationen für Blaufuchs- und Silberfuchszuchttiere für die Vorbereitungszeit zur Ranz und die Paarungszeit (in g je 100 kcal u. E.)

Futtermittel	Ration		
	1	2	3*
Muskelfleisch	15	—	12
Schlachtnebenprodukte			
Innereien	20	20	—
aus Fleisch und Knochen	12	12	—
Leber	3	3	3
Magerfisch	—	20	38
Trockenfutter aus Fleisch, Fisch und Seidenraupenpuppen	2	4	—
Quark	3	—	—
Milch	5	5	5
Körnerfrüchte	9	9	9
Gemüse	8	8	8
Trockenhefe	1,2	1,2	2
Fischöl	0,4	0,3	—
Fett, tierisches	—	—	1,8
Nährstoffgehalt in g/100 kcal u. E.			
Protein			9,5 bis 10,5
Fett			3,4 bis 3,9
Kohlenhydrate			5,0
In % des Kaloriengehalts			
Protein			43 bis 47
Fett			33 bis 37
Kohlenhydrate			20

* Nur für Blaufüchse

darf der Silberfuchs- und Blaufuchsrüden dem der Fähen gleich ist oder ihn um nur 10 % (bis 20 %) übersteigt (FIRSTOV, KUSNEZOV, 1963). Die allgemeine Ansicht ist, daß zu gut ernährte Rüden (besonders Nerzrüden) eine geringere Geschlechtsaktivität zeigen. So waren nach SCHAIBLE (1969) Nerzrüden, die in den vorangegangenen Jahren aktiv waren, durch zu reichliche Fütterung in der Vorbereitungszeit zur Ranz nicht mehr in der Lage, die Fähe zu decken. Andererseits ist unbestritten, daß unzureichende Fütterung der Rüden auch die Aktivität während der Paarungszeit stark herabsetzen kann. Während der Paarungszeit ist es in den meisten Silberfuchs- und Blaufuchsfarmen und in einigen Nerzbetrieben üblich, den Rüden bei geringer Einschränkung des Grundfutters ein besonderes *Beifutter* zu geben. Letzteres besteht zumeist aus einer Mischung von Muskelfleisch, Leber, Hirn, Hühnerei und Milch. Es wird den Rüden zusätzlich zum Grundfutter gegeben, beginnend mit dem ersten Tag der Paarungszeit in Mengen von 100 bis 150 g je Silberfuchs- und Blaufuchsrüde und 50 g je Nerzrüde.

Eine Auswertung der Aktivitäten von Rüden, die verschiedenes Proteinbeifutter erhielten, ergab in den meisten Fällen keine positive Korrelation zwischen *Proteinniveau* in der Ration und *Fortpflanzungsfähigkeit* bei dem üblichen Verpaarungsverhältnis von 1:3 bis 5. FIRSTOV und KUSNEZOVA (1963) stellten fest, daß die Erhöhung des Proteingehaltes von 10 auf 14 bis 16 g je 100 kcal Futter weder in der Vorbereitungszeit zur Ranz noch während der Paarungszeit die Aktivität der Silberfuchsrüden verstärkte oder die Nachzuchtrate erhöht. Von STARKOV (1937) wurde in Versuchen an einem kleinen Bestand nachgewiesen, daß ein Beifutter (1 bis 2 Hühnereier täglich) während 15 Tagen bei Silberfuchsrüden, die kein Sperma mehr hatten, die geschlechtliche Aktivität nicht wiederherstellte. Die Anzahl Spermien der intensiv genutzen Rüden erhöhte sich am dritten Tag nach Zugabe des Beifutters von 40 auf 60 Mio/ml bei Blaufüchsen und von 20 auf 50 Mio/ml bei Silberfüchsen. Am Anfang der Paarungszeit waren in 1 ml Blaufuchssperma 120 Mio und in 1 ml Silberfuchssperma 40 Mio Spermien. Daraus schlußfolgerte der Autor, daß es möglich sei, das Ejakulatvolumen und die Anzahl der Spermien bei dem durch tägliches Decken erschöpften Rüden durch Beifutter und Ruhe im Laufe von zwei bis drei Tagen wiederherzustellen.

Es ist möglich, daß bei der in den Fuchsfarmen üblichen Nutzung der Rüden (ein Deckakt täglich oder weniger) Proteinmangel nicht auftritt. MILOVANOV (1962) weist darauf hin, daß die Effektivität von Proteinbeifutter nur bei angespannter Nutzung der Vatertiere nachweisbar ist.

Fütterung trächtiger Fähen

Bei Nerzen, Silberfüchsen und Blaufüchsen fällt die Trächtigkeit mit einer saisongebundenen Erhöhung des Grundumsatzes (um ungefähr 15 % gegenüber den Wintermonaten) sowie mit dem Frühjahrshaarwechsel zusammen. Außerdem benötigen die Fähen Nährstoffe und Vitamine zur Entwicklung der Adnexen und der Früchte, zur Vorbereitung des Gesäuges auf die Laktation und zum Anlegen von Nährstoffreserven für die Laktation. Jede Form ungenügender Nährstoffzufuhr kann die Ursache dafür sein, daß die Fähen nicht werfen, wenige oder schwache Welpen bringen und wenig Milch geben. Während der Ranz fressen Fähen weniger, so daß man ihnen in dieser Zeit meist kleinere Futterrationen gibt. Einige Tage nach der Verpaarung verbessert sich die Freßlust der trächtigen Fähen wieder.

Nerzfähen

Der Zeitraum für die Fortpflanzung liegt bei Nerzen in relativ weiten Grenzen. Die Dauer der Trächtigkeit hängt von der Deckzeit ab. Bei Fähen, die Ende Februar bis Anfang März gedeckt wurden, dauert die Trächtigkeit länger als bei den Fähen, die später verpaart wurden (Tab. 8/67).

Tabelle 8/67 Trächtigkeitsdauer einmal gedeckter Nerzfähen, abhängig von den Paarungszeiten (nach ABRAMOV, 1961)

Decktermin	Durchschnittliche Trächtigkeitsdauer (Tage)	Schwankungsbreite (Tage)
16. bis 28. Februar	66	63 bis 73
1. bis 8. März	56	47 bis 70
Nach dem 8. März	45	40 bis 58

Es ist daher in Nerzfarmen üblich, als Anfang der Trächtigkeitsperiode die letzte Märzdekade anzusehen.
Um den während der Ranz verminderten Fütterungszustand zu verbessern und um die Anlage von Reserven zu ermöglichen, sind Standardnerzfähen der üblichen Größe (≈ 1000 g) von der Verpaarung bis etwa 15. April mit Rationen zu füttern, die 240 bis 280 kcal je 100 g Futter enthalten. Danach ist der Kaloriengehalt der Ration bis Ende April allmählich auf 180 bis 240 kcal zu vermindern, je nach Fütterungszustand und Aktivität der Fähen. Die Zuchtergebnisse von mehr als fünf Welpen je gedeckte Fähe (Standardnerz und brauner Mutationsnerz) in den besten sowjetischen Betrieben beweisen die Richtigkeit dieser Normen (PERELDIK und TITOVA, 1950; ILLARIONOV und MILOVANOV, 1965; KORŠUNOV, 1969; ČEPRASOV, 1970; u. a.). In vielen skandinavischen Farmen erhalten die Nerze während dieser Zeit im Durchschnitt Rationen mit dem gleichen oder mit geringerem Energieniveau (ÅHMAN, 1960; MADSEN, 1960; JØRGENSEN, 1961, 1962; u. a.). Die durchschnittlichen Fütterungsnormen für die Winter- und Frühjahrsmonate müssen sich aber mit zunehmender Größe der Tiere erhöhen.

SAIZEW (1969) weist darauf hin, daß Fähen, die sich in durchschnittlichem Fütterungszustand befanden, ihre Lebendmasse während der Trächtigkeit unbedeutend erhöhen oder beibehalten. Nerze, deren Fütterungszustand am Tage der Paarung überdurchschnittlich war, zeigten erhöhte Fruchtbarkeit, wenn ihre Lebendmasse während der Trächtigkeit zurückging. War der Fütterungszustand der Fähen unterdurchschnittlich, wirkte sich nach den Angaben des Autors eine Lebendmassezunahme auf die Fruchtbarkeit günstig aus. Diese Angaben deuten auf einen geringen Energiebedarf der Nerzfähen für die normale Entwicklung der Embryonen.

Die Nerzfähe soll während der Trächtigkeit gern ans Futter gehen und mehrere Stunden täglich in Bewegung sein. Aktivitätssteigerung läßt sich bei überfütterten Fähen dadurch erreichen, daß man den Energiegehalt der Nahrung reduziert oder die Bewegung durch Zwangsmethoden (Versperren der Eingänge in die Kisten u. a. m.) verstärkt (SUČKOV, 1966; VINOGRADOV, 1968; KUDRJAŠOV und FIL, 1970).

Versuche haben ergeben, daß sich der Gehalt an verdaulichem Protein in den Rationen trächtiger Nerze auf 7 bis 8 g je 100 kcal u. E. des Futters reduzieren läßt. Der Bedarf trächtiger Fähen an essentiellen Aminosäuren ist noch nicht ermittelt. Daher empfiehlt es sich (JØRGENSEN, 1966; PERELDIK u. a., 1968), vorläufig Rationen mit 10 bis 11 g vRP je 100 kcal u. E. zu geben. Bei diesem Proteingehalt müssen mindestens 20 % des Proteins von Muskelfleisch, unzerteiltem

Tabelle 8/68 Rationen für trächtige Nerze in sowjetischen Farmen, die hohe Nachzuchtergebnisse erzielen (5,0 bis 5,5 Welpen je Fähe des Bestandes; in g je 100 kcal umsetzbare Energie)
1 = «Saltykowski», Gebiet Moskau, 1966
2 = «Krasnojarski», Region Krasnojarsk, 1968
3 = «Prawdinski», Gebiet Sachalin, 1969

Futtermittel	1	2	3
Muskelfleisch	12	18	15
Schlachtnebenprodukte			
Innereien	22	17	—
aus Fleisch und Knochen	9	5	—
Leber	5	10	—
Mintai (frisch gefrostet)	18	17	8
Fisch (mager)			
und Fischabfälle (frisch)	—	—	45
Quark (mager)	6	4	—
Milch	—	10	3
Körner	7	7,5	7
Zucker	1	—	0,5
Gemüse, Silage	5	6	5
Hefe (umgerechnet auf Trockenhefe)	2	2	1,5
Fett	—	—	1,5
Vitaminzusätze	+	+	+
Nährstoffgehalt in g/100 kcal u. E.			
Protein	12	11,8	10,8
Fett	3,1	3,3	3,7
Kohlenhydrate	4,4	4,0	4,2
In % des Kaloriengehalts			
Protein	54	53	49
Fett	28	31	34
Kohlenhydrate	18	16	17
Umsetzbare Energie je Tier des Stammbestandes	210	250	290

Fisch, Leber und Quark stammen, während das Protein aus Schlachtnebenprodukten mit hohem Anteil an Knochen und Knorpeln sowie grätenreichen Fischabfällen höchstens 30 % ausmachen soll. Liegt der Gehalt an vRP unter 10 g je 100 kcal u. E., müssen Futtermittel mit hohem Eiweißwert verfügbar sein. Wichtig ist ferner, daß die Futtermittel gern gefressen werden: Dorsch, Mintai, Pansen, Lunge, Milz, Hirn, Quark, Milch u. a. Um Anämie vorzubeugen, darf der Anteil Dorschartiger (Mintai, Köhler u. a.) nicht mehr als 30 % der Futtermasse betragen.

Steht Futter tierischer Herkunft mit mittlerem Fettgehalt zur Verfügung, erhalten die Nerze 3 bis 4 g Fett je 100 kcal Futter, was vollständig ausreicht. Wird Magerfisch eingesetzt (Fettgehalt von weniger als 2,5 g je 100 kcal), ist der Zusatz von freiem Fett nützlich. LEOSCHKE (1964) empfiehlt, solchen Rationen außer dem Fett landwirtschaftlicher Nutztiere noch 0,5 bis 1,0 % der Futtermasse pflanzliche Öle guter Qualität (Mais-, Soja- oder Erdnußöl) zuzusetzen.

Während der Trächtigkeit ist der Anteil an Kohlenhydraten in der Ration von Bedeutung, da auf diesem Weg 10 bis 20 % der benötigten Energie aufgenommen werden können. Kohlenhydrate werden in Form von Mehlbrei und Graupen ohne Schalen, Futterbrot u. a. gegeben. In einigen Betrieben verfüttert man Abfallzucker (0,5 bis 1,5 g je 100 kcal) usw., was aber bei normaler Kohlenhydratgabe im Getreidefutter kaum nötig ist.

Falls die Pelztiere mit Schlachtnebenprodukten und Muskelfleisch ohne Knochen gefüttert werden, sind je 100 kcal 1,5 bis 2,0 g Knochenmehl oder 10 bis 12 g Schlachtnebenprodukte aus Fleisch und Knochen oder 5 bis 6 g frisch zerkleinerte Knochen zuzusetzen. Wird Fisch in Mengen von 25 bis 30 g oder Fleisch mit Knochen in Mengen von 15 bis 20 g gegeben, ist der Bedarf der Tiere an Kalzium und Phosphor vollständig gedeckt.

Von ganz besonderer Bedeutung ist es, während der Trächtigkeit den Vitaminbedarf der Fähen zu decken. *Vitaminmangel* kann ebenso wie zu reichliche Vitamingaben (besonders A und D) zu Stoffwechselstörungen führen. Die beste Vitaminquelle ist die Leber landwirtschaftlicher Nutztiere, die außerdem noch eine gute diätetische Wirkung hat. Es empfiehlt sich, Leber in einer Menge von etwa 15 g je Tier der Futtermischung zuzusetzen (5 bis 10 g je 100 kcal u. E.).

Enthält die Ration ausreichend Leber, Fischöl und Hefe, ist die zusätzliche Verabreichung von Vitaminträgern oder eines synthetischen Vitaminpräparates nicht notwendig. In jedem Fall ist es aber nützlich, Vitamin E und Askorbinsäure zu verabfolgen.

Aus *diätetischen* Gründen und zur Förderung

der Milchbildung ist es wünschenswert, Milch und Milchprodukte in die Rationen einzubeziehen. Besonders wichtig sind Quark- und Milchgaben, wenn länger gelagertes Futter verabfolgt wird.

Qualitativ minderwertiges oder überlagertes Futter kann die Resorption der Embryonen, Aborte, Komplikationen beim Werfen und die Geburt toter oder schwacher Welpen zur Folge haben. Futter mit ranzigem Fett ist frisch wie gekocht ungeeignet. HOWARD und WORNE (1958) haben nach der Verfütterung ranziger Fette an Nerzfähen Perforationen der Gebärmutter, Blutungen und Aborte beobachtet. Ähnliche Erscheinungen sind bei toxischer Leberdystrophie zu beobachten, verursacht durch Futtermittel, die von Schimmelpilzen oder pathogenen Bakterien befallen sind (DANILOV und AKULOVA, 1968). RAPOPORT (1961) verweist auf die Gefahr, große Mengen freies Fischöl in die Rationen einzubeziehen, ohne Vitamin E zuzusetzen. In seinen Versuchen führte eine Gabe von 2 bis 4 g Fischöl oder Seetierfett ohne Vitamin E zur Geburt lebensschwacher Welpen, die in den ersten Tagen verendeten.

Viele Autoren (ILLARIONOV, MILOVANOV, 1965; LEONARD, 1966) weisen darauf hin, daß frische Fische Ende April und Anfang Mai gut für trächtige Fähen sind. Sie reduzieren das Auftreten der Trächtigkeitstoxikose in den letzten Tagen vor dem Werfen und verringern die Anzahl der Aborte und der Todesfälle von Fähen und Welpen. Für trächtige Fähen ist konserviertes Futter nicht zu empfehlen.

In der Regel werden trächtige Nerzfähen täglich zweimal gefüttert. Bei normalem Futterzustand, und wenn das Futter Antioxydantien enthält (Vitamine E, C u. a.), ist es möglich, die Fähen auch nur einmal täglich zu füttern. Sind zwei Portionen täglich vorgesehen, gibt man morgens 35 bis 40 % und abends 60 bis 65 % der Ration. Bei kleinen Rationen oder bei Nachtfrösten beträgt das Verhältnis 50:50 %.

An den Tagen vor dem Werfen muß besonders auf die ständige Versorgung der Fähen mit Trinkwasser geachtet werden.

In skandinavischer und amerikanischer Literatur wird empfohlen, trächtige Fähen mit Rationen gleicher Zusammensetzung wie in den vorangegangenen Monaten zu füttern und sich nur darauf zu beschränken, bestimmte Fischarten oder Fischabfälle zu reduzieren. In sowjetischen Betrieben ist es üblich, die Fütterung trächtiger Nerze durch den Einsatz von Leber, Schlachtnebenprodukten, Milch und, bei Fischfütterung, durch Muskelfleisch, Quark und für Nerze wertvolle Fischarten zu ergänzen (Tab. 8/69).

Tabelle 8/69 Beispielration für trächtige Nerze (in g je 100 kcal u. E.)

Futtermittel	Ration			
	1	2	3	4
Muskelfleisch	18	10	—	15
Schlachtnebenprodukte				
Innereien	25	20	12	—
aus Fleisch und Knochen	10	10	15	—
Leber	5	5	3	3
Fisch (mager)	—	15	25	35
Fischmehl	—	—	3	—
Quark (mager)	5	3	3	3
Milch	10	10	10	10
Getreide	6,5	6,5	6,5	6,5
Gemüse	6	6	6	6
Hefe (trocken)	1,2	1,5	1,8	2
Fischöl	0,4	0,4	—	—
Fett, tierisches	—	—	1,0	1,8

Nährstoffgehalt in g/100 kcal u. E.
Protein 10 bis 11
Fett 3,7 bis 4,2
Kohlenhydrate 4

In % des Kaloriengehalts
Protein 45 bis 50
Fett 34 bis 39
Kohlenhydrate 16

Silber- und Blaufuchsfähen

Die Trächtigkeit bei Silberfüchsen und Blaufüchsen dauert im Durchschnitt 52 Tage (Schwankungen von 48 bis 58 Tage). Die Paarungszeit dauert je nach der Vorbereitung der Tiere zur Paarung und ihrem Alter ein bis zwei Monate. Silberfuchs- und Blaufuchsfähen werden in kleinen Gruppen innerhalb von drei bis fünf Tagen auf Trächtigkeitsration umgestellt.

Die intensive Ablagerung von Protein und anderen Nährstoffen im Organismus der trächtigen Fähen setzt sofort nach der Befruchtung ein und bleibt während der gesamten Trächtigkeitsdauer gleich. Es werden so *Reserven* in Mengen angesetzt, die zwei- bis dreimal größer sind als die Ablagerungen dieser Stoffe in den Früchten (FIRSTOV, 1964). Die Fähigkeit der Fähen, Reserven lange vor Beginn des intensivsten Wachstums der Embryonen anzulegen, muß bei der Fütterung berücksichtigt werden. FIRSTOV und CHARITONOV (1957), MILOVANOV (1959), POSDNJAKOV u. a. (1960) und ILLARIONOV (1966) halten es für unzweckmäßig, Silberfuchs- und Blaufuchsfähen in der ersten Hälfte der Trächtigkeit in der Futteraufnahme zu beschränken. Die Vorzüge einer reichlichen Fütterung von Silberfüchsen bis zum 26. Tag der Trächtigkeit wurden erstmals von KLECKIN (1940) demonstriert, der nachweisen konnte, daß sich das Wurfergebnis je Fähe des Bestandes erhöht und Jungfähen einen größeren Futterbedarf als Altfähen haben. PETRAJEV (1929) und FIRSTOV (1964) sind der Ansicht, daß diese Fütterungsmethode den physiologischen Besonderheiten der Pelztiere am besten entspricht.

Bei *beliebiger Futteraufnahme* der Silberfüchse in der ersten Hälfte der Trächtigkeit wurden in vielen Pelztierfarmen fünf Welpen und mehr je Fähe des Bestandes erzielt. In der zweiten Hälfte der Trächtigkeit fraßen die Fähen weniger. Jungfähen nehmen mehr Futter auf als ausgewachsene Tiere. Bei stark verfetteten Altfähen (besonders wenn sie fünf Jahre und älter sind) schränkt man die Futtergaben ein, damit sie beweglicher werden und in einen normalen Fütterungszustand kommen.

Blaufüchse fressen während der Trächtigkeit ihr Futter gleich gut, was mit ihrem hohen Nährstoffbedarf infolge starker Vermehrung zusammenhängt (MILOVANOV, 1959; POSDNJAKOV u. a., 1960).

In den letzten Jahren wurde nicht mehr auf den unterschiedlichen Futterbedarf der Fähen in den einzelnen Perioden der Trächtigkeit hingewiesen. Die Rationen für trächtige Fähen wurden von den Züchtern unter Beachtung von Freßlust, Fütterungszustand, Alter und Größe der Tiere, Fruchtbarkeit, Lufttemperatur u. a. jeweils festgelegt.

Etwa fünf bis acht Tage vor dem erwarteten Wurftermin wird das an Silberfüchse und ausgewachsene Blaufüchse verabfolgte Futter je nach Freßlust allmählich auf 100 bis 200 g täglich reduziert. Von PETRAJEV wurde bereits 1929 darauf hingewiesen, daß ein bestimmter Zusammenhang zwischen *Freßlust* der Fähen in den letzten Tagen der Trächtigkeit und *komplikationslosem* Ausgang der Geburt existiert. Tiere, die komplikationslos werfen, stellen einige Tage vorher häufig die Nahrungsaufnahme ein.

In einigen Betrieben wird dem Futtergemisch

Tabelle 8/70 Rationen für trächtige Silberfüchse in sowjetischen Farmen bei einer durchschnittlichen Fruchtbarkeit von 5,0 bis 5,5 Welpen je Fähe des Bestandes (in g je 100 kcal u. E.)
1 = «Raku», Estnische SSR, 1958 (nach MILOVANOV, 1963)
2 = «Birjulinski», Tatarische ASSR, 1959 (nach ILLARIONOV, 1960)
3 = «Solnzewski», Gebiet Kursk, 1967 (nach SOIN, 1968)

Futtermittel	1	2	3
Muskelfleisch	32	28	22
Herz, Leber	10	2	—
Schlachtnebenprodukte	10	15	30*
Fisch und Fischabfälle	3	—	3
Seidenraupenpuppen	0,5	3	—
Quark	3	—	—
Milch	21	23	11
Weizenschrot und Weizenkleie	4,5	6,5	9
Gemüsesilage, Grünpflanzen	7	7	3
Hydrolysehefe	1,5	1	1
Fischöl	0,3	0,3	0,3
Fett (tierischer Herkunft)	—	—	0,3
Nährstoffgehalt in g/100 kcal u. E.			
Protein	11,5	10,7	10,0
Fett	3,5	3,7	3,8
Kohlenhydrate	4,0	4,4	4,9
In % des Kaloriengehalts			
Protein	52	48	45
Fett	32	34	35
Kohlenhydrate	16	18	20
Im Durchschnitt je Tier (kcal)	560	550	640

* Einschl. Leber

der Fähen vor dem Werfen ein Beifutter aus Leber, Milch, Blut und anderen leichtverdaulichen Futtermitteln zugesetzt. Es sollen dadurch übergroße Welpen sehr verfetteter Fähen verhindert werden, was in beiden Fällen zu Komplikationen beim Werfen führt. Auch sind bei zu fetten Fähen Störungen in der Milchbildung zu erwarten.

Ein normaler Ablauf der Trächtigkeit bei Silberfüchsen und Blaufüchsen ist unter Praxisbedingungen bei Rationen mit 9,5 bis 11,5 g vRP je 100 kcal Futter gewährleistet. In den meisten sowjetischen Betrieben lag das Proteinniveau in dieser Periode etwas über 10 g vRP je 100 kcal (Tab. 8/70).

In skandinavischen Farmen (ROCHMANN, 1969) erhalten trächtige Blaufüchse bei Fischfütterung die gleiche Ration wie in der Zeit vorher, wobei je 100 kcal der Futtermischung etwa 9,5 g vRP zu veranschlagen sind. Erhalten Blaufüchse und Silberfüchse Fleisch und Fisch mit mittlerem Fettgehalt, ist es nicht üblich, der Futtermischung Fette zuzusetzen. Nur bei Rationen mit 2,5 g Fett je 100 kcal wird Fett tierischer Herkunft zugegeben.

Es ist zweckmäßig, das Fleisch- und Fischsortiment abwechslungsreich zu gestalten, um die Freßlust der Fähen zu erhalten. Sie wird durch Schlachtnebenprodukte, Gemüse, Grünpflanzen sowie Milch und Quark angeregt. Futtermischungen mit niedrigem Kalzium- und Phosphorgehalt sind abzulehnen. Die Schlachtnebenprodukte aus Fleisch und Knochen decken in Mengen von 10 bis 12 g je Portion meist den Bedarf der Füchse an diesen Elementen, falls die Ration weder Fisch noch Knochenfleisch enthält.

Der hohe *Vitaminbedarf* trächtiger Silberfüchse und Blaufüchse muß stets berücksichtigt werden. Deshalb setzt man den Futtermischungen regelmäßig Hefe (oder Vitaminpräparate) zu. B-Avitaminosen äußern sich bei Füchsen in einer größeren Anzahl nichtwerfender Fähen (die Embryonen werden resorbiert), Verlängerung der Trächtigkeit und nicht lebensfähige Welpen mit sehr schwacher Pigmentierung des Haarkleides. Bei Vitamin-A-Mangel wird das Wurfergebnis verschlechtert und die Widerstandsfähigkeit der neugeborenen Welpen gegen Paratyphus und Coli-Infektion (Erkrankungen, die in Blaufuchs- und Silberfuchsbeständen verbreitet sind) herabgesetzt. Bei Verfütterung von lange gelagerten, gefrorenen Produkten oder von Fisch mit hohem Gehalt an ungesättigten Fettsäuren empfiehlt es sich, der Futtermischung Vitamin-E-Präparate zuzusetzen.

Zehn Tage vor dem Werfen erhalten Silberfüchse und Blaufüchse ein Vitamin-K-Präparat, vor allem, wenn die Ration wenig Grünfutter enthält und wenn Lebererkrankungen vorgekommen sind.

Vitamin K verhütet Welpenverluste durch hämorrhagische Diathese. Weiterhin ist an eine verstärkte Gabe von Askorbinsäure in der zweiten Hälfte der Trächtigkeit zu denken.

Besonders zu beachten ist die Qualität des Futters. Trächtige Fähen fressen eine lockere Futtermischung in breiiger Konsistenz am liebsten, weshalb man in die Rationen mehr Milch, Leber

Tabelle 8/71 Beispielrationen für trächtige Silberfüchse und Blaufüchse (in g je 100 kcal u. E.)

Futtermittel	Silberfüchse		Blaufüchse		
	1	2	1	2	3
Muskelfleisch	10	10	15	—	15
Schlachtnebenprodukte					
Innereien	15	18	22	25	—
aus Fleisch und Knochen	10	10	10	10	—
Leber	5	5	7	5	5
Magerfisch	—	15	—	25	40
Quark	3	—	7	—	—
Milch	10	10	10	10	10
Getreide	9	9	8	8	8
Gemüse	8	8	8	8	8
Trockenhefe	1,5	1,5	1,5	1,8	2
Fischöl	0,4	0,3	0,3	0,2	—
Fett, tierisches	—	—	—	—	1

Nährstoffgehalt in g/100 kcal u. E.		
Protein	9,5 bis 10,5	10,5 bis 11,5
Fett	3,4 bis 3,9	3,2 bis 3,7
Kohlenhydrate	5,0	4,5

In % des Kaloriengehalts		
Protein	43 bis 47	47 bis 52
Fett	33 bis 37	30 bis 35
Kohlenhydrate	20	18

und andere qualitativ hochwertige Futtermittel einbezieht. Silberfuchs- und Blaufuchsfähen erhalten das Futter täglich in zwei Portionen, morgens 40 % und abends 60 % der Ration. Den Fähen muß stets Wasser, Schnee oder Eis zur Verfügung stehen.

Bei der Bilanzierung der Ration ist es möglich, bedeutend mehr Milch, Quark, Leber und andere Nebenprodukte zu verfüttern. Fettfische und Dorschartige, die das Eisen in der Futtermischung binden, sollten in nicht zu großen Mengen gegeben werden. Bei hohem Anteil an unzerteiltem Fisch ist es nicht unbedingt notwendig, der Futtermischung Muskelfleisch zuzusetzen, das dann durch Schlachtnebenprodukte zu ersetzen ist. Futtermittel mit geringem Gehalt an essentiellen Aminosäuren (Schnauzen, Ohren, Beine, Knochen u. a.) sowie grobgemahlenes rohes Mehl, Leguminosenmehl, Preßkuchen (schwerverdaulich und rohfaserreich) sind für trächtige Fähen ungeeignet.

Fütterung säugender Fähen

Für die Entwicklung der Welpen ist die Milchleistung der Fähen entscheidend. Bei den meisten Fähen ist das Gesäuge bis zum Werfen normal entwickelt; die Fähen entfernen zwei bis drei Tage vor dem Werfen das Unterfell um die Zitzen herum. Eine schlechte Vorbereitung der Zitzen bis zum Wurftag zeugt davon, daß Komplikationen beim Werfen oder Milchmangel zu erwarten sind.

Bei Silberfüchsen und Blaufüchsen verzögert sich die Milchabsonderung häufig, was dazu zwingt, die neugeborenen Welpen in Nachbarwürfe umzusetzen. Den Fähen können später Welpen aus anderen Würfen zugesetzt werden. Übermäßige Milchbildung wird meist bei Silberfüchsen und Blaufüchsen beobachtet, die schwache, schlecht ansaugende Welpen geworfen haben. Bei überernährten Nerzfähen tritt entweder keine Milchabsonderung ein, oder die Milch versiegt zuweilen am dritten bis fünften Tag nach dem Werfen. Dies ist am Zustand der Welpen und am Verhalten der Fähen in der ersten Woche nach dem Werfen festzustellen. Eine Nerzfähe, bei der die Milch versiegt ist, verläßt ihren Wurf in der Regel oder frißt ihn auf, wenn die Welpen nicht rechtzeitig anderen Fähen untergelegt werden.

Bei laktierenden Fähen mit starken Würfen ist es selbst bei bester Fütterung nicht möglich, den Nährstoffbedarf vollständig zu decken. Für die Milchbildung werden somit *Körperreserven* mobilisiert.

Die *Futteraufnahme* der Fähen während der Laktation erhöht sich auf das Zwei- bis Dreifache; sie ist u. a. von der Anzahl der Welpen, ihrem Alter, vom Futterzustand der Tiere, vom Nährstoffgehalt der Futtermischung, von der Temperatur abhängig. Während dieser Zeit können voluminöse, schlecht verdauliche Futtermittel (pflanzliches Futter mit hohem Rohfasergehalt, Fleischknochen, Schlachtnebenprodukte) sowie Futtermittel mit niedrigem Energiegehalt (Magerfisch und Fischabfälle) dazu führen, daß die Fähen die benötigte Nährstoffmenge nicht aufnehmen. Sie magern ab, ihre Milchabsonderung wird schwächer und die Welpen wachsen langsamer. Um eine gute Futteraufnahme der laktierenden Fähen und eine normale Milchabsonderung zu gewährleisten, ist es üblich, in der ersten Hälfte der Laktationsperiode die *Zusammensetzung der Ration* nicht wesentlich zu verändern.

Der Gehalt an vRP kann in den Rationen laktierender Fähen allmählich um 10 bis 15 % gegenüber dem trächtiger Fähen gesenkt werden. Allerdings ist dann in der Futtermischung die Fett- und Kohlenhydratmenge zu erhöhen. LEOSCHKE (1969) ist der Ansicht, daß erhöhter energetischer Wert des Futters durch Fettzusätze Ende Mai Fälle von Kannibalismus unter den Nerzwelpen verringert. Der Kohlenhydratanteil soll in dieser Zeit mindestens 15 % des Kaloriengehalts der Ration betragen (7 bis 8 g Getreidebrei oder fein gemahlenes Mehl je 100 kcal Futter). Werden Schlachtnebenprodukte eingesetzt, darf die Menge der Fleischknochen (Köpfe u. a.) nicht unter 10 g je 100 kcal Futter gesenkt werden, um die Kalzium- und Phosphorversorgung der Fähen zu sichern. Es ist zweckmäßig, die Tiere mit Grünfutter sowie mit Kraut-Möhren-Silage guter Qualität zu versorgen. Ebenso wie während der Trächtigkeit müssen die Fähen mit dem Futter ausreichende Mengen der Vitamine A, D und der B-Gruppe erhalten. Bei Verfütterung von lange gelagertem Fleisch und Fisch ist der Zusatz von Vitamin-E-Präparaten zu beachten.

Einige Fähen verweigern in der zweiten Laktationshälfte (ab Ende Mai) Wasser und Futter, magern ab und verlieren die mütterlichen Eigenschaften. Diese Tiere verenden häufig nach nervösen Anfällen. HARTSOUGH (1960) ist der Ansicht, dieser Zustand (Laktationsanämie – Ammenkrankheit) trete infolge des großen Natriumverlustes mit der Milch auf. Amerikanische Züchter empfehlen deshalb, ab Mitte Mai bis Ende Juni 0,3 bis 0,5 g Kochsalz je 100 g Futter zu geben (unter Berücksichtigung des im Mischfutter und in anderen Futtermitteln enthaltenen NaCl). In der DDR erhalten Fähen insgesamt 1 g Kochsalz pro Tag. Es gibt aber auch noch andere Ursachen für Laktationserschöpfungen, z. B. Mangel an Vitaminen der Gruppe B, Kalzium und Phosphor, Kohlenhydraten u. a. (PERELDIK, 1956; JERIN, 1965). Nach SCHISCHLOV (1952) führen große Mengen Futter tierischer Herkunft, darunter auch Muskelfleisch, bei laktierenden Nerzen zu Fällen von Laktationserschöpfung, Selbstbenagung und Tod durch Harnsteine. Der Autor verweist auf den Vorteil des Einsatzes kohlenhydratreicher Futtermittel, besonders von Grünpflanzen. Hierzu ist zu bemerken, daß es auf Grund vieler Angaben bei Verfütterung von unzerteiltem Fisch und Schlachtnebenprodukten gelingt, auch ohne Grünpflanzen eine normale Milchabsonderung und einen

Tabelle 8/72 Beispielrationen für laktierende Nerze und Nerzwelpen in Farmen der USA im Mai und Juni (nach LEOSCHKE, 1964; in g je 100 kcal u. E.)

Futtermittel	Fleisch-fütterung	Fisch-fütterung
Leber	3 bis 6	3
Muskelfleisch, Schlachtnebenprodukte, gekochte Eier, Quark u. a.	10 bis 20	10 bis 15
Geflügelabfälle*	(0 bis 12)	(0 bis 12)
Pansen und Lunge	10 bis 15	6 bis 10
Fisch	10 bis 20	15 bis 35
Mischfutter (mit Vitaminzusätzen und etwa 16 % vRP)	10	10
Fett	1,2 bis 2,5	1,2 bis 2,5
Glukose	1,2	1,2
Kochsalz	0,3	0,3
Nährstoffgehalt in g/100kcal u. E.		
Protein	9,0	9,0
Fett	4,3	4,3
Kohlenhydrate	4,6	4,6
In % des Kaloriengehalts		
Protein	40	40
Fett	40	40
Kohlenhydrate	20	20

* Geflügelabfälle (nur Köpfe und Innereien) werden im Juni allmählich zugesetzt, und zwar bei Reduzierung der Gaben an Fisch, Pansen und Lunge.

Tabelle 8/73 Beispielrationen für laktierende Nerze in skandinavischen Farmen im Mai und Juni (in g je 100 kcal u. E.)

Futtermittel	Norwegen (nach ÅHMAN, 1969)	Dänemark (nach JØRGENSEN, 1966) 1	2
Magerfisch (unzerteilt)	9	23	21
Fischabfälle (einschl. nicht standardgerechtes Filet)	25	50	38
Blut	5	—	—
Schlachtnebenprodukte	9	—	15
Fischmehl für Pelztiere	2,5	—	—
Vollmilch, Magermilch (Joghurt)	5,5	5	5
Fett, tierisches	3,5	2,7	2
Getreidemischfutter	5,5	5,5	5,5
Kartoffeln (getrocknet)	—	2	2
Mehl aus Sojaschrot	2	—	—
Vitamin-Mineralstoffzusätze (einschl. Hefe und Eisenpräparate)	2	2	2
Nährstoffgehalt in g/100kcal u. E.			
Protein	10,0	10,5	10,5
Fett	4,2	4,0	4,0
Kohlenhydrate	3,7	3,8	3,8
In % des Kaloriengehalts			
Protein	45	47	47
Fett	40	37	37
Kohlenhydrate	15	16	16

guten Gesundheitszustand der Fähen zu gewährleisten.
Ab 18. bis 20. Lebenstag nehmen Nerzwelpen, ab 20. bis 25. Lebenstag Silberfuchs- und Blaufuchswelpen das Futtergemisch auf. Die meisten Nerzfähen tragen während dieser Zeit Futter in die Kisten. Bei normalem Zustand der Welpen ist es nicht nötig, sie nachzufüttern. Die Futtermischung wird den Nerzwelpen entweder in die Kisten oder auf flache Futterbretter im Gehege am Schlupfloch der Kiste gegeben. Den Silberfuchs- und Blaufuchswelpen legt man das Futter zunächst auf Futterbretter (Rinnen) in die Kisten, später in das Gehege am Schlupfloch. Das Futter muß fein zerkleinert und sorgfältig vermischt sein, um eine optimale Nährstoffaufnahme zu sichern.

Bei *ungenügender Milchabsonderung* der Fähen und schwacher Entwicklung der Welpen kann man durch Lösungen aus Glukose, Vitaminkonzentraten und Antibiotika sowie ab siebenten bis zehnten Tag auch durch Kuhmilch mit Glukose oder Zucker und Eigelb positive Resultate erzielen (DOROCHOVA, CHOMULLO, 1968; u. a.). Auch für Fähen mit starken Würfen oder mit schwachen Welpen ist es gut, Beifutter tierischer Herkunft, insbesondere aus Milch, zuzugeben. Kuhmilch sollte für laktierende Silberfüchse und Blaufüchse gekocht sein, um bei Welpen Verdauungsstörungen und Durchfällen vorzubeugen.
Wichtig ist stets die ausreichende Versorgung der Tiere mit Wasser.
Laktierende Fähen werden zumeist zweimal

Tabelle 8/74 Beispielrationen für laktierende Nerzfähen und Welpen in sowjetischen Farmen im Mai und Juni (in g je 100 kcal u. E.)

Futtermittel	Ration			
	1	2	3	4
Muskelfleisch	15	8	—	12
Schlachtnebenprodukte				
Innereien	22	10	10	—
aus Fleisch und				
Knochen	12	12	12	—
Leber	5	5	3	3
Magerfisch	—	24	32	40
Fleischknochenmehl				
Fischmehl	—	—	3	—
Quark (mager)	5	3	—	—
Milch	5	5	5	5
Getreide	7	7	7	7
Gemüse, siliert,				
Grünmasse	4	4	4	4
Trockenhefe	1,2	1,5	1,8	2
Fischöl	0,4	0,2	—	—
Fett, tierisches	0,7	1,3	1,7	2,5

Nährstoffgehalt in g/100 kcal u. E.
Protein   9,5 bis 10,5
Fett   3,9 bis 4,4
Kohlenhydrate   4,0

In % des Kaloriengehalts
Protein   43 bis 47
Fett   37 bis 41
Kohlenhydrate   16

Tabelle 8/75 Beispielrationen für laktierende Blaufüchse und Silberfüchse in sowjetischen Farmen (in g je 100 kcal u. E.)

Futtermittel	Ration			
	1	2	3*	4*
Muskelfleisch	15	10	—	12
Schlachtnebenprodukte				
Innereien	22	15	20	—
aus Fleisch und				
Knochen	10	10	10	—
Leber	2	2	2	2
Magerfisch	—	18	28	38
Quark	5	3	3	—
Milch	10	10	10	10
Körnerfrüchte	9	9	9	9
Gemüse, siliert,				
Grünmasse	6	6	6	6
Trockenhefe	1,5	1,5	1,5	2
Fischöl	0,4	0,2	0,2	—
Fett, tierisches	—	0,3	0,7	1,5

Nährstoffgehalt in g/100 kcal u. E.
Protein   9,5 bis 10,3
Fett   3,4 bis 3,9
Kohlenhydrate   5

In % des Kaloriengehalts
Protein   43 bis 47
Fett   32 bis 37
Kohlenhydrate   20

* Nur für Blaufüchse

täglich mit ungefähr gleichen Portionen gefüttert. Bei warmem Wetter gibt man abends mehr Futter als morgens. Bei Frostwetter ist es zweckmäßig, laktierende Fähen dreimal täglich zu füttern, um die Futterverluste durch Einfrieren zu verringern. Sehr wichtig ist es, genaue Fütterungszeiten einzuhalten, besonders an Frosttagen, da bei verspäteter Futterverteilung hungrige (Silberfuchs- und Blaufuchs-)Fähen die Kiste vorzeitig verlassen, die Welpen lange Zeit allein bleiben und erfrieren können.

In den Tabellen 8/72 bis 8/75 werden eine Reihe von Beispielrationen für laktierende Nerzfähen sowie für laktierende Blaufuchs- und Silberfuchsfähen mitgeteilt.

Fütterung der Welpen

Fütterung der Jungnerze in den Sommermonaten

Jungnerze haben eine hohe *Wachstumsintensität*. Beim Absetzen von der Mutter im Alter von 40 bis 45 Tagen beträgt die Lebendmasse eines Nerzwelpen etwa 20 % der Endmasse, im Alter von zwei Monaten 40 % und bis zum 1. September (Alter ungefähr vier Monate) 80 %.

Im Alter von 50 Tagen erreicht die Körperlänge der Welpen 60 % der ausgewachsener Tiere, im Alter von zweieinhalb Monaten 80 % und bis zum 1. September 95 % und mehr (SCHAIBLE, 1969). Nach den Angaben von ABRAMOV u. a. (1968) haben Standard-Jungrüden von der Geburt bis zum Alter von 70 Tagen ihre anfängliche Lebendmasse versechsfacht, bis zum Alter von 170 Tagen versiebenfacht.

Bei Fähen hat sich die Lebendmasse bis zum Alter von 90 Tagen versechsfacht. Das schnelle Wachstum der Fähen ist unter normalen Fütterungsverhältnissen im August, das der Rüden Ende September/Anfang Oktober abgeschlossen. Es liegen Beobachtungen darüber vor, daß das Körperwachstum bei Standardnerzen und bei braunen Nerzen etwas früher als bei denen anderer Mutationen abgeschlossen ist, was bei der Organisation der Fütterung in den Herbstmonaten berücksichtigt werden muß.

In den ersten Tagen nach dem Absetzen verlangsamt sich das *Wachstum* der Welpen durch schlechtere Freßlust und die vollständige Umstellung auf die Ernährung ohne Muttermilch. Deshalb machen viele Autoren den Vorschlag, Nerzwelpen nach dem Absetzen in kleinen Gruppen (drei bis vier Tiere) zu halten und sie im August zu ein bis drei Tieren ins Gehege zu setzen, je nachdem, wie viele Unterbringungsmöglichkeiten vorhanden sind.

Werden die Jungnerze paarweise zusammengesetzt, hält man in einem Gehege einen Rüden und eine Fähe oder Tiere gleichen Geschlechts. Bisher liegen noch keine Nachweise über die Vorzüge dieser oder jener Haltungsmethode der Welpen vor. Bei ausreichendem Fütterungsniveau gibt es keine Unterschiede zwischen gleich- und verschiedengeschlechtlicher Haltung (KUSNEZOV u. a., 1963). Der höhere Futterverbrauch bei gruppenweiser oder paarweiser Haltung der Nerze in den Sommermonaten ist durch die bei der Pelzung erhaltenen größeren Felle vollständig gerechtfertigt (SACHAROV, 1968).

Das intensive Wachstum der Welpen in den Sommermonaten wird nur unter der Voraussetzung erreicht, daß sie ausreichende Mengen eines Futters aufnehmen, in dem die erforderlichen Mengen an *Energie, Proteinen, Mineralstoffen* und *Vitaminen* enthalten sind. Die meisten Autoren sind gegenwärtig der Ansicht, für große Felle und normale Fruchtbarkeit der Nerze sei ein hohes energetisches Ernährungsniveau in den Sommer- und Herbstmonaten notwendig. Die von einigen Autoren (PERELDIK und TITOVA, 1954; ABRAMOV und POVECKIJ, 1968) ausgesprochene Befürchtung, reichliche Fütterung im Alter von eineinhalb bis dreieinhalb Monaten könnte sich negativ auf die Fruchtbarkeit auswirken, bedarf noch der experimentellen Bestätigung.

In vielen Farmen wird die Fütterung so organisiert, daß die Jungtiere in den Sommermonaten maximal wachsen (Tab. 8/76). In den besten sowjetischen Farmen übersteigt die Lebendmasse einzelner Nerzrassen bereits jetzt die Durchschnittsmasse der Tiere in den Farmen der skandinavischen Länder und der USA (Tab. 8/77).

Die Menge des von den Welpen aufgenomme-

Tabelle 8/76 Veränderung der Lebendmasse von Jungnerzen bei Fütterung nach skandinavischen und amerikanischen Normen (in kg am Monatsanfang; nach ÅHMAN, 1966; SCHAIBLE, 1967)

Monat	Große Rassen (Standard, Pastell u. a.)			Kleinere Rassen			
	Skandinavische Länder		USA	Skandinavische Länder		USA	
	Rüden	Fähen	Rüden	Rüden	Fähen	Saphirrüden	Pearlrüden
Juli	0,72	0,52	0,80	0,63	0,48	0,72	0,72
August	1,29	0,78	1,17	1,15	0,73	1,07	1,07
September	1,69	0,92	1,52	1,50	0,88	1,42	1,46
Oktober	1,96	1,07	1,80	1,70	0,99	1,66	1,72
November	2,10	1,18	2,00	1,80	1,06	1,72	1,78
Dezember	2,05	1,15	2,00	1,77	1,02	1,72	1,78

Tabelle 8/77 Veränderungen der Lebendmasse von Jungnerzen in einer sowjetischen Farm, 1969 (in kg am Monatsanfang)

Monat	Pastellnerz	Saphirnerz	Violettnerz
Rüden			
Juli	0,88	0,67	0,83
August	1,55	1,30	1,31
September	2,05	1,50	1,66
Oktober	2,45	1,78	1,82
Fähen			
Juli	0,69	0,57	0,64
August	1,05	0,81	0,82
September	1,29	0,95	0,99
Oktober	1,47	1,06	1,07

nen Futters ist von der Art der Fütterung abhängig. Bei beliebiger Aufnahme ist der Futterverbrauch im Vergleich zur Fütterung nach Norm um mindestens 10% höher, ohne die Wachstumsgeschwindigkeit und die Fellqualität zu beeinflussen (JØRGENSEN, CLAUSEN, PETERSEN, 1962; u. a.).

Verschiedene Autoren (PERELDIK, TITOVA, MJASNIKOV, 1950; TITOVA, POBEDIN, 1956; MILOVANOV, 1964) haben an Nerzen festgestellt, daß langsames Wachstum im Juli und August als Folge einer um 20 bis 30% reduzierten Fütterung im September kompensiert werden kann, ohne die Endgröße der Tiere, die Qualität ihrer Felle und ihre Fruchtbarkeit zu beeinträchtigen. Diese Besonderheit bei Nerzwelpen ist anscheinend damit zu erklären, daß sie auch unter natürlichen Verhältnissen in Freiheit zeitweise ein Nahrungsunterangebot ausgleichen müssen.

Nerze mit der Anlage zu besonderer *Körpergröße* reagieren auf *restriktive Fütterung* stärker (KUSNEZOV u. a., 1963; MILOVANOV, 1964). Mutmaßlich ist der Energiebedarf von Nerzrüden und -fähen verschiedener Mutationen unterschiedlich, so daß es nicht immer gelingt, das Zurückbleiben einiger Tiere im Wachstum zu kompensieren (Tab. 8/78).

In der Zeit vom Absetzen bis Anfang Oktober ist es ratsam, Mischfutter mit hoher Energiekonzentration zu verabfolgen. Steht Futterfleisch und Futterfisch mit hohem Eiweißwert zur Verfügung, kann der Gehalt an vRP bis auf 7 bis 8 g je 100 kcal u. E. reduziert werden. In Farmen der USA gab man bereits in den Jahren 1964 bis 1968 Nerzen in Form von Muskelfleisch, Quark und unzerteiltem Fisch Rationen, die 8 bis 9 g vRP enthielten (Tab. 8/79). Eine weitere Reduzierung ist beabsichtigt (LEOSCHKE, 1968). In den Farmen skandinavischer Länder ist der Anteil an Fischabfällen in den Rationen der

Tabelle 8/78 Veränderungen der Lebendmasse von Jungnerzen unterschiedlicher Größe (in kg am Monatsanfang)

Monat	Besonders große	Große	Mittlere	Kleine
Rüden				
15. Juni	0,60	0,55	0,50	0,40
Juli	0,90	0,85	0,75	0,65
August	1,70	1,50	1,30	1,15
September	2,30	1,90	1,70	1,50
Oktober	2,60	2,20	2,00	1,70
November	2,75	2,30	2,15	1,80
Dezember	2,80	2,35	2,20	1,85
Fähen				
15. Juni	0,40	0,40	0,35	0,35
Juli	0,60	0,60	0,55	0,50
August	1,00	0,90	0,80	0,70
September	1,25	1,15	1,00	0,90
Oktober	1,40	1,30	1,15	1,00
November	1,50	1,35	1,25	1,10
Dezember	1,50	1,35	1,25	1,10

Tabelle 8/79 Beispielrationen für Jungnerze in den Farmen der USA für Juli bis August (in g je 100 kcal u. E.; nach LEOSCHKE, 1964, 1969)

Futtermittel	1964		1969
	Fleischfütterung	Fischfütterung	
Leber	3	0 bis 3	0 bis 3
Muskelfleisch, Schlachtnebenprodukte (gekocht), Eier, Quark u. a.	6 bis 10	6 bis 10	6 bis 10
Geflügelschlachtabfälle (Köpfe und Innereien)	22	12 bis 22	22
Pansen und Lunge	10	6 bis 10	10
Fisch	6 bis 10	6 bis 32	12
Mischfutter (mit Vitaminzusatz, etwa 16 % vRP)	12	12	12
Fett	1,2 bis 2,5	1,2 bis 2,5	2,0 bis 2,5
Nährstoffgehalt in g/100 kcal u. E.			
Protein	9,0	9,0	8,5
Fett	4,5	4,5	4,8
Kohlenhydrate	4,3	4,3	4,3
In % des Kaloriengehaltes			
Protein	40	40	38
Fett	42	42	44
Kohlenhydrate	18	18	18

Nerze höher. Insofern ist auch die Norm an vRP höher, um die Versorgung mit essentiellen Aminosäuren sicherzustellen (Tab. 8/81). Bei magerem Futter muß der Gehalt an vRP in der Futtermischung auf 10 bis 12 g je 100 kcal u. E. erhöht werden.

Im Sommer können verschiedene Futtermittel in den Rationen von Nerzen eingesetzt werden. Mit fast gleichem Erfolg lassen sich Nerze aufziehen, die nur Schlachtnebenprodukte oder nur Fisch bestimmter Arten und deren Verarbeitungsabfälle erhalten.

Zu beachten bleibt, daß die Welpen bei Rationen mit überwiegendem Gehalt an unzerteiltem Fisch und Muskelfleisch weniger Energie verbrauchen als die Tiere, die Rationen mit proteinärmerem Fleischfutter (Ohren, Schnauzen, Köpfe u. a.) erhalten, wobei Wachstum, Größe und Qualität der Felle nicht leiden (PERELDIK, TITOVA, KUSNEZOVA, 1969). Jungnerze können mit Rationen aufgezogen werden, in denen 70 bis 90 % des Proteins aus Schollen, Grundeln und Dorschen bestehen.

Es ist auch besonders auf die ausreichende Versorgung der Nerze mit *Vitaminen,* besonders mit den Vitaminen der B-Gruppe, zu achten.

Tabelle 8/80 Beispielrationen für Jungnerze von Juni bis September in sowjetischen Farmen (in g je 100 kcal u. E.)

Futtermittel	Ration			
	1	2	3	4
Muskelfleisch	5	—	—	8
Schlachtnebenprodukte Innereien				
aus Fleisch und	25	18	6	—
Knochen	20	15	6	—
Magerfisch	—	20	30	40
Fleischknochenmehl und Fischmehl	—	—	3	—
Quark	5	3	—	—
Getreide	7	7	7	7
Gemüse	6	6	6	6
Trockenhefe	1,2	1,5	3	2
Fischöl	0,3	—	—	—
Fett, tierisches	1,5	2,2	3,2	3,7
Nährstoffgehalt in g/100 kcal. u. E.				
Protein	8 bis 9			
Fett	4,6 bis 5,2			
Kohlenhydrate	4,0			
In % des Kaloriengehaltes				
Protein	36 bis 41			
Fett	43 bis 48			
Kohlenhydrate	16			

Tabelle 8/81 Rationen für Jungnerze von Mitte Juni bis Mitte Oktober in skandinavischen Farmen (in g je 100 kcal u. E.)

Futtermittel	Norwegen (nach ÅHMAN, 1969)	Dänemark (nach JØRGENSEN, 1966) 1	2
Fisch (unzerteilt, mager)	9	9	9
Fischabfälle (einschl. nichtstandardgerechtes Filet)	25	58	43
Blut	5	—	—
Schlachtnebenprodukte	4	—	16
Fischmehl für Pelztiere	3,5	—	—
Vollmilch, Magermilch, Kefir	5	5	5
Fett, tierisches	3,5	2	1,2
Getreidemischung	7	7,5	7,5
Trockenkartoffeln	—	4	4
Mehl aus Sojaschrot	2	—	—
Vitamin- und Mineralstoffzusätze (einschl. Hefe und Eisenpräparate)	2	2	2
Nährstoffgehalt in g/100 kcal u. E.			
Protein	9,5	9,8	9,8
Fett	4,2	3,5	3,5
Kohlenhydrate	4,5	5,8	5,8
In % des Kaloriengehaltes			
Protein	43	44	44
Fett	39	32	32
Kohlenhydrate	18	24	24

Vitaminmangel in der Wachstumsperiode wirkt sich auf die Endgröße der Tiere, die Fellqualität und die Fruchtbarkeit ungünstig aus.
Die Anfälligkeit gegenüber *Anämie* ist rassebedingt, wobei durch gerichtete Selektion im Verlaufe einiger Jahre die Anämiehäufigkeit vermindert werden kann. KANGAS (1967) beschreibt eine finnische Farm, in der die Pelztiere auf das Merkmal «weißes Unterfell» selektiert wurden. Bei einseitiger Fütterung der Nerze mit Mintai trat lediglich noch bei 10 bis 15 % der Felle eine weiße Unterwolle auf. In Betrieben, in denen diese Fischarten seit langer Zeit verabfolgt und gegenüber Anämie resistente Tiere selektiert werden, kann der Anteil des von Anämiefischen stammenden Proteins anscheinend 50 bis 60 % des gesamten vRP betragen, allerdings bei Zusatz von Schlachtnebenprodukten, Muskelfleisch und Trockenfutter tierischer Herkunft.

Skandinavische Wissenschaftler sind der Ansicht, daß eine gewisse Menge Fischmehl, Lebermehl und andere Trockenfuttermittel (bis zu einem Drittel des Gesamtproteins der Futtermischung) bei Jungnerzen Anämie bedeutend reduzieren kann, selbst dann, wenn die restliche Menge des Futters tierischer Herkunft in Form von Fisch mit eisenbindenden Faktoren verabreicht wird. Der Anteil an den genannten Fischarten darf 30 bis 40 % des Proteins der Ration nicht übersteigen. Bei größerem Anteil dieser Fische empfiehlt es sich, Eisenpräparate zuzusetzen.

Für Praxisbedingungen kann eine von skandinavischen Wissenschaftlern vorgeschlagene Methode zur *Ermittlung des Hämoglobingehalts* im Blut der Nerze angewendet werden. Danach ist der Rückgang des Hämoglobingehalts im Blut der Jungtiere unter 15 % während des Haarwechsels im Herbst (Mitte August bis September) ein Signal für eine Massenerkrankung an Anämie. In diesem Fall ist der Anteil an Anämiefischen in der Ration zu senken und der an Schlachtnebenprodukten, Trockenfutter sowie Eisenpräparaten zu erhöhen.

Tiere, die an Anämie erkrankt sind, lassen sich durch Untersuchungen der Schleimhäute und der haarfreien Hautstellen auf der Nase und den Pfoten leicht herausfinden (PARK, 1957).

Bei Magerfutter tierischer Herkunft müssen der Futtermischung Fette einwandfreier Qualität zugesetzt werden. Die Menge an freiem, tierischem Fett kann 3,0 bis 3,5 g je 100 kcal Futter betragen, sofern der Fettgehalt in den Futtermitteln tierischer Herkunft nicht höher als 4 % ist. Mitte Juni muß begonnen werden, die Nerzrationen mit Fett anzureichern, und Mitte Juli ist der Fettgehalt auf ein Maximum zu steigern. Falls die Pelztiere viel Futterfleisch und Futterfisch mit großen Mengen an Knochen, Gräten und Knorpeln erhalten und der Fettgehalt der Ration hoch ist, muß der Gehalt an *essentiellen Aminosäuren* überprüft werden. Bei zu geringem Gehalt an diesen Aminosäuren können sich das Wachstum verlangsamen, die Fellqualität verschlechtern und Lebererkrankungen auftreten. Mangel an Tryptophan und an schwefelhaltigen Aminosäuren tritt auch auf, wenn die Futtermischung zu viel Fett enthält. Bei einem Fettgehalt von mehr als 6 g (insgesamt je 100 kcal u. E. des Futters) und normaler Kohlenhydratgabe (ungefähr 4,5 g je 100 kcal) geht z. B. das Proteinniveau zurück (auf weniger als 6 g je 100 kcal), so daß der Mindestbedarf an essentiellen Aminosäuren nicht gedeckt ist. Der Zusatz bedeutender Fettmengen zu Futtermischungen mit hohem Proteingehalt (mehr als 12 bis 13 g je 100 kcal) kann die Ursache dafür sein, daß der Gehalt an Kohlenhydraten unter das Minimum (10 % des gesamten Kaloriengehalts) absinkt. Es verschlechtern sich dadurch die Nährstoffnutzung und Fellqualität, und das Bauchnässen wird bei Nerzen begünstigt.

In den sowjetischen Betrieben verwendet man als Zusatz meist Fette tierischer Herkunft (Schweineschmalz, Rindertalg), seltener das Fett von Seetieren, Lebertran und pflanzliche Öle. Zur Erhöhung des energetischen Wertes der Futtermischung setzt man auch Abfälle der Lebensmittelindustrie zu, in einigen Farmen sogar Lezithin.

Im Juli bis September sollen Kohlenhydrate mindestens 10 bis 14 % des gesamten energetischen Wertes der Ration decken. Das entspricht etwa 5 bis 6 g Graupen oder Mehl je 100 kcal Futter. Stehen rohfaserarme Kohlenhydratfuttermittel zur Verfügung, kann man den Kohlenhydratanteil bis auf 20 bis 25 % des Kaloriengehalts der Ration steigern.

Erhalten die Welpen unzerteilten Fisch und Schlachtnebenprodukte mit Knochen bzw. Gräten, tritt Phosphormangel nicht auf. Werden sie aber ausschließlich mit Innereien gefüttert, sind im Sommer mindestens 10 g Schlachtnebenprodukte mit Knochen (Köpfe, Beine, Wirbel, Fischköpfe usw.) je 100 kcal Futterenergie oder eine entsprechende Menge (1,5 bis 2,0 g) Knochenmehl oder mineralisches Beifutter zu geben. Um Magen- und Darmerkrankungen zu vermeiden, ist auf die *Qualität der Futtermittel* und auf ihr richtiges Verhältnis in den Rationen zu achten. Erkrankungen der Tiere führen zu nachlassender Freßlust, langsamerem Wachstum und in der Zeit des Haarwechsels zu Fellfehlern (Braunwerden des Fells, Reduzierung der Grannen u. a. m.). Bei Verfütterung warmer Futtergemische mit hohem Gehalt an gekochtem Futterfleisch niedriger Qualität, zusammen mit Körnerfrüchten und Gemüse, besonders aber zusammen mit ungekochter Bier- und Bäckerhefe, können Darmblähungen beobachtet werden. Schroffer Futterwechsel ist zu vermeiden. So führt z. B. der vollständige Ersatz von Dorsch oder Mintai in den Nerzrationen durch frische Strömlinge oder Aalmutter dazu, daß die Tiere die Futteraufnahme verweigern. Aber auch beim Wechsel von einer Mehlart auf eine andere können Verdauungsstörungen auftreten. Es liegen Beobachtungen darüber vor, daß plötzlicher Ersatz des Weizenmehls durch Hafermehl oder Roggenmehl zu Blähungen führte.

In den Sommermonaten ist nicht zu empfehlen, chemisch konservierte Futtermittel in Mengen von mehr als 25 % des Proteingehalts der Ration einzusetzen. Auch muß auf die *Geschmackseigenschaften des Futters* geachtet werden. Im allgemeinen werden junge Pelztiere täglich zweimal gefüttert. Einmalige Fütterung ist frühestens ab September möglich, sofern sich die Tiere in einem guten Fütterungszustand befinden und die Haltungsbedingungen normal sind.

In Gegenden mit mäßig warmem Sommer und warmem Herbst werden Nerze ab Mitte Juli häufig nur einmal gefüttert, wobei man der Futtermischung ein Konservierungsmittel zusetzt. Da der Trend zu größeren Nerzen geht, wird von SCHAIBLE (1969) empfohlen, wachsende Nerzwelpen bis zu viermal täglich zu füttern, damit den Jungtieren ständig eine frische Futtermischung mit guten Geschmackseigenschaften zur Verfügung steht. Die Häufigkeit der Fütterung der Pelztiere hängt in vieler Hinsicht von ihrem Alter und von den örtlichen Bedingungen – von der Lufttemperatur (zu den verschiedenen Tageszeiten), von der Zusammensetzung der Futtermischung und von den verwendeten Konservierungsmitteln – ab. Bei zweimaliger Fütterung erhalten die Jungtiere in der Regel den größten Teil des Futters abends (60 bis 80 % der Ration). Der Anteil abends ist um so größer, je geringer die Freßlust bei hohen Temperaturen ist. Bei kühler Witterung können die Futterportionen morgens und abends etwa gleich sein.

Fütterung der Jungnerze in den Herbstmonaten

In den Herbstmonaten sind einige Besonderheiten bei der Fütterung von Jungnerzen zu beachten, die in erster Linie mit dem *Haarwechsel* zusammenhängen. Ungenügende Fütterung der Welpen während der Ausbildung und des Wachstums des Winterhaarkleids führt nicht nur zu Qualitätsverschlechterung und einem kleineren Fell, sondern auch zu negativer Beeinflussung der späteren Fortpflanzungsfähigkeit. Werden Jungfähen zur Zeit der Fellausbildung (ab Mitte August und später) 30 % unter der Norm gefüttert, geht ihre *Fortpflanzungsfähigkeit* nach Angaben von MILOVANOV (1964) selbst zurück, wenn sie in den letzten drei Monaten vor der Paarungszeit und während der Trächtigkeit normgerecht versorgt werden (Tab. 8/82).

Tabelle 8/82 Wurfergebnisse von Jungfähen, die mit unterschiedlichem Fütterungsniveau aufgezogen wurden

Fütterung der Versuchsgruppe (80 Fähen)	Welpen je Zuchtfähe		Welpen je komplikationslos werfende Fähe	
	Insgesamt	Davon lebend	Insgesamt	Davon lebend
Fütterung nach Normen	5,8	5,5	6,5±0,4	6,1
Restriktive Fütterung 5. Juli bis 15. August	5,7	5,0	6,2±0,4	5,6
16. August bis 15. Oktober	4,6	4,2	5,1±0,5	4,6
16. Oktober bis 27. November	4,6	3,7	4,9±0,5	4,8

Eine Beschränkung der Fütterung der Jungnerze in einzelnen Perioden des Haarkleidwechsels im Herbst hemmt in erster Linie die Entwicklung der Haare, die im betreffenden Augenblick die größte Wachstumsintensität aufweisen (im September das Wachstum der Grannen, im Oktober und November das Wachstum der Unterwolle). Allgemeine Unterernährung der Nerze und eine Unterernährung beim Abschluß des Haarwechsels im Herbst (d. h. nach dem 15. Oktober bis einen Monat vor der Pelzung) setzt den Wert der Felle durch schlecht entwickelte Unterwolle und durch erhöhte Fehlerzahl herab. Die in dieser Zeit beschränkt gefütterten Tiere haben unter der Haut keine Fettablagerungen und liefern kleinere Felle als die Nerze, die ausreichend Nährstoffe erhielten. In den Versuchen von KUSNEZOVA waren die reichlich gefütterten Rüden bei der Pelzung durchschnittlich 1 997 g schwer, 42,6 cm lang und hatten eine Fellfläche von 919 cm^2. Die Rüden der nach dem 1. Oktober spärlich gefütterten Nerze hatten zwar die gleiche Körperlänge, wogen aber nur 1 356 g bei der Pelzung und hatten lediglich eine Fellfläche von 809 cm^2. Wogen die Tiere 1 426 g, betrug die Fellfläche 827 cm^2. In Versuchen von ROSTOVSKAJA (1956), TITOVA und POBEDIN (1956) und MILOVANOV (1963) trat an den Fellen von Nerzen, die im September und Oktober unter der Energienorm gehalten wurden, häufig ein Fehler auf, den man als Opalfärbung der Grannenhaarspitzen bezeichnet. Nach Untersuchungen von RUSSKICH (1952, 1960) wird bei der Opalfärbung die Ausbildung der Grannenhaare verzögert.

Es ist zu empfehlen, den Kohlenhydratgehalt der Rationen im Oktober und November auf 20 bis 25 % des gesamte Kaloriengehalts zu erhöhen (das sind 10 bis 12 g Mehl oder Graupen je 100 kcal Futter). Entsprechend ist der Fettgehalt der Ration zu reduzieren, indem man kein freies Fett mehr zusetzt oder die Mengen an Fettfisch, Geflügelabfällen, knochenhaltigen Schlachtnebenprodukten usw. einschränkt. Das Kohlenhydratniveau erhöht man durch größere Anteile Körnerfrüchte, Gemüse, gekochte Kartoffeln, Kohl und andere Futtermittel mit hohem Gehalt an Stärke und Zucker. Nach THOMAS (1959) vermeidet man Bauchnässen bei Nerzen am besten durch Schlachtnebenprodukte, Leber und Fisch anstelle von fettem Pferdefleisch.

ASHLEY (1959) und LEOSCHKE (1964, 1969) sind der Ansicht, daß sich durch erhöhtes Kohlenhydratniveau nicht nur das Bauchnässen verringert, sondern daß auch die Farbe der Felle bis zum Zeitpunkt des Pelzens reiner bleibt.

Nicht immer läßt sich Bauchnässen durch Ver-

Tabelle 8/83 Beispielrationen für Nerze im September und Oktober in Farmen der USA, in g je 100 kcal u. E. (nach LEOSCHKE 1964, 1967)

Futtermittel	Fleischfütterung		Fischfütterung		1967	
	Sept.	Okt.	Sept.	Okt.	Sept.	Okt.
Leber	3 bis 7	3 bis 7	3	3	3	3
Muskelfleisch, Schlacht-nebenprodukte (gekocht), Eier, Quark u. a.	10 bis 18	10 bis 18	10 bis 15	10 bis 15	17	17
Geflügelschlachtprodukte	13	13 bis 7	13	13 bis 7	10	10 bis 6
Pansen und Lunge	10	10	10	10	10	10
Fisch	10 bis 15	10 bis 15	15 bis 25	15 bis 25	15	15
Mischfutter (mit Vitamin-zusätzen etwa 16% vRP)	12	12 bis 16	12	12 bis 16	13	13 bis 16
Fett	0,7 bis 2	2 bis 0,7	0,7 bis 2	2 bis 0,7	0 bis 0,5	0,5 bis 0
Nährstoffgehalt in g/100 kcal u. E.						
Protein	9,5	9,5	9,5	9,5	10	10
Fett	4,3	3,9	4,3	3,9	4	3,6
Kohlenhydrate	4,3	5,3	4,3	5,3	4,6	5,6
In % des Kaloriengehaltes						
Protein	42	42	42	42	44	44
Fett	40	36	40	36	37	33
Kohlenhydrate	18	22	18	22	19	23

änderung des Nährstoffverhältnisses verhüten, da die Nerze der einzelnen Rassen, Familien und Linien für diese Störung unterschiedlich veranlagt sind. So trat das Bauchnässen nach KUSNEZOV in einem Betrieb bei gleicher Fütterung der Rüden im Herbst bei 40% der Standardnerze, 38% der silberblauen, 26% der weißen und nur bei 14% der Finnlandia-Topas (Soklot-Pastell-) Nerze auf. Nach Angaben anderer Autoren gibt es Nerzlinien und Familien, die völlig frei von Bauchnässen sind. Neben einer systematischen Auslese der gegen Bauchnässen resistenten Tiere und neben der Einhaltung des optimalen Nährstoffverhältnisses in den Rationen ist es wichtig, im Herbst Futtermittel minderwertiger Qualität entweder zu vermeiden oder sie entsprechend zu behandeln (GUNN, 1964; JERIN, 1965; u. a.). Nehmen Nerze bei Frostwetter das Futter schlecht auf, können die Rationen mit Fett angereichert werden, um ihr energetisches Niveau zu erhöhen. Um Fellfehler während des Haarwechsels zu verhüten, dürfen einige Fettfischarten (Hering, Makrele u. a. m.) nicht in größeren Mengen gegeben werden.
In den Herbstmonaten muß den Nerzen ständig

Tabelle 8/84 Beispielrationen für Jungnerze, die zur Pelzung bestimmt sind (in g je 100 kcal u. E.)

Futtermittel	Ration			
	1	2	3	4
Muskelfleisch	5	—	—	8
Schlachtnebenprodukte				
Innereien	30	15	2	—
aus Fleisch und Knochen	15	15	2	—
Magerfisch	—	20	30	40
Fleischknochenmehl und Fischmehl	—	—	5	—
Quark	5	2	—	—
Zerealien	10	10	10	10
Gemüse	8	8	8	8
Trockenhefe	1,2	1,2	3	2
Fischöl	0,3	0,3	—	—
Fett, tierisches	0,5	1,5	2,5	2,7
Nährstoffgehalt in g/100 kcal u. E.				
Protein	8 bis 9			
Fett	3,8 bis 4,3			
Kohlenhydrate	5,8			
In % des Kaloriengehalts				
Protein	36 bis 41			
Fett	35 bis 40			
Kohlenhydrate	24			

Tabelle 8/85 Veränderungen der Lebendmasse unterschiedlich großer Silberfuchs- und Blaufuchswelpen (in kg)

Alter (Mon.)	Silberfuchsrüden				Silberfuchsfähen				Blaufuchsrüden				Blaufuchsfähen			
	I	II	III	IV	I	II	III	IV	I	II	III	IV	I	II	III	IV
2	2,6	2,3	2,0	1,8	2,4	2,2	1,8	1,6	2,5	2,2	2,1	2,0	2,0	1,9	1,8	1,7
3	4,4	3,8	3,3	3,0	4,0	3,5	3,0	2,7	4,5	4,1	3,7	3,5	3,8	3,5	3,4	3,4
4	5,9	5,2	4,4	4,0	5,4	4,8	4,0	3,7	6,2	5,5	5,0	4,6	5,2	4,7	4,5	4,3
5	6,9	6,1	5,2	4,8	6,3	5,6	4,8	4,3	7,1	6,4	5,5	5,3	5,9	5,5	5,1	4,8
6	7,8	6,8	5,8	5,3	7,1	6,3	5,3	4,9	7,7	6,8	5,7	5,4	6,3	5,8	5,3	4,9
7	8,0	7,0	6,0	5,5	7,3	6,5	5,5	5,0	8,0	7,0	6,0	5,5	6,5	6,0	5,5	5,0

Trinkwasser zur Verfügung stehen, besonders dann, wenn sie mit Trockenfleisch und Trockenfisch oder mit Futter gefüttert werden, das chemisch konserviert wurde. Falls die Rationen keine solchen Futtermittel enthalten, können Pelzungsnerze anstelle von Wasser Eis und Schnee erhalten.

Zur Zucht bestimmte Jungtiere werden mit den gleichen Rationen wie ausgewachsene Zuchtnerze gefüttert. Für Pelzungsnerze werden in Tabelle 8/84 für die Zeit von Oktober bis Dezember Beispielrationen für verschiedene Bedingungen mitgeteilt. Die Rationen unterscheiden sich von den Sommerrationen, weil sie mehr Kohlenhydrate und etwas weniger Fett enthalten. Der Anteil an Trockenfutter tierischer Herkunft, Eiweiß-Vitamin-Konzentrat und Quark kann erhöht werden. Auch der Einsatz konservierter Futtermittel ist zulässig. Derartige Rationen enthalten je 100 kcal u. E. mindestens 80 mg Tryptophan und 250 mg Methionin plus Zystin.

Stehen billiges Futterfleisch und Futterfisch zur Verfügung und fressen die Nerze das Futtergemisch gut, kann der Fettgehalt an frostfreien Tagen auf 3,5 bis 4,0 g je 100 kcal gesenkt werden; entsprechend ist der Kohlenhydrat- und Proteinanteil zu erhöhen.

Fütterung der Jungtiere von Blau- und Silberfüchsen

Es ist üblich, Blaufuchswelpen im Alter von 38 bis 45 Tagen und Silberfuchswelpen mit 40 bis 50 Tagen von den Fähen abzusetzen, jeweils abhängig vom Zustand der Fähen und der Welpen. Falls die Fähen keine Milch mehr haben oder erkranken, können Welpen im Alter von 32 bis 38 Tagen abgesetzt und anschließend mit Spezialfutter gefüttert werden.

Man setzt den gesamten Wurf gewöhnlich zugleich ab und jeweils ein bis zwei Tiere in ein Gehege mit einer Bodenfläche von mindestens 0,7 m² je Welpe. Die Unterbringung der Silberfuchs- und Blaufuchswelpen in Einzelgehegen (besonders wenn sich die Nachbartiere nicht sehen können) hat zumeist ein langsameres Wachstum sowie nervöse Störungen zur Folge. So kommt es z. B. zu Selbstverstümmelung. Später können die Tiere (im August, September) einzeln untergebracht werden, was sich auf Wachstum und Ernährungszustand günstig auswirkt.

Junge Füchse wachsen bis zum Alter von vier Monaten intensiv. Die Zusammensetzung der Futterrationen hat deshalb in den ersten eineinhalb bis zwei Monaten nach dem Absetzen eine große Bedeutung. Über die Veränderung der Lebendmasse junger Silberfüchse und Blaufüchse im Alter von 2 bis 7 Monaten gibt Tabelle 8/85 Auskunft.

Nach guter Entwicklung der Welpen durch Futterrationen mit hohem Energiegehalt im Sommer ist es möglich, in der Zeit vor der Pelzung weniger Futter zu geben und dennoch große Felle zu erzielen. Dagegen lassen sich während dieser Periode Auswirkungen einer unzureichenden Fütterung nicht vollständig kompensieren. Vor dem Absetzen der Welpen erhält der gesamte Jungtierbestand das gleiche Futter wie die laktierenden Fähen; erst danach setzt man das Proteinniveau allmählich herab und steigert den Fettgehalt in der Ration.

Obwohl es möglich ist, Blaufuchs- und Silberfuchswelpen vom Absetzen bis zur Pelzung mit

Rationen aufzuziehen, die 5,5 bis 9,0 g vRP je 100 kcal u. E. enthalten, werden in den meisten Farmen Rationen festgelegt, die 9,5 bis 10,5 g vRP je 100 kcal u. E. für Welpen nach dem Absetzen und 7,5 bis 8,5 g vRP in der übrigen Zeit enthalten. Die von ROCHMANN (1969) aufgestellten Rationen für Blaufuchswelpen bei Fischfütterung beweisen, daß die skandinavischen Pelztierzüchter besonders darauf achten, die Rationen der laktierenden Fähen und der Welpen im Alter bis zu drei Monaten mit Fett anzureichern (Tab. 8/86). Andererseits beweisen die Rationen aus Betrieben in der Sowjetunion, wo man Ende der sechziger Jahre die qualitativ besten Silberfuchsfelle produzierte, daß den Welpen im Alter bis zu vier Monaten eine Ration mit relativ hohem Kaloriengehalt gegeben wird und danach zu einer mäßigen Fütterung im Herbst übergegangen werden kann. Bei dieser Art Fütterung erhöht sich der Anteil fehlerloser Felle von 20 bis 35 % auf 53 bis 55 %.

Sowjetische und skandinavische Züchter erhöhen im Sommer und besonders im Herbst den energetischen Wert der Blaufuchsrationen durch mehr Fette und Kohlenhydrate (Mehl, Graupen und Kartoffeln). In Arbeiten von HØIE, RIMESLÅTTEN (1950) und ANTIPOV (1966) wird die Möglichkeit erwähnt, Blaufüchse und Silberfüchse bei unterschiedlichem Niveau der wichtigsten Energiequellen (Fett und Kohlenhydrate) aufzuziehen. Danach kann das Verhältnis zwischen Fett und Kohlenhydraten kalorisch 1:3 auch 3:1 betragen.

Ohne Verschlechterung der Futteraufnahme kann der Getreideanteil nach ANTIPOV (1966) bis zu 50 % und nach KLECKIN, MARKOV (1959) bis zu 100 % von September bis November durch gekochte Kartoffeln ersetzt werden. Verdauungsstörungen traten nicht auf, und die Fellqualität war gut. Der Vorteil von Gemüse und Grünpflanzen in Herbstrationen der Füchse wird auch von anderen Autoren erwähnt (MITSCHURINA, 1965; u. a.). Das Sortiment der an Blaufüchse verfütterten Fleisch- und Fischfuttermittel unterscheidet sich nicht wesentlich von dem für Nerze, wo häufig Fisch überwiegt. ROCHMANN (1969) weist darauf hin, Blaufuchswelpen mit den typischen skandinavischen Rationen für Nerze zu füttern, wenn ein Teil der gesamten Futtermischung durch Zerealien und Trockenfutter ersetzt wird (70 % der Futtermischung für Nerze +7 % Getreidemischfutter mit Vitaminzusatz +4 % Fischmehl +1 % tierisches Fett +18 % Wasser).

Vielfach wird auf die *Qualitätsverschlechterung der Fellfarbe* hingewiesen (Grau-, Matt- und Gelbwerden des Silbers u. a.), wenn die Rationen viel Mintai und ähnliche Fischarten (mehr als 20 % des Proteins) enthielten. Gleiches gilt für Fisch, der Thiaminase enthält, lange gelagert wurde und wenn die Tiere wenig Vitamine und Eisen erhielten.

Zur Pelzung bestimmte Blaufüchse können im Oktober und November Rationen bekommen, die viel Kohlenhydrate und relativ wenig vRP (7 bis 8 g je 100 kcal u. E.) enthalten. Bei starken Frösten sollten weniger voluminöse Kohlen-

Tabelle 8/86 Typische Rationen für Blaufuchswelpen in skandinavischen Farmen in g je 100 kcal u. E. (nach ROCHMANN, 1969)
1 = Geburt bis zum Alter von 3 Monaten (bis 15. August)
2 = 15. August bis 15. September
3 = 16. September bis 15. November

Futtermittel	1	2	3
Fisch und Fischabfälle	25	20	13
Fischmehl (für Pelztiere)	6,5	6,5	5
Schlachtnebenprodukte	6,5	4,0	4,0
Blut	3	2	2
Fett, tierisches	3,3	2,4	2,6
Getreidemischfutter mit Vitaminzusätzen	10,0	14,5	17,0
Sojamehl	1,8	1,8	1,8
Buttermilch	4	4	4
Wasser	23	27	35
Nährstoffgehalt in g/100 kcal u. E.			
Protein	10,0	9,4	8,1
Fett	3,8	3,0	3,1
Kohlenhydrate	5,0	7,2	8,6
In % des Kaloriengehalts*			
Protein	45	42	36
Fett	35	28	29
Kohlenhydrate	20	30	35

* Im Kaloriengehalt sind Schwankungen bei den einzelnen Nährstoffen von 10 bis 15 % zulässig.

Tabelle 8/87 Beispielrationen für zur Pelzung bestimmte Silberfuchswelpen im Alter von 2 bis 7 Monaten in g je 100 kcal u. E. (KORSUNOV, 1969) aus der Sowjetunion

Futtermittel	Zucht- und Pelzungstiere			Pelzungstiere		
	Juni	Juli	August	September	Oktober	November
Muskelfleisch	12	7	4	3	—	—
Leber	2	—	—	—	—	—
Schlachtnebenprodukte						
Innereien	28	35	32	25	10	22
aus Fleisch und Knochen	10	10	8	7	4	—
Fisch (Mintai)	9	10	10	8	6	—
Blut	—	—	4	10	12	13
Seidenraupenpuppen	—	—	0,5	4	7	6
Quark und Milch	6	3	—	2	1	—
Getreide	8,5	8,5	9,5	9,5	10,5	15
Kartoffeln (gekocht)	—	—	—	0,5	6	8
Trockenhefe und Eiweiß-Vitamin-Konzentrate	2	2	2,5	2,0	2,2	0,9
Gemüse und Grünpflanzen	5	3	4	5	6	7
Fischöl (vitaminisiert)	0,4	0,4	—	—	—	—
Fett (tierischer und pflanzlicher Herkunft)	—	—	0,7	—	0,7	—
Nährstoffgehalt in g/100 kcal u. E.						
Protein	10,2	10	10	11,3	9,4	9,3
Fett	3,8	3,9	3,7	2,8	3,5	2,4
Kohlenhydrate	4,7	4,7	5,0	5,6	6,3	8,8
In % des Kaloriengehalts						
Protein	45	45	45	51	42	42
Fett	35	36	35	26	32	22
Kohlenhydrate	19	19	20	23	26	36
kcal je Tier und Tag	410	550	630	570	485	370

hydratfuttermittel (Gemüse, Kartoffeln) und dafür mehr Fett gegeben werden. Diese Art der Fütterung trägt zu gut gefärbten, fehlerlosen Fellen bei. Blaufüchse, die Kohlenhydrate gut verwerten, setzen bis zum November bedeutende Fettmengen an.

Gelegentlich wird beobachtet (SAVIN, 1969), daß Blaufuchswelpen und früh geborene Silberfuchswelpen, die während der gesamten Aufzuchtzeit reichlich gefüttert wurden und Rationen mit hohem Protein- und Fettniveau erhielten, bedeutende Fellfehler und schlechtere Färbung aufwiesen als später geborene Welpen. Um Fellfehler infolge Überreife des Haarkleides zu verhüten, kann empfohlen werden, die Jungtiere nach Geburtsterminen unterzubringen und die einzelnen Welpengruppen zu verschiedenen Zeiten auf Rationen mit reduziertem Protein- und Fettniveau, Silberfuchswelpen auch auf Rationen mit reduziertem Energieniveau umzustellen. Hohe Protein- und Futtermengen an *Pelzungstiere* (Silberfüchse) im Oktober und November führen zu übermäßig schnellem Wachstum der Grannenhaare. In diesem Fall reifen die Grannen aus, bevor das Wachstum des Unterfells abgeschlossen und die Haut hell geworden ist. Zu früh gewachsene Grannenhaare verlieren ihre Farbe schnell (werden trüb und braun), sind wenig elastisch und brechen leicht, wodurch der Wert der Felle stark zurückgeht.

Besonders groß sind die Verluste durch Fehler und eine unsaubere Färbung bei verspäteter Pelzung der Tiere. Man hat festgestellt, daß die Zeitdifferenz zwischen der Reife des Grannenhaares und der Reife der Haut bei übermäßig gefütterten Pelzungs-Silberfüchsen bedeutend größer als bei mageren Tieren ist. ABRAMOV und VACHRAMCEV (1949) beobachteten, daß 20% der Silberfuchsfelle bei einem Fütterungsniveau von 750 bis 650 kcal und mehr als 10 g Protein je 100 kcal u. E. in der Zeit vom 15. September bis zum 15. November gespaltene Grannenhaare hatten. Bei Rationen mit 500 kcal und einem Proteingehalt von ungefähr 7 g je 100 kcal u. E. hatten nur 9% der Felle diesen Fehler. Die in Pelztiersowchosen gesammelten Erfahrungen haben gezeigt, daß sich ein um 20 bis 40% vermindertes Fütterungsniveau eineinhalb bis zwei Monate vor dem Pelzen bei jungen Silberfüchsen, die bis Mitte September sehr gut gefüttert wurden und normal entwickelte Grannen hatten, vorteilhaft auf verkürzte Reifezeit der Haut, verringerte Farbverluste und Fellfehler auswirkte (SHUKOV, 1957; KRASNOV, MILOVANOV, 1958; ILLARIONOV, 1966; u. a.). Diese Werte werden von PERELDIK, SAMKOV und JEFREMOV (1970) bestätigt. Junge Silberfüchse, die drei Monate vor der Pelzung täglich eine Ration von 700 kcal mit einem Gehalt von 10 g vRP je 100 kcal u. E. erhielten, zeigten doppelt so viele Fehler und eine schlechtere Färbung des Fells als die Tiere, deren Rationen 500 bis 550 kcal und 7,4 g vRP je 100 kcal u. E. enthielten. Letzten Endes wird diese Ansicht auch durch Beobachtungen in einer japanischen Farm belegt, in die man 1968 aus dem Pelztiersowchos Puschkino Elite-Silberfüchse importierte und von September bis November mit einer für Nerze bestimmten Futtermischung reichlich fütterte (10 bis 11 g vRP, 60% Fischprotein, 4 g Fett je 100 kcal u. E.). Es wurden sehr große Tiere aufgezogen (Lebendmasse 6 bis 7 kg), jedoch war die Anzahl der Felle mit einer Fellfärbung, die den Forderungen der Klasse I entsprach, nicht größer als 5% (eigene Tiere: 60 bis 70%). Die meisten Felle hatten eine braune Nuance und bedeutende Fehler.

In Versuchen von TOMMÉ und PERELDIK (1940) wurde gezeigt, daß ein Anteil von 50% und mehr Futterfleisch (gekocht) die Anzahl der Fellfehler erhöht und bei Silberfüchsen das Braunwerden des Fells zu beobachten ist.

Tabelle 8/88 Beispielrationen für Blaufuchs- und Silberfuchswelpen in den Sommermonaten (in g je 100 kcal u. E.)

Futtermittel	Ration			
	1	2	3*	4*
Muskelfleisch	12	—	—	10
Schlachtnebenprodukte				
Innereien	20	15	—	—
aus Fleisch und Knochen	15	10	8	—
Magerfisch	—	18	25	30
Trockenfutter (tierischer Herkunft)	—	2	4	—
Getreide	10	10	10	10
Gemüse	8	8	8	8
Trockenhefe	1,2	2,5	3,0	2,0
Fischöl	0,3	0,2	—	—
Fett (tierischer Herkunft)	1	2	3	3,2

Nährstoffgehalt in g je 100 kcal u. E.	
Protein	7,5 bis 8,5
Fett	4,2 bis 4,7
Kohlenhydrate	5,5

In % des Kaloriengehaltes	
Protein	34 bis 39
Fett	39 bis 44
Kohlenhydrate	22

* Nur für Blaufüchse

Bei qualitativ minderwertigen Futtermitteln, spontanen Umstellungen der Ration sowie bei gefrorenem Futter können *Verdauungsstörungen* auftreten. Neben Wachstumsstockung der erkrankten Tiere besteht die Gefahr erhöhter Infektionsbereitschaft. Silber- und Blaufüchse, die während des Haarwechsels an Magen- und Darmkrankheiten litten, haben ein schlecht entwickeltes Fell mit brauner Färbung. In solchen Fällen ist zu empfehlen, der Futtermischung ungekochtes Futterfleisch, Quark und Zwieback sowie Vitaminpräparate und auch Antibiotika genügend zuzusetzen. Silberfuchs- und Blaufuchswelpen sind in allen Wachstumsperioden *Tympanien* (Blähungen) ausgesetzt, die zumeist durch qualitativ minderwertige Futtermittel, ungekochte Bier- und Bäckerhefen sowie durch zu große Mengen gekochtes Futterfleisch und Futterfisch u. a. auftreten. Zu gehäufter Tympanie kann es an heißen Tagen kommen, wenn sich

Tabelle 8/89 Beispielrationen für Blaufüchse, (Oktober und November) und Silberfuchsjungtiere (Ende September bis November, die zur Pelzung bestimmt sind) in g je 100 kcal u. E.

Futtermittel	Ration			
	1	2	3*	4*
Muskelfleisch	—	—	—	8
Schlachtnebenprodukte				
Blut, Innereien	25	10	4	—
aus Fleisch und				
Knochen	10	5	4	—
Magerfisch	—	8	15	30
Ölkuchen und Schrot	8	—	3	—
Trockenfutter				
(tierischer Herkunft)	—	4	3	—
Seidenraupenpuppen	—	5	3	—
Getreide	13	9	9	14
Kartoffeln (gekocht)	—	15	15	—
Gemüse	10	8	8	12
Trockenhefe	1,2	2,5	3,0	2,0
Fischöl	0,3	—	—	—
Fett, tierisches	—	0,8	1,5	2,2

Nährstoffgehalt in g je 100 kcal u. E.	
Protein	7,5 bis 8,5
Fett	3,3 bis 3,8
Kohlenhydrate	7,5

In % des Kaloriengehaltes	
Protein	34 bis 39
Fett	30 bis 35
Kohlenhydrate	31

* Nur für Blaufüchse

die Tiere nach dem Fressen wenig bewegen und die Futtermischung leicht gärt.
Um Blähungen zu verhüten, sollen einwandfreie, rohe und gekochte Futtermittel richtig miteinander kombiniert und zubereitet sein.
Junge Silberfüchse und Blaufüchse werden nach dem Absetzen zweimal täglich gefüttert. Je nach der Lufttemperatur und der Zusammensetzung der Ration erhalten die Tiere morgens 30 bis 40% und abends 60 bis 70% der Tagesration. Silberfuchswelpen werden Mitte September auf einmalige Fütterung umgestellt, und zwar, nachdem die Zuchttiere von den Pelzungstieren getrennt wurden.
SOKOLOV (1953) beobachtete, daß die Tiere das Futter bei einmaliger Gabe besser verwerten. Demgegenüber konnte STANISZEWSKI (1960) eine Korrelation zwischen der Anzahl der Fütterungen und der Lebendmasse der Silberfüchse sowie Fellqualität nicht feststellen. In einigen Farmen wird zur Arbeitseinsparung empfohlen, junge Silberfüchse und Blaufüchse jeden siebten Tag nicht zu füttern. Versuche von POSDNJAKOV und FIRSTOV (1952) haben ergeben, daß ein «*Fastentag*» die Futterverwertung nicht erhöhte und somit dieses Fütterungsverfahren erst nach Abschluß des intensiven Wachstums der Welpen bei sonst zweimaligem Füttern an den übrigen Tagen zulässig ist. Bei Gruppenhaltung der Jungtiere sind «Fastentage» nicht zu empfehlen.
In den Herbstmonaten müssen Silberfüchse und Blaufüchse regelmäßig *Trinkwasser*, Schnee oder Eis erhalten. Enthält die Ration kein Trockenfutter und kein chemisch konserviertes Futter, ist es zulässig, die Tiere ohne Trinkmöglichkeiten zu halten. Abschließend werden in den Tabellen 8/88 und 8/89 *Beispielrationen* für Blaufüchse und für Silberfüchse für die Zeit nach dem Absetzen bis zur Pelzung mitgeteilt.

Trinkwasserversorgung

Der absolute *tägliche Wasserbedarf* wird beeinflußt
- von der Körpermasse bzw. dem Alter der Tiere,
- vom Wassergehalt des Futters,
- von der Umgebungstemperatur und der Luftfeuchtigkeit,
- von der Bewegungsintensität der Tiere.

Pelztiere sind ständig mit frischem Trinkwasser zu versorgen. Sie müssen täglich mindestens einmal, in der warmen Jahreszeit bis zu 5mal getränkt werden. Das Wasser muß *Trinkwasserqualität* haben. Die Trinkbecher, -gefäße oder -rinnen müssen wöchentlich per Hand mit der Bürste oder mit Druckwassergeräten *gesäubert* werden.
Zur Bekämpfung von Algenansatz ist in den Sommermonaten in 14tägigem Abstand mit Methylenblaulösung (Mischverhältnis mit Wasser 1:10000) zu tränken.
Als *Richtwerte* können gelten:
Nerz: 180 bis 230 ml je Tier und Tag
Fuchs: 350 bis 600 ml je Tier und Tag

9

Fortpflanzung, Fortpflanzungsstörungen und zuchthygienische Maßnahmen

Morphologische und funktionelle Betrachtung der Geschlechtsorgane

Im Gegensatz zu den übrigen Organen des Körpers liegt bei den Geschlechtsorganen – zwar aus einer einheitlichen Anlage entstanden – eine unterschiedliche Entwicklung der beiden Geschlechter vor. Die Geschlechtsentwicklung ist erbbedingt und an die *Geschlechtschromosomen* gebunden. Von ihnen führen die homozygoten weiblichen Keimzellen zwei X-Chromosomen, während das heterozygote männliche Tier ein Y- und ein X-Chromosom besitzt.
Hinsichtlich der Geschlechtsvererbung ist also das weibliche Tier reinerbig (Erbformel XX), das männliche Tier spalterbig (Erbformel XY). Die bei der Eireifung durch Reduktionsteilung entstandenen Eizellen besitzen jeweils ein X-Chromosom, dagegen haben nur die Hälfte der reifen Samenzellen solch ein Chromosom.
Es gibt also nur eine Art von reifen Eizellen, aber zwei verschiedene Arten von Samenzellen. Die Möglichkeit der Vereinigung von X und X sowie von X und Y bei der Befruchtung ist gleich groß. X und X ergibt Weibchen, X allein bzw. X und Y ergibt Männchen. Die Samenzelle bestimmt also das Geschlecht.

Männliche Geschlechtsorgane

Zu den männlichen Geschlechtsorganen gehören die Keimdrüsen (Hoden), die ableitenden Samenwege (Nebenhoden, Samenleiter), die Anhangsdrüsen (Samenblase, Vorsteherdrüse oder Prostata und Cowpersche Drüse) und das Begattungsorgan (männliches Glied, Penis).
Die paarigen *Hoden* liegen bei den Fleischfressern (Nerz und Fuchs) im *Hodensack* (Scrotum), einer Ausstülpung der Bauchwand an der hinteren Schenkelinnenseite. Die mehr oder weniger eiförmigen Hoden werden von einer festen Bindegewebshaut kapselartig überzogen, die im Inneren ein Gerüst von Kammern bildet und unter einem gewissen Druck das Hodendrüsengewebe zusammenhält.
Das *Hodengewebe* besteht aus zahlreichen, in engen Windungen liegenden Drüsenschläuchen, den Hodenkanälchen, in denen die männlichen Keimzellen gebildet werden. Zwischen den Kanälchen befinden sich neben dem gefäß- und nervenhaltigen Bindegewebe große, epithelartige Zwischenzellen, die *Leydigschen Zellen*, die Bildungsstätten des männlichen Sexualhormons *Testosteron*.
Die Wand der Hodenkanälchen trägt vor der geschlechtlichen Reife einen einschichtigen Zellbelag von ursamen- und plasmareichen Stütz- und Nährzellen (*Sertolizellen*). Wenn mit der Geschlechtsreife die Bildung von Keimzellen einsetzt, wird dieser Belag mehrschichtig. Jetzt bilden die Sertolizellen, die mit breiten Füßen an der Wand stehen («Fußzellen»), nach der Lichtung des Kanälchens hin mit ihren Protoplasmafortsätzen ein großporiges Schwammgewebe, in dessen Lücken die Zellen der Samenbildung (Vorstufen der reifen Samenzellen) in mehreren Lagen übereinander liegen.
Die *Hodenkanälchen* münden in das Kanalnetz

der ableitenden Samenwege, an das der stark gewundene Nebenhodengang anschließt. Der Nebenhoden umschließt halbmondförmig, festanliegend den Hoden und wird untergliedert in den *Nebenhodenkopf,* den *Nebenhodenkörper* und den *Nebenhodenschwanz.* Er ist der Samenspeicher, in dem die im Hoden gebildeten Samenzellen ihre volle Reife erlangen. Der Nebenhodengang geht in den Samenleiter über, einem häutigen, muskulösen Kanal, der mit den Hodennerven und Gefäßen zusammen den vom Bauchfell überzogenen Samenstrang bildet. Mit einer besonders starken Muskelschicht ausgestattet, ist er für das Befördern der *Spermien* bedeutungsvoll. Er mündet in die Harnröhre.

Die *Anhangsdrüsen* (akzessorische Geschlechtsdrüsen) – *Samenblase, Vorsteherdrüse, Cowpersche Drüse* – liegen oberhalb und seitlich des Harnblasenhalses und münden gleichfalls in die Harnröhre. Ihr Sekret, das sich den Spermien beimischt, hat die Aufgabe, die Samenfäden befruchtungsfähig zu erhalten und sie beweglich zu machen. Die *Prostata* (Vorsteherdrüse) ist die bedeutendste unter ihnen. Die Samenblase fehlt bei den Fleischfressern

Das männliche Paarungsorgan, der *Penis,* besteht aus der *Harnröhre,* den *Schwellkörpern* und dem *Penisknochen,* der beim Nerz und Fuchs stark ausgebildet ist.

Die Schwellkörper stellen ein Labyrinth weiter, venöser Bluträume dar, mit verschließbaren zu- und abführenden Blutgefäßen. Bei geschlechtlicher Erregung wird Blut in die Schwellkörper geflutet. Es kommt zur Versteifung und Umfangsvermehrung des Penis, die so lange bestehen bleibt, wie die Erregung anhält. Der Penis zieht sich von der Sitzbeinfuge, dem unteren hinteren Beckenrand, bis hin zur Nabelgegend und ist von der äußeren Haut bedeckt. Diese ist locker und verschiebbar. Die Vorhautöffnung ist bei Nerz und Fuchs mit Pinselhaaren besetzt.

Die Vorgänge im Hodenkanälchen, die Entwicklung der Spermien aus den Samenmutterzellen, werden unter dem Begriff «*Spermiogenese*» zusammengefaßt. Es kommt hierbei zu umfangreichen und komplizierten Zellvermehrungs- bzw. Teilungsvorgängen. Die Samenmutterzellen (*Spermatogonien,* hervorgegangen aus den Urgeschlechtszellen) teilen sich und wachsen zu großen unreifen primären *Spermatozyten* heran. Sie bilden dabei eine zweite Zellage im Inneren der Hodenkanälchen. An die Zeit des Wachsens schließen sich binnen weniger Tage zwei sogenannte Reifeteilungen an, von denen die erste eine Reduktionsteilung ist (*sekundäre Spermatozyten*). Hierbei wird der *diploide* (doppelte) Chromosomensatz zum *haploiden,* das heißt, die Chromosomenzahl wird halbiert. Somit gehen aus der zweiten Reifungsteilung (Äquationsteilung der haploiden Zellen) *vier haploide Spermatiden* hervor, die noch normalen Zellcharakter besitzen. Sie werden von den Fußzellen aufgenommen, und in kurzer Zeit entstehen aus ihnen Spermien (hochdifferenzierte Gebilde), denen die Zellnatur nicht ohne weiteres mehr anzusehen ist. Bei diesem Vorgang wird der Kern der Spermatide zum *Kopf,* das Zentrosom zum *Mittelstück* und der Zelleib zum *Schwanz* des Spermiums.

In der Spermiogenese sind folgende Bezeichnungen in der Reihenfolge der Entwicklung der Spermien gebräuchlich:

Spermatogonie ─────────────────
────── primäre Spermatozyten ──────────
─────────── sekundäre Spermatozyten ──────
──────────────── Spermatiden ──────
─────────────────────── Spermien

Das Sperma, die Samenflüssigkeit, besteht neben den Samenzellen aus dem *Spermaplasma,* in dem die Samenzellen aufgeschwemmt sind. Diese Flüssigkeit entstammt zum Teil den Hoden und Nebenhoden, im übrigen den akzessorischen Geschlechtsdrüsen. Bei der Ejakulation zieht sich die glatte Muskulatur des Nebenhodens zusammen und führt einen Teil der Spermien in den Samenleiter über. Durch dessen wellenförmige Kontraktion werden die Spermien in den Harnleiter gepreßt.

Weibliche Geschlechtsorgane

Der weibliche Geschlechtsapparat besteht aus den Eierstöcken (*Ovarien*) als Keimdrüsen, den Eileitern (*Tubae uterinae*), der Gebärmutter (*Uterus*) und dem Paarungsorgan, der Scheide (*Vagina*), mit Scheidenvorhof und Kitzler (*Cli-*

toris). Die Eierstöcke sind runde oder ovale, nach der Größe der Tierart unterschiedlich linsengroße (Nerz) bis bohnengroße (Fuchs) Gebilde, die im hinteren Teil der Nierengegend liegen.

In den *Ovarien* werden die Eizellen (*Oozyten*) erzeugt. Die Eizellen entwickeln sich in den Follikeln. Aus den mikroskopisch kleinen *Primärfollikeln* entstehen unter Flüssigkeitszunahme *Sekundärfollikel* und schließlich sprungreife *Graafsche Follikel*, die als kleine Bläschen leicht hervorgewölbt mit bloßem Auge erkennbar sind. Bei dem *Follikelsprung*, der *Ovulation*, wird das Ei, das sich inzwischen von seiner Basis gelöst hat, mit der Follikelflüssigkeit in den trichterförmigen Anfangsteil des den Eierstock umfassenden Eileiters hineingeschwemmt.

Bei der Bildung der Eizelle (*Oogenese*) wird ein ähnlicher Vorgang wie bei der Spermiogenese beobachtet. Bei der Teilung der aus den

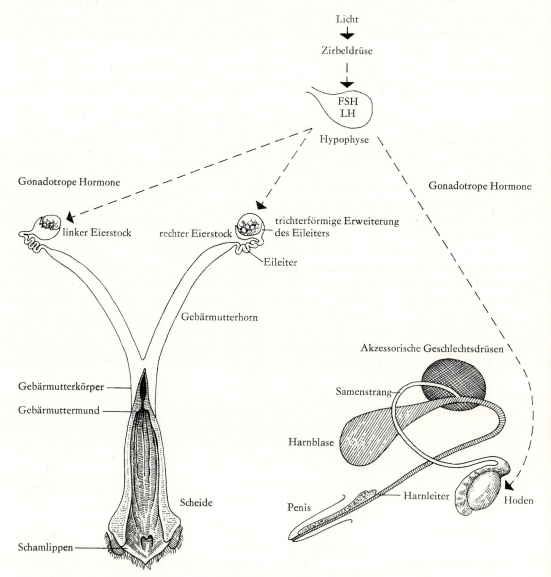

Abb. 9/1 Weibliche und männliche Geschlechtsorgane

Urgeschlechtszellen hervorgehenden Oozyten erster Ordnung entstehen zwei Tochterzellen, die große Oozyte zweiter Ordnung und die sehr kleine, plasmaarme Polzelle. Bei der weiteren Reifeteilung, die eine Reduktionsteilung ist, entsteht neben dem Reifei mit haploidem Chromosomensatz als Hauptzelle abermals eine kleine Polzelle. Da sich auch die erste Polzelle in zwei neue teilen kann, werden am Ende der Reifung unter Umständen, wie bei den Spermien, vier Nachkommen der Oozyten erster Ordnung vorhanden sein und zwar ein Reifei und drei unbedeutende Polzellen, die bald zugrunde gehen. Beim Abschnüren der Polzellen ist nahezu die ganze dotterhaltige Plasmasubstanz der Mutterzelle im haploiden Reifei enthalten, das es für die weitere Entwicklung (Furchung) benötigt.

Nachdem der Follikel geborsten ist, verkleinert sich unter dem Druck des vom reifen Follikel verdrängten Nachbargewebes rasch die Follikelhöhle und heraus wächst in wenigen Tagen ein Gebilde, das als *Gelbkörper (Corpus luteum)* bezeichnet wird. Der Gelbkörper ist eine Hormondrüse, die im Geschlechtsleben des weiblichen Tieres wichtige Aufgaben zu erfüllen hat.

Der Eileiter hat die Funktion, durch seine freie trichterförmige Erweiterung am Anfang das *Ovar* zu umschließen, die gesprungenen Reifeier aufzunehmen und zur Gebärmutter zu leiten. Da die Befruchtung, die Verbindung des Reifeies mit einem Spermium, nicht in der Gebärmutter, sondern stets im Eileiter erfolgt, verläuft er geschlängelt und in Falten, offenbar, um das Ei eine angemessene Zeit aufzuhalten.

Die *Gebärmutter* ist bei Nerz und Fuchs ein geteiltes Organ mit zwei langen, schlauchförmigen Uterushörnern, die eine starke Muskelschicht besitzen. Die kreisförmige und längs verlaufende Muskelschicht der Gebärmutter hat die Aufgabe eines Fruchthalters und wirkt später bei der Geburt austreibend.

Die Gebärmutter geht scheidenwärts in einen Hals (*Gebärmutterhals mit Muttermund*) über. Es ist normalerweise ein verschlossener, nur zur Zeit der Brunst und der Geburt offener Kanal, der die Verbindung zwischen der Gebärmutter und der Scheide herstellt.

Die *Scheide* (*Vagina*) ist ein derber, muskulöser Schlauch, der nach außen in den Scheidenvorhof übergeht. In die untere Wand des Scheidenvorhofes mündet die Harnröhre ein. Der äußere Abschluß wird durch die *Scham* gebildet. Die *Schamlippen* umschließen die *Schamspalte*, in deren unterem Winkel sich der *Kitzler* (Clitoris) befindet.

Steuerung der Sexualfunktion

Die Steuerung der Sexualfunktion erfolgt über eine Reihe von *Hormondrüsen*, die in ihrer Wirkung aufeinander abgestimmt sind. Eine zentrale Stellung nimmt dabei die *Hypophyse*, eine Hirnanhangsdrüse mit Vorder-, Zwischen- und Hinterlappen, ein. Hier werden Hormone produziert, die auf die Geschlechtsorgane einwirken (gonadotrope Hormone). Die Hypophyse wird zum Motor der Geschlechtsfunktionen: sie setzt sie in Gang und steuert sie.

Das *follikelstimulierende Hormon* (FSH) wird im Hypophysen-Vorderlappen gebildet und beeinflußt das Wachstum des Keimgewebes. In den männlichen Keimdrüsen regt es die Spermiogenese (Samenbildung) an, in den Eierstöcken das Vergrößern und Reifen der Follikel.

Das *Luteinisierungshormon* (LH, im amerikanischen Schrifttum auch ICSH, Interstitial Cell Stimulating Hormon) des Hypophysen-Vorderlappens bringt die vom FSH vorbereiteten Eifollikel zum Reifen und verursacht nach der Ovulation die Ausbildung des Gelbkörpers. Beim männlichen Tier regt es im Hoden die Leydigschen Zwischenzellen zur Produktion des männlichen Geschlechtshormons, *Testosteron*, an.

Das dritte gonadotrope Hormon des Hypophysen-Vorderlappens ist das *Prolaktin* LTH (Luteotropes Hormon, Laktationshormon). Es veranlaßt den Gelbkörper zur Synthese seines Hormons (*Progesteron*) und bewirkt, daß die Milchsekretion ausgelöst wird. Die Abgabe von Prolaktin ist während der Trächtigkeit durch seine Gegenspieler, die Follikelhormone, unterdrückt. Erst bei deren Absinken wird der Weg frei für die Bildung von LTH, das nun das Einschießen der Milch bewirkt.

Die durch das FSH zum Reifen angeregten Follikel bilden ihrerseits ein eigenes Hormon, das Follikelhormon *Oestron*. Dieses bewirkt die Ausbildung der sekundären Geschlechtsmerkmale; die weiblichen Individuen erhalten ihr Gepräge. Oestron bereitet die Gebärmutterschleimhaut für die Aufnahme des befruchteten Eies vor, indem es das Organ verstärkt durchbluten, die Schleimhaut wuchern und die Uterindrüsen wachsen läßt. Es ist das brunstauslösende Hormon.

Mit dem Follikelsprung tritt an die Stelle des Follikels der Gelbkörper, der ebenfalls als Hormondrüse fungiert. Sein Hormon, das Gelbkörperhormon *(Progesteron)*, setzt die Sekretion der Uterindrüsen in Gang und vollendet damit die Vorbereitung der Gebärmutterschleimhaut für die Aufnahme des befruchteten Eies. Progesteron verhindert ferner das Bersten nicht aber das Reifen weiterer Follikel. Es regt nach der Befruchtung die Ausbildung der Plazenta an und bremst die Muskulatur der Gebärmutterwand, um vorzeitige, die Entwicklung der Frucht unterbrechende Wehen zu verhüten. Das Progesteron ist somit ein Bewahrer der Trächtigkeit und wird häufig auch als Schwangerschafts- bzw. Trächtigkeitsbewahrungshormon bezeichnet.

Wenn die Plazenta ausgebildet ist, übernimmt sie zum Teil die Bildung der beiden Eierstockhormone (Follikelhormon und Gelbkörperhormon). Damit wird der Gelbkörper überflüssig und verödet. Kommt es nicht zur Befruchtung, so wird der Gelbkörper wegen der fehlenden Anregung durch das befruchtete Ei rasch zurückgebildet. Damit hört die Bildung von Progesteron auf, und alle Vorbereitungen für die Erhaltung und Entwicklung des befruchteten Eies in der Gebärmutter werden rückgängig gemacht. Über die gonadotropen Hormone der Hypophyse wird nun ein neuer Geschlechtszyklus eingeleitet.

Das männliche Geschlechtshormon, das in den Leydigschen Zwischenzellen des Hodens gebildete *Testosteron*, bewirkt die Ausbildung der sekundären männlichen Geschlechtsmerkmale, das charakteristische männliche Erscheinungsbild. Es fördert das Wachstum, die Funktion der männlichen Geschlechtsorgane und hat auch Einfluß auf den Stoffwechsel.

Es wird angenommen, daß bei erhöhtem Geschlechtshormon-Blutspiegel ein «Sexualzentrum» im Gehirn angeregt wird, das seinerseits das Paarungsverhalten beeinflußt. Die Geschlechtshormone sind also neben der Entwicklung des Geschlechtsapparates vor Beginn der Paarungszeit auch für das Paarungsverhalten verantwortlich.

Alle Hormone stehen in enger Wechselbeziehung zueinander. Von ihnen gehen vielseitige Anregungen sowie gleichsam Hemmungen aus. Störungen einzelner Hormondrüsen haben eine Vielzahl von Erscheinungen zur Folge und können somit zahlreiche Körperfunktionen beeinflussen. Eine optimale Funktionstüchtigkeit aller, nicht nur der oben genannten Hormondrüsen ist Voraussetzung für maximale Leistungsfähigkeit des Organismus.

Besonderheiten des Sexualzyklus bei den einzelnen Pelztieren

Nerz

Der Nerz hat im Jahr nur eine, zeitlich begrenzte Brunstzeit. Während dieser Brunstperiode laufen mehrere ovarielle Zyklen ab. Der Nerz ist saisonal polyoestrisch. Die Paarungszeit beginnt Ende Februar/Anfang März und erstreckt sich bis Anfang April. Sie ist das Ergebnis einer Vielzahl von gut aufeinander abgestimmten, hormonellen Funktionen, die Ende November/Anfang Dezember, zur Zeit der geringsten Tageslichtmenge im Jahresablauf, ausgelöst werden. Es wird angenommen daß die durch das Auge einfallende durchschnittliche tägliche Lichtmenge über Nerven in der Zirbeldrüse des Hirns registriert wird und die Hypophyse von dort Impulse erhält. Durch die Zeitabschnitte zuerst geringer Lichtmengen ausgelöst, wird die Funktion der Hypophyse durch die sich anschließend konstant vergrößernde tägliche Lichtmenge in den Monaten Januar bis Februar weiter stimuliert. Der Einfluß der durchschnittlichen täglichen Lichtmenge wird durch Untersuchungen über die Entwicklung der Gonaden belegt. Bei den im Mai geborenen Jungrüden wird bis

November nur ein allgemeiner, absolut geringer Zuwachs der Hoden beobachtet. Er ist histologisch charakterisiert durch die Weiterentwicklung der fetalen Samenkanälchen mit nur zwei Zelltypen, den Sertolizellen und den Ursamenzellen. Von Dezember bis Februar erfolgt ein schnelles Wachstum der Hoden aufgrund einer heftigen Formierungsphase und einer aktiven Spermiogenese. Diese Phase wird abgeschlossen mit voll entwickelten Spermien und Lumenbildung in den Samenkanälchen. Von März bis Mai schließt sich ein Regressionsstadium an, charakterisiert durch Verringerung der Hodenmasse, des Hodendurchmessers, des Samenkanälchendurchmessers und Rückbildung des spermienbildenden Gewebes. Von Mai bis November befinden sich die Hoden in einem «juvenilen» Stadium, in welchem die Hodenmasse etwa der im November des ersten Jahres entspricht. Von da an gleicht die Hodenentwicklung bei Altrüden der von Jungrüden.

Bedingt durch die Hodenentwicklung, die von der durchschnittlichen täglichen Lichtmenge beeinflußt wird, sind die Rüden nur in der Ranzperiode befruchtungsfähig.

Der *Deckakt* von Nerzrüden kann in drei Phasen eingeteilt werden. Nach einem unterschiedlich langen Vorspiel, wobei sich die Partner jagen und balgen, faßt der Rüde die Fähe im Genick, umklammert sie mit den Vordergliedmaßen und führt den Penis ein. In der zweiten Phase erfolgt die Ejakulation, die Samenabgabe. Die dritte Phase, in der die Tiere unterschiedlich lange hängen, kann im Gegensatz zu den beiden vorangegangenen als inaktive Phase betrachtet werden. Die Dauer des Deckaktes, insbesondere das Hängen, nimmt mit fortschreitender Ranzperiode infolge allmählicher Erschöpfung des Rüden zu und kann von anfänglich zehn Minuten später bis zu zwei Stunden und mehr betragen.

Während der *Ranzperiode* läßt sich eine Nerzfähe mehrmals decken, wobei die zeitlichen Abstände bedeutungslos sind. Der Nerz hat eine kontinuierliche Brunst, gleichgültig, ob eine Paarung stattfindet oder nicht. Man spricht von *Dauerranz*.

Die *Ovulation* erfolgt beim Nerz nicht spontan, wie zum Beispiel bei den meisten Haustieren, die in bestimmten Abständen regelmäßig ovulieren, sondern wird *provoziert* und durch den Deckakt ausgelöst. Die Vorbedingung ist, daß Vagina und Clitoris durch den Penis gereizt werden. Die Folge sind nervöse Impulse an ein Kontrollzentrum im Gehirn, den *Hypothalamus*. Von hier wird nun die Hypophyse angeregt, vermehrt LH abzugeben, so daß es 36 bis 48 Stunden nach dem Deckakt zum Eisprung kommt. Eine Ovulation kann jedoch nur dann provoziert werden, wenn die Follikel einen bestimmten Reifegrad (Graafsche Follikel) erreicht haben.

Die Ovulation wird nicht nur durch den Deckakt provoziert, sondern kann bereits durch das Vorspiel, das Herumbalgen der beiden Geschlechtspartner, ausgelöst werden. Auch soll unsachgemäßer, derber Umgang durch den Tierpfleger eine Provokation bewirken können. Nach dem Follikelsprung reifen beim Nerz in einer Zeit von etwa sieben Tagen neue Graafsche Follikel heran.

HANSSON (1948) fand bei zweimal, in verschiedenen Abständen verpaarten Fähen folgendes Ergebnis:

- Die Ovulation trat immer nach der ersten Verpaarung ein.
- Eine neue Eiabgabe fand nicht statt, wenn die zweite Verpaarung innerhalb von vier Tagen nach der ersten erfolgte.
- Bisweilen trat eine zweite Ovulation ein, wenn fünf bis sechs Tage nach der ersten Verpaarung noch einmal verpaart wurde.
- Eine neue Ovulation trat immer ein, wenn die zweite Verpaarung nach mehr als sechs Tagen im Anschluß an die erste Verpaarung erfolgte, d. h. also siebentätiger ovarieller Zyklus. Durch die anhaltende Deckbereitschaft, trotz schon stattgefundener Paarung und Befruchtung, kommt es beim Nerz zur *Superfötation* (Überschwängerung). Durch Verpaarungsversuche von Mutationsfähen mit Rüden des eigenen Genotyps als auch mit dominanten Standardrüden ist bekannt, daß bei Einhalten des ovariellen Zyklus von sieben Tagen mit ungefähr 10 % Welpen aus dem ersten und 90 % aus dem zweiten Deckakt zu rechnen ist. Die Superfötation, bei Haustieren selten, ist beim Nerz die Regel.

Die *Trächtigkeitsdauer* schwankt beim Nerz in weiten Grenzen; im allgemeinen zwischen 40 und 60 Tagen. Es gilt als sicher, daß diese stark variierende Länge der Tragezeit auf eine verzögerte *Implantation* (Einpflanzung) zurückzuführen ist. Nach der im Eileiter stattgefundenen Befruchtung entwickelt sich die Eizelle durch fortwährende Teilung zu einem makroskopisch noch nicht sichtbaren kugeligen Gebilde von 128 bis 256 Zellen *(Blastozyste)*, das nun die Gebärmutter erreicht. Hier pflanzt es sich nicht sofort in die Uteruswand ein, sondern macht ein Stadium der Eiruhe durch, in der jede weitere Entwicklung aussetzt. Der Grund für die verzögerte Implantation und deren unterschiedliche Länge ist nicht bekannt. Es wird vermutet, daß die verzögerte Implantation eine Folge von ungünstigen Bedingungen in der Gebärmutter ist, bedingt durch das Fehlen von Progesteron bzw. die verspätete Aktivität des Gelbkörpers. Das Corpus luteum nimmt seine volle Hormonbildung erst Anfang April auf. Erst dann erfolgt die Entwicklung des Embryos und die Bildung der Plazenta. Die nunmehr sehr rasch verlaufende Entwicklung bis zur Geburt wird mit 28 bis 31 Tagen angegeben.

Es besteht kaum ein Zweifel, daß das Licht der primäre Faktor für die Länge und für den Abschluß der verzögerten Implantation ist. Jedoch ist nicht bekannt, auf welche Weise das Licht seinen Einfluß ausübt. Die sehr vielfältigen Wechselbeziehungen im Hormonhaushalt sind nicht erklärt und müssen mit den Hinweisen über die Bedeutung des Progesterons berücksichtigt werden. Abhängig von der verzögerten Implantation, beeinflußt durch das Licht, ergibt sich ein deutlicher Zusammenhang zwischen der durchschnittlichen Trächtigkeitsdauer und dem Zeitpunkt der Verpaarung. Wie in Abbildung 9/2 dargestellt, hat sich die durchschnittliche Trächtigkeitsdauer von 54 Tagen am 9. März gedeckter Fähen auf 44 Tage verringert, wenn die Fähen erst am 24. März verpaart wurden. In der laufenden Ranzperiode konnte ein Rückgang der durchschnittlichen Trächtigkeitsdauer um 0,67 Tage pro Ranztag festgestellt werden. Da unabhängig vom Decktermin die Würfe Ende April/Anfang Mai fallen, tragen zeitig gedeckte Fähen durchschnittlich länger als spät gedeckte.

Die *Länge der Tragezeit* kann im allgemeinen mit 45 bis 50 Tagen angegeben werden. Diese Meinung wird gestützt und belegt durch die Ergebnisse in Abbildung 9/3. Bei einer Tragezeit von 45 bis 50 Tagen wurden die durchschnittlich größten Würfe erzielt. Die Verkürzung wie die Verlängerung um diese angegebene Zeitspanne ist mit einer Verminderung des durchschnittlichen Wurfergebnisses verbunden. Es kann davon ausgegangen werden, daß verkürzte wie verlängerte Trächtigkeiten mit Störungen einhergehen, die in Minderleistung ihren Ausdruck finden.

Die *Wurfperiode* oder *Wurfzeit* umfaßt den Zeitabschnitt zwischen erstem und letztem Wurf eines Zuchttierbestandes in einem Jahr. Beim Nerz kann ab 20. April mit den ersten Würfen gerechnet werden. Würfe nach dem 16. Mai sind im allgemeinen selten. Es erfolgt nach etwas zögerndem Beginn alsbald ein rascher, steiler Anstieg der Wurfkurve und nach dem Maximum ein allmählicher Ausklang. Dieser charakteristische Verlauf kann eingeteilt werden in die

- beginnende Wurfperiode,
- Hauptwurfperiode und
- ausklingende Wurfperiode.

Die *Hauptwurfperiode* (objektiviert durch einen Anteil von $>5\%$ registrierter Würfe pro Tag) umfaßt einen Zeitraum von 7 bis maximal 8 Tagen, in ihr ist mit 80% aller Würfe zu rech-

Tabelle 9/1 Fortpflanzungsergebnisse von Nerzfähen bei Berücksichtigung des ersten Verpaarungsdatums

Verpaarungsdatum	Gedeckte Fähen n	Leerfähen %	Welpen-$\bar{x}$ pro Fähe
6. bis 7. März	26	(26,9)	3,6
8. bis 9. März	1223	10,9	4,5
10. bis 11. März	1833	7,0	4,8
12. bis 13. März	1267	8,7	4,7
14. bis 15. März	398	8,3	4,5
16. bis 17. März	142	7,8	4,6
18. bis 19. März	128	7,8	4,6
20. bis 21. März	46	(4,4)	4,8
22. bis 23. März	21	(4,8)	5,3
24. bis 31. März	25	(20,0)	3,6

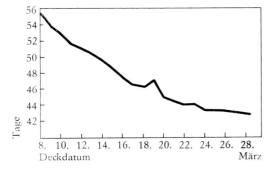

Abb. 9/2 Durchschnittliche Trächtigkeitsdauer beim Nerz, nach einmaligem Deckakt (792 Trächtigkeiten)

Abb. 9/3 Durchschnittliche Trächtigkeitsdauer und Wurfergebnis (742 gedeckte Fähen)

nen. In der kürzeren «beginnenden Wurfperiode» liegen von Tag zu Tag zunehmend 3 bis 7 %, in der etwas längeren «ausklingenden Wurfperiode» ständig weniger werdend 12 bis 18 % der Würfe.
Es zeigt sich ferner, daß mit fortschreitender Wurfperiode der Welpendurchschnitt kontinuierlich rückläufig ist. Zu Beginn kann mit einem hohen, zu Ende mit einem niedrigen Welpendurchschnitt gerechnet werden. Der dargestellte Verlauf der Wurfperiode ist bei Jung- und Altfähen einheitlich. Unterschiede zwischen den Rassen Standard, Platinum und Topas wurden nicht festgestellt.
Die Hauptwurfperiode liegt von Jahr zu Jahr mehr oder weniger einheitlich, Schwankungen von maximal 2 Tagen können auftreten. Langfristige Vergleiche haben jedoch erkennen lassen, daß in den letzten 25 Jahren eine allmähliche Vorverlagerung der Wurfperiode stattgefunden hat, die schließlich 4 Tage beträgt. Ursächlich kann die in mehreren Betrieben nachgewiesene

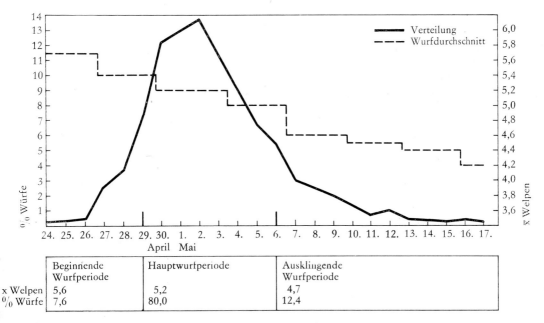

	Beginnende Wurfperiode	Hauptwurfperiode	Ausklingende Wurfperiode
x Welpen	5,6	5,2	4,7
% Würfe	7,6	80,0	12,4

Abb. 9/4 Verteilung und Wurfdurchschnitt von 3583 Würfen in der Wurfperiode

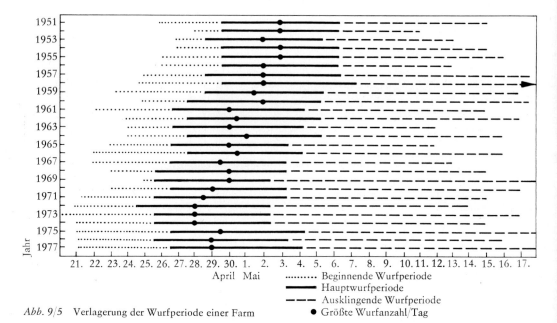

Abb. 9/5 Verlagerung der Wurfperiode einer Farm

········· Beginnende Wurfperiode
——— Hauptwurfperiode
--- Ausklingende Wurfperiode
● Größte Wurfanzahl/Tag

Tabelle 9/2 Fortpflanzungsergebnisse von Nerzfähen bei einmaliger Bedeckung unter Berücksichtigung des Verpaarungsdatums

Verpaaruungsdatum	Gedeckte Fähen n	Leer- fähen %	Welpen-$\bar{x}$ pro Fähe
6. bis 7. März	2	(100,0)	(0,0)
8. bis 9. März	84	23,8	3,9
10. bis 11. März	157	14,0	4,3
12. bis 13. März	214	16,4	4,3
14. bis 15. März	123	11,4	4,3
16. bis 17. März	86	7,0	4,7
18. bis 19. März	84	9,5	4,4
20. bis 21. März	33	3,0	4,9
22. bis 23. März	15	(6,7)	5,3
24. bis 25. März	11	(18,2)	3,7
26. bis 27. März	5	(20,0)	2,4
28. bis 29. März	4	(25,0)	3,5
30. bis 31. März	3	(33,3)	3,0

Abb. 9/6 Häufigkeit von 7202 Standardnerz-Würfen

langfristige Vorverlagerung auf Selektionsmaßnahmen als eine Einflußgröße angesehen werden (Wurfgröße und Körpermasse sind bei im April geborenen Tieren günstiger als bei Tieren aus Maiwürfen).
Die *Wurfgröße* des multiparen Nerzes schwankt in weiten Grenzen. Sie wird mit einem bis zu zehn und mehr Welpen angegeben und von zahlreichen Faktoren beeinflußt. Von 7 202 Standardfähen wurde ein Wurfdurchschnitt von 5,22 mit einer Streuung von ±1,93 ermittelt.
Bei Berücksichtigung der fortpflanzungsbiologischen Besonderheiten wird in der Farmpraxis mit der Verpaarung um den 8. März begonnen.

Die Verpaarung sollte um den 25. März abgeschlossen werden. Verpaarungen vor und nach diesen Zeitpunkten führen meist zu geringen Fortpflanzungsergebnissen. Die in den Tabellen 9/1 und 9/2 ermittelten Beziehungen zwischen Verpaarungsdatum und Welpendurchschnitt pro Fähe wurden in einer Farm unter gleichen Umweltbedingungen ermittelt. Sie können sich in anderen Betrieben unter anderen Umweltbedingungen (Fütterung, Haltung, Klima) etwas verändern, in der Tendenz bleiben sie jedoch gleich. Etwa in der Mitte der Ranzperiode zeichnet sich ein Zeitraum ab, der als *Hochranz* bezeichnet werden kann.
Während der Hochranz werden die meisten Eier ovuliert (DUBY, 1969), und es werden, wie sich anhand der Fortpflanzungsergebnisse von nur einmal gedeckten Fähen belegen läßt, die durchschnittlich höchsten Fortpflanzungsergebnisse bei einem wesentlich geringeren Anteil von Leerfähen erzielt. Eine Fähe wird in der Regel *zweimal gedeckt*, da zwischen einmal und zweimal verpaarten Tieren ein signifikanter Unterschied bezüglich der durchschnittlichen Fortpflanzungsergebnisse zugunsten der nachgedeckten Tiere besteht. Erfolgt die Erstbelegung in den beiden ersten Dritteln der Deckperiode, wird die Fähe nach sieben, besser acht bis elf Tagen nachverpaart, um einen *zweiten Ovulationszyklus* zu erfassen. Wenn auch feststeht, daß nur noch etwa 10 % der geborenen Welpen aus der ersten Verpaarung stammen, ist das Ergebnis bei dieser Verpaarungsmethode durchschnittlich am größten. Wird eine Fähe im letzten Drittel der Ranzperiode erstmals gedeckt, ist eine Nachverpaarung am darauffolgenden Tage zu versuchen. Ein Nachdecken im Abstand von zwei bis sechs Tagen bewirkt, da neue Follikel noch nicht wieder herangereift sind, keine Verbesserung der Fortpflanzungsergebnisse. Beim Nachdecken im Abstand von drei bis fünf Tagen sind sogar schlechtere Ergebnisse zu beobachten als bei einmaliger Verpaarung.
Die besten Fortpflanzungsresultate (Welpendurchschnitt pro gedeckte Fähe) sind zu erzielen, wenn durch erste und zweite Verpaarung zwei ovarielle Zyklen erfaßt werden und die Nachverpaarung in die Hochranz fällt. Die Tabelle 9/3 belegt zusammengefaßt die Bedeutung des zweimaligen Verpaarens in der Hochranz. Fällt die zweimalige Verpaarung nicht in die Hochranz, so liegt sie im Ergebnis unter der Leistung von einmal in der Hochranz gedeckten Tieren. Ein dreimaliges Verpaaren, zum Beispiel am ersten, achten und neunten Tag der Deckperiode, bringt im Vergleich zu der angegebenen zweimaligen Verpaarung nach JOHANSSON (1955) kaum bessere Ergebnisse. Es erfordert darüber

Tabelle 9/3 Fortpflanzungsergebnis von ein- und zweimal im Abstand von sieben bis dreizehn Tagen gedeckten Nerzfähen unter Berücksichtigung des Verpaarungszeitpunktes, besonders der Nachverpaarung

Verpaarungszeit	Anzahl der Verpaarungen	Gedeckte Fähen n	Leerfähen %	Welpen x̄ Pro Wurf	Pro Fähe
Vor der Hochranz	einmal	580	16,0	5,0	4,2
	zweimal	357	12,9	5,0	4,3
In der Hochranz	einmal	218	7,3	5,0	4,7
	zweimal	3041	5,7	5,2	4,9
Nach der Hochranz	einmal	23	(21,7)	4,2	3,3
	zweimal	232	6,5	5,0	4,6

Tabelle 9/4 Fortpflanzungsergebnisse von Nerzfähen bei ein- und zweimaliger Verpaarung bei besonderer Berücksichtigung des Abstandes zur Nachverpaarung

Verpaarungsmethode		Gedeckte Fähen n	Leerfähen %	Welpen-x̄ pro Fähe
Anzahl der Verpaarungen	Abstand in Tagen			
Einmal		821	13,8	4,3
Zweimal	1	41	12,2	4,4
	2	11	(18,2)	4,2
	3	10	(20,0)	4,2
	4	11	(9,1)	3,8
	5	46	30,4	3,0
	6	497	13,5	4,4
	7	1224	8,7	4,6
	8	1213	5,1	4,9
	9	646	5,0	4,9
	10	277	5,4	5,0
	11	156	4,5	5,0
	12	73	8,2	4,4
	13 bis 20	83	8,4	4,6

Tabelle 9/5 Einfluß des Alters von Nerzfähen auf das Fortpflanzungsergebnis

Alter der Fähen Jahre	Gedeckte Fähen n	Leer- fähen %	Wurf tot %	Kleine Würfe %	Welpen-$\bar{x}$		Geschlechtlich zur Zucht geeignet %
					Pro Wurf	Pro Fähe	
1	2 996	10,1	5,1	8,5	4,9	4,2	76,2
2	1 428	6,4	3,6	7,1	5,4	4,9	82,8
3	630	4,8	4,1	5,6	5,3	4,8	85,6
4	310	8,7	3,5	8,7	5,0	4,4	79,0
5 und älter	88	6,8	8,0	19,3	4,1	3,5	65,9
$\bar{x}$ bzw. $\sum$	5 452	8,4	4,6	8,0	5,1	4,4	79,0

Tabelle 9/6 Rassebedingte Fortpflanzungsergebnisse

Rasse	Gen- symbole	Gedeckte Fähen n	Leer- fähen %	Kleine Würfe (3) und Wurf tot %	Welpen- durchschnitt		Geschlecht- lich zur Zucht geeignet %
					Je Wurf	Je Fähe	
Standard		1 673	10,3	11,7	5,4	4,6	77,9
Platinum	pp	1 239	12,9	10,3	5,6	4,7	76,8
Royal Pastell	bb	680	9,1	16,3	5,0	4,1	74,6
Topas	bbt^{s}t^s	744	11,1	18,3	5,1	4,0	70,6
Stewart Pastell	Wwbb	173	17,3	17,3	4,7	3,7	65,3
Aleute	aa	29	(17,2)	(20,6)	4,8	3,1	62,1
Finnpalo	t^{p}t^w	45	(15,6)	(31,2)	4,3	2,9	53,3
Schwedisch Palomino	t^{p}t^p	85	(17,7)	(38,8)	3,5	2,4	43,5
Saphir	aapp	190	31,6	22,6	5,1	2,5	45,8
Saphir-Träger (Platinum)	Aapp	387	24,8	11,4	5,1	3,7	63,8

hinaus eine größere Anzahl von Rüden, deren zusätzliche Haltung nicht durch entsprechend mehr Welpen aufgewogen wird.

Von den biologischen Faktoren, die auf die Fortpflanzungsleistungen einwirken, sind neben der Verpaarungsmethode das *Alter* der Zuchttiere und deren Rasse von Bedeutung. Über den Einfluß des Alters der Fähen auf das Fortpflanzungsergebnis liegen zahlreiche Untersuchungen vor (HANSSON 1948; MOORE, zit. n. JOHANSSON 1955; RECK 1959; HARTUNG 1960 und andere). Danach steht fest, daß für Fähen im Nerzfellproduktionsbetrieb ein dreijähriger Umtrieb bei ständig scharfer Zuchtauslese auf die geschlechtliche Zuchttauglichkeit angezeigt ist.

Vierjährige Fähen haben kaum bessere Ergebnisse als einjährige; fünfjährige liegen weit darunter. Daher wird man an Stelle einer vierjährigen Fähe besser ein Jungtier zur Verpaarung ansetzen, mit dem Erfolg, daß dieses Tier im darauffolgenden Jahr als zweijährige Fähe das durchschnittlich höchste Ergebnis erzielt. Für den wirtschaftlichen Erfolg eines Betriebes ist auch der genetische Einfluß der geschlechtlichen Leistungsfähigkeit der einzelnen Rassen von Bedeutung.

Nach Angaben von JOHANSSON (1956) und HARTUNG (1971) sind mit Platinum-Nerzen gleichgute und mit Royal-Pastell-Nerzen fast gleichgute Fortpflanzungsleistungen wie bei Standard-Nerzen zu erzielen. Topas-Nerze folgen mit geringem Abstand. Der Stewart Pastell erreicht nicht die Ergebnisse der genannten Gruppen und liegt mit mittelmäßigen Leistungen um etwa einen Welpen schlechter als der Standard. Weiterhin wird bei Aleuten, Finnpalo und Schwedisch Palomino beobachtet, daß der Welpendurchschnitt pro Fähe absinkt und entsprechend der Anteil geschlechtlich nicht zur Zucht geeigneter Tiere ansteigt.

Die häufig in der Praxis beklagte ungenügende Fortpflanzungsleistung in der Saphir-Reinzucht wird durch das vorliegende Material bestätigt. Die quantitative Produktion erfolgt hier am besten über Trägertiere, wobei jedoch im Vergleich zum Standard oder Platinum auch nur mit einer mittelmäßigen Fortpflanzungsleistung gerechnet werden kann.

Es können die in Tab. 9/6 ermittelten Ergebnisse in anderen Betrieben aufgrund anderer Umweltfaktoren durchaus günstiger oder ungünstiger liegen. Dennoch steht fest, daß die einzelnen Rassen unterschiedliche, erblich bedingte Fortpflanzungsleistungen aufweisen. Um in der Zucht von Rassen mit geringerer Fortpflanzungsleistung erfolgreich zu sein, muß daher besondere und wesentlich mehr Sorgfalt auf die optimale Gestaltung der Umweltfaktoren verwendet werden.

Nach den vorliegenden Untersuchungen über den Einfluß des *Rüdenalters* auf die Fortpflanzungsleistungen ergibt sich, daß die durchschnittliche Deckleistung mit zunehmendem Alter größer wird. Die durchschnittlich größte Deckpotenz wird bei vier Jahre alten Tieren beobachtet; ab fünftem Zuchtjahr scheint sie etwas rückläufig zu sein.

Ein ähnlicher Verlauf, bis zu vier Jahren ansteigend, kann auch für die Befruchtungsleistung nachgewiesen werden. Durch einen geringeren Anteil an Leerfähen und kontinuierlichen Anstieg des Welpendurchschnittes je Wurf weist der letztlich für die Befruchtungsleistung ausschlaggebende Welpendurchschnitt je Fähe eine Differenz von fast einem Welpen zwischen ein- und vierjährigen Rüden auf. Fünfjährige Vatertiere scheinen im Durchschnitt jedoch bereits in der Befruchtungsleistung abzufallen und nur noch das Ergebnis von einjährigen zu erreichen. Offensichtlich erreichen Nerzrüden im vierten Zuchtjahr die durchschnittlich höchste Fortpflanzungsleistung. Rüden, die wegen ihrer geringen Anzahl im Zuchttierbestand die wertvolleren Zuchttiere darstellen, können und sollten länger zur Zucht benutzt werden als Fähen. Im Produktionsbetrieb wird der Fähenbestand im allgemeinen nach drei Jahren umgeschlagen. Die Vatertiere können dagegen vier Jahre zur Verpaarung herangezogen werden, ohne daß eine durchschnittliche Leistungsminderung zu bedenken wäre.

Unter Zugrundelegung der unterschiedlichen durchschnittlichen Deckleistung von Jungrüden und geschlechtlich erprobten, selektierten Altrüden ergibt sich die Frage, wieviel Fähen können von einem Rüden gedeckt werden, ohne daß die Befruchtungsleistung nachläßt. Es zeigt sich, daß Rüden mit guter Deckleistung die durchschnittlich höchste Befruchtungsleistung aufweisen, wohingegen Rüden mit mangelhafter *Libido* durchschnittlich mehr als 0,5 Welpen je gedeckte Fähe weniger zeugen.

Wenn auch die Anzahl der von einem Vatertier zu deckenden Fähen begrenzt ist (Jungrüden bis fünf, Altrüden bis sechs Fähen), so sind doch bei mehr beanspruchten Rüden (um eine Fähe)

Tabelle 9/7 Einfluß des Alters der Nerzrüden auf die Deck- und Befruchtungsleistung

Alter Jahre	Rüden n	Fähen n	$\bar{x}$ Deckergebnis		$\bar{x}$ Befruchtungsergebnis		$\bar{x}$ Fortpflanzungsergebnis
			Fähen pro Rüde	Leerfähen %	Welpendurchschnitt		Welpen pro Rüde
					Pro Wurf	Pro Fähe	
1	1 631	4 185	2,6	17,9	5,1	4,0	10,4
2	576	2 084	3,6	15,0	5,3	4,4	15,9
3	232	886	3,8	11,2	5,5	4,7	17,9
4	65	282	4,3	11,3	5,6	4,9	21,4
5	15	63	4,2	11,1	4,5	3,9	16,5
$\bar{x}$	2 519	7 500	3,0	16,0	5,2	4,24	12,6

die Befruchtungsergebnisse im Durchschnitt besser als bei Rüden mit mangelhafter Libido, die nur eine oder zwei Fähen decken. Die Abhängigkeit der durchschnittlichen Befruchtungsleistung von der Deckleistung unterstreicht die Bedeutung der Deckleistung beim Beurteilen geschlechtlicher Zuchttauglichkeit. In der Praxis, wo es darauf ankommt, maximale Fortpflanzungsleistungen zu erzielen, sollte bei der Zuchttierauswahl die Deckleistung weit mehr berücksichtigt werden.

Fuchs

Die farmgehaltenen Füchse, Silber- und Blaufuchs, sind *monoestrisch*. Sie erlangen mit zehn Monaten die erste Geschlechtsreife und sind zu diesem Zeitpunkt auch zuchtreif. Die Ranzperiode erstreckt sich beim Silberfuchs von Mitte Januar bis März, beim Blaufuchs von Ende Februar bis Ende April. Die Hitze tritt bei Jungfähen gewöhnlich ein bis zwei Wochen später ein als bei Altfähen. Die Deckbereitschaft hält beim Silberfuchs allgemein drei Tage, beim Blaufuchs bis zu fünf Tagen an.

Die *Ovulation* erfolgt während der Hitzeperiode spontan, und zwar in beiden Eierstöcken innerhalb einer verhältnismäßig kurzen Zeitspanne gleichzeitig. Ein bestimmtes Zeitintervall zwischen Eintritt der Hitze und Ovulation scheint es nicht zu geben. Wenn die Hitzeperiode lange dauert, ist vermutlich die Zeitspanne zwischen der ersten Annahme des Rüden und der Ovulation ebenfalls länger, und wenn die Hitzeperiode kurz ist, wird das Intervall ebenfalls kurz sein. Daraus läßt sich schlußfolgern, alle Tiere am ersten Tag der Hitze decken zu lassen und die Verpaarung jeden zweiten Tag zu wiederholen, solange die Hitze anhält.

Den *Verpaarungszeitpunkt* festzustellen, ist in der Praxis manchmal schwierig. Im allgemeinen geschieht es, indem die Fähen täglich mit den Rüden abprobiert werden. Die sichtbaren Verhaltensmerkmale einer Fähe während der Hitze sind trippelnde Bewegungen, Hochhalten der Lunte, manchmal Verweigern des Futters. Die Schamlippen schwellen mehr oder weniger stark an und sind hochrot bis lila verfärbt. Der günstigste Zeitpunkt für die Verpaarung soll sein, wenn die Schamlippen beginnen abzuschwellen. Diese äußeren Zeichen der Hochranz sind jedoch keineswegs immer deutlich ausgeprägt. Das Fortschreiten des Sexualzyklus kann durch Untersuchungen von Scheidenabstrichen festgestellt werden.

Blau- und Silberfuchs werden polygam verpaart. Das Verpaarungsverhältnis beträgt im allgemeinen 1:3 bis 1:4 und wird u. a. wesentlich bestimmt vom Anteil erprobter Altrüden, die im Gegensatz zu den Jungrüden eine wesentlich höhere Deckleistung haben. In der Praxis hat es sich als günstig erwiesen, die Rüden zu den Fähen ins Gehege zu bringen.

Der normale Deckakt dauert beim Fuchs 15 bis 30 Minuten und länger. Nach einem unterschiedlich langen Vorspiel, wobei sich die Geschlechtspartner jagen und beschnuppern, «reitet» der Rüde auf die «feststehende» Fähe auf, und bei

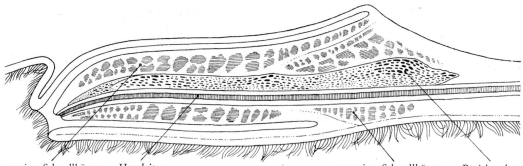

paariger Schwellkörper   Harnleiter   unpaariger Schwellkörper   Penisknochen

Abb. 9/7   Männliche Geschlechtsorgane (Fuchs)

sich wiederholenden Frigitationsbewegungen wird der Penis in die Scheide eingeführt, und es kommt zur Ejakulation. Die Samenabgabe erfolgt in den Muttermund. Danach steigt er ohne Retraktion des Gliedes aus der Vagina ab, die Füchse «hängen».

Füchse sind beim Deckakt sehr empfindsam, das heißt, sie lassen sich durch Unruhe in der Umgebung – bereits durch die täglichen Routinearbeiten der ihnen bekannten Tierpfleger – stören und decken nicht. Während der täglichen Ranzstunden, das ist die Zeit, in der die Tiere zum Verpaaren zusammengesetzt werden, muß es auf der Farm ruhig sein. Die Verpaarung wird aus angemessener Entfernung kontrolliert.

Die *Trächtigkeitsdauer* beträgt bei Silber- und Blaufuchs 53 Tage. Welpen, die bereits nach 48 Tagen oder früher geboren werden, sind im allgemeinen nicht lebensfähig, sie gelten als verworfen. Trächtigkeiten von 56 und mehr Tagen lassen auf eine gestörte Geburt schließen.

Das *Wurfergebnis* beträgt beim Silberfuchs bis zu acht, beim Blaufuchs bis zu fünfzehn und mehr Welpen. Im Durchschnitt werden vier bis fünf bzw. sechs bis acht Junge pro gedeckte Fähe erreicht. Von den zur Verpaarung angesetzten Fähen fallen häufig 15 bis 20 Prozent aus, sie werden nicht gedeckt oder bleiben leer.

Das Fortpflanzungsergebnis wird außer durch die Umweltfaktoren vom Alter der Zuchttiere beeinflußt. Nach den Untersuchungen von RECK (1959) ist beim Silberfuchs vom sechsten Zuchtjahr an mit einem Abfall der Fortpflanzungsleistung zu rechnen, und es wird zur Vorsicht bei der Zuchtverwendung älterer Fähen geraten.

Fortpflanzungsleistungsanalysen

Ein ständiges und kritisches Beurteilen der Fortpflanzungsergebnisse ist eine Voraussetzung für den züchterischen und wirtschaftlichen Erfolg einer Farm. Für die einzelnen Pelztiere fehlen jedoch einheitliche Definitionen und Interpretationen der Fortpflanzungsergebnisse. Aus diesem Grunde, und auch um vergleichbare Parameter zur Durchführung und Beurteilung von zuchthygienischen Maßnahmen zu schaffen, wird ein Schema zur Analyse der Fortpflanzungsleistung für Nerze vorgeschlagen und die damit im Zusammenhang stehenden Begriffe erläutert. Dieses Schema entstand aus Erfahrungen in der Praxis, unter Zugrundelegung umfangreicher statistischer Untersuchungen. Es kann sinngemäß für Füchse übernommen werden.

Fortpflanzungsleistungsanalysen für Fähen

Die Urliste für die Berechnung der Leistungen eines Nerzbestandes bzw. für die Analyse der Fortpflanzungsleistung stellt das ordentlich geführte Zuchtbuch bzw. die Zuchtkartei dar. Hier sind für Fähen folgende Fortpflanzungsdaten notwendig:

- Das Täto (Name oder Signalement) des Tieres, aus dem neben der Kennzeichnung im allgemeinen auch das Alter bzw. der Jahrgang sowie die Rasse hervorgehen sollte,
- Deck- und Nachdeckdatum,
- Täto des Deckrüden,
- Wurfdatum,
- Anzahl der bei der Wurfkontrolle registrierten Welpen,
- Geschlechtsverhältnis der Welpen,
- Aufzuchtverluste,
- Anzahl der aufgezogenen Jungtiere und deren Täto,
- Allgemeine Bemerkungen (Bonitur der Fähe und ihrer Welpen),
- die sich aus Deck- und Wurfdatum ergebende Tragezeit.

Aus diesen Daten ergeben sich mehrere Angaben, die einzeln und vor allem im Verhältnis zueinander Teilergebnisse einer Fortpflanzungsleistungsanalyse ausdrücken. Die einzelnen Angaben werden erläutert und ein schematisierter Rechengang aufgezeigt. Für das Rechenbeispiel werden die den Einzelangaben im folgenden vorgesetzen Buchstaben benutzt.

a *Zur Verpaarung angesetzte Fähen* sind die am Stichtag (1. März) vorhandenen Fähen, die verpaart werden sollen, einschließlich der für die Ranzzeit gehaltenen Reservefähen.

b *Nicht gedeckte Fähen* ergeben sich aus der

Differenz der zur Verpaarung angesetzten und der gedeckten Fähen $\left(a - c, \text{Prozent} = \frac{b \cdot 100}{a}\right)$. Nicht gedeckte Fähen werden im allgemeinen am Schluß der Ranz, das ist Ende März, noch gepelzt. Die Fellqualität ist in der Regel immer noch so gut, daß ein Durchhalten bis zur nächsten Normalpelzung im Dezember wegen der entstehenden Futter-, Gehege- und Betreuungskosten unwirtschaftlich wäre. Der Anteil von nicht gedeckten Fähen ist normalerweise gering. Er wird von den meisten Farmen mit eingeplant, das heißt, bis zum Ranzende hält der Betrieb Reservefähen. Aus diesem Grunde verliert die Zahl der zur Verpaarung angesetzten Fähen als Bezugsgröße für das Errechnen der weiteren Fortpflanzungsteilergebnisse an Bedeutung.

c *Gedeckte Fähen* sind alle am Stichtag (1. April) vorhandenen Fähen. Zu diesem Zeitpunkt sind Verpaarung, Ranzpelzung und ein eventueller Zuchttierverkauf gedeckter Fähen abgeschlossen, so daß einе Einflußnahme des Züchters auf den zahlenmäßig vorhandenen Zuchttierbestand an gedeckten Fähen nicht mehr erfolgt. Die am 1. April vorhandenen gedeckten Fähen bilden somit die Grundlage für die Berechnung der nachfolgenden Teilergebnisse und die Fortpflanzungsleistung insgesamt. Ihre Zahl ist im allgemeinen auch die Basis für die wirtschaftliche Farmplanung. (c = Differenz von zur Verpaarung angesetzten Fähen und nicht gedeckten Fähen, das heißt, a — b.)

d *Leerfähen* sind die Tiere, die trotz Verpaarung nicht tragend geworden sind, also nach Abschluß der Wurfperiode Ende Mai keine Welpen geboren haben.

$\left(d = \text{Differenz zwischen gedeckten und tragenden Fähen, das heißt, } c - e, \text{Prozent} = \frac{d \cdot 100}{c}\right)$.

Ihnen gegenüber stehen

e *tragende Fähen*, die sich aus der Differenz zwischen gedeckten und leergebliebenen Fähen $\left(c - d, \text{Prozent} = \frac{e \cdot 100}{c}\right)$. ergeben. In der Praxis zeigt es sich immer wieder, daß nicht bei allen tragenden Fähen Welpen registriert werden, so daß diese Gruppe zu unterteilen ist.

f *Wurf tot*. Hierzu rechnen Fähen, die tragend waren, Welpen geboren haben, bei denen jedoch der gesamte Wurf tot war oder gleich nach der Geburt gefressen wurde. Es handelt sich also um die weiblichen Tiere, von denen die Anzahl der Welpen nicht bekannt ist. Ferner gehören zu dieser Gruppe Fähen, die verworfen haben. Auch wenn diese Gruppe und die Leerfähen als zuchtuntauglich gelten und als eine Gruppe angesehen werden könnten, so ist die gesonderte Angabe von «Wurf tot» notwendig, um die Befruchtungsleistung des Deckrüden auszuweisen.

«Wurf tot» ergibt sich also aus der Differenz zwischen tragenden Fähen und Fähen mit registrierten Welpen (e — g) oder der Differenz zwischen gedeckten Fähen mit registrierten Würfen (c — [d + g]). Der prozentuale Anteil könnte errechnet werden, indem die Zahl der tragenden Fähen benutzt wird. Unter Berücksichtigung der Verhältnisse in den Zuchtbetrieben wird der Anteil auf die Zahl der gedeckten Fähen $\left(\frac{f \cdot 100}{c}\right)$ bezogen, weil «Wurf tot» und Leerfähen als zuchtuntauglich zu betrachten sind.

«Wurf tot» wird wesentlich vom Zeitpunkt der ersten Wurfkontrolle (siehe unter «Welpen») beeinflußt.

g *Fähen mit registrierten Welpen* sind tragende Fähen mit sicherer Angabe über die bei der ersten Wurfkontrolle registrierten Welpen $\left(e - f \text{ oder } c - (d + f), \text{Prozent} = \frac{g \cdot 100}{c}\right)$. Sie machen mit «Wurf tot» die Zahl der tragenden Fähen aus und bilden die Bezugsgröße für den Welpendurchschnitt pro Wurf.

h *Welpen*. In der Praxis werden die geborenen Welpen zu unterschiedlichen Zeitpunkten registriert. Es ist durchaus möglich, die Anzahl der Welpen am Wurftag festzustellen. Verschiedene Farmen meiden die Wurfkontrolle am ersten Tag, weil sie fürchten, die Fähe zu sehr zu beunruhigen und kontrollieren erst nach drei bis zehn Tagen. Dann – so begründen diese Betriebe – treten keine Welpenverluste mehr auf. Es steht fest, daß Welpenverluste in den ersten Tagen am größten sind. Der Unterschied zwischen

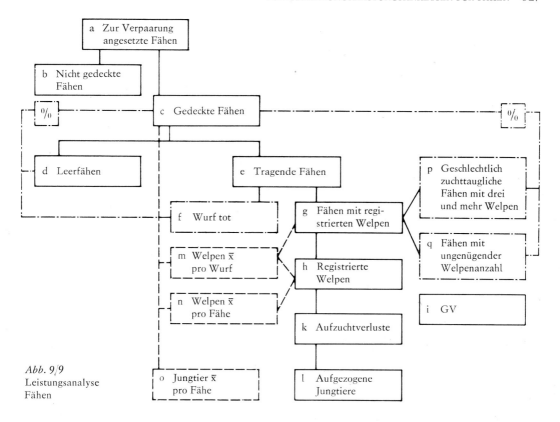

Abb. 9/9
Leistungsanalyse Fähen

zeitiger und später Wurfkontrolle besteht daher nur darin, daß die Verluste bei früher Kontrolle konstatiert werden, während sie später nicht mehr festzustellen sind. Sie liegen daher anfangs höher als später.
Ebenfalls abhängig vom Zeitpunkt der ersten Wurfkontrolle ist der Anteil von «Wurf tot». Bei sofortiger Wurfkontrolle ist er geringer als bei späterer.
Die Angabe über Welpen bezieht sich stets auf die erste Wurfkontrolle, die aber in verschiedenen Formen zeitlich variieren kann. Bei vergleichenden Untersuchungen in mehreren Betrieben ist dies zu berücksichtigen und anzugeben. Stichtag für das Registrieren der Welpen ist allgemein der 1. Juni. Dieser Termin kann ohne besondere Schwierigkeiten in allen Farmen eingehalten werden und gilt daher bei Farmvergleichen, Farmanalysen und Praxisuntersuchungen. Ein weiterer Grund für diesen Termin ist der, daß die Welpen bis zu diesem Zeitpunkt unmittelbar von der Aufzuchtleistung der Fähe abhängig sind.
Die Welpenangabe bezieht sich oft nur auf die Anzahl, ohne daß das Geschlechtsverhältnis berücksichtigt ist.
i *Geschlechtsverhältnis.* Das Geschlechtsverhältnis kann ohne Schwierigkeiten unmittelbar nach der Geburt bestimmt werden. Meistens wird es später, doch im allgemeinen bis zum 1. Juni registriert. Wie in der Haustierzucht üblich, stehen die Rüden vor, die Fähen hinter dem Komma: zum Beispiel 52,50 = 52 Rüden, 50 Fähen. Das Geschlechtsverhältnis ergibt sich aus der Division der Zahl der Rüden durch die Zahl der Fähen multipliziert mit 100. Es beträgt nach dem angeführten Beispiel 104, das heißt, auf 100 Fähen kommen im Durchschnitt 104 Rüden.
k *Aufzuchtverluste.* Die in der Aufzuchtperiode (von Mai bis zum 1. November) verendeten und abgegangenen Jungnerze werden als

Aufzuchtverluste zusammengefaßt. Sie ergeben sich aus der Differenz der bei der ersten Wurfkontrolle registrierten Welpen und den am 1. November noch vorhandenen Jungtieren.
$\left(h-l, \text{Prozent} = \frac{k \cdot 100}{h}\right)$.
Die Jungtierverluste für einzelne Zeitabschnitte der Aufzuchtperiode zu differenzieren ist bei speziellen Fragen angebracht. Für den Zeitraum bis zum Absetzen ist der Ausdruck «Welpenverluste», für die Zeit danach «Jungtierverluste» gebräuchlich.

l *Aufgezogene Jungtiere.* Diese Angabe umfaßt die Zahl der am 1. November vorhandenen Jungtiere. Sie ergibt sich aus der Differenz zwischen Welpen und Aufzuchtverlusten
$\left(h-k, \text{Prozent} = \frac{l \cdot 100}{h}\right)$.
Neben den prozentualen Angaben der genannten Gruppen ist für vergleichende Untersuchungen die durchschnittliche Anzahl der Nachkommen von Bedeutung. Da diese für beliebige Zeitabschnitte angegeben werden kann, ist zur besseren und übersichtlicheren Abgrenzung eine unterschiedliche Bezeichnung angezeigt. Für den Durchschnitt zur ersten Wurfkontrolle wird daher Welpendurchschnitt und für den Durchschnitt am Ende der Aufzuchtperiode, am 1. November, Jungtierdurchschnitt vorgeschlagen und im folgenden angewendet.

m *Welpendurchschnitt* pro Wurf ergibt sich aus der Division der bei der ersten Wurfkontrolle registrierten Welpen durch die Fähen mit registrierten Würfen $\left(\frac{h}{g}\right)$. Fähen mit toten Würfen bleiben also unberücksichtigt, weil von diesen Tieren die Zahl der Welpen nicht bekannt ist. Hierauf muß nachdrücklich hingewiesen werden, weil der Welpendurchschnitt gelegentlich nur durch die Division mit den gedeckten Fähen abzüglich der Leerfähen vorgenommen bzw. «Wurf tot» gar nicht ausgewiesen wird.

n *Welpendurchschnitt* pro Fähe ergibt sich aus der Division der bei der ersten Wurfkontrolle registrierten Welpen durch die Zahl der gedeckten Fähen $\left(\frac{h}{c}\right)$, er umfaßt also den Welpendurchschnitt pro Wurf, den Anteil von Leerfähen und den Prozentsatz von «Wurf tot» zum Zeitpunkt der ersten Wurfkontrolle in gleicher Weise und stellt in einer Zahl eine übersichtliche Angabe der Fortpflanzungsleistung für die gesamte Farm bzw. Versuchsgruppe dar.

Daß der Welpendurchschnitt pro Fähe geringer ist als der pro Wurf, ist verständlich. Das zum Teil leichtfertige Gleichsetzen beider Durchschnitte bzw. das Hervorheben des Wurfdurchschnitts bei Farmvergleichen beruht nicht selten auf irreführender Absicht.

o *Jungtierdurchschnitt pro Fähe* ergibt sich wie der Welpendurchschnitt pro Fähe, jedoch für den Zeitpunkt vom 1. November $\left(\frac{l}{c}\right)$. In ihm ist zusätzlich der Anteil der Aufzuchtverluste eingeschlossen, er umfaßt in gleicher Weise die Fortpflanzungs- und Aufzuchtleistung und repräsentiert das Farmergebnis. Angaben über den Jungtierdurchschnitt je Wurf sind nicht angezeigt, weil durch die hinzukommenden Aufzuchtverluste die Aussage verzerrt wird.

Die beschriebenen Teilergebnisse repräsentieren die Fortpflanzungsleistung einer Farm bzw. Versuchsgruppe in übersichtlicher Weise. Aus ihnen können die durchschnittlichen wirtschaftlichen Erfolge abgelesen werden. Für eine zuchthygienische Farmanalyse ist jedoch zusätzlich eine aufgeschlüsselte Angabe über den Anteil von geschlechtlich zuchttauglichen und nicht zur Zucht geeigneten Fähen notwendig. Solche Angaben werden bisher in der Praxis und Literatur vermißt. Es steht außer Zweifel, daß Leerfähen und solche mit «Wurf tot» im praktischen Farmbetrieb nicht wieder zur Zucht angesetzt werden. Denn das Ziel der praktischen und erst recht der Leistungszucht besteht darin, nur leistungsstarke Tiere zur Fortpflanzung zu bringen. Vereinzelte, fellqualitätsmäßig besonders wertvolle Zuchttiere, im allgemeinen nur Importtiere, können gelegentlich einmal von dieser grundsätzlichen Forderung ausgenommen sein. Untersuchungen von HANSEN (1965) zeigen, daß das Fortpflanzungsergebnis von Leerfähen und Fähen mit toten Würfen bei Wiederverpaarung im darauffolgenden Jahr unter dem Durchschnittsergebnis von zuchttauglichen Kontrolltieren liegt. Auch wenn der Mißerfolg zum Teil nur auf eine temporäre Störung zurückgeführt werden kann, ist das Risiko für eine wiederholte Zuchtverwendung solcher Tiere zu groß.

Eine Ausnahme bilden lediglich die Leerfähen, die nachweislich von sterilen Rüden gedeckt worden sind. In der allgemeinen Farmpraxis wird jedoch zwischen «leer» und «leer infolge Unfruchtbarkeit des Rüdens» kaum unterschieden. Leerfähen und «Wurf tot» werden als zuchtuntauglich angesehen und durch die beschriebenen Einzelergebnisse ausgewiesen.

Nicht ausgewiesen, aber ebenfalls nicht zur Zucht geeignet sind die Fähen mit nur kleinen Würfen. Fähen mit nur ein oder zwei Welpen sind in der Regel von einer weiteren Zuchtverwendung ausgeschlossen.

Diese von der Praxis gesetzte Norm wird als Maßstab für die Abgrenzung von «geschlechtlich zuchttauglich» und «nicht zur Zucht geeignet» übernommen. Sie findet ihre Bestätigung in der Normalverteilung der einzelnen Wurfgrößen bei Nerzfähen.

Bei den Fähen mit registrierten Welpen wird daher noch unterschieden in:

p *geschlechtlich zuchttaugliche Fähen*
Fähen mit drei und mehr Welpen
$\left(g-q, \text{Prozent } \frac{p \cdot 100}{c}\right)$ und

q *Fähen mit ungenügender Welpenzahl*
weniger als drei Welpen
$\left(g-p, \text{Prozent } \frac{q \cdot 100}{c}\right)$.

r *Nicht zur Zucht geeignete Fähen* sind Tiere, die die Norm für die geschlechtliche Zuchttauglichkeit nicht erreicht haben.

Sie ergeben sich aus der Summe der Gruppen
d Leerfähen,
f «Wurf tot» und
q Fähen mit ungenügender Welpenzahl.

Fortpflanzungsleistungsanalysen für Rüden

Die Fortpflanzungsdaten der Rüden gleichen im Prinzip denen der Fähen. Entsprechend ihrer spezifischen Rolle werden für Rüden im Zuchtbuch bzw. der Zuchtkartei folgende Angaben gemacht:

- Täto,
- Deck- und Nachdeckdaten,
- Täto der gedeckten Fähen,
- Fortpflanzungsergebnisse der einzelnen gedeckten Fähen (Zahl der geborenen Welpen, leer, Wurf tot),

Tabelle 9/8 Gliederung und Berechnungshinweise für eine Fähen-Leistungsanalyse

Zuchtangaben		n	%	$\bar{x}$
a	Zur Verpaarung angesetzte Fähen			
b	Nicht gedeckte Fähen	$a-c$	$\dfrac{b \cdot 100}{a}$	
c	Gedeckte Fähen	$a-b$	$\dfrac{c \cdot 100}{a}$	
d	Leerfähen	$c-e$	$\dfrac{d \cdot 100}{c}$	
e	Tragende Fähen	$c-d$	$\dfrac{e \cdot 100}{c}$	
f	Wurf tot	$e-g$	$\dfrac{f \cdot 100}{c}$	
g	Fähen mit registrierten Welpen	$e-f$	$\dfrac{g \cdot 100}{c}$	
h	Registrierte Welpen			
i	Geschlechtsverhältnis der Welpen GV		$\dfrac{\male\male}{\female\female} \cdot 100$	
k	Aufzuchtverluste	$h-l$	$\dfrac{k \cdot 100}{h}$	
l	Aufgezogene Jungtiere	$h-k$	$\dfrac{l \cdot 100}{h}$	
m	Welpendurchschnitt pro Wurf			$\dfrac{h}{g}$
n	Welpendurchschnitt pro Fähe			$\dfrac{h}{c}$
o	Aufgezogene Jungtiere pro Fähe			$\dfrac{l}{c}$
p	Geschlechtlich zuchttaugliche Fähen	$g-q$	$\dfrac{p \cdot 100}{c}$	
q	Fähen mit ungenügender Welpenzahl	$g-p$	$\dfrac{q \cdot 100}{c}$	
r	Nicht zur Zucht geeignete Fähen	$d+f+q$	$\dfrac{r \cdot 100}{c}$	

Die Bezugsgröße für die Berechnung des Anteils dieser Gruppen von nicht zur Zucht geeigneten Fähen ist die Zahl der gedeckten Tiere $\left(\dfrac{r \cdot 100}{c}\right)$.

● allgemeine Bemerkungen (Bonitur des Rüden und seiner Nachzucht).

Aus diesen Daten ergibt sich (wie bei den Fähen) die Fortpflanzungsleistung der Rüden, die aber grundsätzlich untergliedert wird in Deckleistung und Befruchtungsleistung. Die *Deckleistung* wird durch die Zahl der in einer Ranzperiode gedeckten und nachgedeckten Fähen gekennzeichnet. Die Festlegung des Begriffs Deckleistung durch die Zahl der gedeckten Fähen anstatt durch die Zahl der einzelnen Deckakte erfolgt, weil nicht nur die gedeckte Fähe vom gleichen Rüden nachgedeckt werden sollte, sondern auch die Befruchtungsleistung zu berücksichtigen ist. Da in der Regel eine Fähe sieben bis zehn Tage nach der Erstverpaarung nachgedeckt wird, entspricht der Zahl der gedeckten Fähen im allgemeinen die doppelte Zahl von Deckakten. Lediglich vorgedeckte Fähen können einem Rüden nicht als normale Deckleistung angerechnet werden.

Die Deckleistung kann durch das vom Züchter bestimmte Verpaarungsverhältnis von Rüden zu Fähen beeinflußt werden, so daß dieses bei Vergleichen verschiedener Gruppen bzw. Farmen anzugeben ist. In einem Betrieb mit einem Verpaarungsverhältnis von 1:2 wird im Durchschnitt eine geringere Deckleistung zu erwarten sein als in einer Farm, in der Rüden im Verhältnis von 1:4 angesetzt werden.

In diesem Zusammenhang sei jedoch darauf hingewiesen, daß bei engem Verpaarungsverhältnis eine Fortpflanzungsleistungsanalyse nicht oder nur mit Vorbehalten durchführbar ist. Betriebe, die ihren Tieren nicht die mögliche Leistung abverlangen, entziehen sich der Prüfungs- und Untersuchungsmöglichkeit.

Das Deckergebnis stellt ein wesentliches Merkmal der Vatertierleistung dar. Zwischen Deckpotenz und Befruchtungsergebnis bestehen deutliche Zusammenhänge. Bleibt die Deckleistung ungeprüft, so können die mit ihr in Zusammenhang stehenden, meist erblichen Veranlagungen einer verminderten Fortpflanzungsleistung nicht erkannt werden und sich darüber hinaus schneller im Zuchttierbestand verbreiten.

Bei der Beurteilung der Zuchttauglichkeit steht die Deckleistung des Rüden vor der Befruchtungsleistung. Rüden, die nur eine ungenügende Deckleistung zeigen, gelten, unabhängig von der Anzahl der gezeugten Welpen, als nicht zur Zucht geeignet bzw. zuchtuntauglich. Norm für die Deckleistung bei Jungrüden sind 2, bei erprobten Altrüden 3 zu deckende und nachzudeckende Fähen.

Die *Befruchtungsleistung* kann mangels einfacher und brauchbarer Untersuchungsmethoden nur durch die Zahl der bei der ersten Wurfkontrolle registrierten Welpen der einzelnen Fähen gemessen werden. Das Welpenergebnis aller gedeckten Fähen stellt den Wertmesser dar, wobei durchschnittlich 3,0 Welpen als Norm für die geschlechtliche Zuchttauglichkeit angesehen werden.

Da jedoch bei der Fähenleistung auch die Angabe «Wurf tot» möglich ist, für die der Rüde nicht verantwortlich gemacht werden kann, wird für diesen Fall das durchschnittliche Ergebnis der übrigen Fähen für «Wurf tot» eingesetzt.

Bei Leerfähen wird die fehlende Nachzucht dem Rüden zugeschrieben, obwohl die Sterilitätsursache in gleicher Weise bei der Fähe liegen kann. Soweit es sich dabei nur um eine Leerfähe handelt, wird ein gutes durchschnittliches Welpenergebnis nur unwesentlich beeinflußt bzw. die an den Rüden gestellte Norm von drei Welpen pro gedeckte Fähe noch erreicht. Bei mehreren Leerfähen ist das durchschnittliche Welpenergebnis erheblich niedriger und somit der Verdacht einer Befruchtungsstörung beim Vatertier gegeben.

Aus den Daten des Zuchtbuches ergeben sich unter Berücksichtigung der Deckleistung und der Befruchtungsleistung folgende Angaben und Teilergebnisse einer Rüden-Leistungsanalyse:

a *Zur Verpaarung angesetzte Rüden* sind alle am Stichtag (1. März) vorhandenen Rüden, mit denen verpaart werden soll, einschließlich der Reserverüden, die beim Versagen anderer für die Ranz bereitgehalten werden. Von diesen werden

b *Rüden mit gestörter Deckpotenz* abgezogen, die als nicht zur Zucht geeignet bzw. zuchtuntauglich zu betrachten sind. Diese Gruppe umfaßt c nichtdeckende Rüden und d Rüden mit ungenügendem Deckergebnis.

c *Nichtdeckende Rüden* sind Tiere, die trotz wiederholter, mindestens über eine Woche andauernde Verpaarungsversuche (tägliches Zusammensetzen mit mehreren Fähen nacheinander) keinen Deckakt lege artis ausgeführt haben.

d *Rüden mit ungenügenden Deckergebnissen* sind Tiere, die während der zwei bis drei Wochen dauernden Verpaarungszeit nicht die ihrer Altersklasse entsprechende Norm erreicht haben (Jungrüde mindestens zwei, Altrüde mindestens drei gedeckte und nachgedeckte Fähen).

Unabhängig von dem möglichen Befruchtungsergebnis werden diese Tiere am Ende der Ranzperiode als zuchtuntauglich gepelzt.

e *Rüden mit ungestörter Deckpotenz* haben im Gegensatz zu den Gruppen b bzw. c und d die von ihnen als Mindestleistung geforderte Norm erreicht. Ihre geschlechtliche Zuchttauglichkeit wird jedoch erst mit der Befruchtungsleistung erkennbar. Somit müssen von diesen Tieren getrennt werden:

f *Rüden mit gestörter Befruchtungsleistung*, also Rüden, die nicht die an sie gestellte Mindestleistung von 3,0 Welpen pro gedeckte Fähe erreicht haben. Sie gelten als zuchtuntauglich. Da die Befruchtungsleistung jedoch erst am Ende der Wurfperiode offensichtlich wird, können diese Tiere wegen der jahreszeitlich bedingten Fellreife erst zur Normalpelzung im Dezember gemerzt werden.

Im einzelnen wird diese Gruppe noch untergliedert in:

g *Leerdeckende Rüden,* das sind die Rüden, von denen sämtliche Fähen (mindestens drei) nicht tragend waren und

h *Rüden mit ungenügenden Befruchtungsergebnissen*. Hier handelt es sich um Tiere, bei denen die Fähen vorwiegend leer blieben bzw. nur kleine Würfe brachten, so daß der Durchschnitt von 3,0 Welpen pro gedeckte Fähe nicht erreicht wurde.

i *Geschlechtlich zuchttaugliche Rüden* sind Vatertiere, die die genannten Normen erfüllen, also gute Deck- und Befruchtungsergebnisse

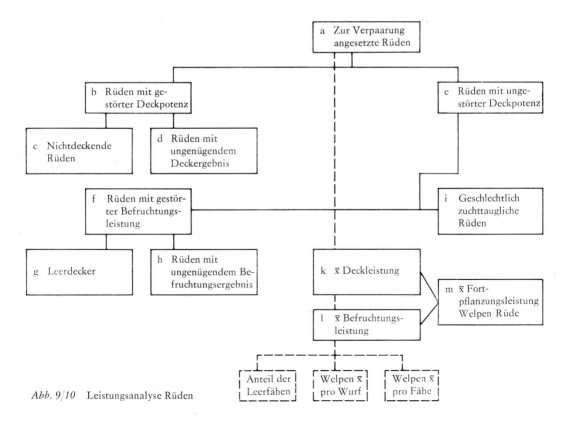

Abb. 9/10 Leistungsanalyse Rüden

Tabelle 9/9 Gliederung und Berechnungshinweis für eine Rüden-Leistungsanalyse

Zuchtangaben	Berechnung
a Zur Verpaarung angesetzte Rüden	
b Rüden mit gestörter Deckpotenz	a – e oder c+d
c Nichtdeckende Rüden, Impotentia coeundi	b – d
d Rüden mit ungenügendem Deckergebnis	b – c
e Rüden mit ungestörter Deckpotenz	a – b bzw. a – (c+d)
f Rüden mit gestörter Befruchtungsleistung	e – g oder g+h
g Leerdeckende Rüden, Impotentia generandi	f – h
h Rüden mit ungenügendem Befruchtungsergebnis	f – g
i Geschlechtlich zuchttaugliche Rüden	e – f oder a – (c+d+g+h)
k Durchschnittliche Deckleistung	$\frac{♀♀}{a}$ oder $\frac{♀♀}{d+e}$
l Durchschnittliche Befruchtungsleistung (Fortpflanzungsergebnisse der Fähen)	Anteil Leerfähen, Welpen-$\bar{x}$ pro Wurf und Fähe
m Durchschnittliche Fortpflanzungsleistung	$\frac{Welpen}{Rüden} = \frac{Welpen}{a\ bzw.\ d+e}$

hatten. Sie ergeben sich aus der Differenz von zur Verpaarung angesetzten Rüden und sämtlichen geschlechtlich nicht zur Zucht geeigneten Tieren.

Die Bezugsgröße für die Berechnung des Anteils der Gruppen b bis i ist stets die Zahl der zur Verpaarung angesetzten Rüden, also $\frac{Gruppe \cdot 100}{a}$

Neben der anteiligen Aufschlüsselung der Deck- und Befruchtungsleistung sind auch die durchschnittlichen Ergebnisse der Rüden von Interesse.

k *Durchschnittliche Deckleistung*. Sie ergibt sich aus der Division der Summe aller gedeckten Fähen durch die Zahl der Rüden, die diese Fähen gedeckt haben (z. B. Auswertung über Einfluß der Spermaqualität) oder durch die Zahl der zur Verpaarung angesetzten Rüden (z. B. Auswertung über Einfluß des Zuchtalters).

1 *Durchschnittliche Befruchtungsleistung.* Sie ergibt sich aus der durchschnittlichen Fortpflanzungsleistung der Fähen. Sie umfaßt also den Anteil von Leerfähen und den Welpendurchschnitt pro Wurf und Fähe. Hier muß jedoch noch einmal darauf hingewiesen werden, daß bei der Berechnung des durchschnittlichen Befruchtungsergebnisses die Gruppe «Wurf tot» nicht den Rüden zugeschrieben werden kann, sondern diese Fähen auszuklammern sind.

m *Durchschnittliche Fortpflanzungsleistung.* Die Deck- und Befruchtungsleistung wird durch die Zahl der durchschnittlich pro Rüden gezeugten Welpen in einer Angabe zusammengefaßt.

Für den Vergleichswert dieser Angabe müssen die vom Züchter beeinflußten Verpaarungsverhältnisse (s. Deckleistung) berücksichtigt werden. Ferner ist bei der durchschnittlichen Fortpflanzungsleistung die Fähengruppe «Wurf tot» nicht mehr auszuklammern. Handelt es sich um ein einheitliches Untersuchungsmaterial, so ist dieser Fehler gleichmäßig verteilt, er schlägt sich einheitlich nieder und ist vertretbar. Bei unterschiedlichem Material, zum Beispiel Standard- und Saphirnerze, werden die Saphirrüden erheblich benachteiligt, da die Saphirfähen eine schlechtere Aufzuchtleistung, das heißt einen höheren Anteil an «Wurf tot» haben als Standardfähen, was den Vatertieren nicht zuzuschreiben ist. In diesem Fall wäre nur die weniger günstige Fortpflanzungsleistung der jeweiligen Rasse und nicht speziell des einen, geprüften Rüden belegt.

Das für Fähen und Rüden dargestellte Schema einer Fortpflanzungsleistungsanalyse erhebt nicht den Anspruch, in allen Fragen umfassend zu sein. Es stellt lediglich das Grundgerüst dar, das bei speziellen Fragen noch erweitert werden kann.

Fortpflanzungsstörungen

Fortpflanzungsstörungen können beim Einzeltier und in der Herde auftreten. Sie reichen von verminderter Leistung bis Sterilität. Hierbei können

Tabelle 9/10 Beispiele zum Berechnen und Beurteilen der Fortpflanzungsleistung von Nerzrüden

Rüde	Alter	Zahl der gedeckten Fähen	Leer	Wurf tot	Welpen insges.	Welpen-x̄ pro gedeckte Fähe	Beurteilung
Täto	1	4	—	—	20	5,0	i Geschlechtlich zuchttauglich
Täto	1	3	1	—	10	3,3	i Geschlechtlich zuchttauglich
Täto	1	2	—	—	10	5,0	i Geschlechtlich zuchttauglich
Täto	1	2	—	1	5	5,0	i Geschlechtlich zuchttauglich
Täto	1	1	—	—	8	8,0	d Ungenügendes Deckergebnis, zuchtuntauglich
Täto	1	—	—	—	—	—	c Impotentia coeundi, zuchtuntauglich
Täto	1	3	2	—	3	1,0	h Ungenügendes Befruchtungsergebnis, zuchtuntauglich
Täto	1	3	3	—	—	—	g Leerdecker, Impotentia generandi, zuchtuntauglich
Täto	2	2	—	—	10	5,0	d Ungenügendes Deckergebnis, zuchtuntauglich
Täto	2	6	3	—	12	2,0	h Ungenügendes Befruchtungsergebnis, zuchtuntauglich
Täto	2	3	—	—	12	4,0	i Geschlechtlich zuchttauglich
Täto	2	4	—	2	8	4,0	i Geschlechtlich zuchttauglich
12		33	9	3	98		

k x̄ Deckleistung: $\frac{33}{12} = 2,75$

l x̄ Befruchtungsleistung   Anteil der Leerfähen $\frac{9 \times 100}{33} = 27,3\,\%$

Welpen-x̄ pro Wurf $\frac{98}{33 - (9 + 3)} = \frac{98}{21} = 4,7$

Welpen-x̄ pro Fähe $\frac{98}{33 - 3} = \frac{98}{30} = 3,26$

m x̄ Fortpflanzungsleistung: $\frac{\text{Welpen}}{\text{Rüden}} = \frac{98}{12} = 8,17$

einzelne oder mehrere Sexualfunktionen ausfallen. Die Grenze zwischen einer normalen physiologischen und einer gestörten Fortpflanzung ist fließend und in der Praxis nicht immer sicher zu erkennen.

Die klinischen Erscheinungsformen wie Deckunlust, bzw. gestörte Deckbereitschaft, Leerbleiben, kleine Würfe, Verwerfen und anderes mehr können unterschiedliche und zahlreiche Ursachen haben. Bei Fortpflanzungsstörungen sind stets beide Geschlechtspartner zu berücksichtigen, denn erst das sichere Abgrenzen der klinischen Erscheinungen auf das Vater- oder Muttertier ist Voraussetzung zur Klärung der Ätiologie. Eine Fähe, die trotz stattgefundener Verpaarung keine Jungtiere geboren hat und als Leerfähe bezeichnet wird, ist nicht fortpflanzungsgestört, wenn sie von einem sterilen Rüden gedeckt wurde. Fortpflanzungsstörungen können temporäre, zeitlich begrenzte sowie irreparable, nicht mehr zu behebende Funktionsstörungen sein. Diese Störungen können ferner angeboren oder erworben sein.

Nach den Ursprungsgebieten der Fortpflanzungsstörungen kann folgende Untergliederung vorgenommen werden:
● Pathologische Prozesse im Bereich des Genitalapparates,
● biologische Zyklusbesonderheiten der einzelnen Tierarten und dadurch bedingte Fehler in der Verpaarung,
● genetische Faktoren und ihr Einfluß auf das Fortpflanzungsgeschehen,
● Komplex der Umweltschädigungen.

Fortpflanzungsstörungen bei männlichen Tieren

Erkrankungen der Hoden und Nebenhoden

Hodenhypoplasie (Hodenunterentwicklung) kommt bei allen Pelztieren vor und wird vor allem bei den monoestrischen Fleischfressern, Nerz und Fuchs, beobachtet. Die Hoden bleiben auf infantiler Entwicklungsstufe stehen, und es kommt nicht oder nur unvollkommen zur Spermiogenese. Die Hodenhypoplasie kann auf nur eine Keimdrüse beschränkt sein, sie kann aber auch beide betreffen. Allgemein kann wohl als Ursache eine angeborene Hypoplasie angenommen werden, denn beim einseitigen Auftreten sind Wirkungen von Noxen, die die Hodenentwicklung beeinflussen, kaum anzunehmen. Es kann jedoch auch erworbene Hodenunterentwicklung auftreten. Besonders infolge des zyklischen Auf- und Abbaues des spermienbildenden Gewebes können hormonelle und Ernährungsstörungen sowie allgemeine und Infektionskrankheiten die Entwicklung des Testes beeinträchtigen. So haben HELGEBOSTAD und Mitarbeiter (1963) experimentell durch Vitamin-B_6-Mangel Sterilität beim Nerz infolge Hodenunterentwicklung erzeugt. Hodenhypoplasie im Verlauf von Aleutenkrankheit ist hinlänglich bekannt.

Klinisch läßt sich die Hodenunterentwicklung bei Nerz und Fuchs recht gut und sicher erfassen. Durch *Palpation* der Hoden im Scrotum sind nach gewisser Übung verringerter Umfang und verringerte Masse ohne Schwierigkeiten zu ertasten.

Bei einer durchschnittlichen Hoden-Nebenhodenmasse von 3,1 ±0,58 g beim Nerz ist eine Masse von weniger als 2,5 g als Hinweis auf Hodenhypoplasie anzusehen. Häufig liegen die hypoplastischen Hoden nicht im Hodensack und sind nur in der Tiefe zu ertasten. Bei der Palpation scheint der Samenstrang verkürzt.

Entsprechend dem Ausmaß der Hodenunterentwicklung ist die *Spermaqualität* herabgemindert (vermehrt morphologisch veränderte und bewegungslose Spermien) oder die Spermiogenese völlig aufgehoben. Bei beidseitiger Hodenunterentwicklung ist der Rüde unfruchtbar, bei einseitigen Veränderungen ist die Befruchtungsfähigkeit meistens vermindert. Neben den direkten Schäden (herabgesetzte oder auch völlig aufgehobene Deck- und Befruchtungsleistungen) müssen die indirekten Schäden durch Vererben der Anlage auf die männlichen und auch weiblichen Nachkommen besonders beachtet werden. Eine Behandlung ist im allgemeinen nicht angezeigt. Bei angeborener Hodenhypoplasie schließt man die Tiere von der Zucht aus und merzt sie. Behandlungsversuche bei erworbener Hodenunterentwicklung sind infolge zurückbleibender Dauerschäden fraglich.

Kryptorchismus. Die Hoden bilden sich embryonal in der Nierengegend. Von dort wandern sie in den Hodensack. Dieser Abstieg (Deszensus) kann gestört sein – ein oder auch beide Hoden bleiben in der Bauchhöhle, besonders in der Nähe der Harnblase oder im Leistenkanal. Es ist zwischen einem unilateralen (einseitigen) oder bilateralen (beiderseitigen), abdominalen (in die Bauchhöhle) oder inguinalen (im Leistenkanal) Kryptorchismus (*Kryptorch* = Verstecktsein) zu unterscheiden.

Kryptorchismus ist bei Nerzen und Füchsen nicht selten. Er wird als eine erblich bedingte Hemmungsmißbildung angesehen. Klinisch ergeben sich bei der Palpation der Hoden die Befunde einhodig, ohne, bzw. fehlende Hoden. Einseitiger Kryptorchismus kommt wesentlich häufiger vor als beiderseitiger. Bei Nerzen fand HARTUNG (1969) 0,2 % bilaterale und 2,3 % unilaterale Veränderungen.

Ferner wird inguinaler Kryptorchismus, bei dem die Hoden am äußeren Ende des Leistenkanals liegen, wesentlich häufiger beobachtet als abdominaler. In jedem Fall sind die Hoden und Nebenhoden klein, unterentwickelt und ohne Spermiogenese. Bei der Spermauntersuchung können bei beiderseitigem Kryptorchismus Spermien nicht nachgewiesen werden, bei einseitigem ist die Qualität im Durchschnitt gemindert. Häufig zeigen Vatertiere mit Kryptorchismus herabgesetzte Libido. Befruchtungsergebnisse fehlen, wenn beide Hoden betroffen sind. Bei einseitigem Kryptorchismus braucht die Befruchtungsleistung nicht immer gestört zu sein, sie ist jedoch im Durchschnitt gemindert.

Eine Behandlung des Kryptorchismus ist wegen der Erblichkeit nicht angezeigt. Die Tiere werden aus der Zucht ausgeschlossen und zum nächsten Pelzungstermin gemerzt.

Spermiengranulome und sich daraus entwickelnde *Samenstauungen* kommen beim Nerz häufig vor und sind als eine wesentliche Ursache der Fortpflanzungsstörungen bei Nerzrüden zu betrachten. Ihre Lokalisation ist vorwiegend im Nebenhodenkopf, selten im Nebenhodenkörper, Nebenhodenschwanz oder Hoden. Sie entwickeln sich nach primären Nebenhodenentzündungen und auch nach primärdegenerativen Prozessen im Kanälchensystem. Sie können die Spermienpassage mechanisch stören und völlig blockieren bzw. auf den Stoffwechsel der Spermien während der Lagerung und Passage ungünstig wirken. Sie treten einseitig wie beiderseitig auf. Makroskopisch erscheinen sie als mohnkorn- bis linsengroße, einzeln oder gehäuft auftretende, gut abgesetzte, derbe, zumeist gelbe Bezirke. Diese Gebilde wölben sich kaum hervor, zum Teil liegen sie in der Tiefe des Gewebes. Klinisch palpatorisch sind die Veränderungen nicht zu erfassen. Sie können auf dem Wege des Ausschlusses durch wiederholte *Spermakontrollen* vermutet werden. Bei beiderseitigem Verschluß der ableitenden Samenwege durch Spermiengranulome bzw. Samenstauungen werden im Ejakulat keine Spermien nachgewiesen (*Azoospermie*). Sind die Veränderungen nur auf einen Hoden beschränkt, so ist die Befruchtungsfähigkeit nicht aufgehoben, im Durchschnitt jedoch gemindert. Spermiengranulome und Samenstauungen scheinen einen hemmenden Einfluß auf die Deckleistung auszuüben. Da die Diagnose erst durch Sektion sichergestellt werden kann, ist eine Behandlung nicht möglich.

Nebenhodenatrophie. In Zusammenhang und als Folge der beim Nerz bekannten Spermiengranulome und Samenstauungen kann Nebenhodenatrophie auftreten. Durch die bestehenden Barrieren in den samenableitenden Kanälchen des Nebenhodenkopfes entfällt die Lager- und Transportaufgabe des übrigen Nebenhodens, er *atrophiert*, schrumpft und ist nur noch als ein dünnes bandartiges Gebilde vorhanden.

Nebenhodenaplasie. Das Fehlen des Nebenhodens ist beim Nerz nicht selten. Der Nebenhoden ist wie bei Nebenhodenatrophie nur als ein dünnes, bandartiges Gebilde vorhanden, bei unveränderter Hodengröße. Die Nebenhodenaplasie tritt vorwiegend *beiderseits* auf und ist als eine *erbliche Hemmungsmißbildung* zu betrachten. Rüden mit beiderseitigen Veränderungen haben stets eine *Azoospermie*, sie decken leer. Eine Behandlung ist nicht möglich.

Hoden- und Nebenhodenentzündungen kommen bei Pelztieren selten vor. Sie treten fast nur bei geschlechtsreifen Tieren auf, werden bei juvenilen und atrophischen Hoden kaum beobachtet. Als Ursache gelten allgemeine Infektionen und Verletzungen.

Die Hoden sind deutlich umfangsvermehrt, das Allgemeinbefinden der Tiere ist meistens gestört. Die Diagnose kann durch die *Hodenpalpation* ohne Schwierigkeiten gestellt werden, häufig registriert man sie jedoch während der Sektion eines gefallenen Tieres als Nebenbefund. Da eine Hoden-Nebenhodenentzündung im allgemeinen *Sterilität* zur Folge hat, ist eine Behandlung nicht angezeigt.

Erkrankungen der akzessorischen Geschlechtsdrüsen

Erkrankungen der Vorsteherdrüse und der Cowperschen Drüsen sind wenig beobachtet und beschrieben worden. Pridham (1966) teilt mit, daß degenerative Veränderungen mit Verhornen des Drüsenepithels bei Nerzen nach Verfüttern *östrogenhaltiger Futtermittel* auftreten.

Erkrankungen des Penis

Penisvorfall. Beim Nerz, seltener beim Fuchs, kommt es gelegentlich zum Penisvorfall. Der ausgeschachtete Penis kann infolge *entzündlich-ödematöser Schwellung* nicht wieder in die Vorhaut zurückgezogen werden. Die Ursachen sind unbekannt. Verletzungen des ausgeschachteten Gliedes im Gehege oder eine ungenügende Öffnung der Vorhaut sind in Betracht zu ziehen. Die Behandlung eines vorgefallenen Penis ist bei den monoestrischen Pelztieren kaum ange-

zeigt, da die Rüden bis zur Rückbildung bzw. Ausheilung der Entzündung für die laufende Deckperiode sowieso ausfallen würden.
Penisknochenfrakturen sind beim Farmnerz häufig, bei den übrigen Pelztieren nicht bekannt bzw. äußerst selten. Sie treten im allgemeinen bei Jungtieren bis zu einem Alter von vier Monaten auf und werden hervorgerufen durch die sogenannten «Deckversuche» der Jungrüden beim Spielen und Balgen sowie durch äußere traumatische Einwirkungen, wie unsachgemäßes Herausjagen der Tiere mit dem Stock aus der Box. Versuche bei ausgewachsenen Tieren, Frakturen künstlich in Narkose zu erzeugen, scheiterten. Wie im Experiment beobachtet, heilt die Läsion komplikationslos. Verschieben sich beim Verknöchern die Frakturenden, so kann die Form des Penisknochens erheblich verändert werden. Durch Abwinklung der Längsachse kann es später zu Deckschwierigkeiten kommen. Trotz guter Libido reiten solche Tiere stets nur auf den Rücken der Fähe auf, und es gelingt nicht, den Penis in die Scheide einzuführen. Gleiche Erscheinungen werden bei *Penisknochen-Formveränderungen* beobachtet, die sich während der Jugendentwicklung infolge von Störungen in der Knochenentwicklung herausgebildet haben. Die Veränderungen, Frakturen und Formveränderungen lassen sich röntgenologisch sicher, palpatorisch wesentlich schwieriger nachweisen. Eine routinemäßig zu betreibende Untersuchungsmethode ist nicht bekannt. Die Diagnose wird meistens erst in der Deckperiode, wenn das Vatertier versagt, vermutet und bei Sektion und Präparation des Penisknochens gestellt. Eine Behandlung derartiger knöcherner Veränderungen ist nicht möglich.

Gestörte Deckpotenz

Die meisten Deckstörungen scheinen funktioneller Natur zu sein. Gewisse Formen entstehen sekundär infolge krankhafter Prozesse. Das Krankheitsbild der gestörten Deckpotenz ist vielgestaltig und wechselhaft. Störungen können in jeder Phase des Paarungsablaufes eintreten. Ihrem Grunde nach reichen sie von kleinen Eigenwilligkeiten oder fehlender Deckroutine bis zur völligen Interessenlosigkeit am Geschlechtspartner bzw. zum Unvermögen, den Deckakt auszuführen. Um im Einzelfall die Ursache der gestörten Deckpotenz zu finden, sind viel Erfahrung und gute Beobachtung notwendig. Die Kennzeichen der gestörten Deckpotenz können in zwei Hauptgruppen zusammengefaßt werden:

● *Fehlende oder herabgesetzte Decklust, Libidomangel*

Die Libido wird im wesentlichen durch die Funktion der Hormondrüsen unterhalten. Die innersekretorische Drüsentätigkeit und somit auch die Libido wird als eine überwiegend erblich bedingte Eigenschaft angesehen.

● *Störungen in der Ausführung des Deckaktes, sogenannte Reizleitungsstörungen*

Das Paarungsverhalten des Vatertieres steht unter einem Instinktzwang. Der normale Paarungsablauf erfordert eine Reihe von folgerichtig aneinandergefügten Instinkthandlungen (unbedingte Reflexe), die jeweils durch spezifische Schlüsselreize ausgelöst werden. Der Paarungsvorgang ist als fortlaufendes, in seiner Intensität sich steigerndes Wechselspiel zwischen Sinneseindrücken und Reflexen anzusehen. Störungen im Reizleitungssystem können in jeder Phase des Deckablaufes auftreten. Am häufigsten zeigen sich Schwächen in der Phase des Suchreflexes. Ein mangelhafter Suchreflex ist wahrscheinlich auf gestörte Tastempfindungen zurückzuführen. Die Erblichkeit dieser Erscheinungen ist nicht sicher, dennoch sollten solche Rüden von der weiteren Zuchtverwendung ausgeschlossen werden.

Von den bisherigen Fällen sind jene Störungen des Deckverhaltens zu trennen, deren Ursachen in Anomalien und krankhaften Veränderungen im Bereich des Genitalapparates oder sonstigen pathologischen Zuständen zu suchen sind. Als solche kommen in Betracht: Erkrankungen und Anomalien der Hoden und Nebenhoden, der akzessorischen Geschlechtsdrüsen, des Penis, schmerzauslösende bewegungshemmende Prozesse am Skelett sowie alle übrigen internen Krankheitsprozesse. Darüber hinaus müssen als Ursache von mangelhafter Deckpotenz genannt werden: Fütterungsfehler, besonders A- und Hypovitaminosen, umstellungsbedingte und psychisch bedingte Störungen als Folge schlechter

Erfahrungen. Eine nicht unwesentliche Rolle spielt manchmal das mangelhafte Verständnis des Tierpflegers für den ungestörten Paarungsablauf. Besonders bei noch ungeübten jungen Vatertieren kann es dadurch zu einem voreiligen und nicht gerechtfertigten Urteil kommen.
Vatertiere mit eindeutigen Potenzschwächen sind auszumerzen, da die Störung, zumindest aber eine gewisse Labilität, zeitlebens behalten wird und überdies eine Vererbung dieser unerwünschten Anlage zu befürchten ist. Hormonelle Behandlungsversuche sind sehr umstritten, ihr Erfolg bei Pelztieren ist äußerst zweifelhaft.

Fortpflanzungsstörungen bei weiblichen Tieren

Erkrankungen des Geschlechtsapparates

Hypoplasie (Unterentwicklung) des weiblichen Geschlechtsapparates (Eierstöcke, Eileiter, Gebärmutter und Scheide) kommt bei allen Pelztieren vor und wird vor allem bei Nerzen beobachtet. Die weiblichen Geschlechtsorgane sind auf *infantiler Entwicklungsstufe* stehengeblieben, und meistens ist, im Gegensatz zum männlichen Tier, der ganze Geschlechtsapparat betroffen. Zum Beispiel sind beim Nerz die Ovarien nur senfkorngroß, die Gebärmutter bzw. deren Hörner nur zwirnsfadenstark. Ursächlich wird die Vererbbarkeit dieser im unterschiedlichen Ausmaß auftretenden Hypoplasie angenommen und im Zusammenhang mit der beim Vatertier bekannten Hodenhypoplasie gesehen. Die Hypoplasie kann aber auch durch Mangelernährung, Hypo- und A-Vitaminosen sowie Verfütterung östrogenhaltiger Substanzen hervorgerufen werden.
Bedingt durch diese Unterentwicklung sind die Funktionen der Geschlechtsorgane gestört oder völlig aufgehoben. Die sonst im Körperwachstum physiologisch entwickelten Tiere zeigen Brunstlosigkeit, reißen vor dem Geschlechtspartner aus, setzen sich ihm gegenüber energisch zur Wehr, lassen sich nicht decken oder bleiben leer. Die Diagnose am lebenden Tier ist schwierig, eine kleine blasse, nicht geschwollene Scheide bzw. Schamlippen während der Brunst bzw. Brunstperiode können auf Hypoplasie hindeuten, der sichere Befund wird im allgemeinen erst durch Sektion gestellt.
Eine hormonelle Behandlung ist nicht angezeigt, da der Erfolg sehr zweifelhaft ist und Verdacht auf Vererbbarkeit der Erkrankung eine Zuchtverwendung ausschließt.

Echte und Scheinzwitterbildung *(Hermaphroditismus, Pseudohermaphroditismus)* können gelegentlich auch bei den Pelztieren vorkommen. Echte Zwitter besitzen eine männliche und eine weibliche Keimdrüse, Scheinzwitter zwei gleiche Keimdrüsen ohne entsprechende äußere Geschlechtsteile. Es ist eine Vielzahl von Erscheinungsformen bekannt. Sie werden als erblich bedingte Hemmungsmißbildungen angesehen. Eine Behandlung ist nicht möglich, der Ausschluß aus der Zucht jedoch notwendig.

Erkrankungen der Gebärmutter

Gebärmutterentzündungen *(Metritiden)* sind bei Pelztieren sehr bekannt. Sie kommen fast nur bei geschlechtsreifen Tieren vor. Es wird zwischen einer *primären Gebärmutterentzündung*, die nach der Geburt bzw. Abort auftritt, und einer *metastatischen Gebärmutterentzündung*, die nach einer Allgemeininfektion in dem im Brunststadium oder in der Trächtigkeit befindlichen Uterus entsteht (Tbc, Listeriose, Rodentiose u. a. m.), unterschieden. Nach vorzeitigem Fruchttod mit Fruchtresorption oder Mumifikation sowie nach komplikationslos verlaufendem Abort kommt es im allgemeinen zu einer nicht eitrigen, «sterilen» Entzündung, die meist allein ausheilt und klinisch kaum wahrgenommen wird. Eitrige, manchmal jauchige Entzündungen treten nach schweren Geburten bzw. Aborten sowie bei Nachgeburtsverhaltungen infolge aufsteigender Besiedlung mit Schmutzkeimen auf. Hier wird anfangs rötlich getrübtes, später weißlich eitriges Sekret aus dem Uterus und der Vagina ausgeschieden. Die Milchsekretion geht zurück und wird zum Teil ganz eingestellt. Greift die Entzündung von der Gebärmutter auf andere Organe über, kommt es zu fieberhaften Allgemeinsymptomen, die in der Regel den Tod des Tieres zur Folge haben.

Sind genügend Zuchttiere vorhanden, sollten erkrankte Tiere zur nächsten Pelzungssaison durch andere ersetzt werden, da die Gefahr der *Sterilität* auch nach überstandener Erkrankung nicht ausgeschlossen ist.

Pyometra ist eine *chronisch-eitrige Gebärmutterentzündung*. Auch bei Pelztieren wird manchmal eine gelbliche Sekretabsonderung in die Gebärmutterhöhle beobachtet, ohne daß diese Tiere in der letzten Zeit trächtig gewesen wären. Meistens soll sich das nach wiederholter Behandlung mit Follikelhormonen ergeben. Die klinischen Symptome bei der mit Eiter angefüllten Gebärmutter sind kaum ausgeprägt. Gelegentlich besteht Scheidenausfluß, die Tiere magern ab, sie zeigen meist nur schwache oder gar keine Brunsterscheinungen und bleiben stets leer. Die Diagnose kann oft erst bei der Sektion gestellt werden.

Gebärmutter-Wassersucht (*Hydrometra*) ist vereinzelt bei Nerzsektionen beobachtet worden. Die Ursache für die Ansammlung wäßriger, meist klarer Flüssigkeit in der Gebärmutter ist nicht geklärt. Die Fortpflanzungsfähigkeit ist in jedem Falle gestört. Die Tiere lassen sich nicht decken bzw. bleiben leer.

Erkrankungen der Scheide

Entzündliche Veränderungen der Scheide sind bei Pelztieren bisher nur im Zusammenhang mit Erkrankungen der Gebärmutter beobachtet worden. Die erschlaffte Scheidenmuskulatur kann zur Harnansammlung in der Scheidenhöhle (Urovagina) führen.

Da die Behandlungsaussichten, insbesondere für eine weitere ungestörte Fortpflanzung, stets im Zusammenhang mit Gebärmuttererkrankungen zu sehen und nicht sicher sind, wird die Pelzung angeraten.

Deckstörungen

Das Erscheinungsbild von Deckstörungen reicht von *Brunstlosigkeit* (Anaphrodisie) bis zur *schwachen, stillen Brunst*. Die Ursachen sind vielgestaltig. Sie sind auf Funktionsstörungen der Ovarien sowie Erkrankungen des Uterus und der Vagina zurückzuführen. Bekannt sind:
- Erblich bedingte hormonelle Funktionsstörungen.
- Umweltbedingte hormonelle Funktionsstörungen, hervorgerufen durch die durchschnittliche Tageslichtmenge, die bei den monoestrischen Pelztieren einen wesentlichen Einfluß auf die Auslösung der Brunst hat.
Bei völlig dunkel gehaltenen Tieren kommt es zur *Dysfunktion* im hormonellen Wechselspiel, Deckstörungen sind die Folge. Andererseits können Nerze, die in der Ranzvorbereitungszeit einer der Jahreszeit nicht entsprechenden übergroßen Lichtmenge ausgesetzt waren, während der eigentlichen Paarungszeit im März bereits über die Brunstperiode hinweg sein.
- Umweltbedingte hormonelle Funktionsstörungen aufgrund von Fütterungsfehlern. So führen Hypo- und Avitaminosen, insbesondere der Vitamine E, A, B_6 und Biotin, zu *ovarieller Insuffizienz*. Allgemeine Mangelernährung sowie Mastfütterung mit Organverfettung können ebenfalls zu *temporären* und *chronischen Deckstörungen* führen. Das Verfüttern von Östrogenen und östrogenhaltigen Futtermitteln ruft *ovarielle Dysfunktion* hervor.
- Akute und chronische Entzündungen der Gebärmutter (vgl. Erkrankungen des Uterus und der Vagina).
- Allgemeinerkrankungen des Organismus, Infektions- und Organkrankheiten.
- Psychische Störungen als Folge schlechter Erfahrungen. Durch rauflustige Vatertiere werden die Fähen beim Vorspiel oft erheblich zerbissen. Sie lassen sich dann nicht nur wegen der schmerzhaften Bißverletzungen, sondern auch aus Angst nicht mehr decken.

Da in dem Komplex der Deckstörungen bisher nur wenige Teilprobleme sicher geklärt sind, ist das Abgrenzen der einzelnen Ursachen klinisch und beim Zerlegen gemerzter Tiere oft sehr schwierig. Darüber hinaus scheint es, daß noch weitere, allgemeine Ursachen herangezogen werden müssen.

Der Verlauf und die klinischen Symptome sowie die Behandlung und Vorbeuge der Deckstörungen müssen von der Ursache abgeleitet werden und sind sehr unterschiedlich. Grundsätzlich gilt: besondere Vorsicht bei hormonellen Behandlungsversuchen. Das Merzen von Weibchen mit Deckstörungen ist bei Einzeltieren angeraten.

Trächtigkeitsstörungen

Vorzeitiges *Absterben der Embryonen* zu jedem Zeitpunkt der Trächtigkeit ist von allen Pelztieren bekannt und keineswegs selten. Es wird unterschieden zwischen frühembryonalem Fruchttod, bei dem es im allgemeinen zur Resorption kommt, und Fruchttod im fortgeschrittenen Trächtigkeitsstadium mit Abort.
Frühembryonaler Fruchttod mit Resorption erfolgt bei Nerz- und Fuchsfähen etwa bis zum Ende der zweiten Woche nach der Befruchtung. Als Ursache kommt eine Vielzahl von Faktoren in Betracht, die jedoch im einzelnen nicht immer klar sind.
Bekannt ist beim Nerz das *Absterben der Blastozysten* beim Nachdecken der Fähen. Beim Nachverpaaren werden die Umweltverhältnisse in der Gebärmutter gestört, so daß im Durchschnitt nur ungefähr 10% der Welpen aus dem ersten Deckakt stammen, wenn beim Nachverpaaren ein zweiter ovarieller Zyklus erfaßt wurde. Der wesentlich höhere Anteil von Leerfähen bei Nachdecken im Abstand von drei bis fünf Tagen bestätigt, daß es im Uterus zu Störungen gekommen ist.
Als eine wesentliche Ursache des frühembryonalen Fruchttodes müssen vor allem Stoffwechselstörungen, insbesondere Hypo- und A-Vitaminosen angesehen werden. HELGEBOSTAD und Mitarb. (1963) konnten experimentell durch Vitamin-B_6- und Biotin-Mangel ein Absterben der Früchte auslösen. Erhebliche, für die Tiere ungewohnte Beunruhigung sowie unsachgemäßer Umgang mit den tragenden Tieren können ebenfalls die Ursache sein. Auf die Gefahr bei Zufuhr von Hormonen, besonders Östrogenen, wurde von amerikanischen Wissenschaftlern wiederholt hingewiesen. Katastrophale Ausfälle hat es durch Verfüttern von Geflügelköpfen, in denen Hormonpräparate zwecks Wachstumsförderung implantiert waren, gegeben. Chronische Intoxikationen, durch Bakterien- und Pilztoxine, müssen ebenfalls als Ursache in Betracht gezogen werden.

Die klinischen *Symptome* sind im allgemeinen wenig auffällig. Die Tiere können einige Tage eine geringere Futteraufnahme und evtl. herabgesetzte Teilnahme an der Umgebung aufweisen. Diese wenig spezifischen Symptome werden in einem Bestand meistens übersehen. Lediglich zur Wurfzeit wird festgestellt, daß die Tiere nicht werfen bzw. nur einen kleinen Wurf zur Welt bringen. Die Diagnose wird häufig erst später oder als Nebenbefund bei Sektionen gestellt. Eine Behandlung kommt meistens zu spät; sie ist wenig erfolgversprechend. Der Prophylaxe ist durch optimale Umweltgestaltung, insbesondere durch eine gute Fütterungshygiene, große Bedeutung beizumessen.
Beim *Fruchttod im fortgeschrittenen Trächtigkeitsstadium mit Abort* sind die gleichen Ursachen wie beim frühembryonalen Fruchttod zu suchen. Größere Bedeutung haben toxische und infektiöse Schäden, zum Beispiel Infektionen mit Salmonellen, Pasteurellen, Coli, Listerien und dem Virus der Staupe sowie der Aleutenkrankheit u. a. m.
Nicht selten führen traumatische Einwirkungen zum Verwerfen. Zu nennen sind hier vor allem unsachgemäßer Umgang mit hochtragenden Tieren, Beißereien sowie Unfälle, verbunden mit Schlag und Fall. Fernerhin müssen *psychische Einflüsse* geltend gemacht werden, vor allem ungewohnte erhebliche akustische und optische Einwirkungen sowie Veränderungen der allgemeinen Umweltverhältnisse. Die Tiere sind beim Verwerfen apathisch, aus der Scheide tritt ein rötlichbraunes, schleimiges Sekret, dem sich das Ausstoßen der Frucht bald anschließt. Die Bauchdecken fallen ein. Während die Aborte durch traumatische und psychische Einflüsse meist komplikationslos verlaufen, kommt es bei infektiöser und toxischer Ursache nicht selten zu Geburts- bzw. Abortstörungen und zum Verenden der Muttertiere noch vor oder nach dem Abort. Ferner werden *Retentionen von Fruchtteilen*, die zu eitrigen Gebärmutterentzündungen führen, sowie Vorfälle der Vagina und des Uterus beobachtet. Nerze und Füchse fressen die abortierten Früchte im allgemeinen auf.

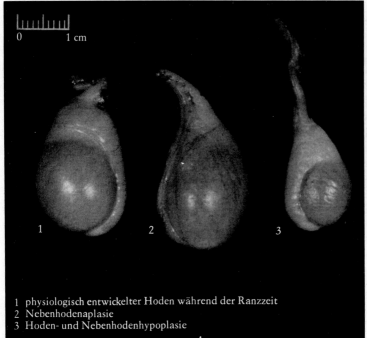
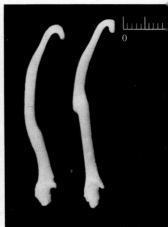

1 physiologisch entwickelter Hoden während der Ranzzeit
2 Nebenhodenaplasie
3 Hoden- und Nebenhodenhypoplasie

Nerzhoden

Penisknochenfrakturen, präpariert

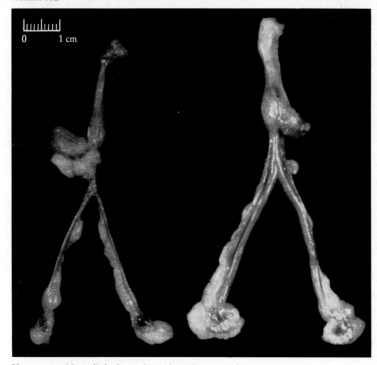
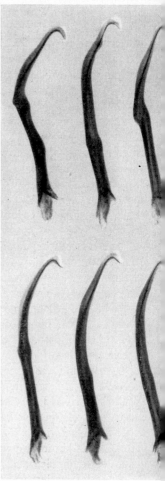

Uterus vom Nerz, links hypoplastisch, rechts normal

Penisknochenfrakturen, Röntgenaufnahme

NERZWELPEN 341

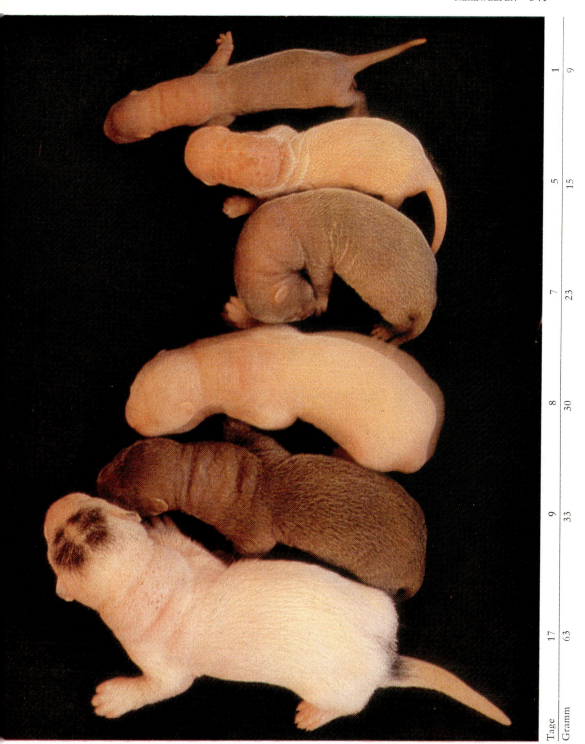

Tage	1	5	7	8	9	17
Gramm	9	15	23	30	33	63

Unterschiedlich alte Nerzwelpen

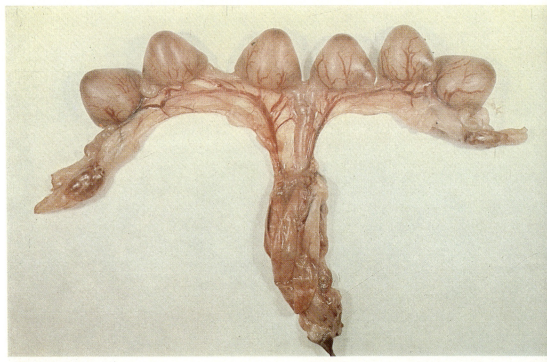
Tragender Uterus

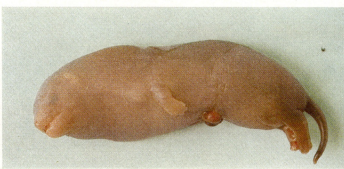
Allgemeine Wassersucht

Geburtshindernis: Scheidenspange   Frühgeburten nach Salmonellenabort   Winkelnacken

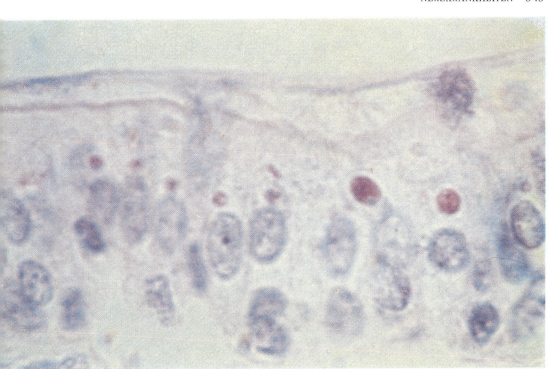

Einschlußkörperchen bei Staupe

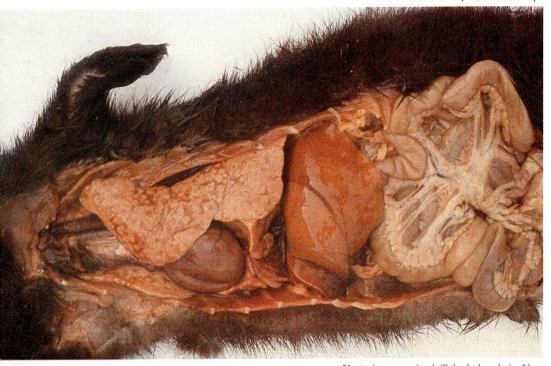

Veränderungen durch Tuberkulose beim Nerz

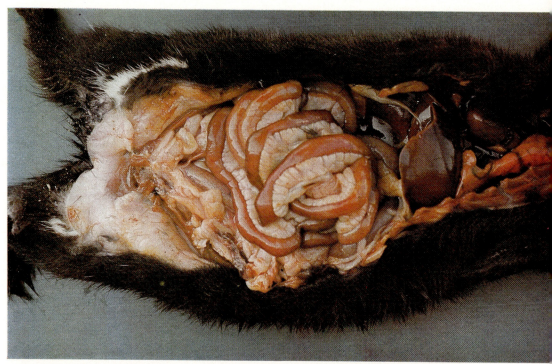

Virus-Enteritis, Darmentzündung

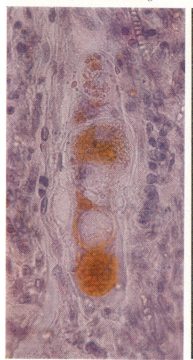

Virus-Enteritis, histologisch

Veränderungen an den Nieren und der Leber bei Plasmazytose

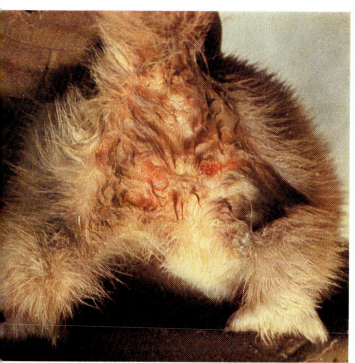
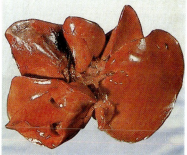

Zungenschwellung durch Fremdkörper

Salmonellenabort Nekrobazillose, Leber vom Saphirnerz

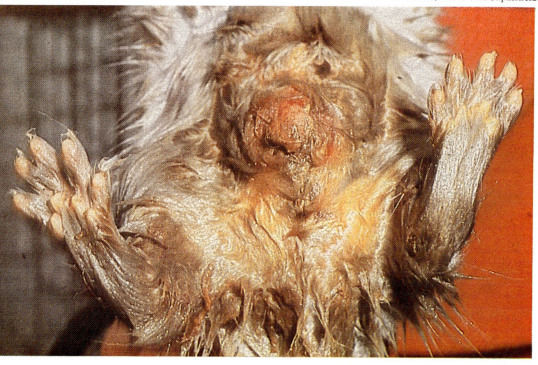

Bauchnässer

346 KRANKHEITEN

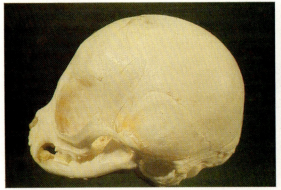
Hydrozephalus beim Nerz

Hydrozephalus beim Blaufuchs

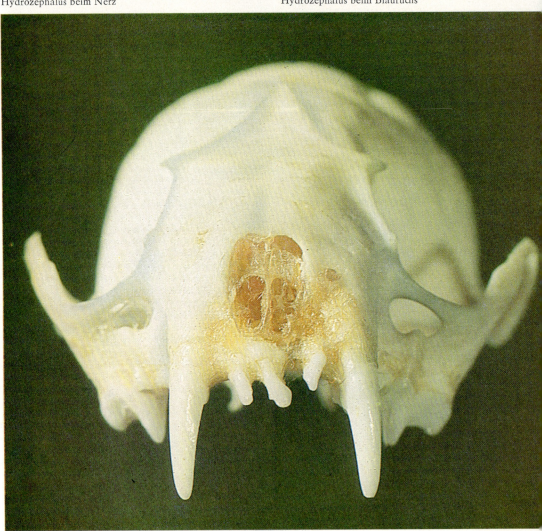
Schneidezahnverlust beim Nerz

NERZKRANKHEITEN IM KOPFBEREICH 347

Unterkieferabszeß beim Nerz

Unterkieferveränderungen durch Fremdkörper

«Dickkopf» beim Nerz durch Fremdkörper

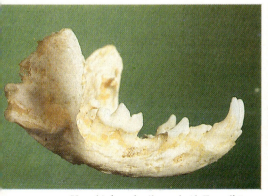
Unterkieferauftreibung durch Fremdkörper

Knochenneubildung

348 KRANKHEITEN

Blasensteine

Blasensteine im Querschnitt

Eine Behandlung kommt wegen der meist zu spät gestellten Diagnose nicht mehr in Frage und hat auch wenig Aussicht auf Erfolg. Die Vorbeugung leitet sich von den Ursachen ab.

Geburtsstörungen

Störungen während der Geburt treten bei allen Pelztieren auf. Die Gründe sind abgestorbene und zu große Früchte, fehlerhafte Geburtslagen, allgemeine Körperschwäche des Muttertieres und Anomalien im Bereich des Geburtsweges. Bei den multiparen Pelztieren können Geburtsstörungen von der Geburt des ersten bis zu der des letzten Jungen auftreten. Bei erweiterter Scheide bzw. geöffneter Cervix werden trotz heftiger Austreibungswehen die Früchte nicht ausgestoßen. Eine Frucht liegt meist eingekeilt im Geburtsweg. Durch allmähliche Erschöpfung des Muttertieres und schließlich durch eine die Geburtswege aufsteigende Infektion kommt es zum Tod des Muttertieres. Besonders in großen Tierbeständen werden oft nur noch die letzten Symptome festgestellt. Eine Behandlung, die weitgehend von einer rechtzeitigen Diagnose abhängt, kommt dann meist zu spät. Bei früher Diagnose kann versucht werden, das Geburtshindernis durch Kaiserschnitt zu beseitigen. Bei Wehenschwächen ist der Einsatz wehenanregender Präparate möglich.

Umweltbedingte Fortpflanzungsstörungen

Die bei den Vater- und Muttertieren beobachteten Fortpflanzungsstörungen können nicht immer auf eine der dargestellten Erkrankungen und Störungen zurückgeführt werden. Ein direkter ursächlicher Zusammenhang fehlt, bzw. er ist nicht ohne weiteres nachweisbar. Daher müssen allgemeinere Betrachtungen geltend gemacht werden, wobei folgendes festzustellen ist:
- *Verschiedene Umweltfaktoren* führen zu den gleichen Ausfällen wie Brunstlosigkeit, Leerbleiben usw. Was auch immer als Umweltschädigung auftreten mag, Hunger, Durst, meteorologische Faktoren, Fütterungs- und Haltungsschäden, eine Infektion usw., der Organismus reagiert in gleicher Weise. Daher kann angenommen werden, daß Störung des Fortpflanzungsgeschehens wenigstens teilweise die Folge eines allgemeineren, übergeordneten Reaktionsschemas ist. Die Fortpflanzungsstörungen sind somit als ein *unspezifischer Symptomenkomplex* bei unterschiedlichen Noxen aus der Umwelt zu betrachten.
- Der Organismus antwortet auf Schädigungen stets in zweifacher Hinsicht, durch eine *spezifische* und *unspezifische Reaktion*. Als spezifische Reizbeantwortung erfolgt zum Beispiel bei Hunger Abmagerung, bei Verletzung einer Gliedmaße deren Schonung. Die unspezifische Reizbeantwortung ist unabhängig von der Art der Schädigung stets gleich, sie besteht in der Mobilisierung des Stoffwechsels, um durch vermehrte Energie das gestörte Gleichgewicht von Organismus und Umwelt wiederherzustellen. Die unspezifischen Reaktionen werden auch *Stress-Reaktionen* genannt, sie führen im Organismus zu einem Zustand unspezifischer Spannungen, zum Stress.
- Bei der *unspezifischen Reaktion* des Organismus besitzen die Hormondrüsen Hypophyse und Nebennierenrinde besondere Bedeutung. Als unspezifische Reizbeantwortung wird von der Hypophyse ein die Nebennierenrinde anregendes Hormon, das ACTH, ausgeschüttet. Die Nebennierenrindenhormone mobilisieren ihrerseits die Abwehrkräfte des Organismus. Sie bewirken eine Stoffwechselintensivierung.
- Da die Hypophyse, die auch geschlechtsspezifische Hormone produziert (vgl. Steuerung der Sexualfunktion), nicht gleichzeitig zur optimalen Produktion sämtlicher Hormone fähig ist, erfolgt unter Stress-Situation eine einseitige Orientierung auf das die Nebennierenrinde anregende Hormon ACTH. Die *Anpassungsreaktion des Organismus auf die Umweltschäden* ist also vorrangig, die übrigen Funktionen der Hypophyse werden zurückgedrängt. Demzufolge kann es zu einer fehlenden oder mangelhaften Produktion der die Geschlechtsorgane anregenden Hypophysenhormone kommen. Somit werden die Funktionen der Geschlechtsorgane hemmend beeinflußt bzw. inaktiviert.
- Bei der belastungsbedingten *Funktionskreis-*

umstellung handelt es sich nicht um eine Erkrankung, sondern um eine unspezifische Erscheinung, eine *physiologische Schutzmaßnahme*, die der Selbsterhaltung des Organismus bei Bedrohung seiner Existenz dient.

Diese allgemeinen Betrachtungen über Fortpflanzungsstörungen treffen auch für alle Pelztiere zu und müssen ursächlich berücksichtigt werden. Eine optimale Umwelt zu gestalten, ist in der Pelztierzucht zum Teil noch sehr schwierig. Pelztiere sind während des ganzen Lebens permanenten Belastungen wechselnden Grades ausgesetzt. Die einzelnen Umweltschäden erreichen zwar oft nur eine geringe Intensität, eine Vielzahl von Noxen führt aber zur Summierung der unspezifischen Abwehrreaktionen. Durch die über einen längeren Zeitraum auftretenden Schäden kommt es daher nicht selten zu einer *chronischen Stress-Situation*.

Schlußfolgernd ergeben sich daher für die umweltbedingten Fortpflanzungsstörungen grundsätzlich zwei Möglichkeiten:
- Optimale Umweltgestaltung,
- Züchtung von Tieren mit hoher erblicher Anpassungsfähigkeit, um zwischen Organismus und Umwelt auftretende Störungen zu verhindern und damit einer belastungsbedingten *hypophysären* Funktionskreisumstellung vorzubeugen.

Erbfehler

Erbfehler sind erblich bedingte, aus gesundheitlichen oder züchterischen Gründen unerwünschte Abweichungen vom Typischen (Norm), bei deren Zustandekommen der Genotyp der Tiere eine Rolle spielt.

Bei einer Erbkrankheit kommt es zu einer erblich bedingten oder beeinflußten Störung der Beziehungen des Organismus zu seiner Umwelt, an die er sich nicht mehr adaptieren kann.

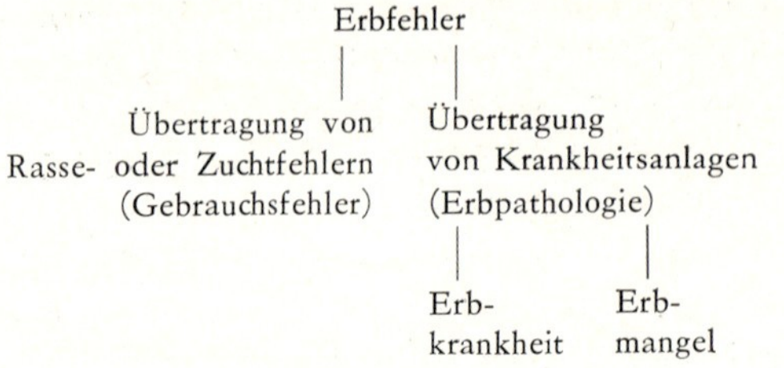

Bei *Erbmangel* sind die Abweichungen so geringfügig, daß sie die Adaptionsfähigkeit des Trägers an bestimmte Umwelteinflüsse nicht oder nur teilweise beeinträchtigen.

Der Begriff *Mißbildung* ist ebenso wenig wie der Begriff *Anomalie* eindeutig definiert, da die Grenze zwischen Normalem und Abnormem nicht hinreichend klar zu ziehen ist. Er dient im allgemeinen zur Bezeichnung grobmorphologischer Veränderungen der äußeren Körperform.

Den Erbfehlern muß im Rahmen der Intensivierung der Züchtung bei den Pelztieren zur Erhöhung der wirtschaftlichen Ergebnisse eine durchaus zu beachtende Bedeutung zugemessen werden. Ihre Abklärung und Ausschaltung sind zuchthygienische Probleme. Eine Auflistung der aus den Erfahrungen des Pelztiergesundheitsdienstes und aus der Literatur bekannten Erbfehler bei Pelztieren als bislang vermißte Übersicht erscheint notwendig. Die Gliederung erfolgt in Anlehnung an Wiesner/Willer «Veterinärmedizinische Pathogenetik».

Anomalien des Gehirns und des Gehirnschädels. Hydrozephalus wird nicht selten bei Nerzen beobachtet. Der Wasserkopf wird rezessiv vererbt und ist letal (SHAKELFORD, 1961; SPREHN, 1963; LÖLIGER, 1970). Bei nach der Geburt unauffälliger Entwicklung kommt es mit fortschreitender krankhafter Flüssigkeitsvermehrung im Alter von 6 bis 10 Wochen stets zum Tode (HARTUNG u. WENZEL, 1970). Hydrozephalus wurde von uns auch beim Blaufuchs festgestellt.

Anomalien des Gesichts und des Gesichtsschädels. Brachygnathia superior, Hechtgebiß, eine Verkürzung des Oberkiefers und Brachygnathia inferior, Karpfengebiß, eine Verkürzung des Unterkiefers werden bei Silber-, Blaufuchs und Nerz im unterschiedlichen Ausprägungsgrade und Häufigkeit beobachtet, ohne daß in der Literatur Angaben über Vererbungsgänge gemacht werden (DÖCKE, 1959).

Gaumenspalte und Hasenscharte beim Nerz fanden HEMMINGSEN und VENGE (1965) in einer Häufigkeit von 4 bis 5 bzw. 3 bis 4 % unter den von ihnen ausgewerteten Mißbildungen.

```
                    Erbfehler
                   |        |
       Übertragung von   Übertragung
  Rasse- oder Zuchtfehlern  von Krankheitsanlagen
       (Gebrauchsfehler)    (Erbpathologie)
                            |          |
                           Erb-       Erb-
                         krankheit   mangel
```

Abb. 9/11 Schematische Darstellung von Erbfehlern

Anomalien des Auges. Von SPREHN (1963) wird auf angeborene erbliche Blindheit bei Nerzen und von HEMMINGSEN u. VENGE (1965) auf Zyklopenauge hingewiesen.

Anomalien des Ohres. Die Taubheit der Hedlund-Weiß-Nerze (hh) ist bekannt. Da diese Anomalie mit gestörtem Geruchsinn einhergeht und zu Aufzuchtschwierigkeiten bei den Fähen führen kann, erfolgt die Zucht meist über heterozygote Fähen (Hh), die von homozygoten Rüden gedeckt werden.

Anomalien des Verdauungsapparates. Zahnanomalien sind bei den Pelztieren wiederholt beschrieben worden. Es kommen vor:
- Oligodontie (Zahnunterzahl)
- Polydontie (Zahnüberzahl)
- Anomalie der Zahnformen
- Stellungsanomalien

In vielen Fällen ist Erblichkeit zu vermuten, der Nachweis bei Pelztieren fehlt.

Ein geschwächtes Verdauungssystem, welches sich in der praktischen Zucht in verminderten Aufzuchtergebnissen darstellt, ist von Nerzen mit homozygotem Aleutengen (aa) bekannt.

Der bei Nerzen mit homozygotem Pastellgen (bb) sehr häufig vorkommende Schraubenhals hat sich nach den Untersuchungen von ERWAY und MITCHEL (1973) als eine gestörte, genetisch bedingte Manganresorption herausgestellt. Schraubenhals tritt besonders bei Jungtieren auf, die im Vergleich zu Alttieren einen erhöhten Manganbedarf haben.

Anomalien des Nervensystems. Erscheinungen, wie von landwirtschaftlichen Nutztieren bekannt, wurden bei Pelztieren nicht beobachtet.

Anomalien des Rückenmarks und der Wirbelsäule. SHAKELFORD (1971) gibt beim Nerz Schwanzlosigkeit an, die durch ein partiell dominantes Gen hervorgerufen wird. Das Gen ist homozygot letal, heterozygot subletal und kombiniert mit Afterverschluß. Gleichfalls letal ist der bei neugeborenen Welpen nicht selten beobachtete Winkelnacken, ohne daß die vermutete Erblichkeit belegt ist.

Zwergwuchs (Chondrodystrophie) soll auch bei Pelztieren auftreten, dürfte jedoch nach unseren Erfahrungen in der Praxis nur eine sehr geringe Rolle spielen.

Anomalien der Gliedmaßen. Amelia anterior et posterior (Gliedmaßenlosigkeit), partielle Extremitätendysplasie, Syndaktylie (Verschmelzung der distalen Gliedmaßenknochen), Polydaktylie (überzählige Zehen) werden als Einzelfälle beschrieben bzw. von uns vereinzelt beobachtet.

Anomalien der Gelenke. Über Erbfehler der Gelenke, Muskeln und Sehnen liegen bei Pelztieren keine Angaben vor.

Hernien im Bauchhöhlenbereich. Auf Hodensackbruch und auf Nabelschnurbruch wird von HEMMINGSEN und VENGE (1965) sowie von GORHAM (zit. v. LÖLIGER) beim Nerz hingewiesen.

Anomalien des Blutes und der Blutgefäße. Bei Nerzen mit homozygotem Aleutengen (aa) treten im Zytoplasma der Leukozyten regelmäßig anomale Granulationen auf und zwar sowohl bei den heterophilen und eosinophilen Leukozyten als auch bei den Monozyten und Lymphozyten. Es zeigt sich eine weitgehende Übereinstimmung mit den Veränderungen beim Menschen, die als Chediak-Higashi-Syndrom bekannt sind. Gekoppelt ist dieses rezessiv homozygote Merkmal mit einem Partialalbinismus. Nerze mit Chediak-Higashi-Syndrom sind gegenüber infektiösen Erkrankungen anfälliger (LÖLIGER, 1970).

Anomalien der Haut und ihrer Anhangsgebilde. Das beim Silberfuchs auftretende dominante Platinumgen ist an einen Letalfaktor gebunden. Der Platinfuchs wird daher nur heterozygot über den Silberfuchs gezüchtet, da die Reinverpaarung durchschnittlich 25 % geringere Wurfergebnisse bringt, d. h., das homozygote Platinumgen ist letal. Nach ROCHMAN u. a. (1968) beruht die Langhaarigkeit des Nerzes gleichfalls auf einem dominanten Gen, welches homozygot letal wirkt. Da die heterozygoten langhaarigen Fähen schlechte Mütter sind, erfolgt die Vermehrung über die Rüden, die mit Standardfähen verpaart werden. SHAKELFORD (1961) berichtet über die Atrichie beim Nerz, die an ein rezessives Gen gebunden und letal sein soll.

Anomalien des Urogenitalsystems besitzen bei den Pelztieren besondere Bedeutung, können sie doch beachtliche Auswirkungen auf das Fortpflanzungsergebnis als ein wichtiges Kriterium für die Wirtschaftlichkeit der Farm haben.

Kryptorchismus, Gonadenhypoplasie bei Nerz und Füchsen sowie Nebenhodenaplasie und Samenstauung beim Nerz wurden wiederholt beschrieben (ONSTAD, 1961; HARTUNG, 1970; HARTUNG u. RITTENBACH, 1971) und auf die besondere Bedeutung auf Grund ihres relativ gehäuften Auftretens hingewiesen.

Die Erblichkeit dieser Veränderungen ist analog den Feststellungen bei den Haustieren offensichtlich und kann indirekt durch den Rückgang der Häufigkeit nach vieljähriger Selektion der klinischen Merkmalsträger belegt werden.

Unter den Anomalien des Urogenitalsystems muß ferner der Hermaphroditismus (Zwitter) genannt werden, der jedoch von uns sehr selten beobachtet wurde.

Dem gegenüber tritt Hydrops universalis congenitus (angeborene Wassersucht) beim Nerz relativ häufig auf und macht nach HEMMINGSEN und VENGE (1965) 70 % aller bei neugeborenen Welpen festgestellten Anomalien aus.

Zuchthygienische Maßnahmen

Allgemeine züchterische Maßnahmen

Zuchthygienische Untersuchungen bei Pelztieren konzentrieren sich vorwiegend auf die optimale Gestaltung der Umwelt, Fütterung und Haltung, sowie auf die Berücksichtigung fortpflanzungsphysiologischer Besonderheiten bei den einzelnen Tierarten. Eine wesentliche Maßnahme stellt die strenge züchterische Selektion auf geschlechtliche Zuchttauglichkeit dar. In einer Pelztierfarm ist nur die Herde, der Gesamttierbestand, Objekt von zuchthygienischen Maßnahmen, das Einzeltier hat untergeordnete Bedeutung. Bei den Pelztieren mit ihrer relativ hohen Fortpflanzungsrate kommt es weniger auf Einzeltierergebnisse an, sondern auf die Leistung des gesamten Bestandes, die schließlich den Ausschlag für die Wirtschaftlichkeit des Betriebes gibt. Zuchthygienische Maßnahmen beziehen sich also nur oder vorwiegend auf den Gesamtbestand.

Versuchsweise Einzeltierbehandlungen sind möglich, ihr Erfolgt häufig fraglich und meist kostspielig. Die Ursache wird dann meist nur symptomatisch erfaßt, und der Erfolg läßt sich kaum auf den ganzen Tierbestand übertragen. Bei der mehr und mehr zur Großproduktion übergehenden Edelpelztierzucht sind Einzeltierbehandlungen daher aus wirtschaftlicher Sicht umstritten und nicht selten kontraindiziert. Die Aufgabe besteht somit in der strengen züchterischen Auswahl erbgesunder, an die Umweltverhältnisse anpassungsfähiger Zuchttiere mit dem Vermögen, große Fortpflanzungsleistungen zu erbringen. Hierzu gehören bei den Vatertieren Deckbereitschaft, Deckfähigkeit, Befruchtungsfähigkeit, bei den Muttertieren neben der Deckbereitschaft die Fruchtbarkeit sowie die Fähigkeit, die Früchte auszutragen, ungestört zu gebären und aufzuziehen. Letzteres schließt einen gut entwickelten Mutterinstinkt und eine hohe Säugeleistung ein. Die Berücksichtigung der genannten, grob zusammengefaßten Eigenschaften bei der Zuchttierauswahl ist neben der optimalen Umweltgestaltung Voraussetzung für eine hohe Fortpflanzungsleistung und als wichtigste Maßnahme zu betrachten.

Neben den Kriterien für eine Leistungszucht müssen bei der Selektion die Anomalien, die erblich sind bzw. sein sollen, berücksichtigt werden. Dazu erscheinen bei dem gegenwärtigen Stand in der Pelztierzucht folgende Maßnahmen aus zuchthygienischer Sicht notwendig:

- Schaffung von Voraussetzungen für eine wissenschaftliche Überprüfung vermuteter Erbfehler (Dokumentation),
- Durchführung populationsgenetischer Erhebungen und Verpaarungsversuche zur Sicherung vermuteter Erbfehler,
- praktische Maßnahmen zur Einschränkung von Erbkrankheiten als eine Möglichkeit zur Erhöhung der Produktion.

Diese Maßnahmen greifen ineinander und setzen einander voraus. Erster und wichtigster Schritt ist, die Zuchtunterlagen so zu gestalten, daß eine optimale Überprüfung und Selektion vorgenommen werden kann.

Eine wesentliche Maßnahme ist in der Einführung und Durchsetzung des Rüdenzuchtbuches statt des bislang im allgemeinen gebräuchlichen Fähenzuchtbuches in der praktischen Zucht zu sehen. Das Rüdenzuchtbuch enthält grundsätzlich die gleichen Angaben, jedoch geordnet nach den Vatertieren, mit dem Vorteil, daß bei den Jungtieren nicht nur die Geschwister, sondern auch alle Halbgeschwister nebeneinander verzeichnet sind und zur Nachzuchtbeurteilung verglichen werden können. Wie in der Zucht landwirtschaftlicher Nutztiere üblich, muß auch in der Pelztierzucht der Zuchtfortschritt durch das polygame Vatertier kommen. Die Durchsetzung der Rüdenzuchtbuchführung ist aus grundsätzlichen züchterischen Erwägungen notwendig, sie würde auch hinsichtlich der Erbkrankheiten die Überprüfung und Selektion von Anomalien wesentlich vereinfachen. Bislang wurden nach den Erfahrungen in der Praxis allenfalls Eltern und Vollgeschwister gemerzt, die Halbgeschwister blieben im allgemeinen unberücksichtigt.

Spezielle zuchthygienische Maßnahmen

Während für Muttertiere spezielle, in der allgemeinen Farmpraxis anwendbare, Untersuchungsmethoden fehlen, können bei den Nerz- und Fuchsrüden im Bestand durchzuführende Untersuchungen angewandt werden. Um fruchtbarkeitsmindernde und Sterilitäts-Ursachen, wie Hoden- und Nebenhodenhypoplasie, Kryptorchismus, Samenstauungen und Nebenhodenatrophie zu erfassen, sind klinische Hodenpalpation und Spermauntersuchungen möglich. Die nachfolgend für den Nerz beschriebenen Untersuchungen treffen sinngemäß auch für Füchse zu.

Klinische Hodenpalpation beim Nerz

Wegen der zyklischen Entwicklung der Hoden kann eine Hodenuntersuchung erst kurz vor der Ranz stattfinden. Die Tiere werden mit dem Netz gefangen; eine Untersuchung in der Impffalle ist umständlich. Ein Untersucher arbeitet gleichzeitig mit mehreren Fängern zusammen. Die *Palpation*, das *Durchtasten* der Hoden, bedarf einiger Übungen. In einem Betrieb wird sie am besten immer von ein und derselben Person durchgeführt. Bei der Untersuchung können vorwiegend nur abweichende Größenverhältnisse (Hypoplasie) und Lageveränderungen (Kryptorchismus) der Hoden festgestellt werden. Samenstauungen und Nebenhodenatrophie sind kaum zu erfassen. Schwierigkeiten entstehen anfänglich beim Beurteilen von Grenzfällen. Zum Einarbeiten wird hier eine Probepelzung empfohlen. Die als fraglich unterentwickelten Hoden und Nebenhoden werden mit normal entwickelten verglichen und gewogen. Als Mindestmasse für Hoden und Nebenhoden, abgetrennt am Übergang zum Samenstrang, sind 2,5 g anzusehen.

Die Einführung der Hodenpalpation in die Praxis der Nerzzucht stellt von technischer Seite kein besonderes Problem dar. Sie ist dringend notwendig, da bei durchschnittlich fünf Prozent aller untersuchten Nerzrüden palpatorisch feststellbare Veränderungen beobachtet wurden. Altrüden, schon im Vorjahr untersucht, sind stets erneut mit zu kontrollieren, da Hodenhypoplasie auch erworben wird und Tiere verwechselt werden können.

Spermauntersuchung

Da beim Nerz keine unter Praxisbedingungen anwendbare Methode bekannt ist, um ein vollständiges *Ejakulat* zu bekommen, ist man darauf angewiesen, Sperma aus der Scheide einer frischgedeckten Fähe zurückzugewinnen. Bei dieser Technik ist eine exakte, wissenschaftlich zufriedenstellende Beurteilung der geschlechtlichen Zuchtverwendungsfähigkeit sehr eingeschränkt und die Fehlerquellen durch Beimengen unbekannter Größe (Harn-Scheidensekret) erhöht. Es hat sich jedoch gezeigt, daß durch wiederholtes Überprüfen die genannten Fehlerquellen eingeschränkt werden können. Als Voraussetzung für die praktische Spermauntersuchung gilt daher: für Einzeluntersuchungen ist nur das positive Ergebnis als Hinweis für die geschlechtliche Zuchttauglichkeit zu betrachten. Sobald keine eindeutig positiven Befunde vorliegen, muß mehrmals nachkontrolliert werden. Allein der mehrmals wiederholte mangelhafte und negative Befund läßt den Verdacht auf herabgesetzte Fruchtbarkeit bzw. Sterilität zu. Die Beurteilung der geschlechtlichen Zuchttauglichkeit durch Spermauntersuchung erfolgt beim Nerz daher stets durch mehrere Kontrollen auf dem Wege des Ausschlusses.

Fixationsmethode. Sobald der Deckakt beendet ist bzw. unterbrochen wurde, wird die Fähe zur Spermaentnahme herausgenommen. Am zweckmäßigsten erwies sich, die Fähe ohne Netz oder Falle einzufangen. Das Tier befindet sich im Käfig. Mit der einen (behandschuhten) Hand wird die Boxenöffnung zugehalten, mit der anderen das Tier gegriffen. Im allgemeinen gelingt das am besten, wenn die Fähe versucht, in die Box zu flüchten. Die *Handschuhe* sollten aus stärkerem Leder sein, selbst bei dem Nachteil, daß sie dann weniger elastisch sind. Es kommt lediglich darauf an, das Tier festzuhalten, wobei sich die Fähe ohne Gefahr für den Tierpfleger auch im Handschuh verbeißen kann. Die so grob fixierte Fähe wird mit der anderen Hand am Schwanz ergriffen und aus dem Käfig herausgenommen. Sollte die Fähe versuchen, nach oben zu gelangen, um zu beißen, braucht sie nur ein wenig geschüttelt zu werden, so daß sie senkrecht mit dem Kopf nach unten hängt. Mit einem kleinen Schwung wird die Fähe unter den anderen Arm geschleudert und dort zwischen Oberarm und Körper eingeklemmt. Als Schutz für den Untersucher bzw. Tierpfleger ist eine dicke Oberbekleidung notwendig; *Wattejacken* haben sich gut bewährt. Der Widerstand des Tieres läßt im allgemeinen bald nach, es liegt ruhig und günstig zur Probeentnahme. Man wechselt jetzt den Griff am Schwanz so, daß man mit der Hand des einklemmenden Armes den Schwanz fixiert. Dadurch wird die andere Hand frei.

Spermaentnahme. Zur Spermaentnahme werden 8 bis 10 cm lange Glasröhrchen mit einem Durchmesser von 3 mm benutzt. Über das eine Ende des Röhrchens wird ein 40 bis 50 cm langer Gummischlauch gestülpt, an dessen freiem Ende ein Mundstück befestigt ist. Der Untersucher trägt diesen Schlauch mit Glasröhrchen um den Hals und hat somit das Spermaröhrchen stets handgerecht am Untersuchungsobjekt, der eingeklemmten Fähe. Das Glasröhrchen wird mit seinem freien, abgerundeten Ende 3 bis 4 cm in die Scheide bis zum Scheidengewölbe eingeführt. Mit dem Mundstück am anderen Ende des Schlauches wird leicht gesaugt. Durch diesen mehr oder weniger «individuellen» Sog gelingt es eigentlich immer, etwas Sekret in das Glasröhrchen zu bekommen. Ist ein stärkerer Sog notwendig, wird der Schlauch abgeknickt, bevor das Glasröhrchen aus der Scheide herausgezogen wird. Andernfalls besteht die Gefahr, daß das zu gewinnende Sekret in den Anfangsteil des Schlauches gelangt. Durch die Länge des Schlauches ist ein restloses Aufziehen des Untersuchungsmaterials nicht zu befürchten. Eine Glaspipette mit Gummisauger statt des langen Schlauches ist auch möglich. Die erste Methode scheint jedoch besser geeignet zu sein. Schäden am Tier, besonders an den Geschlechtsorganen, wurden bei dieser Methode nicht beobachtet.

Nach der Spermaentnahme erhält das Röhrchen ein *Etikett* mit dem Tätozeichen des Rüden. Als Etikett hat sich ein kleines Folieschildchen 2 mal 2 cm bewährt. Dieses ist mit zwei Löchern zu versehen, durch die das Glasröhrchen geschoben wird. Infolge der Elastizität des Materials ist es sicher am Röhrchen befestigt und wird mit Bleistift beschriftet. Das Etikett verhindert, daß das Glasröhrchen wegrollt; durch leuchtende Farbe des Schildchens läßt sich ein heruntergefallenes Röhrchen leichter wiederfinden. Die Entnahme des Untersuchungsmaterials erfolgt direkt am Gehege, die mikroskopische Untersuchung in einem geschlossenen Raum. Der Zeitabstand zwischen Entnahme und Untersuchung soll möglichst gering sein. Fanden mehrere Verpaarungen gleichzeitig statt, so können die Proben hintereinander genommen werden, ehe man sie zum Mikroskopieren bringt.

Selbst bei Temperaturen um 0 °C wird dieser «Sammeltransport» mehrerer Proben beibehalten, um Weg und Zeit zu sparen. Bei niedrigen Außentemperaturen werden die Spermaröhrchen in einem Karton auf eine Wärmflasche gelegt.

Untersuchung der Sekretproben. Eine makroskopisch gute Beurteilung ist allgemein wegen der geringen Menge des Untersuchungsmaterials schwierig. Proben mit hoher Spermakonzentration haben eine weißliche bis graue Farbe, bei niedriger Konzentration erscheinen sie wäßrig oder nur leicht fahl. Durch Harnbeimischungen, die sich bei der Probeentnahme nicht immer ganz vermeiden lassen, erhält das Sekret ein gelbgrünliches Aussehen. Die Untersuchung der Proben konzentriert sich daher besonders auf die mikroskopischen Befunde. Hierzu ist ein normales Lichtmikroskop mit einer bis 200fachen Vergrößerung geeignet.

Die Sekretprobe wird auf einen Objektträger geblasen. Kleine Tropfen werden nicht ausgestrichen, größere etwas auf dem Objektträger verteilt. Die mikroskopischen Erhebungen beschränken sich auf Dichte, Bewegungen und morphologische Veränderungen der Samenfäden. Sie werden geschätzt und mit −, +, ++, +++ angegeben, wobei drei Kreuze den besten Wert darstellen. Die morphologischen Veränderungen (Kopf-, Mittelstück- und Schwanzanomalien) werden nur dann ausgezählt, wenn das Mustern von 50 bis 100 Spermien einen wesentlich erhöhten Anteil erwarten läßt. Veränderungen bis zu 30 % gelten bei der angegebenen Untersuchungstechnik noch als vertretbar. Die zur morphologischen Untersuchung angefertigten Ausstreichpräparate werden mit zweiprozentigem, wäßrigem Eosin gefärbt. Bei dieser Methode kann nur das frische, noch feuchte Präparat untersucht werden. Durch den Schleimgehalt der Sekretprobe sind die Konturen der Samenfäden in getrockneten Präparaten undeutlich. Daher werden auch Tuscheausstriche empfohlen.

Die Einzelbefunde von Dichte, Bewegungen und morphologischen Veränderungen werden zu einem Allgemeinbefund zusammengefaßt, der ebenfalls mit −, +, ++, +++ klassifiziert wird. Hierbei hat die Dichte die größere Bedeutung.

Wegen der möglichen Fehlerquellen der Untersuchung werden bei einem Rüden im allgemeinen zwei Untersuchungen vorgenommen. Sind die Ergebnisse gut, gilt der Rüde als zuchttauglich. Werden keine Samenfäden nachgewiesen, so ist mindestens dreimal zu untersuchen, ehe der Rüde selektiert wird. Bei mehreren zweifelhaften Befunden sind wenigstens vier Spermakontrollen nötig, ehe über eine weitere Zuchtverwendung des Tieres entschieden werden kann.

Das Untersuchungsergebnis von der Spermaprobe wird nicht nur im Protokollbuch notiert, sondern auch auf dem Etikett des Spermaröhrchens. Dieses Etikett ist täglich nach der Untersuchung am Tätoschildchen des Rüden zu befestigen. Der Züchter kann dadurch beim Verpaaren sofort erkennen, ob das Tier bereits untersucht wurde und mit welchem Ergebnis. Diese zusätzliche Befundangabe am Gehege bzw. am Rüdentäto erleichtert den Aufwand und den Arbeitsablauf bei der Untersuchung sehr. Nach drei Tagen liegt von den meisten Rüden ein Befund vor, der auf gute bzw. ausreichende geschlechtliche Zuchttauglichkeit schließen läßt. Diese Tiere werden nicht weiter untersucht. Die Spermakontrolle am vierten und fünften Tag beschränkt sich daher vorwiegend auf Rüden mit zweifelhafter Spermaqualität und solche, die wenig Libido zeigten und erst später anfingen zu decken. Rüden, deren Spermaqualität nach dem fünften, spätestens sechsten Ranztag nicht zufriedenstellend ist, bzw. die nicht decken, werden aus der Verpaarung genommen. Bei der Spermauntersuchung ist eine gleichzeitige strenge Selektion auf gute Deckleistung angezeigt.

Ergebnisse der Spermauntersuchung. Nach mehrjähriger praktischer Anwendung der dargestellten Untersuchungstechnik können übereinstimmend folgende Ergebnisse für die Spermauntersuchung gegeben werden:

- Zwischen Spermaqualität des Rüden und Fortpflanzungsergebnis der Fähen bestehen signifikante Zusammenhänge.
- Rüden mit guter Spermaqualität zeigen durchschnittlich eine höhere Deckpotenz.
- Durch wiederholte Spermakontrollen können fortpflanzungsgestörte Rüden weitestgehend erfaßt und aus der Verpaarung herausgenommen werden.
- Durch die Spermauntersuchung kann das durchschnittliche Farmergebnis von Welpen pro gedeckte Fähe nicht unwesentlich gesteigert werden.
- Die Merzung von geschlechtlich nicht zur Zucht geeigneten Rüden wird durch die Sperma-

kontrolle zu einem großen Teil auf die Ranzpelzung vorverlegt. Daraus ergibt sich für diese Tiere eine Einsparung der Futter- und Betreuungskosten über neun Monate.

Vaginalzytologische Untersuchungen

Für zyklusdiagnostische Erhebungen wird auch in der Pelztierzucht die *Vaginalzytologie* angewandt. Die Scheidenschleimhaut weist, abhängig von den zyklischen Veränderungen am Eierstock, Unterschiede auf, die sich in einem unterschiedlichen Gehalt verschiedener Zelltypen im Scheidenabstrich widerspiegeln und durch die mikroskopische Untersuchung gut diagnostizierbar sind. Die einzelnen Zyklusstadien, insbesondere die Brunst, können mit dieser Untersuchungsmethode festgestellt werden.

Allgemeine Vorbemerkung. Der Zyklus wird nach den klinischen Befunden in *Anoestrus* (Ruhepause), *Prooestrus* (Vorbrunst), *Oestrus* (Brunst) und *Metoestrus* (Nachbrunst) eingeteilt. Diese Einteilung entspricht allerdings nicht den mikroskopischen Befunden des Vaginalausstriches und läßt die physiologische Abhängigkeit des Vaginalepithels von der Funktion des Eierstockes nicht ohne weiteres erkennen. In der Vaginalzytologie hat sich daher die Einteilung nach den funktionellen Phasen der Ovarien, nämlich *Follikelphase, Corpusluteum-Phase* und *Ruhe-Phase* in letzter Zeit daher immer mehr und mehr durchgesetzt.

Die Scheidenschleimhaut zeigt zusammengefaßt folgenden histologischen Aufbau: Die kleinen ovalen Zellen der *Basalzone* besitzen ein sehr dichtes Plasma und einen großen, gut erkennbaren Kern. In der *Parabasalzone* haben die runden Zellen zum Teil Fortsätze, ihr Plasma ist etwas heller, die Kerne sind nicht mehr ganz so groß wie die der Basalzellen. Die Formen der aus den *Intermediärzonen* stammenden Zellen sind sehr variabel, sie sind meist drei- bis viereckig. Das Protoplasma ist heller als das der Zellen aus den vorgenannten Gruppen. Die folgenden Zellen der *intraepithelialen Zone* sind sehr schmal, in der Form schiffchenähnlich. Ihr Plasma ist hell, der Kern klein und pyknotisch. Die Zellen der obersten Lage der verhornenden Schicht *(Superficialzellen)* sind im Vergleich zu den übrigen größer, die Zellränder gefaltet und unregelmäßig, der Kern geht verloren und ist in der obersten Schicht nicht mehr vorhanden. Zusammenliegend werden sie als *Schollen* bezeichnet. Sie sind ausschließlich *acidophil* und färben sich mit sauren Farbstoffen.

Darüber hinaus werden im Scheidenabstrich *Leukozyten* (weiße Blutkörperchen) gefunden. Die Konsistenz und Menge des Scheidenschleims ist während des Zyklus unterschiedlich.

Untersuchungstechnik und Ergebnisse. Die Probeentnahme für einen Scheidenabstrich ist auch bei Pelztieren nicht schwierig. Eine Pipette oder ein ösenförmig gebogener Draht werden bis in das Scheidengewölbe eingeführt, hin und her gewendet und wieder herausgezogen. Die dem Entnahmeinstrument anhaftenden Sekretteile werden auf entfetteten Objektträgern gleichmäßig ausgestrichen und noch feucht in einem Ätheralkoholgemisch fixiert. Die klassische Färbung der Präparate nach der Methode von PAPANICOLAOU ist zwar unübertroffen, aber sehr zeit- und kostenaufwendig. Für die Routineuntersuchung wird daher oft die *Hämatoxilin-Eosin-Färbung* angewandt. Das Präparat wird dazu *mäanderförmig* durchmustert und die Zellen ausgezählt.

Die *Brunst,* das Ende der Follikelphase, ist gekennzeichnet durch das ausschließliche oder fast ausschließliche Auftreten der *Superficialzellen,* die einzeln, aber auch in Schollen zusammenliegen können. Diese Zellen sind leicht als verhornende Oberflächenzellen zu erkennen. Das Fehlen von Leukozyten als weiteres Charakteristikum muß wohl so gedeutet werden, daß die weißen Blutkörperchen durch die Hornschicht zurückgehalten werden, da sie sonst durch ihre *Phagozytose* die Spermien gefährden würden. Mit diesem *Schollenstadium ohne Leukozyten* ist ein eindeutiges Fixum gegeben. Nach der Brunst treten, in dem Maße wie durch die Wirkung des Gelbkörperhormons die obersten Zellschichten der Scheide abgebaut werden, die Zellen der unteren Zonen im Abstrich stärker hervor, die in der Ruhepause schließlich vorherrschen. Erst in der *Follikelphase* steigt die Zahl der Superficialzellen wieder an. Leukozy-

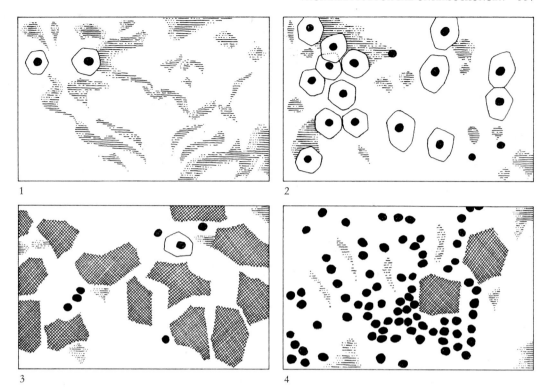

Abb. 9/12 Schematische Darstellung von vaginalzytologischen Untersuchungen

1 Leukozyten
2 Epithelzellen mit Kernen
3 Hornzellen
4 Schleim

ten sind außer im Oestrus in wechselnder Anzahl immer zu finden.

Arbeiten über vaginalzytologische Untersuchungen bei Füchsen liegen u. a. vor von: STARKOW (1937), JOHANSSON (1944), SZUMAN (1960).

Künstliche Besamung

Die künstliche Besamung hat in der Edelpelztierzucht trotz wiederholter Versuche bisher keine praktische Bedeutung erlangt. Sie brachte nur bescheidene Erfolge, weil optimale Methoden der Samengewinnung, Spermaverdünnung und -konservierung sowie der Samenübertragung noch nicht bekannt sind. Das Indikationsgebiet der künstlichen Besamung bei Pelztieren umfaßt vor allem die breite Zuchtverwendung wertvoller Vatertiere. In der praktischen Zucht wird daher bedauert, daß wertvolle Vatertiere nur in einem physiologisch beschränkten Rahmen ausgenutzt werden können. Mit der künstlichen Besamung wären schnellere Fortschritte in der Zucht zu erzielen. Die sich für die Pelztiere ergebenden Schwierigkeiten bei der künstlichen Besamung sind in vielen, noch nicht gelösten Problemen zu sehen. Grundsätzlich ist bei der künstlichen Besamung folgendes zu unterscheiden:

- Samengewinnung,
- Samenverdünnung und -konservierung,
- Samenübertragung.

Die Pelztieren noch eigene Wildheit ist bei der Samengewinnung besonders hinderlich. Abgesehen von der Bissigkeit, sind Pelztiere meist sehr nervös, empfindlich und bei Berührung mit dem Menschen psychisch erregt. Nach den bisherigen Untersuchungen scheidet daher die *Masturbation* zur Samengewinnung aus. Die Tiere sind bei der manuellen Reizung stark irritiert und reagieren unbefriedigend. Die zweite Möglichkeit der Samengewinnung, das Bespringen eines *Phantoms* und die Annahme einer *künstlichen Vagina* wird von den Pelztieren verweigert. Sie sind interesselos und zeigen keine geschlechtliche Erregung. Die besten Erfolge wurden bislang mit der *Elektroejakulation* erzielt. Die Nachteile dieser Methode sind jedoch von den Untersuchungen bei den Haustieren hinlänglich bekannt.

Bei den Pelztieren werden die zur *Elektroejakulation* vorgesehenen Vatertiere zweckmäßigerweise narkotisiert. Um die Samenabgabe auszulösen, werden unipolare und bipolare, aus mehreren Messingringen bestehende Elektroden benutzt, die in den Mastdarm bis zum Kreuzbein eingeführt werden. Durch wiederholte elektrische, für die einzelnen Tierarten unterschiedliche Reizung kommt es dabei dann zur Samenabgabe.

Abgesehen von der kleinen Spermamenge, die von den Pelztieren gewonnen werden kann, sind Spermaverdünnung und -konservierung bisher nur unbefriedigend gelöst, wodurch der Wert der künstlichen Besamung wesentlich gemindet ist.

Für die *Insemination* bereitet das Erkennen des richtigen Zeitpunktes für die Besamung der weiblichen Tiere oftmals Schwierigkeiten. Die äußeren Zeichen der Brunst sind meist undeutlich und schwer feststellbar. Daher müssen Suchrüden bzw. -böcke oder Scheidenabstriche herangezogen werden, um die Brunst zu erkennen. Ein weiteres Problem für die Samenübertragung ist die *Provokation der Ovulation,* die beim Nerz bisher experimentell nur ungenügend abgesichert ist.

Die Vielzahl der hier im einzelnen nicht genannten Probleme macht es gegenwärtig wenig wahrscheinlich, daß die künstliche Besamung der Pelztiere in kürzerer Zeit größere Bedeutung erlangt, so wünschenswert es wäre.

Arbeiten über die künstliche Besamung bei Pelztieren bzw. zu Teilproblemen liegen von STARKOW (zit. nach GÖTZE 1949), CHRONOPULO (1961), HARTUNG (1963), ISCHIKAWA und Mitarbeiter (1965), MILJKOVIC und Mitarbeiter (1966) vor.

Tabelle 9/11 Reizparameter für Elektroejakulation

Tierart	Volt	mA	Hz	Autor
Fuchs	50	150	60 bis 150	CHRONOPULO (1961)
Nerz	10	20	50	ISCHIKAWA und Mitarbeiter (1965)
	10 bis 25	90 bis 180	50	MILJKOVIK und Mitarbeiter (1966)

10 Krankheiten

Allgemeines

Die Zusammenstellung der Krankheiten fleischfressender Edelpelztiere kann keinen Anspruch auf Vollständigkeit erheben. Sie soll dazu dienen, dem Züchter einige Grundkenntnisse über die wichtigsten Erkrankungen zu geben, um ihn in die Lage zu versetzen, vorbeugende Maßnahmen zu ergreifen, wodurch größere Schäden und Verluste verhindert werden können. Da bei vielen Krankheiten das rechtzeitige Erkennen entscheidend für den Behandlungserfolg ist, muß der Züchter mit dem natürlichen Verhalten seiner Tiere vertraut sein und den Tierbestand ständig unter Beobachtung halten.

Wichtig ist weiterhin, den Zustand der eigenen Tiere mit dem von Tieren anderer Farmen zu vergleichen, da oft nur so Unterentwicklung oder ungenügender Allgemeinzustand erkannt werden. Stoffwechselstörungen oder Mangelerscheinungen brauchen nicht immer zu Todesfällen zu führen, sondern können sich auch nur in unbefriedigender Entwicklung äußern. Das aber führt bei der Fellernte zu finanziellen Einbußen, was es auf jeden Fall zu verhindern gilt.

Bei Krankheiten im Bestand wird es oft nicht möglich sein, durch Beobachten des Verhaltens der Tiere und des Krankheitsverlaufes (klinische Untersuchungen) die richtige Diagnose zu stellen. Daher ist es in den meisten Fällen erforderlich, zur Feststellung der Todesursache eine Untersuchung der Veränderungen an den inneren Organen durch Sektion der Tiere vornehmen zu lassen, die durch bakteriologische, virologische, parasitologische oder histologische Untersuchungen in *tierärztlichen Instituten* zu ergänzen sind.

Bei Einsendungen ist darauf zu achten, daß das Material in möglichst frischem Zustand im Institut eintrifft, da eine sichere Diagnose nicht mehr möglich ist, wenn die Tierkörper bereits in Fäulnis übergehen. Das Untersuchungsmaterial soll daher als Expreßgut eingesandt bzw. vom Besitzer oder seinem Beauftragten persönlich überbracht werden. Das Untersuchungsmaterial ist so zu verpacken, daß Blut, Harn u. ä. nicht nach außen durch das Verpackungsmaterial dringen können. Zu vermeiden sind Frischhaltebeutel oder ähnlich luftundurchlässiges Material, da durch Luftabschluß die Fäulnisvorgänge beschleunigt werden.

Damit keine Verzögerungen in der Bearbeitung des eingeschickten Materials entstehen und Anhaltspunkte für die Untersuchung und die einzuleitende Untersuchungsmethodik gegeben werden, ist vom Züchter ein Begleitschreiben beizulegen, das als Vorbericht etwa folgende Angaben enthalten soll:

- Name und Adresse des Absenders,
- Anzahl der Tiere im Gesamtbestand,
- Anzahl, Art und Standort der erkrankten Tiere (Rüden, Fähen, Welpen, Standardnerze, Mutationen, Schuppenhaltung usw.),
- Krankheitserscheinungen und Dauer der Krankheit,
- eventuell vorgenommene Behandlung und ihr Erfolg,
- Futterzusammensetzung, gegebenenfalls vorgenommener Futterwechsel,
- sonstige Angaben, eventuell Vermutungen

über die Krankheitsursache (z. B. Zukäufe, Besuch von Ausstellungen, beobachtete Wildtiere im Farmgelände).

Der Vorbericht dient auch dazu, Nebenbefunde von den Hauptbefunden abzugrenzen. So kann ein an Tuberkulose leidender Nerz an einem Futterschaden eingehen. Ohne Vorbericht wird jedoch nur die Diagnose «Tuberkulose» gestellt, da weitere Umstände des Krankheitsverlaufes nicht bekannt sind.

Liegt der Verdacht einer Futtervergiftung vor, wie zum Beispiel Botulismus bei Nerzen, ist zu empfehlen, Proben des «verdächtigen Futters» mitzusenden.

Sind Einsendungen von Kotproben erforderlich, was besonders bei Füchsen nötig sein kann, wenn Verdacht auf Erkrankungen durch Innenparasiten besteht, so verwendet man Gefäße, die vom Untersuchungsinstitut geliefert werden oder Verpackungsmaterial, das ein Auslaufen des Inhaltes verhindert. Die Nummern, die die einzelnen Proben kennzeichnen, müssen fest und unverwischbar angebracht sein.

Desinfektionsmaßnahmen

Bei seuchenhaften Erkrankungen ist eine Desinfektion der Gehege, Geräte und eventuell des Farmgeländes erforderlich. Grundsätzlich hat jeder Desinfektion eine gründliche Reinigung und Entrümpelung vorauszugehen. Die zweckmäßigste Entseuchung der Gehege und Kästen erfolgt durch Ausbrennen mit der Lötlampe oder mit einer Propangasanlage. Futterküchen- und Futtergeräte können durch Auskochen in Wasser oder dreiprozentiger Sodalösung desinfiziert werden. Dung ist vorschriftsmäßig zu packen und sechs Wochen zu lagern. Als Desinfektionsmittel sind Natronlauge, Gr-virex, formaldehydhaltige Präparate, Chloramin, Chlorkalk oder Wofasteril in der gegen den jeweiligen Erreger erforderlichen Konzentration einzusetzen. Desinfektionswannen vor der Farmanlage oder, falls erforderlich, vor den einzelnen Schuppen werden zweckmäßig mit zweiprozentiger Natronlauge oder vierprozentiger Gr-virex-Lösung angelegt. Im Winter sind die Desinfektionswannen durch Salzzusatz gegen Einfrieren zu schützen. Damit ausbrechende Krankheiten nicht in andere Farmteile übertragen werden, müssen in jedem Schuppen gesonderte Gerätschaften (Futtergeräte, Fanghandschuhe, Fallen, Netze, Schieber) vorhanden sein. Besonders in größeren Betrieben ist eine gesonderte Abteilung einzurichten, in der zugekaufte Tiere eine bestimmte Zeit in Quarantäne gehalten werden können.

Nerzkrankheiten

In der Nerzzucht spielen – durch unsachgemäße Fütterung oder Haltung – *Stoffwechselstörungen* eine große Rolle. Sie führen zwar vielfach nicht zu offensichtlichen Krankheitserscheinungen mit Todesfällen, können aber durch schlechte Aufzuchtergebnisse und mangelhafte Fellentwicklung die Wirtschaftlichkeit der Farm in Frage stellen. Hygienische Haltungsweise hat die durch Eingeweideparasiten verursachten Invasionskrankheiten, die in den Anfangsjahren der Nerzzucht gefürchtet waren, in den Hintergrund treten lassen. Dagegen sind jetzt verschiedene Infektionskrankheiten, wie die Virusenteritis und die ebenfalls den Viruskrankheiten zugeordnete Aleutenkrankheit, mehr zu beachten.

Virusbedingte Krankheiten

Aleutenkrankheit

Die Aleutenkrankheit (*Plasmazytose*) wurde zunächst nur bei gewissen Farbtypen des Nerzes beobachtet. Nach früheren Untersuchungen waren nur Aleutennerze und Mutationsnerztypen mit Aleutengen betroffen, wodurch die in gewisser Beziehung irreführende Bezeichnung Aleutenkrankheit entstanden ist. Die Krankheitsursache wurde zunächst in Ernährungsstörungen, genetischer Überempfindlichkeit oder erblicher Schwäche in Verbindung mit dem homozygoten Aleutengen gesehen. Es gelang dann aber durch zellfrei filtriertes Material typische Organveränderungen hervorzurufen. Der Erreger konnte isoliert und laboratoriumsmäßig gezüchtet werden, so daß die Aleutenkrankheit in die Gruppe der Viruskrankheiten (*Parvovirus*) einzuordnen ist.

Übertragungsversuche ergaben, daß infektionsfähiges Virus im Blut, Serum, Knochenmark, Kot, Harn und Speichel kranker Nerze nachweisbar ist. Dagegen gelang es nicht, die Aleutenkrankheit durch die Milch säugender Muttertiere zu übertragen.

Die Krankheit breitet sich nur langsam in den befallenen Beständen aus, so daß sie lange unerkannt bleiben kann. Verdacht besteht, wenn das Zuchtergebnis über mehrere Jahre unterdurchschnittlich ausfällt, die Welpensterblichkeit hoch ist und die Gesamtverluste in den Herbstmonaten ansteigen. Ferner ist oft zu beobachten, daß die erkrankten Tiere einer Farm in nebeneinanderliegenden Gehegen anzutreffen sind. Da dann wieder reihenweise gesunde Tiere zu finden sind, ist mit einer langsamen Übertragung von Tier zu Tier zu rechnen. Die Krankheit wird allgemein nicht bei Nerzen im Alter von unter fünf Monaten beobachtet.

Besonders anfällig gegenüber der Aleutenkrankheit sind Nerzmutationen mit homozygotem Aleutengen, doch treten Erkrankungen auch bei anderen Mutationen und Standardnerzen auf.

Die Symptome sind besonders zu Beginn der Krankheit wenig typisch. Erstes Anzeichen ist eine zunächst vorwiegend bei den Aleuten- und Saphirnerzen einer Farm auftretende *Abmagerung*, wobei bei zunächst noch guter Futteraufnahme erhöhter Durst bei den Tieren zu beobachten ist. Später läßt der Appetit der Tiere nach; schwarzer, teerartiger Kot wird ausgeschieden. Mitunter treten Blutungen im Bereich der Maulhöhle auf. Die Krankheit zieht sich allgemein über Wochen und Monate hin.

Die eingegangenen Tiere weisen meistens einen *schlechten Nährzustand* auf. Die auffallendsten Veränderungen ergeben sich an den *Nieren*. Sie sind entweder gelb, geschwollen und mit punktförmigen Blutungen versehen oder erscheinen bei längerem Krankheitsverlauf als Schrumpfnieren mit höckeriger Oberfläche und narbigen Einziehungen. Ferner liegt eine mehr oder weniger stark ausgeprägte *Leber*- und *Milzschwellung* vor. Lymphknotenschwellungen treten in verschiedengradigem Ausmaß auf.

Mikroskopische Untersuchungen lassen in der Leber, den Nieren und anderen Organen typische Zellansammlungen erkennen, bei denen neben Lymphozyten Plasmazellen und deren Vorstufen vorherrschen.

Zur Diagnose am lebenden Tier kann ein weiteres charakteristisches Merkmal der Aleutenkrankheit herangezogen werden. Es besteht in einer veränderten Zusammensetzung des Serumeiweißes des Blutes. Von HENSON, LEADER und GORHAM wurde der *Jodagglutinationstest* nach MALLÉN für die praktische Arbeit in den Nerzfarmen eingeführt, durch den der Anstieg des Gammaglobulinanteils im Blutserum nachgewiesen wird. Da bei diesem Test mit etwa 10 % negativen und positiven Fehlresultaten zu rechnen ist, ist das Ergebnis zwar nicht zur Diagnose am Einzeltier beweisend, jedoch als Kontrollmethode gut geeignet.

Während die Normalwerte der Gammaglobuline im Blutserum zwischen 11 und 17 % liegen, ergeben Blutserumuntersuchungen bei erkrankten Nerzen relative Gammaglobulinwerte zwischen 36 und 54 %. Der Übergang vom negativen zum positiven Ausfall des Jodagglutinationstestes tritt bei einem Gehalt von etwa 22 % Gammaglobulin im Blutserum ein.

Die Durchführung des Testes erfolgt, indem vom zu untersuchenden Nerz durch Abkneifen einer Kralle ein Blutstropfen gewonnen und in einer Kapillare aufgezogen wird. Die Kapillare wird in einer Mikrohaematokrit-Zentrifuge zentrifugiert und das gewonnene hämolysefreie Serum auf einem fettfreien Objektträger mit der gleichen Menge Jod-Jodkalium-Lösung (2 g Jod, 4 g Jodkalium, Aq. dest. ad 30) vermischt, wobei Ausflockung ein positives Resultat bedeutet.

Der Jodagglutinationstest stellt keine spezifische Reaktion auf die Aleutenkrankheit dar, da positive Resultate auch bei anderen chronischen Leber- und Nierenschäden, bei Tuberkulose und Abszessen auftreten. Die Diagnose im Bestand ergibt sich nur, wenn Krankheitsverlauf und Sektionsergebnisse eingegangener Nerze berücksichtigt und für die Beurteilung mit herangezogen werden.

Als spezifische Nachweismethode wurde von CHO und INGRAM zur Diagnose der Aleutenkrankheit die *Counterimmunoelektrophorese* (CIEP) eingeführt. Die Untersuchungen sind hierbei an ein Labor gebunden, in dem die in den Farmen in gleicher Weise wie für den Jodagglutinationstest gewonnenen Blutproben unter Verwendung eines spezifischen Antigens untersucht werden. Mit dieser Untersuchungsmethodik, die auch unter der Bezeichnung *Agartest* bekannt ist, ist der spezifische Nachweis der Aleutenkrankheit am lebenden Tier bereits 7 bis 10 Tage nach der Infektion möglich.

Der Nachteil der Bindung an ein speziell eingerichtetes Labor läßt sich durch Anwendung einer weiteren spezifischen Untersuchungsmethodik, der Enzyme Linked Immunosorbent Assay (ELISA), umgehen, die auf enzymatischer Basis arbeitet und direkt auf den Nerzfarmen durchgeführt werden kann.

Eine wirkungsvolle Behandlungsmethode ist nicht bekannt. Zur Krankheitsbekämpfung ist ein langfristiges *Bekämpfungsprogramm* durchzuführen, wozu aber große Genauigkeit und Mühe des Pflegepersonals erforderlich sind.

Durch Blutuntersuchungen sind positive Reagenten von der Zucht auszuschließen, so daß nur im Test negativ reagierende Tiere als Zuchttiere angesetzt werden. Ist es zeitlich und arbeitsmäßig möglich, sollten die Blutuntersuchungen zur Zuchtauslese und vor der Ranz durchgeführt werden. Nach der Wurfzeit sind alle Fähen mit unbefriedigenden Nachzuchtergebnissen und deren Nachzucht in besonderen Schuppen unterzubringen, da ein Teil dieser Tiere als krankheitsverdächtig gilt. Zuchttiere sind nur aus großen, kräftigen Würfen auszuwählen und vor der Einstellung zur Zucht zu testen.

Die Gehege und Kästen der positiv reagierenden Tiere sind vor der Neubesetzung gründlich zu reinigen und am zweckmäßigsten durch Ausbrennen zu desinfizieren. Weitere zur Desinfektion geeignete Mittel sind Natronlauge 2 %ig und Formalin 5 %ig.

Aujeszkysche Krankheit

Diese Krankheit wird durch ein Virus hervorgerufen, das die Nerze mit dem Futter aufnehmen. Krankheitsfälle in Nerzfarmen sind allgemein nach der Verfütterung von rohem Abfall aus Schweineschlachtungen aufgetreten. Empfänglich sind Standard- und Mutationsnerze jeden Alters. Die ersten Krankheitserscheinungen treten zwei bis fünf Tage nach Aufnahme des betreffenden Futters auf, so daß am vierten Tag mit dem Höhepunkt des Krankheitsgeschehens in der Farm gerechnet werden muß. Infizieren können sich auch Nerze, wenn sie ihre an Aujeszkyscher Krankheit eingegangenen Wurfgeschwister anfressen.

Die Krankheitsmerkmale bestehen in *Bewegungsstörungen* und *Lähmungen,* verschiedentlich sind von den Tieren laute Schreie zu hören. Der Magen ist häufig stark aufgebläht. Da der Tod im allgemeinen schon ein bis fünf Stunden nach Auftreten der ersten Krankheitszeichen eintritt, können die Symptome der Aufmerksamkeit des Farmpersonals entgehen.

Bei der Sektion eingegangener Nerze findet sich eine sulzig-wäßrige Durchtränkung der Unterhaut im Bereich des Halses, eine Anfüllung des Herzbeutels mit einer wäßrigen Flüssigkeit sowie eine starke Durchfeuchtung des Lungengewebes. Der leere oder mit wenig schwarzem Inhalt gefüllte Magen ist meistens aufgebläht. Leber und Milz sind leicht geschwollen. Zuweilen finden sich Blutungen auf den inneren Organen.

Die wirksamste *Vorbeugemaßnahme* besteht darin, die Schweineschlachtabfälle vor dem Verfüttern abzukochen, da der Erreger beim Kochen sofort inaktiviert wird. Eine Erhitzung auf 70 °C führt innerhalb von 10 Minuten zur Virus-Abtötung. *Schutzimpfungen* mit verschiedenen Vakzinen wurden mit unterschiedlichem Erfolg angewandt. Bei Behandlungen erkrankter Tiere mit spezifischen Seren konnte eine zuverlässige Heilwirkung nicht festgestellt werden.

Staupe

Diese häufig sehr verlustreich verlaufende Krankheit wird durch das Staupe-Virus hervorgerufen und ist identisch mit der aus Hundezuchten bekannten Staupe-Erkrankung. Die Einschleppung der Staupe in Nerzfarmen erfolgt auch zumeist durch erkrankte Hunde. Wegen der

Übertragungsgefahr sollten Wachhunde in Nerzfarmen mit anderen Hunden nicht in Berührung kommen.

An Staupe können sowohl Alt- als auch Jungnerze erkranken, doch sind letztere anfälliger. Der Verlauf der Staupe in verschiedenen Nerzfarmen hat gezeigt, daß Staupe bei Pastell-Nerzen zu besonders schweren Verlusten führen kann. Die *Inkubationszeit* (Zeitraum zwischen Ansteckung und Auftreten der Krankheitsmerkmale) beträgt allgemein 4 bis 21 Tage; in einzelnen Fällen ist auch ein längerer Zeitraum bis zu 6 Monaten bekannt geworden.

Die Staupe kann unter verschiedenen Symptomen auftreten. Typisch und am leichtesten zu diagnostizieren ist die *katarrhalische Form*, bei der die Nerze mehr und mehr an Appetit verlieren, wäßrigen Nasen- und Augenausfluß, Lichtscheu und Schwellung der Augenlider zeigen. Später wird der Nasen- und Augenausfluß eitrig, die Augenlider verkleben, dabei tritt Borkenbildung um Nase und Augen auf. Beobachtet werden Pustelbildungen an den Lippen sowie Ekzeme am Bauch und an den Beinen. Besonders charakteristisch ist eine Anschwellung der Pfoten auf die doppelte bis dreifache Größe des Normalzustandes. Dieses Symptom tritt jedoch nur bei einem Teil der Tiere auf.

Bei scheinbar gesundeten Nerzen sind später *Krämpfe* mit anschließendem Tod festzustellen. Verschiedentlich sind diese Krampfanfälle als Zeichen der nervösen Staupe die einzig wahrnehmbaren Krankheitsmerkmale. Da sie übersehen werden können, werden vorher scheinbar gesunde Tiere plötzlich tot in den Gehegen aufgefunden.

Die bei der Sektion festzustellenden Organveränderungen sind kaum spezifisch. Neben verschieden stark ausgeprägter Milzschwellung finden sich Lungenveränderungen in Form von Lungenödemen und katarrhalischen bis eitrigen Lungenentzündungen. Seltener sind Entzündungen des Magen-Darm-Kanals. Durch mikroskopische Untersuchungsmethoden lassen sich in veterinärmedizinischen Instituten charakteristische Einschlußkörper vorwiegend in Luftröhre und Harnblase nachweisen.

Bei der Bekämpfung der Krankheit kommt es auf eine *frühzeitige Diagnose* an. Davon ist der Behandlungserfolg abhängig, der zwar nicht mehr bei erkrankten Tieren eintritt, doch den Gesamtbestand vor hohen Verlusten bewahren kann, wenn die Nerze einer sofortigen *Impfung* mit Staupe-Vakzine unterzogen werden. Eine Behandlung mit Staupe-Serum ist wenig erfolgversprechend. Als vorbeugende Maßnahme ist die Vakzinierung des Bestandes zu empfehlen. Bewährt hat sich diese Impfung der Alttiere in den Wintermonaten, wodurch ein Impfschutz für die ersten Lebenswochen auf die Welpen übertragen wird. Unter Berücksichtigung der Situation ist dann zu entscheiden, ob die Welpen in den Sommermonaten auch vakziniert werden sollen.

Tollwut

Da Tollwut *durch Bisse* erkrankter Tiere *übertragen* wird, ist sie bei Nerzen, die in abgeschlossenen Gehegen leben, selten. Jedoch besteht Tollwutgefahr, wenn aus dem Farmgelände entwichene Tiere wieder eingefangen werden und diese in der Zwischenzeit mit Wildtieren Berührung hatten. Mit der Möglichkeit einer Infektion ist besonders in Tollwutsperrbezirken zu rechnen.

Die *Krankheitsmerkmale* äußern sich in verändertem Benehmen, entweder Teilnahmslosigkeit oder größerer Unruhe und Angriffslust. Die Tiere neigen dazu, unverdauliche Gegenstände zu zerfressen. Der Tod tritt nach wenigen Tagen unter Lähmungserscheinungen ein. Eine Infektion der übrigen Nerze des Bestandes ist kaum möglich, wenn das eingefangene Tier in einem gesonderten Gehege untergebracht wurde.

Bei Tollwutverdacht ist der zuständige Tierarzt zu benachrichtigen und das eingegangene Tier dem tierärztlichen Untersuchungsinstitut einzusenden.

Virusenteritis

Die Virusenteritis ist zunächst unter dem Namen *«Fort William Disease»* bekannt geworden, da sie erstmalig 1947 in Kanada bei Farmnerzen in der Gegend von Fort William festgestellt wurde. Sie breitete sich zunächst in den nördlichen Staaten der USA aus, wo sie ab 1950 zu erheblichen Ausfällen führte. Seit 1958 wird sie in europäischen Zuchten beobachtet.

Die Erkrankung wird durch ein filtrierbares Virus verursacht, das als mutanter Stamm des die Panleukopenie der Katzen verursachenden Virus anzusehen ist. Es ist allerdings, wie Forschungen in den USA ergeben haben, nicht gelungen, durch das Katzen-Panleukopenie-Virus klinische Zeichen der Virusenteritis oder Panleukopenie bei Nerzen hervorzurufen. In der Praxis dürfte eine Infektion der Nerze durch Katzen nicht sehr wahrscheinlich sein, da diese Ansteckungsmöglichkeit vielfach gegeben ist, ohne daß eine Infektion der Tiere erfolgt.

Der Erreger der Virusenteritis ist gegenüber äußeren Einflüssen sehr widerstandsfähig, denn seine Lebensfähigkeit ist in Gehegen und Nistkästen von einer Zuchtsaison zur anderen nachgewiesen. Nerze, die die Krankheit überstanden haben, können länger als ein Jahr Virus-Träger bleiben.

Obwohl vorwiegend Welpen betroffen sind, sind Erstausbrüche in den Farmen vielfach in den Herbstmonaten festgestellt worden, wobei die Sterblichkeit in den betroffenen Beständen recht gering war.

Die *Inkubationszeit* liegt zwischen vier und zehn Tagen und beträgt gewöhnlich fünf bis sechs Tage. Allgemein ist die Sterblichkeit um so höher und der Krankheitsverlauf um so schneller, je jünger die Welpen sind. Bei vier bis fünf Wochen alten Jungnerzen kann es zum Totalverlust kommen, wobei die meisten Tiere innerhalb von 12 bis 24 Stunden eingehen, ohne daß Durchfall wahrzunehmen ist. Bei älteren Welpen zieht sich die Krankheit ein bis drei Tage hin, danach gehen sie ein oder gesunden. Bei diesen Tieren wird der typisch veränderte Kot beobachtet. Ist bei einem Krankheitsausbruch im Juni noch mit 80 % Verlusten zu rechnen, so vermindert sich der Prozentsatz der Ausfälle, je später die Infektion erfolgt. Auch Alttiere können an Virusenteritis erkranken.

Der *Krankheitsverlauf* gestaltet sich so, daß die Virusenteritis in einem oder mehreren Würfen beginnt und sich dann auf die Tiere in der unmittelbaren Umgebung ausbreitet. Das erste Krankheitszeichen ist ein plötzlicher und vollständiger Appetitverlust. Gleichzeitig tritt Durchfall auf, bei dem der Kot eine gelbliche, grauweiße, manchmal rötliche oder grünliche Färbung und eine schleimige oder wäßrige Beschaffenheit aufweist. Charakteristisch sind gelbliche elastische Stücke im Kot, bei denen es sich um abgestoßene Darmschleimhaut handelt.

Bei der Sektion ist meistens eine akute Darmentzündung festzustellen, der Darminhalt wäßrig und oft mit Blut durchsetzt. Milz und Darmlymphknoten sind geschwollen. Die Diagnose ist durch histologische Untersuchung des Darmes in tierärztlichen Untersuchungsinstituten zu stellen. Die Behandlung erkrankter Tiere mit Antibiotika- oder Sulfonamid-Präparaten hat sich als erfolglos erwiesen. Bei Auftreten der Krankheit ist daher zur *sofortigen Vakzinierung* zu raten, wobei der Erfolg von der rechtzeitigen Diagnose abhängig ist. Etwa 10 bis 14 Tage nach der Impfung ist nicht mehr mit dem Auftreten neuer Erkrankungsfälle im Bestand zu rechnen. Der Personenkontakt zu anderen Nerzfarmen ist zu unterbinden. Eine Gefahr der *Krankheitsübertragung* besteht bei Tierumsetzungen, weil ausgewachsene Tiere Virus-Träger sein können, ohne selbst Krankheitsanzeichen zu zeigen. Die *Bekämpfungsmaßnahmen* sind mit einer Fliegenbekämpfungsaktion zu koppeln, da Fliegen als Krankheitsüberträger experimentell nachgewiesen wurden. Zur Desinfektion sind Formalin 3 %ig, Natronlauge 2 %ig, Chloramin 5 %ig und Chlorkalk 5 %ig geeignet.

Die vorbeugende Vakzination der Welpen sollte in der letzten Juni- oder ersten Juli-Woche erfolgen, kann bei Gefahr aber auch schon an vier Wochen alten Welpen durchgeführt werden. Der Bestand ist mehrere Jahre unter Impfschutz zu halten.

Encephalopathie

Encephalopathie ist eine durch ein Virus verursachte Gehirnerkrankung. Sie wird bei Alttieren beobachtet, weil die Zeit von der Aufnahme des Erregers bis zum Auftreten der ersten

KRANKHEITEN 365

Geräte zum Jodpräzitationstest

Geschwollene Pfoten bei Staupe

Staupe beim Nerz

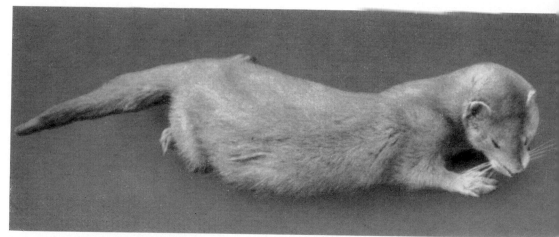
Stark abgemagerter Nerz

Cotton fur

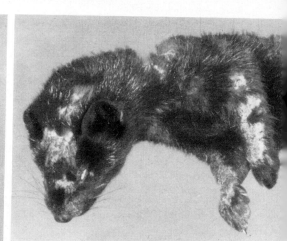
Hautpilzerkrankung

Starkes Speicheln beim Nerz

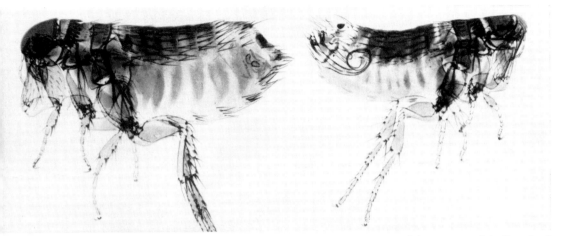
Flöhe vom Nerz, links ♀, rechts ♂

Bißverletzungen am Kopf

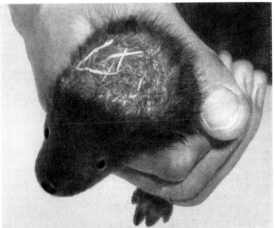
Bißverletzungen am Nacken

Erkrankungen der Maulhöhle

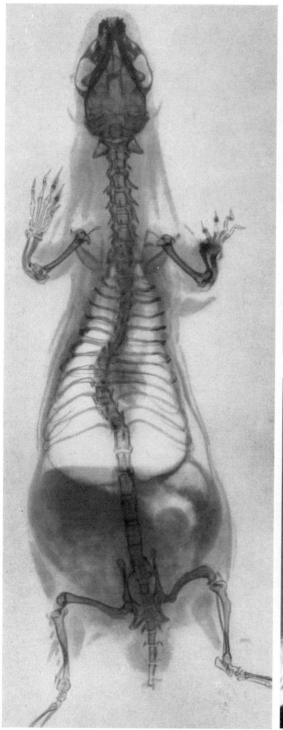
Röntgenaufnahme eines rachitischen Nerzes

Rachitis beim Fuchs

Aujeszkysche Krankheit beim Blaufuchs

Krankheitsmerkmale außergewöhnlich lang ist und über sieben Monate beträgt. Es ergeben sich hier und bei den mikroskopisch nachweisbaren Gehirnveränderungen Übereinstimmungen mit der Traberkrankheit der Schafe. Die Ansteckung erfolgt durch Futterfleisch, das mit dem Erreger behaftet ist. Bei den erkrankten Tieren ist zunächst die Futteraufnahme gestört, der Kot wird nicht mehr an bestimmten Stellen, sondern wahllos im Gehege abgesetzt. Die Tiere sind sehr unruhig, haben einen ungewöhnlich starren Blick und zeigen bei fortschreitendem Krankheitsverlauf *Lähmungserscheinungen*. Besonders charakteristisch für Encephalopathie ist eine eigentümliche, eichhörnchenartige *Schwanzhaltung*. Nach längerem Krankheitsverlauf tritt unter fortschreitender Verschlechterung des Allgemeinzustandes der Tod ein.

Bei den in mäßigem bis schlechtem Nährzustand befindlichen Tieren finden sich an den inneren Organen keine spezifischen Veränderungen. Im Gehirn sind bei der mikroskopischen Untersuchung Degenerationserscheinungen zu erkennen, so daß die Diagnose im tierärztlichen Untersuchungsinstitut gesichert werden kann.

Eine Behandlung erkrankter Tiere verspricht keine Aussicht auf Erfolg. Doch ist in betroffenen Farmen der Jungtierbestand, der keine Gelegenheit hatte, sich zu infizieren, als gesund und zuchttauglich anzusehen.

Bakteriell bedingte Krankheiten

Botulismus

Botulismus ist eine Futtervergiftung, die durch ein im Futter enthaltenes Bakteriengift *(Toxin)* entsteht, das von den Botulismus-Bakterien *(Clostridium botulinum)* gebildet wird. Es gibt verschiedene Toxine, von denen sich das Toxin vom Typ C als besonders gefährlich für Nerze erwiesen hat, da fast alle Botulismusfälle in Nerzfarmen durch den Typ C hervorgerufen worden sind. Die wenigen durch den Typ E verursachten Fälle traten nach Verfütterung von Fisch auf, so daß Fischprodukte als Toxinquelle für eventuell durch den Typ E erfolgte Vergiftungen anzusehen sind. Das Bakteriengift entwickelt sich bei Sauerstoffabschluß. Der fertig zubereitete Futterbrei ist daher ein guter Nährboden. Auch dicht gestapelte oder in Milchkannen aufbewahrte Schlachtabfälle bieten eine gute Entwicklungsmöglichkeit für Bakteriengifte.

Der Krankheitsverlauf kann so schnell sein, daß die ersten Erkrankungen schon sechs Stunden nach Verabreichung des fraglichen Futters eintreten. Zu Beginn schwanken die Tiere in der Hinterhand. An den Hinterbeinen einsetzende Lähmungserscheinungen breiten sich über den gesamten Tierkörper aus, so daß die Nerze, wenn sie am Rücken gefaßt und hochgehoben werden, schlaff und kraftlos herabhängen. Ferner sind Speichelfluß, Atemnot, starrer Blick und weite Öffnung der Pupillen zu beobachten. Bei vollständiger Lähmung und Bewegungslosigkeit tritt in kurzer Zeit der Tod ein. Haben die Nerze die ersten 48 Stunden überstanden, besteht Hoffnung, sie am Leben zu erhalten. Wesentlich für den Krankheitsverlauf und das Ausmaß der Verluste ist die Menge des aufgenommenen Bakteriengiftes, wobei es schlimmstenfalls zum schlagartigen Verlust aller Nerze des Bestandes kommen kann.

An den inneren Organen der toten Tiere finden sich keine charakteristischen Veränderungen. Meistens liegen nur unspezifische Stauungserscheinungen vor. Auch die bakteriologische Untersuchung von Herz, Lunge, Leber, Milz, Gehirn und Blut bringt negative Resultate. Der Nachweis des Erregers oder des Toxins aus dem Magen-Darm-Kanal gelingt ebenfalls nicht immer. Dem Untersuchungsinstitut ist daher eine größere Anzahl von Tieren einzusenden, wobei vorwiegend die zuerst eingegangenen Nerze auszuwählen sind, da bei diesen der Toxinnachweis im Mageninhalt am besten gelingt. Es ist zweckmäßig, den Einsendungen bei Botulismus-Verdacht eine Futterprobe beizufügen, die von den Resten des noch in den Gehegen eingegangener Nerze zu findenden Futters zu nehmen ist. Behandlung kranker Tiere ist nicht erfolgversprechend. Die für den entsprechenden Toxintyp spezifischen Gegengifte (Antitoxine) müßten sofort verabreicht werden. Eine derartige Behandlung läßt sich aber unter praktischen Verhältnissen nicht durchführen.

Deshalb kommt der Vorbeuge eine große Bedeutung zu. Sicher ist nur die vorbeugende Impfung des Gesamtbestandes, die im Sommer durchzuführen ist. Eine einmalige Impfung der Tiere verhilft zu einem über ein Jahr anhaltenden Impfschutz. Die Schutzwirkung tritt etwa 14 Tage nach der Impfung ein.

Klebsiellose

Die durch Bakterien der Klebsiella-Gruppe verursachte Klebsiellose ruft bei Nerzen *Abszesse* hervor, die eine ausgesprochen geringe Heiltendenz zeigen. Betroffen ist nur ein geringer Prozentsatz der Tiere einer Farm. Die Übertragung erfolgt zunächst über das Futter, dann kommt es zur Kontaktinfektion bei Nerzen, die zusammen in einem Gehege untergebracht sind.
Bei den erkrankten Nerzen treten Abszesse an verschiedenen Körperstellen auf, die von den Lymphknoten ausgehen, beispielsweise an Schulter, Hals, im Bereich des Nackens und an den Hinterbeinen. Die Tiere verlieren an Appetit, manchmal tritt auch Durchfall auf.
Bei der Sektion verendeter Nerze finden sich bräunlicher Abszeßeiter, Milzschwellung, eitrige Bauchfellentzündung und Blutungen auf den Nieren. Die Diagnose läßt sich durch den Nachweis der Klebsiellen in der bakteriologischen Untersuchung leicht stellen.
Zur Behandlung eignen sich intramuskuläre Streptomycin-Injektionen, die Abszesse sind mit Streptomycin-haltiger Salbe zu behandeln.

Milzbrand

Wegen Übertragungsgefahr auf Menschen ist bei Milzbrand für das Farmpersonal größte Vorsicht geboten. Der Milzbrand wird durch den Milzbrand-Bazillus *(Bacillus anthracis)* verursacht, der sich durch eine außerordentlich widerstandsfähige Dauerform (Sporen) jahrelang infektionstüchtig im Erdboden halten kann.
Bei Nerzen wird eine Infektion durch Verfütterung von infiziertem Fleisch hervorgerufen. Zwei bis zehn Tage nach Aufnahme dieses Futters kommt es zu plötzlichen Todesfällen. Bei langsamerem Krankheitsverlauf sind Appetitsverlust, Erbrechen und allgemeine Körperschwäche vor Eintreten des Todes zu beobachten.
Bei der Sektion eingegangener Tiere findet sich als charakteristisches Merkmal eine starke Schwellung der dunkelrot verfärbten Milz. Blutgefäße und Organe sind mit dunklem, teerartigem Blut gefüllt.
Wegen der Übertragungsgefahr auf den Menschen sind die eingegangenen Nerze ohne vorherige Pelzung zu verbrennen. Bei Verdacht auf Milzbrand muß der Kreistierarzt benachrichtigt werden, von dem die weiteren Maßnahmen angeordnet und Anweisungen zur Desinfektion gegeben werden.

Nekrobazillose

Die Nekrobazillose wird durch den Erreger Fusobacterium necrophorum hervorgerufen. Häufigeres Auftreten der Krankheit ist in Aleuten- und Saphirnerzzuchten festzustellen, in denen rohe Abfälle aus Hühnerschlachtungen verfüttert werden. Ausfälle bei Standardnerzen und anderen Mutationen sind seltener und betreffen nur Einzeltiere.
Die Todesfälle treten meistens plötzlich auf, manche Tiere nehmen einige Tage vor dem Tod weniger Futter auf oder verweigern es ganz. Die Nerze weisen allgemein einen guten Nährzustand auf. Als auffallendstes und charakteristisches Merkmal findet sich in einem Leberlappen ein ausgedehnter, grauweißer, von einer blutigen Randzone umgebener Herd, in einigen Fällen liegen derartige Herde in mehreren Leberlappen vor. Es kommt zur Bauchfellentzündung mit Verklebungen zwischen Leber und Zwerchfell sowie zur Milzschwellung. In Einzelfällen finden sich die genannten Herde auch in der Lunge oder bilden tiefgehende Entzündungsprozesse im Bereich der Maulhöhle am Kiefer, den Lippen oder der Zunge.
Der *Erregernachweis* ist in Untersuchungsinstituten leicht durch Ausstrichpräparate aus den Randzonen der Nekroseherde zu führen. Da die Krankheit bei Nerzen, bei denen die inneren Organe befallen sind, zu spät erkannt wird, können sie nicht erfolgversprechend behandelt werden. Ist allerdings die Maulhöhle betroffen,

ist eine Kombinationsbehandlung mit Penicillin-Streptomycin-Präparaten angezeigt.

Wichtig sind *vorbeugende Maßnahmen*, die vor allem darin bestehen, ungekochte Abfälle aus Hühnerschlachtungen von der Verfütterung an Nerze mit homozygotem Aleutengen auszuschließen. Der geringe Prozentsatz an Nekrobazillose bei anderen Mutationen und Standardnerzen rechtfertigt die Beibehaltung der Fütterung mit frischem Hühnerschlachtabfall, weil der ökonomische Nutzen dieser Fütterungsweise bei solchen Nerztypen bedeutend höher zu veranschlagen ist als der nachgewiesene Schaden.

Pararauschbrand

Aus der Gruppe der Gasbranderreger ist der Pararauschbrandbazillus *(Clostridium septicum)* für die Nerzzucht bedeutungsvoll. Der Erreger kommt in faulenden Materialien, im Heu, Stroh und an verschiedenen Gebrauchsgegenständen vor.

Beim Pararauschbrand beschränken sich die Verluste, die meistens nach Wunden oder Geburten auftreten, allgemein auf Einzeltiere. 24 bis höchstens 120 Stunden nach der Infektion setzen Krämpfe ein, die sich eine oder mehrere Stunden hinziehen, bis der Tod eintritt. Von den Nerzen, die Krankheitssymptome zeigen, überlebt keiner die Erkrankung. Bei den eingegangenen Nerzen ist die Unterhaut durch eine gelbrote, blutige Flüssigkeit sulzig verquollen. Die Muskulatur ist dunkelrot verfärbt und brüchig. Ferner ist eine Milzschwellung, oft Gelbfärbung und Brüchigkeit der Leber festzustellen.

In Klatschpräparaten von der Zwerchfellseite der Leber und aus dem veränderten Unterhautbindegewebe lassen sich die stäbchenförmigen Erreger, die in kettenförmigen Verbänden liegen, bei der Laboruntersuchung nachweisen. Eine Heilimpfung erkrankter Tiere mit Pararauschbrandserum ist wenig erfolgversprechend.

Pasteurellose

Durch Pasteurellose, die durch das Bakterium *Pasteurella multocida* verursacht wird, kommt es in Nerzfarmen meistens nur zu einzelnen Todesfällen, da Nerze relativ widerstandsfähig gegenüber den Pasteurellen sind. Die Bakterien treten daher meistens zusammen mit anderen Krankheiten wie zum Beispiel Staupe auf, wenn die Widerstandsfähigkeit des Körpers herabgesetzt ist.

An Pasteurellose erkrankte Tiere zeigen Freßunlust und Atembeschwerden. Die Sektion ergibt Lungen- und Brustfellentzündung, eventuell Bauchfellentzündung. In der Herzmuskulatur finden sich flächenhafte oder punktförmige Blutungen. Die Diagnose läßt sich nur durch den Erregernachweis bei Laboruntersuchung stellen. Zur Behandlung erkrankter Tiere kann *Pasteurella-Serum* in einer Dosierung von 5 ml je Tier eingesetzt werden.

Pseudomonas-Infektion

Das Bakterium *Pseudomonas aeruginosa* ist in der Natur weit verbreitet, doch kommen Infektionen bei Nerzen relativ selten vor. Aber die Ausfälle können bei einer Pseudomonas-Infektion in der betroffenen Farm erheblich sein. Die Ansteckung der Tiere erfolgt zumeist mit bakteriell verunreinigtem Trinkwasser. Der Krankheitsverlauf erstreckt sich nur über wenige Stunden. In einzelnen Fällen kann es bis zu 36 Stunden dauern, bevor der Tod eintritt. Als charakteristisches Merkmal sind Atemnot, Husten und Blutaustritt aus Nase und Maul zu werten.

Bei eingegangenen Tieren ist eine starke Blutfülle der Lunge festzustellen, die Schnittfläche der Lungenlappen ist dunkelrot mit Blutaustritt aus dem Gewebe. Außerdem findet sich Blutfülle in der Milz, den Bronchiallymphknoten, der Luftröhre und den Hirnhäuten. Auch können die Leber gelb gefärbt sein und punktförmige Nierenblutungen auftreten. Die Diagnose muß durch den Erregernachweis in der bakteriologischen Untersuchung gesichert werden. Zur Behandlung können *Sulfathiazol* und *Streptomycin* eingesetzt werden, doch ist wegen des schnellen Krankheitsverlaufes eine Behandlung oft nicht durchführbar. Wichtig ist, die Infektionsquelle auszuschalten, wobei die Wasserversorgungsanlage besonders zu berücksichtigen ist.

Wassertanks können mit 0,5prozentiger *Formalin*-Lösung desinfiziert werden, die 24 Stunden in den Tanks gelassen wird. Kranke Tiere sind zu isolieren, die Gehege und Kästen müssen vor der Neubesetzung gereinigt und desinfiziert werden.

Rodentiose (Pseudotuberkulose)

Die durch *Yersinia pseudotuberculosis* hervorgerufene Rodentiose ist hauptsächlich eine Erkrankung der Nagetiere und wird in Nerzfarmen kaum festgestellt. Als Infektionsquelle für Nerze kommen Organe an Rodentiose erkrankter Hasen und Kaninchen in Frage. Vorbeugend sind daher Organe dieser Tiere mit Rodentioseverdacht (gelbweiße, knotige Herde in Leber, Milz, Nieren und am Darm) von der Verfütterung auszuschließen.

Rotlauf

In Nerzfarmen spielt diese durch Rotlaufbakterien *(Erysipelothrix rhusiopathiae)* verursachte Krankheit nur eine untergeordnete Rolle. Da es durch Fütterungsversuche nicht gelingt, Rotlauf bei gesunden Nerzen hervorzurufen, muß bei Erkrankung die Widerstandskraft stark vermindert sein. Erkrankte Nerze haben Krämpfe, bevor sie im Zustand der Teilnahmslosigkeit eingehen. Die Organveränderungen bestehen in Leber- und Milzschwellung sowie punktförmigen Blutungen auf der Leber und den Nieren. Zur Behandlung erkrankter Tiere können bei rechtzeitigem Erkennen der Krankheit *Penicillinpräparate* (150000 IE) angewandt werden.

Salmonellose

Die auch als Paratyphus bezeichnete Salmonellose wird durch eine große Gruppe von Bakterien hervorgerufen, die als Salmonellen bezeichnet werden und die mehr als 1 000 Typen umfaßt. Am bekanntesten in der Nerzzucht sind die Typen *S. typhi murium, S. dublin* und *S. cholerae suis, var.* Kunzendorf geworden. Gesunde Nerze sind den Salmonellen gegenüber relativ widerstandsfähig, so daß Verluste durch diese Krankheit kaum auftreten. Erhöhte Anfälligkeit besteht bei Tieren, die durch andere Krankheiten geschwächt sind, so daß beispielsweise bei einer Staupeinfektion nicht selten Salmonellen nachgewiesen werden. Bei tragenden Fähen kann eine Salmonelleninfektion zum Verwerfen führen.

Salmonellen können mit Schlachtabfall und Eiern in das Futter gelangen. Wird das Futter unsachgemäß gelagert oder bleibt zubereitetes Futter in der warmen Jahreszeit längere Zeit stehen, können sich die Bakterien erheblich vermehren und somit zu Erkrankungen der Nerze führen.

Die Krankheit äußert sich in einem mehr oder weniger stark ausgeprägten Durchfall, den die Tiere meistens nach kurzer Zeit, ohne daß es zu größeren Verlusten kommt, überstehen. Bei eingegangenen Tieren sind Leber und Milz geschwollen und die Darmschleimhaut gerötet. Fähen, die verworfen haben, weisen eine Gebärmutterentzündung auf. Der Bakteriennachweis ist in tierärztlichen Laboratorien leicht zu führen.

Zur Behandlung eignen sich *Sulfaguanidin* in einer Dosierung von 30 g je 100 Tiere oder Antibiotika-Präparate. Sulfaguanidin wird drei Tage hintereinander mit dem Futter verabfolgt.

Streptokokken-Infektion

Streptokokken sind weit verbreitet, so daß Streptokokken-Infektionen nicht selten auftreten. Die Infektion kann einen sehr unterschiedlichen Verlauf nehmen. Am häufigsten sind Wundinfektionen in Verbindung mit anderen Bakterienarten (z. B. Staphylokokken), die bei Jung- und Alttieren zu beobachten sind. Von Allgemeininfektionen durch streptokokkenhaltiges Futter sind vorwiegend Welpen betroffen.

Abszesse treten meistens im Bereich des Kopfes auf. Auch der Hals kann anschwellen. Diese Abszesse entwickeln sich aus Verletzungen in der Mundhöhle, die durch Gräten oder Knochenstücke entstanden sind. Sie dehnen sich dann auf die betroffene Kopfseite bis zur Mitte des Schädels aus. In vielen Fällen heilt der Abszeß vollständig ab, nachdem er vorher aufge-

brochen war. Andererseits schließt sich, ausgehend von diesen Abszessen, eine Allgemeininfektion an, die zum Tode der Tiere führt.
Die Abszesse sind daher rechtzeitig zu öffnen und die Abszeßhöhle mit einer *Penicillinsalbe* (z. B. Mamycin-Eutersalbe) anzufüllen. Unterstützend können *Penicillin-Injektionen* in einer Dosierung von 150 000 IE gegeben werden.
Nach dem Verfüttern von streptokokkenhaltigem Fleisch kann es zur Infektion der Jungtiere kommen, die sich in Freßunlust, Teilnahmslosigkeit, Lähmung und Durchfall äußert. Bei eingegangenen Tieren finden sich neben geschwollenen Darmlymphknoten Blutungen in der Darmschleimhaut. Leber, Milz und Lunge können grauweiße Herde aufweisen.
Die erkrankten Nerze sollen auch hier mit Penicillin-Präparaten behandelt werden. Vor der Neubesetzung sind die Gehege erkrankter Tiere zu reinigen und zu desinfizieren.

Tuberkulose

Die Tuberkulose, die in früheren Jahren in Nerzfarmen zu beträchtlichen Verlusten führte, hat heute keine wirtschaftliche Bedeutung mehr. Als Erreger der Tuberkulose sind die Tuberkelbakterien der drei bekannten Typen *Mycobacterium tuberculosis,* menschlicher Typ, *Mycobakterium bovis,* Rindertyp, *Mycobacterium avium,* Geflügeltyp festgestellt worden. Während in amerikanischen Nerzfarmen vielfach der Geflügeltyp nachgewiesen wurde, sind in europäischen Farmen Tuberkelbakterien des Rindertyps vorherrschend gewesen.
Da die Tuberkulose einen chronischen Krankheitsverlauf nimmt, treten bei den Welpen seltener als bei den Alttieren Verluste auf. Besonders anfällig gegenüber Tuberkulose sind Saphirnerze. Die *Infektion* erfolgt fast immer durch das Futter, eine Verbreitung von Tier zu Tier spielt in der Praxis keine Rolle. Die Krankheit verläuft in den meisten Fällen schleichend. Der Appetit der erkrankten Tiere läßt bei erhöhter Wasseraufnahme allmählich nach. Die Nerze magern ab, das Fell wird struppig und glanzlos, doch kann es auch zum plötzlichen Tode noch gut ernährter Tiere kommen.

Bei den eingegangenen Nerzen sind die Darmlymphknoten geschwollen und verkäst, die Milz und oft auch die Leber ebenfalls geschwollen, Lunge und Darmwand häufig von weißen Herden durchsetzt. Die Nieren weisen ebenfalls weiße Herde oder punktförmige Blutungen auf. Die *Diagnose* wird durch Nachweis der Tuberkelbakterien in den Organveränderungen gesichert.
Da eine Behandlung erkrankter Tiere nicht erfolgversprechend ist, muß die Krankheitsbekämpfung auf *vorbeugenden Maßnahmen* basieren. In von Tuberkulose befallenen Beständen ist eine Einschränkung der Verluste durch Verfütterung von Isoniazid (INH) in einer Dosierung von 4 mg pro Tier und Tag über 4 Wochen möglich. Tuberkulöse Schlachtabfälle sind in rohem Zustand als Nerzfutter ungeeignet, doch werden die Tuberkelbakterien durch Abkochen von verdächtigem Schlachtabfall und Futterfleisch vernichtet.

Erkrankungen durch Hautpilze

Bei Nerzen kann eine mit starker Borkenbildung verbundene Hautkrankheit auftreten, hervorgerufen durch die Pilzgattung *Trichophyton.* An den mit grauen borkigen Belägen bedeckten Hautstellen verlieren die Tiere Grannen und Unterwolle. Um Übertragung zu verhindern, sind die befallenen Tiere aus dem Bestand zu nehmen. Eine Behandlung ist mit *Griseofulvin*-Präparaten, die mit dem Futter verabfolgt werden, zu versuchen.

Parasitär bedingte Krankheiten

Unter tierischen Parasiten sind speziell tierische Organismen zu verstehen, die sich vorübergehend oder dauernd in oder auf einem anderen tierischen Organismus aufhalten und diesen durch ihre Anwesenheit schädigen. Hinzurechnen muß man in weiterem Sinne die Lebewesen, die auf oder in einem anderen Tier leben, ohne aber den Wirtsorganismus zu schädigen. Nach ihrem Sitz im Wirtstier sind innere (Endoparasiten) und äußere (Ektoparasiten) zu unterscheiden.

Die *Endoparasiten* haben heute in der Nerzzucht keine wirtschaftliche Bedeutung mehr. Das liegt daran, daß die Nerze in Hochgehegen auf Drahtböden gehalten werden. Da durch diese hygienische Haltungsweise der Nerzkot durch den Draht fällt und die Tiere nicht mehr damit in Berührung kommen, ist der Entwicklungszyklus eventuell vorhandener Parasiten unterbrochen.

Von den gelegentlich bei Nerzen festgestellten Innenparasiten können *Kokzidien* sowie die Saugwürmer *Apophallus muehlingi* und *Tocotrema lingua* örtliche Bedeutung erlangen. Die durch Kokzidien hervorgerufene Kokzidiose kann bei Nerzwelpen zu Krankheitserscheinungen führen. Die Tiere magern ab, haben Durchfall und Lähmungserscheinungen. Derartige Fälle sind aber außerordentlich selten. Die von Darmsaugwürmern befallenen Nerze lassen fast nie Krankheitsmerkmale erkennen. Nur bei starkem Befall kann es zu Durchfall kommen. Ein Befall mit Endoparasiten läßt sich durch Kotuntersuchungen in einem tierärztlichen Untersuchungsinstitut nachweisen. Erforderlichenfalls ist eine Behandlung nach tierärztlicher Anweisung einzuleiten.

Von den Ektoparasiten können Flöhe zu einem Massenbefall bei Nerzen führen und starke Belästigungen der Tiere und des Farmpersonals hervorrufen. Flöhe entwickeln sich über ein Larvenstadium in Staub, Streumaterial, Spalten der Schuppenkonstruktionen und auf dem Boden des Farmgeländes. Um sie zu bekämpfen, muß das Farmgelände zunächst gründlich gereinigt werden. Anschließend werden Erdboden und Kästen mit einem Insektenbekämpfungsmittel behandelt. Gut geeignet sind Präparate auf Lindan-Basis. Die Flohbekämpfungsaktion ist nach 10 bis 14 Tagen zu wiederholen. Müssen Fähen mit Saugwelpen behandelt werden, so ist darauf zu achten, daß nur solche Mittel eingesetzt werden, die auch für Saugwelpen verträglich sind.

Organkrankheiten

Verletzungen

Bißwunden und andere Oberflächenverletzungen der äußeren Haut zeigen zumeist gute Heiltendenz. Größere flächenhafte Wunden, die die Fähen vorwiegend nach der Ranz infolge von Bissen durch Rüden an der Schwanzwurzel haben, können mit *Chromotinktur* eingepinselt werden. Bei eitrigen Prozessen trägt man die unterhöhlten Hautpartien ab. Die Behandlung erfolgt mit Antibiotika-Salbe (z. B. Mamycin). Bißverletzungen an der Schwanzwurzel entstehen auch durch Selbstverstümmelung. Dazu kann es durch verstopfte, entzündete oder vereiterte Stinkdrüsen kommen. In solchen Fällen tritt sofortige Besserung ein, wenn durch Druck eine Entleerung der Stinkdrüsen vorgenommen wird.

Im Bereich des Kopfes und am Hals auftretende Abszesse sind vielfach durch Infektion mit Streptokokken oder Klebsiellen verursacht. Behandlungsmaßnahmen sind unter den betreffenden Infektionskrankheiten aufgeführt.

Bei Welpen ist in den ersten Lebenswochen mitunter eine Hauterkrankung zu beobachten, bei der Pusteln im Genick entstehen. Bewährt hat sich hierbei eine *Penicillin-Salbe,* die in die befallene Genickpartie eingerieben wird.

Erkrankungen der Maulhöhle

Schwere Zungenverletzungen, bei denen es zunächst zum Anschwellen der Zunge, dann zum Absterben des Zungengewebes kommt, entstehen dadurch, daß sich Ringe von Geflügelluftröhren oder Blutgefäßquerschnitte über die Zunge bis zum Zungengrund schieben und die Zunge abschnüren. Um den Verlust des Tieres zu verhindern, muß der Ring durch Auftrennung mit einer Schere frühzeitig entfernt werden.

Besonders Gelenkköpfe von Geflügelbeinen können sich an den hinteren Backenzähnen des Nerzes festklemmen. Dadurch ist die Futteraufnahme völlig unterbunden. Bei einzeln untergebrachten Tieren fällt es sofort auf, wenn sich zwischen Ober- und Unterkiefer ein Fremdkörper eingeklemmt hat, denn das Tier läßt das

Futter völlig unberührt. Sind mehrere Tiere in einem Gehege, ist größere Aufmerksamkeit erforderlich, um zu erkennen, ob eines der Tiere die Kiefer nicht vollständig schließen kann. Der Nerz ist aus anatomischen Gründen außerstande, den Fremdkörper zu entfernen. Der Züchter dagegen kann mit einer Pinzette leicht den auf einem Backenzahn des Tieres festsitzenden Knochenrest beseitigen.

Erkrankungen der Atmungsorgane

Lungenentzündungen können bei Nerzen durch Erkältung hervorgerufen werden und innerhalb weniger Stunden zum Tode führen. Die Krankheit macht sich durch erschwertes Atmen kenntlich, vielfach werden vor dem Tod auch gar keine Anzeichen beobachtet. Bei eingegangenen Nerzen ist das Lungengewebe dunkelrot verfärbt und stark durchfeuchtet. Bei längerer Krankheit ist die Brusthöhle mit wäßriger oder eitriger Flüssigkeit angefüllt.
Behandlung erkrankter Tiere kann mit *Penicillin*-Präparaten (150 000 IE) versucht werden, um bakterielle Infektionen zu bekämpfen. Wichtiger und erfolgversprechender sind vorbeugende Maßnahmen. Es ist dafür zu sorgen, daß bei Welpen keine Unterkühlung durch unsachgemäße, zugige oder feuchte Kästen eintritt. Durchnäßten Tieren ist reichlich trockene Einstreu zu geben.

Erkrankungen der Verdauungsorgane

Magen- und Darmentzündungen treten meistens nach unzweckmäßigem oder verdorbenem Futter auf, vor allem bei Jungtieren. Die Beschaffenheit des Kotes, der dünnbreiig bis flüssig ist, weist auf eine Darmentzündung hin. In akuten Fällen ist die Darmschleimhaut gerötet, die Blutgefäße des Darmes sind stark mit Blut gefüllt. Zur *Behandlung* kranker Tiere sind die fraglichen Futterbestandteile vom Futter abzusetzen. An Medikamenten können medizinische Kohle, Adsorgan, Sulfonamid- oder Antibiotika-Präparate zur Anwendung kommen.
Gelegentlich werden bei einzelnen Nerzen *Magengeschwüre* beobachtet. Die Tiere magern ab, ohne daß sich weitere charakteristische Symptome erkennen lassen. In der Magenschleimhaut finden sich scharf abgegrenzte Herde, die auch die Magenwand durchbrechen können, wodurch dann der Mageninhalt in die Bauchhöhle gelangt. Eine Behandlung ist nicht durchführbar, zumal die Krankheit immer zu spät erkannt wird.
Darmvorfälle gibt es, unterschiedlich stark ausgeprägt, vorwiegend bei Welpen. Der hervortretende Mastdarm ist vorsichtig zurückzudrücken, in schweren Fällen sollte der Tierarzt hinzugezogen werden. Da Darmvorfälle in einzelnen Würfen bei mehreren Tieren auftreten, ist eine erbliche Veranlagung nicht auszuschließen, so daß Nerze aus betroffenen Familien nicht zur Zucht angesetzt werden sollten.

Erkrankungen der Harn- und Geschlechtsorgane

Bei Fähen treten *Harnblasensteine* meistens in den Frühjahrsmonaten auf, werden aber bedeutend häufiger bei Jungrüden im Sommer und Herbst festgestellt. Seltener sind Nierensteine. Die Ursache ist nicht restlos geklärt, doch sind bei eingegangenen Tieren in den Harnwegen häufig Staphylokokken und Proteus-Bakterien durch bakteriologische Untersuchungen nachgewiesen worden. In diesen Fällen sind Blasensteine mit Infektionen in Verbindung zu bringen, die von der Harnröhre aufsteigen. Auch Mangel an Vitamin A zieht Neigung zu Harnsteinbildung nach sich. Die meistens aus Magnesium-Ammonium-Phosphat bestehenden Blasensteine schwanken in der Größe von Blasengrieß bis zu Steinen mit ungefähr 1 cm Durchmesser. Sie können in der Harnröhre festklemmen oder Entzündungen der Blasenschleimhaut hervorrufen, dadurch Harnrückstauungen verursachen, wodurch es zur Ausweitung und eventuell zur Zerreißung der Blasenwand kommt.
Eine praktisch durchführbare, erfolgversprechende Behandlung gegen Blasensteine bei Nerzen ist nicht möglich. Vorbeugend ist für reichliche Vitamin-A-Zufuhr, gute Haltungs- und Fütterungshygiene zu sorgen. In Farmen, wo häufig Blasensteinerkrankungen auftreten, kann

als vorbeugendes Mittel *Ammonium-Chlorid* in einer Dosis von 1 g je Tier und Tag, in Wasser aufgelöst, dem Futter zugesetzt werden. Weiterhin ist es möglich, zur Vorbeuge auf 100 kg Futter 800 g 75prozentige Phosphorsäure zuzugeben, wobei die Säure vorher mit Wasser verdünnt wird (Säure ins Wasser gießen, nicht umgekehrt!). Der Phosphorsäurezusatz ist nach amerikanischen Erfahrungen in der Zeit vom 1. März bis 15. Juni und vom 15. Juli bis November zu geben. Beim Umgang mit der Säure ist Vorsicht geboten, um Verätzungen zu vermeiden.

Gebärmutterentzündungen und Gebärmutterzerreißungen treten bei Fähen während der Trächtigkeit und kurz nach der Wurfzeit auf. Salmonellen-Infektion kann zum Verwerfen führen. Bei übergroß entwickelten Embryonen kommt es zu Geburtsschwierigkeiten, wobei eine Zerreißung der Gebärmutterwand eintreten kann. Bei den eingegangenen Fähen sind Welpen, Welpenreste und schmierige gelbe Massen in der Bauchhöhle zu finden. Geburtsschwierigkeiten treten ferner auf, wenn zu kleine, schlecht entwickelte Fähen, die an Rachitis erkrankt waren, zur Zucht genommen werden. Der Geburtsvorgang kann auch dadurch gestört sein, daß Welpen mit Mißbildungen den Geburtsweg blockieren. Eine dieser Mißbildungen ist der Winkelnacken, bei dem der Anfangsteil der Halswirbelsäule übermäßig gekrümmt ist und der Kopf des Welpen gegen die Brust gepreßt wird.

Bei Geburtshindernissen ist zunächst zu versuchen, die eventuell in den Geburtswegen steckengebliebenen Welpen vorsichtig aus der Scheide herauszuziehen. In schwierigen Fällen können die Welpen durch Kaiserschnitt gerettet werden. Sind Salmonellen die Ursache des Verwerfens, so ist eine tierärztliche Behandlung des gesamten Bestandes mit *Sulfonamid*- oder *Antibiotika*-Präparaten durchzuführen.

Vergiftungen

Zu *Kochsalzvergiftungen* kann es kommen, wenn die Tiere bei salzhaltigem Futter nicht ausreichend mit Trinkwasser versorgt werden. Eine Verträglichkeitsgrenze ist nicht anzugeben, da die Auswirkung von Salzgaben an Pelztiere von der Versorgung der Tiere mit Wasser abhängt. Steht den Tieren genügend Wasser zur Verfügung, vertragen erwachsene Nerze Kochsalzzusätze von mehr als 5 g pro Tier ohne Schaden des Gesundheitszustandes.

Vergiftungserscheinungen, die sich nach etwa 20 Stunden zeigen, bestehen in unruhigem Verhalten, Appetitverlust, starkem Durst, Speichelfluß, Lähmungserscheinungen und Krämpfen. Verschiedentlich ist Durchfall zu beobachten. Der Tod tritt nach ein bis zwei Tagen ein.

Eingegangene Tiere weisen eine Flüssigkeitsansammlung in der Brusthöhle, Stauungserscheinungen an der Lunge sowie stark mit Blut gefüllte und mit punktförmigen Blutungen übersäte Nieren auf. In der Magenschleimhaut sind oft Geschwüre zu erkennen, die Blutgefäße des Darmes zeigen eine starke Blutfülle, die Darmwand ist erschlafft. Bei Kochsalzvergiftungen ist sofort für reichlich Trinkwasser zu sorgen, gute Wirkung zeigen Injektionen von 5%iger Glukose-Lösung.

Bleivergiftungen können durch bleihaltige Farben entstehen. Hierbei treten nervöse Störungen, unsicherer Gang und Krämpfe, Erbrechen, Augenausfluß und in chronischen Fällen Abmagerung und Schwäche auf. Während bei akuten Vergiftungen Stauungen in Lunge und Milz sowie Blutansammlungen im Magen und Darm vorzufinden sind, zeigen sich bei chronischen Bleivergiftungen Abmagerung, gelbe Verfärbung von Fett, Leber und Nieren sowie Blutaustritte im Magen und Darm. Bei erkrankten Tieren ist sofort zu verhindern, daß sie weiterhin bleihaltige Stoffe aufnehmen können, dem Futter ist zwei Monate lang Kalziumphosphat oder Kalziumglukonat in einer Dosierung von 1,5 g je Tier und Tag sowie gleichzeitig Vitamin D zuzusetzen, wodurch Bleiablagerung in den Knochen erreicht werden soll.

Rattengiftpräparate auf Cumarin-Basis führen bei mehrtägigem Einwirken zu plötzlichen Todesfällen, bei denen umfangreiche Blutungen in den inneren Organen oder in der Unterhaut auftreten. Gute Behandlungserfolge lassen sich bei sofortiger Anwendung von Vitamin K_1-Injektionen erzielen.

Insektenbekämpfungsmittel auf Pyrethrum-, Derris- und DDT-Basis, die von älteren Welpen und ausgewachsenen Tieren gut und reaktionslos vertragen werden, können bei jungen Saugwelpen zu Vergiftungen führen. Bei Durchführung von Flohbekämpfungsmaßnahmen ist auf die Anwendung für den jeweiligen Zweck geeigneter Präparate zu achten.

Erbkrankheiten

Wasserkopf

Hin und wieder fallen Nerzwelpen an, die einen übermäßig hohen Kopf haben, der sich ständig vergrößert, während das Tier in der Gesamtentwicklung hinter seinen Wurfgeschwistern zurückbleibt. Außerdem stellen sich Bewegungsstörungen ein, die Tiere überleben allgemein die ersten beiden Monate nicht. Bei der Sektion findet man eine mit wäßrig blutiger Flüssigkeit angefüllte Schädelkapsel. Das Gehirn ist durch den entstandenen Druck an die Schädelknochen gedrückt, deren knöcherne Verbindung unvollkommen geschlossen ist.

Eine Behandlung des Wasserkopfes ist nicht möglich. Da hier Erbfaktoren eine Rolle spielen, sind Geschwister und Elterntiere solcher Welpen von der Zucht auszuschließen.

Haarlosigkeit

Welpen mit sehr schütterem Haarwachstum oder nur am Kopf, an den Füßen und am Schwanz behaart, sterben meistens in den ersten Lebensmonaten. Auch hier sind erbliche Anlagen die Ursache, so daß der betroffene Tierstamm nicht weiter zur Zucht benutzt werden sollte.

Mangelkrankheiten

Zur Regulierung der Stoffwechselvorgänge sind bestimmte Substanzen erforderlich, die unter der Bezeichnung «Vitamine» zusammengefaßt werden. Durch ein vielseitig zusammengesetztes Futter läßt sich der Bedarf der Edelpelztiere an diesen Stoffen decken, zumal durch Bakterien im Darmkanal Eigenproduktion verschiedener Vitamine erfolgt.

Vitaminmangelerscheinungen können bei einseitigem Futter oder Futtermitteln mit vitaminzerstörenden Stoffen auftreten und bei den Tieren zu Krankheiten und Todesfällen führen. Die besondere Problematik dieser Krankheitsgruppe besteht darin, daß zwar offensichtliche Erkrankungen mit Todesfällen erkannt und durch entsprechende Maßnahmen bekämpft werden können, daß sich aber der Vitaminmangel vielfach nur in ungenügender Entwicklung der Tiere oder des Felles äußert und dann vom Pfleger häufig unerkannt bleibt.

Die *Vitamine* werden nach ihrem natürlichen Vorkommen in *fettlösliche* und *wasserlösliche* eingeteilt. Von praktischer Bedeutung ist, daß fettlösliche Vitamine im Tierkörper besser gespeichert werden können und die gebildeten Depots bei mangelhafter Zufuhr verfügbar sind. Zwischen den einzelnen Vitaminen bestehen vielfache Wechselwirkungen, die sich besonders bei den Vitaminen des B-Komplexes bemerkbar machen.

Zu den fettlöslichen zählen die Vitamine A, D, E und K, zu den wasserlöslichen die Vitamine des B-Komplexes und das Vitamin C. Doch ist es möglich, die fettlöslichen Vitamine in Form wasserlöslicher Präparate technisch herzustellen.

Vitamin-A-Mangel

Der Bedarf des Nerzes an Vitamin A pro Tag wird für Zuchttiere mit 1000 IE, für Welpen mit 500 IE angegeben. Durch Zusatz von zwei bis drei Prozent Leber im Futter oder durch Verfüttern frischer Fische ist der Bedarf an diesem Vitamin zu decken, so daß bei normaler Fütterung mit Vitamin-A-Mangel nicht zu rechnen ist. Nerze besitzen zwar die Fähigkeit, Vitamin A in einer Menge zu speichern, die einem zweimonatigen Bedarf entspricht, aber neugeborene Welpen haben keine Vitamin-A-Reserven, so daß der Bedarf über die Milch der Mutter gedeckt werden muß. Deshalb ist an die Fähen in der Zeit vor dem Werfen und während der Säugeperiode Futter mit hohem Vitamin-A-Gehalt zu verabfolgen. Auch das Futter, das die Welpen im Alter von vier Wochen aufnehmen, soll einen hohen Gehalt an Vitamin A aufweisen, damit im Jungtierkörper frühzeitig ein Vitamin-A-Depot entsteht.

Mangelerscheinungen zeigen sich in schlechtem Wachstum und allgemeiner Lebensschwäche der Welpen. Gleichzeitig ist die Widerstandskraft gegenüber Infektionskrankheiten herabgesetzt. Vitamin-A-Mangel wird außerdem mit der Bildung von Harnblasensteinen in Verbindung gebracht. Bei Zusatz von Vitamin A zum Futter ist wasserlöslichen Präparaten der Vorzug zu geben, da sie sich besser verteilen.

Vitamin-D-Mangel

Vitamin D ist bedeutungsvoll für den Umsatz von Kalzium und Phosphor im Tierkörper. Als Tagesbedarf werden 100 IE genannt, wobei der Bedarf mit sinkendem Kalzium-Phosphor-Gehalt im Futter ansteigt. Mangelerscheinungen äußern sich in gestörter Skelettbildung und führen bei Welpen durch schlechtes Zusammenwirken zwischen Vitamin D, Kalzium und Phosphor zur Rachitis. Diese Krankheit tritt auf, wenn vorwiegend reines Futterfleisch oder Fischfilet gegeben wird, weil dadurch ein Unterangebot an Kalzium und Phosphor eintrtitt. Bei den im Wachstum zurückbleibenden Welpen verkrümmt die Wirbelsäule, und es entstehen Formveränderungen an den Knochen der Gliedmaßen. Die Tiere haben einen kurzen Körper mit verhältnismäßig großem Kopf und meistens im Bereich der Schulterblätter ein geknicktes Rückgrat, sie bewegen sich in kurzen Sprüngen durch das Gehege und lassen häufig Atemnot erkennen.

Die Behandlung der an Rachitis leidenden Welpen erfolgt durch Verabreichen von Vitamin D und Umstellen des Futters auf Rationen, die reichlich Mineralstoffe enthalten. Doch sind die Nerze, bei denen Veränderungen am Knochengerüst zurückbleiben, nur als Pelzungstiere zu verwenden (Geburtsschwierigkeiten).

Vitamin-E-Mangel

Vitamin E ist als *Fruchtbarkeitsvitamin* bekannt, doch übernimmt es auch wichtige Funktionen im Gesamtstoffwechsel der Tiere. Als Bedarf für einen Nerz werden 1 bis 3 mg pro Tag genannt. Da Vitamin E als Antioxydans wirkt, sollen beim Verfüttern von Fettfischen pro Tier täglich 2 mg gegeben werden, während sonst 1 mg durchaus ausreicht. In der Nerzzucht ist Vitamin E bedeutungsvoll bei der Bekämpfung einer Erkrankung, die als *Steatitis* oder *Gelbfettkrankheit* bezeichnet wird. Diese Krankheit tritt auf, wenn das Futter einen hohen Gehalt an ungesättigten Fettsäuren bei gleichzeitigem Mangel an Vitamin E aufweist. An erster Stelle sind von den in dieser Beziehung gefährlichen Fetten Heringsöle, Trane und länger gelagertes Pferdefett zu nennen. Rindertalg und Schweinefett sind in dieser Beziehung ungefährlich.

Empfänglich für Gelbfettkrankheit sind Jungtiere, Verluste bei Alttieren kommen selten vor. Die Gelbfettkrankheit ist also eine ausgesprochene Jungtiererkrankung, die vorwiegend in den Monaten Juli und August, aber auch hin und wieder in den Herbstmonaten auftritt. Vorwiegend betroffen sind die größeren Welpen eines Wurfes, da die am schnellsten wachsenden Tiere auch den größten Nahrungsbedarf haben und am meisten Futter aufnehmen.

Die *Krankheitsmerkmale* sind bei lebenden Tieren wenig charakteristisch. Meistens werden vom Pfleger in den Gehegen tote Nerze gefunden, die am Tage zuvor noch normal und gesund erschienen. Bei genauer Durchsicht des Bestandes fallen allerdings einzelne Tiere auf, die einen trägen Eindruck machen oder fast bewegungslos liegen. Auch wird manchmal verminderter Appetit beobachtet. Merkmale dieser Art können sich bei 50 % des Welpenbestandes bemerkbar machen.

Obwohl die unspezifischen Symptome am lebenden Nerz eine klare Diagnose erschweren, ist doch der Sektionsbefund als typisch zu bezeichnen. Bereits bei der Pelzung fallen starke Ödeme auf, so daß der Tierkörper aussieht, als wäre er in Wasser getaucht. Die Muskulatur ist blaßgraurosa verfärbt, das meist reichlich vorhandene Körperfett hat eine auffallend gelbe Farbe. Die hellrot verfärbte Milz ist geschwollen und weist oft Blutungen auf.

In den meisten Fällen geht der Steatitis eine

vermehrte Fütterung von Fettfischen wie Hering, Makrele und Tobias voraus. Wird in einer Farm die Gelbfettkrankheit festgestellt, ist das Futter sofort umzustellen, die als gefährlich genannten Bestandteile sind vom Futterzettel abzusetzen und möglichst durch frischen Dorsch oder frische Schlachtabfälle zu ersetzen. Gut bewährt hat sich die Zugabe eines Vitamin-E-Präparates zum Futter in einer Dosierung von 1,5 g je 100 Tiere.
Bei Heringsfütterung ist dem Futter vorbeugend Vitamin E zuzusetzen, wobei 1,5 g für 400 Tiere empfohlen werden. Auch frische Weizenkeime wirken sich günstig aus. Es sei nicht unerwähnt, daß ein Zusatz von Lebertran zum Futter manchmal gefährlich ist und bei Vitamin-E-Mangel ebenfalls zu Steatitis führen kann. Zu nennen sind hier vor allem die qualitativ minderwertigen Trane.
Ein Vitamin-E-Mangel kann sich auch in *Muskeldegenerationen* ohne Auftreten der gelben Verfärbung des Fettes äußern oder zu plötzlichen Todesfällen meist gut genährter Jungrüden führen. Auch bei diesen Krankheitsformen ist die Bestandsbehandlung in der bei der Gelbfettkrankheit angegebenen Dosierung vorzunehmen.

Vitamin-K-Mangel

Der Bedarf an Vitamin K, für Blutgerinnungsvorgänge bedeutungsvoll, wird durch natürliches Vorkommen im Futter und Bildung im Darmkanal der Tiere gedeckt. Ein Zusatz zum Futter ist daher nicht erforderlich.
Treten allerdings Vergiftungen durch Rattengift auf Cumarin-Basis auf, kann die Behandlung der Tiere mit Vitamin-K-Präparaten (z. B. Kanavit) erforderlich werden, wodurch sich ein guter Heilerfolg erzielen läßt.
Charakteristisches Merkmal bei Vergiftungen durch Rattengift auf Cumarin-Basis sind umfangreiche Blutungen, die sowohl in der Unterhaut als auch in den inneren Organen zu beobachten sind.

Vitamin-B-Komplex-Mangel

Der Vitamin-B-Komplex umfaßt verschiedene wasserlösliche Vitamine. Meistens ist bei Mangel von einem Vitamin B auch die Versorgung mit den anderen Vitaminen dieser Gruppe gestört, so daß die Behandlung erkrankter Tiere mit einem Vitamin-B-Komplex-Präparat erfolgen soll.
Vorherrschend in Nerz- und Fuchsfarmen sind *Vitamin-B_1-Mangelerscheinungen*. Vitamin B_1 (Thiamin) spielt beim Ablauf des Kohlenhydratstoffwechsels eine wichtige Rolle. Mangelerscheinungen sind aus der Fuchszucht seit 1932 unter der Bezeichnung *Chastek-Paralyse* bekannt. In einer amerikanischen Silberfuchsfarm wurden längere Zeit eingefrorene Karpfen verfüttert, bis die Füchse abmagerten und unter Krämpfen und Lähmungen eingingen. Nach Änderung der Fütterung gesundete der übrige Bestand. Bei Nerzen werden häufiger Erkrankungen an Vitamin-B_1-Mangel beobachtet. Die Ursache hierfür liegt in der Fütterungsweise. Farmen, deren Futtergrundlage vorwiegend aus Dorsch besteht oder die fast ausschließlich Fleisch und Schlachtabfälle geben, bleiben von dieser Mangelkrankheit verschont.
In der Praxis tritt ein Vitamin-B_1-Mangel hauptsächlich dort auf, wo das Futter zu einem bestimmten Prozentsatz aus Bleien besteht. Dieser Fisch enthält ein Vitamin-B_1-zerstörendes Enzym, *Thiaminase* genannt. Werden Bleie roh als Grundfutter gegeben, so hat sich auch ein Zusatz von Vitamin-B-haltigen anderen Futtermitteln als zwecklos erwiesen, da das hierin enthaltene Vitamin B_1 ebenfalls zerstört wird.
Außer Bleien enthalten auch andere Fische die Thiaminase, von denen vor allen Dingen Karpfen, Güster, Nordseehering und Hornfisch zu nennen sind. Mangelerscheinungen machen sich bei den Welpen meistens im Juni oder Juli bemerkbar. Die Tiere haben zunächst weniger Appetit und magern ab. Später treten nervöse Krankheitssymptome in den Vordergrund, die Welpen bekommen einen schwankenden Gang und Krämpfe, bei denen der Kopf oftmals stark zurückgebogen wird. Die Krampfanfälle werden häufig durch Aufregung der Tiere ausgelöst.

Bemerkenswert ist das plötzliche Auftreten der Krankheitssymptome. Altfähen werden von dieser Krankheit ebenfalls betroffen, Altrüden dagegen seltener. Kommt es zum Vitamin-B_1-Mangel während der Tragezeit, in der sich der Bedarf bei den Fähen etwa verdoppelt, ist mit schlechten Wurfergebnissen zu rechnen. Bei eingegangenen Tieren finden sich an den inneren Organen keine spezifischen Merkmale.

Ein schneller, durchschlagender *Behandlungserfolg* ist durch Injektion eines Vitamin-B-Komplex-Präparates zu erzielen. Gleichzeitig ist die Krankheitsursache zu beseitigen, indem thiaminasehaltige Fische von der Verfütterung ausgeschlossen werden. Diese Maßnahme läßt sich aber nicht immer durchführen. Andererseits kann die Thiaminase zerstört werden, indem man die Fische kocht. Durch den Kochprozeß wird jedoch der allgemeine Nährwert des Fisches beeinträchtigt. Um diesen Mangel auszugleichen, ist zu empfehlen, in täglichem Wechsel rohe und gekochte Bleie, Güstern usw. als Grundfutter zu geben. An den Tagen, an denen der Fisch gekocht wird, ist dem Futter Vitamin B zuzusetzen. In den Fällen, wo aus wirtschaftlichen Gründen nicht auf die Verfütterung thiaminasehaltiger Fische verzichtet werden kann, ist für eine gute Versorgung des Tierbestandes mit Vitamin B_1 zu sorgen

Vitamin B_2 (Riboflavin) ist in Fisch, Leber, Milch und Hefe enthalten, der Bedarf wächst mit steigendem Fettgehalt im Futter. Die sich in Masseverlust und Störungen der Fellfarbe (graue oder weiße Unterwolle) äußernden Mangelerscheinungen treten vorwiegend bei Füchsen auf und werden bei Nerzen kaum beobachtet.

Vitamin B_6 (Pyridoxin) kommt weitverbreitet in der Natur vor, doch sind im Gegensatz zu Leber, Hefe und Weizenkeimen Rohfische und Fischprodukte relativ arm an ausnutzbarem Vitamin B_6. Da die Fruchthäute fünf- bis sechsmal so hohe Vitamin-B_6-Konzentrationen speichern wie der Organismus sonst, ist der B_6-Bedarf während der Tragezeit besonders hoch. Das B_6-Depot ist als natürliche Reserve anzusehen, um die großen Anforderungen bei der Welpenentwicklung zu sichern. Ein Mangel wird daher bei tragenden Fähen mit erhöhter Sterblichkeit der Embryonen in Verbindung gebracht und scheint außerdem die Neigung zu Harnsteinbildungen zu erhöhen.

Vitamin B_{12} ist ein notwendiger Faktor für die Blutbildung und Ausnutzung der Vitamine B_1 und B_2. Es ist in Leber, Nieren, Milz, Fisch- und Geflügelabfall vorhanden. Mangelerscheinungen äußern sich in Blutarmut sowie schlechter Entwicklung der Tiere und können zu fettiger Leberdegeneration führen.

Pantothensäure-Mangel ist praktisch unbekannt. Fehlen von Nikotinsäure kann zu Erbrechen und Darmentzündungen führen. Die in Leber, Grünpflanzen und Milch enthaltene Folsäure erfüllt Aufgaben bei der Blutbildung und beim Wachstum. Mangelsymptome äußern sich in Durchfall, fettiger Leberdegeneration und Blutarmut.

Mit einem Mangel an *Biotin* sind Entwicklungsstörungen verbunden. Von praktischer Bedeutung ist, daß im rohen Hühnereiweiß ein als Avidin bezeichneter Stoff auftritt, der das Biotin bindet, so daß dies nicht vom Darm aufgenommen werden kann. Da das Avidin durch den Kochprozeß zerstört wird, ist das Eiweiß von Hühnereiern nur gekocht zu verfüttern.

Vitamin-C-Mangel

Mangelerscheinungen durch Vitamin C (Ascorbinsäure) scheinen bei Nerzen nicht aufzutreten, da die Tiere zu einer Eigensynthese fähig sind.

Säuge-Krankheit

Dem Komplex der Mangelkrankheiten ist die Säuge-Krankheit zuzurechnen, die bei den Zuchtfähen gegen Ende der Säugezeit auftritt. Unter zunehmender Abmagerung verschlechtert sich die Futteraufnahme zusehends, bis es zu völligem Appetitverlust und zum Tode kommt. Der vollständige Zusammenbruch setzt häufig dann ein, wenn die Welpen von den Fähen abgesetzt werden.

Die Ursache für diese Krankheit ist in der Austrocknung des Körpers zu sehen, die mit der Milchproduktion zusammenhängt. Machen sich bei säugenden Fähen starke Abmagerung, Verschlechterung der Fellbeschaffenheit und Nachlassen des Appetits bemerkbar, sind die Welpen abzunehmen und erforderlichenfalls auf andere Würfe zu verteilen. Die Fähen sind mit Elektrolyt-Lösung und Vitamin B-Komplex zu behandeln. Die Säuge-Krankheit läßt sich vermeiden, wenn dem Futter zur Säugezeit 0,5 bis 1 g Kochsalz pro Fähe und Tag zugesetzt werden. Das Salz ist in Wasser zu lösen und der Futtermischung zuzusetzen. Selbstverständlich ist eine ausreichende Trinkwasserversorgung zu sichern.

Fuchskrankheiten

Krankheiten von Blau- und Silberfüchsen stimmen in vielem mit denen von Nerzen überein, so daß weitgehend auf diesen Abschnitt verwiesen werden kann. Um Wiederholungen zu vermeiden, sollen an dieser Stelle vorwiegend die für die Fuchszucht spezifischen und bedeutsamen Erkrankungen angeführt werden. Von größerem Interesse sind hier die parasitär bedingten Krankheiten. Von den Infektionskrankheiten stellen die ansteckende Leberentzündung und die Leptospirose eine spezielle Gefahr für die Fuchsbestände dar.

Infektionskrankheiten

Ansteckende Leberentzündung

Diese (*Hepatitis contagiosa canis, HCC* oder *Rubarthsche Krankheit*) durch zentralnervöse Störungen gekennzeichnete Krankheit wird durch ein Virus hervorgerufen und auch als *Fuchs-Encephalitis* bezeichnet. Sie entspricht der ansteckenden Leberentzündung des Hundes und ist vom Hund auf den Fuchs und umgekehrt übertragbar. Am empfindlichsten sind Jungfüchse im Alter bis zu 8 Monaten.
Die Verluste in betroffenen Farmen sind mit 20 bis 30 % zu veranschlagen, das *Krankheitsbild* kann dem der Staupe ähneln. Krämpfe, Lähmungserscheinungen und Teilnahmslosigkeit sind Krankheitsmerkmale, die aber nicht zur Diagnose ausreichen. Die Krankheit kann innerhalb von einigen Stunden zum Tode führen, sich aber auch über mehrere Tage hinziehen, wobei es zu Durchfall mit schleimigem, oft blutigem Kot kommt.
Bei der Sektion ist eine Schwellung der Leber festzustellen, zwischen den Leberlappen finden sich Fibrinfäden, die Gallenblasenwand ist häufig verdickt. In den meisten Fällen ist in der Bauchhöhle eine gelbliche Flüssigkeit vorhanden. Blutungen sind in der Thymusdrüse, im Zwerchfell, Magen, Dünndarm und in der Harnblase erkennbar.
Bei Krankheitsausbrüchen sind alle Tiere, die noch keine Krankheitssymptome aufweisen, einer sofortigen Impfung zu unterziehen. Bewährt haben sich vorbeugende Impfungen, die bei den Zuchttieren im Dezember, bei Jungtieren im Alter von 10 Wochen durchgeführt werden.

Aujeszkysche Krankheit

Diese virusbedingte Krankheit wurde bereits bei den Nerzen ausführlich beschrieben. Jedoch unterscheiden sich bei beiden Tierarten die *Krankheitsmerkmale* voneinander. Beim Fuchs zeigen sich nach einer allgemeinen Teilnahmslosigkeit zentralnervöse Störungen, unkoordinierte Bewegungen, Erregbarkeit bis zur Raserei und Tobsuchtsanfälle. Im Gegensatz zur Tollwut besteht aber keine Angriffslust dem Menschen gegenüber. Charakteristisch ist ein zunehmender Juckreiz, auf den die Füchse durch Kratzen und Scheuern reagieren. Unter Lähmungserscheinungen und Speichelfluß tritt nach fünf bis acht Stunden der Tod ein. Verluste können bis zu zwei Wochen nach dem Absetzen des infizierten Futters auftreten.
Am eingegangenen Tier können die Wunden, die durch die Reaktion auf den Juckreiz und das Selbstbenagen der Gliedmaßen entstanden sind, als typisches Merkmal gewertet werden. Diese Zeichen sind nicht bei allen an Aujeszkyscher Krankheit verendeten Füchsen zu beobachten.
Die *Infektionsgefahr* wird vermieden, wenn Schweineschlachtabfälle nur in gekochtem Zustand verfüttert werden, weil die Übertragung der Aujeszkyschen Krankheit durch virushaltigen Abfall aus Schweineschlachtungen erfolgt.

Staupe

Die Staupe kann in Fuchsfarmen zu erheblichen Ausfällen führen. Für den Verlauf der Staupe in einer Farm sind frühzeitige Diagnose und rechtzeitige Einleitung von Bekämpfungsmaßnahmen entscheidend. Die Diagnose kann dadurch erschwert werden, daß in Verbindung mit der Staupe häufig Salmonelleninfektionen auftreten, so daß der primäre Befund durch den bei der bakteriologischen Untersuchung erbrachten Salmonellennachweis verwischt wird.

Tollwut

Als einziges Zeichen einer Tollwutinfektion machen sich bei Füchsen mitunter vor dem Tod einsetzende Lähmungserscheinungen bemerkbar. Die Diagnose anhand des klinischen Verlaufes der Erkrankung kann dadurch wesentlich erschwert werden.

Farmfüchse sind besonders dann gefährdet, wenn Wildfüchse in die Farmen gelangen. Das Gelände ist so abzusichern, daß weder Wildfüchse eindringen, noch Farmfüchse ausbrechen können.

Leptospirose

Aus der Gruppe der Leptospiren ist als Erreger der Fuchs-Leptospirose vor allem *Leptospira icterohaemorrhagica* zu nennen. Die Hauptansteckungsquelle bilden *Ratten*. Erkrankungsfälle treten gewöhnlich 2 bis 14 Tage nach der Ansteckung auf. Die Leptospirose beginnt bei erkrankten Füchsen mit Futterverweigerung und nach einigen Tagen einsetzender Gelbsucht, die besonders an den Augen und den Schleimhäuten der Maulhöhle zu erkennen ist. Bei zunehmender Abmagerung und Teilnahmslosigkeit sinkt die zunächst auf über 40 °C erhöhte Körpertemperatur unter die Normalwerte ab. Der Tod tritt nach etwa sieben- bis zehntägiger Krankheitsdauer ein. Gelbfärbung der Muskulatur und Organe sind das auffallendste Merkmal eingegangener Füchse. Die Leber ist geschwollen, brüchig und gelb verfärbt, die Milz leicht geschwollen, die Magenschleimhaut stark gerötet. An den Nieren ist die Trennung zwischen Mark- und Rindenschicht nicht mehr erkennbar, der Harn ist bräunlich verfärbt. Ferner finden sich punktförmige Blutungen auf den inneren Organen. Nur bei sehr kurzem Krankheitsverlauf, bei dem der Tod unerwartet eintritt, fehlen diese Organveränderungen.

Die *Diagnose* wird durch den mikroskopischen Nachweis der Leptospiren im tierärztlichen Untersuchungsinstitut gesichert. Im Anfangsstadium der Leptospirose, bevor bleibende Organveränderungen eingetreten sind, bestehen bei rechtzeitiger Behandlung gewisse Heilaussichten. Bei der *Serumbehandlung* sind 10 bis 20 ml Serum subkutan zu verabfolgen. Weiterhin eignen sich Antibiotika-Präparate zur Behandlung. Im fortgeschrittenen Krankheitsstadium ist ein Erfolg jedoch zweifelhaft. Deshalb müssen *vorbeugende Maßnahmen* im Vordergrund stehen. Vor allem sind Ratten intensiv zu bekämpfen, um das wichtigste Ansteckungsreservoir auszuschalten. Zur Desinfektion eignet sich 0,25prozentiges Formalin, durch das die Leptospiren nach fünf Minuten abgetötet werden. Einer Hitzeeinwirkung von 50 bis 56 °C erliegen die Leptospiren nach 30 Minuten, direkte Sonnenbestrahlung führt nach eineinhalb bis zwei Stunden zum Absterben der Erreger. In Gewässern bleiben die Leptospiren drei bis vier Wochen als Infektionsquelle erhalten. Füchse, die die Krankheit überstanden haben, können mit dem Harn Leptospiren ausscheiden und so zur Infektion weiterer Tiere führen.

Bei der Betreuung erkrankter Füchse ist zu beachten, daß die durch Leptospira icterohaemorrhagica verursachte Leptospirose auch auf den Menschen übertragbar ist.

Milzbrand

Im Gegensatz zu Nerzen und Waschbären sind Füchse sehr widerstandsfähig gegenüber einer Milzbrandinfektion. In einer Farm in der ČSSR erhielten Füchse ein Mischfutter, nach dessen Verzehr die Nerze an Milzbrand eingingen. Bei den Füchsen beobachtete KONRAD (1962) verändertes Gesamtverhalten mit herabgesetztem Reaktionsvermögen und schwachen Durchfall. Diese Symptome steigerten sich innerhalb von drei Tagen und klangen wieder ab, ohne daß es zu Todesfällen kam. Von BINDRICH (1956) wird als Kennzeichen einer Milzbrandinfektion bei Füchsen eine Karbunkel- und Ödembildung an Zunge, Kehlkopf, Rachen und Darm angegeben. Plötzliche Todesfälle ohne vorherige Krankheitszeichen können bei perakutem Krankheitsverlauf auftreten. An Milzbrand verendete Füchse sind ohne vorherige Pelzung unschädlich zu vernichten.

Salmonellose

Von der Salmonellose *(Paratyphus)* werden vorwiegend *Jungfüchse* befallen. Sie kann als Massenerkrankung auftreten, wobei es zu erheblichen Ausfällen im Welpenbestand kommt. Die Infektion erfolgt durch bakterienhaltiges Futter. Die Krankheitssymptome, die einige Tage nach Aufnahme des betreffenden Futters einsetzen, bestehen in Freßunlust, Durchfall, Erbrechen und allgemeiner Körperschwäche.
Die Sektion ergibt eine blutige Darmentzündung sowie eine Schwellung der Leber und Milz. Der Nachweis der Erreger erfolgt durch bakteriologische Untersuchung in einem tierärztlichen Institut. Erkrankte Füchse können mit Sulfonamid- oder Antibiotika-Präparaten behandelt werden. Erfahrungen aus der UdSSR zufolge hat sich Furazolidon in einer Dosierung von 30 mg je kg Körpermasse bewährt. In besonders gefährdeten Beständen sind vorbeugende Vakzinationen der Füchse möglich.
Wie im Abschnitt Nerzkrankheiten erwähnt, treten Salmonellen-Infektionen häufig in Verbindung mit anderen Krankheiten auf, so daß primäre Krankheitsursachen verdeckt sein können.

Tuberkulose

Durch Tuberkulose sind in früheren Jahren in Fuchsfarmen größere Tierverluste aufgetreten, gegenwärtig wird Tuberkulose nur noch sehr selten festgestellt. Da Krankheitsverlauf und Organveränderungen bei beiden Tierarten weitgehend übereinstimmen, sei auf die bei Nerzen gemachten Ausführungen verwiesen.

Parasitär bedingte Krankheiten

Endoparasiten

Wie in der Nerzzucht ist auch in der Fuchszucht durch die hygienische Haltungsweise auf Drahtböden die Bedeutung der Endoparasiten als Krankheitsursache allgemein stark zurückgegangen.
Nur selten kommen noch in der Lunge der *Rundwurm Crenosoma vulpis* und der *Haarwurm Capillaria aerophila* vor. Diese Lungenwurmerkrankungen nehmen einen chronischen Verlauf, bei dem die Füchse abmagern. Husten tritt meistens abends und bei Erregung auf. Durch bakterielle Infektionen kann es zu weiteren Komplikationen kommen. Die Diagnose der Lungenwurmerkrankungen erfolgt durch parasitologische Kotuntersuchungen, durch die die Larven von Crenosoma vulpis und die Eier von Capillaria aerophila nachweisbar sind.
Bedeutungslos geworden sind auch die durch den in der Harnblase vorkommenden *Haarwurm Capillaria plica* verursachten blutigen Harnblasenentzündungen. Ein Harnblasenwurmbefall ist durch Nachweis der Parasiteneier im Harn festzustellen.
Aus der Gruppe der Darmparasiten sind vor allem *Spulwürmer* (meistens *Toxocara canis*, seltener *Toxocara cati* und *Toxascaris leonina*) bedeutungsvoll. Die weißgelben, bis zu ungefähr 10 cm langen Würmer haben ihren Sitz im Dünndarm. Die Übertragung erfolgt durch Aufnahme von Wurmeiern, aus denen im Fuchsdarm Larven schlüpfen, die nach einer komplizierten Körperwanderung im Dünndarm zu geschlechtsreifen Würmern heranwachsen. Zu beachten ist, daß bereits durch das Muttertier eine Übertragung der Larven erfolgen kann, indem wandernde Larven aus dem Blutkreislauf der Fähe in den Embryo gelangen.
Der Spulwurmbefall macht sich vorwiegend bei Welpen bemerkbar und führt zu Verlusten bei Tieren im Alter von drei bis zehn Monaten. Die Krankheitssymptome äußern sich in Abmagerung, Blutarmut, Verdauungsstörungen mit Aufblähungen, Durchfall und Verstopfung oder nervösen Erscheinungen. Der Spulwurmbefall wird durch Nachweis von Parasiteneiern bei

parasitologischer Kotuntersuchung festgestellt. Bei eingegangenen Füchsen sind die Spulwürmer massenhaft im Verdauungskanal nachweisbar.

Die tierärztliche Behandlung erfolgt mit Piperazin- oder Tetramisol-Präparaten, die den Tieren einzeln eingegeben oder auch unter das Futter gemischt werden können. Der Kot ist nach erfolgter Wurmbehandlung gewissenhaft zu beseitigen. Vorbeugend gegen eine Ausbreitung des Wurmbefalls bewährt sich die Haltung der Füchse auf Drahtböden. Bei Durchführung hygienischer Maßnahmen ist zu bedenken, daß Spulwürmer sehr widerstandsfähig gegenüber gebräuchlichen Desinfektionsmitteln sind.

Obwohl Farmfüchse noch von weiteren Parasiten wie *Trichinen* oder *Hakenwürmern* befallen werden können, besteht durch diese Würmer bei der jetzt allgemein üblichen Haltungsweise auf Drahtböden keine Gefahr mehr. *Peitschenwürmer* (Trichuris vulpis) werden im Dickdarm der Füchse gefunden, ohne daß sich bei den befallenen Tieren Krankheitserscheinungen zeigen. Als weitere Endoparasiten sind *Kokzidien* zu erwähnen, die besonders bei Jungfüchsen gelegentlich zur Erkrankung führen. Diese äußert sich in Abmagerung, Blutarmut und eventuell blutigem Durchfall. Die Kokzidien verbreiten sich durch Eier (Oozysten), die mit dem Kot ausgeschieden werden und mikroskopisch nachweisbar sind. Zur Behandlung erkrankter Jungtiere wird Sulfadimidin oder Sulfathiazol eingesetzt. Gleichzeitig ist der anfallende Kot ständig zu entfernen, um Neuansteckungen zu vermeiden. Die Reinigung von Kästen und Gerätschaften hat mit kochend heißem Wasser zu erfolgen.

Ektoparasiten

Durch die *Ohrmilbe Otodectes cynotis* wird die Ohrräude verursacht, die mit dem Tode der Tiere enden kann. Bei den befallenen Füchsen ist die Haut im Bereich des äußeren Gehörganges gerötet, schuppiges Epithel wird abgestoßen. Weiterhin bildet sich im Gehörgang ein bräunlicher, wachsartiger Belag, das Ohr wird feucht und schmerzhaft. Auffällig ist manchmal, daß die Tiere den Kopf verdrehen. Oft kann man die bis zu etwa 0,5 mm großen Milben in der Ohröffnung mit bloßem Auge wahrnehmen. Die sichere Diagnose ist durch mikroskopische Untersuchung von Geschabseln aus dem Gehörgang zu stellen. Die Entzündung kann auf das innere Ohr übergreifen, wodurch es zu unsicherem Gang und eventuell Krämpfen mit anschließendem Tod kommen kann.

Vor der Behandlung ist der Gehörgang des betreffenden Tieres gründlich mit einem an einem Holzstab oder einer Pinzette befestigten Wattebausch zu reinigen. Durch mehrmalige Anwendung von Kontaktinsektiziden oder einer Mischung von Perubalsam, Äther, Glycerin und Alkohol zu gleichen Teilen läßt sich ein Erfolg erreichen. Gleichzeitig sind die Gehege gründlich zu reinigen und anschließend auszubrennen. Haben die Gehege zweieinhalb Monate leergestanden, besteht keine Übertragungsgefahr mehr.

Die durch *Räudemilben (Sarcoptes scabiei)* hervorgerufene Räude beginnt am Maul, an den Ohren, den Augenbrauen, am Schwanzansatz und breitet sich dann weiter über den Tierkörper aus. Die Haut wird zunächst feucht, dann treten Haarausfall, Hautverdickung und schorfige Beläge auf. Die Diagnose wird durch den mikroskopischen Nachweis der 0,2 bis 0,5 mm langen Räudemilben gestellt. Die Übertragung der Räude von Fuchs zu Fuchs erfolgt direkt durch Kontakt der Tiere oder indirekt über das Pflegepersonal und Geräte.

Erfahrungsgemäß hat sich eine Behandlung meistens als wenig wirkungsvoll erwiesen. Im Anfangsstadium kann durch Anwendung von Lindan ein Erfolg erzielt werden. Tiere mit starken Hautveränderungen werden wegen der großen Übertragungsgefahr am besten getötet, die Tierkörper mit Fell verbrannt. Die Gehege sind gründlich zu reinigen und auszubrennen, die Geräte in kochendem Wasser zu desinfizieren. Zu beachten ist, daß die Räude vom Tier auf den Menschen übertragbar ist.

Flöhe führen zu einer Beunruhigung der Tiere. Durch das als Reaktion auf den Juckreiz hervorgerufene Scheuern und Kratzen können Fellschäden entstehen. Neben dem Einpudern der Füchse mit Kontaktinsektiziden ist eine Flohbekämpfung auf dem gesamten Farmgelände durchzuführen. Altes Streumaterial und sonstige Abfälle sind zu verbrennen, da sie den Aufenthaltsort für die Flöhe bilden.

Nosematose

Hervorgerufen wird die Nosematose durch *einzellige Parasiten,* die über die Blutgefäße in die verschiedenen Organsysteme gelangen und zu Herzmuskel-, Nieren- und Gehirnschäden führen. Die Erkrankung zeigt sich bei Fuchswelpen im Alter von 1 bis 2 Monaten. Die Tiere bleiben im Wachstum zurück und magern ab, halten den Kopf schief und haben Bewegungsstörungen. Die meisten Welpen sterben vor der Pelzungszeit. Charakteristisch ist, daß die Krankheit in bestimmten Würfen auftritt. Bei tragenden Fähen kann es infolge der Nosematose zur Rückbildung der Welpen oder zum Verwerfen kommen.

Die *Infektion* erfolgt vorwiegend über das Futter, wenn infizierte Tiere (Kaninchen und andere Nagetiere) in rohem Zustand verfüttert werden.

Eine wirksame *Behandlungsmöglichkeit* ist nicht bekannt. Die Bekämpfung ist daher so durchzuführen, daß die gesamten Würfe, in denen die Krankheit aufgetreten ist, gepelzt werden. So soll die Übernahme von Krankheitsträgern in die nächste Zuchtsaison vermieden werden.

11
Physiologische und biochemische Grundlagen

Auf nahezu allen Gebieten der Physiologie der Haustiere sind in den letzten Jahren monographische Abhandlungen erschienen, die Zeugnis von der umfassenden Ausdehnung und praktischen Nutzanwendung dieses Fachgebietes geben. Im Rahmen der fortschreitenden Spezialisierung findet eine immer stärkere Aufgliederung der Physiologie (der Lehre von den Lebensvorgängen) statt. Entsprechend der Struktur der Organismen unterscheidet man eine Physiologie der Mikroorganismen, der Pflanzen, der Tiere sowie eine des Menschen.

Heute zeichnet sich weltweit ab, daß die Forschung auf dem Gebiet der Physiologie der landwirtschaftlichen Nutztiere eine zunehmende Aufteilung in Fachrichtungen erfährt, die sich mit den einzelnen Tierarten beschäftigen (KOLB, 1979).

Zwar können die Lebenserscheinungen und -vorgänge bei den verschiedenen Tierarten auf gemeinsame, gesetzmäßige Grundlagen zurückgeführt werden; es bestehen jedoch bei den einzelnen Spezies als Folge der Anpassung an bestimmte Lebensbedingungen eine Reihe beachtlicher morphologischer und funktioneller Besonderheiten. Ihre Kenntnis und die der Gesetzmäßigkeiten des normalen Ablaufs der Lebensvorgänge in den Organismen stellen einerseits die Grundlage für die bewußte und optimale Gestaltung der Beziehungen zwischen Organismus (z. B. Pelztier) und Umwelt (z. B. Fütterungs- und Haltungsbedingungen) dar. Andererseits bilden sie die Voraussetzungen für das Verständnis der Abweichungen, die bei Erkrankungen auftreten und sich als Krankheitserscheinungen (Symptome und Symptomenkomplexe) zeigen und gleichzeitig Ansatzpunkte für zielgerichtete und vielfältige Eingriffe und Regulierungsmaßnahmen zur Stabilisierung der Tiergesundheit und zur Bekämpfung von Krankheiten bieten. Daher sind die Biochemie und Physiologie in ihren wechselseitigen Beziehungen zur Morphologie die wichtigsten Eckpfeiler der gesamten Heilkunde.

Nach KOLB (1979) wird das Lehrgebiet der *Physiologie* in eine *allgemeine* und *spezielle Physiologie eingeteilt*. Die allgemeine Physiologie zeigt die allgemeinen Gesetzmäßigkeiten der Lebensvorgänge vorwiegend im Bereich der Zelle auf (Zellphysiologie). Dagegen beschäftigt sich die spezielle Physiologie mit den Funktionen der einzelnen Organe und mit der Koordination der Funktionen im Gesamtverband des Organismus (Organphysiologie). Sie berücksichtigt dabei besonders die bei höheren Organismen ausgebildeten Regulationssysteme, die die Funktion der einzelnen Organe in sinnvoller Weise aufeinander abstimmen und eine Anpassung an Änderungen der Umweltbedingungen gestatten.

Das Stoffgebiet der speziellen Physiologie gliedert sich in die animale und vegetative Physiologie. Unter dem Begriff der *animalen Physiologie* faßt man jene Funktionskreise zusammen, die dem Tierkörper seinen besonderen Charakter verleihen. Hierzu gehören die Physiologie der Sinnesorgane, des zentralen und peripheren Nervensystems, des Muskels, der Bewegung und des Verhaltens. Bei fleischfressenden Edelpelztieren bestehen auf diesen Spezialgebieten ohne Ausnahme gegenwärtig noch die größten Wissenslücken.

Im Gegensatz dazu ist seit den Gründerjahren der Edelpelztierzucht die *vegetative Physiologie* von Nerz und Fuchs auf einigen Teilgebieten gründlicher bearbeitet worden, speziell die Ernährungs-, Fortpflanzungs-, Wachstums- und Blutphysiologie. Weiterhin sind der vegetativen Physiologie die Organsysteme der Atmung, des Herzens und Kreislaufes, der Temperaturregulation, des Stoff- und Energiewechsels sowie der Ausscheidung zuzurechnen. Zum Grund- und Energieumsatz des Farmfuchses sind in der UdSSR aufschlußreiche Beiträge geleistet worden.

Die ersten Grundkenntnisse über vegetative Organsysteme des Nerzes wurden 1960 von einem amerikanischen Autor (ANONYM, 1960) zusammengefaßt und durch eigene Untersuchungsresultate ergänzt. Er behandelte in seiner «Physiologie des Farmnerzes» vor allem physiologische und/oder pathologische Probleme des Blutbildes, der Ernährung, der biochemischen Zusammensetzung des Felles, der Harnzusammensetzung und einiger Krankheiten (Chastek-Paralyse, Aleutenkrankheit, Harnsteinkrankheit, Mangelerscheinungen bei Fehlen von lebensnotwendigen Nahrungsbestandteilen).

Eine derartige zusammenhängende Darstellung physiologischer Grundkenntnisse von karnivoren Pelztieren ist bis zum heutigen Zeitpunkt nicht wieder erschienen. In der Zwischenzeit hat insbesondere die Physiologie der Fortpflanzung und Ernährung sowie des Blutes und des Energieumsatzes eine vorrangige Entwicklung erfahren. Auffällig ist, daß gerade die aus der Bearbeitung der genannten Gebiete resultierenden Erkenntnisse und Erfahrungswerte unmittelbar bei der Züchtung, Haltung und Bekämpfung von Krankheiten der Pelztiere benötigt werden. Ihre Anwendung hat sich positiv auf die Stabilität und Verbesserung der Produktion von Pelztieren ausgewirkt. Deshalb verwundert es nicht, daß die Ernährungs- und Fortpflanzungsphysiologie der Pelztiere in eigenständigen Kapiteln bereits mehrfach zusammengefaßt dargestellt wurden. Dies ist auch in der ersten Auflage des vorliegenden Buches geschehen. Die Aufnahme weiterer physiologischer Erkenntnisse und teilweise methodischer Probleme im nachfolgenden Abschnitt ist als Erweiterung und Ergänzung der bereits in den anderen Kapiteln dargelegten physiologischen Grundlagen aufzufassen.

Gleichzeitig soll damit erkennbaren Entwicklungstendenzen Rechnung getragen werden; denn mit der weiteren Intensivierung der Pelztierproduktion wird einmal die Kenntnis der Funktionsbereitschaft bestimmter Organe und Organsysteme von Nerz und Fuchs bei der züchterischen Selektion eine zunehmende Rolle spielen. Zum anderen treten bei der Prüfung der Leistungsfähigkeit der Tiere physiologische Methoden zur Untersuchung von Organfunktionen stärker in den Vordergrund. Ferner ist eine enge Zusammenarbeit zwischen Physiologie und Biochemie zur Aufklärung der Besonderheiten der Funktionen und Stoffwechselabläufe unter den Bedingungen hoher Leistungen und ausgezeichneter Qualität notwendig, da die Produktionsleistungen der Tiere hauptsächlich Biosynthesen darstellen. Das betrifft bei Nerz und Fuchs in erster Linie die Physiologie und Biochemie der Pelzbildung und -reifung, die noch ein wenig bearbeitetes Gebiet sind.

Zur Beurteilung der Funktionsbereitschaft und Leistungsfähigkeit der Organe und Organsysteme sowie zur Beurteilung des Schweregrades und Verlaufes von Krankheiten ist es erforderlich, Mittel ($\bar{x}$) und Grenzwerte ($\pm s$) bestimmter Stoffwechsel physiologisch wichtiger Kriterien und anderer tiergesundheitlicher Parameter von klinisch gesunden Pelztieren zu kennen.

Die einzelnen Abschnitte sind im folgenden so zusammengestellt, daß sie eine schnelle Orientierung bei gezielter Fragestellung nach einem bestimmten Funktionskreis ermöglichen.

Wenn verschiedene Übersichten nicht vollständig ausgefüllt sind, so waren in der zugänglichen Literatur keine Hinweise auffindbar bzw. die Angaben nicht zu verwerten. Soweit die Angaben vollständig waren, sind Mittelwerte, Streuungen und Schwankungsbreiten der einzelnen Merkmale als Funktion der Tierart (Nerz, Silber- und Blaufuchs), der Rasse und des Alters dargestellt.

Altersabhängige Entwicklung der Körpermasse, einiger Organe und der chemischen Zusammensetzung des Tierkörpers

Die hohe Stoffwechselintensität fleischfressender Pelztiere steht in unmittelbarem Zusammenhang mit der Wachstumsintensität der Jungtiere. Allgemein ist bekannt: Je kleiner ein Tier ist, desto größer ist die Geschwindigkeit des relativen Wachstums. Am deutlichsten zeigt sich das in der Verdopplungszeit der Körpermasse. Nerzrüden verdoppeln im Säuglingswachstum ihre Körpermasse in 5, Fähen in 6 Tagen.

Der *Wachstumsverlauf* ist für jede Tierart charakteristisch und in den Erbanlagen (Genen) verankert. Er wird durch verschiedene Hormone gesteuert. So ist die Hypophyse durch die Bildung von STH (Wachstumshormon) die wichtigste Produktionsstätte neben der Schilddrüse, die das Thyrosin produziert. Die androgenen Hormone sind für Fähen und Rüden Wachstumsstimulatoren. Sie werden allerdings erst zu Beginn der Sexualreife gebildet. Mit Erreichen einer bestimmten spezifischen, genetisch fixierten Körpermasse hört das Wachstum auf.

Dann tritt ein Stadium ein, in dem sich Auf- und Abbau von Körpersubstanzen die Waage halten. Adulte Rüden sind signifikant schwerer als Fähen.

Der Wachstumsverlauf von Nerz und Fuchs hängt von einer Reihe physiologischer Einflußfaktoren ab, wie Temperaturverhältnisse, Geschlecht, Fütterung, Rasse, Licht sowie Haltungsbedingungen (WENZEL, 1975). Anhaltspunkte für einen charakteristischen Wachstumsverlauf stellen u. a. die Entwicklung der Körpermasse, der Organmasse oder der Zusammensetzung des Körpers dar.

Körpermasse

Die Feststellung größerer (signifikanter) Abweichungen von der für den jeweiligen Altersabschnitt normalen Körpermasse gilt als ein wichtiges diagnostisches Hilfsmittel zur Überwachung des Gesundheits- und Entwicklungszustandes von Nerz und Fuchs. Unter Praxisbedingungen ist es sinnvoll, die Wägungen der Jungtiere erst beim bzw. nach dem Absetzen zu beginnen. Eine repräsentative Stichprobe wird bei der Wägung von mindestens 3 % (nicht aber bei unter 100 Jungtieren) der zu wiegenden Tiere vom Gesamtbestand erfaßt. Wird durch die Überprüfung (Wägung) der Körpermasse eine Störung im Entwicklungszustand festgestellt, so ist diese bei rechtzeitigem Erkennen oft noch nach Ermittlung der speziellen Ursachen zu beheben. Als Ergebnis ausgewogener und richtiger Fütterung wird man zufriedenstellende Körpermasse und damit auch entsprechende Fellgrößen registrieren.

Nach den Angaben von KUSNEZOVA (zit. n. KUSNEZOV, 1973) besteht zwar eine direkte Beziehung zwischen der Lebendmasse und der Fellfläche, nicht aber zwischen Fellänge und Körpermasse. Neuerdings muß diese Feststellung wieder bezweifelt werden, weil REITEN (1977, zit. n. CHARLET-LERY u. a., 1980) eine Korrelation von $r = +0,988$ zwischen Körpermasse und Fell- bzw. Körperlänge bestimmte.

In jüngster Zeit wurden umfangreiche Ergebnisse über Normalmassekurven wachsender Nerze abhängig von einer Reihe von Einflußfaktoren vorgestellt (WENZEL, 1975; REITEN, 1977, zit. n. CHARLET-LERY u. a., 1980). Sie zeigen, daß Nerze Anfang November ihre maximale Körpermasse erreicht haben und bereits wieder beginnen, diese zu reduzieren.

Im Gegensatz zu den Angaben über die Geburtsmasse von Blau- (50 bis 80 g) und Silberfüchsen (80 bis 130 g) weist die Körpermasse neugeborener Nerze erhebliche Schwankungen (3,8 bis 14,5 g) auf, die von der unterschiedlichen Kondition der Fähen, der Trächtigkeitsdauer, Wurfgröße und Versorgung der Tier verursacht werden. Trotz Vorlage mehrfacher Untersuchungen (KULBACH, 1961; EVSTRATOVA und ROMANOV, 1967; UDRIS, 1972; WENZEL, 1975; CHARLET-LERY u. a., 1980) sollte an der fast 75 %igen Variationsbreite (!) vorerst festgehalten werden. Die intensivste Körpermassezunahme von täglich 26 g liegt zwischen dem 56. und 71. Lebenstag des Nerzes.

Organmassen

Neugeborene und jugendliche Nerze weisen bis zum Alter von 4 Monaten im Vergleich zur Körpermasse eine durchschnittlich höhere Skelett-, Herz-, Leber- und Lungenmasse als erwachsene auf.
Müller-Peddinghaus u. a. (1979) ermittelten bei einjährigen Nerzrüden und -fähen relative Nierenmassen von 0,73 $\pm$0,06%/kg KM bzw. 0,55 $\pm$0,03%/kg KM.
Das Verhältnis von Leber- zur Körpermasse beträgt bei Nerz und Fuchs genauso wie bei der Katze etwa 1:30 (Schaf 1:80). Die relative Lebermasse beläuft sich bei karnivoren Pelztieren auf durchschnittlich 3,2% (3,0 bis 3,5%). Der prozentuale Anteil der Herz- zur Körpermasse schwankt zwischen 0,5 bis 0,6%.
Die erheblichen individuellen Unterschiede in den relativen Masseanteilen der einzelnen Organe an der Lebendmasse sind bei Pelztieren genauso wie bei Haustieren zu finden.

Chemische Zusammensetzung des Tierkörpers

Die Untersuchungen zur chemischen Zusammensetzung des Nerzkörpers haben einige neue Erkenntnisse gebracht:
- In der intensivsten Wachstumsperiode des Farmnerzes zwischen dem 56. und 71. Lebenstag ist die tägliche Eiweiß- und Mineralstoffretention (Summe von Ansatz und Erhaltungsbedarf) von 5,7 g bzw. 1 g am höchsten. Ein besonders hoher Eiweißanteil an der Trockensubstanz ist auch während des Haarwachstums zu verzeichnen. Das Proteinansatzvermögen scheint niedriger zu liegen als bisher mit anderen Bilanzmethoden ermittelt wurde. Damit ergeben sich Schlußfolgerungen für den Futterplan.
- Im Abschnitt vom 71. bis 106. Lebenstag sinkt der tägliche Eiweißansatz bei gleichzeitiger Verdopplung der Gesamteiweißretention von 148,5 g auf 320 g. In der gleichen Periode steigt der Fettansatz um das 9fache.

Tabelle 11/1 Wachstumsabhängige Veränderungen der relativen oder absoluten Masse einiger Organe des Farmnerzes (nach Evstratova und Romanov, 1967 sowie Zeissler, 1975)

Organe	Lebensalter der Nerze						
	Neugeborene	20 Tage	40 Tage	4 Monate	6 bis 7 Monate	7 Monate	9 Monate
Knochenmark (g/kg)	15,9	39,5	37,1	19,7	—	16,1	16,4
Skelett (g)	2,22	16,60	33,62	61,13	—	57,97	56,91
Skelett (%/kg KM)	16,03	13,30	10,05	6,07	—	4,99	5,37
Herz (g/kg)	6,9	5,9	5,9	5,2	5,18 $\pm$0,17	5,2	5,2
Leber (g/kg)	43,6	39,1	39,4	27,0	23,64 $\pm$0,43	28,2	29,4
Lunge (g/kg)	18,7	18,6	10,5	6,5	6,74 $\pm$0,12	6,9	6,0

Tabelle 11/2 Altersabhängige Entwicklung von Körpermasse und -zusammensetzung beim Nerzrüden (nach Charlet-Lery u. a., 1980)

Tierzahl	Alter Tage	Körpermasse g	Trockenmasse g	Roheiweiß g	Rohfett g	Rohasche g
(47)	0	8,52 $\pm$ 1,66	1,38	1,00	0,14	0,15
6	21	120,7 $\pm$ 1,9	28,6 $\pm$ 2,5	14,9 $\pm$ 0,5	10,4 $\pm$ 2,2	2,1 $\pm$ 0,1
6	56	347 $\pm$ 9,4	90,0 $\pm$ 5,1	63,3 $\pm$ 3,3	14,6 $\pm$ 5,3	9,9 $\pm$ 0,4
12	71 $\pm$ 2	742 $\pm$ 27	244,9 $\pm$ 14,9	148,5 $\pm$ 13,7	69,1 $\pm$ 13,9	24,8 $\pm$ 2,1
6	88 $\pm$ 5	1 003 $\pm$ 22	384,8 $\pm$ 24,6	204,8 $\pm$ 2,4	150,0 $\pm$ 26,9	31,6 $\pm$ 0,8
6	107 $\pm$ 10	1 231 $\pm$ 20	530,1 $\pm$ 33,2	230,7 $\pm$ 9,0	268,4 $\pm$ 34,9	36,3 $\pm$ 3,4
6	154 $\pm$ 26	1 535 $\pm$ 61	754,1 $\pm$ 75,1	274,9 $\pm$ 35,5	445,6 $\pm$ 93,4	42,0 $\pm$ 4,0
6	174 $\pm$ 13	1 759 $\pm$ 58	905,1 $\pm$ 77,9	316,9 $\pm$ 32,8	553,3 $\pm$108,1	46,7 $\pm$ 5,8
6	186 $\pm$ 18	1 838 $\pm$165	1 007,8 $\pm$ 90,8	320,0 $\pm$ 27,3	659,9 $\pm$ 83,9	46,8 $\pm$ 4,2

• Als arteigene physiologische Besonderheit ist hervorzuheben, daß der erhebliche Fettansatz noch vor Beendigung des Wachstums und vor Eintritt der Geschlechts- und Zuchtreife auftritt. Etwa vom 3. Monat an ist in der Körperzusammensetzung der Fettanteil höher als der Eiweißanteil.

Die Ergebnisse der Bestimmung von 18 *Aminosäuren im Nerzkörper* sind bei GLEN HANSEN (1979) aufgeführt.

Die besondere Stellung der *Leber* im Fett- und Eiweißstoffwechsel des Nerzes kommt in einigen prozentualen Gehalten an Gesamtfett mit 32,9 %, an Eiweiß mit 25,8 %, an RNA mit 1,65 % und DNA mit 0,93 % zum Ausdruck (CHOU u. a., 1976).

Blut

Für die Aufrechterhaltung der Funktion aller Organe ist ihre laufende Durchblutung von größter Bedeutung. Einschränkungen der Blutversorgung führen zu verminderter Leistungsfähigkeit der Zellen; ein Versagen der Blutversorgung hat innerhalb weniger Minuten schwere Schädigungen des Zellstoffwechsels zur Folge.

Das Blut der Pelztiere besteht, wie bei allen anderen Säugetierarten, aus den korpuskulären Elementen *(Erythrozyten, Leukozyten* und *Thrombozyten)* und der Blutflüssigkeit.

Seit den Gründungsjahren der Edelpelztierzucht bis etwa Ende der fünfziger Jahre überwogen im Rahmen von Blutstudien bei Nerz und Fuchs blutmorphologische Arbeiten. Erste hämatologische Studien wurden von KENNEDY (1935 a und b) an Nerzen und Silberfüchsen sowie von PANYSCHEWA (1952) an Blaufüchsen betrieben. Mit Beginn der sechziger Jahre wurden vorrangig die physiologischen und biochemischen Besonderheiten des Blutes karnivorer Edelpelztiere erforscht. Im Ergebnis dieses anhaltenden Prozesses sind bereits heute viele Einzelheiten über die Hauptfunktionen des Nerz- und Fuchsblutes bekannt. Von den wichtigsten Aufgaben des Blutes sind zusammenfassend zu erwähnen:
• Stoffaustausch und -transport (Sauerstoff, Kohlendioxid, Wasser, Nährstoffe, Stoffwechselendprodukte, Hormone, Vitamine, Enzyme);
• Konstanthaltung des Zellmileus (Isoionie, Isohydrie, Isotonie);
• Schutz des Organismus durch Gerinnung, humorale und zelluläre Abwehr;
• Wärmeregulation.

Die besondere Bedeutung der Arbeit von BERESTOV (1971) besteht einerseits darin, daß er die Untersuchungspalette der Blutmerkmale auf viele biochemisch wichtige Metabolite (Stoffwechselprodukte) im Plasma bzw. Serum der Pelztiere ausgedehnt und in der Regel statistisch gesicherte Normbereiche unter genau umrissenen Versuchsbedingungen aufgestellt hat.

Andererseits wird der praktische Nutzen derartiger Untersuchungsverfahren für die Erkennung, Aufklärung, Verlaufskontrolle, Vorbeugung und Behandlung von drei in der UdSSR volkswirtschaftlich wichtigen Pelztierkrankheiten nachgewiesen. Das sind die fettige Leberdystrophie der Nerze (Fettlebersyndrom oder Gelbfettkrankheit, yellow fat disease), die Plasmozytose der Nerze (Aleutenkrankheit) und die Diphyllobothriose der Farmfüchse (parasitäre Erkrankung durch Fischbandwürmer).

Die in den letzten zwei Dezennien an Nerzen und Füchsen zahlreich durchgeführten Blutstudien veranschaulichen überzeugend, daß Untersuchungen des Blutes und seiner Bildungsstätten wertvolle Befunde sowohl beim gesunden als auch beim kranken Pelztier ergeben. Nicht nur bei Systemerkrankungen von blutbildenden Organen (bzw. verschiedene Anämieformen oder Leukosen) sind spezifische Aussagen zu erwarten; vielmehr reagieren insbesondere die Bestandteile des peripheren Blutes bei Abweichungen von der normalen Reaktionslage (Normenergie) mit den verschiedenen qualitativen und quantitativen Veränderungen, die zum großen Teil diagnostisch verwertbar und bei einigen Pelztierkrankheiten sogar pathognomonisch sind, wie z. B. bei der Aleutenkrankheit der Nerze die Hypergammaglobulinämie.

Die hämatologische Funktionsdiagnostik, vor allem hinsichtlich der zytologischen Bestandteile, ist ohne größeren apparativen Aufwand durchführbar und geeignet, die diagnostischen Möglichkeiten zu erweitern.

Darüber hinaus gewinnt die Erhebung verschiedener Kriterien im Blut von Pelztieren (Transferrine, Enzymaktivitäten, Metabolite, Hormone) eine immer größere Bedeutung für die Beurteilung der Konstitution oder für die Klärung anderer züchterischer und fortpflanzungsbiologischer Fragestellungen.

Ferner erlangt neuerdings die Einbeziehung von gelösten organischen und anorganischen Serum- bzw. Plasmabestandteilen, wie Elektrolyte, Vitamine, Enzyme und Hormone, in die diagnostische Untersuchungspalette eine größere Rolle. Diese Entwicklungstendenz ist im wesentlichen auf folgende Gründe zurückzuführen:

● Die Zentralisation und Konzentration der Nerz- und Fuchsbestände haben in den vergangenen 10 Jahren ein Niveau erreicht, das teilweise neuartige Problemstellungen auch in bezug auf die veterinärmedizinische Betreuung und Versorgung dieser Pelztierarten aufwarf und aufwirft. Vor allem die betriebs- und volkswirtschaftlichen Auswirkungen von subklinischen, teilweise auch von klinisch manifesten Krankheitsprozessen führte in konzentrierten Beständen zu spürbaren ökonomischen und züchterischen Ausfällen.

● Nach den bisherigen Erhebungen (WENZEL und ZEISSLER, 1978) entfallen etwa 60 % aller erfaßten Erkrankungen in der Aufzuchtperiode des Farmnerzes auf ernährungsbedingte Stoffwechselstörungen und -erkrankungen mit einer Mortalitätsrate von 10 bis 20 %. Allein die direkten Jungtierverluste von 1 bis 2 Welpen pro Wurf, die durchschnittlich im Verlauf der postnatalen Entwicklung bis zur Zuchtreife in unseren Farmen erfaßt wurden, weisen auf die bedeutsamen ökonomischen und züchterischen Ausfälle in solchen Betrieben hin.

● Da im Unterschied zu den Haus- bzw. landwirtschaftlichen Nutztieren das vorhandene Wissen und Instrumentarium der klinischen Diagnostik, bedingt durch die Bissigkeit und Wildheit der erst am Anfang der Domestikation stehenden karnivoren Edelpelztiere, nicht oder nur teilweise auf Nerze und Füchse übertragen werden können, ist die weitere gezielte Suche nach verfeinerten diagnostischen Möglichkeiten unerläßlich (ZEISSLER u. WENZEL, 1978.

● Zur Aufdeckung volkswirtschaftlich relevanter Nerz- und Fuchskrankheiten gewinnt die Pathophysiologie zunehmende Bedeutung und Berücksichtigung. Ihre Aufgabe besteht vor allem darin, die bei der Entstehung von Störungen der Organfunktion beteiligten Ursachen und den Mechanismus des Ablaufes der Erkrankungen aufzuklären. Ferner obliegt der Pathophysiologie die Aufdeckung der Beziehungen von Funktionsstörungen eines Organs zur Tätigkeit anderer Organe und zur Funktion des Gesamtorganismus. Grundlage bilden die Untersuchung und Auslösung der Erkrankung im Experiment. Charakteristische Beispiele dazu sind solche bekannte Pelztierkrankheiten wie:

– die Aleutenkrankheit (Plasmozytose, Hypergammaglobulinämie) der Nerze (BERESTOV, 1971; ECKLUND u. a., 1968; GERSHBEIN u. SPENCER 1964; Mc. KAY u. a., 1967; KARSTAD u. PRIDHAM, 1962; KENYON u. a., 1973; LEADER u. a., 1965; PHILLIPS u. HENSON, 1966; THOMPSON u. ALIFERIS, 1964; TRAUTWEIN, 1964);

– das Fettlebersyndrom der Nerze (BERESTOV u. RUDJAKOV 1968; BERESTOV 1971; NANKOV 1974; DANSE u. STEENBERGEN-BOTTERWEG 1976; DORRESTEIN u. DANSE, 1978);

– die Erfassung und Aufdeckung von nutritiven Störungen (u. a. von biologisch nicht vollwertigen Futterrationen) bei Blaufüchsen (WOJCIK u. a. 1975) oder bei Nerzen (ESKELAND u. RIMESLÅTTEN, 1979; ZEISSLER, 1979);

– die akute Aflatoxikose (Aflatoxinvergiftung) der Nerze (CHOU, MARTH u. SHACKELFORD, 1976);

– die D-Hypovitaminose bei fleischfressenden Edelpelztieren (HELGEBOSTAD u. NORDSTOGA, 1979);

– die Ammenkrankheit (nursing anemia-nursing sikkness) der Nerzfähen (ZEISSLER u. WENZEL, 1980) und andere.

Neben der eigentlichen Bedeutung aller vorangestellten Arbeiten ist in ihnen gleichzeitig ein umfangreiches Informationsmaterial über physiologische, biochemische und z. T. morphologische Kennwerte von gesunden Nerzen oder Füchsen enthalten. Diese Erscheinung ist typisch für die Edelpelztierforschung (Analogieprinzip). Einerseits fehlen noch viele spezielle Angaben;

andererseits sind die in der Literatur für Nerz und Fuchs angegebenen Normalwerte nicht ohne weiteres miteinander vergleichbar, da entweder unterschiedliche Einflußfaktoren bei ähnlichen Bestimmungen vorlagen oder diese nicht in gebührendem Maße berücksichtigt und ausgewiesen wurden.

Einflußfaktoren und Normalbereiche

Die Erarbeitung von *Normalwerten* ist nur mit Einschränkungen möglich. Sowohl endogene (innere) als auch exogene (äußere) Faktoren beeinflussen im Blut die Größenordnung und Schwankungsbreite der Meßergebnisse in sehr unterschiedlichem Maß. Zu den ersteren zählen Alter, Geschlecht, individuelle genetische Veranlagung, Trächtigkeit, Laktation und Tagesrhythmik. Dagegen gehören zu den *äußeren Einflußgrößen* Fütterung, Blutentnahmetechnik, Temperatur, Jahreszeit, geographische Lage, Narkose und andere Belastungen. Aber auch die einzelnen Bestimmungsmethoden mit bestimmten objektiven und subjektiven Meßfehlern müssen zu den exogenen Einflüssen gerechnet werden.

Bei karnivoren Pelztieren liegen entweder uneinheitliche oder sogar sich widersprechende Auffassungen über die Bedeutung verschiedener Einflußfaktoren für die Bewertung von Laborergebnissen vor.

Viele Autoren vertreten dagegen übereinstimmend den Standpunkt, daß die erhebliche Variationsbreite der hämatologischen und biochemischen Merkmalswerte zu diagnostischen Problemen führt. So hat nach TRAUTWEIN (1978) die hämatologische Diagnostik der Aleutenkrankheit nur eine beschränkte Bedeutung, da die Normalwerte für die Leukozyten, Erythrozyten und das Hämoglobin stark schwanken. Unregelmäßig läßt sich bei den einzelnen erkrankten Nerzen ein Abfall der angeführten Blutbestandteile nachweisen (Leukopenie, Anämie).

Unter den *methodischen Einflußgrößen* nimmt die Art der Blutentnahme bei Pelztieren nach Untersuchungen von ZEISSLER u. WENZEL (1978) eine herausragende Stellung ein. Hinzu kommt, daß die mit der Blutentnahme verbundene mechanische Fixation nachweisbare Erregungszustände verursacht. Sie sind beim in der Falle oder im Fangnetz fixierten Nerz an heftigen Abwehrbewegungen, Beißversuchen, plötzlichem Harn- und Kotabsatz, Entleeren der Analbeutel (Stinkmarder) und teilweise starken Lautäußerungen zu erkennen. Mit weit geringeren Abwehrbewegungen beantwortet der Farmfuchs die Belastung bei der Blutentnahme.

Eine mit derartigen Erscheinungen einhergehende Prozedur bei der Blutentnahme ordnet SELYE (1976) den *Stressoren zu*. Diese lösen bei genügender Qualität und Dauer ihrer Wirkung eine unspezifische endogene Reaktion des Organismus über die Regulationsmechanismen des Hypothalamus-Hypophysenvorderlappen-Nebennierenrinden-Systems (Streß im Sinne des allgemeinen Adaptationssyndroms nach SELYE) aus.

Die allgemeine Gültigkeit der von Stressoren bedingten endogenen Reaktionen erstreckt sich auch auf den Farmnerz und -fuchs (ZINTZSCH, 1971; TORGUN, 1965). Jedoch liegen für diese Pelztierarten keine experimentellen Ergebnisse vor, die eindeutig die Bedeutung der mit Streß verbundenen Blutgewinnung für die Erstellung von Normalwerten ausweisen.

Zu diesem Problem wurden lediglich unterschiedliche Vermutungen geäußert. GILBERT (1968) sowie GILBERT u. BAILEY (1969) nehmen an, daß sowohl der Abfall der erythrozytären Meßwerte und der Leukozyten als auch der Anstieg der Lymphozyten und eosinophilen Granulozyten im Differentialblutbild des Nerzes möglicherweise auf einwirkende Stressoren hindeuten.

Gegenteilige Auffassungen vertraten BIEGUSZEWSKI u. CHUDY (1963) sowie ZEISSLER (1974). Sie stellten bei an Nerzen durchgeführten hämatologischen Vergleichsuntersuchungen fest, daß die während der Anwendung von mechanischen Zwangsmaßnahmen ermittelten Blutparameter in der Regel höher lagen und meistens eine größere Variabilität der Merkmale aufwiesen als die in der Narkose oder chemischen Immobilisation konstatierten Daten. Nur die eosinophilen Granulozyten zeigten ein umgekehrtes Verhalten. Auf Grund dieser Reaktionen schluß-

folgerten die Autoren, daß die sehr abweichenden Angaben über die einzelnen Normalbereiche von Blutwerten verständlich werden.
Auf Grund dieser erörterten Problematik lehnen einige Autoren die Ermittlung von «Normal- bzw. Standardwerten» mit dem Vermerk ab, daß jedes Labor seine spezifischen Werte an eigenen Kontrolltieren bestimmen sollte.
Trotzdem sind im Sinne einer Orientierung und effektiven Untersuchung Kenntnisse von Größenordnungen und Variabilität der Merkmale in ihrem physiologischen und pathologischen Bereich sowie die Quantifizierung von Einflußgrößen erforderlich. Die zur Erstellung von Normalbereichen bei Edelpelztieren derzeit beschrittenen Wege werden an anderer Stelle (ZEISSLER, WENZEL u. STRAUCH, 1980) diskutiert.

Blutentnahme

Ein bisher kaum gelöstes Problem stellt eine einfache und standardisierbare Blutentnahmetechnik beim Farmnerz dar. Diese Feststellung wird durch die vorhandene Vielzahl der seit den Gründungsjahren der Edelpelztierzucht bis heute verwendeten unterschiedlichen Methoden

Tabelle 11/3 Übersicht zu Vor- und Nachteilen sowie zur praktischen Anwendung der erprobten Blutentnahmetechniken beim Farmnerz

Blutentnahmetechnik	Vorteile	Nachteile	Praktische Nutzung
Herzpunktion	Keine Verletzung des Pelzes, wiederholte Blutentnahme möglich, Blutentnahme nach 2–3 Minuten abgeschlossen	Sedierung oder Narkose erforderlich, kein in definierter Form gewonnenes Blut, Unzuverlässigkeit und Gefährlichkeit für das Tier	Bis zum heutigen Tag mit oder ohne Narkose für das Pelztier umstritten
Schwanzspitzenamputation	Keine Narkose, wiederholte Blutentnahme, kaum arbeitsaufwendig	Gewinnung von Mischblut, Entnahmedauer bis 10 Minuten, Verletzung des Pelzes, teilweise hämolytisches Plasma bzw. Serum teilweise Wundbehandlung nötig	Einfache technische Ausführung, Anwendung möglich, wenn Einfluß der Hämolyse vernachlässigt werden kann, Verlaufsuntersuchungen sind bedingt möglich
Abschneiden der Krallenspitze	Keine Narkose, keine Verletzung des Pelzes, am wenigsten arbeitsaufwendig, keine Wundbehandlung nötig	Gewinnung von Kapillarblut, sehr geringe Blutmenge, teilweise hämolytisches Plasma bzw. Serum	Unter Farmbedingungen Methode der Wahl, wenn nur einige Blutstropfen benötigt werden
Punktion der V. jugularis externa	In definierter Form gewonnenes venöses Blut, Gewinnung hämolyse- und beimengungsfreien Plasmas möglich, wiederholbare Blutentnahme, i. v. Injektion möglich	Allgemeinnarkose erforderlich, operativer Aufwand, Verletzung des Pelzes, zu geringe Blutmenge	Bedingt geeignet für biochemische, pharmakologische oder toxikologische Verlaufsuntersuchungen
Entblutung der Aorta abdominalis mittels Katheterisierung	In definierter Form gewonnenes arterielles Blut in großer Menge ($= 40 cm^3$ Blut) bei adulten Tieren, Gewinnung von hämolyse-, keim- und beimengungsfreien Plasma, keine Verletzung des Pelzes	Allgemeinnarkose erforderlich, operativer Aufwand, Verlust des Tieres	Unter Laborbedingungen Methode der Wahl bei Multiscreening
Punktion der Aorta abdominalis oder der V. cava caudalis	Siehe vorstehende Vorteile Erhaltung des Lebens der Tiere	Allgemeinnarkose erforderlich, operativer Aufwand, Zeit für Rekonvaleszenz erforderlich	Wiederholbarkeit der Blutentnahme zu vorstehender Nutzung begrenzt möglich

der Blutgewinnung belegt und bekräftigt. ZEISSLER und WENZEL (1978) haben einen ausführlichen Überblick über alle bisher praktizierten Blutentnahmetechniken aus der zugänglichen Fachliteratur zusammengestellt. Bei ihrer kritischen Wertung wurde festgestellt, daß die bisher verwendeten Methoden den gegenwärtigen Erfordernissen der Hämatologie, Enzymatologie und klinischen Chemie bei vielen Fragestellungen nicht mehr entsprechen. Zwar wurden mit der Einführung der Katheterisierung bzw. Punktion der Aorta abdominalis oder V.cava caudalis bei Musteliden die Voraussetzungen geschaffen, um bei biochemischen Untersuchungen genügend hämolyse-, keim- und beimengungsfreies Plasma oder Serum zu gewinnen. Allerdings liegt damit in praktischer Hinsicht noch keine befriedigende Lösung des Problems vor. Über die von ZEISSLER und WENZEL (1978) praktizierten Blutentnahmetechniken beim Farmnerz unterrichtet Tabelle 11/3. Dagegen kann die Blutentnahme beim Silber- und Blaufuchs weit einfacher und meist weniger aufwendig vorgenommen werden.

Sollten für spezielle Untersuchungszwecke (z. B. für die Ermittlung des roten Blutbildes) nur einige Blutstropfen benötigt werden, genügt die Skarifizierung (Anritzen) einer Ohrmuschel (kleinen Ohrrandvene) oder des Fußballens. Zur Entnahme von größeren Mengen Blut können entweder die Vena saphena parva (Hinterextremität) oder die Vena cephalica antebrachii (Vorderextremität) punktiert werden. (Ebenso ist natürlich die Injektion von Arzneimitteln in diese Venen möglich.) Nur in den seltensten Fällen wird die Punktion der Vena jugularis externa beim Fuchs zur Anwendung gelangen (Entblutung mit relativ weitlumigen Kanülen möglich).

Blut- und Plasmavolumen

Bei karnivoren Pelztieren bewegt sich das Gesamtblutvolumen zwischen rund 1/13 bis 1/12 der Körpermasse, das sind 7,2 bis 8,5 Masseprozent (MARTINSON, 1960; EVSTRATOVA u. ROMANOV, 1967; BIEGUSZEWSKI u. NOWICKA, 1968; RINGER u. a., 1974). Die physiologische Gesamtblutmenge schwankt also innerhalb beträchtlicher Grenzen und wird vornehmlich durch das Geschlecht, die Größe, den Ernährungszustand und das Alter beeinflußt.

Geschlecht. Die absoluten Blut- und Plasmavolumina liegen bei Nerzrüden mit $106{,}6 \pm 20{,}5$ ml (bzw. $50{,}7 \pm 10{,}6$ ml) statistisch gesichert ($p < 0{,}05$) über denen von Fähen ($66{,}1 \pm 4{,}0$ ml bzw. $29{,}4 \pm 1{,}9$ ml).

Größe des Tieres. Füchse weisen, bezogen auf ein kg KM, ein relativ niedrigeres Blutvolumen (67 bis 74 ml/kg KM) als Nerze (71 bis 80 ml/kg KM) auf. Dagegen liegt das Plasmavolumen bei Füchsen etwa um 10 ml/kg KM über dem von Nerzen.

Ernährungszustand. Karnivore Pelztiere mit hohem Fettansatz verfügen, bezogen auf kg KM, über ein relativ niedrigeres Blutvolumen als Tiere im normalen Ernährungszustand.

Alter. Bei Fuchs- und Nerzwelpen beträgt das Gesamtblutvolumen 1/11 bis 1/10 der Körpermasse.

Bei starken Belastungen des Organismus findet eine Mobilisierung der Blutreserven und damit eine physiologische Zunahme der zirkulierenden Blutmenge statt. Krankhafte Veränderungen im Blut- und Plasmavolumen in Form einer Hyper- oder Hypovolämie (starke Blutverluste, Verbrennungen, Fieber usw.) stellen zwar bei Pelztieren ein kaum angewendetes Diagnostikum dar; ihre Kenntnis ist aber für die richtige Bewertung anderer Parameter (z. B. Gesamteiweißkonzentration) unerläßlich.

Wie aus Tabelle 11/4 ersichtlich, stellen solche Kriterien, wie Gesamtblutvolumen, -plasmavolumen, Gesamterythrozytenmenge usw., eine ausgeprägte Funktion des Alters dar.

Ferner lassen die Kriterien in Tabelle 11/4 erkennen, daß in der Entwicklung des Nerzes zwei typische Wachstumsperioden zu unterscheiden sind, in denen sich morphologische und funktionelle Eigenarten dieser Tierart in wachstumsmäßigen Veränderungen des Skelettes, der Intensität der Erythropoese (Bildung von roten Blutkörperchen) sowie der Ausbildung und Menge der einzelnen Bestandteile des roten Blutbildes (Erythrogramm) zeigen. In ähnlicher Weise vollzieht sich die Reifung des Farmfuchses:

Tabelle 11/4 Altersabhängige Veränderungen der Körpermasse, der zirkulierenden Blutmenge und seiner hauptsächlichen Komponenten bei Nerzfähen in Anlehnung an EVSTRATOVA u. ROMANOV (1967)

Kennwerte	Lebensalter der Nerze					
	Neugeborene	20 Tage	40 Tage	4 Monate	7 Monate	>19 Monate
Körpermasse in g	13,84	127,3	334,4	1 008,2	1 190,0	1 061,7
Gesamtblutvolumen in ml	1,3	15,0	30,9	77,6	83,0	83,0
Plasmavolumen in ml	0,92	10,22	18,64	39,17	38,14	37,58
Gesamterythrozytenvolumen in ml	0,38	4,78	12,26	38,43	44,86	45,42
Hämoglobinmasse in g	0,12	1,63	4,45	14,15	15,69	16,27
Blutvolumen in ml / 100 g Körpermasse	9,40	11,79	9,25	7,70	6,97	7,82
Erythrozytenmenge in ml / 100 g Körpermasse	2,75	3,75	3,66	3,81	4,48	4,82
Hämoglobinmasse in g / 1 000 g Körpermasse	9,06	12,79	13,33	14,04	13,18	15,32

- Die *erste Wachstumsphase* erstreckt sich von der Geburt des Nerzes oder Fuchses bis ungefähr zum 4. Lebensmonat. Sie wird durch eine intensive Skelett- und Organentwicklung, eine rasch ansteigende Aktivität des Knochenmarkes sowie die Erhöhung aller roten Blutkomponenten charakterisiert. Diese ontogenetischen Besonderheiten sind bei der Prophylaxe anämischer Zustände, die sehr häufig in der Welpen- und Jungtierentwicklung bei fleischfressenden Pelztieren auftreten, praktisch zu beachten.
- Die *zweite Wachstumsphase*, die etwa nach dem 4. Lebensmonat beginnt, wird hauptsächlich durch die Stabilisierung im erythropoetischen und erythrozytären System gekennzeichnet. In dieser Periode wurden keine statistischen Veränderungen bei den einzelnen Merkmalswerten des Skelettes, des Knochenmarkes und der anderen untersuchten Parameter mehr gefunden.

Spezifisches Gewicht

Das spezifische Gewicht des Nerzserums wurde von ROTENBERG u. JØRGENSEN (1971) bestimmt. Sein Mittelwert wird für Nerzrüden mit 1,026 (± 0,004) bzw. für -fähen mit 1,024 (± 0,010) angegeben. Das spezifische Gewicht der Erythrozyten liegt höher als das des Plasmas oder Serums. Infolgedessen sedimentieren die Erythrozyten außerhalb des Tierkörpers. Bei Anämien ist eine Abnahme im spezifischen Gewicht des Blutes vorhanden. Am leichtesten sind die Leukozyten, die sich beim Zentrifugieren an der Oberfläche der roten Blutkörperchen ansammeln und als schmaler weißlicher Saum darstellen.

Reaktion des Blutes (pH-Wert)

Die Reaktion des Blutes bewegt sich bei fleischfressenden Pelztieren innerhalb geringer Grenzen (ARGUTINSKI, 1960; GILBERT, 1969; BERESTOV, 1971); auch unter phatologischen Verhältnissen sind Abweichungen vom normalen pH-Wert nicht erheblich (JØRGENSEN u. a., 1976; POULSEN u. JØRGENSEN, 1977). Im Allgemeinen beträgt er im Nerz- und Fuchsblut unter physiologischen Verhältnissen durchschnittlich 7,25 bis 7,45, unter pathologischen Bedingungen 7,14 bis 7,64; pH-Werte außerhalb von 7,0 und 7,8 sind mit dem Leben schon nicht mehr vereinbar. Die enge Schwankungsbreite der Reaktion des Blutes ist auf die *hohe Pufferkapazität* (Hydrogenkarbonat/Kohlensäurepuffer, Protein- und Hb-Puffer, Phosphat-Puffer) verschiedener Blutbestandteile zurückzuführen. Neben dieser wichtigen Regulationseinrichtung spielen die

Lungen und Nieren bei der Aufrechterhaltung des Säure-Basen-Gleichgewichtes im normalen Bereich eine bedeutsame Rolle. Für die *Alkalireserve im Plasma* – eine heute kaum noch angewandte Kategorie zur Kennzeichnung der Summe der Puffersubstanzen – über 4 Monate alter Nerze, Blau- und Silberfüchse wurden folgende Durchschnittswerte und Schwankungsbreiten angegeben (Scott u. a., 1939; Berestov, 1971):
52 (48,7 bis 55,3); (47,6 bis 54,9); 49 (45,1 bis 52,9) Volumen-% CO_2 (in SI-Einheiten x 0,1333 = k Pa). Neuerdings wird auch bei Pelztieren der Säure-Basen-Haushalt durch moderne Meßgrößen der Blutgasanalyse charakterisiert. Schon vor mehr als 20 Jahren wurde in der Pelztierzucht erkannt, daß die Höhe des pH-Wertes und der Alkalireserve im Blut in erster Linie von der *Art der Fütterung* und der *Bewegungsintensität* der Tiere abhängig ist. So bedingt die Verabreichung von schwefelsäurehaltigem Futter einen Abfall des pH-Wertes um etwa 0,1 und der Alkalireserve um 10,0 Volumen-% CO_2. Da die Gabe von chemisch-konservierten Futtermitteln an fleischfressende Pelztiere eine größere Bedeutung erlangt hat, wurden die Störungen des Säure-Basen-Gleichgewichtes, insbesondere der pH-Konstanz (Isohydrie) näher untersucht. Ein pH-Wert-Abfall unter den Normalwert führt zur Azidose, der umgekehrte Vorgang zur Alkalose. Unter praktischen Gesichtspunkten spielt bei Pelztieren nur die metabolische Azidose eine besondere Rolle.

Morphologie und Physiologie der Erythrozyten

Hinweise über die *Gestalt und Form* der roten Blutkörperchen im mikroskopischen Bild vermitteln Kennedy (1935), Bräuning (1965), Berestov (1971), Zeissler (1974) sowie Schalm u. a. (1975).
Die *kernlosen Erythrozyten* haben eine meist bikonkave Form und sind rundlich oder mitunter beim Nerz auch gering elliptisch. Sie erscheinen im mikroskopischen Bild als in der Mitte aufgehellte Zellen von gelblichrosa bis braunroter Färbung. (Die Farbintensität ist vornehmlich abhängig von der Dauer der Färbung und schwankt somit von einem Ausstrich zum anderen). Innerhalb eines Ausstriches sind jedoch auch in einigen Fällen Farbnuancen (Anisochromie) und vereinzelt abweichende Färbungen in Richtung von bläulich getönten (polychromatischen) Zellen zu sehen. Im peripheren Blut des Nerzes werden in jeder Altersstufe verschiedene *kernhaltige Zwischenformen* beobachtet. Ihr häufigstes Auftreten ist nach Schalm u. a. (1975) zwischen dem 3. und 4. Lebensmonat zu konstatieren. Gelegentlich werden Normoblasten gefunden. Fletch und Karstad (1972) stellten bei 17 von 98 untersuchten Nerzen im Blut einige kernhaltige erythrozytäre Vorstufen fest, wobei die Normoblasten mit 1 % an den kernhaltigen Zwischenformen beteiligt waren. Im Blutausstrich des Farmfuchses ähneln Gestalt und Farbe der Erythrozyten denen des Hundes. Ab und zu können Poikilozytose, Anisozytose, Polychromasie und erythrozytäre Jugendformen beobachtet werden. Die durchschnittliche *Erythrozytengröße* ist tierartspezifisch und wird durch Dicke und Durchmesser charakterisiert.

Von mehreren Untersuchungen wurde der *Erythrozytendurchmesser* für Nerze bestimmt:
- 7,8 µm (6,0 bis 9,5 µm) nach Kennedy (1935),
- 6,7 µm (5,6 bis 7,4 µm) nach Hammer (1962),
- 7,1 µm nach Konarska (1962) und
- 6,21 µm ($\pm$0,549 µm) nach Bräuning (1965).

Zwischen den Farbmutationen sollen keine nennenswerten Unterschiede bestehen. Auffällig ist die hohe Schwankungsbreite der zitierten Meßergebnisse. Sie wird teils physiologisch, teils methodisch bedingt sein. Der normalerweise immer vorhandene Anteil von *kleinen* und *großen Erythrozyten* (Mikro- und Makrozyten) wurde im peripheren Blut von Nerz und Fuchs noch nicht ermittelt. Die durchschnittliche *Lebensdauer* der Erythrozyten, ebenfalls tierartspezifisch, ist nach Evrstatova u. Romanov (1967) mit 9 Tagen beim neugeborenen Nerz am niedrigsten und steigt bis zum 4. Lebensmonat auf 99 Tage signifikant gesichert an. Beim adulten Mink variiert dieser Parameter nach den Angaben der erwähnten Verfasser

zwischen 119,3 und 128,5 Tagen. FLETCH, ROBINSON u. KARSTAD (1972) berichten dagegen über eine niedrigere Lebenszeit der roten Blutkörperchen. Sie fanden bei 29 erwachsenen Nerzrüden von 3 Farbmutationen eine kalkulierte durchschnittliche Lebensdauer von 92,2 ± 4,1 Tagen. Das Auftreten von rassebedingten Differenzen konnte nicht festgestellt werden. Bei verschiedenen Mangelerkrankungen ist die Lebensdauer der Erythrozyten deutlich vermindert.
Während der Bewegung der Erythrozyten im Kreislauf wird ihre Membran infolge der mechanischen Reibung und der Aktivitätsabnahme verschiedener Erythrozytenenzyme zunehmend instabiler. Die alternden Zellen können deshalb eine anormale Form annehmen (Poikilozytose). Nach SCHALM u. a. (1975) ist diese physiologische Erscheinung in allen Altersgruppen zu beobachten. Abnorm gestaltete Erythrozyten findet man gehäuft bei Schädigungen des Knochenmarkes.
Aufgrund der begrenzten Lebensdauer der Erythrozyten muß eine ständige Erneuerung erfolgen. Normalerweise besteht ein Gleichgewicht zwischen Bildung der Erythrozyten im roten Knochenmark und ihrem Abbau, der sich vor allem in der Milz, im Knochenmark und in der Leber (also im retikuloendothelialen System) vollzieht. Voraussetzung für die ausreichende Bildung der roten Blutkörperchen ist eine vollwertige Ernährung. Von Wichtigkeit erweist sich eine ausreichende Versorgung mit Aminosäuren, Folsäure, Vitamin B_{12}, Eisen, Kupfer, Mangan und Kobalt. Vor allem beim wachsenden Nerz und der säugenden Fähe spielen der Mangel an diesen Nahrungsfaktoren bei der Entstehung verschiedener Anämieformen eine besondere Rolle. Im Verlauf der Bildung und Reifung der roten Blutkörperchen über mehrere charakteristische Vorstufen entwickeln sich die Jugendformen der Erythrozyten, die *Retikulozyten*. Ihr Anteil an der Erythrozytenpopulation des Blutes ist zum Zeitpunkt der Geburt verhältnismäßig hoch und stellt sich postnatal bald auf Durchschnittswerte von 0 bis 10 % ein. Das Verhältnis von der Retikulozyten- zur Erythrozytenzahl läßt grundsätzlich eine Einschätzung der erythropoetischen Aktivität des Knochenmarkes zu. Angaben über den Retikulozytengehalt des Nerzblutes sind in der Literatur mehrfach mitgeteilt worden.

KUBIN u. MASON (1948) fanden im Herzblut einen Schwankungsbereich von 0 bis 10 % bei 16 betäubten Nerzen; FLETCH u. KARSTAD (1972) einen solchen von 0 bis 4 % ($\bar{x} = 1,3$ %). Dieser Mittelwert stimmt nahezu mit dem von KONARSKA (1962) an 20 einjährigen Nerzen festgestellten durchschnittlichen Ergebnis von 1 % überein.

BIEGUSZEWSKI u. CHUDY (1963) bestimmten im Herzblut von 44 narkotisierten Nerzen einen Retikulozytenanteil an den Erythrozyten von 0,85 %. Der entsprechende an 46 unbetäubten Tieren ermittelte Vergleichswert betrug 1,09 %. Eigene Untersuchungsergebnisse (ZEISSLER, WENZEL u. SACHSE, 1981) weisen für das Kapillarblut aus der Krallenspitze von 71 männlichen und 112 weiblichen adulten Standardnerzen Werte von 3,11 ±1,21 % auf, bzw. 3,82 ±1,58 %, (in SI-Einheiten: 0,0031 oder 0,0038). Der hochsignifikante Unterschied ist geschlechtsbedingt. SCHALM u. a. (1975) teilen für einen an einem Abszeß erkrankten Silberfuchs einen Retikulozytenwert von 2,2 % mit. ROTENBERG u. JØRGENSEN (1971) geben für Nerzerythrozyten eine *Säureresistenz* von 177 ±18 s (18 ♂) oder 156 ±20 s (21 ♀) an.

EVSTRATOVA u. ROMANOV (1967) ermittelten die minimale, mittlere und maximale *hämolytische Resistenz* der Erythrozyten als Funktion des Alters. Untersuchungen zur osmotischen Hämolyse stehen noch aus. Die Kenntnis der Widerstandsfähigkeit der Erythrozytenmembran gegenüber einwirkenden Schadfaktoren ist für die Einschätzung des Vorliegens einer physiologischen oder pathologischen Hämolyse wichtig. Denn eine physiologische Hämolyse findet während des gesamten Lebens beim Abbau der Erythrozyten statt. Ansonsten stellt eine Hämolyse innerhalb des Organismus stets einen pathologischen Vorgang dar, dessen Ursachen sehr verschieden sein können. Zur Kennzeichnung der roten Blutkörperchen können außerdem die sogenannten erythrozytären Rechenwerte mit herangezogen werden.

Erythrogramm

Die genaue Charakterisierung des roten Blutbildes (= Erythrogramm) setzt eine Reihe von Meßwerten voraus, aus denen sich noch zusätzlich wertvolle Daten berechnen lassen. Die praktische Bedeutung der *erythrozytären Rechenwerte* – mittleres Erythrozytenvolumen

Tabelle 11/5 Erythrozytäre Meßwerte erwachsener Silber- und Blaufüchse

Blutbestandteil	Silberfuchs		Blaufuchs
RBC (10^{12}/l)	8,0	(7,4 bis 8,5)	10,63 ± 1,03
Hb (g/l)	150,0	(139 bis 161)	168,6 ± 24,5
PCV	0,50	(0,53 bis 0,64)	0,50 ± 0,03

Tabelle 11/6 Vergleichende Übersicht zur Altersdynamik der Erythrozytenzahl (10^{12}/l) bei Silber- (SF) und Blaufüchsen (BF)

Autor	Tierart	Alter in Wochen							
		4	8	11 bis 12	16	20	24 bis 26	30 bis 32	32
Utkin (1963)	SF	5,3 ± 0,11	7,4 ± 0,09	8,3 ± 0,13	8,7 ± 0,18	8,4 ± 0,15	—	9,2 ± 0,11	9,7 ± 0,10
Preobrashenski u. Kasakova (1949)	SF	—	—	—	8,8	8,5	10,0	10,2	10,0
Saizev u. Dmitrieva (1950)	SF	4,7	5,0	—	—	—	—	—	9,7
Berestov (1971)	SF	6,03 ± 0,72	7,8 ± 0,50	8,70 ± 0,80	9,36 ± 0,94	—	—	9,32 ± 1,07	—
Utkin (1963)	BF	—	—	—	8,9	8,9	8,9	9,0	8,6
Berestov (1971)	BF	5,66 ± 0,60	6,90 ± 0,74	7,89 ± 0,70	7,97 ± 0,87	8,41 ± 0,92	—	8,26 ± 0,59	—
Wenzel u. a. (1981)	BF ♂	5,59 ± 1,51	6,44 ± 1,06	7,41 ± 1,41	7,52 ± 0,26	8,39 ± 1,19	8,76 ± 1,50	8,84 ± 1,59	8,84 ± 1,49
	BF ♀	5,34 ± 1,01	6,36 ± 0,20	6,55 ± 0,93	6,70 ± 1,45	8,12 ± 1,76	9,34 ± 0,78	9,10 ± 3,09	8,66 ± 1,47

Tabelle 11/7 Rotes Blutbild des wachsenden und adulten Farmnerzes in Anlehnung an Evstratova u. Romanov (1967), Berestov (1971) und Zeissler (1974)

Blutbestandteile	Alter in Wochen									
	Geburt	3	6	8	10	12	16	26	28	76
RBC (10^{12}/l)	2,56 ±0,35	4,35 ±0,71	6,44 ±0,51	6,47 ±0,73	6,71 ±0,78	8,30 ±0,73	8,51 ±0,77	8,75 ±0,99	8,37 ±0,61	8,48 ±0,57
Hb (g/l)	96,5 ±2,1	108,6 ±10,7	141,4 ±14,3	108,0 ±9,1	142,3 ±10,8	156,0 ±18,6	182,4 ±16,8	199,4 ±8,2	189,0 ±8,7	195,5 ±8,0
PCV	0,29 ±0,06	0,32 ±0,02	0,40 ±0,02	—	0,49 ±0,02	—	0,50 ±0,03	0,56 ±0,02	0,54 ±0,01	0,55 ±0,01
MCV (fl)	111,6 ±39,0	74,6 ±10,3	61,8 ±4,4	—	62,2 ±7,4	—	58,5 ±4,4	67,4 ±4,3	64,7 ±3,8	64,7 ±4,2
MCH (pg)	37,5 ±3,7	25,2 ±2,3	22,0 ±2,1	17,0 ±1,9	21,9 ±1,6	19,0 ±1,4	21,4 ±0,4	23,4 ±1,5	22,6 ±1,4	23,0 ±1,2
MCHC (g/l)	339,0 ±74,9	341,0 ±34,3	356,0 ±20,4	—	359,4 ±12,2	—	368,0 ±29,1	355,4 ±13,9	349,0 ±11,6	357,0 ±19,1

(MCV), mittlerer Hämoglobingehalt pro Erythrozyt (MCH) sowie mittlere Hämoglobinkonzentration in den Erythrozyten (MCHC) – ergibt sich bei ihrer Verwendung zur *Diagnose der Ursachen verschiedener Anämienformen* der karnivoren Pelztiere. Beispielsweise liegt bei einer Verminderung des MCV- und MCH-Wertes eine mikrozytäre, hypochrome Anämie vor, wie sie für die Eisenmangelanämie der Nerz- und Fuchswelpen charakteristisch ist. Für die Bestimmung der genannten 3 Größen ist die Messung des Hämatokrites (PCV), der Hämoglobinkonzentration (Hb) und der Erythrozytenzahl (RBC) erforderlich.

Einen nahezu vollständigen Überblick über die zahlreichen Arbeiten zum Nerzhämogramm vermitteln einige ausführliche Literaturzusammenstellungen, die sich gegenseitig ergänzen (BRÄUNING, 1965; GRZEBULA u. ZDUNKIEWICZ, 1968; BERESTOV, 1971; ZEISSLER, 1974; FRINDT, 1976). Für Blau- und Silberfüchse ist zum gleichen Sachverhalt bislang kein Beitrag geleistet worden. Über einige blutmorphologische Daten berichteten entweder von Silberfüchsen KENNEDY (1935), BASLER (1936), SPITZER u. a. (1941), KOLESNIKOV (1949), BIEGUSZEWSKI (1965), KUDRJAFZEV u. KUDRJAFZEVA (1969) sowie SCHALM u. a. (1975) oder von Blaufüchsen PANYSCHEVA (1952), STUBNER (1954), WASILKOV (1964) sowie BIEGUSZEWSKI u. NOWICKA (1968). Alle drei erythrozytären Meßwerte wurden bereits von SPITZER u. a. (1941) bei 12 Silber- und von BIEGUSZEWSKI u. NOVICKA (1968) bei 25 Blaufüchsen bestimmt.

Auf die Wiedergabe der in den o. g. Arbeiten meist mit erhobenen Hb-Werten wird aufgrund der bekannten Unzulänglichkeiten der SAHLI-Methode verzichtet. Einigermaßen vergleichbare Hämoglobingehalte wurden von BIEGUSZEWSKI u. NOVICKA (1968), LOHI u. a. (1977) sowie WENZEL u. a. (1981) im Blut von wachsenden Blaufüchsen ermittelt.

Für die Aufstellung von Normalbereichen ist die Kenntnis der Verteilung der einzelnen Merkmalswerte des Blutes in der Grundgesamtheit erforderlich. ZEISSLER (1979) konnte bei Blutuntersuchungen des Farmnerzes nachweisen, daß unter der Voraussetzung der weitgehenden Ausschaltung oder Beachtung von Einflußgrößen die einzelnen roten Blutkomponenten annähernd einer einfachen Normalverteilung folgen. Bisher wurde zum größten Teil Klarheit darüber erzielt, daß es notwendig ist, die nachfolgend abgehandelten Einflußfaktoren bei der Festlegung von Normbereichen für Blutbestandteile des Nerzes und Fuchses zu berücksichtigen. Es handelt sich sowohl um die physiologischen Einflußgrößen Alter, Geschlecht, Fütterung, genetische Konstruktion, Ranz, Trächtigkeit und Laktation als auch um methodische Faktoren, insbesondere Narkose, Art, Ort und Häufigkeit der Blutentnahme.

Die *altersabhängige Entwicklung* der einzelnen Komponenten des Hämogrammes von Nerz und Fuchs ist eindeutig nachgewiesen worden. Im peripheren Blut steigen die niedrigen erythrozytären Meßwerte des neugeborenen Nerzes oder des 4 Wochen alten Blaufuchswelpen im Verlauf der Ontogenese (Individualentwicklung) kontinuierlich an, um sich danach in einem bestimmten Altersabschnitt in einem fest umrissenen Schwankungsbereich einzupendeln und zu stabilisieren. Die Altersabhängigkeit äußert sich bei Blaufüchsen in niedrigen 4-Wochen-Werten mit einem kontinuierlichen Anstieg bis zur 37. Lebenswoche. Im Unterschied zum wiedergegebenen Verhalten des RBC-, PVC- und Hb-Wertes im Welpen- bzw. Jungtierstadium weisen der MCH- und MCV-Wert (sowie die Leukozytenzahl = WBC) eine umgekehrte *Altersdynamik* auf. Diese Komponenten sinken während des Wachstums auf ein genetisch fixiertes Niveau beim adulten Nerz oder Fuchs ab. Die in Tabelle 11/7 und 11/8 dargestellten Ergebnisse demonstrieren, daß sich die Durchschnittswerte und Schwankungsbereiche der einzelnen Parameter beim Farmnerz etwa ab dem 4. und beim Fuchs ungefähr ab dem 5. Lebensmonat stabilisieren und den Werten erwachsener Tiere angleichen. Eine Ausnahme bilden die blauen Nerze, bei denen im Alter von 19 Monaten eine erhebliche Abnahme der Hämoglobinkonzentration zu verzeichnen ist (PETROVA, 1971). Der Zeitpunkt des Überganges von der jugendlichen zur erwachsenen Ausprägungsform des Blutbildes scheint tierartspezifisch zu sein. Bei Hunde-

Tabelle 11/8 Rotes Blutbild, Leukozytenzahl (WBC) und Blutglukosekonzentration wachsender und adulter Blaufuchsrüden (Wenzel u. a., 1981)

Blutbestandteile	Alter in Wochen									
	4	8	20	26	37	39	45	49	54	56
RBC (10^{12}/l)	5,59 ±1,51	6,44 ±1,06	8,39 ±1,19	8,76 ±1,50	9,60 ±1,65	9,82 ±0,95	7,78 ±1,63	8,33 ±1,78	8,07 ±1,24	—
Hb (g/l)	116,9 ±6,8	126,9 ±6,2	175,5 ±12,6	184,0 ±12,0	169,9 ±13,9	190,9 ±7,0	184,2 ±12,5	177,4 ±12,7	178,2 ±6,6	166,8 ±5,9
PCV	0,43 ±0,03	0,43 ±0,02	0,56 ±0,05	0,57 ±0,03	0,57 ±0,03	0,57 ±0,02	0,57 ±0,05	0,58 ±0,03	0,59 ±0,02	0,56 ±0,03
WBC (10^9/l)	7,94 ±0,46	10,50 ±2,73	8,50 ±2,19	9,69 ±2,26	8,07 ±2,47	5,80 ±0,64	8,60 ±2,13	7,37 ±2,89	10,85 ±3,19	—
Blutglukose (mmol/l)	5,457 ±1,533	6,022 ±0,960	6,188 ±1,517	6,321 ±1,841	7,104 ±0,605	—	5,761 ±1,250	5,278 ±0,925	4,551 ±0,661	4,856 ±1,613

Tabelle 11/9 Erythrogramm und Leukozytenzahlen (WBC) adulter Nerze (Zeissler, 1975 und 1979), Blaufüchse (Wenzel u. a., 1981) und Silberfüchse (Schalm u. a., 1975)

Blutbestandteile	Standardnerze						Blaufüchse		Silberfüchse
	Kapillarblut		Schwanzblut		Arterielles Blut		Kapillarblut		
	n = 73 ♂	165 ♀	28 ♂	41 ♀	118 ♂	124 ♀	64 ♂	74 ♀	2 ♂
RBC (10^{12}/l)	9,12 ±1,17	8,94 ±0,91	9,22 ±0,98	9,08 ±1,03	8,08 ±0,93	7,82 ±1,03	8,84 ±1,49	8,66 ±1,47	6,91
Hb (g/l)	194,4 ±15,1	196,0 ±13,7	199,3 ±10,9	192,8 ±14,2	165,5 ±17,2	163,1 ±22,3	185,2 ±18,5	176,3 ±17,4	127,0
PCV	0,57 ±0,04	0,58 ±0,04	0,57 ±0,03	0,57 ±0,04	0,49 ±0,04	0,49 ±0,06	0,59 ±0,04	0,55 ±0,04	0,41
MCV* (fl)	63,5 ±8,8	65,2 ±7,6	66,4 ±3,9	68,1 ±4,7	60,6	62,7	66,7	63,5	59,3
MCH* (pg)	21,6 ±2,7	21,9 ±2,7	23,9 ±1,7	24,3 ±2,2	20,5	20,9	20,9	20,4	18,3
MCHC* (g/l)	339,3 ±25,7	337,4 ±35,0	354,8 ±29,3	357,1 ±20,6	348,3 ±31,7	348,4 ±36,2	313,9	320,5	309,0
WBC (10^9/l)	5,75 ±1,65	6,39 ±2,33	7,94 ±3,04	8,21 ±3,32	2,59 ±0,97	2,82 ±1,24	9,34 ±3,19	8,56 ±2,59	6,6 bis 8,1

* Bei alleiniger Angabe der Durchschnittswerte wurden diese aus den entsprechenden x̄ berechnet.

welpen wurde z. B. von Müller (1967) ein Anstieg bis zum 2. Lebensmonat beobachtet.
Die Beantwortung der Frage nach der Bedeutung *des Geschlechtseinflusses* auf die Parameter des Blutstatus karnivorer Edelpelztiere war längere Zeit umstritten. Bis Ende der 60er Jahre herrschte die Auffassung vor, daß bei Nerzrüden signifikant höhere erythrozytäre Meß- und Rechenwerte als bei Fähen vorliegen, weil diese Tierart durch einen ausgeprägten Geschlechtsdimorphismus in bezug auf die Körpermassenentwicklung und unterschiedliche Geschwindigkeit in der biologischen Reifung gekennzeichnet ist. Diese Aussage konnte aber durch neuere Befunde, die unter exakt definierten Versuchsbedingungen und mit gleichen Methoden an

größeren Tierstapeln (n ≥ 45) erhoben wurden, zumindest im Venen- und Kapillarblut nicht bestätigt werden (BERESTOV, 1971; ROTENBERG u. JØRGENSEN, 1971; PETROVA, 1971; ZEISSLER, 1974). Lediglich FLETCH u. KARSTAD (1972) teilen für 45 Rüden im Alter von 7 Monaten gegenüber 73 nicht graviden gleichaltrigen Fähen signifikant ($p < 0,01$) höhere Hämoglobin- und Hämatokritwerte mit. Ferner fanden diese Autoren für die übrigen Parameter des Nerzhämogrammes ebenfalls keine geschlechtsspezifischen Unterschiede. Auch die im arteriellen Vollblut konstatierten Blutbestandteile weisen keine geschlechtsbezogenen Gegensätze aus.

Ganz andere Ergebnisse wurden dagegen für den *erwachsenen Blaufuchs* erhalten. Adulte Blaufuchsrüden haben signifikant höhere erythrozytäre Meßwerte und Leukozytenzahlen als Fähen. Während der Wachstumsperiode ließ sich jedoch diese geschlechtsbedingte Differenz statistisch nur selten sichern.

Es zeigt sich, daß die aus dem Blut der amputierten Schwanz- und Krallenspitze stammenden Komponenten signifikant ($p < 0,001$) höher als die im arteriellen Blut ermittelten Bestandteile liegen. Die festgestellten Normwerte des arteriellen Blutstatus befinden sich in guter Übereinstimmung mit den Angaben von KUBIN u. MASON (1948) sowie ROTENBERG u. JØRGENSEN (1971). Diese Versuchsansteller ermittelten die Parameter aus dem Blut der Arteria caudalis entweder in Pentobarbitalnarkose oder ohne Anästhesie. Gleichfalls korrespondieren die eigenen Daten zufriedenstellend mit den Literaturwerten anderer Verfasser (BIEGUSZEWSKI u. CHUDY, 1963; BRÄUNING, 1965; FLETCH u. KARSTAD, 1972). Die Autoren verwandten zwar unterschiedliche Blutentnahmetechniken (Herzpunktion bzw. Punktion der Vena jugularis externa), erhoben aber die Blutkennwerte an narkotisierten Nerzen (Äther-Chloroform, Kohlenmonoxyd, Äther oder Brevinarkon). Dagegen weisen jedoch die für das arterielle Blut ausgewiesenen Daten im Einklang mit den Angaben von KUBIN u. MASON (1948) sowie ROTENBERG u. JØRGENSEN (1971) generell niedrigere Daten als die Parameter auf, die von einer Reihe anderer Verfasser und eigenen früheren Untersuchungen an unbetäubten 6 bis 7 Monate alten Nerzen ermittelt wurden.

Diese gegenteiligen Ergebnisse lassen sich in erster Linie durch einen *anästhesiebedingten Abfall der Blutbestandteile* erklären (ZEISSLER, 1979). Während einer speziellen Kombinationsnarkose fallen die im Kapillarblut ermittelten Werte in einer ähnlichen Größenordnung wie im arteriellen Blut ab.

Für den *Unterschied zwischen Kapillar- und Arterienblut* sind jedoch noch weitere Umstände verantwortlich zu machen. Dies soll z. B. am Verhalten des Hämatokritwertes (PCV) verdeutlicht werden. Im venösen Blut sind die Erythrozyten auf Grund des höheren Wassergehaltes – bedingt durch Steigerung des osmotischen Drucks infolge der Einwanderung von Chloridionen – geringfügig (0,5 μm) größer als im arteriellen Blut, und infolgedessen nimmt auch der PCV-Wert im venösen Gefäßabschnitt zu.

Die endgültige Beurteilung des *Einflusses der genetischen Konstruktion* auf die Komponenten des Nerzhämogrammes muß weiteren Untersuchungen vorbehalten bleiben, da z. T. sich widersprechende Angaben vorliegen. Für Standard-, Saphir-, Aleuten-, Hedlund-, Pastell-, Violett- und Winterblau-Nerze schlossen ANONYM (1960), PETROVA (1971) sowie FLETCH u. KARSTAD (1972) rassebedingte Unterschiede für die erythro- und leukozytären Blutkennwerte aus. Eine generelle Bestätigung dieses Befundes lassen die bei einjährigen, nichtträchtigen Schwarzkreuz-, Topas-, Standard- und Platinfähen ermittelten Ergebnisse nicht zu (ZEISSLER, 1979). Die signifikant höchsten Werte wurden in der Regel bei Schwarzkreuznerzen festgestellt.

Während der *Ranz, Trächtigkeit* und *Laktation* zeigen einige Bestandteile im Blut von Pelztieren einen typischen und z. T. *artspezifischen Verlauf* (STANISLAWSKA, DRYZALOWSKA u. LOREK, 1980; ZEISSLER u. a., 1981).

Im allgemeinen ist charakteristisch, daß die *Welpenanzahl pro Wurf* markantere Abweichungen im individuellen Blutstatus der Fähe als an sich die Trächtigkeit und Laktation verursacht. Je größer die Wurfstärke ist (bei Füchsen > 11, bei Nerzen > 6), desto stärker vermindern sich bei den Fähen mit fortschreitender

Entwicklung ihrer Jungen die roten Blutkomponenten. Genau umgekehrt verhalten sich die Leukozyten. Es liegt weniger eine physiologische Trächtigkeits- als vielmehr eine «Laktationsleukozytose» bei karnivoren Pelztieren vor. Wie schon in Tabelle 11/9 ersichtlich war, bedingen nicht nur *Haarwechsel* und *Ranz,* sondern auch verschiedene Stressoren, wie *Absetzen, starke Frostperioden* und eine *übermäßige Anzahl von Hungertagen,* erhebliche Mittelwertsbewegungen und Schwankungen. Ein über den Normalbereich hinausgehender Abfall oder eine spezifische Verschiebung der einzelnen Bestandteile des Erythrogrammes spiegelt verschiedene *Anämieformen* wider. Sie kommen hauptsächlich im Welpen- und Jungtierstadium, aber auch bei laktierenden Fähen vor. Fleischfressende Pelztiere besitzen wegen einiger physiologischer Eigenheiten eine höhere *anämische Disposition* als viele andere Tierarten. Das *Anämiesyndrom* hat generell in der Pelztierzucht immer mehr an Bedeutung gewonnen. Es muß z. B. in der DDR zu den 5 wichtigsten Stoffwechselstörungen des Farmnerzes gezählt werden. Durch das Anämiesyndrom entstehen – neben anderen Ausfallerscheinungen – infolge der Bildung von weißer Unterwolle minderwertige, also schlecht bezahlte Felle (KANGAS, 1967). In diesem Zusammenhang erkannten JØRGENSEN u. CHRISTENSEN (1966), daß bei Nerzen eine sehr enge Relation zwischen Hb-Konzentration im Blut sowie Qualität und Farbe des Winterfelles besteht. In unseren Nerzproduktionsbetrieben sind gute Fellernten zu erwarten, wenn bei Stichprobenuntersuchungen kurz vor dem Pelzen kaum Hb-Werte unter 180 g/l gefunden werden. Zur Entstehung anämischer Zustände bei karnivoren Pelztieren können mannigfaltige Umstände beitragen. Praktisch bedeutsam sind in erster Linie sowohl Krankheiten (z. B. Durchfall) als auch Fehl- und Mangelernährungen, wie länger andauernde Verabreichung eines einseitigen Grundfutters, Vitaminmangel, Mineralstoffdefizit, zu hoher Anteil von Fett- oder «Anämiefischen» (Triox als anämieinduzierender Faktor) in der Diät (BIEGUSZEWSKI u. NOWICKA, 1968, HELGEBOSTAD u. DISHINGTON, 1976, KERMEN, 1959).

Leukogramm

Das qualitative und quantitative weiße Blutbild der fleischfressenden Edelpelztiere wird durch die Gesamtzahl der Leukozyten und bei routinemäßiger Differenzierung durch 8 verschiedene leukozytäre Arten gekennzeichnet.

Mittel- wie auch Streuungswerte der Leukozytenzahlen im Nerz- oder Fuchsblut unterliegen noch größeren Abweichungen als die entsprechenden statistischen Parameter der anderen morphologischen Blutbestandteile. Diese Tatsache belegen die eigenen Ergebnisse genauso wie die umfangreichen Literaturzitate. So berichten z. B. FLETCH und KARSTAD (1972) über im peripheren Nerzblut konstatierte verschiedene Mittelwerte von 3,7 bis 7,0 · 10^9 Leukozyten/l. Ähnlich liegen die Verhältnisse beim Silber- und Blaufuchs (BERESTOV 1971; STANISLAWSKA, DRYZALOWSKA u. LOREK, 1980). Die von den o. g. Autoren mitgeteilte Variationsbreite beträgt 1,7 bis 17,0 · 10^9 Leukozyten/l und ist nahezu mit dem eigenen Resultat identisch (2,2 bis 19,1 · 10^9 Leukozyten/l). Diese Erscheinung wird, außer durch die bereits abgehandelten Einflußfaktoren, vor allem durch die hohe arteigene individuelle Variation, Stressoren («Streßleukozytose») und die Art der Blutgewinnung hervorgerufen. Die Leukozytenzahl ist im arteriellen Nerzblut etwa nur halb so hoch wie im Kapillarblut (118 ♂ = 2,59 ± 0,97 bzw. 124 ♀ = 2,82 ± 1,24 · 10^9 Leukozyten/l).

Die *Leukozyten* stellen hochspezialisierte Zellen dar. Entsprechend ihrem Alter, ihrer Reifung und Anfärbung (nach PAPPENHEIM) lassen sich im Differentialblutbild *Granulozyten, Lymphozyten* und *Monozyten* (Makrophagen) unterscheiden. Bei der weiteren Klassifizierung und Beschreibung dieser Zellarten wird auf die einschlägigen Arbeiten von BRÄUNIG (1965), BERESTOV (1971), ZEISSLER (1974) sowie SCHALM u. a. (1975) zurückgegriffen. Der prozentuale Anteil der einzelnen differenten Leukozytenarten wird in Tabelle 11/11 wiedergegeben. (Die inzwischen üblich gewordene Angabe in absoluten Zellzahlen kann durch Umrechnung der Relativzahlen erfolgen). Die *neutrophilen Gra-*

Tabelle 11/10 Übersicht über die Gesamtleukozytenzahl ($\bar{x} \pm s$) wachsender und adulter Nerze, Blau- und Silberfüchse

Alter in Monaten	Nerze n		Blaufüchse n		Silberfüchse n	
1	—		23	8,76 ± 1,22	15	7,72 ± 1,56
2	40	8,35 ± 1,60	63	7,94 ± 1,64	22	7,53 ± 0,92
3	210	7,75 ± 2,32	87	7,12 ± 1,34	29	6,15 ± 1,14
4	81	6,92 ± 1,14	59	5,83 ± 1,02	28	6,40 ± 1,34
5	96	6,65 ± 0,98	67	5,82 ± 1,19	24	6,0 ± 0,32
6 bis 7	164	5,52 ± 1,20	75	5,82 ± 1,22	32	4,70 ± 0,82
Erwachsene	112 ♂	6,17 ± 1,37	68 ♂	9,34 ± 3,19	24	5,3 ± 0,11
	141 ♀	5,73 ± 1,71	75 ♀	8,56 ± 2,59		

nulozyten werden nach Größe, Kernform (Alter) und Kernfärbung in Jugendliche (Myelozyten und Metamyelozyten), Stabkernige (ungekerbt und gekerbt) und Segmentkernige unterteilt.

Die *Jugendlichen* (= J) besitzen eine kreisrunde oder ovale Gestalt der Zellen, deren Durchmesser beim Nerz 11,0 ± 0,91 µm, Blaufuchs 9,9 bis 12,1 µm und Silberfuchs 7,7 bis 13,2 µm betragen. Der Zellkern hat überwiegend eine wurstähnliche Form und erscheint in einer violetten Färbung mit «Tigerung». Das Zytoplasma ist hellrosa oder rosa bis gering violett. Die *Stabkernigen* (= St.) haben einen zentral in der Zelle gelegenen schlanken, stabförmigen Kern, der i.d.R eine typische Gestalt in C-, S- oder U-Form zeigt; aber auch andere Formen sind zu beobachten. Häufig lassen die St. bereits Einkerbungen erkennen. Diese Tatsache wird manchmal mit als zusätzliches Unterscheidungskriterium herangezogen (ungekerbte und gekerbte St.). Der Durchmesser dieser Zellart beträgt bei Nerzen und Blaufüchsen 8,8 bis 12,1 µm sowie bei Silberfüchsen 7,7 bis 12,1 µm. Das Zytoplasma erscheint in hellrosa Farbe mit dichter, nicht anfärbbarer Granulation. Die Kernfarbe ist hell- bis dunkelblaulila.
Bei den *Segmentkernigen* (= Se.) wurden ovale Zellformen mit Durchmessern von 8,8 bis 13,3 µm beim Nerz, 6,8 bis 13,2 µm beim Blau- und 8,8 bis 12,1 µm beim Silberfuchs beobachtet. Der Kern weist normalerweise 3 bis 5 Segmente, bei den *Übersegmentierten* zu Beginn des Zellenunterganges bis zu 11 Segmente auf. Seine Farbe ist tiefblau bis violett.

Das hervorstechendste Merkmal der *eosinophilen Granulozyten* (= Eo.) sind ihre bei der Eosin-Methylenblau-Färbung leuchtend roten Granula, die sich bei der panoptischen Färbung mehr schmutzig braunrot anfärben und z. T. das gesamte Plasma überlagern. Der Kern ist heller als bei den Neutrophilen, gröber als dieser und weist nicht so viele Segmente auf. Bezüglich seiner Form steht er zwischen der ausgeprägten Segmentierung der Se. und der groben Lappung der Basophilen. Die Form selbst ist variabel, meist sind jedoch zwei Segmente vorhanden. Teilweise wird auch der Kern von den Granula überlagert. Diese sind zum größten Teil rund, in geringerer Anzahl auch länglich und ellipsoid. Das Plasma ist weitgehendst farblos, infolge der Granula aber nicht durchsichtig wie bei den Neutrophilen. Die durchschnittliche Größe der Eo. beträgt beim Nerz 10,8 bis 13,2 µm sowie beim Blau- und Silberfuchs 9,9 bis 14,3 µm.

Die *basophilen Granulozyten* (Ba.) des Nerzes sind ebenso wie bei anderen Tierarten die absolut und relativ seltensten Zellen des peripheren Blutes. Ihr Kern ist nicht ausgeprägt segmentiert, sondern eher gelappt, aber auch geschlossen und häufig verklumpt. Insgesamt ist er plumper als der der Neutrophilen. Oft erscheinen die Basophilenkerne auch in einer Kleeblattform.

Das Zytoplasma der Ba. ist fast farblos bis leicht rosafarben, das mitunter auch in einen leichten hellblauen Ton übergehen kann. In ihm befinden sich in einer wechselnden Anzahl und Größe und unregelmäßig verteilt dunkelblaue bis schwarzblaue Granula, die der Zelle den Namen gegeben haben. Auffallend ist die stets runde Form der Granula. Teilweise überlagern sie den Zellkern, wodurch dessen Grenzen schwer erkennbar sind.

Die Zellgröße der Ba. bewegt sich bei Nerzen zwischen 9,9 und 12,1 µm, bei Blaufüchsen von 11 bis 13,2 µm und bei Silberfüchsen zwischen 11 und 14,3 µm.

Die *Lymphozyten* haben einen rundlichen leicht ovalen Kern, der fast die gesamte Zelle ausfüllt. In selteneren Fällen ist er gering eingedellt. Der Kern liegt meist exzentrisch, wodurch ein schmaler, schwachbasophiler Plasmasaum gebildet wird. Die Farbe des Kernes im gefärbten Präparat ist violett mit Schwankungen von hell- bis dunkelviolett. Im Plasma sind bei einem Teil der Lymphozyten feine Azurgranula zu sehen. Die unterschiedlich großen Lymphozyten werden häufig in *kleine* und *große Formen* unterteilt. Kleine Lymphozyten haben fast keinen Plasmasaum, bei den großen ist dieser verschieden breit. Diese Zellen haben auch einen aufgelockerten Kern als die kleinen Formen.

Der Durchmesser der kleinen Lymphozyten beträgt beim Nerz und Blaufuchs 6,6 bis 7,7 µm, beim Silberfuchs 5,5 bis 8,8 µm. Für die große Zellform lauten die entsprechenden Angaben: 8,8 bis 13,2 bzw. 9,9 bis 13,2 µm.

Die *Monozyten* sind die größten Gebilde des peripheren Blutes. Sie sind gekennzeichnet durch einen großen u-bis nierenförmigen Kern, der in Einzelfällen auch oval sein kann. Mit der konvexen Seite liegt er gewöhnlich der Zellwand an, so daß sich die Hauptmasse des Plasmas vor der Einbuchtung befindet. Neben dieser charakteristischen Form des Monozytenkernes kommen häufig Abweichungen vor, u. a., daß er gelappt oder auch rundlich ist. Damit ist das Bild des Monozytenkernes sehr wechselhaft, aber nur in den seltensten Fällen zeigt er eine Segmentierung, wie sie bei den neutrophilen Granulozyten auftritt. Die Farbe des Kernes ist blau bis vio-

Tabelle 11/11 Differenzialblutbilder ($\bar{x}$ sowie $x_{min.}$ und $x_{max.}$ in % der Leukozyten) wachsender und adulter Nerze, Blau- und Silberfüchse in Anlehnung an BERESTOV (1971) und ZEISSLER (1974)

Alter in Monaten	Tieranzahl	Granulozyten		Neutrophile		
		Basophile	Eosinophile	Jugendliche	Stabkernige	Segmentkernige
Nerze						
2	16	—	2,7 (0–7)	0,1 (0–1)	2,6 (0–6)	28,50 (17–49)
3	15	—	0,4 (0–3)	0,2 (0–1)	2,5 (0–5)	38,40 (21–78)
4	13	—	1,6 (0–6)	—	4,7 (2–9)	42,00 (31–60)
6–7	34 ♂	0,05 (0–1)	1,8 (0–8)	—	4,4 (0–9)	45,80 (24–75)
	41 ♀	0,04 (0–1)	1,7 (0–6)	0,1 (0–1)	4,6 (0–11)	46,40 (18–81)
Erwachsene	62 ♂	0,1 (0–1)	2,3 (0–10)	0,3 (0–2)	3,9 (1–12)	46,7 (20–74)
	109 ♀	0,1 (0–1)	1,8 (0–7)	0,4 (0–2)	4,2 (1–14)	47,4 (17–73)
Silberfüchse						
1	10	0,5 (0–1)	1,7 (0–4)	1,4 (0–3)	2,7 (1–6)	29,20 (18–40)
2	11	0,8 (0–4)	2,9 (1–5)	0,3 (0–1)	1,5 (0–5)	28,60 (14–38)
3	11	0,4 (0–2)	2,3 (1–4)	0,2 (0–1)	1,9 (0–6)	29,50 (15–46)
4	23	0,2 (0–2)	2,46 (0–7)	0,1 (0–1)	2,5 (0–8)	30,50 (16–50)
Erwachsene	18	1,8 (0–7)	5,4 (1–13)	0,2 (0–1)	3,2 (0–8)	35,30 (16–68)
Blaufüchse						
1	30	0,4 (0–1)	1,2 (0–5)	—	1,7 (0–4)	42,20 (26–53)
2	75	0,5 (0–4)	1,9 (0–10)	0,1 (0–2)	2,3 (0–7)	33,60 (16–54)
3	58	0,5 (0–3)	2,1 (0–7)	0,05 (0–1)	3,3 (1–11)	37,20 (21–57)
4	41	0,5 (0–2)	1,7 (0–8)	0,03 (0–1)	2,5 (0–6)	44,00 (33–66)
5	24	0,4 (0–2)	1,4 (0–5)	—	3,0 (0–7)	44,90 (33–63)
6–7	43	0,5 (0–3)	1,7 (0–5)	0,05 (0–1)	2,8 (0–6)	44,30 (23–69)
Erwachsene	122	0,1 (0–2)	4,6 (0–9)	0,2 (0–1)	3,5 (0–8)	44,50 (26–70)

lett. Durch eine ungleiche Verteilung des Chromatins ist die Kernstruktur aufgelockert, und es sind dadurch hell- und dunkelblaue Stellen im Kern zu beobachten. Der Kern wird im Vergleich zu den anderen Blutzellen von einem sehr breiten rauchblauen Plasmasaum umgeben, der Fortsätze und Ausläufer bildet. Hierdurch und durch die wechselnden Kernformen erhält die Zelle einen ausgeprägten Polymorphismus. Im Plasma läßt sich eine feine Azurgranulation feststellen. Die Zellgröße schwankt beim Nerz, Blau- und Silberfuchs zwischen 11 und 14,3 µm, 12,1 und 15,4 µm bzw. 11 bis 17,6 µm. *Zellen nach TJURKA* (= KT), die von BERESTOV (1971) beim Nerz im Alter von 4 Monaten und häufig bei Füchsen festgestellt wurden, konnten in den eigenen Untersuchungen bisher nicht beobachtet werden. Diese Zellen sollen etwa die Größe mittlerer Erythrozyten (6,1 bis 7,7 µm) aufweisen. Ihr großer violetter Kern liegt in tiefblauem Zytoplasma.

Das Verhältnis von granulozytärem zu lymphozytärem Anteil im Differentialblut ist tierartspezifisch. Für Nerze wie auch für Füchse ist in Übereinstimmung mit BERESTOV (1971) ein schwach neutrophiles Blutbild charakteristisch, wobei aber auch lymphozytäre Blutbilder auftreten können. Dieses lymphozytäre Gepräge ist bei Füchsen und Nerzen vor allem bis etwa zum 4. Lebensmonat zu finden.

Ba. und J. sind im Blut des Nerzes im Unterschied zum Fuchs nur selten festzustellen. Typisch ist, daß im Differentialblutbild vom adulten Blau- bzw. Silberfuchs die Eo. um etwa das Dreifache höher liegen als in dem vom Nerz.

Die Reaktionen des weißen Blutbildes geben Hinweise auf die Reaktionslage des Organismus, auf den Ablauf infektiöser und toxischer Vorgänge sowie auf den Funktionszustand der Bildungsstätten der differenten Leukozytenarten. Bei fleischfressenden Pelztieren sind bislang nur einige, m. o. w. charakteristische Krankheitsbefunde bekannt (z. B. Eosinophilie bei Parasitosen der Füchse) und klinisch zu verwerten. Deshalb bleibt noch offen, ob sich auch bei Nerz und Fuchs die Reaktionsabläufe im weißen Blutbild genauso typisch vollziehen wie z. T. bei einigen anderen Tierarten.

Blutgerinnung und -senkung

Die Blutgerinnung stellt einen der wichtigen blutstillenden Vorgänge dar. Sie dient damit dem Schutz des Organismus vor Blutverlusten und tritt dann ein, wenn das Blut mit rauhen Oberflächen in Berührung kommt. Aber auch innerhalb der Blutbahn kann bei Gefäßentzündungen eine Blutgerinnung (*Thrombose*) stattfinden und wegen der Bildung von Blutgerinnseln zu Störungen im Versorgungsgebiet führen. Am Gerinnungsvorgang sind verschiedene Faktoren beteiligt, die im Endeffekt das lösliche Fibrinogen in das unlösliche, ein Netzwerk bildende Fibrin überführen. Die *Thrombozyten (Blutplättchen)* spielen sowohl bei der Nertzbildung als auch durch ihre Zerfallsprodukte bei der Zusammenziehung des Gerinnsels eine wichtige Rolle. Daneben können kleinste Wunden und Gefäßverletzungen durch Verklebung und

Lymphozyten	Monozyten	KT
65,60 (39–82)	0,5 (0–4)	–
58,10 (19–78)	0,4 (0–2)	–
50,10 (25–60)	1,1 (0–3)	0,5 (0–2)
46,70 (20–78)	1,25 (0–4)	–
45,70 (20–79)	1,46 (0–7)	–
45,3 (19–82)	1,4 (0–6)	–
43,5 (18–77)	2,6 (0–8)	–
63,70 (48–81)	0,8 (0–4)	–
65,00 (51–80)	0,6 (0–2)	0,30 (0–1)
53,90 (46–81)	1,7 (0–4)	0,10 (0–1)
63,40 (49–81)	0,8 (0–3)	0,04 (0–1)
52,10 (22–75)	1,9 (0–5)	0,10 (0–1)
49,20 (39–60)	3,8 (0–8)	1,50 (0–7)
54,70 (26–79)	6,0 (0–14)	0,90 (0–70)
49,80 (23–67)	6,7 (0–17)	0,35 (0–4)
46,20 (28–55)	5,0 (1–10)	0,07 (0–2)
44,80 (23–50)	5,4 (0–15)	0,05 (0–14)
44,70 (18–60)	5,9 (2–13)	–
43,60 (25–65)	3,5 (0–7)	–

Verklumpung mit Thrombozyten ohne Einleitung von Gerinnungsvorgängen geschlossen werden.

Bei den *Blutplättchen der fleischfressenden Pelztiere* handelt es sich um rundliche oder ovale, spindelförmige Gebilde, die eine durchschnittliche Größe von 3 bis 4 µm (KONARSKA, 1962) aufweisen. Sie verfügen über pseudopodenartige Auswüchse und über zahlreiche, feine tiefblaue Körnungen (Granula) im hellblauen Zytoplasma. Bei Nerzen ist die intensiv blaugefärbte Granula normalerweise in der Außenzone des Zytoplasmas unregelmäßig, im Zentrum dagegen öfters kreis- oder halbmondförmig angeordnet.

Die *Thrombozytenzahl* erwachsener Nerze befindet sich an der oberen Grenze des für Säugetiere von KOLB (1980) angegebenen Schwankungsbereiches von 150 bis 600 $\cdot 10^9$ Blutplättchen/l. Im Kapillarblut von 160 adulten Nerzfähen und 70 -rüden wurden in eigenen Untersuchungen (ZEISSLER u. a., 1981) 678 ± 148 bzw. 646 ± 188 $\cdot 10^9$ Thrombozyten/l registriert. Dieses Ergebnis stimmt weitestgehend mit dem von HELGEBOSTAD und SKOGAN (1969) mitgeteilten Durchschnittswert von 564 $\cdot 10^9$ Blutplättchen/l überein. Dagegen wurden in früheren Untersuchungen (KUBIN und MASON, 1948; KONARSKA, 1962) wahrscheinlich auf Grund methodischer Unsicherheiten bedeutend geringere Thrombozytenzahlen im Nerzblut ermittelt (250 bzw. 140 bis 200 $\cdot 10^9$ Blutplättchen/l).

Im Blut von 12 erwachsenen Silberfüchsen stellten SPITZER u. a. (1941) 350 $\cdot 10^9$ Thrombozyten/l fest. Offenbar bestehen bei 4 bis 14 Monate alten Platin-, Standard-, Schwarzkreuz- und Topasnerzen keine alters-, geschlechts- und rassebedingten Unterschiede (ZEISSLER u. a. 1981 a). Ob während der Trächtigkeit und Verdauung die Thrombozytenzahl im Blut von Nerz und Fuchs physiologisch erhöht ist, bedarf einer weiteren Abklärung.

Eine Abnahme der Thrombozytenzahl (*Thrombopenie*) wird bei manchen Infektionskrankheiten beobachtet. Beispielsweise sinkt nach Befunden von ECKLUND u. a. (1968), Mc. KAY u. a. (1967) sowie PHILLIPS und HENSON (1966) die Zahl der Blutplättchen bei der Aleutenkrankheit kontinuierlich ab, wobei während bestimmter Krankheitsphasen Anzeichen für erhöhte Haftfähigkeit der Thrombozyten bestehen. In Einzelfällen kann kurz vor dem Tod die Thrombozytenzahl bis auf 10 bis 50 % der Normalwerte abfallen.

Dagegen kann es zu einer ausgeprägten *Thrombozytose* bei *Eisenmangelanämie* (HELGEBOSTAD und SKOGAN, 1969) oder Nursing anemia (ZEISSLER u. WENZEL, 1980) kommen. Die erstgenannten Verfasser stellten darüber hinaus fest, daß eine gesicherte Korrelation ($r = -0,51$, $p < 0,01$) zwischen Hb-Konzentration und Zahl der Blutplättchen besteht und sich beide Parameter umgekehrt proportional verhalten.

Am *Gerinnungsmechanismus* sind eine Reihe von Faktoren beteiligt, die im Plasma und in den Thrombozyten als solche oder zum Teil als inaktive Vorstufen vorkommen. Eine ausführliche Übersicht über die Bezeichnung und die Eigenschaften der Gerinnungsfaktoren I bis XIII ist bei KOLB (1979) zu finden. SCHALM u. a. (1975) geben für den gesunden weiblichen Silberfuchs einen Plasmafibrinogengehalt (Faktor I) von 1,0 g/l an. Er steigt bei akut entzündlichen Prozessen (z. B. bei einem Abszeß) schnell auf das Doppelte oder Dreifache des Normalwertes an. Einige Gerinnungsfaktoren sind bei gesunden und aleutenkranken Nerzen untersucht worden (ECKLUND u. a. 1968; Mc KAY u. a. 1967; PHILLIPS und HENSON, 1966). Nach den Befunden dieser Verfasser nimmt der Fibrinogenspiegel 3 Wochen nach der Infektion (= p.i.) signifikant ab, um danach zyklische Schwankungen aufzuweisen. Die Prothrombinwerte (Faktor II) sind während einer 9wöchigen Versuchsdauer nicht signifikant verändert. Die Werte für Faktor II und V (Akzelerator-Globulin) steigen erst allmählich 5 Wochen p.i. an, bis sie signifikant erhöht sind. Etwa 6 bis 8 Wochen p.i. kommt es zu einer Zunahme von Kryoglobulinen («Kälteglobulinen»). Auf Grund dieser Veränderungen der Gerinnungsfaktoren soll zumindest in einzelnen Phasen der Aleutenkrankheit eine Neigung zu chronischer intravaskulärer Blutgerinnung (Koagulopathie bzw. Thrombopathie) bestehen.

Bei Verhinderung der Blutgerinnung mittels gerinnungshemmender Substanzen (z. B. Oxalat, Zitrat) erfolgt auf Grund des unterschiedlichen spezifischen Gewichtes der Blutbestandteile nach einiger Zeit eine *Erythrozytensedimentierung,* die tierartlich verschieden schnell verläuft und deren Geschwindigkeit normalerweise innerhalb bestimmter Grenzen schwankt. Unter pathologischen Bedingungen kann die Senkung der Blutkörperchen verlangsamt (z. B. bei Leberparenchymschädigung) oder beschleunigt (z. B. bei akut entzündlichen Prozessen) sein. Die Bestimmung der Blutsenkungsgeschwindigkeit erfolgte bei fleischfressenden Pelztieren mittels einer unterschiedlichen Handhabung der Senkungsröhrchen (ANONYM, 1960; UTKIN, 1963; ZEISSLER, 1974; SCHALM u. a., 1975) und nach verschiedenen Auswertungsmethoden. Folglich sind diese Ergebnisse nicht vergleichbar.

Die *Senkungsgeschwindigkeit der Erythrozyten* von gesunden adulten Standardnerzen beträgt unter Verwendung der senkrecht angeordneten WESTERGREN-Senkungspipetten nach 30 min 0 bis 1 mm und nach 60 min 3,5 bis 7,0 mm (ZEISSLER, 1974). Bei Anwendung der jetzt in der Labordiagnostik üblichen Schrägsenkung (Schnellmethode mittels Prontoröhrchen) erfolgt eine Beschleunigung der Senkung, wobei nach 5 min bereits der 1-Stunden-Wert, nach 6 bis 7 min der 2-Stunden-Wert sowie nach 12 min der 24-Stunden-Wert der WESTERGREN-Senkung erreicht wird. In Tabelle 11/12 sind die eigenen Untersuchungsergebnisse zusammengestellt, die an 41 erwachsenen Standardnerzen (ZEISSLER, 1974) und 72 Blaufüchsen (WENZEL u. a., 1981) festgestellt wurden. Bei der Schrägsenkung werden fast übereinstimmende 30-Minuten-Werte im Blut von gesunden Hunden (25 bis 40 mm) und Blaufüchsen (5 bis 35 mm) gefunden.

Abwehrfunktion und Blutgruppen

Bei der Abwehr von verschiedenen Schädigungen spielt das Blut eine wichtige Rolle. Allgemein ist bekannt, daß der Säugetierorganismus über zelluläre und humorale Abwehreinrichtungen verfügt.

Bei den zellulären Abwehrvorgängen stehen die *Leukozyten* im Vordergrund. Die Phagozytose durch Makrophagen (Monozyten) und Mikrophagen (polymorphkernige und eosinophile Leukozyten) stellt den unspezifischen Schutz gegen Fremdsubstanzen (z. B. Krankheitserreger) dar, die in den Körper eingedrungen sind (*Resistenz*). So soll die höhere Empfänglichkeit von Nerzen, die Träger des Aleutengens sind, gegenüber der Infektion mit dem Aleutenvirus auf insuffizienten Makro- und Mikrophagenfunktionen beruhen (PADGETT u. a., 1967). Ebenso wird bei diesen Nerzen die seit langem bekannte höhere Empfänglichkeit gegenüber bakteriellen Infektionserregern (Staphylokokken, Corynebakterien, Pasteurellen, Brucellen, Mykobakterien) mit abnormer Granulation in den Leukozyten erklärt (PADGETT u. a., 1970).

Bleiben jedoch nach der Phagozytose Abbauprodukte oder unverändertes Material zurück (Antigene), so kommt es zur Bildung von *Antikörpern* (Immunglobulinen) und *sensibilisierten Lymphozyten,* die mit dem Antigen spezifisch reagieren und damit den Organismus vor der Fremdsubstanz schützen. Antigene lösen also eine spezifische Reaktion (*Immunität*) aus. Die sensibilisierten Lymphozyten sind Träger der zellulären Immunität; die Immunglobuline sind für die humorale Immunität verantwortlich. Die zelluläre Immunität ist besonders nach Transplantationen, chronisch-bakteriellen Infektionen sowie nach Virus- und Pilzinfektionen von Bedeutung, während die humorale Immunität bei akuten bakteriellen Erkrankungen überwiegend eine Rolle spielt. PERRYMAN, BANKS und Mc GUIRE (1975) wiesen nach, daß sich bei der

Tabelle 11/12 Blutsenkungsgeschwindigkeit beim adulten Nerz und Blaufuchs

Ab-gelesen nach Min.	Nerz		Blaufuchs	
	x̄ mm	Variationsbreite mm	x̄ mm	Variationsbreite mm
7	0,43	0 bis 1	0,66	0 bis 4
12	2,61	0 bis 5	4,05	0 bis 11
20	5,82	4 bis 14	8,11	3 bis 21
30	11,33	8 bis 15	14,10	5 bis 35
60	30,00	15 bis 29		16 bis 51

Aleutenkrankheit als persistierender Virusinfektion und Immunkomplexerkrankung (TRAUTWEIN, 1978) die T-Lymphozyten verringern, wohingegen sich die B-Lymphozytenzahl vergrößert. Die thymusabhängigen T-Lymphozyten sind für die zelluläre Immunität zuständig (Killerzellen) und erfüllen eine Helferfunktion bei der humoralen Immunität. Im Gegensatz dazu nehmen die thymusunabhängigen B-Lymphozyten die Synthese der Antikörper wahr. Den obengenannten Verfassern (1976) gelang die in-vitro-Synthese der Immunglobuline (abgekürzt Ig) bei der Aleutenkrankheit.

Für die *humorale* Immunität ist i. d. R. typisch, daß sie durch Serum passiv übertragbar ist, wie z. B. bei der Staupe. Eine Serumtherapie bei der Aleutenkrankheit ist jedoch aus den nachfolgend aufgeführten Gründen nicht möglich. Ein neutralisierender Effekt des hypergammaglobulinämischen Nerzserums konnte nicht nachgewiesen werden. Das Serum allein erwies sich sogar als infektiös und erzeugt nach parenteraler Verabreichung die Krankheit (GORHAM u. a., 1964; TRAUTWEIN u. a., 1972). Das infektiöse Agens ist in der γ-Globulin-Fraktion ebenso enthalten wie in anderen Globulinfraktionen und im Albumin (HENSON, WILLIAMS und GORHAM, 1966). Nach neueren Untersuchungen könnten die fehlenden neutralisierenden Eigenschaften des Antikörpers der Aleutenkrankheit auf seiner geringen Antikörperaffinität beruhen (KENYON u. a., 1974). Die Struktur und Funktion der Ig des Nerzes sind gründlicher als beim Farmfuchs untersucht worden. Im Nerzserum lassen sich bislang nach den molekularen Eigenschaften *3 Ig-Gruppen* unterscheiden, die als IgG, IgM und IgA bezeichnet werden. Das Vorkommen von IgD und IgE ist bei den karnivoren Edelpelztieren noch nicht beschrieben worden.

Das IgA kommt neben dem Plasma besonders im Speichel, Urin und Darminhalt vor und besitzt eine Sedimentationskonstante von 12 bis 13 S (COE und HADLOW, 1972). Die IgA-Moleküle werden in verschiedenen Drüsen gebildet und mit den Sekreten abgegeben. Sie spielen bei der lokalen Abwehr von Infektionen besonders im Magen-Darm-Kanal und in der Milchdrüse eine wichtige Rolle.

Das IgG des Nerzes gliedert sich in 2 Subtypen, deren L-Ketten mit a und b bezeichnet werden (COE, 1972). Dagegen sollen nach HOOD u. a. (1976) die IgG-Moleküle nur L-Ketten vom lambda-Typ besitzen. TABEL und INGRAM (1972) beschreiben im Nerzserum 5 verschiedene Ig, die als $\gamma 1$, $\gamma 2a$, $\gamma 2b$, $\gamma 2c$ und γA bezeichnet werden. Sie sind im mittleren Peak bei Filtration von Nerzserum über Sephadex G 200 enthalten und unterscheiden sich hinsichtlich ihrer elektrophoretischen Wanderungsgeschwindigkeit. Nach der Infektion mit Aleutenvirus bleibt bei der Mehrzahl der Nerze das IgG breitbasig und heterogen (z. B. TABEL und INGRAM, 1970). Es vollzieht sich aber eine IgG-Überproduktion mit um 1/3 verminderter Halbwertszeit der Moleküle (PORTER u. a., 1965).

Nach der *Natur der Abwehrvorgänge* werden die Antikörper auch in Antitoxine, Agglutinine, Präzipitine und Zytolysine eingeteilt. Die *Antitoxine*, die die Giftwirkung bakterieller oder pflanzlicher Toxine neutralisieren, werden z. B. bei fleischfressenden Pelztieren therapeutisch bei der Behandlung des Botulismus angewendet. Als *Agglutinine* bezeichnet man Antikörper, die Zellen zur Verklumpung bringen. Vor allem bei einer Reihe bakterieller Infektionskrankheiten werden Agglutinine vom Organismus in großem Umfang gebildet. Der Jodagglutinationstest basiert auf einer Pseudoagglutinations-Reaktion! Schließlich sollen noch die *Zytolysine* hervorgehoben werden. Es sind Antikörper, die die Zellen zur Auflösung bringen. Dabei nehmen sowohl die Bakteriolysine als auch die Hämolysine bedeutungsvolle Abwehrfunktionen wahr.

Im Serum normalerweise vorkommende Antikörper, die rote Blutkörperchen von Individuen der gleichen Art agglutinieren bzw. zur Auflösung bringen, werden als Isoagglutinine und Isohämolysine bezeichnet. Die Kenntnis dieser Proteinverbindungen hat einerseits zur Aufstellung von Blutgruppen mit ganz bestimmten Isoagglutininen geführt. Andererseits trug sie wesentlich zur Schaffung von Voraussetzungen für komplikationslose Bluttransfusionen bei, die bei Pelztieren kaum eine routinemäßige Nutzanwendung erfahren dürften.

Die erste Blutgruppenstudie bei Nerzen wurde

vor rund 20 Jahren von RAPACZ und SHACKELFORD (1962) betrieben. Inzwischen sind von den genannten Autoren (1966) 7 Blutgruppenfaktoren beim Mink nachgewiesen worden. Sie sollen 4 verschiedenen Blutgruppensystemen angehören, die anscheinend unabhängig voneinander vererbt werden. Über das bislang am intensivsten erforschte Blutgruppensystem A des Farmnerzes orientiert Tabelle 11/13. Es hat große

Tabelle 11/13 Übersicht zum Blutgruppensystem A des Farmnerzes nach RAPACZ, SHACKELFORD und HASLER (1970)

Phänotyp	Genotyp	Reaktion mit Anti-				
		A	A_2	B	B_2	C
A	$A^a A^a$	+	+	−	−	−
AB	$A^a A^b$	+	+	+	+	−
AC	$A^a A^c$	+	+	−	+	+
B	$A^b A^b$	−	−	+	+	−
BC	$A^b A^c$	−	+	+	+	+
C	$A^c A^c$	−	+	−	+	+

Ähnlichkeit mit den von BALBIERZ u. a. (1977) für den Blau- und Silberfuchs aufgestellten Blutgruppensystemen. Es bleibt abzuwarten, welche – wahrscheinlich nicht revolutionären – Ergebnisse sich aus der weiteren Blutgruppenforschung bei Pelztieren für deren Zucht ergeben werden. Gewiß ist aber, daß einige praktisch bedeutsame Fragen geklärt werden dürften. So fanden RAPACZ u. a. (1968) in Blutseren von Nerzfähen nach dem Werfen Antikörper gegen Blutkörperchenantigene von Vätern der geborenen Welpen. Sie vermuten deshalb, daß ein Teil der Welpensterblichkeit vor und nach dem Werfen auf einer «Unverträglichkeit» (Hämolyse) zwischen den Bluttypen von Rüde und Fähe beruht (ähnlich wie bei der menschlichen Rh-Ungleichheit).

Herz und Kreislauf

Für die Erhaltung der Leistungsfähigkeit aller Zellen im Organismus ist das Kreislaufsystem von ausschlaggebender Bedeutung. Es setzt sich aus dem zentralen Motor, dem *Herzen,* dem abgeschlossenen *Gefäßsystem* sowie seinem Inhalt, dem *Blut,* zusammen. Der Kreislauf des Blutes wird durch fortwährende rhythmische Kontraktionen des Herzens aufrechterhalten. Auf diese Weise werden die Zufuhr von Sauerstoff und anderen lebensnotwendigen Stoffen sowie die Ausscheidung von Stoffwechselschlacken und die Regulation des Wärmehaushaltes möglich. Die Kreislaufleistung, durch die das Blut mit einer beträchtlichen Geschwindigkeit, bei Großtieren etwa von 4,5 m/s, durch den Körper getrieben wird, ist das Ergebnis synchronisierter Zusammenarbeit des Herzens und des Gefäßsystems. Verschiedenartige pathologische Veränderungen sowie Faktoren unterschiedlicher Genese können auf das Kreislaufsystem entweder kardiogen, nerval, vasogen oder kombiniert einwirken und Kreislaufstörungen hervorrufen. Ihre klinische Erfassung und Beurteilung hat bei fleischfressenden Pelztieren unter praktischen Verhältnissen einen untergeordneten diagnostischen Wert. Jedoch sind Kenntnisse über die funktionellen Eigenheiten des Herzens und Kreislaufes gesunder und erkrankter karnivorer Edelpelztiere für andere Zwecke unbedingt erforderlich, wie z. B. bei der Erprobung des Einsatzes von Medikamenten oder biologisch aktiven Futterstoffen.

Herz

Einige funktionelle Parameter des Herzens fleischfressender Pelztiere sind bei Nerzen schon intensiver als bei Füchsen untersucht worden. Zur Aufklärung und Beurteilung der Herzfunktion dieser Tierarten haben insbesondere elektrokardiografische Experimente beigetragen. Seit der Einführung der Elektrokardiografie durch NÖRR (1913) in die Veterinärmedizin wurden vom gleichen Autor auch für Nerze (1935), Silberfüchse (1922, 1935) sowie für wildgefangene und farmgehaltene Rotfüchse (1936) *Elektrokardiogramme (EKG)* erstellt. Unter einem EKG versteht man die grafische Darstellung der bei der Herzaktion entstehenden und über spezielle Elektroden ableitbaren Biopotentialdifferenzen als Funktion der Zeit. Ergänzende EKG-Befunde sind für Füchse von LEPESCHKIN

(1957) und für Marder von ZUCKERMANN (1959) mitgeteilt worden.
In der Edelpelztierzucht dürfte sich die Bedeutung und Aussagekraft der Elektrokardiografie vorwiegend erstrecken auf:
• die Erkennung und Differenzierung von Herzrhythmusstörungen;
• Verwendung ausgewählter EKG-Werte im Rahmen der Selektion;
• die telemetrische Registrierung des EKG als Indikator für die vegetative Reaktionslage im Rahmen der Verhaltensphysiologie.
Als ständiges arteigenes Charakteristikum der Herztätigkeit von Nerzen, Füchsen und Hunden wurde von NÖRR (1935), SIEGFRIED (1957) und SCHULZE (1972) mittels EKG-Untersuchungen übereinstimmend die *respiratorische Sinusarrhythmie* gefunden. Allerdings tritt diese atembedingte Arrhythmie bei Tieren mit sehr hohen Herzschlagfrequenzen nicht besonders deutlich in Erscheinung. Sie kann sogar bei Jungnerzen mit Herzfrequenzen von über 400 Schlägen pro min ganz ausbleiben. Die respiratorische Sinusarrhythmie stellt sicherlich eine Folge des arteigenen Vagotonus dar. Sie hat zwar keine krankhafte Bedeutung, weist aber auf eine gewisse Labilität der autonomen Erregungsbildung und -leitung hin.

Die *Herzfrequenz*, die die Zahl der Herzschläge pro Minute angibt, ist tierartlich verschieden und weist bei karnivoren Pelztieren erhebliche Schwankungen auf. DAWE (1953) ermittelte bei 4 narkotisierten Nerzen eine Variationsbreite von 272 bis 414 Schlägen/min. Nach KÖHLER und BIENIEK (1975) beträgt die Anzahl der Herzschläge bei 6 Nerzrüden 324 ± 9/min. Völlig abweichend von diesen aufgeführten Ergebnissen ist der von BERESTOV (1971) festgestellte Schwankungsbereich von 90 bis 180 Herzschlägen/min.

Die für Blau-, Rot- und Silberfüchse von NÖRR (1922) und BERESTOV (1971) mitgeteilten Schwankungsbereiche sind fast identisch: 90 bis 140 bzw. 80 bis 140 Schläge/min.

Auf die Herzfrequenz sind im besonderen folgende Faktoren von Einfluß:

• *Geschlecht*. Nerzfähen haben eine signifikant ($p < 0,05$) höhere Herzfrequenz als -rüden (RINGER u. a. 1974). Dagegen wurde dieser Befund bei weiblichen und männlichen Frettchen von KEMPF und CHANG (1949) nicht festgestellt. Diese Erscheinung erklärt sich aus dem ausge-

Tabelle 11/14 Beim jungen und erwachsenen Farmnerz zu erwartende EKG-Werte (Angaben in sec) nach SCHULZE (1972)

Abteilung	Frequenz min^{-1}	PQ (PR)	QRS	ST	QT	TQ	TP	PT	Systolen: Diastolen-V.
Junger Nerz									
I	312 $\pm 55,5$	0,044 $\pm 0,006$	0,031 $\pm 0,008$	0,021 $\pm 0,008$	0,078 $\pm 0,014$	0,060 $\pm 0,021$	0,046 $\pm 0,019$	0,162 $\pm 0,013$	56,5 $\pm 6,5$
II	288 $\pm 55,5$	0,034 $\pm 0,011$	0,030 0,010	0,018 $\pm 0,006$	0,094 $\pm 0,015$	0,074 $\pm 0,017$	0,054 $\pm 0,019$	0,154 $\pm 0,014$	56,0 $\pm 6,5$
III	293 $\pm 55,5$	0,036 $\pm 0,015$	0,033 0,007	0,017 $\pm 0,008$	0,082 $\pm 0,018$	0,057 $\pm 0,030$	0,052 $\pm 0,034$	0,148 $\pm 0,022$	58,6 $\pm 6,5$
Erwachsener Nerz									
I	280 $\pm 54,5$	0,050 0	0,037 0,010	0,020 0	0,102 $\pm 0,012$	0,114 $\pm 0,013$	0,056 $\pm 0,030$	0,162 $\pm 0,015$	47,2 $\pm 7,7$
II	280 $\pm 54,5$	0,022 $\pm 0,005$	0,043 $\pm 0,015$	0,019 $\pm 0,008$	0,120 $\pm 0,024$	0,087 $\pm 0,020$	0,053 $\pm 0,026$	0,140 $\pm 0,036$	58,2 $\pm 7,7$
III	262 $\pm 54,5$	0,040 $\pm 0,014$	0,045 $\pm 0,017$	0,018 $\pm 0,006$	0,125 $\pm 0,015$	0,092 $\pm 0,019$	0,058 $\pm 0,026$	0,166 $\pm 0,019$	57,8 $\pm 7,7$

Tabelle 11/15 Herz- und Kreislaufparameter ($\bar{x} \pm s$) des Nerzes in Anlehnung an RINGER u. a. (1974) sowie KÖHLER und BIENIEK (1975)

Parameter	Rüden	Fähen
Herzfrequenz* (Hz)	4,52 ±0,27	5,18 ±0,32
(Schläge pro min)	217 ±16	311 ±19
Schlagvolumen (ml/kg)	0,95 ±0,07	0,72 ±0,04
Minutenvolumen		
ml/min/kg	201 ±13,9	221 ±15,2
ml/min/Nerz	238 ±16,7	213 ±12,5
Blutdruck im linken Herzventrikel (kPa)		
systolischer	24,9 ±4,3	—
enddiastolischer	1,25 ±0,36	—
dp/dt max (kPa/s)	997 ±251	—
$\frac{(dp/dt)}{(p-edp)+c}$ max k.L/s	133 ±14	—
Mittlere Kreislaufzeit (s)	15,5 ±0,5	14,3 ±0,8
Blutdruck (kPa)		
systolischer	22,4 ±0,7	22,9 ±0,8
diastolischer	17,9 ±0,6	18,3 ±0,7
durchschnittlicher	20,1 ±0,6	20,5 ±0,7
Pulsdruck (kPa)	4,5 ±0,3	4,7 ±0,3
Peripherer Kreislaufwiderstand pro Nerz	0,67 ±0,05	0,76 ±0,05
pro kg	0,60 ±0,09	0,80 ±0,07

* Bemerkung zur Angabe der Herz- und Atemfrequenz in SI-Einheiten.
Trotz des für die Humanmedizin schönen Zufalls, daß die Ruhefrequenz des Menschen etwa 1 Hertz (Hz) ist, besteht wohl kaum in der veterinärmedizinischen Praxis Aussicht, daß die sehr anschaulichen Bezeichnungen Schläge pro min oder Atemzüge pro min aufgegeben werden! Deshalb wurde in den Ausführungen ansonsten auf die Angaben in Hz verzichtet (Umrechnung: Schläge · min^{-1} · 0,01667 = Hz).

prägten Geschlechtsdimorphismus hinsichtlich der Körpermasse und Größe gegenüber Frettchen.
- *Größe des Tieres.* Mit zunehmender Größe der Tiere nimmt die Herzfrequenz ab (Bradykardie). Die Schlagfrequenz des Herzens ist bei Nerzen etwa doppelt so hoch wie bei narkotisierten Füchsen, Katzen oder Hunden.
- *Alter der Tiere.* Innerhalb der gleichen Tierart nimmt mit fortschreitendem Alter die Herzfrequenz ab. Junge Nerze weisen eine um durchschnittlich 25 Schläge/min höhere Herzfrequenz als erwachsene auf (SCHULZE, 1972). Dieser Umstand ist auf einen geringeren Vagotonus zurückzuführen.
- *Beunruhigung und Abwehrbewegung der Tiere.* Bei beunruhigten oder in Abwehrstellung befindlichen Füchsen oder Nerzen erfolgt als Folge einer Sympathikusreizung innerhalb weniger Sekunden eine deutliche Zunahme der Herzfrequenz (Tachykardie) von 4 bis 30 (NÖRR, 1922) bzw. 90 Schlägen/min (FRISCH, 1965).
- *Fütterung.* Bei Nerzen tritt nach der Fütterung eine 5 bis 10 %ige leichte Herzfrequenzzunahme auf, die nach etwa 2 Stunden wieder verschwindet.
- *Fieber.* Bei mit Fieberschüben einhergehenden Infektionskrankheiten karnivorer Pelztiere kommt es zu ausgeprägter Steigerung der Herzfrequenz. Dieser Effekt ist in erster Linie auf eine Stimulation des Herzförderungszentrums und des Sinusknotens durch die Steigerung der Stoffwechselvorgänge zurückzuführen (KOLB, 1980).

Über die *Leistungsfähigkeit des Herzens* geben u. a. die *Kontraktilitätsparameter* dp/dt$_{max}$ und $\frac{(dp/dt)}{([p-edp] + c)_{max}}$ sowie der Anteil der Systole in Prozent an einer Herzperiode Auskunft (Tabelle 11/15). Bei Nerzen ist dp/dt$_{max}$ etwa doppelt so hoch wie bei Katzen und Kaninchen und etwa 3mal so hoch wie bei Hunden (KÖHLER und BIENIEK, 1975). Mit einer von SCHULZE (1972) registrierten *Systolendauer* von 55,5 % an der Herzperiode weisen Nerze Werte auf, die weit über denen des Menschen und vieler anderer Tierarten liegen. Das prozentuale *Systolen-Diastolen-Verhältnis* beträgt für Füchse 41:59 und für Iltisse 45:55. Nach KOLB (1980) ist das Systolen-Diastolen-Verhältnis bzw. der prozentuale Anteil der Systole jedoch nur in beschränktem Maße für die Beurteilung der Leistungsfähigkeit des Herzens geeignet. Zahlreiche andere Faktoren, wie die Höhe des Mitochondriengehaltes der einzelnen Muskelfasern, die Dichte des Kapillarnetzes, aber auch die Höhe der Herzfrequenz sind von Bedeutung. Ebenso spielt das Training des Herzmuskels eine wesentliche Rolle. Man darf also sicher nicht annehmen, daß das Herz des Nerzes infolge des hohen Systolen-Diastolen-Anteiles von 55:45 nicht leistungsfähig ist. Allein die fast ständige Bewegung, in der sich Nerze befinden, verlangt ein leistungsstarkes Kreislaufsystem.

Bei Nerzrüden wurde ein signifikant (p < 0,01) höheres *Schlagvolumen* als bei -fähen konstatiert (Tabelle 11/15). Mit dem Schlagvolumen wird diejenige Blutmenge ausgewiesen, die im Verlaufe eines Herzschlages aus einer Herzkammer ausgeworfen wird. Es schwankt bei Säugetieren zwischen 0,4 und 1,5 ml/kg KM.

Peripherer Kreislauf

Daten zur Kennzeichnung der Leistungen des peripheren Kreislaufes des Nerzes sind mit in Tabelle 11/15 wiedergegeben. In erster Linie sind die Blutdruckverhältnisse in den Transportfunktionen erfüllenden Arterien und Venen sowie in den dem Stoffaustausch dienenden Kapillaren von Interesse. Bei Intaktheit des peripheren Kreislaufes wird der Blutdruck innerhalb enger Grenzen gehalten. Während der Systole des Herzens steigt der Blutdruck im arteriellen Gefäßsystem an (*systolischer Blutdruck*), um in der Diastole abzunehmen (*diastolischer Blutdruck*). Die Differenz zwischen systolischem und diastolischem Blutdruck wird als *Blutdruckamplitude* bezeichnet. Sie beträgt beim Farmnerz durchschnittlich 4,7 kPa. Der *durchschnittliche Blutdruck* zwischen 20,1 bis 20,5 kPa charakterisiert den mittleren Blutdruck, der über einen bestimmten Zeitraum herrscht. Dieser bei Nerzen in der Arteria carotis gemessene Wert befindet sich mit den für Katzen entsprechend mitgeteilten Angaben im Einklang.

Niere und Harn

Hauptsächlich die Aleutenkrankheit als letztendlich tödlich verlaufende Immunkomplex-Glomerulonephritis (TRAUTWEIN u. MÜLLER-PEDDINGHAUS, 1976) und die Harnsteinkrankheit (Urolithiasis, Harnblasensteine bzw. sog. nasse Bäuche) regten neben der Tatsache des Vorliegens einer physiologischen Proteinurie bei Nerzen (MÜLLER-PEDDINGHAUS u. TRAUTWEIN, 1978) nierenphysiologische Arbeiten an. In den nachfolgenden Ausführungen über anatomische und funktionelle Angaben zur Nierenphysiologie des Farmnerzes werden die Arbeiten von MÜLLER-PEDDINGHAUS u. a. (1979), ANONYM (1960) sowie von KUBIN und MASON (1948) zugrundegelegt.

Zum Verständnis der Funktion der Niere ist ein Überblick über deren Feinbau sowie deren Gefäß- und Nervenversorgung erforderlich. Die ersten licht- und immunfluoreszenzmikroskopischen Befunde von Nerzen zeigen, daß im Feinbau des Nephrons keine nennenswerten Unterschiede zu den Haustieren bestehen. Die Prüfung und Beurteilung der Leistungs- und Anpassungsfähigkeit der Niere basiert auf direkten Nierenfunktionsprüfungen und auf verschiedenen Möglichkeiten der Harnuntersuchung.

Harngewinnung

Bei Nerzen erfolgte bislang das Sammeln des 24-Stunden-Harnes in als Stoffwechselkäfige umgebauten, üblicherweise verwendeten Nerzholzkästen. Der Urin läuft über eine schräge Plastikbahn durch ein feines Edelstahlsieb in einen Glastrichter, der seinerseits einen 50 ml Erlenmeyerkolben nach oben abschließt. Zwar kann die Auffangfläche mehrmals täglich von den halbfesten Kotbrocken trocken gereinigt werden, um eine Kontamination des Urins durch Koproteine weitgehend auszuschließen. Für bestimmte Harnuntersuchungen bleibt diese Methode jedoch mit zu großen Fehlern behaftet. Bei diesem Verfahren ist es zur Verhinderung des Keimwachstums während der Harnsammelperiode stets notwendig, in den Erlenmeyerkolben antibakteriell wirkende Substanzen (z. B. Thymol, Na-Azid) vorzulegen (Harnkonservierung).

Zur Untersuchung eignet sich der mit dem Katheter entnommene Harn besser, weil neben den bereits genannten Unzulänglichkeiten auch die Gefahr der Verunreinigung durch Vaginal- bzw. Präputialsekrete ausgeschaltet werden kann. Ein am Katheder angebrachter Rekordkonus ermöglicht es sogar, Harn steril zu entnehmen. Beim Nerz sind derartige Manipulationen noch nicht bekannt. Dagegen kann beim sedierten bzw. narkotisierten Fuchs beim Einführen des Katheders ähnlich vorgegangen werden wie beim Hund.

Nierenfunktionsprüfung

Nach ihrem Grundprinzip lassen sich die Nierenfunktionsprüfungen in 2 große Gruppen gliedern. Da sind *erstens Methoden*, die nach Verabreichung bestimmter Mengen körpereigener oder -fremder Substanzen die Ausscheidungskraft und Anpassungsfähigkeit an erhöhte Anforderungen prüfen *(Clearance, Volhardscher Verdünnungs-* und *Konzentrationsversuch)*. Diese Verfahren werden sich wegen ihres hohen Aufwandes als Routinemethoden auch in Spezialeinrichtungen nicht einbürgern können, sind aber für wissenschaftliche Untersuchungen den anderen Nierenfunktionsprüfungen weit überlegen.

Zur *zweiten Gruppe* rechnet man die *Blutspiegelbestimmung harnpflichtiger Substanzen*. Der Ermittlung der Reststickstoff-, Harnstoff-, Kreatinin- und Xanthoproteinkonzentration muß ein großer diagnostischer Wert bei Pelztieren beigemessen werden.

Die mittels ^{51}Cr-EDTA-Totalclearance festgestellte *glomeruläre Filtrationsrate* (GFR) ist bei Fähen (64,35 ±11,3 ml/min · m²) und Rüden (64,87 ±10,87 ml/min · m²) fast identisch. Somit besteht in der Flüssigkeitsfiltration kein geschlechtsbedingter Unterschied. Die Kastration führt bei beiden Geschlechtern zu einer 10-24 %igen Reduktion der GFR.

Der mit Hilfe der 0-^{125}J-Hippurat-Totalclearance geschätzte *renale Plasmafluß* beträgt bei weiblichen wie auch männlichen Nerzen etwa 110 ml/min · m² vor der Kastration und 94 ml/min · m² danach.

Physikalische Harnuntersuchung

Das in 24 Stunden ausgeschiedene *Harnvolumen* der Fähen (21,8 ±8,1 ml/24 h) befindet sich nahezu mit dem der Nerzrüden (27,5 ±6,9 ml/24 h) im Einklang. MÜLLER-PEDDINGHAUS u. a. (1979) fanden im Gegensatz zu KUBIN und MASON (1948) keine Korrelation zwischen der Körpermasse und der Harnmenge.

Die *Dichte des Harns* schwankt zwischen 1,018 und 1,036 g/cm³. Sie ist der gebildeten Harnmenge umgekehrt und der Konzentration an gelösten Bestandteilen direkt proportional. Beide Kriterien liefern zusammen einen ersten orientierenden Aufschluß über die Gesamtkonzentration im Harn. Die Dichte ist unter physiologischen Bedingungen weitgehend von der Flüssigkeitsaufnahme sowie von den Klimaverhältnissen abhängig.

Die *Molarität* (Gesamtionenkonzentration) wurde im Urin der Pelztiere noch nicht bestimmt. Die *Harnfarbe* erscheint in Abhängigkeit von der Art des Futters meist hellgelb bis grünlich oder bernsteingelb. Zu Beginn der Harnsammelperiode ist der Nerzharn klar und durchsichtig *(Transparenz)*. Erst nach längerem Stehen bildet sich als Folge des Harnstoffabbaues und der Bildung von Magnesiumammoniumphosphat eine geringe wolkenförmige Trübung. Nerzurin weist normalerweise eine wäßrige *Konsistenz* auf. Sein *Geruch* ist stechend scharf.

Chemische Harnuntersuchung

Wie bei allen Fleischfressern reagiert unter den üblichen Fütterungsbedingungen auch der Urin von Nerzen sauer. Der durchschnittliche *pH-Wert* beträgt 6,4 (5,9 bis 6,8). Aber selbst im neutralen bis schwach alkalischen Bereich sind pH-Werte (7,0 bis 7,5) gefunden worden. Die Ursache für diese Erscheinung liegt darin, daß die Wasserstoffionenkonzentration des Nerzharnes in starkem Maße von der Zusammensetzung der Futterration abhängig und durch Zusatz bestimmter Stoffe beeinflußbar ist. So bewirkt die Verabreichung von mit Schwefelsäure konservierte Fischsilage an Nerze eine pH-Wert-Senkung von 6,3 auf 5,7 im Harn (ZIMMERMANN, 1977). Dagegen führt die Gabe eines Fleischknochenanteils von über 10 % im Futter zu einer verstärkten Ausscheidung von Kationen (insbesondere Ca^{++} und Mg^{++}) im Harn und infolgedessen zu einer Verschiebung des pH-Wertes in den alkalischen Bereich. Besonders ein hoher Kalziumkarbonatgehalt in der Nahrung bedingt solch unerwünschte Reaktionen, die durch Zusatz vorbeugender Mittel, wie Ammoniumchlorid (1 g/Tier und Tag) oder Phosphorsäure (auf 100 kg Futter 800 g 75 %ige H_3PO_4) eingeschränkt werden können. Der

Tabelle 11/16 Harneiweißanalyse mittels Mikrodiskelektrophorese von Nerzen vor und nach Kastration nach MÜLLER-PEDDINGHAUS u. a. (1979)

Harnbestandteil	Kontrollperiode				Nach Kastration			
	n♂		n♀		n♀		n♂	
Gesamtprotein (mg/h)	16	0,596 ± 0,279	17	0,318 ± 0,101	14	1,038 ± 0,467	15	0,398 ± 0,109
«Globuline» (mg/h)	11	0,065 ± 0,056	6	0,043 ± 0,007	12	0,043 ± 0,039	7	0,015 ± 0,009
Albumin (mg/h)	13	0,037 ± 0,026	12	0,016 ± 0,007	14	0,063 ± 0,053	15	0,010 ± 0,006
Hauptpräalbumin (Mikroprotein) (mg/h)	13	0,097 ± 0,048	11	0,047 ± 0,016	15	0,049 ± 0,011	15	0,024 ± 0,006
Alb/Gesamtprotein %	14	7,8 ± 5,5	12	5,2 ± 2,2	13	5,2 ± 3,5	15	2,5 ± 1,3
Alb/(Alb + Glob) (%)	11	38,7 ± 10,9	7	35,7 ± 7,7	12	59,5 ± 13,3	7	41,9 ± 12,2
Körpermasse (g)		1270		1003		970		934

pH-Wert des Nerzharnes stellt zwar *einen wichtigen Indikator* für die mögliche Entwicklung von *Harnblasensteinen* dar, jedoch scheinen noch weitere Komponenten zu wirken.
Blut, Hämoglobin, Glukose und Keton können unter physiologischen Bedingungen im Nerzurin nicht festgestellt werden. Ihr Auftreten im Harn deutet krankhafte Prozesse an. Die Elektrolytausscheidung beträgt durchschnittlich in der 24-h-Harnprobe bei Kalzium 0,875, Magnesium 3,083 und anorganischem Phosphat 27,46 mmol/l. Die mittlere Kreatininmenge im 24-h-Harn liegt bei 5463,12 ±203,32 μmol/l. Der Urin gesunder Nerze enthält als *arteigenes Charakteristikum* in der Regel *geringe Eiweißmengen* (0,2 bis 0,3 g/l), die bereits mit qualitativen oder semiquantitativen Methoden gut nachweisbar sind.
Die nachgewiesene *Mikroproteinurie beim Nerz* ist nicht geschlechts- und androgenabhängig. Deshalb wird angenommen, daß die Mikroproteine (= Hauptpräalbumine) keinen Pheromoncharakter (Soziohormone, Sexuallockstoff?) haben. Möglicherweise kann die Mikroproteinurie bei Nerz und Hund eine soziale Funktion bei der Reviermarkierung oder ähnlichem besitzen. In jedem Fall bleibt die Herkunft dieser Mikroproteine genauso unklar wie die Ursache der höheren Proteinurie bei Nerzrüden gegenüber Nerzfähen. Fest steht dagegen, daß bei der Aleutenkrankheit im Harn Uroproteine ausgeschieden werden, die papierelektrophoretisch im Bereich von Albumin, α-, β- und γ-Globulinen wandern. Darüber hinaus kann als sicher gelten, daß bei dieser Krankheit keine Bence-Jones-Eiweißkörper im Nerzurin feststellbar sind. Erste Hinweise über biochemische Harnbestandteile sind bei TRAUTWEIN und WEIKER (1969) zu finden (Spuren verschiedener Kohlenhydratverbindungen, Sulfat und Ammoniumsalze).

Mikroskopische Harnuntersuchung

Die mikroskopische Untersuchung eines *Harnsedimentes* gibt Aufschluß über Menge und Art von kristallinischen Niederschlägen. Im Sediment von Urinproben klinisch gesund erscheinender Nerze wurden in 85% der Fälle einige *Tripelphosphatkristalle*, in 7% der Proben *Kalziumoxalat-Kristalle* sowie zwischen 3 und 5% der untersuchten Proben *Leukozyten, Erythrozyten* und *degenerierte Epithelzellen* in sehr geringer Anzahl gefunden.

Atmung und Temperaturregulation

Die Physiologie der Atmung umfaßt den Gasstoffwechsel der Zelle, die Transportfunktion des Blutes für O_2 und CO_2 sowie die Funktion der Atmungsorgane. Als biologische Besonderheit fleischfressender Pelztiere ist unter den verschiedenen physiologischen Aufgaben der Atmungsorgane ihre Funktion zur Regulation der Körpertemperatur herauszustellen. Bei höheren Umgebungstemperaturen wird ein Teil der Wär-

meabgabe über die Verdunstung von Wasser aus den Atmungsorganen realisiert. Allein diese Tatsache unterstreicht die Notwendigkeit, besonders in den Sommermonaten für die ständige Frischwasserbereitstellung Sorge zu tragen.
Als weitere physiologische Eigenart ist die enorme Höhe der ermittelten Sauerstoffkapazität von 23,9 Volumenprozent im Blut von Nerzen zu nennen (Scott, Irving u. Safford, 1939). Dieser Wert befindet sich weit über den entsprechenden Angaben anderer Karnivoren (z. B. beim Hund 18 und der Katze 15 Vol.-%). Er erklärt sich aus der ungewöhnlichen Höhe der Hämoglobinkonzentration im Blut der fleischfressenden Pelztiere.

Atemfrequenz

Die Anzahl der Atemzüge pro Minute und die Atemtiefe sind sehr variable Größen. Sie sind vom Alter, Geschlecht und anderen Faktoren abhängig. Beide Parameter sind beachtlichen Schwankungen unterworfen. Die Atemfrequenz nimmt z. B. mit Erhöhung der Außentemperatur, bei starker Erregung und unmittelbar nach der Futteraufnahme zu. Sie bewegt sich bei jeder Tierart trotzdem innerhalb bestimmter Grenzen.

Körpertemperatur und Temperaturregulation

Für jede Tierart existiert ein bestimmter Temperaturbereich, in dem die Lebensvorgänge optimal ablaufen. Für karnivore Pelztiere ist charakteristisch, daß infolge der hohen Intensität ihrer Stoffwechselvorgänge normalerweise höhere Körpertemperaturen als bei den Haustieren vorliegen. Die normale Körpertemperatur ist von verschiedenen Faktoren abhängig, die bei der Beurteilung der Werte zu berücksichtigen sind.
In einer mehrjährigen Studie an Nerzen wurde von Kostron und Kukla (1970) festgestellt, daß sowohl zwischen Körpertemperatur und Geschlecht als auch zwischen Körpertemperatur und -masse keine direkten Beziehungen bestehen. (Einschränkend ist zu bemerken, daß Körpertemperaturmessungen während der Ranz und

Tabelle 11/17 Anzahl der Atemzüge und rektale Körpertemperatur beim adulten Nerz, Blau- und Silberfuchs ($\bar{x} \pm s$)*

Tierart	Anzahl der Atemzüge · min^{-1}	Rektale Körpertemperatur (°C)
Nerz	64 ±23 (40 bis 70)	39,4 ±0,6 (39,5 bis 40,5)
Blaufuchs	34 ±12 (18 bis 48)	39,8 ±0,8 (39,4 bis 41,1)
Silberfuchs	26 ±11 (14 bis 30)	39,3 ±0,8 (38,7 bis 40,7)

* Schwankungsbereich in der Klammer nach BERESTOV (1971)

der Trächtigkeit noch nicht durchgeführt wurden.) Markante Einflußgrößen stellen das Alter bzw. der Entwicklungsstand und die körperliche Aktivität der Nerze sowie die Umgebungstemperatur dar.
● *Alter.* Fleischfressende Pelztiere gehören zu den homoiothermen, d. h. «gleichmäßig warmen» Tieren. Ihre Vertreter verfügen über eine Temperaturregulation, die die Wärmebildung und -abgabe des Organismus den Bedürfnissen anpaßt und die Aufrechterhaltung einer bestimmten Körpertemperatur gewährleistet. Dieser Zustand wird aber von Nerzwelpen erst ungefähr ab ihrem 35. Lebenstag erreicht, wenn die Ausbildung der temperaturregulierenden Zentren im Hypothalamus vollständig abgeschlossen ist (Kostron und Kukla, 1970). Ab 25. Lebenstag beginnen die Nerzwelpen, auf krasse Temperaturveränderungen weniger stark zu reagieren.
● *Umgebungstemperatur.* Auf Grund der unzureichenden Funktionstüchtigkeit des Wärmeregulationszentrums in den ersten 5 Wochen nach der Geburt kann bei kalter Umgebungstemperatur die normale Körpertemperatur (Kerntemperatur) nicht aufrechterhalten werden und sinkt ab. Bei Unterkühlung des Körperkernes auf 15 bis 17 °C werden die Welpen steif. Die Lebensvorgänge kommen rasch zum Erlöschen. Ein kurzzeitiger Abfall der Körpertemperatur um 12 bis 13 °C kann dagegen von neugeborenen Nerzen verkraftet werden. Nach dem Absetzen der Tiere führt ein Anstieg der Umgebungstemperatur auf über 30 °C, bei hoher

Luftfeuchtigkeit unter 30 °C, zu einer allmählichen Erhöhung der Körpertemperatur. Infolge der arteigenen Ausbildung von Isolierschichten an der Körperoberfläche (Pelz, Unterhautfettgewebe) ist die Wärmeabgabe durch Strahlung und Wärmeleitung bedeutend geringer als bei anderen Tierarten. Zum Zwecke der Steigerung der Wärmeabgabe werden die Atemfrequenzen und die Herztätigkeit sowie die Wasseraufnahme gesteigert. Dagegen sind unter diesen Bedingungen die Futteraufnahme und die Tagesaktivität stark eingeschränkt. Bei hoher Luftfeuchtigkeit und geringer Luftbewegung werden Temperaturen über 35 °C schlecht vertragen und solche von 40 °C führen bereits nach kurzer Zeit durch Wärmestauung unter den Erscheinungen zentralnervöser Störungen und des Kreislaufversagens zum Tod.

- *Schilddrüsenaktivität.* Die Schilddrüse spielt bei der chemischen Regulation der Körpertemperatur eine maßgebliche Rolle. Sie reguliert das Ausmaß und die Intensität der chemischen Wärmebildungsprozesse (Oxidation). Bei Farmfüchsen erhöht sich bei niedrigen und fallenden Umgebungstemperaturen die Ausscheidungsgeschwindigkeit und die Synthese der Schilddrüsenhormone (^{131}J). Bei 10 Wochen alten Polarfüchsen wurde eine doppelt so hohe Schilddrüsenaktivität festgestellt als bei erwachsenen Tieren (BIEGUSZEWSKI u. KOROWAJCZYK, 1975). Die verstärkte Freisetzung von Thyreoidhormonen im Welpen- und Jungtierstadium erklärt sich offenbar nicht nur aus dem kalorigenen Effekt (Steigerung des Grundumsatzes), sondern auch aus der wachstumsfördernden Wirkung sowie der hohen Intensität des Stickstoff- und Lipidstoffwechsels.

- *Tagesaktivität.* Nach der Geburt weisen die säugenden Fähen vielfach geringfügig höhere Temperaturen auf als Rüden. Der im Rahmen der Tagesaktivität gemessene Zeitabschnitt, in dem die Fähen ihr Nest verlassen, ist wesentlich verkürzt (KUKLA u. KOSTRON, 1968). Beide Erscheinungen sind möglicherweise Kompensations- oder Schutzmechanismen für die Welpen. Die erwähnten Besonderheiten des Wärmehaushaltes fleischfressender Pelztiere finden in einigen hygienischen Grundsätzen der Farmgestaltung und -bewirtschaftung ihren Niederschlag. Die Kenntnis der normalen Körpertemperatur ist auch von erheblichem klinisch-diagnostischem Interesse, da bei zahlreichen Erkrankungen des Körpers Abweichungen sowohl nach oben als auch nach unten eintreten. Die Höhe der Abweichung gibt vielfach einen wertvollen Hinweis auf die Schwere der Erkrankung und auf die Intensität der Abwehrvorgänge im Organismus. Eine übermäßig erhöhte Körpertemperatur *(Fieber)* ist ein Hauptsymptom der meisten Infektionskrankheiten. So tritt bei der Aleutenkrankheit eine fieberhafte Reaktion mit Temperaturen bis zu 41 °C auf. Die Messung der Körpertemperatur erfolgt bei karnivoren Edelpelztieren im Mastdarm (Rectum) oder selten in der Scheide (Vagina). Bei Welpen und Jungtieren kann die Temperatur auch im Fang ermittelt werden.

Stoffwechsel

Die Körperbausteine unterliegen einem ständigen Stoffwechsel *(Metabolismus),* indem sie chemisch verändert, d. h. auf-, um- und abgebaut werden. Die Nahrungsstoffe werden über den Weg der extrazellulären Verdauung im Magen-Darm-Kanal mit anschließender Resorption in den Körper aufgenommen, in die Synthese der Körperbausteine einbezogen *(Assimilation)* und energiebereitstellenden Abbaureaktionen unterworfen *(Dissimilation).* Bei diesen mannigfaltigen Reaktionen und Vorgängen bestehen vielstufige Fließgleichgewichte, die dauernd auf eine Gleichgewichtslage hin reagieren, ohne sie ganz zu erreichen.

Aus der enormen praktischen Bedeutung, die sich aus der Anwendung von Kenntnissen der o. g. Zusammenhänge ergibt, leitete SCHADACH (1952) die berechtigte Forderung ab, intensive Untersuchungen über Eigenheiten des Stoffwechsels bei Pelztieren einzuleiten; denn es war bereits bekannt, daß biochemische Besonderheiten der fleischfressenden Pelztiere häufig Besonderheiten eines ihrer Organe sind. Unter den komplexen biochemischen Vorgängen wurde bei Pelztieren bisher der des Stoffaustausches zwischen den Organen über den Blutweg am gründlichsten untersucht. Bei der Bestimmung der verschiedensten Bestandteile im Blut, Plasma oder Serum machte man sich seine Funktionen beim Transport von Nahrungs- und Schlackenstoffen, Atemgasen, Metaboliten, aber auch Wirkstoffen zunutze, um auf diese Weise Rückschlüsse über den Verlauf von gesunden und krankhaften Prozessen zu erhalten. Zudem sollte eine sachkundige Beeinflussung von Verschiebungen im inneren Milieu, z. B. durch den Einsatz von Arznei- und Wirkstoffen, auf biochemischen (klinisch-chemischen) und hämatologischen Kriterien beruhen.

Zu beachten ist, daß die in den folgenden Abschnitten mitgeteilten Ergebnisse von Blut- und Plasmauntersuchungen zum Stoffwechsel der Eiweißstoffe, Kohlenhydrate, Fette, Mineral- und Wirkstoffe in den meisten Fällen nur Momentaufnahmen darstellen und vorrangig einen Überblick über die intravasale Situation ergeben. Deshalb dürfen solche Ergebnisse nie losgelöst von anderen physiologischen bzw. krankhaften Befunden betrachtet werden.

SCOTT u. a. (1939) sowie SMITH u. SCOTT (1941) bestimmten die ersten brauchbaren biochemischen Komponenten im Nerz- und Fuchsserum. Fragen des Gesamtstoffwechsels (Aufstellung von Stoffwechselbilanzen der Hauptnährstoffe, Vitamine und anorganischen Verbindungen, Energiebilanzen sowie Grund- und Leistungsumsatz) werden in den Kapiteln zur Ernährung und Fütterung mit abgehandelt.

Eiweiß- und Bilirubinstoffwechsel

Einige Krankheiten der fleischfressenden Pelztiere gehen mit quantitativen und qualitativen *Veränderungen des Serumeiweißes* einher, deren Erfassung von diagnostischem und prognostischem Wert sein kann. Dies zeigte sich z. B. deutlich bei der Erforschung der Aleutenkrankheit. HELMBOLDT u. a. (1959) erkannten im Ergebnis zuerst durchgeführter Bestimmungen der Gesamtproteinkonzentration und der einzelnen Eiweißfraktionen im Serum von aleutenkranken Nerzen, daß es während der Krankheit zu einer echten Erhöhung des Serumeiweißspiegels (Hyperproteinämie) und der γ-Globulinfraktion (Hypergammaglobulinämie) als wichtigstes klinisches Leitsymptom kommt, verbunden mit einer signifikanten Abnahme des Albumingehaltes (HENSON u. a., 1962).

Als Ursachen für eine Verminderung der Gesamtproteinkonzentration *(Hypoproteinämie)* sind Unterernährung, Kachexie infolge chronischer bakterieller Erkrankungen, Blutverluste, eine gestörte Synthese in der Leber (Fettlebersyndrom) und ein gesteigerter Abbau in Betracht zu ziehen. Jedoch ist zu beachten, daß neben dieser tatsächlichen Herabsetzung des Serumeiweißes auch ein *Hydrämie* (erhöhter Wassergehalt im Blut) einen verminderten Wert bedingen kann. Deshalb haben exakte Bewertungen der Proteinkonzentration im Serum einen physiologischen Salz-Wasser-Haushalt zur Voraussetzung.

Bei der Beurteilung des Gehaltes an Serumgesamteiweiß bei Pelztieren sind einige *physiologische* und *methodische Einflußfaktoren* zu berücksichtigen. Unter den physiologischen Einflußgrößen spielen das *Alter* und die *Fütterung* eine besondere Rolle.

Ebenso besteht ein enger, statistisch gesicherter Zusammenhang zwischen *Jahresperiodizität* und Stoffwechselintensität bei weiblichen Nerzen (PETROVA, 1971), nicht aber bei Nerzrüden und bei Füchsen (BIEGUSZEWSKI, 1965). Dagegen können solche Einflußgrößen, wie Geschlecht, Farbmutation (Standard-, Schwarzkreuz-, Topas-, Platin-, Saphir- und Hedlundnerze), Ranz und Trächtigkeit, auf den Gesamteiweißgehalt im Serum von fleischfressenden Pelztieren vernachlässigt werden. Tabelle 11/18 unterrichtet über die Gesamtproteinkonzentration im Serum wachsender und adulter Nerze und Füchse unter physiologischen Bedingungen. Bemerkenswert ist, daß die Jungtiere erst etwa zwischen dem 4. und 5. Lebensmonat das Niveau des Serumeiweißspiegels der adulten Nerze und Füchse erreichen. Der rasche altersabhängige Anstieg des Gesamteiweißgehaltes im Plasma wird besonders in den ersten Lebenswochen, wahrscheinlich durch die zunehmende Aufnahme steigender Kolostralmilchmengen pro Welpe und Tag bedingt, deutlich. So erhöht sich diese Komponente allein vom 20. bis zum 30. Le-

Tabelle 11/18 Gesamteiweißgehalt ($\bar{x} \pm s$) im Serum von fleischfressenden Pelztieren abhängig von Alter und Geschlecht in Anlehnung an BERESTOV (1971) und ZEISSLER (1979)

Alter in Monaten	Nerze				Blaufüchse				Silberfüchse	
	n♂	g/l	n♀	g/l	n♂	g/l	n♀	g/l	n	g/l
1	8	59,0±1,4			50	53,9± 0,1	32	53,2± 1,2	15	51,2±0,7
2	40	67,8±4,7			80	53,7± 0,7	41	59,1± 4,1	24	58,7±7,8
3	49	72,8±0,7	142	76,1±0,5	79	57,9±10,1	10	71,5±25,5	32	61,3±7,0
4	14	75,0±0,1			52	65,7± 3,9	13	70,5±15,6	116	65,2±5,8
5	29	73,4±5,2	41	72,8±7,1	49	65,6± 4,1	12	66,3±24,3	—	—
6 bis 7	254	78,7±0,7	756	79,8±0,8	120	68,6± 0,4	33	66,4± 0,5	116	35,7±4,6
Erwachsene	101	74,8±3,6	142	75,9±4,8	23	71,5± 8,8			42	64,8±8,9

benstag der Nerzwelpen um fast 10 g/l. Damit existiert eine sehr enge Beziehung zwischen enormer Eiweißsynthese und -bereitstellung sowie außergewöhnlich hoher Wachstumsintensität in diesem Altersabschnitt.

Trotz zahlreich vorliegender Untersuchungsergebnisse zum Gesamteiweißgehalt im Plasma von adulten Pelztieren weichen die meisten Literaturangaben erheblich voneinander ab (etwa 60 bis 90 g/l!), wie aus den einschlägigen *Literaturzusammenstellungen* für Füchse von WOIJCIK u. a. (1975) und für Nerze von ZEISSLER u. a. (1980) hervorgeht. Für die uneinheitlichen Ergebnisse sind neben der Anwendung unterschiedlicher Fütterungsregime *methodische Belange* verantwortlich zu machen. Die im Blut von *narkotisierten* Nerzen ermittelte Gesamtproteinkonzentration fällt gegenüber den bei unbetäubten Tieren bestimmten Daten um etwa 10 g/l ab. In der gleichen Größenordnung bewegt sich dieser Wert, wenn es bei der Blutentnahme aus der Schwanzspitze infolge reflektorischer Gefäßkonstriktion zu einer mehrminutigen *Blutstauung* kommt. Jedoch liegen diese Werte auf Grund der Bluteindickung infolge von Wasserübertritt in das Gewebe mehr als 10 g/l über den tatsächlich vorhandenen! Deshalb ist neuerdings die im Schrifttum mehrfach erhobene Feststellung, daß der hohe Gesamteiweißgehalt bei Nerzen eine arteigene Besonderheit ist, anzuzweifeln. Es erscheint eher real, die Plasmaproteinkonzentration von Nerzen mit 60 bis 70 g/l anzugeben.

Ihre Bestimmung im Blutplasma allein gewährt jedoch nur einen sehr begrenzten Einblick in den Eiweißstoffwechsel. Umfassende Informationen hierüber können nur gewonnen werden, wenn einerseits die prozentualen bzw. absoluten Anteile der einzelnen Eiweißfraktionen zum Gesamteiweiß mittels verschiedener Trägerelektrophoresen ermittelt werden. Andererseits sind gleichzeitig Blut- und Harnuntersuchungen mit markierten Aminosäuren und Proteinen durchzuführen.

Einen zusammenfassenden *Literaturüberblick über Proteinogramme* von Nerzen und Füchsen ergibt die Zusammenstellung der Beiträge von BERESTOV (1971), ROTENBERG und JØRGENSEN (1971), PAVLOVIC u. a. (1976), TRAUTWEIN (1978), STANISLAWSKA u. a. (1980) sowie ZEISSLER und WENZEL (1980).

Grundsätzlich lassen sich in ihren Proteinogrammen die vier folgenden Fraktionen finden: Albumin-, α-, β- und γ-Fraktion. Die α- und β-Globuline können in weitere Eiweißfraktionen unterteilt werden. Charakteristisch ist, daß die $α_1$- und $α_2$-Globuline bei Nerzen und Füchsen immer auftreten, wohingegen die $β_1$- und $β_2$-Globuline im Pherogramm von Nerzen nicht, von Blaufüchsen vornehmlich im Welpen- und Jungtierstadium und in dem von Silberfüchsen immer festzustellen sind. Unter physiologischen

Bedingungen beträgt der Anteil der jeweiligen Unterfraktion an den α- oder β-Globulinen etwa 50%.
Bei Blau- und Silberfüchsen zeigt sich eine auffälligere *Altersdynamik* in der α- und γ-Fraktion als bei Nerzen. Mit fortschreitendem Alter nehmen die α-Globuline im Plasma zu. Umgekehrt verhalten sich dagegen die γ-Globuline. Praktisch bedeutsam ist, daß die Nerzjungen gerade in der Periode des Absetzens im Blutplasma einen sehr geringen Gehalt an γ-Globulinen aufweisen, die in erster Linie als Antikörper (Ig G, A, M) wirken.
Jahresperiodizität, Trächtigkeit und Laktation üben bei weiblichen Pelztieren einen erheblichen Einfluß auf die Zusammensetzung der Eiweißfraktionen aus. Im Winter überwiegen im Pherogramm der Fähen die Albumine, im Sommer nach dem Absetzen der Jungtiere dagegen die Globuline. Gleichzeitig fällt in diesem Zeitabschnitt die Gesamteiweiß- und Albuminkonzentration auf die untere physiologische Grenze ab. Die nahezu abgesäugten Fähen sind nicht mehr in der Lage, die hohen Syntheseleistungen für die Milchproduktion – Nerzmilch enthält 10,5% Eiweiß und 12,4% Fett – trotz zusätzlicher Mobilisierung körpereigener Reserven völlig zu kompensieren. Bei der *Ammenkrankheit* der Nerze kommt es auf Grund des Substratdefizites zum Zusammenbruch des Eiweißstoffwechsels (Hypoprotein- und Hypoalbuminämie). Im Unterschied dazu wird bei Rüden im Som-

Tabelle 11/19 Pherogramme im kapillaren Plasma wachsender und adulter Nerze, Blau- und Silberfüchse (Eiweißfraktionen in $\bar{x} \pm s$)

Alter	Tierzahl n	Albumine	Globuline α	β	γ	Albumin-Globulin-Quotient
Nerze						
1 Tag	6	0,52	0,12	0,15	0,21	1,08
20 Tage	5	0,51	0,20	0,21	0,08	1,04
40 Tage	5	0,56	0,23	0,20	0,01	1,27
2 Monate	34	0,51 ± 0,05	0,14 ± 0,03	0,19 ± 0,02	0,16 ± 0,02	1,04
3 Monate	98	0,51 ± 0,06	0,16 ± 0,03	0,17 ± 0,03	0,16 ± 0,03	1,04
5 bis 7 Monate	174	0,60 ± 0,06	0,12 ± 0,02	0,14 ± 0,03	0,14 ± 0,03	1,53
7 bis 8 Monate	15 ♂	0,55 ± 0,04	0,11 ± 0,01	0,21 ± 0,01	0,13 ± 0,02	1,22
	21 ♀	0,52 ± 0,04	0,13 ± 0,02	0,21 ± 0,03	0,14 ± 0,03	1,08
Erwachsene	39 ♂	0,54 ± 0,05	0,10 ± 0,02	0,20 ± 0,03	0,16 ± 0,04	1,17
	78 ♀	0,51 ± 0,04	0,11 ± 0,03	0,21 ± 0,02	0,17 ± 0,02	1,04
Blaufüchse						
1 Monat	60	0,52 ± 0,06	0,20 ± 0,04	0,20 ± 0,03	0,08 ± 0,02	1,08
2 Monate	96	0,52 ± 0,05	0,19 ± 0,03	0,18 ± 0,02	0,11 ± 0,02	1,08
3 Monate	86	0,57 ± 0,05	0,16 ± 0,03	0,16 ± 0,03	0,11 ± 0,02	1,27
4 Monate	53	0,58 ± 0,04	0,14 ± 0,02	0,15 ± 0,03	0,13 ± 0,03	1,38
5 Monate	75	0,59 ± 0,05	0,14 ± 0,03	0,15 ± 0,03	0,12 ± 0,01	1,43
6 Monate	97	0,59 ± 0,06	0,14 ± 0,02	0,15 ± 0,03	0,12 ± 0,01	1,43
Erwachsene	24 ♂	0,53 ± 0,03	0,16 ± 0,04	0,17 ± 0,02	0,14 ± 0,02	1,43
	29 ♀	0,51 ± 0,05	0,15 ± 0,03	0,17 ± 0,03	0,17 ± 0,01	1,04
Silberfüchse						
1 Monat	13	0,52 ± 0,03	0,19 ± 0,02	0,22 ± 0,03	0,07 ± 0,01	1,08
2 Monate	26	0,59 ± 0,04	0,14 ± 0,02	0,19 ± 0,02	0,08 ± 0,01	1,43
3 Monate	32	0,59 ± 0,04	0,17 ± 0,01	0,16 ± 0,03	0,08 ± 0,01	1,43
4 Monate	25	0,58 ± 0,07	0,15 ± 0,02	0,16 ± 0,03	0,11 ± 0,03	1,38
6 bis 7 Monate	8	0,58 ± 0,05	0,13 ± 0,01	0,16 ± 0,03	0,13 ± 0,03	1,38
Erwachsene	7	0,50 ± 0,04	0,11 ± 0,01	0,20 ± 0,03	0,19 ± 0,04	1,00

mer der höchste Albumingehalt (52 bis 56%) beobachtet.

Rassebedingte Unterschiede in der fraktionellen Zusammensetzung der Proteinogramme von Standard-, Saphir-, Platin- und Hedlundnerzen wurden nicht festgestellt.

Der *Albumin-Globulin-Quotient* liegt im Blutplasma von Nerz, Blau- und Silberfuchs unter physiologischen Bedingungen wie bei Mensch und Kaninchen über 1. Seine Verminderung ist die Folge einer Globulinvermehrung bei bakteriellen und viralen Infektionskrankheiten der Pelztiere oder auch beim Fettlebersyndrom der Nerze.

Die Feststellung einer *krankhaften Ab- oder Zunahme der einzelnen Eiweißfraktionen* vermag insbesondere Aufschluß über Pathogenese und Verlauf der Krankheiten zu geben. Bei Pelztieren ist die diagnostische Auswertung der Verschiebungen innerhalb der einzelnen Eiweißfraktionen z. Z. noch problematisch, da diese Vorgänge bisher nur in den Anfängen erforscht sind. Bei allen vorwiegend eiweißmangelbedingten Kachexien (Tuberkulose, Ammenkrankheit, Hepatosen) tritt die markanteste Erhöhung in der α-, aber weniger auch in der β- und γ-Globulinfraktion ein. Eine vornehmliche Bildung von γ-Globulinen erfolgt u. a. bei Abwehrreaktionen des Organismus im Verlaufe einiger chronischer Infektionskrankheiten der Pelztiere (Aleutenkrankheit, Klebsiellosen, Parasitosen). So ist der elektrophoretisch nachweisbare kontinuierliche Anstieg der γ-Globulinfraktionen im Frühstadium der Plasmozytose etwa doppelt (32%) und im Spätstadium reichlich dreifach so hoch wie der entsprechende Normalwert gesunder erwachsener Nerze.

Ebenso gravierend sind bei dieser Erkrankung die Veränderungen in einigen *Endprodukten des Purin- und Eiweißstoffwechsels:* Reststickstoff (Rest-N, NPN), *Harnstoff, Harnsäure und Kreatinin.* So beläuft sich z. B. der Rest-N-Gehalt bei aleutkranken Nerzen auf das Vier- bis Fünffache des Normalwertes.

Ohne Zweifel ist der *NPN-Gehalt* unter den Stoffwechselendstoffen bei karnivoren Pelztieren am intensivsten untersucht worden (KUBIN u. MASON, 1948; ARGUTINSKI, 1960; RADKEWITSCH, 1961; THOMPSON u. ALIFERIS, 1964; KARSTAD, 1965; BERESTOV, 1971).

Unter physiologischen Bedingungen stimmen die durchschnittlichen Rest-N-Konzentrationen im Plasma von adulten Füchsen (29,3 $\pm$ 12,1 mmol/l) nahezu mit denen von Nerzen überein. Die in der Literatur teilweise von den eigenen Ergebnissen abweichenden Resultate sind hauptsächlich *fütterungsbedingt.* Nach ARGUTINSKI (1960) verursachten «saure» Rationen in der Pelztierfütterung hohe NPN-Gehalte im Serum, «basisches» Futter dagegen niedrige Konzentrationen. Die unter diesen Verhältnissen mitgeteilten Daten liegen an der oberen und unteren Grenze des Mittelwertes.

Aus der Rest-N-Bestimmung können bei Pelztieren einmal Rückschlüsse auf den Eiweißstoffwechsel des Organismus, zum anderen auf das Hauptexkretionsorgan, die Niere, gezogen werden. Eine Vermehrung des NPN wird fast stets im Verlaufe von Funktionsstörungen der Niere (Glomerulonephritis, Nephrosen) beobachtet, da hierbei die Ausscheidung der Endstoffe des Eiweißstoffwechsels durch entzündliche und degenerative Prozesse verhindert bzw. aufgehoben ist (Urämie). Selbstverständlich können erhöhte Rest-N-Werte auch die Folge von verstärktem Proteinabbau bei fieberhaften Prozessen oder

Tabelle 11/20 Übersicht über einige Metabolite ($\bar{x} \pm s$) des Eiweiß- und Bilirubinstoffwechsels im arteriellen Plasma erwachsener Nerze

Tierzahl, Geschlecht	Gehalte an				
	Albumin µmol/l	Harnstoff mmol/l	Kreatinin µmol/l	Reststickstoff mmol/l	Bilirubin µmol/l
69 ♂	512 $\pm$ 60,4	5,18 $\pm$ 1,6	82,9 $\pm$ 10,7	27,8 $\pm$ 9,1	2,65 $\pm$ 1,04
54 ♀	483 $\pm$ 57,0	4,84 $\pm$ 1,7	78,4 $\pm$ 12,6	25,1 $\pm$ 8,3	2,54 $\pm$ 0,91

von Störungen des intermediären Stoffwechsels, Vitamin- und Hormonhaushaltes usw. sein (Abklärung über die Xanthoproteinprobe). Der Gesamt-Rest-N ist ein Produkt aus Harnstoff-N, Aminosäuren-N, Harnsäuren-N, Kreatinin-N, Kreatin-N, Ammoniak-N, Phenolen, Bilirubin und weiteren Verbindungen. Die *Harnstoff- und Kreatininbestimmung* hat gegenüber der Rest-N-Ermittlung einige Vorteile: Beide Parameter zeigen eine Niereninsuffizienz eher und deutlicher an, da die Rest-N-Erhöhung fast ausschließlich durch eine Erhöhung des Harnstoffes zustande kommt. Ihre Bestimmung ist leichter und schneller durchzuführen. Beide Parameter empfehlen sich zur Einschätzung des Proteinstatus von Pelztieren. Bei eiweißreicher Ernährung liegen der Kreatinin- und Harnstoffwert bedeutend höher als bei proteinarmer Diät. Dagegen ändert sich der Kreatiningehalt bei Eiweißunterversorgung nicht.

Angaben zur Physiologie und Pathologie des *Bilirubinstoffwechsels* liegen mit Ausnahme der in Tabelle 11/20 mitgeteilten Gesamtbilirubinkonzentration bei fleischfressenden Pelztieren noch nicht vor. Das Bilirubin bildet den Hauptanteil an den Gallenfarbstoffen des Plasmas. Es befindet sich unter physiologischen Bedingungen beim Nerz wie beim Hund an der unteren Nachweisgrenze.

Kohlenhydrat- und Fettstoffwechsel

Die im Blut nach der Enteiweißung im Überstand vorhandenen *Kohlenhydrate* bilden den «Blutzucker», der bei erwachsenen Pelztieren hauptsächlich aus *Glukose* besteht.

Daneben finden sich noch *proteingebundene Kohlenhydrate* (Serumglykoproteide), die bei karnivoren Pelztieren im Unterschied zu anderen Tierarten vornehmlich in der Albuminfraktion vorkommen. Für Nerze und Füchse wurde folgende Verteilung der Glykoproteine auf die verschiedenen Proteinfraktionen im Elektropherogramm ermittelt (BERESTOV, 1971): Albumine 0,42 bis 0,68, α-Globuline 0,10 bis 0,24, β-Globuline 0,10 bis 0,20 und γ-Globuline 0,08 bis 0,20. Diese Zusammensetzung ist in allen Altersgruppen weitestgehend konstant. Die mögliche diagnostische Bedeutung, die sich aus dem Anstieg im Gehalt an proteingebundenen Kohlenhydraten bei chronischen bakteriellen Infektionen und bei akuten Entzündungen ergibt, kann auf Grund fehlender Untersuchungen bei Pelztieren noch nicht bestätigt werden.

Die *Glukose* ist neben den freien Fettsäuren das wichtigste Energiesubstrat und damit eines der wesentlichsten Faktoren im Energiestoffwechsel des Organismus. Durch Oxidation und Glykolyse entstehen aus 1 Mol Glukose 38 Mol ATP (1 114 kJ). Im intermediären Stoffwechsel dient Glukose zur Bildung von Glykogen, Triglyzeriden, Fettsäuren, Aminosäuren, Proteinen und weiteren Verbindungen. Die Blutglukose entstammt dem Futter, der Glykogenolyse (Leber, Muskulatur) oder Glukoneogenese (Leber, Niere). Sie wird unter dem Einfluß endokriner Drüsen (Hypophyse, Pankreas, Nebenniere) durch die Leber auf ein bestimmtes tierartspezifisches Niveau eingestellt. Trotz erheblicher Differenzen in den Angaben der Mittelwerte kann die hohe *Blutglukosekonzentration* als arteigenes Charakteristikum von Nerz und Fuchs herausgestellt werden.

Mehrere *Einflußfaktoren* haben Anteil an der Größenordnung und hohen Variabilität der *Glukosekonzentration* im Blut von karnivoren Pelztieren.

Dabei spielt die *Methodik* der Blutzuckerbestimmung die größte Rolle. Die älteren Reduktionsmethoden wie auch die routinemäßig oft angewandte o-Toluidin- bzw. Anilin-Eisessig-Methode erfassen neben der Blutglukose noch verschiedene andere reduzierende Verbindungen, bei Pelztieren quantitativ noch nicht ermittelt, die die sogenannte Restreduktion ergeben. Sie beträgt bei Nerz und Fuchs etwa 1,11 bis 1,24 mmol/l und erklärt in erster Linie die in der Literatur mitgeteilten Abweichungen in der Größenordnung. GERSHBEIN u. SPENCER (1964) ermittelten z. B. bei gesunden Nerzen einen Durchschnittswert von 11,66 mmol/l, der fast doppelt so hoch liegt wie die enzymatisch bestimmten wahren Glukosegehalte.

Eine *physiologische Hyperglykämie* rufen *Scheinträchtigkeit, Futteraufnahme* und *Stressoren* (Blutentnahme, Beißereien) vorübergehend hervor. Zu übernormalen Blutzuckerwerten kommt es in den Monaten November bis Ende Februar (*Jahresperiodizität*). In der *Ranz* ist eine sehr hohe Schwankungsbreite von 2,78 bis 11,10 mmol/l zu beobachten. Dieser Fortpflanzungsabschnitt führt bei Pelztieren zu besonderen Belastungen des Energie- und Hormonhaushaltes, die kurzfristig unterschiedliche Stoffwechselsituationen bedingen. *Physiologische Hypoglykämien* werden bei Pelztieren vor allem *während* und *nach der Laktation* sowie nach *eintägigem* Hungern gefunden. Jedoch steigt danach die Blutglukosekonzentration infolge verstärkt ablaufender Glykogenolyse, Lipolyse und Glukoneogenese wieder an und erreicht nach 72 Stunden wieder ihren Normalwert. Das Absinken des Blutzuckerspiegels in der Laktationsperiode ist durch hohen Verbrauch von Glukose in der Milchdrüse zu erklären. Ausgeprägte Hypoglykämien, etwa 50%iger Abfall vom Normalwert, treten bei Pelztieren im Zusammenhang mit schwerwiegenden Leberfunktionsstörungen (z. B. Fettlebersyndrom oder Nierenverfettung) auf.

Der Blutglukosegehalt ist offenbar *nicht geschlechts-, rasse- und altersabhängig*. Lediglich BERESTOV (1971) gibt für die Altersgruppe von 3 bis 4 Monaten einen hochsignifikanten Geschlechtsunterschied an (Glukosegehalt bei ♀ > ♂). Im Durchschnitt liegen die Blutzuckerwerte von adulten fleischfressenden Pelztieren etwas niedriger als die von Jungtieren.

Der *Blutfettstatus des Farmnerzes* ist im Gegensatz zum Farmfuchs gründlich untersucht worden (BERESTOV, 1971; PETROVA, 1971; ROTENBERG u. JØRGENSEN, 1971; NANKOV, 1974; ZILVERSMIT u. a., 1977; DORRESTEIN u. DANSE, 1978; ZEISSLER, 1979). Er wird durch die in Tabelle 11/22 angeführten Komponenten charakterisiert und stellt auf Grund des hohen Blutspiegels der einzelnen Fettstoffe insbesondere für Nerze, aber auch für Füchse ein arteigenes Charakteristikum dar.

Unter den Parametern des Fettstatus erweist sich das *Cholesterin* als eine *Schlüsselsubstanz des Lipidstoffwechsels* fleischfressender Pelztiere. Es stimuliert die Phospholipidsynthese in der Leber und trägt auf diese Weise zum Abtransport der Lipide aus den Leberzellen bei. Es bildet mit den Phospholipiden Komplexe, die stark ausgeprägt hydrophile Eigenschaften aufweisen. Die wichtige Rolle, die das Cholesterin im Ablauf der Stoffwechselprozesse einnimmt, kommt ferner darin zum Ausdruck, daß es einmal gemeinsam mit den

Tabelle 11/21 Glukosekonzentration ($\bar{x} \pm s$) im Blut, Serum oder Plasma von 6 bis 7 Monate alten und erwachsenen Pelztieren in Abhängigkeit von der Bestimmungsmethode und dem Geschlecht

Tierart	Tierzahl, Geschlecht	Blutglukose-konzentration mmol/l	Bestimmungsmethode (Untersuchungsmaterial)	Autor
Nerze	109	10,55 ± 2,11	s. unten (Kapillarblut)	BERESTOV (1971)
	15 ♂	10,55 ± 1,72	Glukosebestimmung nach HULTMAN (1959)	ROTENBERG u.
	16 ♀	9,82 ± 2,05	spektrophotometrisch (Blutserum)	JØRGENSEN (1971)
Sechs bis sieben Monate alte Pelztiere				
Nerze	69 ♂	6,19 ± 1,63	Hexokinasemethode	ZEISSLER (1974)
	54 ♀	6,48 ± 1,82	enzymatisch (Blutplasma)	
Blaufüchse	40	6,94 ± 0,67	Enteiweißen mit Trichloressigsäure, Schwefelsäure-Thymol-Reagenz, schwarz-brauner Farbstoff, kolorimetrisch	BERESTOV (1971)
Silberfüchse	56	7,38 ± 0,94		
Nerze	30 ♂	5,80 ± 1,52	Glukos-Oxydase-Methode, GOD-POD-Methode (Kapillarblut)	WENZEL u. a. (1981)
	104 ♀	6,20 ± 1,42		
Erwachsene Pelztiere				
Blaufüchse	79 ♂	5,02 ± 1,10		
	72 ♀	5,50 ± 1,18		
Silberfüchse	39	4,44 (2,94 — 5,72)	o-Toluidin-Methode spektrophotometrisch (Kapillarblut)	RADKEWITSCH (1961)

Tabelle 11/22 Fettstatus (Komponenten in x̄ ± s angegeben) im Blutplasma oder -serum von Farmnerzen

Komponente	Tierzahl, Geschlecht	Alter Monate	Rüden	Fähen
Gesamtlipide (Gesamtfett) g/l	27 ♂ und 20 ♀	6 bis 7	6,06±1,04	6,32±1,11
Gesamtlipide in der Leber g/l	16 ♂	> 12	177,0 ±4,6	
Gesamtcholesterin (Cholesterol) mmol/l	118 ♂ und 124 ♀	6 bis 7	5,33±0,63	6,21±0,85
Freies Cholesterin mmol/l	15 ♂ und 16 ♀	6,5	2,04±0,39	1,89±0,40
Gebundenes Cholesterin mmol/l	—	6 bis 7	3,29±0,51	4,32±0,62
Cholesterinester %	15 ♂ und 16 ♀	6,5	63 ±6	67 ±6
Triglyzeride (Neutralfett) mmol/l	31 ♂ und 10 ♀	6 bis 7	1,11±0,23	1,06±0,19
Phosphatide (Phospholipide) mmol/l	10 ♂ und 10 ♀	7 bis 12	5,00±0,80	5,90±0,60
Freie Fettsäuren mmol/l	15 ♂	> 12	1,34±0,26	
Lipoproteide (Lipoproteine) mmol/l	11 ♂ und 10 ♀	6,5	2,92±0,91	3,00±0,99
Lipoproteinogramm	138 ♂ und ♀	4 bis 7		
Chylomikronen			0,19±0,08	
β-Lipoproteine			0,18±0,05	
prä-β-Lipoproteine			0,15±0,04	
α-Lipoproteine			0,48±0,09	

Phospholipiden am Bau der Zellmembran und der Porenbildung beteiligt ist und somit die Permeabilität der Zelle beeinflussen kann. Zum anderen wird ein Viertel des Cholesterins zur Synthese von Sexual- sowie Nebennierenrindenhormonen und Gallensäuren verwendet. Neben diesen physiologischen Vorkommen tritt es als Bestandteil arteriosklerotischer Veränderungen in den Gefäßwänden auf. Der sehr hohe Cholesterinspiegel im Blut von Nerzen führte sogar dazu, diese Tierart im Sinne von Modellversuchen mit in die vergleichende Arterioskleroseforschung einzubeziehen (ZILVERSMIT u. a., 1977). Es wurden jedoch keine typischen arteriosklerotischen Veränderungen in der Nerzaorta und in den -koronararterien bis zum Alter von 8 Jahren festgestellt.

Für Abweichungen von der normalen Größenordnung der einzelnen Konzentrationsspiegel des Lipidstatus spielen der *Fettgehalt des Futters* (bis zu 30 % in der Ration) und in Sonderheit die *Aufnahme von Nerz- bzw. Fuchsmilch* durch die Welpen sowie die *Jahresperiodizität* (wiederum die höchsten Werte in den Monaten November bis März) die wesentlichste Rolle. Unter diesen Einflußgrößen wird die physiologisch bedingte Erhöhung der Lipidfraktionen gefunden. Alimentär bedingte Lipidämien sind auf Grund der Trübungen im Blutplasma visuell deutlich zu erkennen. Ein derartiges Plasma ist für die meisten Untersuchungszwecke ungeeignet. Deshalb ist bei geplanten Probeentnahmen eine mindestens 16stündige Nahrungskarenz einzuhalten.

Dagegen kommt dem *Geschlecht, der Rasse und dem Alter*, mit Ausnahme des Welpenstadiums, kaum eine Bedeutung zu. Lediglich die Cholesterin- und Phosphatidgehalte im Blut von adulten Nerzfähen liegen signifikant höher als die von Rüden.

Unter pathologischen Verhältnissen (Fettlebersyndrom, hämolytische und Eisenmangelanä-

Tabelle 11/23 Fettstatus (Komponenten in x̄ ±s angegeben) im Blutserum von Silber- (SF) und Blaufüchsen (BF)

Komponenten	Alter Monate	Tierart und -zahl	
Gesamtlipide g/l	1 bis 3	45 BF	3,44 ± 0,48
	>4	31 BF	3,13 ± 0,60
Gesamt-cholesterin mmol/l	1 bis 3	201 BF	5,79 ± 0,67
		43 SF	6,16 ± 1,45
	4 bis 7	202 BF	5,92 ± 1,00
	Erwachsene	19 BF	5,17 ± 0,96
		59 SF	5,20 ± 1,01
Lipoproteinogramm			
– Chylomikronen			0,18 ± 0,08
– β- und prä-β-Lipoproteine			0,28 ± 0,06
– α-Lipoproteine			0,54 ± 0,10

mien, Hungerkuren) werden bei Pelztieren vorrangig *Hypolipidämien* und Hypocholesterinanämien angetroffen. Mehrfach ist der Zusatz von *lipotropen Faktoren* (Cholin, meso-Inosit, Pamgamsäure als sog. Vitamin B_{15}, Serin und Methionin) zur Nerzdiät untersucht worden, um Leberverfettungen vorzubeugen oder diese übertragbaren, Methylgruppen spendenden Nahrungsfaktoren im Heilungsprozeß des Fettlebersyndroms beim Farmnerz anzuwenden. Sie werden zum Aufbau von Phospholipiden und Lipoproteinen benötigt. Die letztgenannten Verbindungen spielen wiederum eine wesentliche Rolle beim Abtransport der Fettsäuren aus der Leber in die anderen Gewebe.

Bei der Lipid-Elektrophorese, vornehmlich zur weiteren Unterscheidung von Hyperlipidämien eingesetzt, kennzeichnen die einzelnen Fraktionen nicht nur ein artspezifisches Lipoproteinogramm der Pelztiere, sondern auch annähernd folgende Verteilung der jeweiligen Fettstoffe auf die entsprechenden Fraktionen:

- Chylomikronen: vorwiegend Triglyzeride,
- β-Lipoproteine: 80 % aus Cholesterin,
- Prä-β-Lipoproteine: vorwiegend Triglyzeride,
- α-Lipoproteine: vorwiegend Phosphatide.

Die *Lipoproteine,* die u. a. neben den Phospholipiden in Leberzellen gebildet werden, sind sowohl beim Aufbau von Membranen und beim Transport von Fettstoffen beteiligt als auch während der Laktation für die Überführung von langkettigen Fettsäuren in die Milchdrüse für die Milchfettsynthese wichtig. Ihre klinischchemische Erfassung erfolgt hauptsächlich im Blutserum, aber auch in Gewebeextrakten.

Die *Serumlipide,* die aus Triazylglyzeriden, Cholesterin, Cholesterinestern und Phospholipiden bestehen, liegen teils in Form von Chylomikronen und teils in Form von Lipoproteinen vor. Die Serumlipidkonzentration des Farmnerzes liegt bedeutend über den entsprechenden Daten des Fuchses und der meisten anderen Säugetierarten (6,0 bis 6,3 g/l: 3 bis 5 g/l) und stellt somit ebenfalls ein artspezifisches Charakteristikum des Minks dar.

Wasser- und Elektrolytstoffwechsel

Das *Wasser* ist ein lebensnotwendiger Bestandteil der Zellen und Gewebe sowie Strukturbestandteil von Makromolekülen. Gleichzeitig ist es Lösungs- und Transportmittel für eine Vielzahl von Verbindungen und Substanzen. Es bildet das Milieu für die ständig ablaufenden Assimilations- und Dissimilationsprozesse. Auch an so lebenswichtigen Vorgängen wie der Temperaturregulation nimmt das Wasser durch seine hohe spezifische Verdampfungswärme entscheidenden Anteil.

Der Organismus ist auf eine ständige *Wasserzufuhr* durch orale Aufnahme angewiesen. Im Durchschnitt beträgt die *Wasser-Futter-Relation* bei fleischfressenden Pelztieren etwa 2,5 ($\pm 0,4$). Beispielsweise haben 3 bis 4 Monate alte Nerze und Iltisse etwa einen *täglichen Trinkwasserverbrauch* von 180 bis 230 ml (MÄKELÄ, 1971; KIISKINEN u. MÄKELÄ, 1981). Ein weiterer Wasseranteil stammt aus der täglichen Futterration (ungefähr 4 bis 5 ml beim Nerz). Schließlich wird ein nicht unerheblicher Wasseranteil selbst im Organismus beim Zerfall von organischer Substanz gebildet. Bei der vollständigen Oxidation von 1 kg Stärke entstehen immerhin 0,555 kg Wasser, aus 1 kg Fett sogar 1,070 kg.

Hinsichtlich des täglichen Umfanges der Wasseraufnahme können beträchtliche Unterschiede bestehen. In erster Linie ist die Wasseraufnahme von den *klimatischen Verhältnissen,* von der Luftfeuchtigkeit und der Umgebungstemperatur, wie auch von der *Futterzusammensetzung* und der *Wasserqualität* abhängig. Von Einfluß sind ferner das *Alter* und die *Milchleistung* der Fähen. Ein erhöhter Trinkwasserverbrauch ist stets bei der Verabreichung von Trockenfleisch, -fisch und chemisch konservierten Silagen zu beachten. Ebenso führt eine dauernde Verabreichung von Trockenalleinfutter oder Pellets – selbst wenn sie richtig zubereitet wurden – bei Nerzen zu einer verstärkten Wasseraufnahme. Erfolgt konventionelle Frischfütterung, kann unter Umständen bei Pelzungsnerzen der Wasserbedarf vorübergehend durch Schnee und Eis gedeckt werden.

Der Wasserbedarf junger Pelztiere ist, bezogen

auf die Körpermasse, höher als bei erwachsenen Tieren.

Nerze und Füchse reagieren auf eine schlechte sensorische, chemische, physikalische und mikrobiologische Beschaffenheit des Trinkwassers mit einer Verringerung oder Einstellung der Wasseraufnahme. Eine *verminderte Wasserqualität* kann sogar zu erheblichen Störungen und Schäden führen. Deshalb bedarf es vor allem vor der Errichtung von Pelztierproduktionsbetrieben in hochentwickelten Industriestaaten mit intensiver Landwirtschaft einer strengen *veterinärhygienischen Überprüfung der Trinkwasserversorgungsanlage*. Von besonderem Interesse ist der chemische Wasserbefund, der die Normative der Wasserqualitätsklassen I und II nicht überschreiten sollte. In einigen nordischen Staaten sind eigens für Pelztiere chemische Normativwerte für die Wasserqualität aufgestellt worden (JØRGENSEN, 1981).

Der *Wassergehalt des Körpers von* Nerz und Fuchs wird von ihrem Lebensalter beeinflußt. Neugeborene Nerze weisen mit 83,8 % einen fast doppelt so hohen Wassergehalt wie erwachsene Tiere (45,17 %) auf. Der Wassergehalt ist bei Jungtieren mit etwa 74 % der Körpermasse immer noch deutlich höher als bei erwachsenen, für die er mit 55 bis 59 % zu beziffern ist.

Die *Wasserverteilung auf die einzelnen Organe* ist sehr ungleichmäßig. Im Fettgewebe karnivorer Pelztiere ist mit einem Wasseranteil von höchstens 29 % auffällig wenig Wasser eingelagert, wenn man die entsprechenden Vergleichsdaten für Muskelgewebe ($\sim$80 %), Leber ($\sim$75 %), Knochen ($\sim$25 %) und Dentin ($\sim$10 %) betrachtet. Einen besonders hohen Wassergehalt weist das Blutplasma von Nerz und Fuchs mit 90,30 % ($\pm$0,49 %) auf. Sein Volumen bildet hauptsächlich zusammen mit dem zwischen den Zellen liegenden Raum (interstitieller Raum) den *extrazellulären Flüssigkeitsraum*. Dieser steht mit dem intrazellulären Raum in Verbindung.

Von größter Bedeutung für das Verständnis auftretender Störungen im Wasserhaushalt ist die Verteilung des Körperwassers auf die einzelnen Flüssigkeitsräume, deren jeweilige Volumen bei Pelztieren unbekannt sind. Allerdings kann die extrazelluläre Flüssigkeit mit 15 bis 25 % veranschlagt werden, da nach KOLB (1979) dieses Kriterium von der sehr variablen Größe der Tiere unabhängig ist.

Tabelle 11/24 Ionogramme im Blutplasma oder -serum und das Verhalten ihrer Bestandteile bei gestörtem Säure Basen-Gleichgewicht adulter fleischfressender Pelztiere

| Elektrolyt | Nerze | | | | Blaufüchse | | Silberfüchse | | Azidose | Alkalose |
	n ♀		n ♂		n		n			
Ca^{++}	59	2,72 ± 0,31	64	2,77 ± 0,25	54	3,04 ± 0,47	46	2,64 ± 0,45	↑	↓
Mg^{++}	29	1,07 ± 0,21	36	1,19 ± 0,16	30	0,95 ± 0,16	19	0,91 ± 0,25	↑	↓
Na^+	87	149,6 ± 4,9	94	147,9 ± 4,0	243	130,9 ± 10	61	133,1 ± 12	↑	↑
K^+	54	5,14 ± 0,77	73	5,19 ± 0,92	219	4,09 ± 1,07	62	4,60 ± 1,02	↑	↓
Sonstige		1 ± 0,1		1 ± 0,1		1		1	—	—
Kationen-								142		
konzentration		160		158		140				
Cl^-		—	11	103,4 ± 12,8	4	94,5	21	71,6 ± 99,9	↑	↓
HCO_3^-		—	2	22,5 ± 23,3		—				↓
HPO_4^{--} akut, chron.	37	1,19 ± 0,32	41	1,39 ± 0,39	36	1,13 ± 0,23	39	1,16 ± 0,26	↑	
SO_4^{--}, Proteinat$^-$, organische Säureradikale		—		30,76		—		—	—	—
Anionen-										
konzentration		160		158		140		142		

Die *Ausscheidung des Wassers* erfolgt anteilmäßig vor allem über *Harn, Ausatmungsluft und Kot* sowie über Schweiß und Milch. An der Zusammensetzung der Fäzes von karnivoren Pelztieren ist das Wasser mit etwa 25 bis 30 % beteiligt (KIISKINEN u. MÄKELÄ, 1981). Besonderheiten der Regulationsmechanismen des Wasser-Elektrolyt-Haushaltes sind bei Pelztieren noch weitgehend unbekannt.

Die *Homöostase des Wasserbestandes* im Organismus ist Voraussetzung für die Funktion des Kreislaufes, des Stoffaustausches und aller metabolischen Umsetzungen. Alle Körperflüssigkeiten stellen praktisch Elektrolytlösungen dar. Grundlage für die Homöostase des Körperwassers ist die Homöostase der Elektrolyte.

Nerze verfügen über eine höhere Kationen- bzw. Anionenkonzentration als Füchse.

Soweit Kenntnisse über die Aufnahme, Verteilung, Funktion und Ausscheidung der wichtigsten Mineralstoffe bei Pelztieren vorhanden sind, werden diese im Rahmen der Ernährungsphysiologie mit abgehandelt.

Verschiebungen in der Kationen- und Anionenzusammensetzung bedingen nicht nur spezifische Wirkungen für jedes einzelne Ion (Mangel oder Überschuß) und Auswirkungen auf die neuromuskuläre Erregbarkeit, sondern stellen gleichzeitig auch die Beziehungen zu *Störungen im Flüssigkeits- und Säure-Basen-Haushalt* her (Tabelle 11/24 und 11/25). Von praktischer Bedeutung sind bei fleischfressenden Pelztieren aus pathophysiologischer Sicht einerseits der *Wassermangel (Dehydration)*, weniger der -überschuß (Hyperhydrie) und andererseits verschiedene Formen der metabolischen Azidose.

Eine *Entwässerung (Exsikkose)* des Organismus entsteht bei Nerzen und Füchsen vor allem durch:

● Einschränkung der Flüssigkeitsaufnahme und -zufuhr (ungenügendes Tränken, länger unbemerkt gebliebene Defekte an Selbsttränkeinrichtungen, krankhafte Veränderungen im Bereich des Fanges und Schlundes, Erschöpfung, ZNS-Störungen).

● übermäßige Ausscheidung von Wasser und Elektrolyten aus dem Organismus (profuse oder anhaltende Durchfälle, Salzmangelexsikkose, Blutverlust, öfteres Erbrechen).

● Diskrepanz zwischen erhöhter Aufnahme von säurehaltigen Konservierungsmitteln (Schwefel-, Salz-, Ameisen- oder Essigsäure) mit dem Futter und unzureichendes Frischwasserangebot.

Diese Erscheinungen werden als kurzfristige Belastungen zwar vom Organismus durch Einschränkung der Wasserabgaben normalerweise kompensiert und überwunden, gehen aber mit Leistungsdepressionen (Körpermasseverlust, Fortpflanzungsstörungen usw.) einher. Zu beachten ist dabei, daß der Organismus der Jungtiere einen Wassermangel weniger gut verträgt, da die Regulationsmechanismen, insbesondere die Konzentrationsfähigkeit der Niere, noch nicht voll funktionstüchtig sind. Schreitet die Wasserverarmung weiter voran, entwickelt sich das Bild des akuten peripheren Kreislaufversagens. Als unentbehrliches diagnostisches Hilfsmittel zur exakten Erfassung der Situation im Flüssigkeitshaushalt haben sich die gemeinsame Bestimmung von Hämatokrit, Hämoglobinkonzentration, MCHC-Wert und Serum-Na^+ erwiesen.

Die *metabolische Azidose* tritt beim Farmnerz hauptsächlich als Additions- oder Subtraktionsazidose (Verlust körpereigener Basen bei Durchfall) in Erscheinung. Die *Additionsazidose* entwickelt sich, wenn die erhöhte Anflutung von H^+-Ionen aus dem säurekonservierten oder angesäuertem Futter nicht mehr durch Hyper-

Tabelle 11/25 Säure-Basen-Status des klinisch gesunden Farmnerzes nach JØRGENSEN u. a. (1976) sowie POULSEN und JØRGENSEN (1977)

Kennwerte	Adulte Rüden n = 35	Adulte Fähen n = 5	Jungtiere n = 2 ♀
Aktueller pH-Wert	7,4 ± 0,05	7,33	7,28
p CO_2 (k Pa)	4,9 ±	7,73	7,64
BE (mmol/l)	−1,7 ±	−0,8	−1,8
Standardbikarbonat (mmol/l)	45,2 ± 3,3	—	—
Sauerstoffsättigung (%)		88,6	46,0
NSBA im Harn (mmol/Nerz und Tag)	17,5	—	—

ventilation der Lungen, Ausscheidung eines sauren Harns und Ausschwemmung von Mineralstoffen aus den Knochen und Erythrozyten kompensiert werden kann. Außerdem kommt es bei diesem meist chronisch verlaufenden Zustand zu beachtlichen Phosphatverlusten durch renale Ausscheidung. In Untersuchungen von JØRGENSEN u. a. (1976) sowie POULSEN und JØRGENSEN (1977) wurde gezeigt, daß ein niedriger pH-Wert als 5,5 im Futter zu Veränderungen im Säure-Basen-Haushalt und letztlich zur metabolischen Azidose bei Nerzen führt. Verminderte Reproduktionsleistungen und geringere Körpermassezunahmen sind die klinischen Folgen. Das durch Zusatz von NaOH oder $CaCO_3$ wieder neutralisierte Futter verursacht zwar keine nachweisbaren Störungen im Säure-Basen-Haushalt mehr; es kommt aber nachträglich zu Gewichtseinbußen bei den Tieren, die über einen längeren Zeitabschnitt ein derartiges Futter erhalten hatten. *Pathophysiologisch* äußert sich die metabolische Azidose im Nerzblut durch eine erhebliche Senkung des Basenüberschusses (BE) und des Standardbikarbonates sowie je nach Kompensation durch eine Herabsetzung des CO_2-Partialdruckes. Der Prozeß wird durch eine Zunahme der Nettosäurebasenausscheidung (NSBA) im Harn begleitet.

Letztlich spielen in den mannigfaltigen physiologischen und biochemischen Beziehungen zwischen Wasser-, Mineralstoff- und Säure-Basen-Haushalt die *Spurenelemente* eine wichtige Rolle. Sie kommen im Körper nur in sehr geringen Mengen (vgl. Tabelle 11/26) vor und besitzen vielseitige Funktionen im Zellstoffwechsel. In erster Linie wirken die Spurenelemente als Bestandteile von Enzymen; andere sind Bestandteile von Vitaminen (Kobalt, Vitamin B_{12}) und Hormonen (Jod, Thyroxin) oder sie treten als Baustoffe auf (Fluor in Knochen und Zähnen).

Ein Mangel an Spurenelementen führt zu Störungen im Zellstoffwechsel und in schweren Fällen zu charakteristischen Mangelerkrankungen, von denen die Eisenmangelanämie bei Jungnerzen und -füchsen am häufigsten auftritt und beachtliche ökonomische Schäden verursachen kann.

Eine gründliche Untersuchung der Fe-Verteilung auf ausgewählte Organe von anämischen und gesunden Nerzen nahm MARTINSONS (1960) vor. Obwohl weitere diagnostische Kriterien (Bestandteile des Erythro- und Proteinogrammes) mit in die Untersuchungen einbezogen wurden, ließen die gewonnenen Ergebnisse an den Einzeltieren keine klare Abgrenzung zum Vorliegen einer Eisenmangelanämie zu.

Enzyme

Die bisher bekannten etwa 2000 Enzyme sind Eiweißstoffe (Genprodukte), die als *Biokatalysatoren im Zellstoffwechsel* wirken. Ihre Einteilung erfolgt nach der Art der katalysierten Reaktion in 6 Hauptgruppen, von denen die ersten 4 für die klinische Diagnostik die größte Bedeutung haben:
1. Oxydoreduktasen,
2. Transferasen,
3. Hydrolasen,
4. Lyasen,
5. Isomerasen,
6. Ligasen.

Entsprechend dieser Aufteilung bringt Tabelle 11/27 eine nahezu vollständige *Zusammenstellung* von bisher im Nerzplasma untersuchten und diagnostisch verwertbaren Enzymkonzentrationen, die mit Hilfe von modernen Analysenmethoden unter Berücksichtigung der einschlägigen internationalen Richtlinien gemessen wurden (ZEISSLER, 1979; ZEISSLER u. a., 1980). Die in Tabelle 11/27 aufgeführten Befunde werden

Tabelle 11/26 Serum- und Organeisen von klinisch gesunden Nerzen nach MARTINSONS (1960)

Kennwerte	8 ♂	10 ♀
Serum-Fe μmol/l		
Vor Belastung	47,4 ± 11,3	50,6 ± 7,8
Nach Belastung		
2 Stunden	53,0 ± 9,2	55,0 ± 2,5
24 Stunden	32,8 ± 6,3	40,3 ± 10,6
Organ-Fe mg/100 g Trockenmasse in		
Leber	118,8 ± 32,4	89,8 ± 19,7
Milz	111,0 ± 69,5	120,9 ± 46,7
Muskulatur	12,6 ± 5,0	10,5 ± 4,3

Tabelle 11/27 Enzymogramm im arteriellen Plasma von 118 männlichen und 124 weiblichen Standardnerzen im Alter von 6 bis 7 Monaten

Enzyme	♂ nkat/l	♀ nkat/l
Transferasen ($\bar{x} \pm s$)*		
GOT	737 ± 202	715 ± 189
GPT	750 ± 191	667 ± 183
CPK$_{akt.}$	5251 ± 1347	5151 ± 1309
γ-GT	97 ± 30	92 ± 28
Oxydoreduktasen ($\bar{x} \pm s$)*		
SDH	52 ± 25	42 ± 23
MDH	8167 ± 1934	6167 ± 1794
ICDH	242 ± 60	183 ± 53
LDH$_{ges.}$		13532 ± 3501
LDH$_1$		292 ± 61
LDH$_2$		817 ± 241
LDH$_3$		1483 ± 398
LDH$_4$		1150 ± 253
LDH$_5$		9760 ± 2216
Hydrolasen ($\bar{x} \pm s$)*		
AP	200 ± 51	242 ± 63
ChE	14660 ± 3701	13019 ± 3517
LAP	21667 ± 4718	19471 ± 4284
Lyasen ($\bar{x} \pm s$)*		
ALD	135 ± 31	148 ± 37

* Die exakte Kurzcharakteristik der einzelnen Enzyme (systematische Namen, Trivialnamen, Code-Nummern und Bestimmungsmethoden) ist bei ZEISSLER u. a., 1980, aufgeführt.

durch die Meßergebnisse der α-*Amylase* (GERSHBEIN u. SPENSER, 1964; KARSTADT u. PRIDHAM, 1962; THOMPSON u. ALIFERIS, 1964; LEADER u. a., 1965) und der *Ornithin-Karbamyl-Transferase* (KENYON u. a., 1973) von gesunden (und aleutenkranken) Nerzen ergänzt.

Die ansonsten immer vorgenommenen Vergleiche mit einschlägigen Literaturwerten werden bei der Abhandlung über Enzymaktivitäten im Plasma von fleischfressenden Pelztieren nicht durchgeführt, da einige *spezielle Aspekte* zu beachten sind:

● Anerkanntermaßen gibt es keine allgemeingültigen Normalbereiche für Enzymkonzentrationen. Die Meßwerte sind nur bei Kenntnis der Normalbereiche der speziellen Bestimmungsmethode und evtl. sogar des betreffenden Labors richtig zu interpretieren.

● Es besteht keine weltweite Übereinstimmung hinsichtlich der Definition der Normalbedingungen, insbesondere in bezug auf das Temperaturoptimum. So erhöht der Übergang von 25 °C auf 37 °C die Enzymaktivitäten auf das zwei- bis Dreifache.

● Solche normalerweise zu berücksichtigenden Einflußfaktoren, wie Fütterung, Stressoren usw., bedingen gravierende Abweichungen in der Größenordnung und Variabilität der einzelnen Fermentaktivitäten.

● Die generell bei der Enzymbestimmung und -angabe verwendeten Bezeichnungen bedeuten nicht, daß einem im Gewebe bzw. Plasma des Nerzes bzw. Fuchses vorkommenden Enzym exakt die gleichen Eigenschaften wie einem gleichnamigen im menschlichen Gewebe wirkenden Enzym zugesprochen werden können. Diese Feststellung trifft auch auf alle einschlägigen Werte aus der Literatur zu.

Aus diesen Gründen bringt ein Vergleich der wenigen einschlägigen Literaturangaben (ZEISSLER u. a., 1980) nicht einmal im Sinne einer Orientierung eine Aussage. Deshalb wird nur auf vorhandene Literaturzitate verwiesen, die über mehrere Enzyme bei Nerzen und/oder Füchsen berichten (s. vorstehende Verfasser sowie STOWE u. WHITHEHAIR, 1964; BERESTOV, 1971; WOJCIK u. a., 1975; CHOU u. a., 1976; TYCZKOWSKI u. SABA, 1976; DORRESTEIN u. DANSE, 1979; ESKELAND u. RIMESLÅTTEN, 1979; STANISLAVSKA u. a., 1980).

Die untersuchte Enzympalette ist bei Nerzen größer als bei Füchsen. Die einzelnen Enzymkonzentrationen folgen bei Pelztieren überwiegend *logarithmischen Normalverteilungen*. Im Unterschied zu den Plasmaenzymen ALD, GOT, γ-GT SDH, LDH$_{ges.}$ und CPK$_{akt.}$ wurden für GPT, LAP, ChE, ICDH, MDH und AP meistens hochsignifikante *geschlechtsbezogene Differenzen* festgestellt. Die bisher vorliegenden Resultate lassen ferner erkennen, daß trotz chemischer Immobilisation und Betäubung der Nerze ausnahmslos alle ermittelten Individualenzymkonzentrationen ebenso stark variieren wie die in Übereinstimmung mit anderen einschlägigen Literaturzitaten am nicht narkotisierten Mink erhobenen Meßergebnisse.

Ungeachtet der o. g. Probleme bei der enzymatischen Analyse haben Serum- und Plasmaenzymproben zum Zweck der Sicherung von Diagnosen schon vor fast 20 Jahren Eingang in die Pelztierzucht gefunden. Bei der Aleutenkrankheit verhalten sich die ausgeprägten Erhöhungen in den Transminase- (GOT, GPT), Phosphatase- (AP) und Amylasewerten gleichläufig zu den bereits angegebenen anderen Veränderungen im Eiweiß-, Kohlenhydrat- und Mineralstoffwechsel. Im Serum von aleutenkranken Nerzen wurde als früheste diagnostisch feststellbare Veränderung ein Anstieg der Ornithin-Karbamyl-Transferase beobachtet. Die hohe diagnostische Aussagekraft der Messung von Plasmaenzymen steht auch bei der Feststellung von akuten Vergiftungen sowie subklinischen Stoffwechselstörungen bei Pelztieren außer Zweifel. Dabei ist zu berücksichtigen, daß man sich bei der klinischen Interpretation von Plasma-Enzymaktivitätsbestimmungen für Pelztiere noch in den Anfängen befindet. Allerdings ist heute schon abzusehen, daß die Erhebung des Enzymogrammes aus dem Gewebe (Zelle) eine größere Bedeutung erlangen wird. Ebenso bleibt abzuwarten, ob die Einbeziehung von Enzymkonzentrationen in die Selektion eine höhere Effektivität populationsgenetischer Maßnahmen erbringen wird.

Hormone und Vitamine

Im Gegensatz zu den Enzymen sind *Hormone* in der Regel *nicht artspezifisch*. Sie entstehen in zu ihrer Synthese spezialisierten Zellen und Drüsen und entfalten im allgemeinen an einer anderen Stelle im Organismus oder in anderen Individuen (z. B. Einsatz von PMSG und HCG in der Ranz) in sehr geringer Konzentration eine sehr große Stoffwechselwirkung. Gemeinsam mit dem Nervensystem dienen Hormone der *Informationsübermittlung* zwischen den einzelnen Zellen. Im Gegensatz zum Nervensystem jedoch läßt sich im endokrinen System die Information nicht speichern.

Durch das *enge Zusammenwirken* von Hormon- und Nervensystem *mit dem Zellstoffwechsel* macht sich jede Störung der Hormonsynthese, der -sekretion und des -transportes sowie das Defizit eines Rezeptors oder eines veränderten Hormonabbaues in einer Störung des Gesamtstoffwechsels bemerkbar. So führt das Fehlen von Mineralokortikoiden zu einer Beeinträchtigung des Mineral- und Wasserhaushaltes, ein solches von Adrenokortikotropin zu funktionellen Fehlleistungen im saisonbedingten Haarwechsel und der Haarentwicklung bei Pelztieren (RUST, 1965; RUST u. a., 1965).

Ein Thyroxinmangel behindert gleichfalls den normalen Ablauf des Haarwechsels beim Nerz (REINEKE u. a., 1962).

Die Sexualfunktion sowie der normale Ablauf der Trächtigkeit können empfindlich beeinträchtigt werden, wenn die Gonadotropine und Keimdrüsenhormone nicht oder überschießend zur Wirkung gelangen.

Da im Blut bzw. im Plasma mit Hilfe von sehr empfindlichen radioimmunologischen Methoden nahezu alle Hormone nachzuweisen und z. T. quantitativ zu bestimmen sind, wurden auch bei Nerzen in diesem Untersuchungsmaterial die ersten Hormongehalte ermittelt.

In der Periode zwischen dem Sommer und Winterhaarwechsel beläuft sich der *Kortisolspiegel im Plasma von Nerzen* auf 14,1 ±2,4 bis 22,2 ±3,1 ng/ml (TRAVIS u. a., 1972) bzw. 25,8 ±3,1 ng/ml (PILBEAM, 1979). Während des Haarwechsels wurden sowohl im Sommer als auch im Winter signifikant ($p < 0,05$) höhere Kortisolkonzentrationen (48,1 ±5,6 bzw. 77,5 ±7,2) als zu Beginn dieses physiologischen Ereignisses (25,8 ±5,6 bzw. 51,2 ±5,1 ng/ml) gemessen. Unter physiologischen Bedingungen werden in den Wintermonaten höhere Gehalte an Korisol im Plasma als in den Sommermonaten gefunden (PILBEAM, 1979).

Die vorangestellten Untersuchungsergebnisse lassen erkennen, daß der Haarwechsel durch einen Anstieg des Kortisolspiegels eingeleitet wird. Einigermaßen reale Kortisolgehalte können bei Nerzen nur dann festgestellt werden, wenn der Einfluß von Stressoren vor und bei der Blutentnahme möglichst völlig ausgeschlossen und kein steroidähnliches Narkotikum verwendet wird.

Die *Konzentration des Luteinisierungshormones*

(LH) im Plasma von noch nicht in der Ranz befindlichen Nerzfähen beträgt 0,34 ±0,09 ng/ml (MURPHY, 1979). Die elektrische Zervixreizung verursacht keine Veränderung des Plasma-LH-Spiegels. Dagegen steigt nach Applikation von 2 µg GnRH der LH-Gehalt innerhalb von 45 min auf ein Maximum an, um bereits 15 min später wieder das Ausgangsniveau zu erreichen.

Die *Vitamine als akzessorische Nährstoffe* wirken nicht als Regulationsstoffe wie die Hormone. Ihre Wirkung bereits in kleinster Menge ist katalytischer Natur. Als Bestandteil von Koenzymen oder prosthetischen Gruppen haben die Vitamine wichtige Funktionen im Stoffwechsel zu erfüllen. Für die meisten der heute etwa 20 bekannten Vitamine ist diese *biokatalytische Funktion* exakt ermittelt worden, wie z. B.

- für das Vitamin E der Elektronentransport,
- für das Vitamin C der Entzug von Wasserstoffionen (Reduktionsmittel im Stoffwechsel) oder
- für das Vitamin H die Teilnahme an verschiedenen Karboxylierungsreaktionen als Koenzym.

Fehlen oder Mangel an bestimmten Vitaminen als Folgen einer einseitigen Ernährung führen zu schwerwiegenden Störungen im Stoffwechsel, die bei Pelztieren hauptsächlich durch Nutzung von 3 Möglichkeiten zu diagnostizieren versucht werden:

- Rückschlüsse über die Vitaminversorgung können aus Futtermittelanalysen gezogen werden, wenn man den Vitaminbedarf der Tiere zugrunde legt.
- Auf Grund der Kenntnis typischer klinischer oder klinisch-chemischer Ausfallerscheinungen kann mit einiger Sicherheit auf ein Defizit oder einen Überschuß an einem bestimmten Vitamin geschlußfolgert werden. So rufen hohe Gaben von Vitamin D_3 eine Hyperkalzämie im Blut von Füchsen hervor (HELGEBOSTAD u. NORDSTOGA, 1979).
- Bei Mangelernährung mit einem bestimmten Vitamin sinkt dessen Gehalt im Blutplasma ab.

Alle drei Wege sind noch mit erheblichen Mängeln behaftet.

Da die Methodik quantitativer Vitaminbestimmungen in Blut- und Organproben äußerst diffizil, das Konzentrationsniveau der Vitamine in den Körperflüssigkeiten sehr niedrig ist und demzufolge die Schwankungsbreiten der Werte beträchtlich sind, konnte die labordiagnostische Bedeutung der Ermittlung von Vitaminen bei Pelztieren noch nicht eindeutig herausgearbeitet werden. Über die ersten sporadischen Erkenntnisse auf diesem Gebiet (ANONYM, 1960, ÅHMAN, 1971; HELGE BOSTAD, 1975, BELCIC, 1981) orientiert zusammenfassend Tabelle 11/28.

Der Einfluß des Geschlechts auf den Gehalt an *Vitamin A* in der Leber kann noch nicht als geklärt betrachtet werden. Dagegen besteht Übereinstimmung darüber, daß ein hochsignifikanter ($p < 0,001$) geschlechtsbedingter Unterschied im Gehalt an *Vitamin E* und kein geschlechtsspezifischer Gegensatz im *Biotingehalt* vorliegt. Die *Askorbinsäurekonzentration* im Blutplasma ist von der Farbmutation offenbar unabhängig. Der Vitamin-C-Gehalt klinischer gesunder Nerze liegt nahezu doppelt so hoch wie der bei Mensch und Haustieren.

Tabelle 11/28 Einige Vitamingehalte in der Leber und im Blutplasma von Nerzen in Anlehnung an ANONYM (1960) und BELCIC (1981)

Alter	Tierzahl, Geschlecht	Leber			Blutplasma	
		Vitamin			Vitamin	
		A IE/g	E Ug/g	H ng/g	H n mol/l	C Umol/l
7 bis 8 Monate	30 ♀	33480	28,9	1113	0,536	142 ± 28,4
	30 ♂	23610	19,4	964	0,573	82 — 237
3 bis 4 Jahre	30 ♀	53140	43,9	1011	0,573	
	20 ♂	22890	18,6	1080	0,483	
	58 ♂	59420	82,4	1070	0,574	

Anhang

Biologische Parameter und Futterwertkenndaten

Tabelle 12/1 Fortpflanzungsdaten

	Nerz	Silberfuchs	Blaufuchs
Brunsthäufigkeit	Monoestr.	Monoestr.	Monoestr.
Brunst	Anfang bis Ende März	Anfang Februar bis Ende März	Anfang März bis Ende Mai
Verpaarungsverhältnis	1 bis 5	1 bis 5	1 bis 5
Tragezeit in Tagen	39 bis 70* (bis 76)	49 bis 57 ($\bar{x}$ 53)	50 bis 56 ($\bar{x}$ 53)
Wurfzeit	Ende April/Anfang Mai	März bis Mai	April bis Juni
Jährliche Wurfzahl	1	1	1
Durchschnittliche Wurfgröße	3 bis 7 (5)	4 bis 6 (4)	4 bis 18 (7)
Geburtsmasse in g	8,4	80 bis 150	50 bis 90
Öffnen der Augen in Tagen	28 bis 32	12 bis 15	12 bis 15
Geschlechtsreife in Monaten	10	10 bis 12	10 bis 12
Zuchtreife in Monaten	10	10 bis 12	10 bis 12
Höchstalter in Jahren	8 bis 10	10 bis 12	10 bis 12

* In Abhängigkeit vom Decktermin

Tabelle 12/2 Anatomische Verhältnisse der Verdauungsorgane

	Nerz	Silberfuchs	Blaufuchs
Körper-Darm-Länge	1:4	1:6	1:6
Durchgangszeit der Nahrung in Stunden	1,5 bis 3	12 bis 15	12 bis 15
Darmlänge in cm	170 ♂ 139 ♀		

Tabelle 12/3 Applikationsmöglichkeiten

Tier	Art	Ort
Nerz	subcutan	Seitenbrust
	intramuskulär	Oberschenkel
	intraabdominal	
Fuchs	subcutan	Seitenbrust
	intramuskulär	Oberschenkel
	intravenös	Vena saphena
	intraperitoneal	

Tabelle 12/4 Dosierung einiger Präparate für Pelztiere

Präparate	Nerz	Blaufuchs	Silberfuchs Platinfuchs
Botulismus-Toxoid	1 ml, Juni/Juli		
Staupe Lebendimpfstoff	1 ml, Januar/Februar	2,5 ml, Januar/Februar	2,5 ml, Januar/Februar
Virus-Enteritis-Vakzine	1 ml, Januar/Februar/Juni		
Vitamin-B-Komplex	1,0 ml	3 bis 4 ml	3 bis 4 ml
Vitamin-AD$_3$EC	0,5 bis 1,0 ml	2 bis 3 ml	2 bis 3 ml
Ursoferran	0,5 bis 1,0 ml	1,0 bis 2,5 ml	1,0 bis 2,5 ml

Tabelle 12/5 Gebräuchliche Narkosemittel und ihre Dosierung

Narkosemittel	Nerz	Blaufuchs	Silberfuchs Platinfuchs
Thiogenal	ad. 90 bis 100 mg/kg i.p. juv. 70 bis 90 mg/kg i.p.	35 bis 40 mg/kg i.v.	90 bis 110 mg/kg i.p.
Brevinarkon	70 bis 80 mg/kg i.p.	20 bis 25 mg/kg i.v.	38 bis 45 mg/kg i.p.
Chloralhydrat	0,4 bis 0,5 g/kg i.p.		
Parke-Sernyl	0,6 bis 1,2 mg/kg i.p. + Combelen	0,8 bis 1,0 mg/kg i.m.	0,8 bis 1,0 mg/kg i.m.
Poten. Narkose		0,5 ml/kg Propaphenin 0,5 ml/kg Polamivet	i.m. i.m.
Halothan im Narkosekasten nach HINZ	1,5 bis 3,5 ml		
Äther	nicht geeignet	nicht geeignet	nicht geeignet
Combelen	Prämedikation 0,1 mg/kg i.m./s.c.	Prämedikation 0,1 mg/kg i.m./i.v./s.c.	Prämedikation 0,1 mg/kg i.m./i.v./s.c.
Vetalar	30 bis 50 mg/kg KM i.m.	15 bis 30 mg/kg KM i.m.	15 bis 30 mg/kg KM i.m.

Tabelle 12/6 Chemische Zusammensetzung und Futterwert der Futtermittel für fleischfressende Pelztiere (ÅHMAN, 1964 JØRGENSEN, 1969 PERELDIK, 1972)

Futtermittel	Chemische Zusammensetzung in %					Bruttoenergie in 100 g Futter kcal	Gehalt von 100 g Trockensubstanz					
	Wasser	Rohasche	Rohprotein	Rohfett	N-freie Extraktstoffe		Protein g	Fett g	N-freie Extraktstoffe g	Umsetzbare Energie kcal	Ca g	P g
Fleisch												
Pferdefleisch												
mager	74,2	1,0	21,7	2,6	0,5	151	19,5	2,5	0,4	113		
mittelfett	70,6	1,1	21,5	6,0	0,8	183	19,4	5,7	0,6	143		
fett	66,8	1,7	21,5	10,0	—	218	19,4	9,5	—	176		
Rindfleisch												
mager	74,1	1,1	21,0	3,8	—	156	18,9	3,6	—	119		
mittelfett	72,8	1,1	20,6	5,5	—	170	18,5	5,2	—	132		
Kalbfleisch												
mager	78,2	1,3	20,0	0,5	—	119	18,0	0,5	—	86		
Schaffleisch												
mittelfett	73,5	1,2	19,9	5,4	—	165	17,9	5,1	—	128		
fett	69,4	0,8	20,8	9,0	—	204	18,7	8,6	—	164		
Schweinefleisch												
mittelfett	72,2	1,1	20,1	6,6	—	177	18,1	6,3	—	140		
Kaninchenfleisch												
mager	74,2	1,2	21,6	3,0	—	152	19,4	2,9	—	114		
mittelfett	71,3	1,2	21,5	6,0	—	180	19,4	5,7	—	140		
fett	67,5	1,2	21,5	9,8	—	216	19,4	9,3	—	174		
Hühnerfleisch												
mager	76,2	1,4	19,7	1,4	1,3	131	17,7	1,3	0,9	96		
mittelfett	72,9	1,1	19,8	5,1	1,1	166	17,8	4,9	0,8	129		
Schlachtnebenprodukte												
Leber												
vom Rind	72,9	1,3	17,4	3,1	5,3	151	16,0	2,9	3,7	114		0,3
vom Schaf	71,2	1,4	18,7	2,9	5,8	159	17,2	2,7	4,1	119		0,3
vom Schwein	71,4	1,5	18,8	3,6	4,7	161	17,3	3,3	3,3	122		0,3

Futtermittel	Chemische Zusammensetzung in %					Bruttoenergie in 100 g Futter kcal	Gehalt von 100 g Trockensubstanz					
	Wasser	Rohasche	Rohprotein	Rohfett	N-freie Extraktstoffe		Protein g	Fett g	N-freie Extraktstoffe g	Umsetzbare Energie kcal	Ca g	P g
Nieren												
vom Rind	82,7	1,1	12,5	1,8	1,9	96	11,3	1,7	1,3	72		
vom Schaf	79,7	1,2	13,6	2,5	3,0	114	12,2	2,4	2,1	86		
vom Schwein	80,4	1,1	13,0	3,1	2,4	114	11,7	2,9	1,7	87		
Herz												
vom Rind	79,0	1,0	15,0	3,0	2,0	122	13,5	2,9	1,4	93		
vom Schaf	78,5	1,1	13,5	3,5	3,4	125	12,2	3,3	2,4	96		
Hirn	80,5	1,0	9,0	9,5	—	142	7,9	8,6	—	115		
Milz	75,9	1,5	17,4	3,2	2,0	138	15,3	2,9	1,4	101	—	0,3
Gemischte Schlachtabfälle												
Pansen vom Rind							11,5	6,0	—	108	0,1	0,2
mager	81,2	0,5	14,8	3,0	0,5	115	12,6	2,7	0,4	83	0,1	0,2
mittelfett	78,8	0,5	14,6	5,6	0,5	139	12,4	5,0	0,4	104	0,1	0,2
fett	76,2	0,4	14,5	8,5	0,4	165	12,3	7,7	0,3	128	0,1	0,2
Pansen vom Schaf												
mittelfett	82,6	0,4	11,5	4,1	1,4	110	9,8	3,7	1,0	82	0,1	0,2
fett	79,3	0,4	11,0	8,1	1,2	145	9,4	7,3	0,8	113	0,1	0,2
Blättermagen, Labmagen	82,0	0,4	12,1	4,5	1,0	116	10,3	4,1	0,7	87	0,1	0,1
Luftröhren	75,3	4,0	12,8	5,0	2,9	133	8,6	4,3	2,0	86		
Schweinemägen							11,9	13,7	—	181	0,2	0,2
Ohren												
vom Rind	69,8	0,7	25,2	2,3	2,0	174	19,7	2,1	1,4	113		
vom Schwein	70,0	0,8	21,0	5,0	3,2	181	16,4	4,5	2,2	125		
vom Schaf	69,3	0,7	20,2	5,0	4,8	183	15,8	4,5	3,4	127		
Schnauzen vom Rind	73,7	0,6	20,8	3,3	1,6	157	16,2	3,0	1,1	105		
Knochen, frisch, zerkleinert	28,5	40,0	20,7	10,8	—	221	13,9	9,2	—	148	10,8	5,4
Beine vom Rind und Schwein	24,0	44,8	19,2	12,0	—	223	12,9	10,2	—	153		
Schwänze	71,2	0,8	19,7	6,5	1,8	182	13,2	5,5	1,3	116		
Euter vom Rind	72,6	0,8	12,3	13,7	0,6	203	10,5	12,3	0,4	164	0,2	0,2
Köpfe vom Rind, ohne Hirn und Zunge	52,3	17,7	19,4	10,3	0,3	210	13,0	8,8	0,2	141		
Köpfe vom Schaf, ohne Hirn und Zunge	51,2	20,6	16,4	9,7	2,1	195	11,0	8,3	1,5	132		
Gemischte Geflügelschlachtabfälle							9,6	8,0	—	117	1,0	0,6
Geflügelköpfe	56,5	17,2	18,0	8,3	—	182	12,1	7,1	—	118	1,7	0,9
Innereien vom Geflügel	85,4	0,6	10,0	4,0	—	95	8,5	3,6	—	72	—	0,2
Eintagsküken							13,3	5,9	—	115	—	—
Lungen vom Schaf												
mager	79,3	0,8	15,6	2,3	2,0	119	13,0	2,1	1,4	83		
fett	73,0	0,7	14,5	10,0	1,8	185	12,0	9,0	1,3	143		
Lungen vom Rind												
mager	79,3	1,0	14,2	4,0	1,5	125	11,8	3,6	1,1	91	—	0,2
mittelfett	76,4	1,0	15,0	6,0	1,6	149	12,5	5,4	1,1	111	—	0,2
fett	72,5	1,0	14,0	11,0	1,5	191	11,6	9,9	1,1	149	—	0,2
Lunge vom Schwein	78,6	1,0	14,8	3,6	2,0	127	12,3	3,2	1,4	91	—	0,2
Blut	80,7	1,0	18,0	0,2	0,1	105	16,2	0,2	0,07	75	—	0,1

Futtermittel	Chemische Zusammensetzung in %					Brutto-energie in 100 g Futter kcal	Gehalt von 100 g Trockensubstanz					
	Wasser	Rohasche	Rohprotein	Rohfett	N-freie Extraktstoffe		Protein g	Fett g	N-freie Extraktstoffe g	Umsetzbare Energie kcal	Ca g	P g
Fisch												
Asowsches Meer, Schwarzes Meer und Kaspisee												
Fisch, unzerteilt												
Sprotte, großäugige	72,0	2,6	13,8	1,7	—	95	12,0	1,6	—	69		
Sprotte, gewöhnliche	68,0	2,5	16,0	5,5	—	144	13,9	5,2	—	111	0,4	0,5
Sardine												
aus Winterfängen	67,0	2,8	14,0	16,2	—	234	12,2	15,4	—	198		
aus Frühjahrsfängen	69,2	2,9	14,1	13,8	—	212	12,3	13,1	—	177		
aus Sommerfängen	76,3	2,9	14,0	6,8	—	144	12,2	6,5	—	115		
Ostseegebiet												
Aalmutter	72,2	3,5	18,0	5,1	—	151	15,7	4,8	—	116		
Scholle	78,9	4,1	14,2	2,2	—	102	12,4	2,1	—	75		
Sprotte	85,5	2,4	15,5	6,6	—	151	13,5	6,3	11	119	0,4	0,5
Großer Stint	75,4	2,3	11,5	2,2	—	87	10,0	2,1	—	65	0,4	0,5
Barsch	74,4	5,3	18,2	1,6	—	119	15,8	1,5	—	85	0,4	0,5
Strömlinge												
aus Frühjahrsfängen	72,4	2,7	17,7	6,6	—	164	15,4	6,3	—	128	0,4	0,5
aus Herbstfängen	71,6	2,3	15,6	9,5	—	179	13,6	9,0	—	145	0,4	0,5
Hornhecht	74,1	3,5	18,6	3,0	—	135	16,2	2,8	—	99	0,4	0,5
Makrele	72,1	5,7	14,2	3,5	—	114	12,4	3,3	—	87	0,4	0,5
Ferner Osten												
Scholle (Filet)	78,7	1,9	17,0	2,4	—	120	14,8	2,3	—	88		
Karausche	76,6	2,0	18,2	2,1	—	124	15,8	2,0	—	90		
Stint	77,0	2,0	17,0	4,0	—	135	14,8	3,8	—	102		
Rotfeder	74,9	2,5	18,4	4,2	—	145	16,0	4,0	—	109		
Seebarsch	76,6	1,9	17,1	4,4	—	139	14,9	4,2	—	106		
Mintai												
ausgenommen	78,0	2,5	17,0	2,5	—	121	14,8	2,4	—	89		
ohne Leber	78,6	3,0	17,8	0,6	—	107	15,5	0,5	—	75		
Blaudorsch (Filet)	78,7	2,6	17,5	1,2	—	111	15,2	1,1	—	79		
Heilbutt												
gewöhnlicher	68,7	2,7	21,2	7,4	—	191	18,4	7,0	—	148		
frisch gefrostet	72,3	3,2	19,0	5,5	—	161	16,5	5,2	—	123		
Polardorsch (Saika)	80,4	2,8	12,9	3,9	—	111	11,2	3,7	—	85		
Seebarsch	71,0	2,8	17,2	9,0	—	184	15,0	8,6	—	148		
Dorsch												
klein	76,9	2,9	17,5	2,7	—	127	15,2	2,6	—	93		
mittel	75,4	3,6	17,6	3,4	—	134	15,3	3,2	—	99		
Schwarze Panzerwange	69,7	2,6	14,8	12,9	—	207	12,9	12,3	—	175		
Nordgebiete												
Polardorsch	74,0	2,3	13,8	9,5	—	169	12,0	9,0	—	138		
Dorsch (Filet)	79,8	1,1	18,0	0,3	—	106	16,2	0,2	—	76		
Blei, klein (Filet)	80,0	1,7	17,0	1,3	—	109	14,7	1,2	—	78		
Seehecht (Hechtdorsch Filet)	78,5	1,5	16,3	2,7	—	119	14,7	2,6	—	90		
Barsch (Filet)												
Seebarsch	74,0	2,2	15,5	6,0	—	145	13,5	5,7	—	114		
Flußbarsch	79,8	1,0	17,8	1,5	—	116	16,0	1,4	—	85		
Knurrhahn	78,0	2,2	15,4	7,7	—	161	13,4	7,3	—	128		
Plötze	75,0	3,8	15,4	3,7	—	123	13,4	3,5	—	93		

Futtermittel	Chemische Zusammensetzung in %					Brutto-energie in 100 g Futter kcal	Gehalt von 100 g Trockensubstanz					
	Wasser	Rohasche	Rohprotein	Rohfett	N-freie Extraktstoffe		Protein g	Fett g	N-freie Extraktstoffe g	Umsetzbare Energie kcal	Ca g	P g
Köhler (Filet)	78,2	2,2	19,1	0,5	—	114	16,6	0,4	—	79		
Hering aus dem Stillen Ozean (Filet)	78,6	2,3	16,6	2,5	—	118	14,4	2,4	—	87		
Fischabfälle												
Köpfe												
vom Dorsch	74,2	5,9	17,3	1,0	1,6	115	13,8	0,9	1,1	75		
von der Scholle	73,9	6,5	12,2	4,7	—	114	9,8	4,5	—	86		
vom Blei aus Wolga und Kaspisee	68,5	8,3	16,3	7,0	—	159	13,0	6,7	—	121		
vom Blei aus Asowschem und Schwarzem Meer, aus Frühjahrsfängen	63,0	9,0	16,0	11,0	—	196	12,0	10,5	—	152		
Makrelenabfälle, hauptsächlich Köpfe	69,0	3,7	17,3	10,0	—	194	14,7	9,5	—	155		
Köpfe und Innereien vom Strömling	72,7	3,6	15,5	7,4	0,8	162	13,2	7,0	0,6	127		
Heringsabfälle	67,3	4,7	13,1	13,6	—	204	11,1	12,9	—	170		
Dorsch-Mittelgräten	79,2	4,6	15,6	0,6	—	95	13,3	0,5	—	65		
Dorsch-Rogen	77,0	1,0	18,0	2,0	—	122	16,6	1,8	—	91		
Gemahlene Dorschköpfe		6,8					15,9	0,4				
Köhler-Filet-Abfälle		4,1					15,6	0,5				
Ausgeweidete Köhler		3,4					18,6	0,5				
Nebenprodukte der Fleisch- und Fischverarbeitung usw.												
Grieben	69,4	1,0	6,6	19,8	0,7	229	5,6	18,8	0,5	202		
Mehl												
Fleischknochenmehl	15,0	26,4	50,0	8,6	—	367	30,0	6,9	—	199	11,5	5,6
Blutmehl	10,5	6,4	80,0	1,5	1,6	477	68,0	1,4	1,1	324	0,4	0,3
Fischmehl	12,0	30,0	54,5	3,5	—	344	40,9	3,2	—	214	6,4	4,3
Fischmehl aus Mintai	12,4	26,0	56,0	5,6	—	372	42,0	5,0	—	236		
Garnelenschrot	13,4	12,9	55,0	9,2	—	401	44,0	8,3	—	275		
Hackfisch aus unausgenommenem Mintai												
mit 2 %igem Natriumpyrosulfit konserviert												
nach 120 Tagen	77,2	5,7	11,8	2,8	—	94	10,5	2,7	—	72		
nach 300 Tagen	83,8	6,5	4,9	2,8	—	55	4,4	2,7	—	45		
mit 2 %iger Ameisensäure konserviert												
nach 120 Tagen	82,8	5,3	6,5	2,9	—	65	5,8	2,7	—	51		
nach 300 Tagen	85,4	5,2	4,3	3,1	—	54	3,8	2,9	—	44		
trocken (thermische Trocknung)	11,6	14,0	65,2	9,2	—	459	55,4	8,3	—	327		
Mintai ausgenommen gedörrt	13,9	15,8	67,3	3,0	—	412	58,6	2,9	—	291		
Stint, kleiner	9,9	21,6	57,0	6,4	—	386	45,6	5,8	—	259		
Schwarten	60,0	5,5	16,3	25,0	—	330	13,9	23,8	—	284		

Futtermittel	Chemische Zusammensetzung in %					Brutto-energie in 100 g Futter kcal	Gehalt von 100 g Trockensubstanz					
	Wasser	Rohasche	Rohprotein	Rohfett	N-freie Extraktstoffe		Protein g	Fett g	N-freie Extraktstoffe g	Umsetzbare Energie kcal	Ca g	P g
Molkereiprodukte und Brütereiabfälle												
Kuhmilch												
Vollmilch	87,6	0,7	3,3	3,7	4,7	74	3,1	3,50	3,3	60	0,1	0,1
Magermilch	91,1	0,7	3,4	0,2	4,8	41	3,2	0,19	3,4	30	0,1	0,1
Milchpulver	3,5	5,5	27,0	26,0	38,0	561	25,7	24,70	26,6	454	1,3	0,6
Molke	93,2	0,6	0,9	0,4	4,9	30	0,86	0,38	3,4	21		
Quark												
Magerquark	79,9	0,7	16,1	0,5	2,8	108	15,3	0,48	2,0	83		
Sahnequark	73,5	0,7	14,2	9,0	2,6	177	13,5	8,60	1,8	148		
Trockenquark mager (Kasein)	10,0	4,0	78,0	—	8,0	478	74,1	—	5,6	357		
Buttermilch, süß	90,5	0,7	3,2	0,6	4,95	45	3,0	0,57	3,5	33		
Magermilchpulver	7,6	6,5	30,8	1,7	53,4	416	29,3	1,60	37,4	300	1,3	0,6
Hühnerei	74,5	1,0	12,5	12,0	—	185	11,9	11,4	—	160		
Eipulver	6,6	7,3	46,6	35,2	4,3	618	41,9	33,4	3.0	512		
Abgestorbene Bruteier												
ohne Schale, roh	68,2	2,1	19,0	10,7	—	210	14,8	9,6	—	156		
mit Schale, gekocht	69,5	8,1	14,8	7,6	—	157	10,4	6,8	—	110		
Getreide												
Mais	14,0	1,3	10,0	4,6	67,9	386	6,5	3,2	47,5	254		0,3
Mischfutter (Durchschnittswerte)	14,5	6,7	15,2	2,0	68,0	391	9,9	1,4	47,6	253		
Hafer	11,4	2,9	11,8	5,0	57,8	358	7,7	3,5	40,5	233	0,1	0,4
Hafermehl oder geschälter Hafer	12,0	1,8	13,0	6,7	64,7	410	8,5	4,7	45,3	267	0,1	0,4
Weizenkleie	12,8	6,2	11,9	2,7	50,8	307	6,0	1,5	15,2	103	0,2	1,1
Weizen	14,0	1,6	12,0	1,7	68,7	373	7,8	1,2	48,1	244	0,1	0,3
Winterweizenmehl	14,0	1,5	11,8	1,5	69,6	374	7,7	1,1	39,7	208		
Roggen oder Roggenmehl	14,0	1,8	11,8	1,7	69,6	376	7,7	1,2	39,7	209		
Sojabohne	8,2	4,5	33,8	16,5	29,5	473	20,3	10,7	13,3	245		
Brot												
aus Roggenmehl	45,5	2,0	5,9	1,1	44,5	231	4,4	0,9	31,2	156	0,1	0,4
aus Weizenmehl	41,6	2,0	7,4	1,6	46,1	251	5,6	1,3	32,3	170	0,1	0,4
Gerste	12,9	2,5	12,2	2,4	65,5	368	7,9	1,7	45,9	239	0,1	0,3
Gerstenmehl oder -graupen	14,0	1,5	10,0	2,0	71,5	376	6,5	1,4	50,1	248	0,4	0,3
Ölfrüchte und Nüsse												
Erdnußschrot	10,1	5,5	49,8	0,8	33,9	431	29,9	0,5	15,3	202		
Erdnußkuchen	8,2	4,2	42,5	5,1	40,0	459	25,5	3,3	18,0	219		
Leinsamen	8,9	4,2	18,2	32,6	21,1	502	10,9	26,1	10,6	335		
Leinölkuchen	7,3	7,4	34,4	8,2	34,0	417	20,6	5,3	15,3	205		
Sonnenblumenkuchen	6,7	8,6	45,0	8,0	16,5	402	27,0	5,2	7,4	200		
Sojaschrot	11,0	6,1	43,0	1,2	32,2	392	25,8	0,8	14,5	183		
Sojakuchen	13,7	5,2	40,3	7,5	28,1	419	24,2	4,9	12,6	206		

CHEMISCHE ZUSAMMENSETZUNG UND FUTTERWERT DER FUTTERMITTEL

Futtermittel	Chemische Zusammensetzung in %					Brutto-energie in 100 g Futter kcal	Gehalt von 100 g Trockensubstanz					
	Wasser	Rohasche	Rohprotein	Rohfett	N-freie Extraktstoffe		Protein g	Fett g	N-freie Extraktstoffe g	Umsetzbare Energie kcal	Ca g	P g
Saftfuttermittel												
Kohlrübe	91,6	0,8	0,9	0,2	5,6	31	0,6	0,1	3,9	20	0,1	
Futterkohl	77,2	1,8	3,3	0,4	5,2	45	2,3	0,3	3,6	28		
Kopfkohl	90,0	1,2	1,9	0,1	5,1	33	1,3	0,07	3,6	21		
Kartoffeln												
roh	75,0	1,0	2,0	—	21,0	100	1,1	—	11,0	50		0,1
getrocknet	11,0	3,6	6,6	0,3	75,1	355	3,6	0,18	37,6	172		0,1
Zwiebelschlotten	95,5	1,0	1,3	—	1,3	—	0,9	—	0,9	8		
Schnittlauch	86,0	0,7	3,0	—	9,6	57	2,1	—	6,7	37		
Möhren	88,5	0,8	1,5	—	8,0	42	1,1	—	5,6	28		
Salat	95,0	0,8	1,5	—	2,2	18	1,1	—	1,5	11		
Rote Rübe	83,2	1,5	2,5	0,1	11,6	64	1,8	0,07	8,1	42		
Zuckerrübe	81,3	1,0	1,2	0,1	15,2	72	0,8	0,07	10,6	48		
Tomate	94,0	0,4	0,6	—	4,2	21	0,4	—	2,9	14		
Stoppelrübe	90,6	0,7	1,0	0,1	6,7	35	0,7	0,07	4,7	23		
Kürbis	92,0	0,6	0,5	—	6,2	29	0,4	—	4,3	19		
Apfel	87,2	0,5	0,4	—	11,3	50	0,3	—	7,9	34		
Sonstige Futtermittel												
Fischöl und Schmalz	—	—	—	100	—	95	—	95	—	884		
Hefen												
Bierhefe	9,5	8,5	45,0	2,0	35,0	428	31,5	1,2	21,0	239		
Futterhefe	11,0	9,5	50,0	2,5	32,5	445	35,0	1,5	19,5	251		
Zucker							—	—	98,0	402		
Luzerneheumehl							9,0	1,2	11,0	97	1,8	0,3
Luzernegrünmehl							8,4	1,5	18,0	126	1,6	0,2
Weizenkeime							18,8	6,0	35,0	284	0,1	0,9
Melasse							5,4	—	50,9	233	0,3	—
Rübenschnitzel							—	0,3	53,2	242	0,7	0,1
Malzkeime							—	0,8	39,4	252	0,2	0,7

Bemerkung: Von Körnerfrüchten sind nur die genannt, die in Form von ungekochtem Mehl verabfolgt werden. Bei Verwendung von Körnerfrüchten in gekochtem Zustand ist ihr Futterwert nach folgenden Verdauungskoeffizienten zu berechnen: Protein 75, Fett 80, Kohlenhydrate 72. Der Kaloriengehalt wird entsprechend um 20 Prozent höher sein.
Bei Getreide, Ölfrüchten, Saftfuttermitteln und sonstigen Futtermitteln errechnet sich der Gehalt an Rohfaser aus der Differenz im Trockensubstanzgehalt (Originalsubstanz – Wassergehalt = Trockensubstanz).

Tabelle 12/7 Futterverbrauch in g/Tag beim Nerz im Laufe eines Jahres (ALDÉN u. a., 1978)

Zeitabschnitt	Adulte Nerze		Welpen	Zeitabschnitt	Adulte Nerze		Welpen
	Rüden	Fähen			Rüden	Fähen	
Dezember bis Februar	280	210		1. bis 15. August	250	190	310
März bis Mai	260	200		16. bis 31. August	250	190	320
1. bis 15. Juni	260	200	70	September	270	220	330
16. bis 30. Juni	260	200	160	Oktober	320	240	330
1. bis 15. Juli	250	200	210	November	310	230	280
16. bis 31. Juli	250	200	270				

Tabelle 12/8 Gehalt an essentiellen Aminosäuren in % im Futter je 16 g N (a) und je kg Futter (b)

Futtermittel	Verdaul. Rohprot. %	Threonin a	Threonin b	Glycin a	Glycin b	Valin a	Valin b	Isoleucin a	Isoleucin b
Dorsch, ausgen.	15,8	4,0	6,3	6,2	9,8	4,6	7,3	4,1	6,5
Dorsch, Abfall	13,5	3,5	4,7	10,0	13,5	4,1	5,5	3,4	4,6
Hering, mager	15,0	3,0	4,5	5,7	8,6	4,8	7,2	4,0	6,0
Hering, einsil.	14,1	3,8	5,4	5,6	7,9	4,7	6,6	4,0	5,6
Wittling	13,3	4,0	5,3	6,5	8,6	4,6	6,1	4,1	5,5
Walfleisch	29,7	3,7	11,0	7,1	21,1	4,6	13,7	4,0	11,9
Scholle	14,1	3,5	4,2	10,9	13,2	3,6	4,4	3,1	3,8
Mintai	13,0	5,3	6,9	nicht err.		5,5	7,2	5,2	6,8
Kalmar	14,2	3,7	5,3	nicht err.		3,4	4,8	2,9	4,1
Seewolf	14,5	3,6	5,2	nicht err.		3,4	4,9	2,6	3,8
Rinderpansen	10,7	3,8	4,1	10,5	11,2	4,6	4,9	3,7	4,0
Rinderschlund	12,1	2,8	3,4	13,2	16,0	3,8	4,6	2,4	2,9
Kalbfleisch	13,5	3,2	4,3	11,8	15,9	3,8	5,1	2,8	3,8
Rinderleber	15,3	4,8	7,3	nicht err.		5,6	8,5	5,3	8,1
Rinderlunge	12,5	4,8	6,0	nicht err.		5,6	7,0	3,7	4,6
Euter	10,8	2,9	3,1	nicht err.		4,3	4,6	7,4	2,2
Milz (Rind)	15,3	3,3	5,1	nicht err.		4,7	7,2	2,0	11,3
Geflügelabfall	9,7	3,6	3,5	10,0	9,7	4,2	4,1	3,5	3,4
Quark	16,2	3,8	6,2	1,9	3,1	6,4	10,4	5,0	8,1
Schweineohren	18,8	2,3	4,3	16,5	31,0	3,2	6,0	2,0	3,8
Schweinemägen	13,0	4,0	5,2	nicht err.		5,1	6,6	2,8	3,6
Milz (Schwein)	15,3	3,6	5,5	nicht err.		5,3	8,1	2,6	4,0
Blutmehl	57,1	3,7	21,1	4,8	27,4	9,7	55,4	1,4	8,0
Geflügelmehl	41,9	3,4	14,2	10,7	44,8	4,2	17,6	3,4	14,2
Federmehl	51,6	5,2	26,8	9,1	47,0	7,7	39,7	4,9	25,3
Kasein (trock.)	81,2	4,4	35,7	2,0	16,2	7,0	56,8	5,2	42,2
Knochenmehl	30,7	2,9	8,9	15,3	47,0	3,8	11,7	2,5	7,7
Fleischmehl	48,1	4,0	19,2	7,3	35,1	4,9	23,6	4,4	21,2
Lactalbumin	76,0	5,3	40,3	2,0	15,2	5,5	49,4	6,9	52,4
Fischmehl	57,2	5,1	25,2	5,7	28,2	5,3	26,2	4,7	23,2
Magermilchpulver	36,7	4,9	18,0	2,0	7,3	6,3	23,1	5,1	18,7
Molkepulver	12,5	5,3	6,6	1,7	2,1	5,4	6,8	5,4	6,8
Baumwollsamenkuchen	28,3	3,0	8,5	3,8	11,0	4,6	12,5	3,0	8,5
Gerste	6,5	3,6	2,3	4,2	2,7	4,8	3,2	3,4	2,2
Hafer	7,2	3,4	2,4	5,0	3,6	4,7	3,7	3,6	2,6
Weizen		3,3	2,6	3,9	3,0	4,3	3,4	3,6	2,8
Weizenkleie	6,4	3,3	2,1	5,2	3,3	4,6	2,9	3,0	1,9
Grasmehl	9,6	4,4	4,2	5,4	5,2	5,3	5,1	4,3	4,1
Luzernegrünmehl	8,4	4,1	3,4	5,0	4,2	4,9	4,1	4,0	3,4
Mais	6,7	3,7	2,5	3,9	2,6	4,9	3,3	3,6	2,4
Kartoffel einsil.	2,0	3,1	0,6	2,8	0,6	4,9	1,0	3,0	0,6
Kartoffelpuffer	5,1	3,1	1,6	3,1	1,6	4,6	2,3	3,5	1,8
Sojabohnen	24,6	3,7	9,1	4,0	9,8	4,5	11,1	4,3	10,6
Sojakuchen	29,4	3,7	10,9	4,0	11,8	4,5	13,2	4,3	12,6
Milokorn	7,1	3,6	2,6	3,0	2,1	5,4	3,8	4,5	3,2
Leinsamen	13,3	3,6	4,8	5,7	7,6	4,9	6,5	3,9	5,2
Leinsamenkuchen	21,0	4,2	8,8	6,3	13,2	5,2	10,9	4,4	9,2
Hefe	40,2	3,5	14,1	13,4	53,9	4,9	19,7	3,2	12,9

* Nur Phenylalanin

AMINOSÄUREN IM FUTTER 439

Leucin		Tyrosin + Phenylalan.		Lysin		Histidin		Methionin + Zystin		Tryptophan	
a	b	a	b	a	b	a	b	a	b	a	b
7,0	11,1	6,7	10,6	8,0	12,6	2,2	3,5	4,3	6,8	1,4	2,2
6,0	8,1	5,9	8,0	5,9	8,0	1,8	2,4	3,1	4,2	1,1	1,5
6,9	10,4	5,2	7,8	8,1	12,2	2,0	3,0	3,8	5,7	0,8	1,2
6,8	9,6	6,1	8,6	8,4	11,8	2,1	3,0	3,9	5,5	0,9	1,3
6,7	8,9	6,4	8,5	7,0	9,3	1,9	2,5	3,9	5,2	1,3	1,7
6,8	20,2	6,4	19,0	7,6	22,6	2,7	8,0	2,9	8,6	1,2	3,6
5,5	6,7	5,3	6,4	6,0	7,3	1,7	2,1	3,0	3,6	1,2	1,5
8,4	10,9	4,8*	6,2*	7,8	10,1	1,7	2,2	3,8	4,9	1,0	1,3
4,2	6,0	2,5*	3,6*	7,7	10,9	1,1	1,6	4,1	5,8	1,2	1,7
5,0	7,3	2,7*	3,9*	6,3	9,1	1,3	1,9	3,4	4,9	1,1	1,6
6,9	7,4	6,8	7,3	6,4	6,8	2,1	2,2	3,8	4,1	1,5	1,6
5,2	6,3	5,3	6,4	4,6	5,6	1,6	1,9	2,2	2,7	1,2	1,5
5,7	7,7	5,5	7,4	5,4	7,3	1,7	2,3	2,5	3,4	1,1	1,5
9,0	13,8	5,7*	8,7*	5,1	7,8	2,3	3,5	4,1	6,3	1,6	2,4
8,6	10,8	5,7*	7,1*	6,3	7,9	2,7	3,4	3,2	4,0	0,8	1,0
4,7	5,1	2,5*	2,7*	4,9	5,3	1,4	1,5	2,1	2,4	0,5	0,5
6,1	9,3	2,5*	3,8*	9,4	14,4	1,9	2,9	3,1	4,7	1,4	2,1
6,1	5,9	6,4	6,2	5,5	5,3	1,7	1,6	3,1	3,0	1,4	1,4
9,4	15,2	10,1	16,4	7,4	12,0	3,1	5,0	3,4	5,5	1,5	2,4
4,4	8,3	4,7	8,8	4,2	7,9	1,1	2,1	1,7	3,2	1,0	1,9
5,8	7,4	2,6*	3,4*	7,2	9,4	1,7	2,2	3,6	4,7	1,1	1,4
7,4	11,3	2,6*	4,0*	8,5	13,0	2,3	3,5	3,8	5,8	1,0	1,5
13,7	78,2	11,1	63,4	9,3	53,1	7,2	41,1	1,7	9,7	1,6	9,1
5,9	24,7	6,2	26,0	4,9	20,5	1,5	6,3	2,8	11,7	1,2	5,0
8,6	44,4	6,9	35,6	2,0	10,3	0,8	4,1	6,8	35,1	0,9	4,6
9,7	78,7	8,4	68,2	3,2	26,0	3,2	26,0	3,7	30,0	1,7	13,8
5,2	16,0	5,0	15,4	4,9	15,0	1,7	5,2	1,7	5,2	1,3	4,0
8,3	39,9	6,8	32,7	8,5	40,9	3,9	18,8	2,8	13,5	1,4	6,7
12,9	98,0	8,8	66,9	9,8	74,5	2,8	21,3	3,9	29,6	—	—
7,9	39,0	7,7	38,0	8,4	41,5	2,6	12,8	4,3	21,2	0,7	3,5
9,5	34,9	9,9	36,3	8,2	30,1	3,0	11,0	3,3	12,1	1,3	4,8
8,6	10,8	7,6	9,5	5,8	7,3	2,1	2,6	2,6	3,3	1,1	1,4
5,4	15,3	8,0	22,6	4,0	11,3	2,7	7,6	3,7	10,5	1,1	3,1
6,7	4,4	8,0	5,2	3,9	2,5	2,2	1,4	4,1	2,7	1,1	0,7
7,0	5,0	7,9	5,7	3,9	2,8	2,1	1,5	5,1	3,7	1,1	0,8
6,6	5,1	6,7	5,2	2,5	2,0	2,1	1,6	3,9	3,0	1,2	0,9
5,8	3,7	6,6	4,2	4,2	2,7	2,9	1,9	3,5	2,2	1,3	0,8
7,7	7,4	8,4	8,1	4,3	4,1	2,1	1,9	2,7	2,6	1,0	1,0
6,9	5,8	7,8	6,6	4,6	3,9	2,0	1,8	2,3	1,9	1,2	1,0
12,4	8,3	8,8	5,9	2,5	1,7	3,0	2,0	5,0	3,4	0,5	0,3
4,7	0,9	7,1	1,4	5,0	1,0	1,6	0,3	2,8	0,6	1,1	0,3
5,0	2,6	6,3	3,2	4,3	2,2	1,3	0,7	2,8	1,4	1,1	0,6
7,3	18,0	8,4	20,7	6,2	15,3	2,7	6,6	3,2	7,9	1,3	3,2
7,3	21,5	8,4	24,7	6,2	18,2	2,7	7,9	3,2	9,4	1,3	3,8
11,6	8,2	8,2	6,5	1,8	1,3	2,0	1,4	3,0	2,1	0,8	0,6
5,6	7,4	7,1	9,4	3,9	5,2	2,2	2,9	4,1	5,5	1,3	1,7
6,1	12,8	7,6	16,0	4,0	8,4	2,3	4,8	3,8	8,0	—	—
6,8	27,3	5,1	20,5	6,5	26,1	2,1	8,4	2,8	11,3	0,9	3,6

Tabelle 12/9 Beispiele für den Futterverbrauch in kg je Nerz in den einzelnen Monaten (nach Pereldik, 1972)

Monat	Muskel-fleisch	Schlacht-neben-produkte	Leber	Mager-fisch	Quark	Milch	Ge-treide	Ge-müse	Trocken-hefe, Eiw.-Vit.-Konz.	Fett, tierisch
Zuchtjungnerz										
Juni	0,3	0,8	0,2	0,8	0,1	0,2	0,2	0,1	0,1	0,1
Juli	—	2,2	—	2,7	—	—	0,6	—	0,2	0,3
August	—	2,6	—	3,2	—	—	0,7	—	0,2	0,4
September	—	2,7	—	3,2	—	—	0,8	—	0,2	0,4
III. Quartal ges.	—	7,5	—	9,1	—	—	2,1	—	0,6	1,1
Oktober	—	3,6	—	3,4	0,3	—	0,8	0,4	0,2	0,3
November	—	3,6	—	2,9	0,5	—	0,6	0,6	0,2	0,1
Dezember	—	1,0	—	0,8	0,1	—	0,2	0,2	0,1	0,04
IV. Quartal ges.	—	8,1	—	7,1	0,9	—	1,6	1,2	0,5	0,44
Ges. Zeitraum	0,3	16,4	0,2	17,0	1,0	0,2	3,9	1,3	1,2	1,6
Zur Pelzung bestimmter Jungnerz										
Juni	0,3	0,8	0,2	0,8	0,1	0,2	0,2	0,1	0,1	0,1
Juli	—	2,2	—	2,7	—	—	0,6	—	0,2	0,3
August	—	2,6	—	3,2	—	—	0,7	—	0,2	0,4
September	—	2,7	—	3,2	—	—	0,8	—	0,2	0,4
III. Quartal ges.	—	7,5	—	9,1	—	—	2,1	—	0,6	1,1
Oktober	—	3,0	—	3,5	—	—	0,8	—	0,2	0,4
November	—	2,4	—	2,9	—	—	0,7	—	0,2	0,4
Dezember	—	—	—	—	—	—	—	—	—	—
IV. Quartal ges.	—	5,4	—	6,4	—	—	1,5	—	0,4	0,8
Ges. Zeitraum	0,3	13,7	0,2	16,3	0,1	0,2	3,8	0,1	1,1	2,0
Nerz des Zuchtbestandes										
Januar	0,4	1,9	0,2	2,3	0,4	—	0,5	0,5	0,1	0,1
Februar	0,4	1,8	0,2	2,1	0,4	—	0,5	0,4	0,1	0,1
März	0,6	1,9	0,3	2,3	0,3	0,4	0,8	0,5	0,2	0,1
I. Quartal ges.	1,4	5,6	0,7	6,7	1,1	0,4	1,8	1,4	0,4	0,3
April	0,8	1,6	0,4	2,0	0,4	0,8	0,5	0,2	0,1	0,1
Mai	1,1	2,1	0,5	2,8	0,3	1,1	0,7	0,3	0,2	0,1
Juni	1,4	3,2	0,8	3,9	0,4	1,3	1,0	0,5	0,3	0,2
II. Quartal ges.	3,3	6,9	1,7	8,7	1,1	3,2	2,2	1,0	0,6	0,4
Juli	—	2,2	—	2,6	—	—	0,6	—	0,2	0,3
August	—	2,2	—	2,7	—	—	0,6	—	0,2	0,3
September	—	2,3	—	2,7	—	—	0,6	—	0,2	0,3
III. Quartal ges.	—	6,7	—	8,0	—	—	1,8	—	0,6	0,9
Oktober	—	3,7	—	3,1	0,5	—	0,7	0,6	0,2	0,2
November	—	2,9	—	2,4	0,4	—	0,5	0,5	0,1	0,1
Dezember	—	2,4	—	2,0	0,3	—	0,4	0,4	0,1	0,1
IV. Quartal ges.	—	9,0	—	7,5	1,2	—	1,6	1,5	0,4	0,4
Jahresbedarf	4,7	28,2	2,4	30,9	3,4	3,6	7,4	3,9	2,0	2,0

Quellennachweis

ABRAMOV, M. D.: Nautschnyje trudy ZNIL puschnogo swerowodstwa, 5, 1950
ABRAMOV, M. D.: Karakulewodstwo i swerowodstwo, 4, 1950
ABRAMOV, M. D., K. A. Vachrameev: Karakulewodstwo i swerowodstwo, 6, 1949
ABRAMOV, M. D., I. G. Poveckig: Karakulewodstwo i swerowodstwo, 1 u. 2, 1955
ABRAMOV, M. D., I. G. Poveckig: Nautschnyje trudy puschnogo swerowodstwa i krolikowodstwa, t. 7, 1968
ABRAMOV, M. D., L. G. Utkin, I. G. Powezki, W. K. Judin: Nautschnyje trudy N II puschnogo swerowodstwa i krolikowodstwa, t. 7, 1968
ABRAMOV, M. D.: Garten und Kleintierzucht, 3, 1964
AFANASEV, W. A., S. N. Pereldik: Kletotschnoje puschnoje swerowodstwo, Kolos-Verlag, Moskau, 1966
AFANASEV, W. A., N. S. Pereldik: Die Käfighaltung der Pelztiere. Kolos-Verlag, Moskau, 1969
ÅHMAN, G.: Våra Pälsdjur, 30, 1959, 177
Der Deutsche Pelztierzüchter, 11, 1936, 421
ÅHMAN, G.: Våra Pälsdjur, 31, 1960, 1
ÅHMAN, G.: Minkuppfödning, Nordisk handbok for minkuppfödare. Edited by A. Lund. LTs Förlag, Stockholm, 1961
ÅHMAN, G.: Våra Pälsdjur, 33, 1962, 5
ÅHMAN, G.: Våra Pälsdjur, 36, 1965, 3
ÅHMAN, G.: Minkopdraet. Nordisk handbok for minkopdraettere. 2 udgave, København 1966
ÅHMAN, G.: Våra Pälsdjur, 37, 1966, 12
ÅHMAN, G.: Der Deutsche Pelztierzüchter, 41, 1967, 9
ÅHMAN, G.: Våra Pälsdjur, 38, 1967, 8
ÅHMAN, G.: Pelsdyrboken. Handbok for pelsdyroppdrettere. 2. utgave, Oslo, 1969
ÅHMAN, G.: Versuch mit verschiedenen Vitamin-A-Futtermitteln für Nerze, DPZ 45, 81–83, 1971
AKIMOVA, T. I.: Nautschnyje trudy NII puschnogo swerowodstwa i krolikowodstwa, t. 8, 1969
AKKERMANS, J. P. W. M.: Ziekten biy de nerts in Nederland. Tijdschrift vor Diergeneeskunde, 86, 1961, 799
ALDEN, E.: Säurekonservierung von Nerzfutter. Der Deutsche Pelztierzüchter, 48, 6, 1974, 106

ALEKSANDROVSKI, W. P.: Proiswodstwo kormowych i technitscheskich produktow is ryb i rybnych otchodow. Kaliningrad, 1959
ALLISON, J. B.: Mammal protein metabolic. Acad. Press, 2, London, 1964
ANNILO, J. J.: Krolikowodstwo i swerowodstwo, 8, 1963
Anonym: Ist die Größe der Jungnerze zufriedenstellend? Der Deutsche Pelztierzüchter, 43, 1969, 139
Anonym: Der Deutsche Pelztierzüchter, 43, 1969, 24
Anonym: Questions and Answers on Aleutian Disease. Am. Fur Breeder 35, 1962, 10, 10
Anonym: Physiology of mink. Univ. of Wisconsin, agric. Exp. Stat. Res. Bull. Nr. 222, 1–40, 1960
Anonym: Nosematose. Dansk Pelsdyravl 37, 336. 1974
ANTIPOV, J. W.: Krolikowodstwo is swerowodstwo, 5, 1968
ARGUTINSKAJA, S. W., B. L. Vorobjev: Krolikowodstwo i swerowodstwo, 3, 1955
ASHLEY, F. W.: National Fur News, 31, 9, 1959
Autorenkollektiv: Fur Farm Guide Book, Ojibway Press Inc. Duluth, 1965
Autorenkollektiv: Handbuch der Pelztierzucht, VEB Deutscher Landwirtschaftsverlag, Berlin 1960
Autorenkollektiv: Mind avl og opdraet. Det Kgl. danske Landhusholdningsselskab, Kopenhagen 1961
Autorenkollektiv: Mink uppfödning Kristindstad. 1961

BAALSRUD, N. I.: Litt om B_6-vitaminet Pyridoxinklorid. Norsk Pelsdyrblad 39, 1965, 24
BAALSRUD, N. I.: Kattepest og mink-virusenteritt. Norsk Pelsdyrblad 42, 1968, 290
BALBIERZ, H., Maria Nikolajczuk, W. Pisanski: An immunogenetic characteristic of polar foxes. Prace i Materialy Zootechnicze 13, 1977, 7–13
BARTHA, T., E. P. Gayer: Vizsgalotok a nutria ivari cikklusarol. Allattenyszes 7, 1958, 179
BASLER, A.: Das Blutbild des Silberfuchses. Der Deutsche Pelztierzüchter, 11, 1936, 421
BASSETT, Ch., L. E. Harris, F. Wilke: Cornell Vet. 36, 1946, 16

BASSETT, Ch., F. K. Loosli, F. Wilke: Nutrit, 35, 1948, 629
BASSETT, Ch. F., H. F. Travis: American Fur Breeder, 22, 1950, 11
BASSETT, Ch. F., L. E. Harris, F. Wilke: J. Nutrit, 44, 1951, 433
BASSETT, Ch. F.: American Fur Breeder, 34, 1961, 12
BELCHER, J., E. V. Evans, J. C. Budd: Fur Trade J. Can. 36, 1958, 36
BELCIC, I. F.: A survey of the vitamin status in mink of varions age, sex, and pelt qualities in france (F) and yugoslavia (YU). Scientifur 5, 1981, 33
BERESTOW, W. A.: Swerowodstwo Karelii. Petrosawodsk, 1966
BERESTOW, W. A., A. P. Rudjankov: Gepatos norok. Iz dat. Karelsko Kniz Petrosavodsk, 1968
BERESTOW, W. A.: Biochemija i morfologija krovi puschnych zverej. Iz dat. Karelija, Petrosavodsk, 1971
BERESTOW, W. A., N. N. TJUTJUNIVIK: Uroven lipidov, cholesterina i lipoproteidov w syworotke ktovi puschnych zwerej. Uć. zap. Petrosavodsk, 1971
BERNARD, R., S. E. SMITH: American Fur Breeder, 14, 1941, 2
BERNARD, R., S. E. SMITH, L. A. MAYNARD: Cornell Vet., 32, 1942, 1
BECKMANN, R.: Vitamin-, Hormon- und Fermentforschung, 7, 1955, 2/3
BERSIN, J. M.: Sb. Mikroelementy w shiwotnonodstwe, Riga 1961
BETTIN, L.: Der Deutsche Pelztierzüchter, 34, 1960, 212
BIEGUSZEWSKI, H. C., J. CHADY: Morphologie des Nerzblutes. Med. weteryn. 19, 1963, 165–168
BIEGUSZEWSKI, H. C.: Die Umwandlung der Eiweißstoffe bei karnivoren Pelztieren. 2. Mitt.: Eiweißstoffe des Blutserums und Hämoglobin bei Füchsen während des Wachstums der Haardecke. Zeszyty naukowe wyzszey szkoly poln. w. Olztinie 19, 1965, 467–473
BIEGUSZEWSKI, H. C., Janina NOWICKA: Beitrag zum roten Blutbild des Polarfuchses in den ersten Lebenswochen und Monaten. Med. weteryn. 24, 1968, 427–428
BIEGUSZEWSKI, H. C., F. KOROWALJCYK: Veränderungen der Schilddrüsenaktivität bei Polarfüchsen in Abhängigkeit vom Alter und verschiedenen Umwelttemperaturen. Polskie Arch. Weter. 17, 1975, 649–658
BÖHM, K. H., Ch. LÖLIGER: Die Verbreitung von Dermatophyten bei Pelztieren (Nerz und Chinchilla), Zbl. Vet. B, 16, 1969, 767
BOIZOW, L. W.: Der Eisfuchs, Biologie, Ernährung, Zucht, Trans.-Arct. Inst. Bd. 65, Leningrad 1937
BOIZOW, L. W.: Kletotschnoje raswedenije norok, Selchosgis, Moskau 1937
BORISOW, W. P., T. I. BULATOWA: Krolikowodstwo i swerowodstwo 9, 1966, 6, 32

BREAKKEN, O., G. Boge: Commercial Fischeries Abstracts, 16, 1963, 12
BRINK VAN DEN, E. H.: Die Säugetiere Europas, Parey-Verlag. Berlin, Hamburg 1957, 204
BRODY, S.: Report of Converence on Energy metabolism held at state college, Pennsylvania, June 1935
BRÄUNIG, P.: Ein Beitrag zu Veränderungen des Differenzial-Blutbildes beim Nerz nach Anwendung von Heparin. Arch. exper. Vet. med. 17, 1963, 646-654
BRÄUNIG, P.: Ein Beitrag zur Hämatologie des Nerzes (Lutreola lutreola Linné) bei gleichzeitiger Berücksichtigung des Einflusses von Heparin auf das Blutbild. Vet. Med. Diss., Berlin, 1965
BRÖMEL, J. u. K. ZETTL: Beitrag zur Altersbestimmung beim Rotfuchs. Ztschr. für Jagdwissenschaften 20, 1974, 96–104
BUDAGJAN, F. E.: Tablizy chimitscheskogo sostawa i pitatelnoi zennosti pischtschewych produktow. Medgis, Moskau 1961

CENA, M.: Wasser und Tierproduktion. VEB Gustav-Fischer-Verlag Jena, 1975
CHARLET-LERY, GENEVIÉVE, Michéle Fiszlewicz, Marie Thérése Morel, D. Allain: Variation in Body composition of Male Mink During. Growth. end intern. scientific cong. for animal produktion, april 1980, Copenhagen
CHOU, C. C., E. H. Marth, R. M. Shackelford: Experimental Acute Aflatixicosis in Mink (Mustela vison). Amer. J. Vet. Res. 37, 1976 a, 1227-1231
CHOU, C. C., E. H. Marth, R. M. Shackelford: Mortality and some Biochemical in Mink (Mustela vison) given subletal dosis of Aflatoxin. Each Day. Am. J. Vet. Res. 37, 1976 b, 1233
CHRISTOPH, J.-H.: Klinik der Hundekrankheiten. VEB Gustav-Fischer-Verlag, Jena 1973
CHRISTOPH, J.-K.: Klinik der Katzenkrankheiten. VEB Gustav-Fischer-Verlag, Jena 1977
CHRONOPULO, N. P.: Krolikowodstwo i swerowodstwo, 1, 1961, 16
COE, J. E.: Stuches on immunoglobulins of mink: Definition of two populations of light chains. Immunochemistry 9, 1972, 147–151
COOMBES, A. I., G. L. Ott, W. N.Wisnicky: Amer. Vet. 21, 1940, 601

DANILOV, E. P., E. P. Akulova: Nautschnyje truda NII puschnogo swerowodstwa i krolikowodstwa, t. 7. 1968
DANSE, L. H. J. C., E. N. Steenberger, W. A. Botterweg: Early changes of Yellow Fat Disease in Mink fed a Vitamin-E-Dieficient supplemented with fresh or oxidised fish oil. Zbl. Vet. Med. A 23, 1976, 645-660
DAVIS, K. G.: Oregon Agr. Exp. Sta., 1953
DAWE, A. R.: Comparative elektrocardiography of small mammals. Ph. D. Thesis, University of Wisconsin
DEMMLER, E.: Der Deutsche Pelztierzüchter, 3, 1928, 73
DEMOLL, R.: Die Edelpelztierzucht, Verlag F. C. Mayer, München 1928

DEMOLL, R.: Die Silberfuchszucht. Verlag F. C. Mayer, München 1930
DEMUROW, M. G.: Moloko i molotschnyje produkty, Selchosgis, Moskau, 1952
DISCHINGTON, I. W.: The formaldehyde content in fish in relation to anemia in mink Nord. Vet.-Med. 28, 1976, 108–144
DOLNICK, E. H., Ch. F. Bassett, R. G. Warner: Dansk Pelsdyravl, 23, 1960, 230
DORRESTEIN, G. M., Danse, L. H. J. C.: Das Auftreten von Fettzellennekrose beim Fettleber-Syndrom der Nerze. Der Praktische Tierarzt 59, 1978, 508–513
DOROCHOVA, A., P. Chomullo: Puschnoje swerowodstwo i Promorje. Wladiwostok 1968
DOROJEW, K. A.: Krolikowodstwo i swerowodstwo, 7, 1962, 28
DUBY, R. T.: Fur Breeder Vol. 42 Nr. 2 bis 7, 1969
DYBAN, A. P.: Grundriß der pathologischen Embryologie des Menschen. VEB Gustav-Fischer Verlag, Jena 1962

ECKSTEIN, K.: Zoologischer Beobachter LI, 1910, 193
ELDER, W. H.: The baculum as an age criterion in mink. Journal of Mammalogy 32, 1951, 43
ENDER, F., A. Helgebostad: Skand. Vet. Tidskr., 29, 1939, 12-32
ENDER, F., A. Helgebostad: Norsk Vet. Tidsrk., 53, 1941, 297
ENDER, F., A. Helgebostad: Norsk Vet. Tidsrk., 53, 1943, 3
ENDER, F., A. Helgebostad: Norsk Vet. Tidsrk., 57, 1945, 32
ENDER, F., A. Helgebostad: Norsk Pelsdyrbl., 25, 1951, 193
ENDER, F., A. Helgebostad: Proc. XVth Internat. Vet. Congr. Stockholm, Pt. 1, 1953, 636
ENDER, F., A. Helgebostad: Acta Vet. Scand., 9, 1968, 174
ERTEL, L. J., Rybnoje chosjaistwo 7, 1968
ESKELAND, B., A. Rimeslåtten: Studies on the Absorption of Labelled and Dietary α-Tocopherol in Mink as Influenced by some Dietary Factors. Acta Agric. Scand. 29, 1979, 75–80
EVSTRATOVA, A. M., E. S. Romanov: Wosrastnye ismenenija skeleta, intensivnosti eritropoesa i pokasatelej krovi u norok. Iswestija TSCHA Moskva 6, 1967, 167–175

FARRELL, A. J., A. J. Wood: Canad. J. Zool. 46, 1968, 1
FEDOROV, B., T.: Rybnoje korma dlja puschnych soerej, Chabarowsk 1967
FINLEY, G. G.: Humane Euthanasie (Killing) of pelter mink Scientifur 4, 1980, 13–15
FIRSTOV, A. A.: Karakulewodstwo i swerowodstwo 2, 1957
FLETCH, S. M., L. H. Karstad: Blood parameters of Healty Mink. Can. J. comp. Med. 36, 1972, 275–281
FLETCH, S. M., G. A. Robinson, L. H. Karstad: The survial Time of DF^{32} P-Labelled Erythrocytes in Adult Male Mink. Can. J. comp. Med. 36, 1972, 61–63
FRIEND, D. W., E. W. Crampton: J. Nutrit., 73, 1961, 317
FRIEND, W. D., E. W. Crampton: J. Nutrit., 74, 1961, 3
FRILEY, Ch. E.: Age determination by use of the baculum in the river otter, Lutra e. canadensis Schreb. Journal of Mammalogy 30, 1949, 102
FRINDT, A.: Studies of reproduction of mustelidae with particular respect to mink (Mustela vison Schreber). Rozprawy Naukowe 83, 1976, Warszawa
FRISCH, O. V.: Versuche über Änderung der Herzfrequenz von Tieren bei psychischer Erregung. Habilschrift, 1965, Braunschweig
FRINDT, A.: Charakterystyka biometryczna piesaków w woj Katowice RNR 76-B, 2, Warszawa 1960, 327
FRINDT, A.: Badania nad dymorfizmen plciowym a proba ustalenia konstytucjonalnych u lisów niebieskich (Alopex lagopus L. RNR 87-B, 4 Warszawa 1966)

GABRIELJANZ, M., M. Maljutina: Mjasnaja industrija SSSR 2, 1966
GAFFREY, W.: Merkmale der wildlebenden Säugetiere Mitteleuropas. Akademische Verlagsgesellschaft, K-G Leipzig 1961
GARBAREZ, B. W.: Ismeltschenijekormow shiwotnogo proischoshdenija. Magadan 1968
GAUSS, H.: Zahnaltersbestimmung beim Silberfuchs. Med. vet. Dissertation, Berlin 1939
GEIGER, G., J. Brömel u. K.-H. Habermehl: Konkordanz verschiedener Methoden der Altersbestimmung beim Rotfuchs. Ztschr. für Jagdwissenschaften 23, 1977, 57–64
GERSHBEIN, L. L., K. L. Spencer: Clinical chemical studies in Aleutian disease. Canad. J. comp. Med. Vet. Sci. 28, 1964, 8–12
GILBERT, Th.: Das Os priapri der Säugetiere. Morphologisches Jahrbuch 18, 1892, 805
GILBERT, F. F.: The Effects of social deprivation on the behaviour and reproductive potential of the ranch mink. Thesis. Univ. of Guelph 1968
GILBERT, F. F.: Physiological effects of natural DDT residues and metabilites on ranch mink. J. Wildl. Mgmt. 33 1969, 933–943
GILBERT, F. F., E. D. Bailey: Visual isolation and stress in female ranch mink particulary during the reproductive saison. Canadian J. Zool. 4, 1969, 209–212
GLEM HANSEN, N.: Protein requiremt for mink in the lactation period. Acta Agric. Scand. 18, 1979, 127–131
GNAEDINGER, R. H.: Problem of Thiamniase in Mink Feeding. Fur of Canada 28, 12, 1963, 3
GORHAM, J.: The Transmission of Dog Distemper to Mink. Fur of Canada 25, 2, 1960, 5
GORHAM, J. R., R. W. Leader, J. B. Henson, The experimental transmission of a virus causind hypergammaglobulinemia in mink: Sources and modes of infect. Dis. 114, 1964, 341–345

GREEN, R. G., W. E. Carlson, C. A. Evans: J. Nutrit, 23, 1942, 2
GREEN, J., J. Banyan: J. Nutrit. Abstr. a. Rev. 39, 1969, 2
GRUE, H. u. B. Jensen: Annular structures in canine tooth cementum in red foxes of known age. Danish revier of game biol. 8, 1977, 1–12
GRZEBULA, St., T. Zdunkiewcz: Morphologische und biochemische Blutindices gesunder Nerze.
1. Mitteilung: Untersuchungen über die Bestimmung von Normalwerten einiger hämatologischer Indices bei Standardnerzen. Med. weteryn. 24, 1968, 690-693
GRZIMEK, B.: Grzimeks Tierleben. Bd. XI, Säugetierkunde Bd. 2. Kindler Verlag, Zürich 1969
GRZIMEK, B.: Grzimeks Tierleben. Bd. XII, Säugetiere Bd. 3. Kindler Verlag, Zürich 1972
GUNN, C. K.: Dominion of Canada. Dept. Agric. Exp. Fox, Ranch, Summerside PEI, Progr. Rep. (1936–1946), 1948
GUNN, C. K.: American Fur Breeder 30, 1957, 12
GUNN, C. K.: Fur Trade J. Canada, 38, 1961, 12
GUNN, C. K.: Våra Pälsdjur, 35, 1964, 11
GUNN, C. K.: Probable Cause of Bladder Stones in Mink. Am. Fur Breeder 41, 6, 1968, 24

HABERMEHL, K.-H.: Altersbestimmung bei Haustieren, Pelztieren und jagdbarem Wild. Parey-Verlag, Berlin-Hamburg 1961
HADLOW, W. J.: Studies of immunoglobulins of mink: Definition of lg G, lg A and lg M. J. Immun. 108, 1972, 530–537
HAGEN, B.: Eine neue Methode der Altersbestimmung von Kleinsäugern. Bonner Zoologische Beiträge 6, 1955, 1
HAMMER, A.: Zum Blutbild des Nerzes. Med. vet. Diss. Leipzig 1962
HANSEN, N. G.: Forsog og undersogeser med henblik pa forbedring af avlsremltatet Dansk Pelsdyravel 28, 1965
HANSEN, M.: Sygdomme hos mink og raev 1974. Dansk Pelsdyravel 38, 1975, 13
HANSSON, A.: Der Deutsche Pelztierzüchter 22, 1948, 1
HANSSON, A.: Der Deutsche Pelztierzüchter 40, 1966, 125
HARRIS, L. E., Ch. F. Bassett, S. E. Smith, E. D. Yeiman: Cornell Vet. 35, 1945, 9
HARRIS, L. E., J. K. Loosli: Cornell Vet. 39, 1949, 3
HARRIS, L. E., Ch. F. Bassett, L. M. Llewellyn, J. K. Looslo: J. Nutrit. 43, 1951, 1
HARRIS, L. E., Ch. F. Bassett, C. F. Wilke: J. Nutrit. 43, 1951, 1
HARTSOUGH, G. R.: National Fur Neews 32, 1960, 4
HARTSOUGH, G. R.: The Maritime Fur Breeder 27, 5, 1965, 1
HARTSOUGH, G. R.: Våra Pälsdjur, 32, 1961, 5
HARTSOUGH, G. R., D. Burger: J. of Infectious Diseases 115, 1965, 387

HARTSOUGH, G. R., J. R. Gorham: Nat. Fur News. 28, 1956, 10
HARTUNG, J.: Der Deutsche Pelztierzüchter 34, 1960
HARTUNG, J.: Zweckmäßiger Gehegebau in der Pelztierzucht, Beispiele der tierischen Produktion in der Forstwirtschaft 3, 1962, 11
HARTUNG, J.: Die künstliche Besamung bei den Pelztieren in Schaetz, F. Die künstliche Besamung bei den Haustieren. VEB Gustav-Fischer-Verlag Jena 1963
HARTUNG, J.- Der Brühl 10, 1969, 1
HARTUNG, J.: Samenstauung beim Nerz. Fortpfl. Haustiere 6, 1970, 95
HARTUNG, J.: Der Brühl 10, 1969, 1
HARTUNG, J.: Der Brühl 12, 1971, 2
HARTUNG, J.: Zur Altersbestimmung beim Rotfuchs anhand des Penisknochens. Unsere Jagd 30. 1980, 267
HARTUNG, J., W. Fritzsch: Mhfte Vet. Med. 19, 1964, 422
HARTUNG, J., P. Rittenbach: Über Hodenveränderungen beim Nerz. Fortpfl. Haustiere 7, 1971, 160
HARTUNG, J., U. D. Wenzel: Mhfte Vet. Med. 22, 1967, 337
HARTUNG, J., H. Zimmermann, U. Johannsen: Mhfte Vet. Med. 25, 1970, 385
HEAD, K. W.: The Vet. Rec. 71, 1959, 105
HEAKY, P., B. Weir: J. Reproduct. Fertility 13, 1967
HEIDEGGER, E.: Der Deutsche Pelztierzüchter 6, 1931, 444
HEIDEGGER, E.: Pelztierkrankheiten und ihre Bekämpfung, F. C. Mayer Verlag München 1938
HEINEMANN, (zit. n. Grzimek): Grzimeks Tierleben. Bd. XI, Säugetiere Bd. 2. Kindler Verlag, Zürich 1969
HELGEBOSTAD, A.: Nord. Vet. Med. 7, 1955, 297
HELGEBOSTAD, A.: Norsk Pelsdyrblad 31, 1957, 6
HELGEBOSTAD, A., F. Ender: Våra Pälsdjur 27, 1958, 7
HELGEBOSTAD, A.: Der Deutsche Pelztierzüchter 32, 1958, 10
HELGEBOSTAD, A., E. Martinsons: Nature 181, 1958, 4624
HELGEBOSTAD, A., R. R. Svenkerud, F. Ender: Nord. Vet. Med. 11, 1959, 3
HELGEBOSTAD, A.: Dansk Pelsdyravl 24, 1961, 141
HELGEBOSTAD, A., B. Gjønnes, R. R. Svenkerud: Nord. Vet. Med. 13, 1961, 11
HELGEBOSTAD, A., R. R. Svenkerud, F. Ender: Acta Vet. Scand. 4, 1963, 228
HELGEBOSTAD, A.: Dansk Pelsdyravl 30, 1967, 12
HELGEBOSTAD, A.: Vitamin-E-Mangel bei Nerzwelpen vor dem Absetzen. DPZ 49, 1975, 45
HEMBOLDT, C. F., E. L. Jungherr, E. R. Carmen, R. E. Luginbuhl, R. E. Jakobs: Progress Reports of projects supported by the mink farmers research Foundation: Aleutian disease in mink. Project Nr. 342, 1959
HENNIG, A.: Mineralstoffe, Vitamine, Ergotropika. VEB Deutscher Landwirtschaftsverlag, Berlin 1972
HENSON, J. B., R. W. Leader, J. R. Gorham: Proc. Expt. Biol. and Med. 107, 1061, 819

Henson, J. B., J. R. Gorham, R. W. Leader, B. M. in mink. Texas Rep. Biol. Med. 21, 1962, 37–42
Henson, J. B., J. R. Gorham, R. W. Leader: Hypergammaglobulinaemia in mink initiated by a Cell-free Filtrate. Nature 197, 1963, 206
Hemmingsen, B., O. Venge: Der Deutsche Pelztierzüchter 39, 1965, 121
Hermann, W.: Hodowla zwierzat futerkowych. PWN, Warszawa 1968
Hodson, A. Z., J. K. Loosli: Vet. Med. 1942, 470
Hood, L., W. R. Gray, B. G. Sanders, W. J. Dreyer: Light cain evolution. Cold. Spring. Habor Symp. quant. Biol. 32, 1967, 133–145
Hodson, A. Z., S. E. Smith: Cornell Vet. 32, 1942, 280
Hodson, A. Z., S. E. Smith: American Fur Breeder, 18, 1945, 4
Høie, J., H. Rimeslåtten: Melding Nr. 4 Institut for Fjørfe og Pelsdyr ved Norges Landbrukshoskole 1949
Høie, J., H. Rimeslåtten: H. Meld. Norges Landbrukshøgsk. 30. 1950, 5
Høie, J., H. Rimeslåtten: Meld. Norges Landbrukshøgsk. 31, 1951, 53
Holcomb, L. C., Ph. J. Schaible, R. H. Ringer: Der Deutsche Pelztierzüchter 37, 1963, 21
Hoogerbrugge, A.: 40th Jubilee Universary Gelebration Dutch Mink Breeders Assn., Rotterdam, Holland 1968
Howard, E., Ph. D. Worne: Fur Trade J. Canada 35, 1958, 12

Iljina, E. D.: Swerowodstwo. Sagoidat, Moskau 1952
Iljina, E. D.: Raswedenije lissiz, presszow i norok. Isdwo Zentrosojusa, Moskau 1958
Iljina, E. D.: Swerowodstwo, Selchosidat. Moskau 1963
Illarionov, S. A.: Krolikowodstwo is swerowodstwo 2, 1966
Illarionov, S. A., L. W. Milovanov: Krolikowodstwo is swerowodstwo 1, 1965
Ionkina, A. A.: Nautschnyje trudy NII puschnogo swerowodstwo i krolikowodstwa, t. 7. 1968
Ischikawa, R. u. a.: Etude experimentelle sur l'insemination artificielle chez les minks. Jap. J. Vet. Res. 13, 1965

Jaksch, W., A. Mittlehner: Euthanasie von Eintagsküken in der Massentierhaltung. Wiener tierärztl. Monatsschr. 66, 1979, 37–46, 145–149
Jarl, F.: Våra Pälsdjur 15, 1944, 7
Jarosz, S.: Osiagniecia z zakresu zwalczania choroby aleuckiej u norok. Hodowca drobnego inwentarza 28, 1980, Nr. 12, S. 17
Johansson, I.: Der Deutsche Pelztierzüchter 19, 1944
Johansson, I.: Der Deutsche Pelztierzüchter 29, 1955
Johansson, I.: Der Deutsche Pelztierzüchter 30, 1956
Johansson, I.: Der Deutsche Pelztierzüchter 38, 1964, 21
Johansson, I.: Der Deutsche Pelztierzüchter 38, 1964, 201

Johansson, I.: Der Deutsche Pelztierzüchter 39, 1965, 21
Johansson, I.: Der Deutsche Pelztierzüchter 40, 1966, 201
Jørgensen, G.: Dansk Pelsdyravl, 23, 1960, 27
Jørgensen, G.: Dansk Pelsdyravl, 24, 1961, 4
Jørgensen, G.: Dansk Pelsdyravl, 24, 1961, 8
Jørgensen, G.: Dansk Pelsdyravl, 24, 1961, 9
Jørgensen, G.: Dansk Pelsdyravl, 25, 1962, 7
Jørgensen, G.: Bilag til foredrag in N. J. F. s subseksjon for pelsdyr. Frederikshavn, Mai 1962
Jørgensen, G.: Norsk Pelsdyrblad 38, 1965, 7–8
Jørgensen, G.: Vitamine im Fuchsfutter. Dansk Pelsdyravl 43, 1980, 125–127
Jørgensen, G.: Peltproduction, its organization and feeding of fur bearing animals in the scandinavien countries, Scientifur 5, 1981, 6–24
Jørgensen, G., G. Christensen: Relationship between haemoglobin values and furproperties in mink. Nord. Vet.-Med. 28, 1966, 166–173
Jørgensen, G., H. Clausen, H. Petersen: 332 beretning fra forsøgslaboratoriet. Fodringsforsøg med mink 1960, København 1962
Jørgensen, G., G. Hillemann, H. Clausen: 340 beretning fra forsøgslaboratoriet. Fodringsforsøg med mink 1961. København 1963
Jørgensen, G., G. Hillemann, H. Clausen: 341 beretning fra forsøgslaboratoriet. Fodringsforsøg med mink 1962, København 1963
Jørgensen, G., J. S. D. Poulsen, P. Benedixen: The influence on breeding produktion, and acid-base balance when mink are fed on acidfied feed. Nord. Vet. Med. 28, 1976, 592–602
Jørgensen, G.: Norsk Pelsdyrblad 38, 1967, 7/8
Jørgensen, G.: Minkopdraet. Nordisk handbog for Minkopdraetere 2, udgave, 1966, København, 1966
Jørgensen, G.: Våra Pälsdjur 38, 1967, 1
Jørgensen, G.: 359 beretning fra forsøgslaboratoriet. Forsøg med mink 1963/1964, København 1967
Judin, M. N.: Karakulewodstwo i swerowodstwo 3, 1969

Kangas, J.: Aletian-Sjukdomen. Turkistalous 34, 1962, 202
Kangas, J.: Sjukdomar hos mutationsmink och deras bekämpande. Turkistalous 35, 1963, 172
Kangas, J.: Finsk Pälstidskrift, 1/39, 1967, 1
Kangas, J., J. Mäkelä, J. Huilaja: Finsk Pälstidskrift 2/40, 1968, 3
Kangas, J.: Anemi-Vitull Anemia – «Cotton fur». Finsk Pälstidskrift 8, 1967, 295–300
Kaptin, A. A.- Puschnin. SSSR, Moskau 1960
Karstadl, L., T. J. Pridham: Med. vet. Sei. 26, 1962, 5, 97
Karstadl, L.: Viral plasmacytosis (Aleutian disease) of mink. The occurence of hyalin glomerula lesion and fibrinoid arteritis in experimental infections. Canad. J. comp. Med. Vet. Sci. 29, 1965, 66–74

KASANSKI, M. M.: Technologija moloka i molotschnych produktow. Pischtschepromisdat, Moskau 1960
KELLER, A.: Die Nerzzucht. F. C. Mayer-Verlag, München-Solln 1957
KELLER, H.: Der Deutsche Pelztierzüchter 26. 1952, 28
KEMPE, K.: Die Pelztierzucht, 2. Auflage, Berlin 1952
KEMPF, J. E., H. T. Chang: The cardiac output and circulation time of ferrets. Proc. soc. Exp. Biol. Med. 72, 1949, 3, 711
KENNEDY, A. H.: Cytology of the blood Normal mink and Raccoon. I. Morphology of Minks Blood. II. The Numbers of the Blood Elements in normal Mink. Canad. J. Res. 12, 1935a, 479–483, 484–495
KENNEDY, H. A.: A Graphical Study of the Blood of normal Foxes. Canad. J. Res. 12, 1935 b, 796
KENYON, A. J., J. E. Gander, C. Lopez, R. A. Good: Isolation of Aleutian mink disease virus by affinity chromarography. Science (N. Y.) 1979, 1973, 187–189
KENYON, A. J., G. Trautwein, C. F. Helmboldt: Amer. J. veterin. Res. 24, 1963, 168
KERMEN, W.: Myofer «Hoechst» in der Anämiebehandlung von Füchsen und Nerzen. Med. weeryn. 4, 1959, 229–230
KIISKINEN, T., J. Mäkelä: Digestibility of pellets an mink and fitch. Scientifur 5, 1981, 36–41
KINSEL, G.: The Theory and Practice of Nutrai Raising Fur Trade. Journal of Canada, 1958
KINSEL, G.: Der Deutsche Pelztierzüchter 35, 1961, 87
KISEWETTER, I. W., M. G. Syromjatnikowa, A. M. Teplizkaja: Sb. nautschnotechnitscheskoi informazii WNIRO, wyp. 10, 1963
KLECKIN, P. T., W. F. Markow: Bjulletenj nautschnotechnitscheskoi informazii NII puschnogo swerowodstwa i krolikowodstwa 4, 1959
KNAUR, Th.: Knaurs Tierreich in Farbe. 1956
KOENEN, F.: Der Rotfuchs, A. Ziemsen Verlag, Wittenberg Lutherstadt 1951
KÖHLER, E., H. Bieniek: Pharmacological investigations on the cardiovascular system of the anesthetized mink (Mustela vison). Z. Versuchstierkunde 17, 1975, 145–154
KOLB, E.: Lehrbuch der Physiologie der Haustiere. Jena 1980
KONARSKA, ALEKSANDRA: Versuche zur Bestimmung des normalen Hämogramms, Abart Standard. Med. weteryn. 18, 1962, 10–14
KONRÁD, J. K., Rumanovský: Veterinární Med. 7, 1962, 249
KOROTKOW, I. A.: Woprossy pitanija 3, 1963
KOSTRON, K.: Otazky bionomie nekterych hlavnich druku kozesinowych zwirat chowanych v Ceskoslowensku, Brno 1960
KOSTRON, K., F. Kukla: Changes of Thermoregulation in Mink kids with in the 45 days of Ontogenesis. Acta Univ. Agric., A, RoćXVIII, 1970, 461–469
KRASNOV, A. M., L. W. Milovanov: Swerowodtscheski sowchos «Raku», Tallinn 1958

KROON, H. M.: Die Lehre der Altersbestimmung bei den Haustieren. Schaper Verlag, Hannover, 1929
KUBACSKA, A. T.: Der Penisknochen des Höhlenbären. Acta veterinaria academiae scientiarum hungaricae. Budapest 1955, 39–69
KUBIN, Rosa, M. M. Mason: Normal Blood and Urine Values for Mink. Cornell Vet. 38, 1948, 79–85
KUDRJASCHEW, M.: Fil N. Krolikowodstwo i swerowodstwo 1, 1970
KUKLA, F., K. Kostron: Die Tagesaktivität der Nerzweibchen in der Zeit der Gravidität, Geburt und Jungnerzaufzucht. Acta Univ. Agric., A, Roć XVI, 1968, 519–527
KULBACH, W.: Genickbrechen – eine Tötungsmethode für Nerze. DPZ 29, 1955, 205
KULBACH, W. L.: Der Nerz und seine Zucht. F. C. Mayer-Verlag, München-Solln, 1961
KULL, K. E.: Våra Pälsdjur 36, 1965, 429
KULL, K. E.: Våra Pälsdjur 40, 1969, 15
KUSNEZOV, K. V.: Unsere Erfahrungen bei der Vergrößerung der Nerze, Krolokovodstvo i Zwerowodsvo 6, 1973, 26–27
KUSNEZOV, G. A., N. E. Scharai: Kletotschnoje raswedenije norok. Isd-wo Zentrosojusa, Moskau 1962
KUSNEZOV, G. A., W. M. Iljinski, T. N. Kost, B. A. Kulitschkow, A. P. Wolodkin: Nautschnyje trudy NII puschnogo swerowodstwa i krolikowodstwa, t. 4. 1963
KÜPPERS-SONNENBERG, L. A.: Der Deutsche Pelztierzüchter 40, 1966, 7

LALOR, R. L.: Black Fox Mag. a. Modern Mink Breeder 39, 1956, 9
LAMPRECHT, E.: Grundlagen der Tierzüchtung. In: Handbuch der Biologie. Akademische Verlagsgesellschaft Altenaion, Konstanz 1960
LANDBERG, B., J. Johansson: Der Deutsche Pelztierzüchter 38, 1964, 219
LEADER, R. H., J. R. Gorham, J. B. Henson, D. Burger: Pathogenesis of Aleutian disease of mink: GAJDUSEK, D. C., GIBS, C. J. jr. and ALPERS, M., Latent and Temperate virus infections Nat. Inst. Neurol. Dis. a. Blind. Monograph Nr. 2, 1965, 287–295, Washington
LEEKLEY, J. R. J.: Anim. Sei. 21, 1962, 4
LEMBKE, W.: Über Fortpflanzung und Fortpflanzungsstörungen bei Pelztieren (Literaturstudie). Dissertation vet. med. Leipzig 1961
LEONHARD, A.: Modern Mink Management. Ralston Purina Co., St. Louis, USA 1966
LEOSCHKE, W. L.: J. Nutrit. 49, 1953, 3
LEOSCHKE, W. L.: The Black Fox Mag. a. Modern Mink Breeder 43, 1959, 3
LEOSCHKE, W. L., C. Elvehjem: J. Nutrit. 69, 1959, 3
LEOSCHKE, W. L.: Fur Trade J. Canada 37, 1959, 5
LEOSCHKE, W. L., C. Elvehjem: J. Nutrit. 69, 1959, 2
LEOSCHKE, W. L.: Amer. J. Vet. Res. 20, 1959, 79
LEOSCHKE, W. L.: Univ. of Wisc. Res. Bull. 222, 1960, 3

LEOSCHKE, W. L.: Handbook of mink nutrition. Natl. Food Co., Wisconsin, USA 1964
LEOSCHKE, W. L.: American Fur Breeder 40, 1967, 6
LEOSCHKE, W. L.: American, 41, 1968, 13
LEOSCHKE, W. L.: American Fur Breeder, Fur Farm Guide Book Issue 103, 1969
LEOSCHKE, W. L.: American Fur Breeder 42, 1969, 7
LEOSCHKE, W. L.: Der Deutsche Pelztierzüchter 43, 1969, 9
LEPESCHKIN, E.: Das Elektrokardiogramm. Ein Handbuch für Theorie und Praxis, Verl. v. Th. Steinkopf, 1957 Dresden und Leipzig
LÖHLE, K. u. U. D. Wenzel (im Druck): Kaninchen und Edelpelztiere von A bis Z. VEB Deutscher Landwirtschaftsverlag Berlin 1984
LÖLIGER, H. Ch.: Der Deutsche Pelztierzüchter 32, 1958, 133
LÖLIGER, H. Ch.: Der Deutsche Pelztierzüchter 33, 1959, 105
LÖLIGER, H. Ch.: Der Deutsche Pelztierzüchter 33, 1959, 227
LÖLIGER, H. Ch.: Der Deutsche Pelztierzüchter 42, 1968, 177
LÖLIGER, H. Ch.: Pelztierkrankheiten. VEB Gustav Fischer Verlag, Jena 1970
LÖLIGER, H. Ch.: Zum tierschutzgerechten Töten von Nerzen. DPZ 53, 1979, 10, 141–142
LÖLIGER, H. Ch.: Über das Töten von Pelztieren. Dt. Pelztierzüchter, München 52, 1978, 3, 38–41
LÜPS, P., Neuenschwander, A., Wandler, A.: Rev. Suisse de Zool. 79, 1973, 1090–1103

MADSEN, H. K.: Dansk Pelsdyravl 23, 1960, 77
MADSEN, Th.: DPZ 35, 1961, 10, 177–183
MAIDSHJUNAITE, S. A.: Arbeiten der Akademie der Wissenschaften der Litauischen SSR, Serie BH 3, 1957
MÄKELÄ, J.: About the heed of drinking water for mink. Turkistalous 43, 1971, 415–416
MADRIDINA, K. W., L. S. Olchowskaja, A. E. Kitowa: Krolikowondstwo i swerowodstwo 7, 1965
MAMAEVA, G. B.: Krolikowodstwo i swerowodstwo 3, 1958
MARSCHNER, R.: Dissertation vet. med. Leipzig 1967
MARTINSON, E.: Beziehungen zwischen Serumeisen, Organeisen, Serumproteinen und hämatologischen Werten beim Nerz. Nordisk. vet. med. 12, 1960, 471–489
MATHIESEN, E.: Norsk Pelsdyrblad 13, 1939, 20
MCCARTHY, B., H. F. Travis, L. Krook, R. G. Warner: J. Nutrit. 89, 1966, 4
MC KAY, D. D., L. L. Phillips, H. Kaplan, J. B. Henson: Chrinic intravascular coagulation in Aleutian disease of mink. Am. J. Path. 50, 1967, 899–916
MICHAILOV, N. G., P. W. Michno: Magadanski olenewod 1, 1969
v. MICKWITZ, G.: Definition des Begriffes «Tierschutzgerechtes Töten». Arch. für tierärztl. Fortbildung 3, 1972, 1–2

MIDDLETON, E. J., A. B. Morrison: J. Nutrit. 77, 1962, 5
MILJKOVIK, V. u. a.: Elektroejakulation in minks and some laboratory animals. Acta veterinaria Beograd 16. 1966
MILOVANOV, L. W.: Krolikowodstwo i swerowodstwo 1, 1959
MILOVANOV, W. K.: Biologija wossproiswedenija i isskusstwennoje ossemenenije shiwotnych. Selchosgis, Moskau 1962
MILOVANOV, L. W.: Krolikowodstwo i swerowodstwo 4, 9, 1963
MILOVANOV, L. W., N. N. Drjagalin: Krolikowodstwo i swerowodstwo 4, 1958
MOHR, E.: Glossarium europas maniallum ferrestrium. A. Ziemsen Verlag, Wittenberg Lutherstadt 1961
MOHR, E.: Os penis und Os clitoridis der Pinnipedia. Zeitschrift für Säugetierkunde 28, 1963, 19
MOLKS, M.: Dissertation, Berlin 1967
MONSOU, R. A., W. B. Stone u. E. Parks: Ageing Red Foxes by counting the annular cementum rings of their teeth. New York. Fish and Game J. 20, 1973, 54–61
MÖRSEL, H.: Taschenbuch Kälteanlagen, VEB Verlag Technik, Berlin 1968
MOUSTGAARD, J. P., M. Riis: Dansk Pelsdyravl 20, 1957, 1
MROTSCHKOV, K. A.: Rybnoje chosjaistwo 3, 1951
MÜLLER-URSING, D., Th. Haltenorth: Säugetierkundliche Mitteilungen Bd. 2, 1954, 102
MÜLLER-PEDDINGHAUS, R., H. Hackbarth, J. Alt, W. Küpper: Untersuchungen zur physiologischen Proteinurie des Nerzes. Vergleich von Proteinurie und glomerulärer Filtrationsrate mit histologischen Befunden. Zbl. Vet. A 26, 1979, 130–145
MURPHY, B. D.: Effects of GNRH on plasma LH and fertility in mink. Can. J. Anim. sci. 59, 1979, 25–33
MURR, E.: Landwirtschaftliche Pelztierzucht 4, 1933

NANKOV, N.: Zur Prophylaxe der Leberdegeneration bei Nerzen. Der Einfluß des Vitamin B_{15} auf die experimentell hervorgerufene Fettinfiltration der Leber. Mh. Vet.-Med. 29, 1974, 653–655
National Research Council, Commitee on Animal Nutrition, USA. Nat. Acad. Sei., Nat. Res. Counc. Wash., No. 296, 1953
NESENI, R., B. Piatkowski: Arch. Tierernährung 8, 1958, 4
NIEPAGE, H.: Das Blutbild beim Hund unter kurzfristig wechselnden physiologischen Bedingungen, Zbl. Vet. Med. A, 25, 1978, 520–540
NIKITIN, B. P.: Predupreshdenije i ustranenije porokow rybnych produktow Isd-wo Pischtschewaja promyschlennost, Moskau 1969
NIKOLSKI, G. W.: Spezielle Fischkunde. Deutscher Verlag der Wissenschaften, 1957
NORDFELDT, S.: Lantbrukshögsk. Husdjursföksanst. Särtryck Förhandsmedd No. 2, Våra Pälsdjur 18, 1947, 5

NORDFELDT, S., B. Thelander, G. Åhman: Våra Pälsdjur 27, 1956, 12
NORDSTOGO, K.: D-Hypovitaminose bei Pelztieren. Tierärztl. prax. 7, 1979, 387–391
NÖRR, J.: Das EKG des Pferdes. Seine Aufnahme und Form. Vet. Med. Diss. München, 1913
NÖRR, J.: Über Körpertemperatur, Herztätigkeit und Atmung des Silberfuchses. Arch. J. wiss. u. prakt. Tierhk. 48, 1922, 2
NÖRR, J.: Über respirative Sinusarythmie beim Nerz im EKG. Z. J. Kreislaufforschung 27, 1935, 594
NÖRR, J.: Starke atmungsbedingte Herzarythmie beim wildlebenden (Rot)fuchs. Z. f. Biol. 97, 1936, 2

ONSTAD, O.: Aplasi av epidermis og vas deterens som arsak til sterilitet hos mink. Nord. Vet. Med. 13, 1961 a, 543
ONSTAD, O.: Testikelhypoplasie hos mink. Nord. Vet. Med. 13, 1961 b, 510
OYRZANKOWSKA, J.: Zakazne zapalenie mózgu lisów (choroba Rubartha). Hodowka drobnego inwentarza 28, 1980, Nr. 5, S. 11

PADGETT, G. A., J. R. Gorham: Studies of Abnormal Leukocyte Bodies in Mink Blood 22, 1963, 477–483
PADGETT, G. A., J. M. Holland, W. C. Davis, J. B. Henson: The Chediak-Higashi syndrome: a comparative reviev. Current Topics Patholog. 51, 1970, 175–194
PADGETT, G. A., C. W. Requam, J. R. Gorham, J. B. O. Henson, C. C. Mary: Comparative studies of the Chediak-Higashi syndrom. Amer. J. Path. 51, 1967, 553–571
PALMER, R. S.: Amer. Fox. a. Fur Breeder 7, 1927/1928, 2, 3
PARK, E. C.: The Black Fox Mag. a. Modern Mink Breeder 41, 1957, 6
PAVLOV, M. R., u. a.: Der Brühl 3, 4 u. 6, 1962
PAVLOV, J. W., A. A. Petrov, L. A. Filin: Krolikowodstwo i swerowodstwo 3, 1970
PAVLOVIC, O., M. Vukotic, S. Paunovic, J. Vitic: Protein- und Lipidsystem des Blutserums beim kanadischen Nerz (Mustela vison vison) Vet. Glasnik 30, 1976, 623–628
PEDERSEN, A.: Der Eisfuchs, A. Ziemsen Verlag, Wittenberg Lutherstadt 1959
PEARCEY-ALLEN, M. R., E. V. Evans, J. R. Sibbald: Canad. J. Physiol. Pharmacol. 42, 1964, 6
PETERSEN, F. H.: Våra Pälsdjur, 30. 1959, 8
PERELDIK, N. S.: Nautschnyje trudy ZNIL Glawpuschniny NKWT, wyp. 2, 1940
PERELDIK, N. S.: Kormlenije puschnych swerej, Isd-wo Meshdunarodnaja kniga, Moskau 1945
PERELDIK, N. S.: Trudy ZNIL puschnogo swerowodstwa, wyp. 5, 1950
PERELDIK, N. S.: Sb. Sowety swerowodu wyp. 2. Isd-wo Ökonomika, Moskau 1968

PERELDIK, N. S., S. W. Argutinskaja: Nautschnyje trudy NII puschnogo swerowodstwo i krolikowodstwo, t. 6. 1960
PERELDIK, N. S., M. M. Kim: Karakulewodstwo i swerowodstwo 3, 1951
PERELDIK, N. S., A. T. Portnova: Karakulewodstwo i swerowodstwo 3, 1949
PERELDIK, N. S., M. I. Titova: Trudy ZNIL puschnogo swerowodstwa wyp. 5, 1950
PERELDIK, N. S., M. I. Titova: Karakulewodstwo i swerowodstwo 2, 1950
PERELDIK, N. S., M. I. Titova, W. S. Mjasnikov: Karakulewodstwo i swerowodstwo 3, 1950
PERELDIK, N. S., M. I. Titova: Karakulewodstwo i swerowodstwo 4, 1954
PERELDIK, N. S., M. I. Titova, W. L. Pobedin: Karakulewodstwo i swerowodstwo 2, 1957
PERELDIK, N. S., M. I. Titova, J. D. Kusnezova: Krolikowodstwo i swerowodstwo 6, 7, 1963
PERELDIK, N. S., M. I. Titova, J. D. Kusnezova: Nautschnyje trudy NII puschnogo swerowodstwo i krolikowodstwa, t. 7, 1968
PERELDIK, N. S., M. I. Titova, J. D. Kusnezova: Krolikowodstwo i swerowodstwo 4, 1968
PERELDIK, N. S., M. I. Titova, J. D. Kusnezova: Proteinowoje pitanije puschnych swerej (mtoditscheskije materialy), MCCH SSR, Koloss-Verlag 1968
PERELDIK, N. S., J. A. Samkov, J. M. Jefremov: Krolikowodstwo i swerowodstwo 5, 1970
PERELDIK, N. S., M. I. Titova, J. D. Kusnezova: Nautschnyje trudy NII puschnogo swerowodstwo i krolikowodstwa t. 9, 1970
PERRYMAN, L. E., K. L. Banks, T. C. McGuire: Lymphocyte abnormalities in Aleutian disease virus infektion of mink: Decreased T lymphocytes responsens and increased B lymphocyteslevels in persistent viral infektion. J. Immun. 115, 1975, 22–27
PERRYMAN, L. E., K. L. Banks, T. C. McGuire: In vitro synthesis of immunoglobulin and anti-viral antibody in Aleutian disease infection of mink. J. Immun. 117, 1976, 1981–1984
PETRJAJEV, P. A.: Raswedenije serebristo-tschernych lissiz. Gostorg RSFSR, Moskau 1929
PETRJAJEV, P. A.: Biologija rasmnoshenija, nasledstwennost i ismentschiwost serebristotschernych lissiz w SSR. Glawpuschnina NKWT, Moskau 1934
PETROVA, G. G.: Uroven nekotorych biochemićeskich pokazatelej krovi u norok razlićnych tipov. Uć. zap. Petrosawodsk 17, 1971 a, 49–56
PETROVA, G. G.: Wosrastnaja dinamika morfologićeskich pokazatelej u norok raslićych zwetnych form. Uć. zap. Petrosawodsk, un-ta, 1971 b, 30–42
PETZSCH, H.: Urania Tierreich. Urania Verlag. Leipzig-Jena-Berlin 1966
PHILLIPS, L. L., Henson, J. B.: Coagulation changes in Aleutian mink disease. Fed. Proc. 25, 1966, 620
PILBEAM, T. E.: Elevated corticol levels during summer and winter fur moults in mink. Scientifur 3, 1979, 6–9

Pohl, L.: Das Os penis der Carnivoren einschließlich der Pinnipedier. Jenaische Zeitschrift für Naturwissenschaften 47, 1911, 115

Pohl, L.: Über das os penis der Musteliden. Jenaische Zeitschrift für Naturwissenschaften 45, 1909, 343

Pokrooskaja, G.: Selckochosjaistwennoje proiswodstwo Sibiri i Dalnego Wostoka 6, 1965

Poliwanskaja, K. D., A. K. Dorochowa: Krolikowodstwo i swerowodstwo 3, 1958

Poré, J., G. Gavend: Das Leder. 29, 1978, 9. 145–149

Porter, D. D., F. J. Dixon, Larsen: Metabolism and function of gammaglobulin in Aleutian disease of mink. J. exp. Med. 121, 1965, 889–900

Posdnjakov, J. W.: Trudy Moskowskogo puschnomechowogo institua, t. 5. 1954

Posdnjakov, J. W., A. A. Firstov: Karakulewodstwo i swerowodstwo 2, 1952

Posdnjakov, J. W., M. W. Morosov, M. S. Pogodin, J. T. Schurmuchina: Trudy Moskowskoi weterinarnoi akademii, t. 28, 1960

Posdnjakov, J. W., J. I. Piskunov: Krolikowodstwo i swerowodstwo 4, 1958

Posdnjakov, J. W., J. I. Piskunov, K. A. Kulikow: Trudy Moskowskoi weterinarnoi akademii, t. 40, 1961

Posdnjakov, J. W., J. I. Piskunov, K. A. Kulikow: Trudy Moskowskoi weterinarnoi akademii t. 44, 1962

Poulsen, J. S. D., G. Jørgensen: The influence of the pH of feed on the acid-base balance of mink. Nord, Vet. Med. 29, 1977, 488–497

Pridham, T. J.: Das Pelzgewerbe 17 (neue Folge), 1966

Pridham, T. J.: Der Deutsche Pelztierzüchter 42, 1968, 65

Prosselkov, W. G., A. I. Pelejew: Rybnoje chosjaistwo 5, 1967

Radkewitsch, P. E.: Einige biochemische Blutbestandteile von Silber- und Blaufüchsen in der Fortpflanzungsperiode. Tr. MWA, T. 15, 1961 (in russ.)

Randel, R.: Tötet human – tötet elektrisch. DPZ 30, 1956, 13–14

Rapacz, J., R. M. Shackelford: Immunogenetics of the domestic Mink: Blood Group Factors A, B_1 and B_2. Nature 196, 1962, 1340–1341

Rapacz, J,. R. M. Shackelford: The inheritance of seven erythrocyte antigens in the domestic mink. Genetics 54, 1966, 917–922

Rapacz, J., R. M. Shackelford, Judith Hasler: Naturally occuring and immune antivodies as a possible cause of hemolitic disease in the domestic mink. Proc. XI th. Europ. Conf. Animal Blood Group Res. Warszawa 1968

Rapacz, J., R. M. Shackelford, Judith Hasler: A Fifth Blood Group Factor at the A Locus in Mink. J. of Heredity 61, 1970, 79–80

Rapoport, O. L.: Krolikowodstwo i swerowodstwo 2, 1961

Rapoport, O. L.: Krolikowodstwo i swerowodstwo 7, 1961

Rechcigl, M. S., J. K. Berger, H. H. Williams Loosli: J. Nutrit 76, 1962, 435

Reck, J.: Dissertation Agre., Rostock 1958

Reich, G.: Kollagen. Verlag Th. Steinkopf Dresden

Reinecke, E. P., H. F. Travis, E. H. Dolnick: The effects of thyroid gland destruction and replacement therapy on fur grouth in mink given a thyroxine-free diet. Amer. J. Vet. Res. 23, 1962, 212

Resnikow, W. B., W. P. Borisow: Wir vervollkommnen die Methode der Nerztötung. Krolikow. i. sverovod., 1977, 10–12

Rewo, Shukowa: Veterinärmedizinische Mikrobiologie. VEB Gustav Fischer Verlag Jena 1963

Riva, G.: Das Serumeiweißbild. Verlag Huber, Bern und Stuttgart 1957

Rimeslåtten, H.: Norsk Pelsdyrblad 31, 1957, 7

Rimeslåtten, H.: Våra Pälsdjur 30, 1959, 8

Rimeslåtten, H.: Dansk Pelsdravl 22, 1959, 273

Rimeslåtten, H.: Aam A., Norsk Pelsdyrblad 36, 1962, 24

Rimeslåtten, H.: Nord. Jordbrugsforsk. for. XII Kongress, Helsingfors 1963

Rimeslåtten, H.: Nordisk Jordbrugsforsk., suppl. 9, del 2, 1964, 475

Rimeslåtten, H.: Nordisk Jordbrugsforsk., suppl. 9, del 2, 1964, 483

Rimeslåtten, H.: Aam A. Norsk Pelsdyrblad 38, 1964, 13/14

Rimeslåtten, H. u. A. Åhmann: Norsk Pelsdyrblad. 38, 1964, 13–14

Ringer, R. K., R. J. Aulerich, R. Pittmann, E. A. Cogger: Cardiac output, Blood Pressure, Blood Volume and other Cardiovascular. Parameters in Mink. J. Anim. Scie. 38, 1974, 121–123

Roberts, W. L.: American Fur Breeder 32, 1959, 8

Rochmann, R.: Der Deutsche Pelztierzüchter 43, 1969, 9

Romanov, E. S.: Untersuchung hämatologischer Bestandteile in Abhängigkeit von Alter, Geschlecht und Farbmutation beim Nerz. Doklady TSCHA, wyp. 127, 1966

Rissiiski, D. M.: Priroda 3, 1950

Rostovskaja, K. W.: Karakulewodstwo i swerowodstwo 5, 1956

Rotenberg, S., G. Jørgensen: Some Haematological indices in Mink. Nord. Vet. Med. 23, 1971, 361–366

Röttcher, D.: Med. vet. Dissertation, Gießen 1965

Rublewskaja, N. A.: Rybnoje chosjaistwo 12, 1964

Russkich, A. P.: Karakulewodstwo i swerowodstwo 5, 1952

Russkich, A. P.: Nautschnyje trudy NII puschnogo swerowodstwa i krolikowodstwa, t. 6, 1960

Rust, C. C.: Hormonal control of pelage cycles in short-tailed weasel. Gen. Comp. Endocrino. 5, 1965, 222

SANDERSON, J. T.: Knaurs Tierreich in Farben (Säugetiere). Droemersche Verlagsanstalt Th. Knaur Nachf. München–Zürich 1956
SANNE, S., G. Åhman: Landbrukshögskolans meddelanden No. 56 Stockholm 1966
SAIZEW, A. G.: Sb. nautschno-technitscheskoi informazii WNIISHP, wyp. 2, Kirow 1958
SAIZEW, A. G.: Sb. nautschno-technitscheskoi informazii WNIISHP, wyp. 3/6, Kirow 1961
SAIZEW, V. I., A. J. Dmitriewa: Das normale Blutbild des Silberfuchses. Tr. ZNIILPS, vyp. 6. M., 1950
SCHADACH, W.: Ein Beitrag zum Stoffwechsel des Nerzes. DPZ 26, 1952, 26–28
SCHADACH, W.: Richtiges Töten der Nerze. DPZ, 29, 1955, 183
SCHÄFER, A. E., C. K. Whitehair, C. A. Elvehjem: Proc. Soc. Exp. Biol., Med. 62, 1946, 169
SCHÄFER, A. E., C. K. Whitehair, C. A. Elvehjem: J. Nutrit. 34, 1947, 131
SCHÄFER, A. E., C. K. Whitehair, C. A. Elvehjem: Arch. Biochem. 12, 1947, 349
SCHÄFER, A. E., S. B. Tove, C. K. Whitehair, C. A. Elvehjem: Internat. Ztschr. Vitaminforsch. 19, 1947, 12
SCHÄFER, A. E., C. K. Whitehair, C. A. Elvehjem: J. Nutrit 35, 1948, 147
SCHÄFER, A. E., S. B. Tove, C. K. Whitehair, C. A. Elvehjem: J. Nutrit, 35, 1948, 157
SCHAIBLE, P. J.: Der Deutsche Pelztierzüchter 40, 1966, 21
SCHAIBLE, P. J.: The Blue Book of Fur Farming. Editorial Service Co. Inc., Wisconsin, USA 1969
SCHALM, O. W., N. C. Jain, E. J. Caroll: Veterinary Hematology. 3rd. Ed., Lea 80 Febiger, Philadelphia, 1975
SCHIEL, H.: Der Deutsche Pelztierzüchter 37, 1963, 151
SCHIMMELMAN, S., H. F. Travis, R. G. Warner: Progress Reports of Projects Supperted by The Mink Farmers Research Foundation 1969
SCHISCHLOV, W. G.: Karakulewodstwo i swerowodstwo 2, 1952
SCHLOFF, G.: Vet. med. Dissertation, Leipzig 1966
SCHMIDT, F.: Von Pelztieren und Pelzen. Schriftenreihe für Pelztier- und Kleintierzüchter. Höfling-Verlag, München 23, 1949
SCHMIDT, F.: Der Deutsche Pelztierzüchter 33, 1959, 108
SCHMIDT, F.: Der Deutsche Pelztierzüchter 38, 1964
SCHMIDT, F., I. Weigel: Das Pelzgewerbe, 12, 1961, N. F.
SCHMIDT, F.: Das Töten von Farmpelztieren. Das Pelzgewerbe VII, 1956, 142–145
SCHOOP, G.: Tierärztliche Umschau 4, 1949, 350
SCHÖPS, P.: Das Pelzgewerbe 20, 1970, 18
SCHÖPS, R., u. a.: Das Pelzgewerbe 12, 1961, N. V.
SCHULZ, H. J.: Ein Beitrag zum humanen Töten von Nerzen. Der Deutsche Pelztierzüchter 41, 1967, 200–201
SCHULZE, L.: Das Elektrokardiogramm des nichtnarkotisierten Nerzes sowie das Elektrokardiogramm des Nerzes unter dem Einfluß von Narkotika und Muskelrelaxanzien. Vet. Med. Diss. Leipzig, 1972
SCOTT, J., U. Safford, J. Irving: Characteristics of the Transport of Oxygen by the Blood of mink and Marten. J. of Cell. and Comp. Phys. 14, 1939, 281–285
SELE, K.: Norsk Pelsdyrblad 37, 1963, 73 u. 93
SELE, K.: Der Deutsche Pelztierzüchter 38, 1964, 129
SELYE, H.: Stress in Health and Disease. Boston, Butterworth Pub. Inc. 1976
SEMTSCHENKO, A. I.: Sowety swerowodu wyp. 3, Isd-wo Ökonomika 1969
SENZ, W.: Vet. med. Dissertation, Berlin 1963
SERGEJEW, A. G.: Rukowodstwo po technologii polutschenija i pererabotka rastitelnoi massy i shirwo, t. III, L., 1961
SHACKELFORD, R. M.: Der Deutsche Pelztierzüchter 35, 1961, 116–117
SHACKELFORD, R. M: Der Deutsche Pelztierzüchter 37, 1963, 161
SHELL, H.: Vet. med. Dissertation, München 1968
SHUKOV, M. N.: Juglski swerosowchos. Riga 1957
SIBBALD, I. R., D. G. Sinclair, E. V. Evans, D. L. T. Smith: Canad. J. Biochem. Physiol., 40, 1962, 10
SIEGFRIED, J.-P.: EKg-Untersuchung an Zootieren. Vet. med. Diss., Basel 1957
SIEGMUND, H.: Med. vet. Dissertation, München 1935
SIMPSON, G. G.: Bulletin of the American Museum of Natural History. Bd. 85, 1945
SINCLAIR, D. G., E. V. Evans, I. R. Sibbald: Cand, J. Biochem. Physiol. 40, 1962, 10
SKARMAN, S.: Der Deutsche Pelztierzüchter 26, 1952, 85
SKOGAN, T. R.: Examination of the trombocyte count in mink in connection with anemia. Acta vet. scand. 10, 1969, 48–56
SKULBERG, A.: Medlemsblad for D. N. V. 10, 1958
SKULBERG, A.: Act. veterin. scand. 10, 1969, 137
SMITH, G.: Report of The Experimental Fox Ranch., Summerside PEI, for the Years (1929 to 1930), 1931
SMITH, S. E.: Dominion of Canada, Dept. Agric. Exp. Fox Ranch, Summerside, PEI Progr.Rep. (1931–1934), 1935
SMITH, S. E.: American Fur Breeder 14, 1941, 3
SMITH, S. E.: J. Nutrit 24, 1942, 97
SMITH, S. E., J. Scott: Blood Glucose, Plasme Inorganic Phosphorus, Plasma Calcium. Hematocrit and Bone Ash Values of normal Mink and Foxes. Cornell Vet. 31, 1941, 56–60
SOKOLOW, J. A.: Karakulewodstwo i swerowodstwo 3, 1953
SOUKOP, M. G.: Krolikowodstwo i swerowodstwo 8, 1964
SPITZER, E. H., A. I. Coombes, W. Wisnicky: Preliminary Studies in the fox. Amer. J. Vet. Res. 2, 1941, 193

SPREHN, C. E. W.: Kleintierpraxis 9, 1964, 49
STANISLAWSKA, BARBARA, Eva Dryzalowska, O. Lorek: Number of new born and weaning whelps and the counted of some blood parameters in female polar foxes. Med. weteryn. 36, 1980, 442–445
STARKOV, J. D.: Fisjologia rozmazania i ikusstwien noje isiemienienie lisic i piescow. Moskau 1937
STARKOV, J. D. zit. n. R. GÖTZE: Besamung und Fruchtbarkeit der Haussäugetiere. M. u. H. Scharper, Hannover 1949, 1937
STATHER, F.: Gerbereichemie und Gerbereitechnologie 4. Aufl. Akademieverlag Berlin, 1967
STEGER, G.: Tierärztliche Umschau 14, 1959, 123
STEGER, H., B. Platkowski: Archiv für Tierernährung 9, 1959, 6
STOUT, F. M., J. E. Oldfield, J. Adair: J. Nutrit. 72, 1960, 1
STOWE, H. A., C. K. Whitehair: J. Nutrit. 81, 1963, 4
STRZYZEWSKI, B.: Badania nad wielkoscia mistu i dlugoscia trwania eiazy lisów polarnych niebieskia (Alopex lagopus L.), RNR, Warszawa 1965
SZUMAN, J., Z. Woliński, J. Kulikowski: Zwierzeta futerkowe, PWRiL, Warszawa 1955
SZUMAN, J.: Archiv für Geflügelzucht und Kleintierkunde 9, 1960
SZUMAN, J.: Der Deutsche Pelztierzüchter 37, 1963, 125
SZUMAN, J.: Neugeborene Eisfüchse im weißen Haarkleid. Der Brühl, 1968, 10
SZUMAN, J., A. Lerazcek: Der Deutsche Pelztierzüchter 43, 1969, 101

TABEL, H., D. G. Ingram: The immunoglobulins in Aleutian disease (viral plasmacytosis) of mink. Different types of hypergammaglobulinemais. Canad. J. comp. Med. 34, 1970, 329–332
TABEL, H., D. G. Ingram: Immunoglobulins of mink. Evidence for five immunoglobulin classes of 7 S type. Immunology 22, 1972, 933–942
THELANDER, B.: Der Deutsche Pelztierzüchter 39, 1965, 6
THOMAS, E. G.: National Fur News 31, 1959, 9
THOMPSON, G. R., Aliferes, P.: A clinical-pathological study of Aleutian mink disease: an experimental model for study of the connective-tissue diseases. Arthr. Rheum. 7, 1964, 521–533
TITOVA, M. I.: Karakulewodstwo i swerowodstwo 3, 1950
TITOVA, M. I., J. I. Piskunov, S. T. Karelina: Sb. nautschnotechnitscheskoi informazii N II puschnogo swerowodstwa i krolikowodstwa 5, 1960
TITOVA, M. I., W. I. Pobedin: Karakulewodstwo i swerowodstwo 4, 1956
TOMMÉ, M. F., N. S. Pereldik: Nautschnyje trudy ZNL Glawpuschniny NKWT, wyp. 2, 1940
TRAUTWEIN, G., C. F. Helmboldt: Amer. J. Vet. Res. 23, 1962, 1280
TRAUTWEIN, G.: Das Pelzgewerbe 1, 1966, 15
TRAUTWEIN, G.: Die Aleutinkrankheit der Nerze in:
Röhrer, H. (Hrsg.) Handbuch, Viruskrankheiten der Tiere. Bd. VI 2, VEB Gustav Fischer Verlag Jena, 1978, 693–740
TRAUTWEIN, G., H. Weiker: Untersuchungen über die Pathogenese der Aleutenkrankheit der Nerze. II. Elektrophoretische und biochemische Untersuchungen des Harnes. Zbl. Vet.-Med. B 16, 1969, 753–762
TRAUTWEIN, G., W. Drommer, D. Seidler: Untersuchungen über die Pathogenese der Aleutenkrankheit der Nerze. VI. Infektiösität von Zellfraktionen, Zbl. Vet.-Med. B 19, 1972, 158–165
TRAVIS, H. F., R. E. Howell, A. G. Groschke, C. G. Card: Quart. Bull. Michigan Agric. Exp. St. 32, 1949, 64
TRAVIS, H. F., Ph. J. Schaible: Michigan State Univ., East Lansing, Mic., Circ. Bull. No. 229, 1960
TRAVIS, H. F., Ph. F. Schaible: Mich. Ag. Exp. Q. Bul. 43, 1961, 3
TRAVIS, H. F., R. K. Ringer, Ph. J. Schaible: Nutrit, 74, 1961, 2
TRAVIS, H. F., R. G. Warner, S. Schimelman: Progress Reports of Projects Supperted by the Mink Farmers Research Foundation, 1968
TRAVIS, H. F., T. E. Pilbeam, W. J. Gardner, R. S. Cole: The effects of pen size upon grouth and pelt production in kit mink. Progress port and mink farmers. Research. Foundation, Mitwaakee, Wisconsin, 1972

UDRIS, A.: Der Deutsche Pelztierzüchter 36, 1962, 182
UDRIS, A.: Der Deutsche Pelztierzüchter 39, 1965, 5 u. 206
UDRIS, A.: Das Gewicht der Nerze bei der Geburt. DPZ 46, 1972, 61–63
UTKIN, L. G.: Blutbild von Pelztieren in Abhängigkeit von Wachstum und Geschlecht. Tr. NIIPSK, 4. M. (in russ.), 1963
UTNE, F., L. R. Niaa, O. R. Brakkan: Norsk Pelsdyrblad, 40, 1966, 539

VENGE, O.: Der Deutsche Pelztierzüchter 34, 1960, 12
VENGE, O.: Der Deutsche Pelztierzüchter 38, 1964, 26 u. 161
VENGE, O.: Der Deutsche Pelztierzüchter 39, 1965, 26

WACHRUSCHEWA, M. N.: Rybnoje chosjaistwo 10, 1969
WAHEFIELD, L.: Der Deutsche Pelztierzüchter 39, 1965, 83
WALKER, V. C. R.: Fur of Canada 28, 1963, 5, 5
WARNER, R. G., H. F. Travis, Ch. F. Basselt, B. McCarty, R. P. Albernathy: J. Nutrit 95, 1968, 563
WEIR, B. J.: Journal of Reproduction and Fertility 12, 1966
WENZEL, U. D., H. Wenzel u. W. Schicketanz: Ein Beitrag zum Geschlechsverhältnis beim Nerz. Der Brühl 21, 1980, 4, 12–14

Wenzel, Helga: Beitrag zur Körpermasseentwicklung beim Nerz unter Praxisbedingungen mit besonderer Berücksichtigung des Geschlechtsverhältnisses. Vet. Med. Diss. Leipzig, 1975

Wenzel, U. D.: Med. vet. Dissertation Leipzig 1970

Wenzel, U. D., Hartung, J.: Ein Beitrag zur Altersbestimmung beim farmgehaltenen Minkrüden anhand des Penisknochens. Zool. Garten NF 43, 1973, 2/3, 104–109

Wenzel, U. D., Ch. Birnbaum, P. Arnold: Ein Beitrag zur Narkose bei Pelztieren. Der Zool. Garten NF 44, 1974, 374–384

Wenzel, U. D., Zeissler, R.: Stoffwechselstörungen bei fleischfressenden Pelztieren. Brühl 19, 1978, 10–12

Wenzel, U. D.: Der Sumpfbiber. VEB Deutscher Landwirtschaftsverlag Berlin, 1980

Wenzel, U. D.: Pelztiergesundheitsdienst. VEB Gustav Fischer Verlag, Jena 1982

Wenzel, U. D.: Der Brühl, 10, 1969, 6

Whitehair, G. K., A. E. Schäfer, C. A. Elvehjem: Amer. Vet. Med. Assn. 115, 1949, 868

Wieden, L.: Der Nerz und seine Zucht. F. C. Mayer Verlag. München 1929

Wilcox, H. H.: Anatomical Record 108, 1950

Wilton, G. S.: Canad. J. Med. Vet., Sci., 22, 1958, 7

Wilton, G. S.: Fur of Canada 29, 1964, 5, 12

Wojcik, St., J. Slawon, L. Saba, J. Tyczkowski, Z. Biaikowski, A. Polaris: Beurteilung hämatologischer und biochemischer Blutwerte von Blaufüchsen in Abhängigkeit von der Fütterung. Rocz. Nauk. rolniczych, B. 97, 1975, 77–83

Wolf, J.: Der Deutsche Pelztierzüchter 42, 1973

Wolinski, S., J. Slawon: Hodowla lisów. PWRiL, Warszawa 1964

Wood, A. J.: The Black Fox Mag. a. Modern Mink Breeder 39, 1956, 1

Wormuth, H.-J.: Zum Töten von Wirbeltieren aus der Sicht des Tierschutzgesetzes vom 24. 7. 1972. Berlin (West), Hamburg 87, 1974, 333–338

Worne, H. E.: American Fur Breeder 31, 1958, 10

Wright, P. L.: Prod. Soc. Exper. Biol. and Med. 75, 1950, 820–822

Yoon, J. W., A. K. Dunker: Evidece of decreased antibody Affinity in Aleutian mink disease. Fed. Proc. 33, 1974, Nr. 2228, 605

Zeissler, R.: Vorversuche zur Ermittlung des Einsatzes von »Produkt« auf das Hämogramm des jungen Farm-Nerzes (Mustela vison Schreber, 1977). Diplomarbeit Leipzig, 1974

Zeissler, R., U. D. Wenzel: Beiträge zur Morphologie und Biochemie des Blutes einiger Musteliden. 1. Mitt.: Blutentnahmetechniken bei einigen Musteliden unter Berücksichtigung des Einsatzes des Gewerbeklebstoffes »Fimomed«. Arch. exper. Vet. med. 32, 1978 a, 727–736

Zeissler, R., U. D. Wenzel: Beiträge zur Morphologie und Biochemie des Blutes einiger Musteliden. 2. Mitt.: Einfluß verschiedener Blutentnahmetechniken auf einige Plasmaenzymaktivitäten vom Nerz. (Mustela vison Schreber, 1777) Arch. exper. Vet. med. 32, 1978 b), 887–895

Zeissler, R.: Untersuchungen zur Wirkung von Kohlenwasserstoffhefe (Fermosin) und Zwiebackbruch, insbesondere hinsichtlich toxischer Effekte, auf Stoffwechsel- und Leistungsparameter des Farmnerzes. (Mustela vison Schreber, 1777) Vet. med. Diss. Leipzig 1979

Zeissler, R., U. D. Wenzel: Einige Aspekte zur Stoffwechselüberwachung bei Nerzen in Farmen der DDR – ein Beitrag zur Senkung relevanter ernährungs- und stoffwechselbedingter Jungtierverluste. Jahrestagung der Fachkommission »Kleine Haus- und Pelztiere« der WGV der DDR, 13.–14. März 1980 Berlin

Zeissler, R., U. D. Wenzel, W. Strauch: Beiträge zur Morphologie und Biochemie des Blutes einiger Musteliden. 3. Mitt.: Untersuchungen zum Enzymogramm im arteriellen Plasma des Farmnerzes (Mustela vison Schreber, 1777). Arch. exper. Vet. med. 35, 1980 a) 727–736

Zeissler, R., U. D. Wenzel, K. Strauch: Beiträge zur Morphologie und Blutchemie des Blutes einiger Musteliden. 4. Mitt.: Zur Bestimmung einiger Stoffwechselprodukte im arteriellen Nerzplasma – Grundlagen zur Erstellung labordiagnostischer Arbeitswerte für den Farmnerz. 34, 1980 b, 877–890

Zeissler, R., U. D. Wenzel, J. Hartung, Margit Sachse: Zur diagnostischen Bedeutung einiger Einflußfaktoren auf den Blutstatus von Farmnerz und Frettchen. Vortrag zur Jahrestagung 1981 der Fachkommission »Kleine Haus- und Pelztiere« der WGV der DDR vom 23.–25. April 1981 in Kühlungsborn, 1981 a

Zeissler, R., U. D. Wenzel, Margit Sachse, W. Schicktanz: Hämatologische und biochemischklinische Kennwerte beim Iltis-Frettchen unter wechselnden physiologischen und pathologischen Bedingungen. 1. Mitt.: Vergleichende Verlaufsuntersuchungen zu Hämogrammen gravider, laktierender und nichtträchtiger Fähen. Z. Versuchstierk. 23, 1981 b, 244–254

Zilversmit, D. B., Th. B. Chlarkson, L. B. Hughes: High plasma Cholesterol in mink (Mustela vison) without atherosclerosis. Atherosclerosis 26, 1977, 97

Zimmermann, H.: Der Deutsche Pelztierzüchter 30, 1956, 68

Zimmermann, H.: Genetische Grundlagen der Mutationsnerzzucht. Fischer-Verlag, Jena 1963

Zimmermann, H.: Mhfte Vet. Med. 19, 1964, 904

Zimmermann, H.: Der Einfluß der Verfütterung von Fischsilage an Nerze auf den pH-Wert des Nerzharnes. Mh. Vet.-Med. 32 1977, 859–860

Zuckermann, R.: Grundriß und Atlas der Ekg. 3. Aufl., VEB G. Thieme Verlag Leipzig 1959

Sachwortverzeichnis

Aalmutter 263, 264
Abnutzung 48
Absetzen 73, 75, 114, 117, 307
Abstammung 132
Abstammungsnachweis 132
Abszesse 370, 374
A-Avitaminose 213
Abwehrfunktion 407
Abwehrvorgänge 408
Acetylengas 136
Adaptionssyndrom 392
Aflatoxikose 391
Aflatoxinvergiftung 391
A-Hypervitaminose 214
Alaska-Rotfuchs 119
Albumin-Globulin-Quotient 420
Aleutenkrankheit 360, 390, 412
Aleutennerz 62
Allele 62
Alopex corsac 34, 39
Altersbestimmung 41, 47
Altersdynamik 419
Altersring 48
Ameisensäure 279
Aminosäure 438, 439
Aminosäurenbedarf 202
Ammenkrankheit 298, 391
Amerikanischer Nerz 28
Amerikanischer Rotfuchs 33, 94
Amerikanischer Pearl 56
Anämie 228, 303
Anämiefische 228, 286
Anämieformen 399
Anämiesyndrom 402
Anoestrus 356
Ansteckende Leberentzündung 381
Antibiotika 370, 371, 372, 373, 382, 383
Antitoxine 369
Antioxydantien 210, 216, 294
Arachidonsäure 208
Arginin 203

Arten 22
Arterienblut 401
Asbestbetonplatten 164
Ascorbinsäure 225
Äther 136
Atmungsfrequenz 415
Atmungsregulation 414
Aufgezogene Jungtiere 328
Aufzucht 73, 76, 114
Aufzuchtergebnis 284
Aufzuchtverluste 328
Aujeszkysche Krankheit 362, 381
Auslieferung 158
Ausmerzen 84
Autolyse 188
Auktionator 23
Auktionsgesellschaft 21, 22, 154
Auktioskatalog 22
Auktionsplätze 21
Avitaminosen 212
Axerophthol 213

Bacillus anthracis 370
Baculum 42
Bäckerhefe 275
Bakteriell-bedingte Krankheiten 369
Bakteriengift 369
Barsch 259
Bartmännchen 263
Basalschicht 140, 356
Basophile Granulozyten 403
Batterie 165
Bauchnässer 305
Befruchtungsleistung 331
Beine 255
Besichtigung 22
Besichtigungsobjekt 24
Betriebsgröße 14
Bewertungssystem 85, 159
Beurteilung 119, 129
B_2-Hypovitaminose 219

Bierhefe 275
Bilirubinstoffwechsel 417, 421
Binder 179
Biokatalysator 427
Biolyse 25
Biotin 223, 380
Biotinmangel 224
Birkfuchs 31
Bißwunde 374
Blasensteine 375
Blaufisch 258, 263
Blaufuchs 34, 49, 93, 95
Blaufuchsfelle 130
Blausäure 136, 137
Blei 258, 259
Bleivergiftung 376
Blut 253, 256, 390
Blutdruck 412
Blutentnahme 393
Blutfettstatus 422
Blutgerinnung 405
Blutgruppe 407, 408
Blutmehl 269
Blutplättchen 406
Blutsenkung 405
Blutstauung 418
Blutvolumen 394
Bolzenschußapparat 139
Botulismus 369
Brachygnathia superior 351
Brandfuchs 32
Brennessel 274
Brunst 66, 105, 356
Brunstbeginn 106, 107
Brunstlosigkeit 338
Brunstperiode 63, 109, 316
Brunstzeit 107
Bruttoenergie 231
Buff 56
Burgunder Fuchs 95
Butten 267
Buttermilch 271

Cameo 56, 61
Chastek-Paralyse 218, 379
Chediak-Higashi-Syndrom 352
Chlor 227
Chloralhydratlösung 137
Chloroform 136
Cholesterin 422
Cholin 224, 225
Chondrodystrophie 351
Clearance 413
Clostridium botulinum 369
Clostridium septicum 371
Corpus luteum 315
Counterimmunoelektrophorese 362
Cowpersche Drüse 312
Crenosoma vulpis 312

Dacheindeckung 177
Dämpfen 212
Darmentzündung 375
Darmvorfall 375
Dauerlagerung 253
Dauerranz 317
Deckakt 64, 70, 71, 317, 325
Deckhaar 86
Deckleistung 330, 332
Deckperiode 63
Deckplan 70
Desinfektionswanne 164, 360
Desinfektionsmaßnahmen 360
Desinfektionsmittel 360
Deckstörung 331, 338
Dehydration 426
Demi-Buff 50
D-Hypervitaminose 215
Diapause 72
Diaphragmatränke 197
Dokumentation 131
Dominanz 62
Dorsch 258, 260
Dorschabfälle 260
Drahtgitter 167
Druckluftnagler 154
Dung 197
Dunkelplatin 94

Echte Füchse 31
Echte Zwitterbildung 338
Edelfellproduktion 13
Edelpelztierzucht 11
Eigentliche Brunst 66
Einfrieren 191
Einlegsieb 166
Eileiter 313
Eierstock 66, 313
Eieinpflanzung 318
Eisen 223, 228, 303

Eisenmangelanämie 406
Eisfuchs 34, 95
Eiweiß-Vitamin-Konzentrat 275
Eiweißstoffwechsel 417
Eizelle 314
Ejakulat 107
EKG 409
Elektrische Tötung 138
Elektroejakulation 107, 358
Elevator 198
Elritze 259
Ektoparasiten 373, 384
Enzephalopathie 364
Endoparasiten 373, 383
Energiebedarf 236, 237, 241, 301
Energiekonzentration 207
Energienorm 233
Energiequelle 231
Energiezufuhr 162
Entwässerung 426
Enzyme 427
Enzyme Liked Immunosorbent Assay 362
Eosinophile Granulozyten 403
Epidermis 140
Erbfehler 350
Erbkrankheit 350, 377
Erbmangel 351
Ergosterin 215
Erhaltungsbedarf 231, 238, 240
Erhaltungsfutter 232
Erkrankungen der Atmungsorgane 375
Erkrankungen der Harn- und Geschlechtsorgane 375
Erkrankungen der Maulhöhle 375
Erkrankungen der Verdauungsorgane 375
Ersatzgebiß 45, 47, 49
Erstbearbeitung 14, 139, 143
Erysipelothrix rhusiopathiae 372
Erythrozyten 396
Erythrogramm 398
Erythrozytengröße 396
Erythrozytendurchmesser 396
Erythrozytensedimentierung 406
Essentielle Aminosäuren 202, 303
Essentielle Fettsäuren 208
Essigsäure 191
Europäischer Nerz 27
Euter 255
Exsikkose 426

Fähen 25
Fähenbestand 14
Fanggabel 135
Farbvererbung 61
Farmanlage 161

Farmbuch 132
Farmmechanisierung 181
Farmzucht 50
Fastentag 311
Fehler beim Aufspannen 158
Fehler beim Auftauen 158
Fehler beim Entfetten 158
Fehler beim Läutern 158
Fehler beim Trocknungsprozeß 158
Fehlgeburt 113
Feinde 36
Fell 139
Fellbeschaffenheit 91
Felleigenschaft 86
Fellfehler 309
Fellgewinnung 90, 91, 133
Fellqualität 12, 14
Fellreife 9, 83
Fertigfutter 181
Festlandeisfuchs 36
Fett 275
Fettabscheider 182
Fettbedarf 182
Fettfische 258, 307
Fettlebersyndrom 390, 417
Fettlösliche Vitamine 213
Fettschicht 144
Fettstoffwechsel 421
Fisch 257, 278
Fischabfälle 257, 278
Fischfett 258
Fischfleisch 268
Fischmehl 269
Fischöle 275
Fischsilage 267
Fischwäsche 185
Fixationsmethode 355
Fisch-Fleischknochenmehl 269, 384
Flöhe 374
Flohbekämpfung 374, 376
Flunder 263
Follikelphase 358
Follikelsprung 314
Follikelstimulierendes Hormon 315
Folsäure 223
Fortpflanzungsleistungsanalyse 325, 330
Fortpflanzungsresultat 321
Fortpflanzungsstörung 334, 337, 349
Fortpflanzungszeit 32
Freie Fettsäure 209
Fremdzucht 89
Freßlust 295
Frostblockzerkleinerer 182

Fruchtbarkeit 111
Frühembryonaler Fruchttod 339
Fuchs 93
Fuchsencephalitis 381
Fuchsgehege 181
Fuchskiste 180
Fuchskrankheiten 381
Fuchsschuppen 180
Fusobacterium necrophorum 370
Fütterungseinrichtung 281
Fütterung 14, 281, 288, 290
Fütterungsnormen 245
Futter 295
Futteraufnahme 295, 297
Futterautomat 186
Futterbereitung 14
Futterbretter 299
Futtereinsatz 277
Futtereinzugsgebiet 163
Futterfisch 187
Futterflecken 182
Futterfleisch 290
Futterhefe 275
Futterküche 181
Futtermischer 183
Futtermischung 277
Futtermittel 250, 252
Futterrationen 250
Futterschnecken 183
Futtertransport 185
Futtertrockensubstanz 200
Futterwert 250
Futterverbrauch 285
Futterverluste 279
Futterverteilungswagen 184
Futterzusammensetzung 432

Gaumenspalte 351
Gebärmutter 313
Gebärmutterentzündung 338, 375
Geburtsstörung 349, 376
Gedeckte Fähe 326
Gegengifte 369
Gefäßsystem 409
Geflügelabfall 256
Geflügelfett 256
Geflügelinnereien 256
Gefrierlagerung 187, 190
Gelbfettkrankheit 216, 378
Gelbkörper 274, 315
Genformel 95
Genickbruch 138
Genickgriff 135
Genickunterkiefergriff 135
Gesamtionenkonzentration 413
Geschlechtschromosomen 311
Geschlechtsdetermination 112
Geschlechtsphysiologie 72, 400

Geschlechtsorgane 312
Geschlechtsverhältnis 328
Geschlechtszusammensetzung 74
Geschmackseigenschaften 288
Gesundheitszustand 14
Getreidearten 272
Genotyp 52, 62
Glacier-Blue-Fuchs 95
Glasierautomat 190
Gliedmaßenlosigkeit 352
Goldplatinfuchs 95
Gonadenhypoplasie 352
Goofus 52
Graafsche Follikel 66, 314
Grannenhaar 141
Granulozyten 402, 403, 404, 405
Grieben 276
Großer Stint 259
Grundumsatz 232, 237, 242

Haare 141
Haarbedeckung 86
Haarfarbe 118, 119
Haarkleid 61, 120
Haarlässigkeit 143
Haarlosigkeit 377
Haarmark 141
Haaroberhäutchen 141
Haarungsperiode 118
Haarwechsel 46, 83, 305
Haarwurm 383
Hängebahn 186
Haltbarmachung 143
Haltung 14
Haltungsbedingungen 161
Hakenwürmer 384
Hammelköpfe 255
Hammeltalg 276
Hämoglobingehalt 303
Handelsunternehmen 154
Handschuh 134
Harn 412
Harnblasensteine 375, 412, 413
Harnfarbe 413
Harngewinnung 412
Harnsediment 414
Harnsteine 298
Harnstoffbestimmung 421
Hasel 259
Hasenscharte 351
Hauptnahrung 32
Hauptproduzent 50
Hauptwurfperiode 318
Hautdecke 140
Hautpilz 373
HCC 381
Hecht 258, 259
Hechtdorsch 263

Hechtgebiß 351
Hedlund 56, 61
Hefe 275
Hellplatin 94
Hepatitis contagiosa canis 381
Herbsthaarwechsel 83
Hering 258, 264
Hermaphroditismus 338
Herz 254, 409
Herzfrequenz 410
Herzschläge 410
Heterozygot 55
Hirn 254
Histidin 202, 204
Hochseefische 258
Hochranz 321
Hoden 312
Hodenhypoplasie 334
Hodenkanälchen 312
Hodenentzündung 336
Hodenpalpation 334, 353
Hodensackbruch 352
Hodenunterentwicklung 334
Holzmehl 153
Holzspäne 153
Homogenisator 182
Homo-Jet 51
Homozygot 12
Hormondrüsen 315
Hormone 429
Hornschicht 140
Höchstalter 49
Honey 61
Hudson Bay Company 16
Humorale Immunität 408
Hydrometra 338
Hydrops universalis congenitus 352
Hydrozephalus 351
Hypergammaglobulinämie 390
Hyperglykämie 421
Hypocholesterinämie 424
Hypophyse 315
Hypoplasie 337, 354
Hypoproteinämie 417
Hypervitaminose 213

IgD 408
IgE 408
IgG 408
Immunität 408
Impffalle 134
Implantation 318
Individuelle Selektion 84
Infektionskrankheit 360, 362, 364, 381, 383
Inhalationsgift 136
Injektionsmittel 137

Insektenbekämpfungsmittel 376
Inseleisfuchs 36
Insemination 358
Isoleuzin 202
Intermediärzone 356
Intraepithelialzone 356

Jahresperiodizität 417
Jahresring 48
Jet Black 51, 61
Jod 229, 230
Jodagglutinationstest 361
Jod-Jodkalium-Lösung 361
Joule 199
Jugendliche 403
Jungnerze 236, 305
Jungtiere 307, 329

Käfighaltung 12
Käufer 23
Käsereiabfälle 272
Kalorie 199
Kalzium 215, 226
Kalziferole 214
Kämmen 157
Kapillarblut 401
Karausche 259
Karpfen 259
Karteikarte 76, 89, 90
Kartoffeleiweiß 274
K-Avitaminosen 217
Keimdrüsen 312
Kennzeichnung 89
Keratin 140
Kescher 134
Ketose 211
Klammerstäbe 154
Klebsiellose 370
Kleie 272
Kletterstreifen 164
Knochenfett 276
Knochenfleisch 278
Kobalamin 222
Kobalt 229, 230
Kochen 212
Kochsalz 270
Kochsalzvergiftung 376
Köhler 258, 260, 263
Kohlrüben 274
Körnerfrüchte 272
Körnermais 272
Körnerschicht 140
Körperbau 119, 120
Körperentwicklung 49
Körperlänge 27, 28
Körpermasse 386, 388
Körpertemperatur 415
Kohlendioxid 136

Kohlenhydratbedarf 210, 285
Kohlenmonoxid 136
Kokzidiose 374, 384
Kollagen 140, 207
Konservierung 186, 253, 256, 270
Konstitution 89, 120
Kopenhagen 16
Kopfschlag 138
Kopulation 65, 66, 71, 109
Korium 140
Kotbeseitigung 192
Krallenspitze 401
Kreatininbestimmung 421
Kreislauf 409
Kreuzfuchs 32, 94
Kreuznerz 54
Kreuzung 61
Kryptorchismus 335, 352, 354
Kühllagerung 182, 187, 188
Künstliche Besamung 358
Künstliches Licht 65
Künstliche Vagina 358
Kuhmilch 270
Kupfer 229

Läutern 153
Läutertonne 153
Lagerbedingungen 186
Laktationsanämie 298
Laktationsperiode 115, 236, 240, 292, 297
Laufzeit 32
Lebendmassen 117, 233, 300
Lebensweise 28, 32, 34
Leber 254
Lebertran 276
Lederhandschuh 134
Lederhaut 140
Leerfähen 326
Leguminosen 273
Leinöl 276
Leipzig 16
Leipziger Brühl 21
Leningrad 16
Leptospirose 382
Letalfaktor 110
Leukogramm 402
Leukozyten 402, 407
Libido 323, 337
Lichtverhältnisse 96
Linolensäure 208
Linolsäure 208
Linsentrockengewicht 48
Lipid-Elektrophorese 424
Lipidstoffwechsel 422
Lochscheibe 181
London 16

Los 18, 20
Luftfeuchtigkeit 155, 156
Luftröhre 255
Lunge 255
Lungenentzündung 375
Luteinisierungshormon 24, 315
Lutreola 27
Lymphozyten 402, 404, 408

Magen 375
Magenentzündungen 375
Magengeschwür 375
Magerfischarten 258
Magermilch 270
Magnesiumsulfat 137
Makrele 258, 267
Makrelenhecht 258
Makrophagen 402
Mangan 230
Mangelkrankheiten 377
Marder 25
Markstammkohl 274
Maschinenraum 182
Massenselektion 84
Mastkondition 64
MCH 398
MCHC 398
MCV 398
Mastkondition 64
Meeresfische 258
Mendelsche Gesetze 62
Metabolische Azidose 426
Methionin 202, 203
Methode 42
Metoestrus 66, 356
Milch 270
Milchprodukte 270
Milchpulver 271
Milchzucker 272
Milchgebiß 43, 44, 46
Milz 255
Milzbrand 370, 382
Mikroskopische Harnuntersuchung 414
Mikroproteinurie 414
Mintai 258, 260, 263
Mischfett 276
Mischfutter 273, 277
Mittelgang 180
Mohrrüben 274
Molke 271
Monogam 108
Monoestrisch 324
Monsuntrockner 156
Monozyten 402
Morphologie 396
Muskeldegeneration 379
Muskelfleisch 252, 278

SACHWORTVERZEICHNIS 457

Mustela vison 28
Mustela lutreola 27
Musteliden 25
Mutation 51, 52
Mycobacterium 373

Nabelschnurbruch 352
Nachbrunst 66, 356
Nachbehandlung 157
Nähen 157
Nap 86
Natrium 227
Natriumpyrosulfit 270
Nebenhoden 312, 313
Nebenhodenatrophie 335
Nebenhodenentzündung 336
Nekrobazillose 370
Nerz 25
Nerzdung 197
Nerzgehege 167
Nerzkiste 168
Nerzkrankheiten 360
Nerzschuppen 177
Nestkontrolle 73
Neugeborene 44
Neutrophile Granulozyten 403
Niazin 220
Nieren 254, 412
Nierenfunktionsprüfung 413
Nikotinbase 220
Nippeltränke 192
Normalbereich 392
Nosematose 385
Nursing anemia 391

Oberhaut 140
Oestrus 66, 356
Ohren 255
Ohrräude 116, 384
Organkrankheit 374
Organmasse 389
Ornithin-Karbamyl-Transferase 428
Oslo 19
Os penis 42
Osteomalazie 226
Ostseehering 259
Ovar 313, 314, 315
Ovulation 317

Paarung 70
Panleukopenie 364
Pantothensäure 221, 380
Papillarschicht 141
Parabasalzone 356
Pararauschbrand 371
Parasitär bedingte Krankheiten 373, 383

Parathyphus 383
Pastellfuchs 35
Pasteurellose 371
Peitschenwürmer 384
Pelzbekleidung 11, 15
Pelzrohfell 21
Pelztierfarm 162
Pelzwerk 16
Pelzung 14, 90, 132, 133, 307, 310
Penis 312
Penisknochen 42, 44, 45, 49, 336
Penisvorfall 336
peripherer Kreislauf 411, 412
Perlplatinfuchs 95
Pfähle 164
Pflanzliche Öle 276
Pferdefleisch 253
Phänotyp 52, 62
Phosphor 226
Phosphorsäure 191
Phosphatase 429
Physikalische Harnuntersuchung 413
Physiologie 386, 396
ph-Wert 395, 413
Plasmaenzyme 428
Plasmavolumen 394
Plasmazytose 360
Platinfuchs 95, 110, 130
Platinum 52, 62, 94
Plattfisch 267
Polardorsch 263
Polygam 108
Polygamieverhalten 108
Primärfollikel 314
Produzent 21
Progesteron 315
Prooestrus 66, 105, 356
Prostata 312
Proteinogramm 418
Proteinniveau 285
Proteinversorgung 199, 204, 205
Provenienzen 21
Pseudohermaphroditismus 338
Pseudomonas-Infektion 371
Pseudotuberkulose 372
Putenschlachtabfälle 256
Pyometra 338
Pyridoxin 221

Quappe 259
Quarantäne 360
Quark 271
Qualität der Futtermittel 304
Qualitätsverschlechterung 308

Rachitis 215
Ranz 32, 66, 105, 317

Ranzigwerden 188
Rationalisierungsmaßnahmen 14
Rattengiftpräparate 376
Rauchwarenauktion 16
Rauchwarenproduktion 18
Reizleitungsstörung 337
Reproduktionsperiode 281
Resistenz 397, 407
Respirationskoeffizient 232
Restriktive Fütterung 301
Retikulozyten 397
Retikularschicht 141
Retinol 213
Rezessive Mutation 52, 54
Riboflavin 219
Riesenotter 25
Rindenschicht 141
Rinderköpfe 255
Rindfleisch 253
Rindertalg 276
Ring-neck Fuchs 95
Rodentiose 372
Rohfaser 211
Rohfellauktion 16
Rohprotein 207
Rotfuchs 31, 94
Rotlauf 372
Royal Silber 54
Rubarthsche Krankheit 381
Rüde 25
Rüdenalter 323
Ruhepause 356
Ruheperiode 63
Rutenknochen 42

Säure-Basen-Haushalt 426
Saftfutter 273
Saika 263
Salmonellose 372, 382, 383
Salzmangelexsikkose 426
Salz-Wasser-Haushalt 417
Samengewinnung 358
Samenkonservierung 358
Samenverdünnung 358
Samenübertragung 358
Samenblase 312
Samenleiter 312
Samenstauung 335
Sammelfett 276
Saphirnerz 62
Sardine 264
Säuberung 153
Säugekrankheit 380
Säugeperiode 63, 297
Säurekonservierung 191
Schädelnähte 46
Schaffleisch 253
Schaubunde 23

Schaulos 23
Scheide 313
Scheidenschleimhaut 356
Scheinzwitterbildung 338
Schellfisch 258, 260, 263
Schilddrüsenaktivität 416
Schlachtnebenprodukte 187, 253
Schlammabscheider 182
Schleier 131
Schlupfloch 166
Schmelzhypoplasie 48
Schmerzlose Tötung 135
Schnauzen 255
Schneefuchs 95
Schnellgefrieren 10
Scholle 258, 267
Schollenstadium 357
Schrumpfungstemperatur 142
Schwanzspitze 401
Schwarz-Kreuz 61
Schwarzling 32
Schwedisch Pearl 56
Schwefelhaltige Aminosäuren 202
Schweinefett 276
Schuppendach 177
Schuppenhaltung 177
Scrapestock 144
Seebarsch 258
Seelachs 263
Seehecht 263
Sekundärfollikel 314
Selektion 118
Segmentkernige 403
Selektionsunterschied 84
Senkungsgeschwindigkeit 407
Sexualfunktion 315
Sexualhormon 312
Sexualzyklus 315
Shadow-Blaufuchs 96
Silage 273, 274
Silberfisch 258, 263
Silberfuchs 47, 93, 94
Silberung 129
Sojabohne 273
Sojakuchen 273
Sojaschrot 273
Sommerfell 46
Sortierung 157, 159
Sortiment 22
Sortimentstruktur 23
Spannbretter 154
Spanndraht 179
Spermaentnahme 354, 356
Spermakontrolle 335
Spermauntersuchung 89, 291, 354
Spermaqualität 334
Spermiengranulome 335
Spermienkonzentration 109

Spermiogenese 313
Spezifisches Gewicht 395
Sprotte 263
Spulwürmer 383
Spurenelemente 229
Stabkernige 403
Stahlbaukonstruktion 179
Standardnerz 51, 52
Standort 14, 15
Starkasten 167
Staupe 362, 382
Steatitis 210, 216, 378
Stellungsanomalie 48
Steppenfuchs 34
Sterilität 330, 336
Steward 55
Stickstoffreie Extraktstoffe 211
Stint 258, 267
Strömling 263
Stoffwechsel 416
Stoffwechselintensität 386
Stoffwechselstörung 360
Streptokokken-Infektion 372
Stressoren 392
Strings 22
Streumaterial 83
Struktur 131
Süßwasserfisch 259
Superficialzellen 356
Superfecundation 67
Superfötation 67, 317

Tätowierung 116, 326
Tagesaktivität 416
Taubheit 351
Temperatur 156
Temperaturregulation 414, 415
Testosteron 315
Textilindustrie 15
Thiamin 217, 259
Thiaminase 218, 259, 267, 379
Threonin 202
Thrombose 405
Thrombopenie 406
Thrombozyten 406
Thyroxinbildung 230
Tiefgefrierraum 187, 189
Tierische Haut 140
Tokopherol 215
Tollwut 362, 382
Topinambur 274
Totalclearance 412
Totgeburt 113
Toxin Typ C 369
Trächtigkeit 36, 63, 72, 291, 294, 296
Trächtigkeitsstörung 339
Tragezeit 318, 325

Tränkeeinrichtung 192, 425
Transaminase 428
Trichinen 384
Trichophyton 373
Trinkwasser 311, 424
Tripelphosphatkristalle 414
Trockenfutter 186, 268
Trockenmilch 271
Trockenquark 271
Trocknung 139, 143, 154, 156
Tryptophan 202, 204
Tuberkulose 373, 383

Überbefruchtung 67
Überhang 164
Überschwängerung 315
Umgang mit Pelztieren 134
Umgebungstemperatur 415
Umsatzmasse 232
Umsetzbare Energie 232, 247
Umzäunung 163
Universalschuppen 177
Unvollständige Dominanz 61
Umwenden 157
Unterhaar 131, 141
Unterart 22
Unterentwicklung 337
Untersuchungsfalle 134
Urolithiasis 412
Uterus 313

Vagina 313
Vaginalzytologie 356
Verbreitung 27, 31, 33, 36
Verdaulichkeit 207
Verdauungskanal 198
Verdauungskoeffizient 211, 231
Verdauungsstörung 310
Vergiftung 376
Verfilzen 118
Verkaufslos 15, 18
Verkehrslage 162
Verletzung 374
Verlustursachen 74
Vermehrungsrate 34
Verpaarung 70, 110, 326
Verpaarungssystem 67
Verpaarungstechnik 70, 109, 322
Verpaarungszeitpunkt 324
Versteigerung 22, 23
Versteigerungslokal 24
Versteigerungslos 21, 22
Violett 55
Virus-Enteritis 363
Viruskrankheiten 360
Vison 31
Vitamin A 213, 377
Vitamin B_1 217, 379

Vitamin B_2 219, 380
Vitamin B_6 221, 380
Vitamin B_{12} 222, 380
Vitamin C 214, 225, 380
Vitamin D 214, 378
Vitamin E 210, 214, 215, 378
Vitamin H 223
Vitamin K 216, 379
Vitaminbedarf 293, 296, 429
Volksnamen 28, 32
Vollmilch 271
Vorbrunst 66, 105, 356
Vorkommen 34
Vorselektion 63
Vorsteherdrüse 312
Vulpes 31, 33, 47, 94

Wachstum 117
Wachstumsintensität 244, 300
Wärmekoeffizient 231
Wachstumsverlauf 388
Wareneigner 21
Wasserdusche 278
Wassergehalt 425
Wasserkopf 377
Wasserlösliche Vitamine 213
Wasserqualität 424
Wasserversorgung 163
Wasserzufuhr 424

Weißgesichtsfuchs 95
Weißkohl 274
Weißling 32
Weizenkleie 272
Wellaluminium 177
Wellendraht 181
Welleternit 177
Welpen 327
Welpendurchschnitt pro Wurf 328
Welpendurchschnitt pro Fähe 328
Weltaufkommen 11
Weltproduktion 50
Whiteface-Fuchs 95
Wiesel 27
Wildeisfuchs 95
Wildkarpfen 258
Wildnerz 28
Winterblau 55
Winterfell 12
Winterhaar 83
Wittling 260, 263
Wurfbox 164
Wurfgröße 71, 320, 325
Wurfperiode 73
Wurfstärke 74, 111
Wurftermin 113
Wurfzeit 318
Wurmkur 116

Yersinia pseudotuberculosis 372

Zahnabnutzung 46
Zahnformel 47
Zahnzementkrone 48
Zander 258
Zaun 163
Zaunpfähle 164
Zementringalter 48
Zentralfutterküche 181
Zerealien 183, 207, 272
Zerkleinern 279
Zink 229, 230
Zoologisches System 25
Zwergwiesel 25
Zwergwuchs 351
Zucht 62, 96, 118
Zuchtbuch 89, 105, 131
Zuchteigenschaft 63, 119
Zuchtkondition 64
Zuchtperiode 88
Zuchttierbeurteilung 84, 85, 118, 132
Zuchtziel 13
Zungenverletzung 375
Zuchtrichterbank 144
Zyankobalamin 222
Zyklopenauge 351
Zystin 202

Bildnachweis

Farbfotos

Albert: Seite 343 o., 344 (dreimal)
Hartung: Seite 341, 343 u.
Kirschner: Seite 97 o. r. und u., 98 o. und u., 99, 100 und 101 (dreimal), 102, 103 (zweimal), 104 o., Titelfoto und Rücktitel
Wenzel: Seite 97 o. l., 104 u. l. und u. r., 342 (fünfmal), 345 (viermal), 346 (dreimal), 347 (fünfmal), 348 (zweimal)

Schwarz-Weiß-Fotos

Albert: Seite 365 u. l.
Budich: Seite 38 u., 79
Dippe: Seite 172 o.
Frindt: Seite 147 u. r., 152 o.
Günther: Seite 39 o. r.
Hartung: Seite 176 u. l., 196 o. l., 340 o. l. und u. l., 366 u. r., 368 o. r.
Haupt: Seite 367 o.
Hautke: Seite 195 o., 196 o. r.
Kirschner: Seite 57, 58 u., 59 u. l., 60 o. l. und u. l., 121 o., 122 u., 127 (viermal), 145 (fünfmal), 146 (fünfmal), 147 o. r. und o. l., 148 (fünfmal), 149 (viermal), 150 (zweimal), 151 o. r. und u. l., 152 Mitte, 169 u., 170 o. und u. r., 172 Mitte und u., 174 u., 175, 176 o.
Lewenstein: Seite 40 u.
Miefiodow: Seite 80 (fünfmal), 121 u. r., 128 (fünfmal)
Morgenstern: Seite 19 o.
Rother: Seite 17 u., 18, 19 u., 20
Weigelt: Seite 147 Mitte und u. l., 149 o. r., 151 o. l., Mitte und u. r.
Wenzel: Seite 37 (viermal), 38 o., 39 o. l., 39 u., 40 o., 43, 45, 58 o., 59 Mitte und u. r., 60 o. r. und u. r., 77 (viermal), 78 (dreimal) 121 u. l., 122 o., 123 (zweimal), 124 (dreimal), 125 und 126 (dreimal), 127 u., 152 u. (zweimal), 170 u. l., 171 (zweimal), 173, 174 o., 175 u., 176 u. r., 194 (zweimal), 195 u. r., 196 u. (zweimal), 340 o. r. und u. r., 365 o., 366 u. l., 367 Mitte (zweimal) und u., 368 l.
Wolf: Seite 17 o.
Zimmermann: Seite 365 u. r., 366 o. und Mitte

Zeichnungen

Freitag: Seite 44, 48, 83, 86, 92, 94, 140, 141, 186, 192, 193, 261, 262, 265, 266, 314, 324, 357
Jahrmärker: Seite 26, 27, 45, 46, 81, 91, 114, 165, 166, 167, 178, 319, 320, 325, 327, 331
Perssen: Seite 28, 30, 35

Die Vorlagen für die Vignette auf Seite 3 und für den Vorsatz entnahmen wir den Titeln: The Gardens and Menagerie, Chiswick, 1830 und der Encyklopädie von Krünitz, Berlin 1794.

Erläuterungen zu den Bildern des Vorsatzes:
10 Trampeltonne
11 Gärbebank
12 Grauwerkschere
13 Tretstock oder Wärmstock
14 Rumpelbaum
15 Abstoßeisen
16 Sandpfanne
17 Läutertonne
18 Wolfs-, Fuchs- oder Otterscheide
19 Pelzkamm (aus Horn)
20 Eiserner Fellkamm
21 Eiserner Fellkamm
22 Wollstreicher
23 Beizfaß
24 Eisen- oder Liederstollen
25 dasselbe
26 Zuschneidemesser
27 Nähhaken
28 Nähnadel
29 Fingerring
30 Mützenstock
31 Pelzmütze

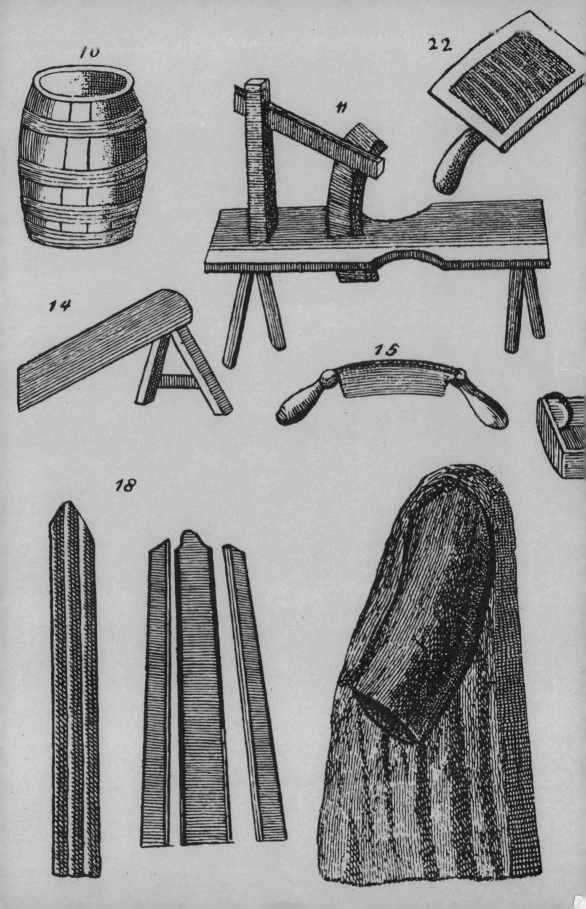